Christiane Lemke

PHANTASMEN DES INFANTILEN AUS SKANDINAVIEN

Unheimliche Spiegelungen, Masken und Metamorphosen
in Märchen und Schauerphantastik

ibidem-Verlag
Stuttgart

Bibliografische Information der Deutschen Nationalbibliothek
Die Deutsche Nationalbibliothek verzeichnet diese Publikation in der Deutschen Nationalbibliografie; detaillierte bibliografische Daten sind im Internet über http://dnb.d-nb.de abrufbar.

Bibliographic information published by the Deutsche Nationalbibliothek
Die Deutsche Nationalbibliothek lists this publication in the Deutsche Nationalbibliografie; detailed bibliographic data are available in the Internet at http://dnb.d-nb.de.

Umschlagabbildung: Edvard Munch: *Madonna*, 1895/1902. Abgedruckt mit freundlicher Genehmigung der Albertina, Wien.

Satz: Thomas Ziegler, Tübingen

∞

Gedruckt auf alterungsbeständigem, säurefreien Papier
Printed on acid-free paper

ISBN-13: 978-3-8382-0160-3

© *ibidem*-Verlag
Stuttgart 2011

Alle Rechte vorbehalten

Das Werk einschließlich aller seiner Teile ist urheberrechtlich geschützt. Jede Verwertung außerhalb der engen Grenzen des Urheberrechtsgesetzes ist ohne Zustimmung des Verlages unzulässig und strafbar. Dies gilt insbesondere für Vervielfältigungen, Übersetzungen, Mikroverfilmungen und elektronische Speicherformen sowie die Einspeicherung und Verarbeitung in elektronischen Systemen.

All rights reserved. No part of this publication may be reproduced, stored in or introduced into a retrieval system, or transmitted, in any form, or by any means (electronical, mechanical, photocopying, recording or otherwise) without the prior written permission of the publisher. Any person who does any unauthorized act in relation to this publication may be liable to criminal prosecution and civil claims for damages.

Printed in Germany

Inhaltsverzeichnis

Vorwort IX

I. Einleitung 1
  1. Schauerphantastik: das Phantasma und das Unheimliche 1
  2. Ursprungsphantasien als Phantasmen:
     Urszene, Verführungs-, Inzest- und Kastrationsphantasien 5
     *Patrizid, Matrizid, Infantizid und Geburtstrauma als
     Kastrationsphantasmen* 9
  3. Paranoid-schizoide Zerstückelungsphantasien 10
     Melanie Klein: Projektive Phantasmen 10
     *Jacques Lacan: Metamorphosen und Regressionen als Umkehrungen
     des Spiegelstadiums* 13
  4. Maskierungen infantiler Gestalten 19

KAPITEL II

H. C. Andersens „Snedronningen": ein Schauermärchen? 23
  1. Das Phantasma des Trollteufels als Doppelgänger und Zerrbild des
    transzendentalen Egos 23
  2. Nihilistische Ansteckung im Paradies der Kindheit 30
  3. Die Schneekönigin als Angstfigur:
    Parallelen zu Frau Holle, Frigga, Freyja, Fata Morgana
    und Frau Welt 38
  4. Die Blumen im Garten der Zauberin als infantile Phantasmen ... 51
  5. Weitere Mutterleibsphantasien: Schlösser, Wald und Hütten 55
  6. Gerda, St. Lucia und die Lutzelfrau:
    Verwandlungen einer Erlöserin und Lichtbringerin 62

KAPITEL III

Phantasmatische Knochen und Sirenen in Karens Blixens
„Den gamle vandrende ridder" 68
  1. Verfluchte Ritter in Karen Blixens „Gothic":
    Hamlet und Parzival in der Schauerromanze der Moderne 68

2. Wiedergänger und Untoter: Das Phantasma des
   mumifizierten Jünglings
   „Gothic villain-hero" als dekadenter Heros 76
3. Die Rückkehr des dionysischen Zeitalters:
   Mörderische Spiegelfechtereien vampirischer Aristokraten 85
4. Die Frau als Puppe und phallischer Fetisch 100
   Femininität als Maskerade 100
5. Mystische Körperkelche 106
6. Gefallener Ritter im Gralstempel:
   Unheimliche Vorahnungen eines liederlichen Lustknaben 109
7. Gespenstische Spaßmacher:
   Der Narr und Lustknabe im Spiegel seiner selbst 121
   Der Totenkopf: narzisstische Spiegelung und phantasmatisches
   memento mori 121
8. Phantasmen des Femininen
   Flüchtige *Anima* und unsterbliche Femme fatale:
   Sirenen auf den Skeletten der Seefahrer 129

KAPITEL IV
Seelensektionen in Ingmar Bergmans Schauerfilm *Persona*:
Un*heimliche* Personen und Nachtmahre im Kopflabyrinth 139
1. In der Vorhölle: Scheintote Seelen auf dem Seziertisch 139
   Unheimliches und Expressionistisches 139
   Symbolistisches 147
   Ersatzobjekte: Objet d'art als Objekt a / Infantile Angstphantasien
   und Sublimierungen 150
   Surrealistisches 159
   Autoreflexivität und Gefängnismetaphorik 163
2. Elektra-Gestalten: Maskenentwürfe, verworfene Masken 170
3. Teuflische Experimente 179
4. Urszene und pornographische Regression als Phantasma 184
5. Spiegelungen und vampirische Heimsuchungen 194
6. Weitere Phantasmen: Almas Rache
   Die „gequälten, grausamen Kinder" 198
7. Gespenster des Holocaust als unheimliche Spiegelbilder 206
8. Blindheit und Femininität als Maskerade:
   Almas phantasmatische Partial-Ichs 209
9. Metamorphosen: Mütter und Monster 218
10. Phantasmatische Ab- und Austreibungen 224
11. Katharsis: „Ingenting", war alles nur ein Traum? 229

KAPITEL V
Surreale Verdinglichungen und maritime Metamorphosen:
Dorrit Willumsens „Modellen Coppelia" und
andere Verpuppungen 236
   1. Der nekrophile und monozerebrale Pychotiker und Autist
      Die stille ‚Harmonie der Dinge': „Tingene" 236
   2. Der Wissenschaftler und sein stummes Weichtier
      „Knagen" 241
   3. Puppentochter: „Voksdukken" 244
   4. Vom Model zum Serienmodell:
      „Modellen Coppelia" als ‚Eva der Zukunft' und
      phallisches Phantasma 249

KAPITEL VI
Phantasmatische Phallusprojektionen, Ungeziefer und Urszenen in Louis
Jensens „Insektmanden" 269

KAPITEL VII
Parasitische Fiebertierchen, infantile Pupillas und pervertierte
Märchenmasken in Marie Hermansons *Värddjuret* 280
   1. Unheimliche kleine Tiere / Lebendig begraben
      Die automatisierte Künstlerin 280
   2. Phantasmatische Schwängerungen 287
   3. Rumpelstilzchen-Kinder und Schmetterlingsinkubi 290
   4. Groteske Verwandlungen:
      Rollenmodelle vorzeitig transformierter Nymphen und
      gealterter Backfische 296
   5. Atavistische Metamorphosen 304
   6. Unerklärliches: Phantastisch-magische Elemente 311

VIII
Zusammenfassung der untersuchten Phantasmen und Gestalten des
Unheimlichen 317

IX
Weiterführende Überlegungen:
Verbindungen zum Grotesken 325

X
Literaturverzeichnis 343
    Hans Christian Andersen 343
    Karen Blixen 344
    Ingmar Bergman 345
    Dorrit Willumsen 347
    Louis Jensen 348
    Marie Hermanson 348
    Weitere Literatur 348

Vorwort

Bei der vorliegenden Arbeit handelt es sich um eine leicht überarbeitete Version meiner Dissertation, die ich im Frühjahr 2009 an der Neuphilologischen Fakultät der Eberhard Karls Universität Tübingen eingereicht habe.

Mein besonderer Dank geht an meine Betreuerin Prof. Dr. Stefanie Gropper, die mir nach familiär bedingten Brüchen im Lebenslauf und Tätigkeiten in anderen Bereichen die Rückkehr an die Universität ermöglichte und mein Projekt stets unterstützte. Zu danken habe ich Prof. Dr. Jürg Glauser und Prof. Dr. Klaus Müller-Wille der Abteilung für Nordische Philologie an der Universität Zürich und besonders auch Prof. Dr. Ingrid Hotz-Davies vom Englischen Seminar der Universität Tübingen; ebenso der Universität Tübingen für die Bewilligung eines Kontaktstipendiums im Rahmen des Hochschul- und Wissenschaftsprogramms, der Landesstiftung Baden-Württemberg für die Gewährung eines Baden-Württemberg-Stipendiums, das einen mehrmonatigen Studienaufenthalt an der Königlichen Bibliothek in Kopenhagen möglich machte und Prof. Dr. Antje Wischmann (Abteilung für Skandinavistik, Uni Tübingen/ Nordeuropa-Institut, HU Berlin) für hilfreiche Hinweise bei Korrektur und Überarbeitung meiner Studie.

Viel zu verdanken habe ich meinen Eltern Herta Lemke und Hans-Georg Lemke († 2009), ohne deren Unterstützung, besonders bei der Kinderbetreuung, vieles nicht machbar gewesen wäre, sowie meinem Mann Thomas Ziegler, der all die Jahre dabei war und mit TUSTEP die technische Einrichtung meiner Dissertation vornahm.

Tübingen, im April 2011

I. Einleitung

1. Schauerphantastik: das Phantasma und das Unheimliche

Die vorliegende Studie hat das Ziel, anhand detaillierter Analysen die Gattungszugehörigkeit von sechs skandinavischen Werken zur Schauerphantastik herauszuarbeiten und dadurch einen Beitrag zur Klärung der Frage zu leisten, worin die Faszination dieser Werke liegt. Mit ‚Schauerphantastik' ist hier das gemeint, was im Englischen als *Gothic novel*, *Gothic tale* oder *Gothic fantasy* bezeichnet wird.

Im Zentrum der Untersuchung stehen Hans Christian Andersens Märchen „Snedronningen", das als Schauermärchen betrachtet wird, jeweils eine Erzählung der ebenfalls dänischen Autoren Karen Blixen, Dorrit Willumsen und Louis Jensen, welche unter dem Etikett *fantastisch* veröffentlicht worden ist, sowie Ingmar Bergmans unheimlich-surrealistisches Filmtraumspiel *Persona* und der schauerphantastische Roman *Värddjuret* der schwedischen Autorin Marie Hermanson. Alle diese Werke kreisen um narzisstische Spiegelungen, um unheimliche, teils morbide und makabre, teils groteske Projektionen und Regressionen auf infantile Stufen der Identitätsentwicklung. Ziel der Untersuchung ist kein historischer Überblick, sondern eine modellhafte Analyse, die über die Gattungsgrenzen von Märchen, Novelle/Erzählung, Kurzgeschichte, Roman und Film als Kunstform hinweg Aufschluss über das Schauerphantastische dieser dänischen und schwedischen Werke gibt. Grundlage der Untersuchung sind psychoanalytische Perspektiven, die in der anglistischen Forschung zur Schauerfiktion etabliert sind sowie Aspekte aus der germanistischen Märchenforschung, die für eine Untersuchung des Unheimlichen relevant sind. Eine wichtige Rolle kommt der Analyse intertextueller Beziehungen zu, durch die die Texte sich zusätzlich in den Gattungsdiskurs der Schauerphantastik einschreiben.

Nur zwei der sechs Werke können der Kategorie der Unschlüssigkeitsphantastik zugeordnet werden, die Verfechter einer minimalistischen Phantastik-Definition in der Nachfolge von Tzvetan Todorovs *Einführung in die fantastische Literatur* (1970) als alleiniges Kriterium für Phantastik gelten lassen.[1] Die

---

[1] Zur minimalistischen und maximalistischen Definition von Phantastik vgl. Uwe Durst (2001), *Theorie der phantastischen Literatur* (Berlin 2007), besonders S. 29–69. Die Unterscheidung von „minimalistischen und maximalistischen Bestimmungen der phantastischen

anderen vier würden dem entsprechen, was Todorov in seiner Abgrenzung vom Phantastischen in Reinform als „unvermischt Unheimliches" bzw. „Fantastisch-Unheimliches", weil letztendlich rational erklärbar, und als „Wunderbares" bezeichnet hat.² Letzterem wären Märchen zuzurechnen und andere Texte, in denen übernatürliche Geschehnisse als solche nicht in Frage gestellt werden.

In dieser Arbeit wird die Kategorie ‚Phantastik' und ‚Phantastisches' weder maximalistisch-pauschal als Synonym für das Übernatürliche, Wundersame und Magische aufgefasst noch wird sie auf erzählerische *Unschlüssigkeit* zwischen rational erklärbaren und übernatürlichen Erscheinungen reduziert, wie minimalistische Positionen es fordern.

Das ‚Schauerphantastische' der in den folgenden Kapiteln analysierten Texte konstituiert sich primär aus den schaurigen Phantasien und Phantastereien von unzuverlässigen Ich-Erzählern oder Reflektor-Figuren und aus deren unheimlichen Selbstbespiegelungen und Projektionen verdrängter infantiler Komplexe. Diese Phantasien, deren adjektivische Ableitung im Allgemeinen ‚phantastisch' ist, erzeugen nur zum Teil den Anschein von etwas Übernatürlichem oder das auf den Leser übergreifende rätselhafte Verschwimmen von Traum, Wahn und Wirklichkeit, wodurch jeweils phantastische Unschlüssigkeit erzeugt werden kann.

Untersucht werden imaginäre Konstruktionen als Phantasie-Szenarien und *Imagines*, d. h. archetypische Bilder, die menschliche Wünsche, Obsessionen und Urängste widerspiegeln und aus denen sich die für Schauertexte charakteristische ödipale und narzisstische Struktur der jeweiligen Erzählung konstituiert.

Zur Abgrenzung von anders gelagerten Definitionen des Phantastischen und zur Spezifizierung des Schauerphantastischen soll hier das psychoanalytische Konzept des *Phantasmas* herangezogen werden. Dieser Begriff hat spezifischere psychoanalytische und philosophische Untertöne als das Wort ‚Phantasie'. Darauf haben auch J. Laplanche und J.-B. Pontalis in *Das Vokabular der Psychoanalyse* hingewiesen:

> Der deutsche Ausdruck ‚Phantasie' bedeutet ‚Imagination': Nicht so sehr das Vermögen, im philosophischen Sinne des Wortes zu imaginieren (Einbildungskraft), als die imaginäre Welt, ihre Inhalte, die schöpferische Aktivität, die sie belebt (das Phantasieren). Freud hat diese verschiedenen Auffassungen übernommen. Im Französischen gelangte der Ausdruck *fantasme* erst durch die Psychoanalyse wieder zur Anwendung, und als

---

Literatur" hat Durst mit Einschränkungen vom Skandinavisten Stephan Michael Schröder übernommen, der sie für seine Dissertation *Literarischer Spuk. Skandinavische Phantastik im Zeitalter des nordischen Idealismus* (1994) seinerseits einem Manuskript Hans Richard Brittnachers zu dessen Studie *Ästhetik des Horrors* (1994) entnommen zu haben scheint (vgl. Durst, S. 28, n56).

² Tzvetan Todorov (1970), *Einführung in die fantastische Literatur* (München 1972), S. 43.

solcher klingt mehr Psychoanalytisches in ihm an als in dem entsprechenden deutschen Ausdruck. Andererseits entspricht er diesem nicht genau, da seine Bedeutung begrenzter ist. Er bezeichnet diese imaginäre Bildung und nicht die Welt der Phantasien, die imaginative Aktivität im allgemeinen.[3]

Die Unterscheidung zwischen ‚Phantasie' und ‚Phantasma' findet sich bereits in einer Passage von Platons *Philebos* (39a/40a), auf die sich Giorgio Agamben bei seiner Rekonstruktion der mittelalterlichen Phantasmologie bezieht:

> Der Künstler, der im zitierten Passus von Platon der Seele die Abbilder (*eikónas*) der Dinge einzeichnet, ist die Phantasie, und tatsächlich werden diese ‚Ikonen' wenig später ‚Phantasmen' (*phantásmata*) (40a) genannt.[4]

Agamben sieht hier Erkenntnisse der Psychoanalyse vorgezeichnet:

> Das zentrale Thema des *Philebos* ist nicht die Erkenntnis, sondern die Lust, und wenn Platon darin die Frage nach der Erinnerung und der Phantasie wachruft, dann deshalb, weil es ihm darauf ankommt, zu zeigen, dass Begehren und Lust ohne dieses ‚Gemälde in der Seele' nicht möglich wären und dass es so etwas wie ein rein körperliches Begehren nicht gibt. Demnach steht das Phantasma – dank einer Anschauung, die Lacans These, dass ‚le phantasme fait le plaisir propre au désir', auf einzigartige Weise vorwegnimmt – von Beginn unserer Untersuchung an im Zeichen des Begehrens.[5]

Die Rede vom „Gemälde in der Seele" zeigt, in welch starkem Maße das Phantasma als ikonische/visuelle Konstruktion gesehen worden ist, wobei die Theorie nicht ausschließlich das Bild privilegiert hat, sondern auch interessiert war an linguistischen Deformationen durch das Unbewusste, auf die sich das Bild stützen kann. Der Unentscheidbarkeit der Frage, mit der sich schon Sigmund Freud anhand der Prozesse von Verschiebung und Verdichtung in *Die Traumdeutung* auseinandergesetzt hat, nämlich ob visuelle oder linguistische Konstruktionen hierbei die jeweils ursprünglicheren sind, trägt Herman Rapaport mit dem Titel seiner Studie *Between the Sign and the Gaze* Rechnung.[6] In seiner Untersuchung der unheimlichen Aspekte in Charlotte Brontës *Jane Eyre* geht er

---

[3] J. Laplanche/J.-B. Pontalis (1967), *Das Vokabular der Psychoanalyse* (Frankfurt/M. 1973), S. 388 unter „Phantasie".

[4] Giorgio Agamben (1977), *Stanzen: Das Wort und das Phantasma in der abendländischen Kultur* (Zürich/Berlin 2005), S. 125. Zu Konzepten wie *phantasia, phantasma, simulacrum, imago* und *visio* einer in der Antike wurzelnden Tradition seit Platon und Aristoteles vgl. außerdem Renate Lachmann, *Erzählte Phantastik: Zu Phantasiegeschichte und Semantik phantastischer Texte* (Frankfurt/M. 2002), bes. Kapitel I.: „Konzeptgeschichte und Phantasmagenese".

[5] Agamben, S. 125.

[6] Herman Rapaport, *Between the Sign and the Gaze* (Ithaca/London 1994), S. 5. Auch Todorov weist in seiner *Einführung in die fantastische Literatur* im Kapitel „Die Themen des Fantastischen" (a.a.O., S. 134) abschließend darauf hin, dass die „Tätigkeit des Psychoanalytikers" nicht nur Deutung sei, sondern „über den Mechanismus der Sprache, ihr inneres Funktionieren" aufkläre und „Verwandtschaft mit der des Linguisten" zeige.

auf die Klangform des Namens „Eyre" ein, der im Englischen in einer Reihe von Wörtern anklingt, die mit Albtraumhaftem und Furchterregendem assoziiert werden.[7]

Rapaport meint in der Einleitung zu seinem Abriss psychoanalytischer Phantasma-Theorien, es wäre in der oben zitierten Textstelle bei Laplanche und Pontalis exakter gewesen zu sagen, dass der Begriff *fantasme* einer ganzen Reihe von spezifischen imaginären Produktionen entspricht. Rapaport weist darauf hin, dass das Konzept des Phantasmas eine Besonderheit der französischen Psychoanalyse sei,[8] obgleich es in enger Verbindung mit Sigmund Freuds Terminus ‚Phantasie' stehe und als Oberbegriff für imaginäre Konstruktionen diene, mit denen Freud sich sein Leben lang beschäftigt hat:

> Although the concept of the *fantasme* is often said to originate in the writings of Sigmund Freud, it is specific to French psychoanalysis and functions as a general term for a number of imaginary constructions that Freud discussed throughout his long career. Dreams, delusions, hallucinations, primal scenes, day dreams, imaginary objects, introjected symbols, fantasies, complexes, and phylogenetic imagery are all expressions of the *fantasme*.[9]

Das Phantasma entziehe sich als Konzept einer eindeutigen Definition: „no singular theory or paradigm of the fantasm is sufficient to account for how the term has been applied".[10] (ein Schicksal, das es nicht nur mit dem Begriff ‚Phantastik' teilt.) Dennoch sei es, so Rapaport, einer der bedeutendsten Beiträge französischer Freudianer auf dem Feld der Psychoanalyse und repräsentiere einen Ansatz und einen Oberbegriff für Phänomene, für die Freud nie eine systematische Theorie oder Definitionstechnik entwickelt habe.[11] Zu diesen Phänomenen, die als Manifestationen des Phantasmas anzusehen sind, gehört Sigmund Freuds Konzept der *Urphantasien*, das von anderen Theoretikern wie J. Laplanche und J.-B. Pontalis aufgegriffen und erörtert worden ist und das in enger Beziehung zum Ödipus-Komplex, zu Narzissmus und Todestrieb steht.

---

[7] Rapaport, S. 114f.
[8] Ders., S. 2. Etliche der theoretischen Differenzierungen, die Rapaport in seinem Kapitel „Theories of the Fantasm" (S. 17–90) nennt, sind so spezifisch, dass sie für die vorliegende Arbeit wenig relevant sind, weswegen sie hier auch nicht vorgestellt werden.
[9] Ders., S. 17.
[10] Ders., S. 2.
[11] Ders., S. 17.

2. Ursprungsphantasien als Phantasmen: Urszene, Verführungs-, Inzest- und Kastrationsphantasien

In Erweiterung der allgemeineren Auffassung vom ‚Phantasma' als Bezeichnung für Trugbilder, Sinnestäuschungen, Visionen und Halluzinationen, deren Abgrenzung von etymologisch verwandten Begriffen wie ‚Phantom' oder ‚Phantasmagorie' unklar ist, verweist die Psychoanalyse auf spezifische imaginäre Konstruktionen. Herman Rapaport nennt in seiner Auflistung zusammen mit Phantasien und Träumen Urszenen, Komplexe und phylogenetische Metaphorik als Ausdruck des Phantasmas. Als Beispiel für einen Komplex aus Phantasmen führt Rapaport hier die Schwanen-Halluzination aus der Kindheit der frühen Freud-Schülerin Marie Bonaparte an. Diese beschäftigte sich in ihrer Kindheit obsessiv mit dem kurz nach ihrer Geburt eingetretenen Tod der Mutter, den sie in dieser Phantasie mit einem großen Schwan als infantilem, phallischen Angsttier assoziierte. Sie sah darin sowohl eine phylogenetische/kollektive als auch eine ontogenetische/individuelle Erinnerung. Der Traum repräsentiert drei Phantasmen: die Halluzination an sich, die Urszene als infantile sadistische Phantasie vom Geschlechtsverkehr der Eltern, aus dem das Subjekt hervorgeht, und eine Inzestphantasie, in der die Träumerin den Platz der Mutter einnimmt.[12] Dieser Angsttraum erinnert stark an die infantilen Angstneurosen und Phobien, die Sigmund Freud in den Krankengeschichten vom Wolfsmann und vom kleinen Hans vorstellt und in denen solche infantilen, mit sexuellen Handlungen assoziierten phallischen Angsttiere auftreten. An dieser Stelle wird bereits deutlich, wie eng Phantasma, ödipale Problematik und Angstvorstellung miteinander zusammenhängen. Der Schwan erinnert, natürlich, an den Mythos von Leda, die von Zeus in Gestalt eines Schwans besucht wird; solche Urszenen als Ausdruck infantiler Phantasien treten in einer Reihe von griechischen Mythen auf, in denen Weibliches von Männlichem in animalischer Gestalt oder als Naturgewalt heimgesucht wird, so zum Beispiel Danaë und Europa, die von Zeus in Gestalt von Goldregen und Stier missbraucht werden, oder Narziss' Mutter Liriope, der der Flussgott Cephisus mit seinen Fluten sexuelle Gewalt antut.[13] Signifikant an Bonapartes Halluzination ist auch, dass das Subjekt darin keinen festen Platz einnimmt, sondern sozusagen *in* der Szene enthalten ist – sowohl als Akteur als auch als Beobachter.

Auf diesen Aspekt gehen Laplanche und Pontalis in ihrem Essay „Fantasme originaire, fantasmes des origines, origine de fantasme" (1964)[14] ein. In diesem

---

[12] Ders., S. 18f.
[13] Eine vergleichbare infantile Phantasie kann man in der Vorstellung der unbefleckten Empfängnis Marias durch den Inkubus des Heiligen Geistes sehen.
[14] Ursprünglich erschienen in: *Les Temps Modernes*, 1964, 19, Nr. 215; hier zitiert aus der

gehen sie der Frage der Entstehung von Sigmund Freuds Konzept der Urphantasien im Jahr 1915 und dessen Beziehung zur Ödipus-Konfiguration nach. Unter „Urphantasien" sind, wie die beiden Autoren in ihrem parallel entstandenen *Vokabular der Psychoanalyse* kurz und bündig ausführen, universale „Phantasiestrukturen" zu verstehen, die Freud zufolge „ein phylogenetisch übermitteltes Erbteil darstellen". Hierzu zählen Phantasien vom intrauterinen Leben, also Mutterleibsphantasien; die Phantasie der Urszene als „Szene der sexuellen Beziehung zwischen den Eltern, die beobachtet oder aufgrund bestimmter Anzeichen vom Kind vermutet und phantasiert wird", im allgemeinen als „Akt der Gewalt von Seiten des Vaters"; Kastrationsphantasien als Phantasien vom Ursprung des Geschlechtsunterschieds, worin auch die Angst vor dem Vater zum Ausdruck kommt; Verführungsphantasien, bei denen „das Subjekt (im allgemeinen ein Kind) sexuelle Annäherungen oder reale Zugriffe eines Erwachsenen passiv erleidet".[15] In diesen Phantasien sind, so Laplanche und Pontalis, „imaginäre Szenarien" zu sehen, „durch die der Neurotiker und vielleicht ‚jedes menschliche Kind' die großen Rätsel seiner Existenz zu beantworten sucht". Das Gemeinsame der Urphantasien liegt darin, dass sie sich alle auf die „Ursprünge" des Subjekts beziehen.[16] Laplanche und Pontalis weisen in „Fantasme originaire, fantasmes des origines, origine de fantasme" auf den Unterschied zwischen Tagtraum und Urphantasie hin. Im Gegensatz zum bewusst inszenierten Tagtraum sei der Ort des Subjekts in der Urphantasie variabel; letztere zeichne sich durch das ‚Fehlen von Subjektifizierung' aus, ‚das Subjekt sei *in* der Szene anwesend',[17] wobei die Phantasie bevorzugter Ort für Abwehrmechanismen, Projektionen und Verleugnungen sei:

> In fantasy the subject does not pursue the object or its sign: he appears caught up himself in the sequence of images. He forms no representation of the desired object, but is himself represented as participating in the scene although, in the earliest forms of fantasy, he cannot be assigned any fixed place in it (…) As a result, the subject, although always present in the fantasy, may be so in a desubjectivized form, that is to say, in the very syntax of the sequence in question. On the other hand, to the extent that desire is not purely an upsurge of the drives, but is articulated into the fantasy, the latter is a favoured spot for the most primitive defensive reactions, such as turning against oneself, or into an opposite, projection, negation: these defences are even indissolubly linked with the primary function of fantasy, to be a setting for desire, in so far as desire itself originates as prohibition, and the conflict may be an original conflict.[18]

---

englischen Übersetzung mit dem Titel „Fantasy and the Origins of Sexuality", in: V. Burgin/J. Donald/C. Kaplan (Hrsg.), *Formations of Fantasy* (London/New York 1986), S. 5–34.
[15] Laplanche/Pontalis, *Das Vokabular der Psychoanalye*, a.a.O., unter „Urphantasien" und „Urszene", S. 573ff sowie unter „Verführung", S. 587.
[16] Diess., S. 574f.
[17] Diess., „Fantasy and the Origins of Sexuality", S. 22.
[18] Diess., S. 26f.

Laplanche und Pontalis nennen die Verführungsphantasie ‚Ein Vater verführt eine Tochter' als Beispiel, wo das Subjekt in der *Tochter*, im *Vater* und im Verb *verführt* lokalisiert werden kann. Ein weiteres Beispiel ist die Gewaltphantasie „Ein Kind wird geschlagen", die Sigmund Freud in seiner gleichnamigen Schrift vorstellt und in der Laplanche und Pontalis eine ‚tiefgehende strukturelle Verwandtschaft mit Urphantasien'[19] sehen. Das phantasierende Subjekt nimmt hier sowohl die Position des Beobachters, des Schlagenden und des Geschlagenen ein. Solche mit Abwehrmechanismen verknüpften Gewalt- und Verführungsphantasien repräsentieren als phantasmatische Spiegelprojektionen zentrale Elemente der in dieser Arbeit analysierten Texte.

In seinem Essay „Das Unheimliche" lokalisiert Freud unter anderem in jenen Phänomenen, die er anderswo als ‚Urphantasien' bezeichnet, Manifestationen des Unheimlichen, „welches von verdrängten infantilen Komplexen ausgeht, vom Kastrationskomplex, der Mutterleibsphantasie usw.".[20] „Beim Unheimlichen aus infantilen Komplexen" handle es sich, so Freuds berühmte Formulierung, „um die Wiederkehr des Verdrängten": „Das Unheimliche des Erlebens kommt zustande, wenn *verdrängte* infantile Komplexe durch einen Eindruck wieder belebt werden oder wenn *überwundene* primitive Überzeugungen wieder bestätigt scheinen".[21] So sieht Freud beispielsweise in der Angstvorstellung, lebendig begraben zu werden, eine „Umwandlung" der ursprünglichen, „von einer gewissen Lüsternheit" getragenen „Phantasie vom Leben im Mutterleib".[22] Die dieser Phantasie innewohnende Mischung aus Angst, Faszination und Lüsternheit bildet die Grundlage des Phantasmatischen.

Das Unheimliche in Schauertexten besteht häufig in einer Umkehrung von Ursprungsphantasien. Das Subjekt regrediert auf der Suche nach sich selbst auf seinen Ursprung. Die antiken Mythen von Ödipus und Narziss sind Repräsentationen solcher Regressionen. Beide Gestalten kehren als Verblendete und Blinde auf der Suche nach ihrer Identität in ihren mütterlichen Ursprung und ins Nichts zurück. Im Motiv der Verblendung bzw. Selbstblendung hat Sigmund Freud einen Ausdruck der Kastrationsangst gesehen. Sieht er in „Das Unheimliche" die Angst, scheintot begraben zu werden, als Variation der Mutterleibsphantasie an, so sucht er Manifestationen der Kastrationsphantasie am Beispiel von E.T.A. Hoffmanns Novelle *Der Sandmann* zu illustrieren, indem er die infantile Angst des Studenten Nathanael, seine Augen zu verlieren, als

---

[19] Diess., S. 22. Auch Herman Rapaport führt Freuds „Ein Kind wird geschlagen" als eine der Manifestationen des Phantasmas auf, als „modulation of a statement in which the subject's position shifts grammatically from active to passive", ders., a.a.O., S. 24.

[20] Sigmund Freud (1919), „Das Unheimliche", in: ders., *Der Moses des Michelangelo. Schriften über Kunst und Künstler* (Frankfurt/M 2004), S. 168.

[21] Ders., S. 168f.

[22] Ders., S. 163.

„Ersatz für die Kastrationsangst"[23] liest. Ebenso sieht er die Unheimlichkeit von abgetrennten Körperteilen zum Beispiel in Märchen in deren „Annäherung an den Kastrationskomplex"[24] begründet. Während Freud die Grundlage des Kastrationskomplexes stets in seiner wörtlichen Bedeutung in der Vater-Sohn-Problematik ansiedelte, wurde der Begriff von nachfolgenden Theoretikern auf weitere fundamentale Bereiche zwischenmenschlicher Beziehungen, im Besonderen auf die Mutter-Kind-Problematik und auf die zerstückelte Selbstwahrnehmung des infantilen Subjekts ausgeweitet, worauf weiter unten ausführlicher eingegangen wird. Die Angst vor dem Verlust der Augen ist auch lesbar als Angst vor dem Verlust transzendentaler Vision und künstlerischer Imagination. Hinter der engelsgleichen Maske der Puppe Olimpia offenbart sich nicht die Unsterblichkeit der *Olympischen*, sondern Abwesenheit, Chaos und schwarze Leere, angedeutet durch die „schwarzen Augenhöhlen", die an einen Totenschädel erinnern und mit Wahn und geistiger Umnachtung zu assoziieren sind: „Olimpias toderbleichtes Wachsgesicht hatte keine Augen, statt ihrer schwarze Höhlen".[25] In Hoffmanns Novelle repräsentiert jedoch nicht nur die Puppe als personifizierter „losgelöster Komplex"[26] und zerstörtes phallisches Identifikationsobjekt das Phantasma der Umkehrung des transzendentalen Egos, sondern auch die negativen Vater- und Schöpferfiguren. Die paternalen Bösewichte, die mit weiblicher Attrappe und Sehglas die Wahrnehmung des Studenten vampirisch infiltrieren und auf sadistische Weise dessen Naivität für ihre Experimente ausnutzen, sind nicht allzu weit von den teuflisch verzerrten Müttern des Volksmärchens entfernt, die ihre infantilen Opfer mit ihrem Hexenwerk manipulieren. Man hat es hier mit den Phantasmen von Seelenmord und Infantizid zu tun. Was Freud lediglich in einer Fußnote seines Essays als „durch Ambivalenz in zwei Gegensätze zerlegte Vater-Imago"[27] ausweist, lässt sich mit den Theorien der Schule Melanie Kleins als Regression auf die paranoid-schizoide Position des frühen Ich begreifen, das seine eigenen Aggressionen auf die Objekte projiziert und diese dadurch in ‚gute' und ‚böse' aufspaltet. In diesem Sinne wird denn auch die dämonische Vaterfigur Coppelius/Coppola an einer Stelle in *Der Sandmann* ein „Fantom unseres eigenen Ichs"[28] genannt. Ebenso kann das Phantasma der zerstückelten Puppe als ‚Phantom des Ichs' bezeichnet werden, das die psychotische Angst in Stücke zu zerfallen widerspiegelt.

---

[23] Ders., S. 150.
[24] Ders., S. 163.
[25] E. T. A. Hoffmann, *Der Sandmann* (Frankfurt/M. 1986), S. 55.
[26] Freud, „Das Unheimliche", S. 152, n1.
[27] Ders., S. 151, n1.
[28] Hoffmann, *Der Sandmann*, S. 24.

Patrizid, Matrizid, Infantizid und Geburtstrauma als Kastrationsphantasmen

Der Pariser Psychoanalytiker Jacques Lacan hat den ödipalen Kastrationskomplex als Phantasma bezeichnet, in welchem er „eine doppelte affektive Bewegung des Subjekts" gesehen hat: „Aggressivität gegenüber dem Elternteil, zu dem sein Sexualbegehren es in die Stellung eines Rivalen bringt; sekundäre Furcht, umgekehrt selber eine ähnliche Aggression zu erfahren".[29] Dem männlichen Kastrationskomplex liegt somit sowohl das Phantasma des Vatermords als auch das des ‚Sohnmords' zugrunde. Nicht nur die Phantasie des Patrizids, sondern auch des Filizids kommt im von Sigmund Freud herangezogenen Drama von Sophokles' *Ödipus Rex* und im Drama von Shakespeares *Hamlet* zum Ausdruck. Ödipus wird von seinem Vater mit durchgeschnittenen Sehnen ausgesetzt; Hamlet wird von seinem Stiefvater auf eine Reise ohne Wiederkehr geschickt. Psychoanalytiker wie Otto Rank und Melanie Klein, und in der Folge zum Teil auch Lacan selbst, haben die Kastrationsangst nicht primär zur ödipalen Vater-Sohn-Problematik und zum damit verknüpften Inzestverbot in Beziehung gesetzt, sondern zur Mutter-Kind-Problematik. So spricht Otto Rank von der „Ubiquität des ‚Kastrationskomplexes'", den er primär mit der „‚Urkastration' der Geburt, d.h. der Trennung des Kindes von der Mutter" und an zweiter Stelle mit dem Trauma der „Entwöhnung" in Verbindung bringt und „erst an dritter Stelle" auf das „höchstens als Drohung erlebte Genitaltrauma".[30] Kastrationsphantasien, die um eine Mutter-Kind-Problematik kreisen, spielen eine zentrale Rolle in Filmen von Ingmar Bergman, in denen zahlreiche ungewollte, ungeliebte oder verlassene Kinder und infantile Subjekte auftreten. Alle in der vorliegenden Arbeit untersuchten skandinavischen Werke kreisen um Varianten der infantilen Phantasmen von Vatermord, Muttermord, Kindsmord und Bruder- oder Schwestermord, auch in der Variante der phantasmatischen Zerstörung einer Figur, die als Schatten oder Doppelgänger empfunden wird. In Hans Christian Andersens „Snedronningen" beispielsweise treten mehrere Varianten dieser ödipalen Phantasmen auf: im Angriff der aufrührerischen Trollteufel auf die Vaterimago des „Vorherre", in der Zerstörung der die Mutterimago symbolisierenden Rosen durch den in einen Teufel mutierten kleinen Kay und im Schreckbild des kinderfressenden teuflischen Räuberweibs. Bei Andersen ist auch das Phantasma der schmerzhaften „Urkastration der Geburt" zu finden. In der Gestalt der kleinen Meerjungfrau, die sich nur durch die qualvolle, messerschnittscharfe Verwandlung ihres fetalen Fischschwanzes in menschliche Beine von ihrer Bindung an den Mutterleib bzw. das Meer abnabeln kann, ist ein Beispiel hierfür zu sehen.

---

[29] Jacques Lacan (1938), „Die Familie", in: *Schriften III* (Weinheim/Berlin 1994), S. 65.
[30] Otto Rank (1924), *Das Trauma der Geburt* (Gießen 1998), S. 22f.

3. Paranoid-schizoide Zerstückelungsphantasien

Melanie Klein: Projektive Phantasmen

Herman Rapaport nennt als weiteres Beispiel für Phantasmen ‚imaginäre Projektionen bei paranoidem oder psychotischem Verhalten' und führt in diesem Zusammenhang den Mechanismus von Projektion und Introjektion bzw. der Symbolisierung von Objekten an, die das Subjekt begehrt. Rapapart erwähnt hier Sigmund Freuds Aufsatz „Trauer und Melancholie" als Grundlage einer Theorie der Introjektion sowie Jacques Lacans Seminar „Desire and the Interpretation of Desire in *Hamlet*" (1977).[31] Lacans Schrift sieht in Ophelias Namen eine Verschlüsselung des griechischen Wortes „phallus" („O Phallos")[32] und identifiziert sowohl Ophelia als auch den Geist des toten Vaters als phallisches Phantasma und narzisstische Spiegelprojektion Hamlets, der nur zu Beziehungen mit Toten fähig ist. Obwohl Rapaport Introjektion, Objektbeziehung, Paranoia und Melancholie sowie Abwehrmechanismen anspricht, erwähnt er weder Melanie Kleins Theorie infantiler Objektbeziehungen und Phantasien noch ihre Untersuchung der Prozesse von Introjektion, Projektion und Objektspaltung oder ihre Unterscheidung von zwei Positionen verinnerlichter Objektbeziehungen, der paranoid-schizoiden und der manisch-depressiven Position. In der paranoid-infantilen Position, die die ersten Lebensmonate des Säuglings bestimmt, werden die vom infantilen frühen Ich als Verfolger erlebten introjizierten, d.h. verinnerlichten Objekte in der Phantasie angegriffen und zerstört, wobei Personen durch Partialobjekte repräsentiert sein können, durch die Mutterbrust oder andere Körperteile, zum Beispiel Furcht einflößende Geschlechtsteile. In der manisch-depressiven Position bildet die Trauer über das zerstörte Objekt den Wiedergutmachungsantrieb zur Wiederherstellung des geliebten Objekts, worin Klein auch die Grundlage für künstlerische Tätigkeit und Sublimierung sah.[33] Einen solchen Mechanismus kann man in Shakespeares Hamlet-Figur sehen. Am Grabe Ophelias, die er mit der Mutter gleichgesetzt und Wahnsinn und Zerstörung überantwortet hat, äußert Hamlet Trauer um „fair Ophelia", wodurch er das geliebte Objekt wiederherzustellen sucht. Nicht nur der Geist des toten Vaters und das schöne, wahnsinnige „Objekt Ophelia", wie es in Lacans oben genanntem Seminar genannt wird, repräsentieren projektive Phantasmen. Phantasmatisch sind

---

[31] Rapaport, S. 22.
[32] Vgl. Rapaport, ebd. und J. Lacan, „Desire and the Interpretation of Desire in *Hamlet*", in: Shoshana Felman (Hrsg.), *Literature and Psychoanalysis: The Question of Reading: Otherwise*, Yale French Studies 55/56 (1977), S. 20.
[33] Vgl. Hanna Segal, *Melanie Klein: Eine Einführung in ihr Werk* (München 1974), Kapitel 3 und 6.

auch Hamlets obsessive Vorstellungen von den ‚bösen' Elternfiguren Gertrude und Claudius beim Quasi-Inzest im Alkoven und die ebenso sadistischen wie paranoiden Phantasien und Projektionen beim Anblick des Totenschädels, des *objet d'art*, das er fasziniert betrachtet und in dem er nicht nur das Bild der Mutter und Ophelias, des *Objekts a*,[34] sondern auch sich selbst narzisstisch gespiegelt sieht. Mit einer solch narzisstischen Selbstbespiegelung, die sowohl eine Wunsch- als auch eine Abwehrprojektion darstellt, endet Karen Blixens Schauererzählung „Den gamle vandrende ridder", die in Kapitel III dieser Arbeit im Detail untersucht wird. Sigmund Freud hat auf das Unheimliche hingewiesen, das die meisten Menschen in allem sehen, „was mit dem Tod, mit Leichen und mit der Wiederkehr der Toten, mit Geistern und Gespenstern, zusammenhängt".[35] Den Grund hierfür sieht er in der Angst des Menschen vor dem Tod, dessen Faktizität in den Bereich des (Un)Heimlichen verdrängt wird. In der faszinierten Obsession mit Geistern und unverweslichen Skeletten oder Totenschädeln drückt sich zweierlei aus: die Wiederkehr der verdrängten Tatsache des eigenen zukünftigen Todes, aber auch die Illusion der Unsterblichkeit.

Die Angst des Subjekts vor Tod und Zerstörung spielt eine fundamentale Rolle in den Theorien von Melanie Klein. Sie selbst spricht in ihren Schriften und Analysen nicht von Phantasmen, sondern von infantilen Phantasien und phantastischen (d.h. imaginierten) Objekten, die in das Kind einzudringen, es zu zerreißen und aufzufressen drohen. Klein beschreibt in ihren Kinderanalysen aus der Praxis Beispiele von paranoiden Phantasien, in denen das kindliche Ich sich seines Leibesinhaltes beraubt und in Stücke geschnitten zu werden befürchtet. Sie war der Ansicht, dass „die erste äußere Angstquelle" im Geburtstrauma zu sehen sei, „dass das Wirken des Todestriebes die Furcht vor Vernichtung von innen her erzeugt und dass darin die primäre Ursache der Verfolgungsangst liegt". Bei der Geburt erlittener „Schmerz und Unbehagen" und „der Verlust des intrauterinen Zustandes" würden „als Angriff feindlicher Kräfte, d.h. als Verfolgung"[36] empfunden. Entbehrung, Trennungs- und Verfolgungsangst verbänden sich im Säugling von Anfang an mit seiner Objektbeziehung:

> Nach Melanie Kleins Auffassung verfügt das Kind im Augenblick der Geburt schon über genügend Ich, um Angst zu erfahren, Abwehrmechanismen anzuwenden und in Phantasie und Realität primitive Objektbeziehungen zu bilden. (...) Das unreife Ich des

---

[34] Zum Verweis auf Lacans Wortspiel zwischen *Objekt a* und *objet d'art* vgl. Philip Armstrong, *Shakespeare in Psychoanalysis* (London/New York 2001), S. 69.
[35] S. Freud, „Das Unheimliche", S. 161.
[36] Melanie Klein, „Über das Seelenleben des Kleinkindes", in: dies., *Das Seelenleben des Kleinkindes und andere Beiträge zur Psychoanalyse* (Reinbek bei Hamburg 1972), S. 144.

Säuglings ist von Geburt an der Angst ausgesetzt, die durch eine angeborene Triebpolarität – den sofort einsetzenden Konflikt zwischen Lebenstrieb und Todestrieb – ausgelöst wird. Es ist auch sogleich dem Ansturm der äußeren Wirklichkeit ausgesetzt, sowohl einer Angst erzeugenden Wirklichkeit wie dem Geburtstrauma, als auch einer Leben spendenden Wirklichkeit wie der Wärme, der Liebe und Nahrung, die es von der Mutter empfängt. Sieht sich das Ich der durch den Todestrieb ausgelösten Angst konfrontiert, so lenkt es diesen ab. Die von Freud beschriebene Ablenkung des Todestriebes besteht nach Melanie Kleins Auffassung teils in einer Projektion, teils in einer Umwandlung des Todestriebes in Aggression.[37]

Dieses frühe Ich spaltet sich und projiziert seine Auflösungs- und Destruktionstriebe, seine eigene (selbst)zerstörerische Negativität in die äußeren Objekte, vor allem in die durch die Phantasie entstellten Imagines der Eltern, die dann als böse empfunden werden, woraus Verfolgungsangst entsteht. Spätere paranoid-schizoide Desintegrationszustände beim älteren Kind und beim Erwachsenen scheinen eine Regression auf diese Entwicklungsstufe zu sein, die von unbewussten sadistischen Phantasien, Zerstückelungs- und Verfolgungsängsten geprägt ist.[38] Melanie Klein weist darauf hin, dass sich solche Abspaltungen zeitweise bei allen Menschen finden und dass sich „normale Störungen der Denkvorgänge auf die paranoid-schizoide Entwicklungsstufe zurückführen [lassen]".[39] Als „Frühstadien des Ödipus-Komplexes" hat Melanie Klein infantile Kastrationsängste bei beiden Geschlechtern beobachtet.[40]

Psychotische Bewusstseinszustände, albtraumhafte Zerstückelungsphantasmen und infantil-sadistische Projektionen werden vor allem in Kapitel IV und V dieser Arbeit an Ingmar Bergmans Film *Persona* untersucht sowie an mehreren Erzählungen von Dorrit Willumsen, in denen organische Objekte und weibliche Körperteile als phantasmatische Objekte und Verfolger wahrgenommen werden.

In einem Abschnitt seiner Studie *The Romantic Unconscious* hat sich David Punter mit der Frage auseinandergesetzt, inwiefern literarische Phänomene, im Besonderen Schauertexte, mit Melanie Kleins Objektbeziehungstheorie beleuchtet werden können. So seien Horace Walpoles *The Castle of Otranto* und Mary Shelleys *Frankenstein* mit ihren verfolgenden monströsen Körperteilen Darstellungen psychotischer Zustände, „landscapes of childhood, where enormous monsters rush around after us threatening to tear at our vitals, while all the time we suspect that they are of our own making".[41] Aus Punters Formu-

---

[37] Hanna Segal, S. 44.
[38] Klein, „Bemerkungen über einige schizoide Mechanismen", in: *Das Seelenleben des Kleinkindes*, S. 101–125.
[39] Dies., S. 114.
[40] Unter anderem in der gleichnamigen Schrift in ihrem Werk *Die Psychoanalyse des Kindes* (Wien 1932), Kapitel VIII, S. 133–158.
[41] David Punter, *The Romantic Unconscious: A Study in Narcissism and Patriarchy* (New York/London 1989), S. 133.

lierung „landscapes of childhood" und aus Melanie Kleins Untersuchung von kindlichen Phantasien des Gefressenwerdens wird auch ersichtlich, wie eng die Ängste, die im Schauerroman zum Ausdruck kommen, mit den infantilen Ängsten in Märchen zusammenhängen. Klein hat denn auch darauf hingewiesen, dass die „Angstinhalte und Abwehrmechanismen", die „die Grundlage der Paranoia" bilden, auch „der kindlichen Angst vor Zauberern, Hexen, wilden Tieren usw." zugrunde liegen, wobei sie im letzteren Fall „bereits projiziert und modifiziert"[42] sei.

Jacques Lacan:
Metamorphosen und Regressionen als Umkehrungen des Spiegelstadiums

Im Werk Jacques Lacans, bei dem man den Eindruck gewinnen kann, dass er selbst aggressive Impulse gegen Klein als eine der Mütter der Psychoanalyse gehegt zu haben scheint, spielt der Begriff des Phantasmas eine wichtige Rolle. In seinen Schriften setzt Lacan das Phantasma zu Kleins vorangegangenen Theorien in Beziehung. So spricht er vom „Phantasma der Teilung des mütterlichen Körpers"[43], welcher Klein zufolge in ein gutes und ein böses Objekt aufgespalten wird. An seiner psychoanalytischen Konkurrentin kritisiert er deren „Reduktion des Sublimierungsbegriffs auf einen restitutiven Versuch des Subjekts bezüglich des beschädigten Phantasmas vom mütterlichen Körper".[44] Lacans Kritik an Klein und deren Akzent auf der von S. Freud vernachlässigten frühkindlichen Mutterbeziehung gegenüber dem von Lacan als unhintergehbar postulierten ‚Gesetz des Vaters' soll hier nicht weiter interessieren. Lacan scheint Klein manches zu verdanken. Die „Phantasmen der Zerstückelung", mit denen er Freuds Konzept des Kastrationskomplexes in die präödipale Phase erweitert, setzt Lacan in Beziehung zu Klein, indem er in „Die Familie" feststellt, dass dem Kastrationsphantasma „in der Tat eine ganze Reihe von Phantasmen voraus[geht], die die Zerstückelung des Körpers imaginieren und in regressiver Richtung von der Ausrenkung und Zerteilung über die Entmannung und das Bauchaufschlitzen bis zum Gefressen- und Begrabenwerden führen". Eine „Untersuchung dieser Phantasmen" zeige, „dass sich ihre Reihe einer Form des zugleich zerstörenden und erforschenden Eindringens einschreibt, das aufs Geheimnis des Mutterschoßes zielt".[45] Solche „auf das Geheimnis des

---

[42] Melanie Klein, „Zur Psychogenese der manisch-depressiven Zustände", in: *Das Seelenleben des Kleinkindes*, a.a.O., S. 45f.
[43] J. Lacan, (1960/64), „Die Stellung des Unbewussten", in: ders., *Schriften II* (Weinheim/Berlin 1991), S. 227.
[44] Ders., (1960), „Das Problem der Sublimierung", in: ders., *Das Seminar VII. Die Ethik der Psychoanalyse* (Weinheim/Berlin 1996), S. 132.
[45] Jacques Lacan, „Die Familie", a.a.O., S. 69.

Mutterschoßes" fixierten Phantasmen lassen sich gut an Hans Christian Andersens Figur der Meerhexe in „Den lille havfrue" vergegenwärtigen, deren abscheuliche Unterwasserwelt mit ihren phallischen und nabelschnurartigen Polypen und dem auf Menschenknochen erbauten Haus ein Phantasma des Mutterleibs repräsentiert. Als ein Beispiel für die „Forscher, die den mütterlichen Ursprung dieser Phantasmen am besten begriffen haben", nennt Lacan Melanie Klein und ihre Schrift über die „Frühstadien des Ödipus-Komplexes", wobei er auf die „Irrealität ihrer Struktur" verweist, denn eine „Untersuchung dieser Phantasmen, die man in den Träumen und in bestimmten Impulsen findet", erlaube, so Lacan, „die Behauptung, dass sie sich auf keinen wirklichen Körper beziehen, sondern auf ein heteroklites Mannequin, eine barocke Puppe, eine Gliedertrophäe". Darin sei „das narzisstische Objekt zu erkennen", das dem Subjekt als „Abwehrfunktion gegen die Angst vor vitaler Zerrissenheit" diene:

> Das Phantasma stellt die Abwehr dar, die das narzisstische, mit seinem Spiegeldoppelgänger identifizierte Ich der Angsterneuerung entgegensetzt, die es im ersten Augenblick des Ödipus zu erschüttern droht.[46]

Solche reaktivierten destruktiven Abwehrmechanismen des Subjekts gegen ein die frühe Mutter repräsentierendes Objekt lassen sich in allen in dieser Arbeit behandelten Werken identifizieren. So werden zum Beispiel in den Phantasien von Karen Blixens und Dorrit Willumsens männlichen Protagonisten, die einer ebenso sexistischen und narzisstischen Inthronisierung der Imago des Vaters anhängen wie offenbar Lacan selbst,[47] vor allem weibliche Gestalten als Spiegelbilder des Ich in Puppen und andere tote, nekrophile Objekte transformiert, in denen die Betrachter sich narzisstisch und in einem Akt von Aneignung, Abwehr und Selbstverleugnung spiegeln. Die Auffassung vom Phantasma als Abwehrmechanismus formuliert Jacques Lacan auch in seiner berühmten Schrift „Das Spiegelstadium als Bildner der Ich-Funktion".[48] Dort beschreibt er die Entwicklungsstufe, in der das kleine Kind im Alter zwischen sechs und achtzehn Monaten, „das noch eingetaucht ist in motorische Ohnmacht und Abhängigkeit von Pflege",[49] zum ersten Mal sein eigenes Bild im Spiegel erkennt: die Imago seines Ich, während es noch weit davon entfernt ist, ‚ich' sagen zu können. Hat sich das Kind bis dahin lediglich als Körper in Einzel-

---

[46] Ders., ebd.
[47] Vgl. Hanna Gekles kritische Untersuchung von Jacques Lacans „Lobgesang" auf die Imago des Vaters in: dies., *Tod im Spiegel: Zu Lacans Theorie des Imaginären* (Frankfurt/M. 1996), S. 126ff.
[48] Jacques Lacan (1949), „Das Spiegelstadium als Bildner der Ich-Funktion", in: ders., *Schriften I* (Weinheim/Berlin 1991), S. 62–70.
[49] Ders., S. 64.

teilen wahrgenommen, so sieht es sich nun zum ersten Mal erfreut als optische Einheit, gewöhnlich vom Arm der Mutter oder von einem Stützapparat aus, wobei es „in einer Art jubilatorischer Geschäftigkeit aus den Fesseln eben dieser Stütze aussteigen, sich in eine mehr oder weniger labile Position bringen und einen momentanen Aspekt des Bildes noch einmal erhaschen will, um ihn zu fixieren".[50] In diesem Akt imaginärer Selbsterkenntnis liegt zugleich etwas Halluzinäres: „Die totale Form des Körpers, kraft der das Subjekt in einer Fata Morgana die Reifung seiner Macht vorwegnimmt, ist ihm nur als ‚Gestalt' gegeben".[51] Die Phantasmen der zerstückelten Selbstwahrnehmung gehen, so Lacan, in die Phantasmen einer „wahnhaften Identität"[52] über:

> Das Spiegelstadium ist ein Drama, dessen innere Spannung von der Unzulänglichkeit auf die Antizipation überspringt und für das an der lockenden Täuschung der räumlichen Identifikation festgehaltene Subjekt die Phantasmen ausheckt, die, ausgehend von einem zerstückelten Bild des Körpers, in einer Form enden, die wir in ihrer Ganzheit eine orthopädische nennen könnten, und in einem Panzer, der aufgenommen wird von einer wahnhaften Identität, deren starre Strukturen die ganze mentale Entwicklung des Subjekts bestimmen werden.[53]

Die Bezeichungen, mit denen Lacan die Imago des ganzen Körpers im Spiegel umschreibt, „Fata Morgana", „orthopädisch", „Panzer", „wahnhafte Identität", zeigen, dass das Spiegelstadium die illusionäre Erfüllung des menschlichen Wunsches nach Ganzheit repräsentiert und dass in dieser Illusion der Vollkommenheit auch etwas Obsessives und Pathologisches liegt. Die entzückte Selbstbetrachtung des Kindes, das sich seinem nicht-greifbaren imaginären Doppelgänger im Spiegel entgegenreckt, wobei es sich aus den Armen der Mutter, seines biologischen Ursprungs, zu befreien sucht, ist im Narziss-Mythos vorgezeichnet. In Lacans Vortrag über „Das Spiegelstadium" bleibt dieser unerwähnt, doch könnte Lacans Theorie „gleichwohl nicht ohne diesen Mythos als selbstverständliche Grundlage auskommen".[54] Ovids Version des Mythos[55] sind mehrere Phantasmen inhärent. Dazu zählt die weiter oben bereits genannte gewaltsame Urzene, aus der der schöne Jüngling Narziss hervorgeht, dessen autistische Identifikation mit dem imaginären Ich (mit dem illusionären Ideal-Ich, bei Lacan als *moi* bezeichnet) und die primär-narzisstische Umkehrung dieser Ich-Formation in Auflösung, Metamorphose und Regression ins feuchte Pflanzenreich, aus dem er als Sohn des Flussgottes und der Nymphe Liriope, der *leirion* genannten blauen Lilie oder Iris[56] hervorgegangen ist. Sein Tod am

---

[50] Ders., S. 63.
[51] Ders., S. 64.
[52] Ders., S. 67.
[53] Ebd.
[54] Gekle, a.a.O., S. 34.
[55] Ovid, *Metamorphosen*, III, 340–511.
[56] Robert Ranke-Graves (1955), *Griechische Mythologie. Quellen und Deutung* (Reinbek bei Hamburg 2001), Kapitel 85.1, S. 261.

Wasser und seine Metamorphose in eine Narzisse ähneln stark dem Untergang von William Shakespeares wahnsinniger Ophelia, die inmitten ihrer Blumen im Fluss ertrinkt. Rosemary Jackson hat in ihrer Phantastik-Studie *Fantasy: The Literature of Subversion* darauf hingewiesen, dass Phantasien, die um die Umkehrung des Prozesses der Ego-Formation kreisen, ein zentrales Merkmal phantastischer Literatur sind. Was in der vorliegenden Arbeit als ‚Phantasmen' bezeichnet wird, nennt Jackson „fantasies":

> Fantasies try to *reverse* or rupture the process of ego formation which took place during the mirror stage, i.e. they attempt to re-enter the imaginary. (...) 'Corporal disintegration is the reverse of the constituents of the body during the mirror phase, and it occurs only at those times when the unified and transcendent ego is threatened with dissolution'. A fantasy of physical fragments corresponds, then, to a breakdown of rational unity.[57]

In Narziss' Sehnsucht nach der Vereinigung mit seinem Spiegelbild ist nicht nur das Verlangen nach dem eigenen Ich impliziert, sondern auch der gegenläufige unbewusste Wunsch des Subjekts nach Regression und Rückkehr in das elterliche Element, in seinen Ursprung, wie Hanna Gekle mit einer Aussage Lacans vermerkt: „Das Streben des Subjekts nach Wiederherstellung der verlorenen Einheit seiner selbst nimmt von Anbeginn an die zentrale Stellung im Bewusstsein ein":[58]

> So die apodiktische These Lacans, aus der sich seine Konzeption des Narziss herleitet. Denn der Narziss Lacans, wiewohl in sein eigenes Spiegelbild vergafft und dauernd auf der Suche nach einem Objekt, in dem er nur sich selber sieht, ist nicht so sehr ein Eitler. Er ist vor allem ein Unglücklicher, denn er ist von Beginn an ein dem Tod Verfallener. (...) Wenn Narziss, an seiner Quelle sitzend, sein Spiegelbild als Inbegriff erotischer Verführung entdeckt, mit dem er ebenso verzweifelt wie hoffnungslos die Vereinigung erstrebt, so ist er, selbst noch in diesem Streben, Opfer einer Täuschung. Denn es ist letztlich nicht das eigene Spiegelbild, mit dem er die Vereinigung wünscht; dahinter liegt der Wunsch nach Vereinigung mit der Quelle selber: die Verschmelzung mit der Mutterimago, Rückkehr in den Mutterschoß.[59]

Narziss' Verlangen nach sich selbst ist zugleich Ausdruck seines Todestriebs. Ovids *Metamorphosen*, in denen menschliche und anthropomorphe Protagonisten durch eigenes oder fremdes triebhaftes Begehren zerstückelt oder wie Narziss in Frühlingsblumen, Tiere, Bäume, Flüsse, Quellen und Gestein verwandelt werden, lassen sich zu den zentralen Motiven von Metamorphose, Entropie, Todestrieb und Zerstückelung in der Phantastik in Beziehung setzen. Rosemary Jackson sieht zwar in ihrer Studie *Fantasy* keinen Zusammenhang

---

[57] Rosemary Jackson, *Fantasy: the Literature of Subversion* (London/New York 1981), S. 90f.
[58] Lacan, „Die Familie", a.a.O., S. 59.
[59] Gekle, a.a.O., S. 90f.

zwischen der modernen Phantastik und Ovid, den sie praktisch gar nicht erwähnt; ebenso wenig äußert sie sich zum Narziss-Mythos als Grundlage des Spiegelstadiums, in dessen Umkehrung sie doch ein entscheidendes phantastisches Moment sieht. Am Beispiel von Autoren wie de Sade und Lautréamont zeigt sie jedoch die zentrale Bedeutung auf, die der Freudschen Todestrieb-Theorie innerhalb der Phantastik zukommt. Sigmund Freuds bis auf den heutigen Tag umstrittenes Konzept des Todestriebs postuliert die These, dass „alles Lebende aus inneren Gründen stirbt, ins Anorganische zurückkehrt": „Das Ziel allen Lebens ist der Tod".[60] Alles Lebende strebe nach der Auflösung und Verschmelzung der organischen Formen, nach der „Todesruhe der anorganischen Existenz", wie der Freud-Schüler Ferenczi in seinem Ansatz, Psychoanalyse und Evolutionstheorie zu verbinden, äußert.[61] Die „zwingende Verbindung zwischen Narzissmus und Todestrieb" habe Freud selbst „allerdings außer Acht gelassen", wie André Green im Vorwort zu seinen *Studien über Lebensnarzissmus und Todesnarzissmus* bemerkt.[62] Aus der primären regressiven Selbstbezogenheit der Narziss-Figur leitet sich Freuds mehrfach modifizierter Begriff des ‚primären Narzissmus' ab:

> Bei Freud kennzeichnet der ‚primäre Narzissmus' allgemein den ersten Narzissmus, den des Kindes, das sich selbst zum Liebesobjekt nimmt, bevor es äußere Objekte wählt. (…) Später (…) bezeichnet Freud mit dem Ausdruck ‚primärer Narzissmus' einen sogar vor der Bildung eines Ichs gelegenen ersten Zustand des Lebens, dessen Urbild das intrauterine Leben sei.[63]

Jackson gebraucht den Begriff ‚Metamorphose' im Hinblick auf die regressiven Triebe und Auflösungstendenzen des Subjekts – „Movement and stillness, life and death, subject and object, mind and matter, become as one"[64] – und weist dabei gleichzeitig auf den antinomischen Charakter des Phantastischen hin, der auch der Identitäts- und Todesproblematik des Narziss-Mythos inhärent ist:

> The impossibilities upon which the fantastic narratives are structured (they have been defined as antinomical, oxymoronic in structure) can be related to this drive towards a realization of contradictory elements merging together in the desire for undifferentiation (…) Metamorphosis, with its stress upon instability of natural forms, obviously plays a large part in fantastic literature (…) Men transforming into women, children

---

[60] Sigmund Freud, „Jenseits des Lustprinzips", in: ders., *Psychologie des Unbewussten* (Frankfurt/M. 1989), S. 248.
[61] Sándor Ferenczi, „Versuch einer Genitaltheorie", in: ders., *Schriften zur Psychoanalyse II*, (Gießen 2004), S. 372.
[62] André Green (1982), „Vorwort: Der Narzissmus und die Psychoanalyse", in: ders., *Die tote Mutter: Psychoanalytische Studien zu Lebensnarzissmus und Todesnarzissmus* (Gießen 2004), S. 13.
[63] J. Laplanche/J.-B. Pontalis, *Das Vokabular der Psychoanalyse*, a.a.O., S. 321.
[64] Jackson, S. 80.

changing into birds or beasts, animals interchanging with plants, rocks, trees, stones, magical shifts of shape, size or colour, have constituted one of the primary pleasures of the fantasy mode.[65]

Mit Traummetamorphosen, die stark surrealistischen Charakter haben, arbeitet Ingmar Bergman in seinem unheimlichen Film *Persona*, wo Traumbilder von Felsen, Steinen, Bäumen, toten Körpern und Körperteilen, Geschlechtsteilen und unheimlichen Tieren assoziativ aufeinander folgen und Ausdruck von Zerstückelungs- und Kastrationsphantasien sind.

Dass Narziss sein Spiegelbild im Wasser zu greifen sucht, in dem Element, das in diesem Mythos nicht nur das Mütterliche, sondern auch das Väterliche in der Gestalt des Flussgottes repräsentiert, zeigt die enge Beziehung zwischen Ödipus und Narziss auf – „Die Assoziation zu Ödipus ist fast zwingend"[66] –, suchen doch beide mythischen Gestalten vergeblich nach dem Geist des Vaters als Identifikationsobjekt, der nur ein dubioses negatives Phantom ist. Die Protagonisten in den Texten von Andersen, Blixen, Bergman usw. repräsentieren solche Narziss-Gestalten, die narzisstische Identifikationen mit Phantomen, mit toten oder morbiden Objekten vornehmen. In solchen in *objet d'arts* transformierten Objekten und Personen – Jacques Lacans *Objekte a* – sehen sie nicht nur ihr imaginäres Ideal-Ich widergespiegelt, sondern auch ihre regressiven Tendenzen, ihren Todestrieb, ihre Negativität, ihre Angst und ihren infantilen Sadismus. In *Le Séminaire X: Angoisse* (1962–1963) identifiziert Lacan das Phantasma mit Angst und weist darauf hin, dass beides innerhalb einer gemeinsamen Beziehung zu einem Objekt des Begehrens zu identifizieren sei, das eher ein entfremdendes als ein vereinendes Merkmal sei.[67] In seinen *Erläuterungen zu Lacans Seminar X* hat Peter Widmer darauf hingewiesen, dass das *a* „als eine Abkürzung für *angoisse*, Angst"[68] aufzufassen sei. Man hat es hier mit den Wunsch- und Abwehrmechanismen zu tun, die Sigmund Freud als ‚Projektion' bezeichnet hat und die in enger Beziehung zur Identifizierung stehen: „Die Projektion erscheint immer als eine Abwehr, in der das Subjekt dem Anderen – Person oder Sache – Qualitäten, Gefühle, Wünsche, die es ablehnt oder in sich selbst verleugnet, unterstellt".[69]

---

[65] Dies., S. 80f.
[66] Vgl. André Green zum Narziss-Mythos, in: „Einer, Anderer, Neutrum: Narzisstische Wertskalen desselben" (1976), in: ders., *Die tote Mutter*, S. 83.
[67] Rapaport, S. 69.
[68] Peter Widmer, *Angst: Erläuterungen zu Lacans Seminar X* (Bielefeld 2004), S. 64.
[69] Laplanche/Pontalis, *Das Vokabular der Psychoanalyse*, S. 403.

4. Maskierungen infantiler Gestalten

Die Protagonisten in den Texten von Andersen, Blixen, Bergman, Willumsen, Jensen und Hermanson, bei denen es sich größtenteils um Ich-Erzähler handelt, stellen Maskierungen infantiler Komplexe dar. In H.C. Andersens „Snedronningen" tritt der rebellische Teufel als ödipale Personifikation und Zerrbild des rationalistischen Wissenschaftlers auf und der kleine Kay wiederum ist eine Verkörperung des Infantilen im Wissenschaftler, Friedrich Nietzsches „Kind im Manne",[70] wenn man so will. In Karen Blixens „Den gamle vandrende ridder" ist es die Gestalt des gealterten aristokratischen Jünglings, der als Persona des narzisstischen Ich auftritt und sich zudem in zahlreichen Ich-Gestalten aus Mythos und Literatur spiegelt. In Ingmar Bergmans Film *Persona* verbergen sich infantil-narzisstische Negativität und Destruktivität hinter der Künstler-Maske der schönen Schauspielerin und hinter der Alltagsmaske der altruistischen Krankenschwester, die auf der Suche nach ihrer Identität zwischen sozialem Ich-Ideal und individuellem Ideal-Ich mit ihrer Doppelgängerin und der un*heimlichen* Person in sich selbst konfrontiert wird. In den Texten von Dorrit Willumsen, Louis Jensen und Marie Hermanson treten ebenfalls adoleszente Gestalten, Künstler und teuflische oder verrückte Wissenschaftler auf, die ihre verdrängten infantilen Komplexe und sadistischen Impulse auf Objekte projizieren. Diese Objekte sind möglicherweise rein imaginär und gar nicht real vorhanden oder sie werden illusionär, d.h. durch die Phantasie entstellt wahrgenommen und der jeweilige Betrachter sieht darin etwas objektiv nicht Vorhandenes gespiegelt, die Projektion von etwas Subjektivem. Zu solchen phantasmatischen imaginären oder illusionären Objekten zählen die unsichtbaren tropischen Schmetterlingspuppen in Marie Hermansons *Värddjuret*, die ein Spiegelbild nicht erwachsen gewordener Mädchen und Mütter sind und möglicherweise nur als Fiebertierchen in der Phantasie existieren. Leichenteile wie Skelett und Totenschädel als gespenstische Spiegelbilder des gealterten Jünglings repräsentieren solche Objekte ebenso wie auch andere Körperteile oder zerstörte Körper, die als Phantasmen des zerstückelten Körpers abschreckend und anziehend zugleich sind und mit morbider Faszination wahrgenommen werden. In dieser Mischung aus Illusion, Angst und Faszination ist das Gespenstische des Phantasmas zu sehen:

> A *fantasm*, in English, is both a ghost and an image in the mind. (...) Historically, the power of a compelling work of fiction to take over its reader has been the subject of as much fear as fascination, for the images produced in the mind have disconcerting

---

[70] Friedrich Nietzsche, *Also sprach Zarthustra: Ein Buch für Alle und Keinen* (München 1999), S. 55: „Im echten Manne ist ein Kind versteckt: das will spielen. Auf, ihr Frauen, so entdeckt mir doch das Kind im Manne!"

parallels to ghosts. Seeing them in their ghostly aspects may underscore the characteristics peculiar to mental images and their effects upon readers.
The source of those images cannot be in the words themselves: the text is only a pretext for their release. It must be largely from the unconscious that such images are drawn (...) an unconscious that (...) is more visual than is currently assumed.[71]

Die oben genannten skandinavischen Primärtexte gehören strukturell der Gattung der Romanze an bzw. enthalten Elemente der Romanze, die sie umkehren, indem sie die Kehrseite des seit der Romantik idealisierten Kindlichen offenbaren. Ihre Protagonisten reifen nicht, sondern regredieren auf infantil-narzisstische, sadistische und paranoid-schizoide Bewusstseinszustände. Auf den regressiven Charakter der Romanze und deren „generische Ähnlichkeit" mit der Tragödie hat Patrick Brantlinger im Zusammenhang mit Freuds Todestriebtheorie hingewiesen:

> Erziehungs- und Ichentwicklungsprozesse sind schmerzhaft und schwierig. Sie verlangen, dass viel von dem verdrängt wird, was wir auf früheren Entwicklungsstufen für lustvoll hielten. Wie Träume trägt uns die *romance* rückwärts über den Weg dieses schmerzhaften Vorgangs der Ausreifung und verspricht uns eine kurze Frist frei von Hemmung und Verdrängung. Sie verfolgt die Auflösung des Ichs und ahmt dabei den Tod nach – sie ist also zugleich angenehm und schreckhaft, belustigend und voller Schuldgefühle. (...) Diese Ähnlichkeit zwischen *romance* und Tragödie deutet darauf hin, dass diese erhabenste aller literarischen Gattungen auch regressiv ist. Darin liegt kein Widerspruch. Wenn wir das Wort ‚infantil' mit elementar gleichsetzen, dann führt uns die Tragödie zu unseren Wurzeln zurück, d.h. zu dem, was wir in uns selbst für universal und grundlegend halten.[72]

Die Texte, um die es im Folgenden geht, enden nicht mit einer Reifung, wie sie für Bildungsroman und Volksmärchen typisch ist, sondern kehren in einer Zirkelbewegung wieder zu ihrem Anfang zurück. Diese narrative Bewegung ist Ausdruck der narzisstischen und ödipalen Struktur und korrespondiert mit der Beobachtung, die Maggie Kilgour im Zusammenhang mit der Entstehung des englischen Schauerromans und dessen Beziehung zur Romantik gemacht hat. Schauerfiktion, so Kilgour, habe Kinder im Fokus, „who do not grow up, or who become eccentrics, whose development is not teleological but caught in a repetition compulsion":

> For the Romantics (...) art is able to recover the paradise lost of childhood and the artist is a version of the child (...). The gothic both represents and distorts the Romantic artist's attempt to recover an earlier stage of individual development, childhood, which is idealised, like the gothic middle ages, as a time of symbiotic unity and oneness with the world before the alienation of adulthood set in. The gothic thus

---

[71] Peter Schwenger, *Fantasm and Fiction* (Stanford 1999), S. 5.
[72] Patrick Brantlinger, „Romances, Romane und Psychoanalyse", in: Claire Kahane (Hrsg.), *Psychoanalyse und das Unheimliche: Essays aus der amerikanischen Literaturkritik* (Bonn 1981), S. 38f.

constructs a distorted version of the *Bildungsroman*'s narrative of normal maturation. (...) Like its ancestor, the romance, the gothic has been associated with the pre-oedipal, oral phase, and thus with the failure of normal maturation. In its structure, settings, and characters it presents a view of an identity which has not evolved triumphantly into Lockean unified person, but remains trapped in the past, fragmented, incoherent, and divided.[73]

Die vorliegende Arbeit will unter anderem eine Wahrnehmung und Darstellung des Kindlichen durch skandinavische Autoren aufzeigen, die hinter der oft mit Skandinavien assoziierten Idylle von Kindheit und Kindlichkeit meisterhaft die Nachtseite des Kindlichen in Märchen und Schauerphantastik offenlegen. Die Untersuchung beginnt chronologisch mit Hans Christian Andersens Märchen „Snedronningen", dessen kindliche Protagonisten wie andere, vergleichbare Gestalten im Werk des dänischen Märchendichters das Ideal eines ambivalenten Kindheitsparadieses verkörpern. Dieses Paradies ist zugleich auch ein Gefängnis, dessen Insassen nie reifen und erwachsen werden und über denen die phantasmatischen Imagines des Väterlichen und Mütterlichen schweben wie der Geist von Großmutter und Teufel über den Kinderstühlen von „lille Kay" und „lille Gerda". Dieselben Geister schweben über den Hamlet-Gestalten von Karen Blixens ‚altem wandernden Ritter' und von Ingmar Bergmans todessehnsüchtiger Knabengestalt im Limbus, mit der *Persona* beginnt und endet. Das Schaurige, das in Andersens „Snedronningen" in spätromantischem Gewand daherkommt und in dessen Femme fatale-Figur man symbolistische Gestalten des *Fin de siècle* vorgezeichnet sehen kann, manifestiert sich bei Karen Blixen, Ingmar Bergman und Dorrit Willumsen in teils symbolistischer, teils expressionistischer und teils surrealistischer Façon. In Dorrit Willumsens modernistischen Erzählungen „Modellen Coppelia" und „Knagen" und in Louis Jensens Erzählung „Insektmanden" stehen pathologische und infantile Wahrnehmungen im Zentrum, die sich – wie verschiedene Elemente bei Bergman – zu surrealistischen Zerstückelungs- und Kastrationsphantasien in Beziehung setzen lassen; dies erfolgt in der hier vorgenommenen Analyse unter anderem im Rückgriff auf die „Verbindung von Kunst und Psychiatrie in Personalunion" durch Jacques Lacan und Salvador Dalí, in dessen paranoischen Kompositionsprozessen „die Erfahrung des Doppeltseins, der Ich-Gespaltenheit, des zerstückelten Körper-Ichs und der Selbstentfremdung"[74] zum Ausdruck kommt. Den Schluss bildet die Analyse von Marie Hermansons zeitgenössischem Schauerroman *Värddjuret*, der sich aus Schauermärchen und Schauerroman gleichermaßen speist und um dieselben infantilen Komplexe kreist wie die anderen Primärtexte; dazu zählen Angstträume und Phantastereien über

---

[73] Maggie Kilgour, *The Rise of the Gothic Novel* (London/New York 1995), S. 36f.
[74] Vgl. Gekle, a.a.O., S. 142.

scheintote Zustände, dubiose und parasitische Vaterfiguren und über auf imaginäre Puppen projizierte, nicht erwachsen gewordene Mädchen. Der größere Teil der in dieser Studie versammelten Analysen entfällt auf die Kapitel III und IV, da in der Untersuchung der Schauerelemente bei Karen Blixen und Ingmar Bergman besonders stark auf zahlreiche aufschlussreiche intertextuelle Beziehungen zu anderer Schauerfiktion sowie auf intratextuelle Bezüge zu weiteren Werken besonders des Filmemachers eingegangen wird.

Zu den Intertexten, deren Miteinbeziehung bzw. Erwähnung hier insgesamt für die Analyse des Unheimlichen und Schauerphantastischen von Nutzen ist, gehören Werke aus Weltliteratur, Bildender Kunst und Film, darunter, um nur einige davon an dieser Stelle zu nennen: Ovids *Metamorphosen*, Chrétien de Troyes' *Perceval*, William Shakespeares *Hamlet*, Horace Walpoles Schauerroman *The Castle of Otranto*, Johann Heinrich Füsslis Gemälde *Der Nachtmahr*, E.T.A. Hoffmanns Novelle *Der Sandmann*, Vampir-Fiktion wie Samuel Taylor Coleridges Gedicht *Christabel*, Joseph Sheridan Le Fanus „Carmilla" aus der Erzählsammlung *In a Glass Darkly*, Bram Stokers *Dracula* und der Film *Vampyr* des dänischen Regisseurs Carl Theodor Dreyer, Oscar Wildes Novelle *The Picture of Dorian Gray*, mehrere Gemälde englischer Symbolisten wie zum Beispiel J.W. Waterhouse, mehrere Dramen von Henrik Ibsen und August Strindberg, darunter *Lille Eyolf* und *Fadren*, Edward Munchs Lithographie *Madonna*, H.G. Wells' *The Island of Doctor Moreau*, *Das Kabinett des Dr. Caligari* von Robert Wiene, mehrere Werke von Salvador Dalí, darunter *La Métamorphose de Narcisse* sowie eine Reihe von Grimms *Kinder- und Hausmärchen*.

KAPITEL II
H. C. Andersens „Snedronningen": ein Schauermärchen?

1. Das Phantasma des Trollteufels als Doppelgänger und Zerrbild des transzendentalen Egos

Hans Christian Andersens Märchen „Snedronningen" (1845) beginnt mit einer infantilen Angstphantasie. Dieses Szenario repräsentiert als Ganzes ein Phantasma, das weitere Phantasmen in sich enthält: die Figur des Teufels als ödipale Vater-Sohn-Imago, den Angriff auf den Vater und den Spiegel als Zerstückelungsphantasma und Umkehrung des Spiegelstadiums.

„En ond trold", „én af de allerværste", „djævelen" – ‚der Teufel' – hat einen Zauberspiegel gemacht, „der havde egenskab, at alt godt og smukt, som spejlede sig deri, svandt der sammen til næsten ingenting, men hvad der ikke duede og tog sig ilde ud, det trådte ret frem og blev endnu værre".[1] Die ‚schönsten Landschaften', ‚die besten Menschen' und deren ‚fromme Gedanken' werden in diesem Spiegel in ihr Gegenteil verkehrt, so dass „de bedste mennesker" im Trollspiegel „uden mave" – ‚ohne Bauch' – mit grotesk verzerrten Gesichtern ‚auf dem Kopf stehen' und nicht wiederzuerkennen sind: „ansigterne blev så fordrejede, at de var ikke til at kende" (309): „nu kunne man først se ... hvorledes verden og menneskene rigtigt så ud" (S. 310), meinen die Schüler des Teufels, die dessen „troldeskole" (S. 309) besuchen. Ein satirischer Hinweis auf die Teufelsfratze hinter der Maske der Gutmenschen? Die Schüler verdrehen in ihrem Zerrspiegel jedes Land und jeden Menschen und fliegen schließlich bis zum Himmel hinauf, „for at gøre nar af englene og ‚Vorherre'" (S. 310). Der Spiegel zittert immer stärker „i sit grin", in seinem diabolischen Grinsen, fällt zu Boden und zerbricht in „hundrede millioner, billioner og endnu flere stykker", von denen jedes einzelne die destruktive Kraft des ganzen Spiegels besitzt. Als Glaskörnchen fliegen sie Menschen ins Auge oder ins Herz, werden zu Fensterscheiben oder Brillen verarbeitet und bewirken, dass diejenigen, die die Welt durch dieses Glas sehen, „alting forkert" wahrnehmen oder nur ein Auge für das Schlechte an einer Sache haben, „for hvad der var galt ved en ting" (S. 310). Der Anblick der fatalen Folgen seiner teuflischen Machenschaften lässt

---

[1] Hans Christian Andersen, „Snedronningen", in: *Eventyr og Historier* (Sesam 2002), S. 309. Weitere Seitenangaben in Klammern im Text.

den ‚Bösen' lachen, bis sein ‚Bauch platzt': „den onde lo, så hans mave revnede" (S. 310). Der Hinweis auf den ‚geplatzten Bauch' des Teufels korrespondiert mit dem Spiegelbild der „bedste mennesker", die im Trollspiegel ebenfalls „uden mave" erscheinen. Zusammen mit der Verzerrung von Mensch und Gott zu einem teuflischen Grinsen im Spiegel suggeriert dies, dass der „onde trold" und seine Schüler als Spiegelbilder und Doppelgänger der ‚besten Menschen' aufgefasst werden können, als Erscheinungsform des *Tricksters*, der boshafte Streiche verübt und als *„kollektive Schattenfigur"* eine „Summierung" von „inferioren Charaktereigenschaften"[2] darstellt. Der Freud-Schüler Ernest Jones hat in seiner klassischen Studie *On the Nightmare* darauf hingewiesen, dass die Psychoanalyse den Teufel als Verkörperung infantiler Komplexe, Angstgefühle und verdrängter elementarer Triebregungen des Individuums identifiziert hat. In der phantasmatischen Vorstellung vom Teufel können laut Jones sowohl Aspekte des Sohnes als auch des Vaters vereint sein, da Gott und Teufel ursprünglich eins waren. Jones verweist hier auch auf gnostische Lehren, in denen der biblische Schöpfergott mit dem Demiurgen identifiziert wird, mit einem gefallenen, tyrannischen Schöpfer, dessen Werk die ganze Natur mit ihrer Fehlerhaftigkeit und alle weltlichen Begierden umfasst: „In it *all* nature, all animals, and all worldly desires were the Devil's domain".[3] Jones' interessante Beobachtungen zur Doppeldeutigkeit des Teufels sind aufschlussreich im Hinblick auf die Duplizität von Andersens Trollgestalten. So repräsentiert Jones zufolge der Glaube an den Teufel zunächst eine Projektion von zwei Kategorien verdrängter infantiler Wünsche als Teil der ödipalen Vater-Sohn-Problematik:

> *The belief in the devil represents in the main an exteriorization of two sets of repressed wishes, both of which are ultimately derived from the infantile Oedipus situation: (a) The wish to imitate certain attributes of the father, and (b) the wish to defy the father; in other words, an alternating emulation of and hostility against the father.*[4]

Der Teufel personifiziert jedoch nicht nur den Sohn, der den Vater nachahmen bzw. sich diesem widersetzen will, sondern auch den Vater selbst als doppeldeutige Gestalt:

> Since the Devil may personify the ‚evil' aspects of either son or father, and as the son's attitude towards the father may be either imitation or hostility, we find that he is

---

[2] C.G. Jung, „Zur Psychologie der Tricksterfigur", in: ders., *Archetypen* (München 2004), S. 173.
[3] Ernest Jones, *On the Nightmare* (London 1949), S. 160. In seiner psychoanalytisch angelegten Untersuchung *The Kiss of the Snow Queen* (Berkeley u.a. 1986) bringt auch Wolfgang Lederer im Zusammenhang mit Andersens Trollspiegel einen kurzen Hinweis auf die Gnostiker und den Demiurgen, den er leider nicht weiter ausgeführt und verfolgt hat (dort S. 6).
[4] Jones, S. 155, im Original hervorgehoben.

portrayed in four different aspects, though these are never sharply separated from one another. He may thus personify:
(1) The Father towards whom is felt admiration.
(2) The Father against whom is felt hostility.
(3) The Son who imitates the father.
(4) The Son who defies the father.[5]

Sigmund Freud hat sich in seiner Abhandlung „Eine Teufelsneurose aus dem siebzehnten Jahrhundert" (1923) im Abschnitt „Der Teufel als Vaterersatz" mit derselben Problematik beschäftigt. Dort setzt er sich mit der Auffassung von Gott und Teufel als Vaterersatz-Gestalten, mit der „Spur der satanischen Auffassung des Vaters im Seelenleben des einzelnen" und mit „der Zerlegung einer Vorstellung mit gegensinnigem – ambivalentem – Inhalt in zwei scharf kontrastierende Gegensätze"[6] auseinander.

Ist Andersens Trollteufel – der ausgeprägten Religiosität des dänischen Märchendichters zum Trotz – eine ähnliche Ambivalenz inhärent wie John Miltons Satan in *Paradise lost*,[7] welchen romantische Dichter wie William Blake und P. B. Shelley als Rebell des Geistes und als Freiheitskämpfer gegen einen tyrannischen Vatergott deuteten? Drücken die Anführungszeichen von „Vorherre", der mit seinen Engeln zum Narren gehalten werden soll, eine versteckte Ironie aus? „Snedronningen" enthält eine Reihe von Antithesen, Gegensätzen und Widersprüchen, die sich nicht logisch auflösen lassen.[8] Die Figur des Teufels ist eine davon. Repräsentiert er in einer gnostisch-neuplatonisch gefärbten Urknall-Phantasie den kosmischen Demiurgen, der die Welt und den Menschen in „hundrede millioner, billioner og endnu flere stykker" zersplittert und mit dem Trugbild ‚Welt' den Blick auf die Ewigkeit verstellt? Oder repräsentiert er den subversiven Rebell, der die fehlerhafte Schöpfung eines fernen Vatergottes

---

[5] Ders., S. 166.

[6] Sigmund Freud, „Eine Teufelsneurose aus dem siebzehnten Jahrhundert", in: ders., *Zwei Fallberichte* (Frankfurt/M. 2007), S. 187ff. Zu Sigmund Freuds Widerständen, Ernest Jones' früher erschienene Studie zur Kenntnis zu nehmen, vgl. Mario Erdheims Einleitung „Freuds Erkundungen an den Grenzen zwischen Theorie und Wahn" in der hier angeführten Ausgabe *Zwei Fallberichte* auf Seite 80f.

[7] Ib Johansen hat eine intertextuelle Beziehung zwischen „Snedronningen" und dem sechsten Buch von *Paradise lost* gesehen, wobei er das Sublime von Miltons Epos in „Snedronningen" „i retning af det groteske" transformiert sieht, in: ders., „En vinterrejse. *Quest*-Struktur og sort og hvid magi i H.C. Andersens ‚Snedronningen'", in: Finn Barlby, *Det (h)vide Spejl: Analyser af H. C. Andersens „Snedronningen"* (Odense 2000), S. 99, auch in: ders., „The Demons of the Text" (1996), in: *Hans Christian Andersen: A Poet in Time*, hrsg. v. J. de Mylius, A. Jørgensen, V.H. Pedersen (Odense 1999), S. 548.

[8] Hierzu passt auch Eigil Nyborgs Bemerkung, Andersens Märchen enthalte „en vældig antitese": „Mørkets fyrste vil vise Gud hans andet ansigt (…) djævelen – sin egen dunkle side. (…) Her aner vi Guds doppelnatur", in: ders., *Den indre linie i H.C. Andersens eventyr: en psykologisk studie* (København 1962), S. 126.

enthüllt, indem er mit seinem Spiegel offenbart, „hvorledes verden og menneskene rigtigt så ud"? Ist er außerdem eine Verkörperung des menschlichen Demiurgen, Künstlers und Illusionisten, der im Mikrokosmos seiner Schöpfungen die Wirklichkeit in Abbilder von Abbildern zersplittert, vergrößert und verzerrt? Der Trollteufel und seine Schülerschar, die mit dem Zerrspiegel in die Transzendenz emporfliegen, entsprechen Mephisto, Faust und dessen Schülern. Die Teufelsschar erscheint als Karikatur des transzendentalen Egos, das wie Luzifer/Samael in der hebräischen Mythologie nach der unerreichbaren Wahrheit des Göttlichen strebt und sich dennoch am verzerrenden Spiel mit der Illusion und mit der irdischen Schwerkraft ergötzt, die alles wieder nach unten holt. Der herabstürzende Spiegel erinnert nicht nur an den mythischen Sturz der einst göttlichen Teufel aus dem Himmel, sondern auch an den in Plotins *Enneaden* geschilderten Abstieg der menschlichen Seelen, nachdem sie im Spiegel des Dionysos Abbilder ihrer selbst gesehen haben.[9]

Mit selbstreflexiver Ironie spielt Andersen auch in der kurzen Geschichte „Vanddråben" (1848), die einen aufschlussreichen satirischen Intertext zu „Snedronningen" darstellt. Hier betrachtet Krible-Krable, ein alter Troll, Zauberer und Experimenteur als halb lustige, halb unheimliche Parodie des Schöpfers und des Künstlers, „tusinde underlige dyr" im Mikrokosmos von „grøftevand" unter dem Vergrößerungsglas: „Nej hvor det kriblede og krablede der!" Die Formulierung zeigt, dass die krabbelnden Tierchen, die wie die Dämonen auf Darstellungen von Bosch und Brueghel aneinander zerren und sich gegenseitig auffressen, „København eller en anden stor by", kleine Teufel und Miniatur-Ausgaben von Krible-Krable selbst sind. Weil er „alle tider" „det bedste ud af enhver ting" herausholen will – oder vielmehr das Gegenteil, wie sein Kollege in „Snedronningen", der stets aus allem das Schlechteste herausholt – färbt er das Ungeziefer mit Hexenblut ein, um es besser sichtbar zu machen, so dass sie aussehen „som en hel by af nøgne vildmænd".[10] Die Menschen werden hier deutlicher als in „Snedronningen" mit dem infantilen Phantasma destruktiver Teufel gleichgesetzt.

Der experimentierende Trollteufel, der in „Snedronningen" wie verrückt lacht, lässt sich nicht nur als Maske des Künstlers deuten, er entspricht auch der Figur des irrsinnigen oder faustischen Wissenschaftlers in der Schauerliteratur. In Robert Louis Stevensons *The strange case of Dr. Jekyll and Mr. Hyde* (1886) erblickt der experimentierende Wissenschaftler Dr. Jekyll im Spiegel seines Laboratoriums sein destruktives atavistisches *alter ego*, einen haarigen, boshaften Gnom.

---

[9] Plotin, *Enneaden* VI, 3, 12.
[10] Zitiert aus: Andersen, *Eventyr og Historier*, a.a.O., S. 437–439.

Die Vorstellung vom Teufel als Wissenschaftler korrespondiert mit den diabolischen Experimenteuren in E.T.A. Hoffmanns *Der Sandmann*, wo die verschiedenen Figuren des Vaters, des Advokaten, des Professors und Mechanikers sowie des Optikers „Spaltungen der Vater-Imago"[11] in einen guten und einen schlechten Vater repräsentieren. Auch Andersens Teufel in „Snedronningen" sind „Sandmänner", die den kleinen Kay mit ihren Glaskörnern in ähnlich vampirischer Weise manipulieren und verhexen und seiner transzendentalen Vision berauben wie das Phantasma des Sandmanns, der der alten Kinderfrau zufolge den Kindern Sandkörner in die Augen streut, und wie dessen Entsprechung, der Optiker Coppola, der den Studenten Nathanael mit seinen optischen Gerätschaften verhext.[12] Auch der Pate Drosselmeier in „Nussknacker und Mausekönig",[13] als Obergerichtsrat ein Jurist wie der Advokat Coppelius, ist eine halb sinistre Gestalt, die dem Sandmann/Advokat vergleichbar abends ins Haus kommt und mechanische Apparaturen, künstliche Welten und Figuren konstruiert, die er den Kindern Fritz und Marie schenkt. Der Pate ist eine Persona des als ‚Gespenster-Hoffmann' bezeichneten schauerromantischen Erzählkünstlers, der den gleichnamigen Kindern seines Freunds Hitzig selbst Modelle gebastelt hat. Andersens teuflischer Experimenteur mag nebst anderen Dingen ebenfalls eine parodistische Selbstdarstellung sein.

Als subversive Umkehrung der Vater-Imago repräsentiert der Teufel auch die Subversion der symbolischen Ordnung. Der zerbrochene Spiegel führt von der Illusion eines einheitlichen transzendentalen Selbst im Spiegel zurück in die phantasmatische Zerstückelung der imaginären Phase. Die Teufel entsprechen dem, was Melanie Klein und Joan Riviere als Projektion böser Objekte und Verfolger im Innern des Subjekts definiert haben:

> The bad objects within thus take their origin from our own dangerous and evil tendencies, disowned by us; characteristically therefore they are felt as ‚foreign objects', as an incubus, a nightmare, an appalling, gratuitous and inescapable persecution (…) The projection of persecutory phantasies concerning the inner world has manifestly found its most widespread expression in the myths of frightful and horrible forms of existence, e.g. as in nether worlds, notably in the Hell of medieval times (…) Hell is a mythological projection of a personal region within the individual in which all one's own 'bad', cruel, torturing and destructive impulses are raging against the 'badness' of others

---

[11] S. Freud, „Das Unheimliche", a.a.O., S. 151.n1.

[12] In der Andersen-Forschung hat man auf andere Hoffmann-Texte wie „Der goldne Topf", „Meister Floh", „Die Abenteuer der Silvesternacht" und auf B.S. Ingemanns Erzählgedicht „Konstnerens Syner" als Motivquellen für Andersens Spiegel hingewiesen, vgl. beispielsweise Niels Kofoed, *Guldalderdrøm og genifeber: Essays fra romantikkens tid* (København 2001), S. 74ff, 83ff.

[13] Hoffmanns „Nussknacker und Mausekönig" war Inspirationsquelle für mehrere von Andersens Kunstmärchen, z.B. für „Hyrdinden og skorstenfejeren" und „Den standhaftige tinsoldat".

and vice versa (…) Apart from descriptions of such terrible regions, there are in literature of course innumerable instances of less generalized representations of the bad inner world, transposed into the external world.[14]

Die infantile Phantasie mit den teuflischen Glasscherben in „Snedronningen" lässt sich zu Melanie Kleins paranoid-schizoider Position in Beziehung setzen, in der das Kind halluzinatorisch von Angreifern zerstört und vergiftet zu werden fürchtet und diese verinnerlichten sadistischen Impulse nach außen projiziert. Die Verletzung ähnelt darüber hinaus einem vampirischen Akt. Sie hat dieselbe Wirkung wie die Zähne des Vampirs, der als satanischer Vater seine Opfer mit seiner nihilistischen Negativität infiziert: „The act of vampirism is the most violent and extreme attempt to negate, or reverse, the subject's insertion into the symbolic".[15] Die Parallele zum paternalen Vampir in Bram Stokers *Dracula* ist keine zufällige Assoziation; Goethes Mephisto war als nihilistischer Satan Vorbild für Stokers phantasmatische schwarze Vaterfigur.

Dass in der Prolog-artigen *Første historie* in „Snedronningen" von der ‚Trollschule' des Teufels die Rede ist, erinnert an den Schüler in Goethes *Faust I*, der als jüngeres alter ego und früheres Selbst des dubiosen Wissenschaftlers dessen Laboratorium betritt; auch ist Faust selbst ein Schüler von Mephisto, welcher als „Geist, der stets verneint", allem, „was entsteht", wünscht, „dass es zu Grunde geht" und „Zerstörung" als „das Böse nennt", als sein „eigentliches Element". Als Geist der „Flamme" verwünscht er „die Körper" und „tausend Keime" aus Luft, Wasser und Erde, wünscht, sie seien „begraben", doch ist „dem verdammten Zeug" nichts „anzuhaben", „der Tier- und Menschenbrut" mit ihrem immer aufs neue ‚zirkulierenden' „Blut".[16]

Die doppeldeutigen Trollteufel spiegeln eine Zwiespältigkeit zwischen idealistischer und schwarzer Romantik wider, zwischen der Rousseauschen Überzeugung vom angeborenen Guten und kindlicher Unschuld einerseits und der Erkenntnis der angeborenen sadistischen Tendenzen in der Natur des Menschen andererseits. Andersens Märchen offenbaren ein ambivalentes Verhältnis zum Kind. In Märchen und Geschichten wie „De røde sko", „Dyndkongens datter" und „Pigen som trådte på brødet" handeln Kinderfiguren anarchisch und grausam, gelenkt von ihren infantilen destruktiven Trieben.

In der Andersen-Forschung hat man auf den Widerstand gegen das Erwachsenwerden hingewiesen, der vielen Werken Andersens innezuwohnen scheint,

---

[14] Joan Riviere, „The Unconscious Phantasy of an Inner World reflected in examples from literature", in: Melanie Klein/Paula Heimann/R. E. Money-Kyrle (Hrsg.), *New Directions in Psycho-Analysis: The Significance of Infant Conflict in the Pattern of Adult Behaviour* (London 1955), S. 365.
[15] Jackson, a.a.O., S. 120.
[16] *Faust: Der Tragödie Erster Teil*, 1338–1344, 1358, 1369–1377, zitiert aus: Johann Wolfgang von Goethe, *Faust. Texte*, hrsg. v. Albrecht Schöne (Darmstadt 1999).

„the resistance to growing up and enjoying the physical side of adult life".[17] Man hat dies vor allem zur Biographie des Märchendichters und dessen unausgelebter Sexualität in Beziehung gesetzt. Doch die kindlichen Gestalten, die bei Andersen nicht zu Erwachsenen reifen, sondern Kinder bleiben oder ähnlich wie die tragischen Kinderfiguren in Charles Dickens' schauriger Gefängniswelt vorzeitig sterben, lassen sich zur schauerromantischen Umkehrung der romantischen Idealisierung des Kindlichen in Beziehung setzen. Maggie Kilgours weiter oben in der Einleitung zitierte Beobachtung, ‚Schauerfiktion habe Kinder im Fokus, deren Entwicklung in einem Wiederholungszwang gefangen sei', „like that of Dracula", kann auch auf Andersens Kinderfiguren und die Trollteufel übertragen werden: „Like many other villains, Dracula is a parodic version of the romantic child".[18] Andersens Fiktion ist da romantisch, wo sie nach der Wiederherstellung des idealisierten verlorenen Kindheitsparadieses strebt, und sie ist zugleich *Gothic*, wenn sie dieses Streben karikiert und ins Gegenteil verzerrt.

Viele Andersen-Märchen kreisen um dieselbe Problematik wie klassische Volksmärchen und Schauerromane, nämlich um die Problematik des ödipalen Subjekts, dessen Identitätssuche mit der „Angst vor dem Nichts und vor der *non-separation*, d. h. der nicht erfolgten Ablösung und Trennung"[19] einhergeht. Kinder im physischen Sinne sind die Heldinnen und Helden meist nur zu Beginn der Märchen; im psychologischen Sinne bleiben sie es auch über das Ende hinaus. In „Snedronningen" kommt dies dadurch zum Ausdruck, dass die beiden Hauptfiguren stets „lille Gerda" und „lille Kay" bleiben. Die dritte ‚Kleine' im Bunde ist „den lille røverpige", das kleine Räubermädchen, das als kleine Wilde ebenso wie der kleine Kay infantilen Sadismus repräsentiert.

Die Irrfahrten von infantilen und adoleszenten Gestalten bei Hans Christian Andersen lassen sich zum Teil als Allegorien auf den Menschen lesen, der wie Ödipus und Narziss auf der Suche nach sich selbst ist und doch immer nur dorthin zurückkehrt, von wo er ausgezogen ist. Ein Beispiel hierfür sind die Spielzeugfiguren in „Den standhaftige tinsoldat" (1838) und die infantilen Porzellanfiguren in „Hyrdinden og skorstensfejeren" (1845), die es nicht schaffen, ihre künstliche pastorale Idylle zu verlassen und ‚wirklich' zu werden „ude i den vide verden".[20] Dieses Märchen lässt sich als Variation der Kay und Gerda-Geschichte in „Snedronningen" lesen. Im Kontext der ödipalen Struktur ent-

---

[17] Vgl. Jørgen Dines Johansen, „Counteracting the Fall. ‚Sneedronningen' and ‚Iisjomfruen': The Problem of Adult Sexuality in Fairy-tale and Story", in: *Scandinavian Studies* 74, 2002, S. 137.
[18] Maggie Kilgour, a.a.O., S. 36.
[19] Norman N. Holland/Leona F. Sherman, „Schauerromantische Möglichkeiten", in: Claire Kahane (Hrsg.), *Psychoanalyse und das Unheimliche*, a.a.O., S. 79.
[20] H. C. Andersen, *Eventyr og Historier*, S. 384.

hält „Snedronningen" weitere Elemente und Motive, die typisch für Schauermärchen und Schauerroman sind. Hierzu zählen die Trollteufel als Doppelgänger-Figuren, die Motive von Zauberschlaf und narzisstischer Regression, Entführung und Gefangenschaft in Zaubergarten, unheimlichem Waldschloss und Glas- bzw. Eispalast sowie die phantasmatische Aufspaltung von Eltern-Imagines in gute und schlechte; in diese Kategorie gehören der Troll und „Vorherre" und ebenso die ambivalente Aufspaltung der Mutterimago in Großmutterfiguren, Räuberweib und Schneekönigin.

2. Nihilistische Ansteckung im Paradies der Kindheit

Während die erste der sieben „*historier*" von „Snedronningen" eine Adaption des Sündenfalls der zu Teufeln mutierten satanischen Engel vorführt, zeigt die „anden historie" den Sündenfall des Menschen, der im Paradies der Kindheit vom Baum der Erkenntnis isst, sich des Horrors von Materie und Sexualität bewusst wird und seine kindliche Unschuld verliert.

Hoch oben über „den store by" („Snedronningen", S. 311) spielen die Nachbarskinder Kay und Gerda als kindliche, engelsgleiche Ausgabe von Adam und Eva in ihrem Dachgarten, umrankt von ihren beiden blühenden Rosenstöcken. Diese unschuldige Kinderidylle ähnelt stark dem Grimmschen Märchen von „Schneeweißchen und Rosenrot" mit seinen Rosenbäumchen. In beiden Märchen spielen kindliche Unschuld und Reinheit des Herzens sowie der Wechsel der Jahreszeiten eine gleichermaßen große Rolle. Ist es in „Schneeweißchen und Rosenrot" die Mutter, die im Winter, wenn es draußen schneit, mit der Brille auf der Nase aus dem Märchenbuch vorliest, so ist es in „Snedronningen" die Großmutter als Repräsentantin der ambivalenten Mutterersatzfiguren, die man sowohl im Volksmärchen als auch bei Andersen so häufig findet. Im Winter erzählt diese den beiden Kindern beim Anblick des Schneegestöbers draußen von den „hvide bier, som sværmer" (S. 312), worauf der kleine Kay wissen will, ob diese auch eine Bienenkönigin haben. „Det har de!", antwortet die Großmutter:

> Hun flyver der, hvor de sværmer tættest! Hun er størst af dem alle, og aldrig bliver hun stille på jorden, hun flyver op igen i den sorte sky. Mangen en vinternat flyver hun igennem byens gader og kigger ind ad vinduerne, og da fryser de så underligt, ligesom med blomster (S. 312).

Als das kleine Mädchen wissen will, ob diese unheimliche Gestalt auch ins Zimmer hereinkommen kann, ruft der kleine Junge vorwitzig: „Lad hende kun komme ... så sætter jeg hende på den varme kakkelovn, og så smelter hun" (S. 312).

Doch die alte Großmutter, die weiß, wie es um diese Vorwitzigkeit bestellt ist, ‚glättet' das Haar des Jungen, als wolle sie damit seinen Übermut dämpfen und ‚erzählt andere Geschichten' (S. 312). Am selben Abend schaut der kleine Kay vor dem Zubettgehen durch das kleine, von einer am Ofen gewärmten Kupfermünze aufgetaute Guckloch seines zugefrorenen Fensters. Vor dem Auge des phantasievollen Knaben – Andersens alter ego? – materialisiert sich die Erzählung der Großmutter, indem die größte der niederfallenden Schneeflocken, die just auf einem der Blumenkästen liegen bleibt, zu einer Frau heranwächst, ähnlich wie der Geist, der vor dem Studenten in Grimms „Der Geist im Glas" oder vor dem Fischer in *Tausendundeine Nacht* aus einer Flasche herauswächst:

(...) snefnugget voksede mere og mere, det blev til sidst til et helt fruetimmer, klædt i de fineste, hvide flor, der var som sammensat af millioner stjerneagtige fnug. Hun var så smuk og fin, men af is, den blændende, blinkende is, dog var hun levende; øjnene stirrede som to klare stjerner, men der var ingen ro eller hvile i dem. Hun nikkede til vinduet og vinkede med hånden. Den lille dreng blev forskrækket og sprang ned af stolen, da var det, som der udenfor fløj en stor fugl forbi vinduet (S. 312f).

Die blinkende, aus ‚Millionen sternförmiger Flocken' zusammengesetzte Gestalt ist strahlend schön und weiß wie ein Engel. Sie wirkt wie eine weibliche Ausgabe von Luzifer, welcher der hebräischen Mythologie zufolge einst „Gottes höchster Erzengel" war und „inmitten flammender Edelsteine" im Paradies spazieren ging, gleißend vor „Karneol, Topas, Smaragd, Diamant, Beryll, Onyx, Jaspis, Saphir und Karfunkel, die alle in reinstem Golde gefasst waren".[21] Die Vorstellung vom Knabenauge am Guckloch suggeriert, dass es sich bei der glamourösen Erscheinung um eine Phantasmagorie handelt, um ein Trugbild und eine phallische Phantasie: um die phantasmatische Spiegelung einer Narziss-Figur. Camille Paglia nennt das Auge „Apollo's arrow following the arc of transcendance", „a projectile into the beyond".[22] Andersen arbeitet hier mit optischer Metaphorik, die an E.T.A. Hofmanns *Prinzessin Brambilla* und *Der Sandmann* erinnert. Der kleine Kay, der auf sein Auge als Metapher des transzendentalen Egos reduziert zu sein scheint, blickt durch sein Guckloch wie Hofmanns Student Nathanael, welcher durch sein Fernrohr die „himmlischschöne" künstliche Frau Olimpia erblickt, deren Augen aufflammen wie „feuchte Mondesstrahlen".[23] Ebenso wie Olimpia repräsentiert auch die blinkende Gestalt der Schneekönigin ein phallisches *objet d'art*, und sie korrespon-

---

[21] Robert Ranke-Graves/Raphael Patai, *Hebräische Mythologie: Über die Schöpfungsgeschichte und andere Mythen aus dem Alten Testament* (Reinbek bei Hamburg 1986), S. 69f.
[22] Camille Paglia, *Sexual Personae: Art and Decadence from Nefertiti to Emily Dickinson* (London/New Haven 1990), S. 31.
[23] E.T.A. Hoffmann, *Der Sandmann*, a.a.O., S. 42.

diert nicht nur mit Hoffmanns himmlischer Puppenfrau, sondern auch mit der Nachtmahr-Gestalt des Sandmanns, der der Darstellung der alten Kinderfrau zufolge ebenfalls am Abend vor dem Schlafengehen erscheinen soll. Sie ist ein Oxymoron, transzendentaler Signifikant und beunruhigende *nightmère* zugleich, eine Präfiguration der Femme fatale der Symbolisten, unheimlich und beunruhigend schön mit Augen „som to klare stjerner", aber ohne „ro eller hvile" darin, was einen Gegensatz zu Kay und Gerda bildet, welche mit „et velsignet mildt øje" zu ihren Gucklöchern herausschauen (S. 312).

Ist der Trollteufel eine Antithese und Abspaltung von „Vorherre", so ist die Schneekönigin Antithese, Abspaltung und ästhetischer Gegenentwurf zur alten (Groß)Mutter, von der sich das ödipale Kind ablöst, das auf der Suche nach Ersatz-Identifikationsobjekten ist. Ihre Zusammensetzung aus Millionen von glänzenden Kristallen bildet sowohl eine Kontrast- als auch eine Korrespondenzbeziehung zum hyperbolischen Bild des in ‚hundert Millionen, Billionen und noch mehr Stücke' zerspringenden Trollspiegels. Als zusammengesetztes vollkommenes *objet d'art* repräsentiert sie die illusionäre Rekonstruktion des Lacanschen imaginären Spiegel-Ichs, das die Trolle als Verkörperung der sadistischen und (selbst)zerstörerischen Tendenzen des infantilen Subjekts zerschmettert haben. Dass der Titel von Andersens Kunstmärchen *„Die Schneekönigin"* lautet, und nicht etwa *„Kay und Gerda"*, macht die Kunstgestalt der Schneekönigin zu einem Spiegelbild mit der Funktion einer *mise en abyme*, zu einem autoreflexiven Symbol und einer Chiffre des gesamten Textkunstwerks.[24]

Kays Blick durch die Fensterscheibe impliziert proleptisch, dass er die Welt bald wahrnehmen wird wie die Menschen, die ihre Umgebung durch Brillen und Fensterscheiben aus Trollglas hindurch betrachten und beurteilen.

In der nächsten Episode des Märchens verschmilzt das Phantasma vom Sündenfall des Teufels als antinomischer Vater-Sohn-Imago mit dem Phantasma vom Sündenfall des Menschen im Garten Eden. Die beiden Kinder sitzen im Sommer in ihrem Dachgarten unter den Rosen, als zwei der umherfliegenden imaginären Spiegelscherben in Kays Auge und Herz eindringen. Die Scherben des Teufels haben denselben Effekt wie die Frucht vom Baum der Erkenntnis, zu deren Genuss der Teufel in Gestalt der Schlange die Menschen überredet.[25] Der Knabe wird sich plötzlich der Fehlerhaftigkeit der Welt be-

---

[24] Etwas Ähnliches meint wohl auch Finn Barlby, wenn er von „den dobbelte dronning" spricht, einmal als „den fortalte Sneedronning, der optræder og agerer inde i teksten" und einmal als „selve teksten": „Teksten selv er en Sneedronning, er ‚Sneedronningen' slet og ret", in: ders., „Det (h)vide Spejl. Syv vandringer i fiktionens vide verden", in: ders., *Det (h)vide Spejl*, a.a.O., S. 168.

[25] Auf den Sündenfallsmythos als Paradigma für den Fall aus dem Paradies der Kindheit ist in der Andersen-Forschung immer wieder gerne hingewiesen worden, so z.B. u.a. in: Jacob Bøggild, „Fortællingens arabeske allegori: *Snedronningen*", in: Finn Barlby, *Det (h)vide Spejl*, a.a.O., S. 144f und Jørgen Dines Johansen, „Counteracting the Fall", a.a.O.

wusst, die ihn umgibt: „Hvorfor græder du?", fragt er die kleine Gerda, deren Tränen und Emotionalität ihm plötzlich zuwider sind: „Så ser du styg ud!" (S. 314). Und weiter ruft er:

> Fy! ... Den rose der er gnavet af en orm! Og se, den der er jo ganske skæv! Det er i grunden nogle ækle roser! De ligner kasserne, de står i! (S. 314).

Voller Verachtung steht der von einem kleinen Engel in einen kleinen Teufel mutierte Junge nun den Rosen gegenüber, die Fäulnis und Wurmbefall preisgegeben sind. Angeekelt reißt er ihnen die Köpfe ab. Kays Wandel vom unschuldigen in ein ‚gefallenes Kind' weist intertextuelle Parallelen zu William Blakes gnostisch gefärbten *Songs of Innocence* und *Songs of Experience* auf, die von derselben Problematik kindlicher Unschuld und Erkenntnis handeln, zum Beispiel die Gedichte „A Little Boy Lost" oder „The Sick Rose". Das Bild vom Wurm, der in die Rose eingedrungen ist – „has found out thy bed of crimson joy" – und dessen dunkle Triebe – „dark secret love"[26] – das Leben der Rose zerstören, spiegelt die trübe Erkenntnis des ‚gefallenen' Menschen wider, der sich dem Kreislauf von Sexualität und Tod unterworfen sieht. Die von einem Wurm befallene Rose, eigentlich Zeichen sublimierter Natur und sublimierter weiblicher Sexualität, zeugt nicht nur von der Hässlichkeit und dem defizitären Wesen der Natur. Sie wirkt auch wie eine Miniatur-Urszene. Kays sadistische Reaktion darauf erinnert an die frühkindlichen, im Frühstadium des Ödipus-Komplexes phantasierten Angriffe auf die Körper der Eltern, die in Stücke zerrissen werden, und an die sadistischen Phantasien von der geschlechtlichen Vereinigung der Eltern, die, so Melanie Klein, „vom Kinde als besonders furchterregend und bedrohend empfunden" werden: „Die während der Urszene oder bei den Urphantasien empfundenen Todeswünsche gegen die Eltern sind mit sadistischen Phantasien verbunden".[27] Kays Zerstörung der Rose liest sich im übertragenen Sinne wie eine Zerstörung des mütterlichen, von Sexualität vergifteten Körpers. Die Destruktivität, die ihn die Rosen zerstören lässt, ist identisch mit dem Destruktionstrieb von Goethes Mephisto; dieser sieht seinen Gegner im Eros, in der „Kraft der Natur zum Zeugen, zur Mehrung des Lebens".[28] Indem er die Schwächen und unschönen Seiten seiner Mitmenschen

---

[26] William Blake, *The Complete Poems*, hrsg. v. W.H. Stevenson (London/New York 1989), S. 216.
[27] Melanie Klein, *Die Psychoanalyse des Kindes*, a.a.O., S. 142. Klein schildert an anderer Stelle des hier zitierten Werks (S. 265) den Fall eines Patienten, dessen Misstrauen und Abneigung gegen Frauen auf seine Phantasien von der mit dem Vater in geschlechtlicher Vereinigung befindlichen Mutter zurückgingen, die er „durch den Koitus mit dem Vater vergiftet oder zerstört" zu werden befürchtete (ebd.).
[28] Vgl. Sigmund Freud (1930), „Das Unbehagen in der Kultur" (VI), in: ders., *Das Unbehagen in der Kultur Und andere kulturtheoretische Schriften* (Frankfurt/M. 2004), S. 84.

nachäfft, wird er ein *Trickster* wie die Trollteufel, die anderen Streiche spielen. Für das Märchenbuch der Großmutter, das in seinen Augen etwas für „pattebørn" (S. 314) ist, hat er nur noch Verachtung übrig. An die Stelle von Märchen, Mythen und Mystik treten Wissenschaft und Vernunft. Als Rechenkünstler, dessen „udmærket hoved" (S. 314) die Leute loben, bewundert Kay die mathematisch-perfekte Schönheit der Schneeflocken unter dem Vergrößerungsglas, das ein Synonym für den Glassplitter in seinem Auge und – wie das Fernrohr von E.T.A. Hoffmanns Nathanael – eine Metapher für seinen illusionären *Blick* ist:

> ‚Se nu i glasset, Gerda!', sagde han, og hvert snefug blev meget større og så ud, som en prægtig blomst eller en tikantet stjerne; det var dejligt at se på.
> ‚Ser du, hvor kunstigt!' sagde Kay, ‚det er meget interessantere end med de virkelige blomster! Og der er ikke en eneste fejl ved dem, de er ganske akkurate, når de blot ikke smelter!' (S. 314).

„The realm of number, the crystalline mathematic of Apollonian purity, was invented early on by western man as a refuge from the soggy emotionalism and bristling disorder of woman and nature",[29] stellt Camille Paglia fest. Eben diese Welt von weiblichem Emotionalismus, von Auflösung und Verfall ist es, die der kleine Kai, Persona des apollinischen Egos, des Künstlers und Wissenschaftlers, im Gefolge der Schneekönigin verlassen will:

> Dionysos was identified with liquids – blood, sap, milk, wine. The Dionysian is nature's chthonian fluidity. Apollo, on the other hand, gives form and shape, marking off one being from another. All artifacts are Apollonian. Melting and union are Dionysian; separation and individualism, Apollonian. Every boy who leaves his mother to become a man is turning the Apollonian against the Dionysian. Every artist who is compelled toward art, who needs to make words or pictures as others need to breathe, is using the Apollonian to defeat chthonian nature.[30]

Kays Spiele werden nun „ganske anderledes end før", „så forstandige" (S. 314). Die ‚Verteuflung' seiner Abwendung von kindlicher und visionärer Religiosität und seiner Hinwendung zu Vernunft und Rationalismus hat eine direkte Parallele in der Kritik des Romantikers William Blake am Weltbild des rationalistischen Wissenschaftlers und empirischen Philosophen der Aufklärung, „der, wenn er durch das Mikroskop oder Teleskop sieht, überall einen starren Mechanismus erblickt" und dessen „Sünde" darin besteht zu glauben, „dass alles zum Bilde seiner eigenen trügerischen Wahrnehmung erschaffen worden ist".[31]

---

[29] Paglia, S. 18.
[30] Dies., S. 30. Kays Bestreben, das sich mit Camille Paglias kunstphilosophischen Thesen beleuchten lässt, korrespondiert deutlich mit Andersens eigener Künstlerbiographie, die damit begann, dass er schon als Pubertierender die Welt seiner Kindheit mit Mutter und Großmutter so weit wie nur irgend möglich hinter sich ließ.
[31] Peter Ackroyd, *William Blake. Dichter, Maler, Visionär* (München 2001), S. 145. Zu

Der Schöpfer dieser materiellen, mechanistischen Wirklichkeit, der Fürst der Sterne und des Universums ist der satanische, von den Gnostikern mit dem Schöpfergott des Alten Testaments gleichgesetzte Demiurg.

Wolfgang Lederer hat Kays Verhalten auf die Intellektualisierungstendenzen des pubertierenden Jugendlichen zurückgeführt, auf die Sigmund Freuds Tochter Anna Freud in *Das Ich und die Abwehrmechanismen* eingeht.[32] Lederers interessanter Verweis auf Anna Freud verdient einen zweiten Blick. Kays rüpelhaftes und zugleich vernunftbetontes Auftreten entspricht der „Triebfeindlichkeit des Jugendlichen", die Anna Freud mit den Begriffen von „Pubertätsaskese" und „Intellektualisierung in der Pubertät" beschrieben hat:

> Der Jugendliche wird unter den Bedingungen des Pubertätsschubes triebhafter (...) Er wird moralischer und asketischer; die Erklärung dafür ergibt sich aus dem Kampf zwischen Ich und Es, der sich in ihm abspielt. Aber er wird auch gescheiter, steigert alle seinen intellektuellen Bedürfnisse (...) Wir wissen, wie häufig bei Knaben in der Latenzperiode das Interesse sich einseitig ganz auf reale und sachliche Dinge richtet. Entdeckungen und Abenteuer, Zahlen und Größenverhältnisse (...).[33]

Anna Freud weist an dieser Stelle auf zwei Ausprägungen dieser Art von rationalisierender Adoleszenz hin; das Gemeinsame beider Typen sei „gewöhnlich die Bedingung, dass der Gegenstand, mit dem man sich beschäftigt, konkret sein muss, also kein Produkt der Phantasie, wie die Märchen und Fabeln der ersten Kindheitsperiode, sondern in der Wirklichkeit real und körperlich vorhanden".[34] Wichtig ist auch Anna Freuds Hinweis, „dass es sich hier gar nicht um Intellektualität im gewöhnlichen Sinne handelt. (...) Die Intellektualität des Jugendlichen scheint keinem anderen Zweck zu dienen als seiner Tagträumerei".[35]

William Blakes Kritik an Francis Bacon, Isaac Newton und John Locke vgl. beispielsweise auch Peter F. Fisher, *The Valley of Vision: Blake as Prophet and Revolutionary* (Toronto 1961), hrsg. v. Nortrop Frye, bes. Kapitel 4: „Reason and the New Science". Vgl. in diesem Zusammenhang auch E. Nyborgs Äußerung: „Det synes, som om Andersen her, uden at vide det, har rørt ved et kulturproblem, som er blevet akut i vor tid. I oplysningstiden tog angrebene på kristendommen til. Som et eksempel på, hvorledes denne tidsepoke forsøgte at løse det religiøse problem, kan man nævne Thomas Paine, hvis ‚Age of Reason' (1794–96) ved sin intellektualiserende snusfornuft virker som et rigtigt troldspejl. Det 19. århundredes materialisme, der blev det filosofiske fundament for vore dages politiske bekendelser, må formentlig også anses som en sådan ‚himmelstorm' ..." (Nyborg, a.a.O., S. 128f).

[32] Lederer, a.a.O., S. 27.
[33] Anna Freud (1936), *Das Ich und die Abwehrmechanismen* (Frankfurt/Main 2003), S. 154f.
[34] Dies., S. 155.
[35] Dies., S. 157. Sigmund Freud hat in „Der Dichter und das Phantasieren" (in: *Der Moses des Michelangelo*, a.a.O., S. 32f) auf den Zusammenhang zwischen kindlicher und künst-

Kays Abschottungsversuche gegenüber Gerda und der Großmutter entsprechen der Wiederbelebung des Ödipus-Komplexes, der in der Pubertät in der einen oder anderen Form wiederauftritt und „mit mehr oder weniger Erfolg durch einen besonderen Typus der Objektwahl überwunden wird"[36]:

> Das Misstrauen des Ichs und seine asketische Haltung richtet sich vor allem gegen die Liebesbindung an alle Objekte der Kindheit. Dadurch vereinsamt der Jugendliche einerseits (...) Die Vereinsamung und Abwendung ist aber nur eine der Tendenzen, die sich in der Objektbeziehung des Jugendlichen durchsetzen. An Stelle der verdrängten Bindungen an die Kindheitsobjekte entstehen zahlreiche neue Bindungen, zum Teil an Gleichaltrige (...) zum Teil an ältere Führergestalten, die deutlich den Ersatz für die verlassenen Elternobjekte bedeuten.[37]

Kays Versuche, die Kindheitsbindungen durch neue zu ersetzen und von der primären zur sekundären Identifikation fortzuschreiten, kommt in der Szene zum Ausdruck, in der er mit seinem Schlitten zu dem Platz geht, wo die anderen Jungen spielen, und wo er zum zweiten Mal auf die rätselhafte Gestalt der Schneekönigin trifft: „Han råbte Gerda lige ind i øret: ‚Jeg har fået lov at køre på den store plads, hvor de andre lege'" (S. 314). Auf dem Platz binden die kecksten Jungen ihre Schlitten an die Wagen der Bauern. Als ein großer weißgestrichener Schlitten auftaucht, folgt Kay dem Beispiel der anderen und bindet seinen kleinen Schlitten an den großen Schlitten, der immer schneller fährt und Kay schließlich entführt.

In diesem Schlitten sitzt eine in einen weißen Pelz gehüllte Gestalt:

> ... pelsen og huen var af bare sne; en dame var det, så høj og rank, så skinnende hvid, det var snedronningen. ‚Vi er kommet godt frem', sagde hun. ‚Men er det at fryse! Kryb ind i min bjørnepels!' og hun satte ham i slæden hos sig, slog pelsen om ham, det var som om han sank i en snedrive (S. 315).

Als Kay immer noch friert, küsst sie ihn auf die Wange, was ihn erstarren lässt wie die Opfer, die vom Blick der Medusa in Stein verwandelt werden:

---

lerischer Phantasie hingewiesen, wobei letzteres zum Ersatz für ersteres wird: „Der Heranwachsende hört also auf zu spielen, er verzichtet scheinbar auf den Lustgewinn, den er aus dem Spiele bezog (...) Eigentlich können wir auf nichts verzichten, wir vertauschen nur eines mit dem andern; was ein Verzicht zu sein scheint, ist in Wirklichkeit eine Ersatz- oder Surrogatbildung. So gibt auch der Heranwachsende, wenn er aufhört zu spielen, nichts anderes auf als die Anlehnung an reale Objekte; anstatt zu *spielen, phantasiert* er jetzt".

[36] Laplanche/Pontalis, *Das Vokabular der Psychoanalyse*, a.a.O., S. 351 unter „Ödipuskomplex".

[37] Anna Freud, a.a.O., S. 162f. Vgl. auch Melanie Klein zur Pubertätsproblematik und zur „Ablösung" des Jugendlichen „von den alten Liebesobjekten" und „der Suche nach neuen Objekten" in: dies., *Die Psychoanalyse des Kindes*, „Die Bedeutung früher Angstsituationen für die Ich-Entwicklung", S. 190.

Uh! Det var koldere end is, det gik ham lige ind til hans hjerte, der jo dog halvt var en isklump; det var, som om han skulle dø! – Men kun et øjeblik, så gjorde det just godt; han mærkede ikke mere til kulden rundt om ... Snedronningen kyssede Kay endnu en gang, og da havde han glemt lille Gerda og bedstemoder og dem alle der hjemme (S. 315f).

Die Verletzung mit der Spiegelscherbe und der Kuss des Vergessens haben dieselbe Wirkung und Funktion wie vergleichbare Schädigungen, die adoleszente Figuren im Volksmärchen in einen regressiven Zauberschlaf fallen lassen. Fasziniert vom schönen und klugen Gesicht der Schneekönigin, die „for hans øjne" „fuldkommen" (S. 316) ist, erzählt Kay ihr altklug von seinen Künsten und Kenntnissen:

... han fortalte hende, at han kunne hovedregning, og det med brøk, landenes kvadratmil og ,hvor mange indvånere', og hun smilte altid; da syntes han, det var dog ikke nok, hvad han vidste, og han så op i det store, store luftrum, og hun fløj med ham, fløj højt op på den sorte sky, og stormen susede og brusede (316).

Das schweigende Lächeln der Schneekönigin bei der Prahlerei des klugen Jungen, der ,doch nicht genug' weiß, ähnelt der Geste der Großmutter, die das Haar des Vorwitzigen glättet, der die Schneekönigin auf dem Ofen zum Schmelzen bringen will. Ihr Lächeln ist identisch mit jenem Femme fatale-Lächeln, das man Leonardo da Vincis *Mona Lisa* zugeschrieben hat und das auch die gealterte Geliebte von Karen Blixens altem, wandernden Ritter zur Schau trägt: „The most famous painting in the world, the *Mona Lisa*, records woman's self-satisfied apartness, her ambiguous mocking smile at the vanity and despair of her many sons".[38] Das Bild vom kleinen Kay als infantiler Verkörperung des Künstlers und Wissenschaftlers zu Füßen einer übermächtigen Mutterfigur hat eine Parallele in Freuds teils umständlich und weit hergeholt wirkender, teils faszinierender Analyse in *Eine Kindheitserinnerung des Leonardo da Vinci* (1910). Freud untersucht darin den von ihm postulierten Mutterkomplex Leonardo da Vincis und dessen Phantasie vom Raubvogel an der Wiege als unheimlicher Imago der Mutter. Freud setzt die Raubvogel-Gestalt zur geierköpfigen ägyptischen Göttin Mut in Beziehung, „die von den Ägyptern in den meisten Darstellungen phallisch gebildet [wurde]" und „dieselbe Vereinigung mütterlicher und männlicher Charaktere wie in der Geierphantasie Leonardos"[39] aufweist. Andersens Schneekönigin ist jenen phallischen Muttergottheiten vergleichbar, in deren phallischen Attributen Freud „die schöpferische Urkraft der Natur"[40] symbolisiert sah. Zu jenen ägyptischen Chimären-

---

[38] Paglia, *Sexual Personae*, S. 28.
[39] Sigmund Freud, *Eine Kindheitserinnerung des Leonardo da Vinci* (Frankfurt/M. 2006), S. 62f.
[40] Ders., S. 63.

gottheiten gehört auch die Sphinx als Doublette der Mutter,[41] zu der Ödipus aufblickt wie der kleine Kay zum rätselhaften Gesicht der Schneekönigin.

3. Die Schneekönigin als Angstfigur: Parallelen zu Frau Holle, Frigga, Freyja, Fata Morgana und Frau Welt

Die oben aufgeführten Vergleiche der Schneekönigin mit einem weiblichen Nachtmahr, mit Leonardo da Vincis infantiler Raubvogel-Phantasie und mit der mythischen Gestalt der Sphinx zeigen, dass man es hier mit einer Angstfigur als Verkörperung infantiler Komplexe zu tun hat. Die Gestalt der Schneekönigin ist eine unheimliche Imago der Mutter.

Der Name der Figur, „die Schneekönigin", ruft diffuse Assoziationen mit ‚Schneewittchen' und der ‚bösen Königin' hervor. Das Wort ‚Schneekönigin' liest sich wie eine Kombination und Zusammenziehung von Schneewittchen und böser Königin: Die künstliche, scheinbar anorganische Gestalt ist so unerreichbar schön wie das untote, gegen Fäulnis und Verfall gefeite *objet d'art* in seinem gläsernen Sarg. Zugleich verkörpert sie das Bild der vampirischen Mutter, die das infantile Subjekt schädigt und in narzisstische Erstarrung versenkt. Eine Analyse der Figur und ihrer Attribute und Embleme offenbart interessante Parallelen zu verwandten phantasmatischen Gestalten aus Mythos, Volksmärchen und Volksaberglaube. Andersens Schneefee lässt sich zum mythologischen und philologischen Diskurs um Frau Holle bzw. Holda in Beziehung setzen.

Kays Zustand der Erstarrung und sein Versinken in einen Schlaf des Vergessens, nachdem er von einem Trollsplitter getroffen und von der Schneekönigin geküsst worden ist, ist identisch mit den Spindelstichen oder vergleichbaren Verletzungen im Volksmärchen, die adoleszente Märchenfiguren wie Dornröschen, Goldmarie in *Frau Holle* und Schneewittchen in eine andere Welt eintreten bzw. in einen Zauberschlaf fallen lassen. Die traumatischen Verletzungen, die den Eintritt in den Kreislauf von Sexualität, Fortpflanzung und Tod markieren, werden typischerweise von Feen und Hexen in der Gestalt schöner böser Frauen oder alter Mütterchen zugefügt. Diese unheimlichen Mutterfiguren sind als Personifikationen der ‚dunklen Natur'[42] und als „Abholwesen" identifiziert worden, die den „Nabelschnurschnitt" vollziehen, d. h. die Ablösung des Kindes und ödipalen Subjekts von der Mutter:

---

[41] Vgl. Otto Ranks Verweis auf die Sphinxepisode als „Doublette der Ödipussage selbst", in: ders., *Das Trauma der Geburt*, S. 138; Rank verweist hier auf Reiks frühere Abhandlung „Ödipus und die Sphinx" in: *Imago* VI, 1920.
[42] Als „böse, dunkle Mutter Natur" sieht auch Marie-Louise von Franz den „Fluch der Fee", in: dies., (1974), *Das Weibliche im Märchen* (Leinfelden-Echterdingen 1997), S. 40.

So stehen Stiefmütter und Hexen als Personifikationen der ablösenden und fortreißenden Kräfte des Werdens an den Wendepunkten der Entwicklung. Sie sind berufen, Haltefäden *schmerzhaft* zu durchtrennen. Sie versehen damit einen Dienst, den die Norne für das Subjekt zum letzten Male tut, wenn sie den Lebensfaden durchschneidet.[43]

Die hier zitierte Textstelle zeigt, dass die Feen sich als zu Märchengestalten transformierte Varianten der germanischen Nornen auffassen lassen, die im Mythos das Schicksal spinnen. Etymologisch ist das französische Wort *fée* aus dem lat. *Fāta* für ‚Schicksalsgöttin' entlehnt.

Eine solche Fee ist auch Andersens Schneekönigin, die auffallende Ähnlichkeit mit Gestalten aus dem deutschen Volksaberglauben wie Holda/Frau Holle bzw. Perchta und mit Gestalten aus der nordischen Mythologie wie Frigga und den Nornen sowie Freyja und den Walküren aufweist. Auch Odins Walküren treten als Schicksalsspinnerinnen auf, indem sie im Kampf die Entscheidung herbeiführen.[44]

Mit den Nornen eng verknüpft ist Frigga, die Gemahlin Odins/Wotans, der in Nibelungenlied und Völsungen-Saga die Walküre Brynhild mit dem Schlafdorn sticht, worauf diese in einen Dornröschen-ähnlichen Zauberschlaf[45] fällt und in den fatalen Kreislauf von Sexualität und Tod eintritt. Als Gemahlin des Wind- und Sturmgottes Wotan ist auch Frigga/Frija, die in manchen Gegenden Deutschlands Frau Wode, Frau Gode oder Frau Freke genannt wurde, Herrin der Wilden Jagd, des Sturms und der Nacht.[46] In „Snedronningen" fliegt die Schneekönigin mit Kay im sausenden, brausenden Sturm auf die schwarze Wolke hinauf:

… hun fløj med ham, fløj højt op på den sorte sky, og stormen susede og brusede, det var, som sang den gamle viser. De fløj over skove og søer, over have og lande; neden

---

[43] Josephine Bilz, „Märchengeschehen und Reifungsvorgänge unter tiefenpsychologischem Gesichtspunkt", in: Wilhelm Laiblin (Hrsg.), *Märchenforschung und Tiefenpsychologie* (Darmstadt 1969), S. 381f.

[44] In der *Njálssaga* sitzen sie wie Nornen an einem grausigen Webstuhl und verarbeiten menschliches Gewebe, vgl. Jacob Grimm, *Deutsche Mythologie* (Wiesbaden 2003), XVI. Walachuriun [397.398], S. 353. Grimm weist hier darauf hin, „wie wenig man *nornen* und *walkyrien* völlig voneinander trennen darf".

[45] Zur Verwandtschaft des Schlafdorn-Motivs in den Siegfried-Sagen und dem Märchen von „Dornröschen" sowie zu dessen Funktion vgl. Jan de Vries, „Betrachtungen zum Märchen besonders in seinem Verhältnis zu Heldensage und Mythos", in: *Folklore Fellows Communications* 150 (1954), S. 103ff und Hedwig von Beit, *Symbolik des Märchens* Bd. 1 (Bern 1952), S. 697f.

[46] Manche vertreten die Ansicht, dass die Wilde Jagd ursprünglich nur mit einer weiblichen Gottheit verknüpft war und erst später Wotan zugeschrieben wurde; vgl. etwa Heide Göttner-Abendroth, *Frau Holle ~ Das Feenvolk der Dolomiten. Die großen Göttinnenmythen Mitteleuropas und der Alpen* (Königstein/Taunus 2005). S. 147f, 158.

under susede den kolde blæst, ulvene hylede, sneen gnistrede, hen over den fløj de sorte skrigende krager, men ovenover skinnede månen så stor og klar, og på den så Kay den lange, lange vinternat; om dagen sov han ved snedronningens fødder (316).

Vermutlich ist Frigga identisch mit Frau Holle/Holda, da ‚Holda' ursprünglich nur ein Beiname der Göttin gewesen sein mag. Diese gemeinsame Identität und damit die Frage, ob Holle eine göttliche oder lediglich dämonische Gestalt war, ist in der germanistischen Forschung umstritten, seit Jacob Grimm in seinem erstmals 1835 veröffentlichten Werk *Deutsche Mythologie* Holda/Perahta im Kapitel „Göttinnen" aufgeführt und auch auf ihre nahe Verwandtschaft mit Frigga hingewiesen hat.[47]

Dass die Schneekönigin eine Schar dämonischer Begleitwesen hat, die als Schneeflocken ihre Gestalt verändern können, erinnert stark an die Gespensterhorde der ‚Perchten' und ‚Huldren' oder ‚Hollen' im Gefolge der Perchta bzw. Holda.[48] Manchen Annahmen zufolge soll sich Perchta/Holda erst im Laufe der Zeit aus dieser Dämonenhorde als Einzelgestalt differenziert haben, so wie die Schneekönigin in Kays Phantasie aus dem Heer der Schneeflocken heraus als schöne Frau Gestalt annimmt. Im Volksglauben geht Holda/Perchta vor allem in den zwölf Raunächten zwischen Weihnachten und dem Dreikönigstag um und schaut nachts in die Stuben der Menschen, ganz ähnlich wie es auch in „Snedronningen" geschieht. Sie wird sowohl als Glücksbringerin und Kindersegen Schenkende als auch als Kinderschreck, Kinderentführerin, Spinnstubenherrin und Führerin des Seelenheers beschrieben. Diese Züge gleichen denen der antiken Hekate. An antike und germanische Gottheiten erinnert auch, dass die Schneekönigin ausdrücklich als ‚Königin' bezeichnet wird, was mit dem Göttinnentitel ‚Herrin' oder ‚Frau' assoziierbar ist, und dass sie in einem (hier von Schneehühnern gezogenen) Gefährt unterwegs ist wie ehemals Rhea, Kybele, Nerthus oder Aphrodite, die von Schwänen, Freya, die von Katzen und Artemis, die von Hirschen gezogen wird.[49]

---

[47] Grimm, *Deutsche Mythologie* Bd. I, XIII. Holda [248.249], S. 224. Grimms Werk dürfte Andersen bekannt gewesen sein; E.H. Meyer, *Mythologie der Germanen* (Straßburg 1903), S. 424–433; in einer neueren Studie sucht Erika Timm die Göttlichkeit der Holda und ihrer Varianten sowie deren gemeinsame Identität mit Frija zu beweisen: *Frau Holle, Frau Percht und verwandte Gestalten. 160 Jahre nach Jacob Grimm aus germanistischer Sicht betrachtet* (Stuttgart 2003), Kapitel 14 und 15, bes. S. 303f.

[48] Vgl. hierzu und zum Folgenden *Handwörterbuch des Deutschen Aberglaubens* Bd. 6 (Augsburg 2000) unter „Perhta"; ebenfalls Paul Hermann (1898), *Deutsche Mythologie* (Berlin 2005) unter „Frija", sowie Viktor Waschnitius, *Perht, Holda und verwandte Gestalten. Ein Beitrag zur deutschen Religionsgeschichte* (Wien 1913), S. 9–179, Index S. 181ff; in Anlehnung an Waschnitius: Lotte Motz, „The Wintergoddess: Percht, Holda, and Related Figures", in: *Folkore* 95:2, 1984, S. 151–166.

[49] Vgl. Erika Timms Kriterien des Titels ‚Frau' und des Wagens in ihrer Untersuchung der Frage der Göttlichkeit der Holda-Gestalten, a.a.O., S. 240ff.

Faule und Vorwitzige werden von Holda bestraft, wobei sie als Spuk- und Traumgestalt auftreten kann.[50] Sie straft durch Blendung der Sehkraft, die sie wieder zurückverleihen kann. Mal erscheint sie als strahlend schöne, glänzende, weiß-verhüllte Frau – daher möglicherweise auch der Name ‚Holda', der etymologisch nicht nur mit ‚hold', sondern auch mit ‚verhüllen' zusammengebracht werden kann, mal als abstoßend hässliche, zerzauste Hexengestalt. All diese zentralen Motive und Metamorphosen sind auch in Andersens „Snedronningen" anzutreffen.

Holda wurde nicht nur als anderer Name für Frigga, sondern auch für die mit dieser in vielen Aspekten identische Liebes-, Todes- und Kriegsgöttin Freyja angesehen, da „Freyja, Frigg etc. nur verschiedene Namen für ein und dieselbe Göttin" seien, „die im wesentlichen eine Wolkengöttin ist, aber alle möglichen Funktionen in sich vereinigt":

> Es ist klar, dass Holda eine himmlische Gottheit ist, welche in Wind und Sonnenschein ihre Macht entfaltet, vorzugsweise aber den Segen der Wolke spendet, in dieser ihren Hauptsitz hat und daher auch von ihr ausgegangen sein wird.[51]

Im deutschen Volksglauben fliegt Frau Holle als Wolkengöttin zum Brocken: „beim Schneefalle schlägt sie ihr weißes Gewand weit auseinander".[52] Ganz ähnlich versinkt der Junge im Schlitten geradezu ‚in einer Schneewehe', als die Schneekönigin ihn in ihren Pelz einhüllt.

Als Kay beim ersten Zusammentreffen mit der Schneekönigin erschreckt vom Stuhl springt, ist es, ‚als zöge draußen am Fenster ein großer Vogel vorbei'. Die Schneekönigin, die von der Erde stets wieder ‚in die schwarze Wolke' – „den sorte sky" (312/316) – zurückfliegt, wird hier mit einem Vogel verglichen; dies erinnert an das Falkengewand der Freyja und das Schwanenkleid mancher Walküren, ist aber auch mit den Raben und Krähen in Verbindung zu bringen, die in „Snedronningen" mehrfach genannt werden. Raben werden traditionell Odin zugeordnet; Robert von Ranke-Graves hat jedoch darauf hingewiesen, dass Odins prophetischer Rabe ursprünglich Freyjas war.[53] Ist Frigga mit den Nornen eng verbunden, so ist Freyja in ihrer Eigenschaft als Kriegsgöttin auch

---

[50] Die wundersame Materialisation der Schneekönigin unmittelbar nach Kays übermütiger Drohung, er werde sie auf dem Ofen zum Schmelzen bringen, entspricht dem „Motiv des vorwitzig gerufenen Dämons" im Volksglauben; vgl. Waschnitius, a.a.O., S. 73: hier erscheint die ‚Strägele', eine Schweizer Variante der Holda/Perchta, nach gedankenloser Heraufbeschwörung und entführt ein Kind, wie es in „Snedronningen" zeitverzögert auch mit dem kleinen Kay geschieht.
[51] Waschnitius, a.a.O., S. 13. Waschnitius referiert hier eine Stelle aus Wilhelm Mannhardts *Germanische Mythen* (1858).
[52] Paul Herrmann, a.a.O., S. 301.
[53] Robert von Ranke-Graves (1948), *Die weiße Göttin. Sprache des Mythos* (Berlin 1981), S. 485.

eine Walküre. Die Walküre, die den Helden den Tod bringt und die Gefallenen vom Schlachtfeld wegführt, wird mit dem Raben in Verbindung gebracht:

> Sie ist wælgrimme ‚todesgrimm', wie die Glossen das ags. wælcyrge ‚Walkyre' mit dem Namen antiker Kriegs- und Todesdämonen (...) wiedergeben. Das entspricht ganz ihrer finsteren Seite im Walkyrenlied und ihrer Gleichsetzung mit dem Raben, dem dunkeln Totenvogel, der wælcasiy ‚leichenauswählend' heißt, ein Ausdruck, der sich mit walkyrge genau deckt. Krähengestaltig fanden wir auch im Norden Hliod, die Wunschmaid Odins in der Völsungensaga.[54]

Die Vogelgestalt korrespondiert mit den antiken Sphingen, Keres und Harpyen, die unter anderem als Wind-, Todes- und Schicksalsdämonen auftraten. In der jüdisch-christlichen Vorstellungswelt sind sie in die ‚Cherubim' genannten Todesengel transformiert worden, Sphingen, die einen Menschenkopf, einen Löwenkörper und Flügel haben.[55]

Die Rabengestalt als Aspekt Freyjas und der Walküren deckt sich auch mit den irischen Schicksals-, Todes- und Kriegsgöttinnen, insbesondere der Morrigan, die in der Gestalt einer Krähe oder eines Raben auf dem Schlachtfeld erschien. Wie Frigg kennt sie die Zukunft, kann Naturerscheinungen verursachen und wie Freyja oder Holda die Gestalt wechseln.[56] Besonders relevant ist hier die vermutliche Metamorphose der Morrigan in die über die Artusepik berühmt gewordene Fee Morgane, auch *Morgain la Fée* genannt und als phantasmagorische *Fata Morgana* in den allgemeinen Sprachgebrauch eingegangen.[57] Etymologisch hat man für die Deutung des Namens ‚Morrigan' verschiedene Erklärungen bemüht, die hier alle gleichermaßen interessant sind: ‚Große Königin', oder ‚Marenkönigin' – die Königin der Phantome und Spukgeister.[58] Für ‚Morgan' kommt als Bedeutung auch ‚die Weiße vom Meer' in Frage.[59]

---

[54] Martin Ninck, *Wodan und germanischer Schicksalsglaube* (Jena 1935), S. 183f.

[55] Vgl. Jane Ellen Harrison, *Prolegomena to the Study of Greek Religion* (Cambridge 1903), „Chapter V: „The demonology of ghosts, sprites and bogeys", S. 172–187.

[56] Vgl. Wolfgang Krause, *Die Kelten* (Tübingen 1929), S. 22ff, sowie Lucy Allen Paton, *Studies in the Fairy Mythology of Arturian Romance* (New York 1960), S. 12, 24, 33f; zur Parallele zwischen Walküren und irischen Gottheiten vgl. H.R. Ellis Davidson, *Gods and Myths of Northern Europe* (Harmondsworth 1964), S. 65f, sowie C. Donahue, „The Valkyries and the Irish War-Goddesses", in: *Publications of the Modern Language Association* (Baltimore), 56, 1941, S. 1ff.

[57] Zum Ursprung Morganes aus Morrigan vgl. Paton, bes. Ch. XI über „Morgan la Fée", S. 145–166.

[58] Paton, S. 159.

[59] Fritz Lautenbach, *Der keltische Kessel. Wandlung und Wiedergeburt in der Mythologie der Kelten* (Stuttgart 1991), S. 255; Grimm, *Deutsche Mythologie*, XVI. Norni [385], S. 342. Grimm leitet die Endung des Namens Morgane von gwen = ‚glänzende Frau' ab.

Die Schneekönigin entführt Kay in ihren Eispalast, wo er das Wort „Ewigkeit" als Figur legen soll; dieses Motiv gehört demselben Topos an wie die Sage von Merlin, der von der Dame vom See in einem Gefängnis mit unsichtbaren Mauern oder einem unsichtbaren Glashaus festgehalten wird.[60] Auch Artus wird nach seinem Tod von Morgane auf die Glasinsel (Glastonbury) gebracht, die von einem Luftwall umgeben ist, und auf der Unsterblichkeit und Ewigkeit zu finden sein sollen. Wie Freyja und die Walküren treten Morgane und ihre Gefährtinnen als amazonenhafte Jägerinnen mit Falkenattributen auf,[61] und wie die Schneekönigin wird auch Morgane mit den Naturwissenschaften, mit Mathematik und Astronomie in Verbindung gebracht. Sie kann ihre Gestalt verändern und durch die Lüfte fliegen. Als *Fata Morgana* genanntes Trugbild taucht sie auch in Sizilien auf.[62] Ganz passend hierzu sagt die Schneekönigin in der Siebten Geschichte von „Snedronningen":

,Nu suser jeg bort til de varme lande!' sagde snedronningen. ,Jeg vil hen og kigge ned i de sorte gryder!' – Det var de ildsprudende bjerge, Ætna og Vesus, som man kalder dem – ,Jeg skal hvidte dem lidt! Det hører til; det gør godt oven på citroner og vindruer!' Og så fløj snedronningen ... (342).

Neben Wolke, Wind, Sturm und Krähen tauchen in der Zweiten Geschichte auch Bienen, heulende Wölfe und der Mond als Embleme auf. Die Schneekönigin wird als Herrin der wirbelnden Schneeflocken präsentiert, die mal mit Bienen, mal mit Hühnern verglichen werden. Die in einem amazonisch-gynäkokratischen Staat lebende Biene, die ihre Drohnen mit Honig nährt und nach dem Eintritt in die sexuelle Reife ersticht, ist in der Antike ein Symbol der Vegetations-, Jagd- und Todesgöttinnen Demeter, Artemis, Kybele und Persephone gewesen, ebenso wie der Mond, den die nachtaktiven Wölfe anheulen, die gleichfalls als Emblem der Artemis, der Jagdgöttin und Herrin der Tiere gelten.[63] Während die jugendlich-schöne Artemis wie Andersens Schneekönigin die unberührte strahlende Reinheit der Natur widerspiegelt, galt die z.T. mit Demeter, mit der Mutter der Persephone gleichgesetzte Hekate bei den Griechen als Herrin der Nacht und der Totenwelt.[64] Als Königin der Gespenster

---

[60] Vgl. Geffrey Ashe (1990), *Kelten, Druiden und König Arthur. Mythologie der Britischen Inseln* (Olten/Freiburg i.Br. 1992), S. 272.

[61] Göttner-Abendroth, *Die Göttin und ihr Heros* (München 1980), S. 187. Die Zahl der Walküren wird mit neun oder dreizehn angegeben; Morgane soll ebenfalls neun Gefährtinnen gehabt haben (s. Ashe, S. 267).

[62] Paton, S. 165n; Ashe, S. 267.

[63] Erich Neumann (1956), *Die Große Mutter* (Zürich/Düsseldorf 1997), S. 251ff; Ranke-Graves, *Die weiße Göttin*, S. 224, 261.

[64] Vgl. Wolfgang Schild, „Hexenglaube, Hexenbegriff und Hexenphantasie", in: Sönke Lorenz (Hrsg.): *Hexen und Hexenverfolgung im deutschen Südwesten* (Karlsruhe 1994), S. 17; Marija Gimbutas, *The Goddesses and Gods of Old Europe 6500–3500 BC. Myths and*

stürmt sie durch die Nacht, gefolgt von ihren Hunden. Hekate kann sowohl mit Wahnsinn schlagen als auch die Sehkraft zurückverleihen. Man kann Hekate und Artemis, die mit der deutschen Frau Holle in Verbindung gebracht worden sind,[65] als zwei komplementäre Masken/Personifikationen des Prinzips Natur auffassen: auch hinter der jungfräulichen Strahlkraft und Reinheit der Artemis, dem Bild sublimer Weiblichkeit, verbirgt sich der Horror der Natur:

> (...) nicht die große heilige Mutter, die alles Leben gebiert (...) sondern die ganz andere, die wir die jungfräuliche nennen können, die freie Natur, mit ihrem Glanz und (...) ihrer seltsamen Unheimlichkeit; sie, die wohl mütterlich ist und zärtlich sorgend, aber nach Art einer echten Jungfrau, und, wie diese, zugleich spröde, hart und grausam (...) Es ist das sternklare, blitzende, blendende, leichtbewegliche Leben und Sein, dessen süße Fremdartigkeit den Mann um so hinreißender anzieht, je spröder es ihn selbst von sich weist; dies kristallhelle Wesen, das doch mit dunklen Wurzeln in die ganze animalische Natur verflochten ist (...) mit dem Zauber des Lächelns, das eine ganze Verdammnis aufwiegt, und dennoch wild bis zum Schauerlichen und zum Entsetzen grausam.[66]

Andersens personifizierte Naturgewalten in Gestalt der nordischen Schneekönigin und der alpinen Eisjungfrau, die in der Märchennovelle „Isjomfruen" auftritt, korrespondieren nicht nur mit dieser Beschreibung Walter F. Ottos, sondern auch mit Edmund Burkes Ästhetik des ‚Erhabenen' und ‚Schönen', die in der Romantik eine Inspirationsquelle für viele Schauerromane war. Die Schneekönigin verkörpert das Erhabene, in dem das Schöne und das Schreckliche der Natur vereint sind und das Burke zufolge „one of the strongest of all the passions" erzeugt: „delight", „not pleasure, but a sort of delightful horror, a sort of tranquillity tinged with horror", mit „*astonishment*" als „its highest degree" und „awe, reverence, and respect" als „subordinate degrees".[67] Mit solch entzückter Ehrfurcht und Verehrung schaut der kleine Kay zu der überlebensgroßen Gestalt empor.

Martin Luther und andere Theologen der Reformation sahen die heidnische Frau Holda als Verkörperung der Natur und der Vernunft an, die sie als trügerisch und schädlich im Hinblick auf den Glauben porträtierten:

Cult Images (Berkeley/Los Angeles 1982), S. 198; vgl. bes. auch *Der Neue Pauly. Enzyklopädie der Antike* (Stuttgart/Weimar 1998ff.), Bd. 5, unter „Hekate". In Hesiods *Theogonie* [411–452] wird Hekate „Hegerin aller Knaben" genannt.

[65] Auf die Parallele zwischen Hekate und vor allem der Frau Gode-Variante der Holda verweist Waschnitius, a.a.O., S. 146, zur Beziehung zwischen Frija/Holda und Diana, der römischen Artemis, vgl. Timm, S. 302ff.

[66] Walter F. Otto, *Die Götter Griechenlands. Das Bild des Göttlichen im Spiegel des griechischen Geistes* (Frankfurt/M. 1947), S. 81, 91.

[67] Edmund Burke (1757), *A Philosophical Enquiry into the Origin of our Ideas of the Sublime and Beautiful* (Oxford 1998), S. 123.

> Hie tritt fraw hulde erfur mit der potznasen, die natur, und thar yhrem gott widerpellen und yhn lugen straffen, hengt umb sich yhren allten trewdellmarckt, den stroharnsch, das naturlich liecht, die vornunfft, den freyen willen, die naturlichen krefft, darnach die heydnische bucher und menschenlere, habt an und scharret daher mit yhrer geygen.[68]

Dies ist denn auch die Moral, die uns der Erzähler des Protestanten Andersen lehren zu wollen scheint, als der kindliche Rationalist Kay ‚sein Vaterunser' aufsagen will, während er vom Schlitten der Schneekönigin entführt wird und sich nur an seine ‚große Rechentabelle', „den store tabel" (315) erinnern kann. In der letzten Geschichte von „Snedronningen" führt uns der Erzähler die Schneekönigin vor, die mitten in einem gefrorenen, „i tusinde stykker" zerbrochenen Spiegelsee sitzt, „i forstandens spejl ... det eneste og bedste i denne verden" (S. 341), wie sie spöttisch sagt. Sie sitzt nicht nur im Spiegel, sie ist selbst der Spiegel aus „blændende, blinkende is", der aus „millioner stjerneagtige fnug" zusammengesetzt ist. Sie ist als weiblicher Mephisto aufzufassen oder vielmehr als Verschmelzung von Goethes Satan und dessen Hexen, mit deren Hilfe Faust das Rätsel der Welt lösen will.

Andersens Schneekönigin ist nicht einfach ‚das Böse', als das man sie so oft gesehen hat. Sie ist ein Phantasma und eine Fata Morgana, eine sublimierte Imago der Mutter, in dem der infantile Ödipus und Narziss ein Wunschbild und einen Teil seiner selbst gespiegelt sieht, seine *anima* im Sinne C. G. Jungs als Projektion und Personifikation des im kollektiven Unbewussten wurzelnden Archetyps des Weiblichen, wenn man so will. Dieser narzisstische Aspekt ist auch im Lied der Narzisse im Blumengarten der *Tredje historie* des Märchens impliziert: „Jeg kan se mig selv, jeg kan se mig selv". Auch sie, die als „lille danserinde" vorgestellt wird, ist nur ein Trugbild: „Hun er bare øjenforblændelse" (323). Dieses Motiv der kleinen Tänzerin als Trugbild hat Andersen bereits im einige Jahre vor „Snedronningen" veröffentlichten Märchen „Den standhaftige tinsoldat" verwendet. Hier begehrt der steife einbeinige Zinnsoldat als Verkörperung des narzisstischen, von Mangel getriebenen Egos eine unerreichbare grazile, mit einer glitzernden Paillette verzierte Tänzerin aus Papier, die ähnlich wie die Schneekönigin in einem von einem Spiegel umgebenen Schloss wohnt. Die Tänzerin ist nicht einfach eine Verkörperung weiblicher Eitelkeit, als die manche sie gesehen haben. Wie die glamouröse Gestalt der Schneekönigin ist sie ein *objet d'art*, Spiegelbild, Chiffre und Symbol für das Kunstwerk selbst. Zugleich ist sie auch ein Symbol für die Vergänglichkeit alles Schönen und Kunstvollen. So wie die Schneeflocken zum Leidwesen des kleinen Kay dahinschmelzen, verbrennt auch die kleine Tänzerin am Ende im

---

[68] Vgl. Edgar A. List, „Frau Holda as the personification of reason", in: *Philological Quarterly*, XXXII, IV, October 1953, S. 446ff; Grimm, *Deutsche Mythologie*, a.a.O., XIII. Holda [247], S. 223n2.

Ofen. Mit ihr zusammen schmilzt auch der Zinnsoldat als Miniatur-Ödipus im selben Ofen, aus dem er einst hervorgegangen ist und welcher sich als kurioses Pendant der weiblichen Gebärmutter lesen lässt.[69] Nur ein kleines Zinnherz bleibt übrig, das Symbol seines unsterblichen Begehrens ist. Auch hier beginnt die Reise des Helden mit der fatalen Figur eines Trolls, in diesem Fall ein boshafter Spielzeug-Teufel im Kinderzimmer, der als ominöses Orakel dem Zinnsoldaten den Untergang als Strafe für sein vermessenes Begehren prophezeit.

Die strahlend-schöne, eiskalte Persona der Schneekönigin repräsentiert eine der Masken der Femme fatale, die sowohl als ‚medusische Mutter' als auch als kalte Nymphe in Erscheinung treten kann:

> The femme fatale can appear as Medusan mother or as frigid nymph, masquing in the brilliant luminosity of Apollonian high glamour. Her cool unreachability beckons, fascinates, and destroys. She is not a neurotic but, if anything, a psychopath. That is, she has an amoral affectlessness, a serene indifference to the suffering of others, which she invites and dispassionately observes as tests of her power (...) The cool beauty of the femme fatale is another transformation of chthonian ugliness.[70]

Die Schneekönigin erscheint als Antithese zur Meerhexe in „Den lille havfrue" oder zum hässlichen Räuberweib in „Snedronningen". Doch in Wahrheit ist sie nur eine Inversion, die andere Seite ein und derselben Münze. Sie ist die Transformation der Hässlichkeit der chthonischen Natur in die sublime Gestalt einer schönen Frau, in ein ästhetisches glänzendes Objekt als Spiegel- und Wunschbild des abendländischen Egos, das dem amorphen Fluss der Natur entgegenstrebt: „the hardest object of Apollonian thing-making", „the glamorous, striving, separatist ego".[71]

---

[69] Sigmund Freud führt in *Die Traumdeutung*, in der er sich auch auf volkstümliche Redewendungen beruft, u. a. den Ofen als Symbol für den weiblichen Körper an.

[70] Paglia, *Sexual Personae*, S. 15. Vgl. hierzu auch Maria Moog-Grünewalds Artikel zum Phänomen der Femme fatale: „Die Frau als Bild des Schicksals", in: *Arcadia* 18 (1983), S. 249: „Die Ästhetisierung der Natur, die Artefizierung des Kreatürlichen ist (...) der höchst moralische Versuch, die Natur, die als grob, barbarisch, niedrig, ja sittlich schlecht erfahren wird, zu ‚idealisieren' und zu spiritualisieren (...) Kunst ist keine Gegenwelt, sie ist eine Verfeinerung und Verschönerung der Natur durch *calcul* und *raison* (...) Kunst tritt nicht an die Stelle der Natur, Schönheit nicht an die Stelle des Hässlichen, vielmehr wird das Schreckliche, künstlerisch ausgedrückt, schön, wird Natur, künstlerisch gestaltet, erträglich".

Im Gegensatz zu mir sieht Lise Præstgaard Andersen die Schneekönigin nicht als Femme fatale, da diese nicht erotisch sei, in: „The Feminine Element – And a Little About the Masculine Element in H. C. Andersen's Fairy Tales", in: de Mylius et al, *Hans Christian Andersen. A Poet in Time*, S. 505ff.

[71] Paglia, S. 31.

Ihr anderes, hässliches Gesicht ist das maternale Phantasma der abstoßenden Meerhexe, die als phallische Meduse auftritt. Sie ist von fetten Wassernattern und schleimigen Polypen umgeben, die die Skelette der Toten umklammern und die imaginären Nabelschnüre repräsentieren, die den Menschen an seinen aquatischen Ursprung und an die Welt der Materie fesseln. Dies ist der Horror des Natürlichen, des Totenreichs und der dionysischen Unterwelt des Flüssigen, deren Geschöpfe sich nach dem Tod in Meeresschaum auflösen, während die unsterbliche Seele des Menschen in die Transzendenz zu den glänzenden Sternen aufsteigt, wie die Großmutter der kleinen Meerjungfrau erklärt. Diese großmütterliche Mutterersatzfigur entspricht der doppeldeutigen Großmutter in „Snedronningen". Wie der kleine Kay will die kleine Meerprinzessin, eine weibliche infantile Ödipus-Figur und allegorische Gestalt des Menschlichen, diese weiblich konnotierte Welt von Auflösung und Todesverfallenheit verlassen. Sie ist auf der Suche nach ihrer unsterblichen Seele, deren Ersatzobjekt zunächst die auf den Meeresgrund gesunkene apollinische Marmorstatue[72] eines Jünglings wird; die Marmorstatue ist das Gegenbild zum schleimigen Meeresschaum, der eine Metapher für Ursuppe und Genitalsekret ist und aus dem die Nixen entstehen wie die schaumgeborene Aphrodite aus dem Samen des gestürzten Uranos in Hesiods *Theogonie*. An die Stelle der Statue tritt der schöne Menschenprinz, der die Meerjungfrau jedoch nicht wirklich wahrnimmt und ihren Wunsch nach Unsterblichkeit durch das Sakrament der Ehe nicht erfüllt. Der Aufstieg aus dem Meer ist die Geburt der aquatischen, fetalen Kreatur in die Subjekt- und Menschwerdung, die vom spiegelnden Blick des Anderen abhängt wie die Subjekt-Entwicklung des Kindes vom Spiegelbild der Mutter und der die Mutter ablösenden Ersatzobjekte. Die Suche der kleinen Meerjungfrau nach einer unsterblichen Seele entspricht der Suche des kleinen Kay nach der „Ewigkeit", die er im Trugbild der Schneekönigin als *anima* verkörpert sieht; der Gegenentwurf zu diesem Seelenbild der *anima* ist das in „Snedronningen" beschworene Bild des Jesuskinds als Archetyp des göttlichen Kindes.

Wie in vielen Volksmärchen ist auch in Andersens „Snedronningen" die Verkehrung die dominierende Stilfigur. Hinter der glamourösen Maske der Schneekönigin, die Unsterblichkeit vorgaukelt, lauert das Monster Natur, vergleichbar der Gorgo Medusa hinter der Maske von sublimen Göttergestalten wie der Artemis/Diana. Wie die Meerhexe, die die kleine Meerprinzessin kastriert, indem sie ihr die Zunge abschneidet, kastriert auch die Schneekönigin den Narziss Kai, der vor Kälte fast erstarrt ist und kaum noch sprechen kann. Ist die Meerhexe als Meduse zu beschreiben, so ähnelt die Schneekönigin eher

---

[72] Die Marmorstatue als Ausdruck der künstlerischen Sehnsucht nach Unsterblichkeit und als Symbol der Seele ist auch in Andersens Geschichte „Psyken" (1862) zentral.

der ‚Würgerin' Sphinx mit dem Gesicht einer schönen Frau und dem Hinterleib einer geflügelten Löwin, die den Menschen, der sich vom mütterlichen Leib der Natur zu lösen versucht, erstickt und verschlingt.[73]

Das Oszillieren der verschiedenen Masken der Natur zwischen dem strahlend-schönen oder gütigen und dem hässlichen, garstigen Weiblichen ist einer Reihe Andersenscher Märchengestalten eigentümlich, die explizit mit einer Identitäts- und Künstlerproblematik verknüpft sind. Am auffälligsten ist dies in „Lygtemændene er i byen, sagde mosekonen" (1865) und in der phantastischen Geschichte von „Tante Tandpine" (1872). In „Lygtemændene" ist die Gestalt des Dichters auf der Suche nach dem Märchen, das als „yndig lille pige med skovmærkekrans om håret", oder als „bissekræmmer" erscheinen kann; „allerdejligst" als „gamle morlille med sølvhvidt hår og med øjne så store og så kloge, da vidste hun ret at fortælle om de allerældste tider".[74] Doch nicht ein gütiges Mütterchen klopft ans Fenster des Dichters, sondern ein garstiges altes Weib: Mosekonen, die Moorfrau, die die Menschen auf ähnliche Weise mit ihren Irrlichtern verhext wie der Teufel dies in „Snedronningen" mit seinen Spiegelscherben tut. In „Tante Tandpine" erscheint dem Dichter *in spe* die gütige Tante, die ihren Neffen wie die Zuckerhexe in „Hänsel und Gretel" zum Naschen und Dichten anhält – oder dazu zu verführen sucht? – des Nachts in der phantasmatischen Gestalt einer unheimlichen Hexe, „Hendes forfærdelighed *Satania infernalis*", die ihn vor der Hybris des Künstlers warnt, während draußen Wind und Schnee stürmen wie in „Snedronningen":

> Nå, så er du digter! (...) Ja jeg skal digte dig op i alle pinens versemål! (...) Stor digter skal have stor tandpine, lille digter lille tandpine ... Erkender du da, at jeg er mægtigere end poesien, filosofien, matematikken og hele musikken! (...) Mægtigere end alle disse afmalede og i marmor hugne fornemmelser! Jeg er ældre end dem allesammen. Jeg blev født tæt ved Paradisets have, udenfor, hvor vinden blæste og de våde paddehatte groede. (...) Se mig skal du, men i en fyldigere, en dig kærere skikkelse, end jeg er det nu! Du skal se mig som tante Mille; og jeg vil sige: Digt, min søde dreng! (...) Du søde barn! – Husk på mig, når du ser tante Mille![75]

Fru Tandpine („Frau Zahnweh"), die einen „isnende kold blæst"[76] verbreitet und mit Hel, der germanischen Göttin des Totenreichs, gleichzusetzen ist, wächst aus dem Schatten im nächtlichen Zimmer hervor wie die Schneekönigin aus einer Schneeflocke vor dem Fenster, woraus man auf die Ähnlichkeit und

---

[73] Zur Sphinx als Verwandte der dämonischen Keres und Harpyen, der Vogel-Mensch-Chimären, die weiter oben mit den krähengestaltigen irischen und germanischen Kriegs- und Schicksalsgottheiten und den jüdisch-christlichen Todesengeln verglichen worden sind, vgl. Harrison, a.a.O., S. 207–212, „The Ker as Sphinx".
[74] Andersen, *Eventyr og Historier*, a.a.O., S. 885.
[75] Ders., S. 1065f.
[76] Ders., S 1064.

identische Funktion der beiden Figuren im Werk Andersens schließen kann. Beide sind möglicherweise nur Projektionen und Phantasieprodukte. Als Phantasmen des Infantilen sind sie Repräsentationen der angstbesetzten (Groß)Mutter. Wie die Schneekönigin, die als Naturgewalt um die Vergeblichkeit menschlicher Künste weiß, lächelt auch Tante Mille und ihre falschen Zähne – die riesigen Zähne der Grimmschen Frau Holle? – ‚schimmern so weiß': „hendes tænder skinnede så hvide".[77] Sie wird zur Projektionsträgerin paranoider Phantasien. Hinter der milden Fassade der Mutterersatzfigur lauert die feuchte Fäulnis der Natur, die den Studenten, den nach Unsterblichkeit strebenden ‚Studiosus' als Entsprechung des kleinen Kay, als Verkörperung des transzendentalen Egos und Künstlers mit Zahnschmerzen *sticht*[78] und in einen imaginären Teich hinabzieht:

> Jeg fik til afsked ligesom et gloende sylestik op i kæbebenet; men det dulmede snart, jeg ligesom gled på det bløde vand, så de hvide åkander med de grønne brede bøje sig, sænke sig ned under mig, visne, løse sig op, og jeg sank med dem, løsnedes i fred og hvile – ‚Dø, smelte hen som sneen', sang og klang det i vandet. ‚Dunste hen i skyen, fare hen som skyen!' – Ned til mig gennem vandet skinnede store, lysende navne, inskrifter på vajende sejrsfaner, udødeligheds patentet – skrevet på døgnfluens vinge.[79]

Die infantile Kastrations- und Zerstückelungsangst des neurotischen Studenten, der hier auffällig an die Augenphobie von E. T. A. Hoffmanns Nathanael in *Der Sandmann* erinnert, materialisiert sich in Auflösungsphantasien im Reich des Flüssigen, Amorphen und im Verfaulen und Ausfallen von Zähnen. Seine ambivalente Einstellung zur Tante spiegelt Andersens zwiespältige Einstellung zu dessen eigener Großmutter wider, die für ihn, den Künstler und Identitätssucher, gleichermaßen mütterliche Förderin und Abschreckung war.[80] Die Auf-

---

[77] Ders., S. 1061.
[78] Das Motiv des Stiches ist hier vergleichbar mit dem traumatischen Spindelstich, der Goldmarie in Frau Holles Brunnen springen lässt; ebenso mit dem Stich, den Kay durch die Spiegelscherben des Trolls versetzt bekommt. Dieses Motiv des ‚Stichs' oder stechenden Schmerzes, mit dem Heldin und Held in eine andere Welt versetzt werden bzw. die Welt der Kindheit verlassen, taucht in weiteren Andersen-Märchen und -Geschichten auf; so beispielsweise in „Grantræet", „Dryaden", „Den lille havfrue" und „Isjomfruen".
[79] Andersen, *Eventyr og Historier*, S. 1066.
[80] Wolfgang Lederer hat in seiner Untersuchung von Andersens Biographie (*The Kiss of the Snow Queen*, a.a.O., S. 112f) auf dessen zwiespältige Einstellung zur eigenen Großmutter hingewiesen, die durch ihren Schatz an folkloristischem Wissen und Aberglauben seinen Werdegang als Künstler und Märchenerzähler entscheidend mitbestimmt hat und für ihn die Verkörperung mütterlicher Fürsorge und Wärme war: „But she too had a dark side: we know how ready she was to prophesy death or to wish it for him (…) behind the façade of gaiety and kindness there lurks for him, at all times, the terror of a Witches' Sabbath and of death (…) While grandmother was a witch, she was not mad. It was her husband (…) who was mad and in need of being supported by her. She was the strong

spaltung in gute und böse Mutterfiguren in Andersens Texten folgt dem Muster frühkindlicher Angstsituationen, in denen Melanie Klein zufolge durch „die Ambivalenz dem Objekt gegenüber" eine „Spaltung der Mutter-Imago in eine ‚gute' und eine ‚böse' Mutter zustande [kommt]".[81] Bruno Bettelheim hat solche ambivalenten infantilen Aufspaltungen in gute und böse Mutterfiguren an Märchen wie „Hänsel und Gretel", „Rotkäppchen" und „Schneewittchen" untersucht und sie zum ödipalen Entwicklungsstadium in Beziehung gesetzt.[82]

Die Janusgesichtigkeit der Natur, die in den oben aufgeführten mythologischen und volkstümlichen Figuren ebenso zu finden ist wie bei den ambivalenten Frauengestalten in Andersens Märchen, fand im Mittelalter in der Darstellung der trügerischen *Frau Welt* ihren Ausdruck. Hierbei handelt es sich um die Darstellung der irdischen Welt in Gestalt einer von vorne schönen holden Frau, deren Rückseite von Kröten und Schlangen bedeckt oder von Geschwüren und Eiterbeulen zerfressen ist. Dieses religiöse Schreckbild korrespondiert nicht nur mit der zwischen Schönheit und Garstigkeit oszillierenden deutschen Perchta/Holda, sondern auch mit Gestalten des skandinavischen Volksglaubens, z. B. mit der skandinavischen Huldra und Skogsnufva, verführerisch schönen Waldfrauen, deren Rücken hohl ist.[83] Die Doppelgesichtigkeit der Großmutter-Gestalten und Muttersurrogate in Andersens Märchen und Geschichten entspricht der Doppeldeutigkeit paralleler Figuren im Volksmärchen. Wie Rotkäppchen und andere Helden des Volksmärchens verlassen die adoleszenten Protagonisten das Haus der Mutter oder verlieren die Mutter und treffen auf zwielichtige Ersatzmütter, die die (un)heimliche Seite der vertrauten Gestalt darstellen, „jene Art des Schreckhaften, welche auf das Altbekannte, Längstvertraute zurückgeht".[84] Diese erweisen sich bei der Identitätssuche sowohl als Helfer als auch als Gegner, indem sie die Ablösung des infantilen

---

one, he the weak, and who could tell but that she had driven him insane?" Lederer verweist hier auf Andersens Gedicht „The Merry Night of Halloween", in dem die Großmutter – im dänischen Original „morlille" (‚Muttchen') genannt – als Hexe auf dem Besen auf und nieder fliegt, während der kleine Junge sein Vaterunser betet; das Gedicht ist Teil von Andersens Singspiel *Bruden fra Lammermoor* aus dem Jahr 1832, und darin ist eigentlich nicht vom keltischen Halloween, sondern von „Sankt Hans's lystige nat" die Rede (abgedruckt in: H.C. Andersen, *Samlede Digte*, København 2000, hrsg. v. Johan de Mylius, S. 474f).

[81] Melanie Klein, *Die Psychoanalyse des Kindes*, S. 163.
[82] Vgl. außerdem auch Bruno Bettelheims Kapitel „Verwandlungen. Die Phantasiegestalt der bösen Stiefmutter" in: ders. (1975), *Kinder brauchen Märchen* (München 2004; Originaltitel: *The Uses of Enchantment*).
[83] Vgl. Wolfgang Stammler, *Frau Welt. Eine mittelalterliche Allegorie* (Freiburg/Schweiz 1959), S. 34; J. Grimm, *Deutsche Mythologie*, S. XIII. Holda [250], S. 225; Wilhelm Mannhardt, *Wald- und Feldkulte* (Berlin 1904), Bd. 1, S. 127ff; Waschnitius, a.a.O., S. 138f.
[84] Sigmund Freud, „Das Unheimliche", a.a.O., S. 244.

Subjekts befördern und zugleich behindern. Auf einer allegorischen Ebene sind sie Personifikationen der Natur, die die Seele des Menschen an den Horror des Natürlichen und an die stoffliche Existenz fesseln.

4. Die Blumen im Garten der Zauberin als infantile Phantasmen

Lassen sich die diversen Muttersurrogate in „Snedronningen" als Aufspaltungen der archetypischen Imago der Mutter lesen, so können die beiden kindlichen Protagonisten Kay und Gerda in ähnlicher Weise als komplementäre Teile *eines* Selbst interpretiert werden. Während Kay den intellektuellen Aspekt des kindlichen Selbst repräsentiert, das ‚erwachsen' werden will und nach neuen Identifikationsobjekten strebt, repräsentiert die kleine Gerda den Teil, der kindlich-unschuldig bleiben will.

Als der entführte Kay nicht wiederkehrt, macht sich die kleine Gerda im Frühling auf ihn wiederzufinden. Sie tritt dieselbe Reise an wie die Schwesterfiguren, die in Grimms Märchen „Die sechs Schwäne", „Die zwölf Brüder" und „Die sieben Raben" ausziehen, um ihre verzauberten Brüder zu erlösen und sich dadurch mit einem verlorenen Teil ihrer selbst wiederzuvereinen. Gerda ist eine infantile Psyche-Figur, die sich wie die gleichnamige Gestalt in Apuleius' Märchen von *Amor und Psyche* in die Unterwelt begibt, um Amor zu finden, während Kay als ver*blendete* Verkörperung des Begehrens nach Schönheit und Ewigkeit mehr wie eine verzerrte Version von Platons Eros-Begriff erscheint.

Bevor Andersens' Märchenheldin Elternhaus und Großmutter verlässt, zieht sie ihre neuen roten Schuhe an, was als Symbol für den Eintritt in Pubertät und Sexualität gelesen werden kann.[85] Wie das naive „Rotkäppchen" zieht sie alleine in die Welt hinaus und fällt alten Frauen in die Hände, die mit Mutter Natur gleichzusetzen sind – wie die Hexen und Feen in „Dornröschen" und „Frau Holle", die in Verbindung mit traumatischen blutigen Spindelstichen die Initiation in die Sexualität der Erwachsenen einleiten.

Am Fluss opfert Gerda ihre roten Schuhe, die wie die von Kay verachteten wurmbefallenen Rosen im Dachgarten Zeichen weiblicher Sexualität sind. Ähnlich wie Goldmarie, die in einen Brunnen fällt und auf diesem Wege zu Frau Holle kommt, steigt Gerda in ein Boot und gelangt ebenfalls auf dem Wasserweg zu einem Häuschen. Hier wird sie von einer alten Frau mit Krückstock und Blumenhut empfangen und an Land gezogen. Dieses Motiv des An-Land-

---

[85] Vgl. Wolfgang Lederers, a.a.O., S. 31ff. Lederer weist hier auf die Parallele zwischen Gerda und Karen in Andersens „De røde sko" hin, wo es um die Problematik des fatalen Zusammenfallens von sexueller und religiöser Initiation in Form der Konfirmation geht.

gezogen-Werdens ist Teil von Märchen und Mythen, in denen die Helden aus Kästchen und Körbchen aus dem Wasser geborgen, im übertragenen Sinne *geboren* werden.[86] Gerdas Reise auf und aus dem Wasser stellt die Umkehrung dieses Geburtsvorgangs dar: der Eintritt in den Garten der alten Frau leitet die Regression in das ein, was in der Psychoanalyse als ‚primärer Narzissmus' bezeichnet worden ist, eine Regression in eine Art vorgeburtliches Stadium, „dessen Urbild das intrauterine Leben sei".[87] Der Garten mit seinen Blumen, die die ‚Kinder' der Zauberin darstellen, lässt sich als infantile „Phantasie vom Leben im Mutterleib" lesen, die Sigmund Freud als eines seiner Beispiele für „Das Unheimliche" auflistet und als deren Variante und „Umwandlung" er die menschliche Angst, „scheintot begraben zu werden"[88] sieht. Die Horrorversion eines solchen Gartens als Mutterleibsphantasie ist im Phantasma der Meerhexe verkörpert, in deren Garten keine schönen Blumen wachsen, sondern Polypen, Kröten und Schlangen, die sie ihre „små kyllinger" nennt, an ihrer schwammigen Brust hegt und von ihrem Mund fressen lässt.

Wie Goldmarie, die sich zunächst vor den großen Zähnen Frau Holles fürchtet, ist auch Gerda „dog lidt bange for den fremmede, gamle kone" (319). Die alte Frau erinnert nicht nur an Frau Holle, die aus ihrem kleinen Haus herausguckt, sondern auch an die Hexe in „Hänsel und Gretel", deren Zuckerhäuschen ebenso bunt ist wie das Haus dieser Zauberin, dessen Fenster rot, blau und gelb sind; auch hier gibt es Leckeres: „de dejligste kirsebær, og Gerda spiste så mange hun ville, for det turde hun" (319). Während Gerda von den herrlichen Kirschen isst, kämmt die Zauberin sie mit einem Goldkamm, wodurch Gerda ihr früheres Leben und ihren Pflegebruder Kay vergisst. Auch versenkt die Alte alle Rosen in die Erde. Das Motiv des Zauberkamms ist vertraut aus „Schneewittchen", mit dem die böse Stiefmutter Schneewittchen kämmt und in einen todesähnlichen Zauberschlaf sinken lässt, wodurch Schneewittchens Reifung zur Frau unterbrochen wird. Gerdas regressive Verzauberung wird von der Herrin des Blumengartens auf ähnliche Weise herbeigeführt wie Kays ebenfalls regressive Erstarrung durch den Kuss der Schneekönigin. Die Handlung der Zauberin ähnelt dem Tun der geheimnisvollen Fee Rosabelverde, die in der Gestalt des Stiftfräuleins von Rosenschön in E.T.A. Hoffmanns Erzählung „Klein Zaches genannt Zinnober", dem hässlichen Gnom Klein Zaches die Haare glättet, wodurch allerdings nicht dessen Wahrnehmung, sondern die seiner Umgebung verhext wird. Die alte Zauberin in „Snedronningen" wird zwar vom Erzähler als nicht böse beschrieben: „en ond

---

[86] Vgl. Otto Rank (1922), *Der Mythos von der Geburt des Helden* (Wien 2000), S. 94ff.
[87] Laplanche/Pontalis, *Das Vokabular der Psychoanalyse*, a.a.O., unter „Narzissmus, primärer, sekundärer", S. 321.
[88] S. Freud, „Das Unheimliche", a.a.O., S. 163.

trold var hun ikke, hun troldede bare lidt for sin egen fornøjelse" (319), doch will sie unbedingt das süße kleine Mädchen behalten, das ihr zugelaufen ist: „Sådan en sød, lille pige har jeg rigtig længtes efter!" (319). Damit kommt dieser Zauberin, die einen Blumengarten hat, dieselbe Funktion zu wie der Zauberin mit Garten in „Rapunzel"; die Rapunzeln im Garten, nach denen es die schwangere Mutter gelüstet und nach denen auch das Neugeborene schließlich benannt wird, verweisen auf die vegetative Symbolik, die Pflanzen mit Ungeborenen und Kindern gleichsetzt. Die Zauberin in „Rapunzel" raubt das Kind, dessen Werden sie als Personifikation der Natur und als unheimliche Doublette der Mutter ermöglicht hat, und hindert es daran erwachsen zu werden, indem sie es in einen Turm einsperrt. Dasselbe tut die böse Fee in „Dornröschen", die die Prinzessin, die im Begriff ist erwachsen zu werden, im Schlossturm in einen Zauberschlaf fallen lässt.[89] Auch in „Jorinde und Joringel" raubt eine Zauberin Jungfrauen, die sie in Nachtigallen verwandelt und in einem Waldschloss gefangen hält. In „Snedronningen" sind etliche zentrale Motive aus den Grimmschen Hexen- und Zauberinnen-Märchen wiederzufinden, die alle mit der Angst „vor der nicht erfolgten Ablösung und Trennung"[90] des ödipalen Subjekts verknüpft sind. Manches davon taucht bereits in Andersens früheren Märchen auf. So entspricht die Figur der süßen kleinen Gerda Andersens niedlicher Tommelise, die ähnlich wie in „Rapunzel" von einer kinderlosen Frau heiß ersehnt und mit Hilfe einer Hexe aus einer Pflanze geboren wird; die Ersatzmutter wünscht sich ein süßes kleines Kind, „et lille bitte barn", wie es zu Beginn des Märchens heißt. Dieser Wunsch nach einem ‚winzigkleinen Kind' drückt nichts anderes als den Wunsch der Mutter aus, das Kind möge nie erwachsen werden.[91] Was in „Tommelise" in zwei Frauen aufgespalten ist – in Hexe und Ersatzmutter – ist in der Zauberin im Blumengarten in einer Figur vereint. Der winzigen Tommelise vergleichbar, die wie ein Embryo in einem Teller voller Wasser herumrudert und in einer Walnussschale mit Veilchen- und Rosenblättern als Decken und Matratzen schläft, ist auch Gerda eine Gefangene ihrer Pflegemutter; sie schlummert ebenfalls in mit Veilchen gefüllten Decken: „hun sov og drømte der så dejligt, som nogen dronning på sin

---

[89] Sogar das Motiv des rostigen Schlosses, mit dem Dornröschen die Tür des Turms öffnet, taucht in der Blumengarten-Episode in „Snedronningen" auf, als Gerda zuletzt das Gartentor aufreißt, um wieder in die weite Welt hinauszulaufen: „Døren var lukket, men hun vrikkede i den rustne krampe, så gik den løs, og døren sprang op ..." (323).
[90] Holland/Sherman, „Schauerromantische Möglichkeiten", a.a.O., S. 79.
[91] Diese Parallele zwischen „Rapunzel", „Tommelise" und der kleinen Gerda in der dritten Geschichte von „Snedronningen" ist auch Johan de Mylius aufgefallen, der Däumelinchen als „et stykke legetøj" für die Frau bezeichnet, „som aldrig skal forlade hende", als „den perfekte barbiedukke" in: ders., *Forvandlingens Pris: H.C. Andersen og hans eventyr* (København 2004), S. 55ff.

bryllupsdag" (320). Gerda schläft wie die verzauberten Märchenprinzessinnen, und genauso schlafen und träumen auch die Blumen im Garten der Zauberin. Sie träumen von narzisstischer Liebe, von verbotener und von unerfüllter Liebe zwischen Mann und Frau, zwischen Bruder und Schwester, zwischen Enkelkind und Großmutter, sie träumen von Blumen als Mädchen, die im Wald verschwinden und sterben, bevor sie zur Frau gereift sind. Die Blumen können sprechen wie das Brot im Backofen und die Äpfel auf der Blumenwiese bei Frau Holles Haus. Doch während das fertig gebackene Brot und die reifen Früchte in „Frau Holle" Goldmaries Initiations- und Reifungsprozesse symbolisieren, verharren die Blumen hier im Zustand ewiger Blüte. Sie reifen nicht.[92] Sie sind wie die Träumer in Karen Blixens gleichnamiger Erzählung „Drømmerne", die mit der Metapher der vom Fluss des Lebens abgeschnittenen Kaffeepflanze umschrieben werden; die Blüten der Pflanze sind ihre Träume und sie trägt niemals Frucht, blüht aber reicher als alle anderen und stirbt daran. Unter den träumenden Pflanzen im Garten von Andersens Zauberin sind Frühlingsblumen wie Schneeglöckchen, Narzissen und Hyazinthen. Diese Blumen werden in der griechischen Mythologie mit den träumerischen Jünglingen gleichgesetzt, die stets infantil-narzisstisch auf sich selbst bezogen bleiben und niemals das Stadium der Adoleszenz verlassen.[93] Die Blumen regredieren in das Reich des Narkotischen und Morbiden wie Narziss, der in eine Blume verwandelt wird. Die Muttergestalt, die die kleine Gerda nicht hergeben will, weist Parallelen zur griechischen Vegetationsgöttin Demeter auf, die ihre Tochter Persephone/Kore nicht freigeben will. Es hat den Anschein, als sei der Blumengarten der alten Zauberin letztendlich nur eine Variation des Rosengartens bei der Großmutter in der Stadt, und dasselbe lässt sich, wie noch zu sehen sein wird, auch von den Eisblumen im Garten der Schneekönigin sagen. Die Parallelen zwischen Andersens Märchen und den Grimmschen Volksmär-

---

[92] Wolfgang Lederer interpretiert Gerdas Aufenthalt im Blumengarten als pubertätstypisches „flower stage", als narzisstisches ‚Blumenstadium', in das sich das junge Mädchen wie in eine Zuflucht vor der eigenen Sexualität vorübergehend zurückzieht (Lederer, a.a.O., S. 43). Der Versuch einer Deutung der in dieser Episode auftretenden Blumensorten und ihrer an Gerda gerichteten Geschichten findet sich bei: Scott A. Mellor: „Hvad siger den lille Sommergjæk? Flowers and Embedded Stories in H.C. Andersens Tales", in: Susan Brantley/Thomas A. DuBois (Hrsg.): *The Nordic Storyteller: Essays in Honour of Niels Ingwersen* (Cambridge 2009), S. 246–263.

[93] Die Assoziation von Kindlichkeit mit einer vegetativen Existenzform, mit Blumen und Frühlingsblüten ist ein Merkmal der Romantik (vgl. z.B. Curt Grützmacher, *Novalis und Ph. O. Runge. Drei Zentralmotive und ihre Bedeutungssphäre. Die Blume – das Kind – das Licht* (München 1964), das Andersen mehrfach verarbeitet hat, z.B. in „Den lille Idas blomster", in „Historien om en moder", in „Tommelise", die aus einer Tulpe geboren wird sowie in „Dryaden", wo eine Baumnymphe für kurze Zeit zur Frau wird und dies mit vorzeitigem Verblühen und Tod bezahlt.

chen zeigen, dass man es nicht nur bei der Herrin der Schneeflocken mit einer Variante der Frau Holle-Gestalt zu tun hat, sondern auch bei der Herrin der Blumen. Denn Holda/Frau Holle ist, wie sowohl Volksmärchen als auch Volkssagen über diese Gestalt des deutschen Volksglaubens zeigen, nicht nur Winter- und Wettergöttin, sondern auch Vegetationsgöttin.[94] Als Gerda auf dem bemalten Hut der Zauberin Rosen entdeckt, erinnert sie sich an ihr früheres Leben. Ihre Tränen fallen auf die Erde und erwecken die Rosen zu Leben, die wieder aus dem Boden emporwachsen und ihr mitteilen, dass sie den kleinen Kay im Reich der Toten nicht gesehen haben. Gerda verlässt den Garten und geht auf bloßen nackten Füßen – ohne rote Schuhe – in die kalte herbstliche Welt hinaus. Sie ist so arm und unschuldig wie das niedliche kleine Mädchen mit den Schwefelhölzern, das ebenfalls keine Schuhe hat, und wie das auf dem Fluss reisende Däumelinchen, das zur Herbstzeit in die Fänge der nächsten Pflegemutter gerät.

5. Weitere Mutterleibsphantasien: Schlösser, Wald und Hütten

Auch in der Vierten Geschichte treten Märchenfiguren auf, die Metamorphosen und Varianten der vorhergehenden zu sein scheinen. Gerda trifft eine Krähe, die im Schnee sitzt und bedauert, nicht die Krähensprache zu beherrschen: „Nej, det har jeg ikke lært!", fügt jedoch hinzu hin, dass die Großmutter diese Tiersprache ebenso könne wie die Kindersprache: „bedstemoder kunne det, og P-mål kunne hun" (325). Der Hinweis, dass die alte Großmutter die Stimmen der Blumen, Tiere und Kinder verstehe, rückt diese implizit in die Nähe der Feen und Weisen Frauen, die im Volksmärchen-Typus auftreten.

Die Krähe, die mehr schlecht als recht der menschlichen Sprache mächtig ist, meint, der von Gerda gesuchte Kay müsse mit dem jungen Mann identisch sein, der kürzlich die über diese Region herrschende Prinzessin geheiratet habe. In einer ausschweifenden Märchenparodie gibt die Krähe die Geschichte der Brautwerbung der Prinzessin und ihrer Freier wieder. Ihre Beschreibung des Freiers, der dank seiner Klugheit Prinz geworden ist, überzeugt Gerda davon, der frischgebackene Prinz müsse Kay sein. Mit Hilfe der Krähe und deren Verlobter, die als zahme Schlosskrähe Zutritt bei Hof hat, schleicht sie sich in

---

[94] Lederer (a.a.O., S. 40) assoziiert Andersens Zauberin im Blumengarten mit der römischen Ceres oder Flora. Zu Holda als Vegetationsgöttin oder -dämon vgl. Waschnitius, a.a.O., S. 173–178; Göttner-Abendroth, *Die Göttin und ihr Heros*, S. 136ff; dies., *Frau Holle*, a.a.O., S. 135f; vgl. bes. auch Karl Paetows Sammlung und das darin enthaltene Nachwort: *Frau Holle. Volksmärchen und Sagen* (Husum 1986).

der Nacht ins Schloss. Die Gestalt der von der Krähe als herrlich und überaus klug beschriebenen und vielumworbenen Prinzessin, die in ihrem prächtigen Schloss auf einer spinnradgroßen Perle sitzt – „en perle, så stor som et rokkehjul" (327) – und von ehrfurchtgebietenden Dienern in Gold und Silber sowie zwei Krähen umgeben ist, wirkt wie eine kindliche Version der Schneekönigin selbst. Sie ist die typische „Erbprinzessin" des Volksmärchens und „Repräsentantin der Göttin".[95] Sie repräsentiert den Tochter- und Jugendaspekt der heidnischen Großen Mutter, die sich in der dreifachen Gestalt des Mädchens, der Frau und der alten Hexe oder Greisin manifestiert. Alle drei Erscheinungsformen sind in „Snedronningen" anzutreffen.[96] Die Perle, auf der sie wie auf einem Ei sitzt, ist eigentlich ein Symbol für Aphrodite, die Perlengöttin und Schaumgeborene, die einer Muschel entstieg.[97] Religionswissenschaftler Mircea Eliade hat auf „die gynäkologische und embryologische Symbolik der Perle" hingewiesen, die zugleich „Sinnbild einer transzendentalen Wirklichkeit" ist.[98] In der christlichen Lehre gilt die Perle als Sinnbild für das Himmelreich und für Jesus Christus, welcher aus einer Jungfrau hervorgegangen ist wie die Perle aus der Muschel, und Maria ist „das geistige Meer, das die himmlische Perle Christus in sich trägt" und „die unsterbliche Perle" gebären soll „in dem Meere, das da ist die Welt".[99] In der Gnosis bezeichnet *Margarita*, die „Perle", den unsterblichen Funken, der in die Materie herabgesunken ist.[100] Im *Perlenlied* der gnostischen Thomasakten muss ein Königssohn sich ähnlich wie Gerda aufmachen, um die Perle aus der Gewalt einer Schlange zurückzugewinnen. Die Perle in „Snedronningen" ist ebenso doppeldeutig wie die Prinzessin selbst und symbolisiert Heidnisches und Christliches zugleich, sowohl die jungfräuliche Macht einer kindlichen Brynhild/Walküre als auch das Ideal des kindlichen Selbst, gespiegelt im Bild von „barn Jesus" in Gerdas Rosen-Psalm.[101] In

---

[95] Zu dieser Analyse der Volksmärchenheroine s. Göttner-Abendroth, *Die Göttin und ihr Heros*, S. 136ff.
[96] In der griechischen Mythologie wird diese Trinität durch Kore/Persephone bzw. Artemis – Demeter – Hekate/Erinnyen repräsentiert; die nordische Entsprechung wäre wohl Freya – Frigga – Hel.
[97] Hermann Usener, „Die Perle. Aus der Geschichte eines Bildes", in: A. Harnack u.a. (Hrsg.), *Theologische Abhandlungen* (Freiburg i.Br. 1892), S. 206ff.
[98] Vgl. Mircea Eliade (1952), *Ewige Bilder und Sinnbilder. Über die magisch-religiöse Symbolik* (Frankfurt/M. 1986), S. 141f.
[99] Usener, S. 203f, 210.
[100] Ders., S. 211.
[101] Jacob Bøggild weist darauf hin, dass die Zeilen, die Andersen Gerda aufsagen lässt: „Roserne vokser i dale, Der får vi barn Jesus i tale" auf H.A. Brorsons Psalm *Den yndigste rose er funden* zurückgeht und dass Andersen die Stelle, wo es bei Brorsons „vor Jesum" heißt, durch „barn Jesus" ersetzt hat, vgl. Bøggild, „Fortællingens arabeske allegori: Snedronningen", a.a.O., S. 146ff.

diesem Bild des ‚ewigen' Kindes sind Anfang und Ende des Märchens versinnbildlicht.

Wie Holda, Hekate und die Schneekönigin geht auch die Prinzessin des Nachts auf die Wilde Jagd, wenn auch nur in ihren Träumen; als Gerda mit der Krähe ins Schloss schleicht, rauscht es wie Gespensterschatten an ihnen vorbei:

> ... det var ligesom skygger hen ad væggen, heste med flagrende manker og tynde ben, jægerdrenge, herrer og damer til hest. ‚Det er kun drømmene!' sagde kragen. ‚De kommer og henter det høje herskabs tanker til jagt.' (329)

Die Prinzessin ist nicht nur ein kindliches Spiegelbild der Schneekönigin; sie und ihr jugendlicher Gemahl sind auch Spiegelbilder Kays und Gerdas. Das Märchen schweigt darüber, ob sie jemals ‚König' und ‚Königin' werden; ihre Eltern treten ebenso wenig in Erscheinung wie die von Kay und Gerda. Auch am Ende sind sie noch Prinz und Prinzessin, wie die beiden infantilen Porzellanfiguren in Andersens „Hyrdinden og skorstensfejeren", die dasselbe repräsentieren.[102] Im Gegensatz zu diesen beiden, die den Schritt „ud i den vide verden" gar nicht schaffen, reisen Prinz und Prinzessin am Ende immerhin „til fremmede lande" (344). Wie Däumelinchen in ihrer mit Blütenblättern gepolsterten Walnussschale und Gerda im Garten der Zauberin, schlafen auch die hohen Herrschaften in wiegenartigen Blütenbetten, die den infantilen, fetalen Charakter der Figuren betonen:

> Loftet herinde lignede en stor palme med blade af glas, kostbart glas og midt på gulvet hang i en tyk stilk af guld to senge, der hver så ud som liljer. Den ene var hvid, i den lå prinsessen; den anden var rød, og i den var det at Gerda skulle søge Kay (329).[103]

Gerda wird von den königlichen Herrschaften, die sie bei der Suche nach ihrem Pflegebruder aus dem Schlaf reißt, freundlich empfangen. Der Prinz überlässt ihr für den Rest der Nacht sein Blütenbett. Als Gerda darin einschläft, kommen die Träume von der Wilden Jagd zurück, jedoch transformiert in Gottes Engel, die Kay auf seinem Schlitten ziehen.

Gerdas heimliches Einschleichen ins Schloss und die freundliche Aufnahme durch Prinzessin und Prinz, in dessen Bett Gerda einschläft, ähnelt dem heimlichen Eindringen Schneewittchens ins Haus der Zwerge.

Am nächsten Tag wird Gerda reich eingekleidet und mit einer goldenen Kutsche ausgestattet, die eine Art Lebkuchenhäuschen auf Rädern ist: „Indeni var kareten foret med sukkerkringler, og i sædet var frugter og pebernødder"

---

[102] „ ... porcelænsmageren kunne lige så godt have gjort en prins af ham, for det var ét!" (*Eventyr og Historier*, a.a.O., S. 383).

[103] Für Jørgen Dines Johansen liegt hier der Akzent auf der Asexualität – „stale idyll of the crows" und „puerile, unconsummated relationship between prince and princess" (Johansen, „Counteracting the Fall", a.a.O., S. 138).

(331). Wie Rotkäppchen, Schneewittchen und Hänsel und Gretel muss Gerda auf ihrer Reise in einen finsteren Wald hinein, wo ihre Goldkutsche Räuber anlockt. Vom Schloss der kindlichen Erbprinzessin gerät Gerda direkt in die Hände des abscheulichen alten Räuberweibs. Mit „langt, stridt skæg, og øjenbrun, der hang hende ned over øjnene" (332) gleicht diese sowohl der räuberischen Kanalisationsratte in „Den standhaftige tinsoldat",[104] die vom Zinnsoldaten Zoll einfordert, als auch der von Nattern umgebenen Meerhexe im Polypenwald von „Den lille havfrue", die die kleine Meerjungfrau ihrer Stimme beraubt. Räuberweib und Meerhexe sind Repräsentationen der phallischen Mutter. Nicht nur das haarige wilde Weib, sondern auch der Anblick ihres Räuberschlosses im Wald – eine Art Variante des Waldschlosses der Erzzauberin in Grimms von J. H. Jung-Stilling übernommenem Märchen „Jorinde und Joringel" – korrespondiert mit Freuds Interpretation der Medusa als Symbol für die schreckliche Mutter. Deren Haarigkeit und aufgerissener Mund sind Zeichen für den mit weiblicher Sexualität assoziierten Horror des Natürlichen:

> ... de var midt i gården af et røverslot; det var revnet fra øverst til nederst, ravne og krager fløj ud af de åbne huller, og de store bulbidere, der hver så ud til at kunne sluge et menneske, sprang højt i vejret, men de gøede ikke, for det var forbudt (333).

Das in der Mitte geborstene Räuberschloss mit seinen offenen Löchern sieht aus wie der Eingang zur Hölle; die stummen Bullenbeißer, die wie Phantome wirken, sind mit Höllenhund Kerberos und den Hunden im Gefolge der Geisterherrin Hekate zu assoziieren. Als Hüterin von Eingängen und, damit symbolisch verbunden, von Geburten, Wegkreuzungen und Übergängen[105] ist Hekate eine Personifikation desselben Prinzips wie die Gorgo Medusa; auch deren Maske mit dem Loch des schrecklich aufgerissenen Mauls stellt Tod und Geburt gleichermaßen dar.[106] Mit der eigentlich aus Kleinasien stammenden Hekate war die babylonische Lilith verwandt, wie die deutsche Holda ebenfalls eine Sturm- und Winddämonin. In der hebräischen und arabischen Folklore erscheint sie „oft als haariges Nachtungeheuer",[107] was stark mit Andersens

---

[104] Die bedrohliche Ratte entspricht der schrecklichen Frau Mauserincks in E. T. A. Hoffmanns *Nussknacker und Mausekönig*. Auch die ‚gute alte' Feldmaus in „Tommelise", die Däumelinchen bei Ungehorsam mit ihren scharfen Zähnen zu beißen droht, gehört in diese Kategorie.
[105] Vgl. *Der Neue Pauly*, a.a.O., unter „Hekate"; Ranke-Graves, *Griech. Mythologie*, a.a.O., 34.1, S. 115: Kerberos wurde sowohl als Verkörperung Hekates angesehen als auch mit dem ägyptischen hundeköpfigen Totengott Anubis in Verbindung gebracht.
[106] Wie bei Artemis, deren Nachtseite Medusa repräsentiert, sind manche der Medusa-Darstellungen mit Attributen von Bienen, mit Bienenflügeln oder -köpfen versehen, vgl. Marija Gimbutas, *The language of the Goddess: unearthing the hidden symbols of Western Civilization* (San Francisco 1989), S. 207f.
[107] Raphael Patai/Ranke-Graves, *Hebräische Mythologie*, a.a.O., S. 84.

bärtigem Räuberweib korrespondiert. Neben den Höllenhunden werden an dieser Stelle von „Snedronningen" wieder Raben und Krähen genannt, die die hässliche Seite der nordischen Walküren und der irischen Morrigan repräsentieren[108] und ebenso wie die Hunde der Hekate Aas und Leichen verzehren.

Das Räuberweib, das Gerda mit dem Ausruf „Hun er fed ... hun er fedet med nøddekerner!" (332) auf der Stelle schlachten will, ist der Hexe vergleichbar, die im Grimmschen Märchen den gemästeten Hänsel braten will. Sie entspricht der ‚Fuik', einer wohl von ‚Frick' abgeleiteten Variante der Holle/Perchta-Gestalten des deutschen Volksglaubens, die ebenso wie Frau Gode als wilde Jägerin mit Hunden erscheint und sowohl als Teufels Großmutter als auch als Hexe in „Hänsel und Gretel" gilt.[109] Diese Parallele zeigt, dass das garstige Weib eine weitere Metamorphose und Maske desselben mütterlichen Prinzips ist wie die Zauberin im Blumengarten und die Schneekönigin. Die Räuberin verkörpert das Phantasma der Mutter als Monster, eine märchentypische Projektion frühkindlicher Ängste des Fressens und Gefressenwerdens. Seine ‚Erbprinzessin' und Tochter ist das kleine wilde Räubermädchen, das seine Hexenmutter als „min egen søde gedebuk" (335), als ‚süßen Ziegenbock', anredet; wie ein bacchantischer bärtiger Ziegenbock trinkt denn auch „den gamle røverkælling" aus seiner Flasche und hüpft Purzelbaum schlagend neben seinem Hexenkessel umher, vor dem Gerda jedoch bewahrt wird. Das groteske Aussehen und Verhalten und die Parallele zu Teufels Großmutter ‚Fuik' verbinden das Räuberweib mit den außer Rand und Band geratenen Trollteufeln zu Beginn des Märchens.

Das kleine Räubermädchen ist ebenso sadistisch wie Kay. So wie Gerda und gewissermaßen sie selbst, und parallel hierzu auch Kay, Gefangene im Horrorschloss der schrecklichen Mutter sind, so hält sie selbst Vögel in Käfigen gefangen. Sie hat ein Messer wie ihre Mutter, mit dem sie nicht nur ihre Tiere, sondern auch Gerda sadistisch bedroht. Die gefangenen Tauben und das Rentier, die wie Bienen, Wölfe, Raben, Krähen, Hunde und der Mond allesamt Embleme der Großen Mutter in ihren verschiedenen Manifestationen sind,[110] erzählen von Lappland und von der Schneekönigin und Kay, die sie bei deren

---

[108] Vgl. Ranke-Graves' Beschreibung der Morrigan: „Sie war keineswegs jene freundliche Gestalt, wie der Leser des *Morte d'Arthur* sie kennt, sondern war, wie die ‚schwarze kreischende Hexe Cerridwen' in der *Romance of Taliesin*, ‚großmäulig, dunkelhäutig, aufbrausend, rußig, hinkend, und schielte auf dem linken Auge'" (*Die weiße Göttin*, a.a.O., S. 163).
[109] Vgl. Waschnitius, S. 130; Timm, a.a.O., S. 202. Auf die Ähnlichkeit zwischen Andersens Räuberweib und der Menschenfresserin in „Hänsel und Gretel" hat auch Lederer hingewiesen (a.a.O., S. 54), allerdings ohne Verweis auf die dahinter stehende Gestalt des deutschen Volksaberglaubens.
[110] Vgl. Gimbutas, *The language of the Goddess*, S. 116,195.

wilder Fahrt nach Norden gesehen haben. Die Tauben berichten vom tödlichen Eishauch der Schneekönigin; dies korrespondiert mit der volkstümlichen Vorstellung der Weißen Frau als Personifikation des Todes, auch des Todes der Natur im Winter.[111] Wie die Tiere, die Gerda Nachricht von Kay bringen, wird auch das Räubermädchen letztendlich zu Gerdas Helferin, indem es ihr heimlich aus dem Räuberschloss zur Flucht verhilft und ihr das Rentier als Reittier mitgibt. Diese Umkehrung des sadistischen Räubermädchens in eine Helferin, vom Bösen zum Guten, entspricht der typischen Umkehrung im Volksmärchen: „die Räuber, die Mörder, die Menschenfresser werden dem preisgegebenen Kinde zu Schützern und Helfern".[112] In ihrer Destruktivität ähnelt das jungenhafte Räubermädchen Kay, der in der Zweiten Geschichte die Rosen zerstört, das Märchenbuch kindisch nennt und Gerdas Weinen hässlich findet; ebenso sagt auch ‚røverpigen': „Jeg kan ikke lide at du tviner" (336). Nicht nur Kay und Gerda sind ödipale Figuren, sondern auch das Räubermädchen. Am Ende des Märchens begegnet Gerda dem Räubermädchen wieder, nachdem dieses sich vom Schloss/Schoß der haarigen Mutter abgenabelt und die Räuberhöhle verlassen hat. Sie ist ‚auf dem Weg in die weite Welt hinaus' – „ud i den vide verden" – im Gegensatz zur kindlichen Porzellanhirtin in „Hyrdinen og skorstenfejeren", die, vom Anblick der weiten Welt erschreckt, lieber wieder in die bedrohliche Nähe des garstigen bärtig-ziegenbocksbeinigen Holzsatyrs, des „gedebukkebens-overogundergeneralkrigs-kommandersergenten" (*Eventyr og Historier*, S. 382), zurückkehrt.

Wie Kay auf dem Schlitten der Schneekönigin, so reist Gerda auf dem Rücken des Rentiers weiter, unter dem Geheul der Wölfe und dem Gekrächze der Raben, die allesamt Embleme der Großen Mutter sind:

> ... så fløj rensdyret af sted over buske og stubbe, gennem den store skov, over moser og stepper, alt hvad det kunne. Ulvene hylede, og ravnene skreg. (336)

Die nächsten Stationen ihrer Reise sind die Häuser der Lappin und der Finnin, Zauberinnen und Wettermacherinnen wie die alte Frau im Blumengarten und die Schneekönigin. Obwohl Lappin und Finnin der kleinen Gerda bei ihrer Suche weiterhelfen, sind sie doppeldeutige Muttersurrogate; die Finnin mit ihrem Kochtopf wird als klein, schmutzig und nackt beschrieben und erscheint ähnlich abstoßend wie das Räuberweib.

Die Hexenhäuschen-ähnlichen Behausungen sind sonderbar. Die Haustür der Lappin ist extrem niedrig: „... taget gik ned til jorden, og døren var so lav, at familien måtte krybe på maven, når de ville ud eller ind" (337). Die Familie

---

[111] Dies., S. 198, 209ff.
[112] Max Lüthi (1969), *So leben sie noch heute. Betrachtungen zum Volksmärchen* (Göttingen 1989), S. 62f.

der Lappin, d.h. ihre Kinder, die allerdings nicht in Erscheinung treten, müssen auf dem Bauch kriechen, um hinaus- oder hineinzugelangen. Das Haus der Finnin hat gar keinen Eingang, sondern nur einen Schornstein, was der Weg ist, auf dem Hexen gewöhnlich das Haus mit dem Besen verlassen. Die Vorstellung eines engen Ausgangs, in dem die Kinder stecken bleiben, ist phantasmatisch und lässt sich zum Urtrauma der Geburt in Beziehung setzen, zum „angstbesetzten Wunsch der Rückkehr in die Mutter als Verschlingungsgefahr" und gleichzeitig als „Geburtsakt selbst und das Sträuben dagegen, indem der menschliche Oberleib aus dem tierischen (mütterlichen) Unterleib herauswächst, ohne sich endgültig davon lösen zu können".[113] Diese monströse Vorstellung ist bei Andersen am offensichtlichsten im Bild der Mensch-Fisch-Chimären verkörpert, in den Meerjungfrauen, deren menschlicher Oberkörper aus dem Fischleib herauswächst, und die ihre mutterleibsähnliche Existenzform im Meer nicht verlassen können. Die diversen (Groß)Muttergestalten mit Gärten, Hexenhäuschen, Kesseln, Waldschloss und Eispalast sind allesamt phantasmatische „Repräsentationen der angstbesetzten Urmutter".[114] Diese bedrohlichen Angstobjekte mit ihren unheimlichen Attributen wie Polypen, Bullenbeißern und Schneeflocken entsprechen den inneren Verfolgern und Angreifern, die das ganz kleine Kind Melanie Klein zufolge bereits im Frühstadium seiner Entwicklung als Verkörperungen seiner eigenen destruktiven Triebregungen nach außen projiziert. Wie an vergleichbaren Figuren im Volksmärchen-Typus lassen sich auch an Andersens unheimlichen und ambivalenten Elternimagines Grundmuster infantiler Angstsituationen ablesen. Kann der Trollteufel zu Beginn von „Snedronningen" unter anderem als eine Repräsentation des angstbesetzten Urvaters und als Aufspaltung der Vater-Sohn-Imago angesehen werden, so kann in „Snedronningen" auch von einer Aufspaltung der Mutter-Tochter-Imago die Rede sein. Auch die Figur der unschuldigen kleinen Gerda repräsentiert einen abgespaltenen Teilaspekt der Imago der Mutter, wie im nächsten Abschnitt gezeigt werden soll.

---

[113] Otto Rank, *Das Trauma der Geburt*, a.a.O., S. 138f. Rank nennt als mischgestaltige Verkörperungen der „Loslösungsbestrebungen von der Mutter" (S. 140) neben der Sphinx, aus der auf Terrakotta-Darstellungen ein Mensch herauskriecht, auch Kentauren.
[114] Ders., S. 143.

6. Gerda, St. Lucia und die Lutzelfrau: Verwandlungen einer Erlöserin und Lichtbringerin

Das Rentier bringt Gerda bis zum Garten der Schneekönigin, wiederum ohne Schuhe, die bei der Finnin vergessen worden sind. Wie das kleine Mädchen mit den Schwefelhölzern geht Gerda einer Märtyrerin ähnlich und bar aller sexuellen Attribute auf bloßen Füßen durch den Schnee. Als sie zum Schloss der Schneekönigin geht, werden die Schneeflocken immer größer, fürchterlicher und seltsamer:

> ... de var levende, de var snedronningens forposter, de havde de underligste skikkelser; nogle så ud som fæle store pindsvin, andre som hele knuder af slanger, der stak hovederne frem, og andre som små, tykke bjørne, på hvem hårene struttede, alle skinnende hvide, alle var de levende snefnug (339).

Die Schneeflocken nehmen die Gestalt von Igeln, Bären und Schlangen an, die ebenso wie das Rentier allesamt Embleme und Erscheinungsformen der heidnischen, prähistorischen Großen Mutter sind.[115] Gerda, die kleine unschuldige Lichtgestalt, spricht ihr Vaterunser, das sie im Gegensatz zu Kay nicht vergessen hat, worauf sich ihr Atem in eine Heerschar von kleinen Engeln verwandelt, die mit Helmen, Speeren und Schilden bewaffnet sind und die grausigen Schneeflocken „i hundrede stykker" (340) zerschlagen. Der Kampf zwischen Schneeflocken und Engeln ist eine Miniaturausgabe des Kampfes im zwölften Kapitel der *Offenbarung*, wo der Erzengel Michael und seine Engel den Teufel und dessen Engel auf die Erde stürzen:

> Und es ward gestürzt der große Drache, die alte Schlange, die da heißt Teufel und Satan, der die ganze Welt verführt. Er ward geworfen auf die Erde, und seine Engel wurden mit ihm dahin geworfen.

Die Schneeflocken sind hier die Äquivalente der Trollteufel, deren Spiegel in der Ersten Geschichte von „Snedronningen" in Millionen von Stücken auf die Erde stürzt.[116]

Der Sieg von Gerdas ‚kleinen hellen Engeln' – „små klare engle" (339) – über die Repräsentanten der düsteren Naturgewalt ist dem Sieg der Heiligen Lucia über ihre heidnische Vorgängerin und Gegenspielerin vergleichbar, über Holda/Perchta, die am Ostalpenrand und im südosteuropäischen Raum in die

---

[115] Gimbutas, *The language of the Goddess*, a.a.O., Kapitel 13: „Deer and Bear as Primeval Mothers", Kapitel 23.2: „Hedgehog" und Kapitel 14: „The Snake Goddess".

[116] Man mag bei der Assoziation Schneeflocken – Trolle auch an den Zusammenhang zwischen den elbischen Hollen im Gefolge der Holda und dem norwegischen Huldrefolk denken (auch Waschnitius erwähnt sie in seiner Percht/Holda-Studie, a.a.O., S. 137ff; das Huldrefolk verhext Henrik Ibsens Peer Gynt auf ähnliche Weise wie die Trollteufel die Menschen in „Snedronningen".

dunkle ‚Luz', Lutzelfrau' oder ‚Lutscherl' mutierte.[117] In vorchristlicher Zeit war sie die Lichtbringerin zur Zeit der Wintersonnenwende, von deren dualem Charakter der Lichtaspekt, ausgedrückt im Namen der Perchta = „die Strahlende", auf die christliche keusche Märtyrerin übertragen wurde. Wie der Erzengel Michael, der Lichtkämpfer, Seelengeleiter und Seelenwäger, übernahm St. Lucia Perchtas Rolle als – nunmehr transzendentale – Führerin des Kinderseelenheeres.[118]

Als Gerda das Schloss der Schneekönigin betritt, ist Kay allein und durch sein Streben nach Ewigkeit und Unsterblichkeit fast steifgefroren.[119] Der beim Nordpol gelegene und vom Nordlicht erhellte Eispalast mit seinen endlosen Sälen, „så store, så tomme, så isnende kolde og så skinnende" (341), wirkt wie das Tor ins Universum, doch auch dort ist die Ewigkeit nicht zu finden. Denn auch der unendliche Weltraum ist eine dunkle Höhle voller zersplitterter Trugbilder. Er ist der gigantische Leib, aus dem die irdische Welt hervorgegangen ist und in dem sie immer noch steckt.

Kays narzisstische Erstarrung im Eispalast gleicht dem Zustand des Studenten Anselm, der in E. T. A. Hoffmanns „Der goldne Topf" vom Archivar und Alchemisten Lindhorst in eine Glasflasche eingesperrt worden ist. François Flahault hat Kays Zustand mit dem von Psychotikern und Schizophrenen verglichen.[120] Kays narzisstische Regression in einem scheinbar anorganischen, kalten, leeren Raum und seine obsessive Fixierung auf Eisstücke, die letztendlich zum Schmelzen verdammt sind, lassen sich mit Sigmund Freuds Postulat des Todestriebs beleuchten, der das Subjekt „zur absoluten Ruhe des Anorganischen"[121] zurückstreben lässt. Als kopflastiger Rationalist à la Isaac Newton, den William Blake in geometrische Zeichnungen versunken und gleichsam versteinert dargestellt hat, versucht der kleine Kay die Aufgabe zu lösen, die ihm die Schneekönigin gegeben hat: aus den „tusinde stykker" des zerborste-

---

[117] Zur gemeinsamen Identität von Lutzelfrau und Holda/Perchta vgl. Timm, a.a.O., S. 80ff; Leopold Kretzenbacher, *Santa Lucia und die Lutzelfrau. Volksglaube und Hochreligion im Spannungsfeld Mittel- und Südosteuropas* (München 1959); Kretzenbacher führt den Namen ‚Perchta' auf gotisch *bairhts* = „hell, licht" zurück.
[118] Kretzenbacher, *Santa Lucia*, S. 45ff; zu Sankt Michael, auf den die Seelenführerfunktion von urspr. heidnischen, vor allem weiblichen Gottheiten übertragen wurde (hier werden auch die Walküren genannt), außerdem auch: Kretzenbacher, *Die Seelenwaage. Zur religiösen Idee vom Jenseitsgericht auf der Schicksalswaage in Hochreligion, Bildkunst und Volksglaube* (Klagenfurt 1958), S. 80–91.
[119] Wie ein Echo dieses Bildes bei Andersen erscheint Jules Vernes Roman *Le Sphinx des glaces* (1897, dt. *Die Eissphinx*), in dem der Kapitän Len Guy mit seiner Mannschaft am Südpol zwischen den Tatzen einer gewaltigen Sphinx die Leiche von E. A. Poes Antarktis-Reisendem Arthur Gordon Pym findet, der von der Kälte konserviert worden ist.
[120] Vgl. hierzu François Flahault, *L'Extrême Existence* (Paris 1972), S. 100–113.
[121] Laplanche/Pontalis, *Das Vokabular der Psychoanalyse*, unter „Todestrieb", S. 501.

nen Spiegelsees im Zentrum ihres Eispalastes, „forstandens spejl" (341), in dem sie thront, wenn sie zu Hause ist, die Wortfigur „Evigheden" (342) zu legen. Als Repräsentation der angstbesetzten Urmutter und Verkörperung einer Naturgewalt vom Schlage „Hendes forfærdelighed *Satania infernalis*", „mægtigere end poesien, filosofien, matematikken… mægtigere end alle disse afmalede og i marmor hugne fornemmelser", „ældre end dem allesammen" weiß sie wie Ödipus' Sphinx um die Vergeblichkeit solchen Strebens.

Wolfgang Lederer hat Kay zu Recht mit den mittelalterlichen Alchemisten und Goethes Faust verglichen: „He is looking for the Stone of the Wise like some medieval alchemist; he wishes to understand *rerum natura* like a philosopher of old or like Goethe's Faust".[122]

Wie Faust sucht auch Kay nach dem, „was die Welt im Innersten zusammenhält", nach „Wirkenskraft und Samen", um „nicht mehr in Worten" zu „kramen"[123] – und tut doch nichts anderes als in Wortfiguren ‚kramen', indem er versucht, Eisstücke zu Figuren zu legen.

Ist Kay als infantile Ausgabe des Gelehrten aufzufassen, so lässt sich die Schneekönigin mit dem von Faust zu Beginn der Tragödie herbeigerufenen Erdgeist vergleichen, der Faust spöttisch als „Übermensch" bezeichnet.[124]

Kays Versuch, aus zerstückelten Teilen etwas Ganzes zu machen, entspricht dem Streben des Subjekts nach der Wiederherstellung der verlorenen Einheit seiner selbst. Der zerborstene Spiegelsee, dessen „tusinde stykker" einander alle so gleich sind, „at det var et helt kunststykke" (341), ist ein Zerstückelungsphantasma wie der Trollspiegel. Sein Gegenstück ist die ebenfalls aus Millionen Eiskristallen zusammengesetzte kunstvolle Gestalt der Schneekönigin, die als Blendwerk aus Schönheit und Vernunft die Hässlichkeit der Natur maskiert: „Art is form struggling to wake from the nightmare of nature".[125] Als phantasmatisches *objet d'art* statuiert sie ein Exempel für Melanie Kleins Postulat der Wiedergutmachungsantriebe, die eine Grundlage für künstlerisches Schaffen darstellen. Als glamouröses Kunstobjekt, das selbst Ewigkeit, Schönheit und Unsterblichkeit darstellt, scheint sie ein Produkt derselben von Melanie Klein und deren Schülerin Hanna Segal beschriebenen Wiedergutmachungsantriebe zu sein, die in der manisch-depressiven Position des Kleinkindes auf die paranoid-schizoide Position folgen und die „die Grundlage von schöpferischer Tätigkeit und Sublimierung" bilden:

---

[122] Lederer, S. 67.
[123] Johann Wolfgang von Goethe, *Faust I*, 382–385.
[124] Ders., 490, 501–509: „In Lebensfluten, im Tatensturm / Wall' ich auf und ab / Wehe hin und her! / Geburt und Grab / Ein ewiges Meer / Ein wechselnd Weben / Ein glühend Leben / So schaff' ich am sausenden Webstuhl der Zeit / Und wirke der Gottheit lebendiges Kleid".
[125] Paglia, *Sexual Personae*, S. 39.

> Die heilenden Aktivitäten gelten sowohl dem Objekt als auch dem Selbst – teilweise aus Sorge und Schuldgefühl in Bezug auf das Objekt und dem Wunsch, es wiederherzustellen, zu erhalten und ihm ewiges Leben zu schenken; teilweise aus Interesse an Selbsterhaltung ... Die Sehnsucht des Kindes, die verlorenen Objekte neu zu schaffen, gibt ihm den Impuls, das in Stücke Gerissene wieder zusammenzusetzen, das Zerstörte neu zu machen, etwas wiederzuerschaffen und etwas zu erschaffen. Gleichzeitig veranlasst ihn der Wunsch, die Objekte zu schonen, seine als destruktiv empfundenen Antriebe zu sublimieren.[126]

Das Bild der Schneekönigin repräsentiert die Wiederherstellung von etwas Weiblichem, Mütterlichem, das Andersens ödipaler Protagonist mit infantilem Sadismus in Gestalt der alten Großmutter und deren Rosen zu zerstören sucht. Im Bild der Schneekönigin und deren Spiegel wird dieses Weibliche vom Künstler neu zusammengesetzt und wiedererschaffen. Melanie Klein hat diesen Mechanismus im Zusammenhang mit frühkindlichen Angstsituationen am Beispiel der Malerin Ruth Kjaer gezeigt, die ihre Schwermut mit dem Malen von Portraits überwand, darunter das einer alten, runzligen, verbrauchten Frau und im Anschluss daran eines ihrer eigenen Mutter, das diese „im Vollbesitz ihrer Kräfte und Schönheit"[127] zeigt. Klein interpretiert „das Portrait der alten, dem Tode nahen Frau" als „Ausdruck der primären, sadistischen Zerstörungswünsche" des Kindes gegenüber der Mutter, die im darauf folgenden Bild wiederhergestellt wird, wobei „die Tätigkeiten des Zeichnens und Malens sowohl als Mittel des Sadismus und der Zerstörung, wie auch als Mittel der Wiederherstellung dienen": „Dem Ausdruck von Zerstörungs- und Angriffstendenzen folgen häufig Zeichnungen, die sich als ein Neuschaffen der zerstörten Objekte erweisen".[128]

Kays Versuch, sich von der Welt der (Groß)Mutter und der Kindheit abzulösen, mündet in einer zirkulären Bewegung wieder in den Anfang des Märchens zurück. Auch Gerda, die ihn als Idealbild des unschuldigen Kindes mit ihren Tränen erlöst, ist in Wirklichkeit nur ein – christianisierter – Aspekt der Großen Mutter. Wie Holda/Perchta, die die Sehkraft blenden und wieder zurückverleihen kann, gilt auch St. Lucia als Patronin der Augen. Und wie die Hypostase des Jugendaspekts der Großen Mutter, wie Rapunzel,[129] deren Trä-

---

[126] Hanna Segal, a.a.O., S. 103f. Mit einem etwas anderen Ansatz verweist Erica Weitzman vor dem Hintergrund von Kierkegaards *Der Begriff Angst* und *Die Krankheit zum Tode* auf die Relevanz von Melanie Kleins Beschreibung der depressiven Position für Andersens „Schneekönigin", in: Erica Weitzman, „The World in Pieces: Concepts of Anxiety in H.C. Andersens ‚The Snow Queen'", in: *MLN* 122 (2007), S. 1105–1123, bes. S. 1111 u. 1114.
[127] M. Klein, „Frühe Angstsituationen im Spiegel künstlerischer Darstellungen", in: *Internationale Zeitschrift für Psychoanalyse*, Bd. 17 (1931), S. 503.
[128] Dies., S. 506.
[129] Zu Rapunzel als Lichtaspekt der Hexengestalt vgl. Sonja Rüttner-Cova (1986), *Die gestürzte Göttin. Spuren des Matriarchats in Märchen und Mythen* (München 2000), S. 138f.

nen dem erblindeten Prinzen im Märchen das Augenlicht wiederschenken, machen auch Gerdas Tränen Kay wieder ‚sehend', indem sie seine Augen und sein gefrorenes Herz mit Hilfe der magischen Psalmworte über „barn Jesus" von der Zaubermärchen-typischen Schädigung heilen, so dass er sie wieder erkennt.[130] Zusammen mit der teuflischen Scherbe wird der Mephisto aus Kay herausgespült. Diese Vorstellung korrespondiert mit dem Bild des rettenden Heilsgusses, den der Erzengel Michael über die *animula*, das kleine nackte Seelenkind, ausgießt, das in der einen Waagschale sitzt, während auf der anderen Seite der Waage ein Trollteufel mit zwei Gesichtern, einem Teufels- und einem Menschengesicht, hockt, dessen Teufelsstücke durch St. Michaels reinigende Handlung vergeblich sind.[131] Gemeinsam legen die beiden Kinder aus den zerborstenen Teilen des Spiegelsees die Wortfigur ‚Ewigkeit'. Ein anderer interessanter mythologischer Vergleich findet sich bei Ejnar Stig Askgaard, der Kays Erlösung durch Gerdas Tränen zum Motiv des Weinens in Beziehung setzt, mit dem Balder in der *Edda* aus Hels Totenreich erlöst werden soll; der Troll entspräche hier Loki, die Spiegelscherben dem Mistelzweig und Gerda der Gestalt des Hermod, der sich aufmacht, Balder zu finden; das Rentier, mit dem Gerda in den Norden reist, hat hier dieselbe Funktion wie das Pferd Sleipnir und der Saal der Schneekönigin entspricht dem Saal der Hel.[132] In diesem Zusammenhang fällt auf, dass in „Balders Tod" auch Frigg, die Walküren, Odins Raben und Freya mit ihrem Katzenwagen genannt werden, alles Aspekte und Elemente, die in „Snedronningen" ebenfalls eine Rolle spielen, wie weiter oben erörtert worden ist. Gerda korrespondiert indessen nicht nur mit Hermod. Warum trifft sie nicht auf ihre Gegenspielerin? Sie ist selbst ein (christlich umgewerteter) Aspekt der Schneekönigin, in deren Gestalt Frigga, Freya und Hel vereint sind. Gerdas dionysische Tränen führen den kleinen Ödipus und Narziss in den Mutterschoß zurück, vor dem er davongelaufen ist wie einst Andersen selbst im Alter von vierzehn Jahren. Ebenso unweigerlich wie die Rosen verwelken und der standhafte Zinnsoldat sich im Feuer in ein kleines Herz auflöst, zerfließen auch die Eiskristalle – „når de blot ikke smelter" – so Kays Seufzer zu Beginn des Märchens. Dieses Bild von Eis, das sich in Wasser

---

[130] In der Forschung wird an dieser Stelle gern auf *1. Korinther*, 12:13 als Intertext verwiesen: „Wir sehen nämlich jetzt durch einen Spiegel rätselhaft. Dann aber von Angesicht zu Angesicht. Jetzt ist mein Erkennen Stückwerk, dann aber werde ich ganz erkennen, wie ich auch ganz erkannt worden bin", vgl. Lederer, S. 65; Bøggild, „Fortællingens arabeske allegori", a.a.O., S. 148; ders., „Nåde for nåde", in: Carsten Bach-Nielsen (Hrsg.), *Andersen & Gud: teologiske læsninger i H.C. Andersens forfatterskab* (København 2005), S. 179.

[131] Spätmittelalterliches Fresko in der Steig-Kirche bei Schaffhausen/Schweiz, vgl. Kretzenbacher, *Die Seelenwaage*, S. 103ff.

[132] Ejnar Stig Askgaard, „‚See saa! Nu begynde vi. Naar vi ere ved Enden af Historien, veed vi mere…'", in: *Anderseniana*, 2005, S. 33ff.

auflöst, taucht auch am Ende von Andersens Märchennovelle „Isjomfruen" auf. Hier ertrinkt der unerschrockene Alpenjäger und Gipfelstürmer Rudy im Genfer See, dessen klares blaugrünes Wasser nichts anderes als das geschmolzene Eis der Ewigen Jungfrau ist. Auch er ist eine Ödipus-Gestalt, die aus der Eisspalte und dem Schoß seiner toten Mutter gerettet wird, nur um am Ende von der Großen Mutter geholt zu werden. Wie in „Snedronningen" läuten hier ebenfalls zum Ausklang des Katharsis-Moments die Kirchenglocken.[133]

Kay und Gerda kehren heim als Erwachsene, die ,im Herzen' Kinder geblieben sind:

„Der sad de begge to voksne og dog børn, børn i hjertet",[134] während die Großmutter die christliche Botschaft aus dem Matthäus-Evangelium als Moral des Märchens vorliest: „Uden at I blive som børn, komme I ikke i Guds rige!" (*Matthäus*, 18:3). Die Konstellation Großmutter-Gerda-Kay ist identisch mit der Konstellation in Andersens Märchengeschichte „Hyldemor" (dt. „Das Holundermütterchen"), wie „Snedronningen" im Dezember 1844 erstmals veröffentlicht. Hier schaut aus einem imaginierten Holunderbusch in der Teekanne das phantasmagorische Gesicht des Holundermütterchens hervor, das sich in der Phantasie eines kleinen Jungen in ein eben solch niedliches, kleines Mädchen wie Gerda verwandelt und das den Träumer mit einer imaginären Reise durch den Zyklus der Jahreszeiten und des Lebens beschenkt.[135] In dieser Geschichte zerfließen alte Frau und kleines Mädchen deutlicher in eins als in „Snedronningen". Ähnlich wie in „Hyldemor", wo die Stimme des Erzählers mit der des Holundermütterchens verschwimmt, das von sich sagt: „egentlig hedder jeg Erindring",[136] wird der Leser, der mit den kindlichen Protagonisten in den „varme, velsignede sommer" (345) der Kindheit zurückgekehrt ist, an das Kind erinnert, „barn Jesus" im Rosental, das die Bildende Kunst immer auf dem Schoß der Mutter zeigt: *animula*, das kleine nackte Seelenkind, die Perle, das Transzendente im Immanenten, über dem das Phantasma der Großen Mutter schwebt.

---

[133] Die Kirchenglocken läuten auch im zweiten Akt von Ibsens *Peer Gynt*, als dieser sich gegen die Angriffe der Trolle wehrt.
[134] Der Schluss des Märchens, der der Vollendung des sexuellen Reifungsprozesses im Volksmärchen – der ehelichen Vereinigung der Protagonisten – ausweicht, ist häufig kritisch beurteilt worden; vgl. Lederer, S. 69f; J.D. Johansen, a.a.O., S. 145.
[135] Ganz ähnlich beglückt die weise Frau im Haselstrauch Aschenbrödel. Im Volksglauben war der Holunderstrauch mit der Vorstellung eines Baumgeistes verbunden, der mit Frau Holle assoziierbar ist; vgl. Rüttner-Cova, a.a.O., S. 110ff; Waschnitius, S. 134ff, Mannhardt, *Wald- und Feldkulte*, S. 10ff. Ob ,Holunder' und ,Holda'/,Holle' etymologisch miteinander zu tun haben, ist nicht sicher und daher umstritten.
[136] Andersen, *Eventyr og Historier*, S. 353.

KAPITEL III
Phantasmatische Knochen und Sirenen in Karens Blixens „Den gamle vandrende ridder"

> Der Totenkopf fehlt nie hinter der liebäugelnden Larve, und das Leben ist nur das Schellenkleid, das das Nichts umgehängt hat, um damit zu klingeln und es zuletzt grimmig zu zerreißen und von sich zu schleudern. Es ist alles nichts und würgt sich selbst auf und schlingt sich gierig hinunter, und eben dieses Selbstverschlingen ist die tückische Spiegelfechterei als gäbe es Etwas, da doch wenn das Würgen einmal innehalten wollte eben das Nichts recht deutlich zur Erscheinung käme, dass sie davor erschrecken müssten; Toren verstehen unter diesem Innehalten die Ewigkeit, es ist aber das eigentliche Nichts und der absolute Tod, da das Leben im Gegenteile nur durch ein fortlaufendes Sterben entsteht.
>
> (Bonaventura, *Nachtwachen*)

1. Verfluchte Ritter in Karen Blixens „Gothic":
Hamlet und Parzival in der Schauerromanze der Moderne

Mit dem Titel ihrer sowohl in englischer als auch in dänischer Sprache verfassten Erzählsammlung *Seven Gothic Tales* (1934)/*Syv fantastiske fortællinger* (zitiert als *SFF*) hat Karen Blixen einen paratextuellen Verweis auf die Gattungszugehörigkeit ihrer Texte gegeben. Die Erzählungen werden durch die Attribute „Gothic" und „fantastisk" in die Tradition der Schauerphantastik gestellt. An anderer Stelle hat die Autorin außerdem darauf hingewiesen, dass das Etikett „Gothic" nicht auf das Zeitalter der Gotik verweist, sondern auf die Wiederbelebung des Gotischen in der Romantik:

> When I used the word 'Gothic', I didn't mean the real Gothic, but the imitation of Gothic, the Romantic age of Byron, the age of that man – what was his name? – who built Strawberry Hill, the age of the Gothic revival.[1]

---

[1] Curtis Cate, „Isak Dinesen," *Atlantic Monthly*, December 1959, S. 153; hier zitiert aus: Robert Langbaum, *Isak Dinesen's Art: The Gayety of Vision* (Chicago 1975), S. 74. Zu Blixens gleichzeitiger parodistischer Subversion von Walpole als männlichem Schauerautor

Blixen beruft sich hier auf Horace Walpole, den Autor der ersten ‚echten' Gothic Novel *The Castle of Otranto* (1764), mit der die Gattung als solche begründet wurde. Schauplatz, Figurenensemble und Atmosphäre von Walpoles Roman und weiterer Schauerromane vor allem der ersten Generation, darunter die Romane Ann Radcliffes, sind stark inspiriert von mittelalterlicher Romanze und Architektur sowie von Vorstellungen über das Mittelalter, die die Autoren der Schauerfiktion des späten achtzehnten Jahrhunderts zum großen Teil aus dem englischen Renaissance-Theater bezogen. Der frühe Schauerroman evoziert die mittelalterliche Atmosphäre des späten Elisabethanischen und frühen Jakobinischen Dramas.[2] Von zentraler Bedeutung sind hierbei Schauplätze der feudalen Aristokratie – labyrinthische Schlösser, Ruinen und Grüfte, damit verknüpft Niedergang und Morbidität aristokratischer Genealogien, Inzestproblematik, negative Vater- und Mutterfiguren sowie heidnischer Geister- und Aberglaube. Letzterer mag dem Publikum der späten Renaissance noch stärker vertraut gewesen sein als dem Leser des achtzehnten Jahrhunderts, weist jedoch bereits dort eine psychologische Dimension auf, die über den bloßen Glauben an übernatürliche Phänomene hinausgeht.

Der Schauerroman greift die Metaphorik von Krankheit und Verfall auf, die vor allem William Shakespeares *Hamlet* durchzieht, den Masterprätext zu *The Castle of Otranto*.

Diese Metaphorik der Morbidität ist auch zentral in Karen Blixens Schauererzählung „Den gamle vandrende ridder"/„The old Chevalier", die Teil der *Seven Gothic Tales* ist. Ebenso wie der Titel der gesamten Erzählsammlung kann auch der Titel dieser Geschichte als paratextuelle Referenz zur Schauerliteratur aufgefasst werden. Die Schauerelemente sind jedoch subtil und eher versteckt. So fehlt beispielsweise das Schloss als Schauplatz, das in *The Castle of Otranto* den eigentlichen Protagonisten repräsentiert. In „Den gamle vandrende ridder" ist die labyrinthische Architektur des Schlosses in die labyrinthische Architek-

---

vgl. David Punter, *The Literature of Terror* (London 1980), S. 380 und in der Folge Susan Hardy Aiken, die Blixens Schauerfiktion wie andere vor ihr als „female Gothic" über „the decayed and decaying structures of patriarchy and patrilineage" deklariert hat; in: dies., *Isak Dinesen and the Engendering of Narrative*, (Chicago 1990), S. 73f; zu Blixens ‚female Gothic', vor allem in der Erzählung „Aben"/„The monkey" s. a. Sybil James, „Gothic Transformations: Isak Dinesen and the Gothic", in: Juliann E. Fleenor (Hrsg.), *The Female Gothic* (Montréal/London 1983), S. 138–152. Trotz ihres feministischen Potenzials ist Karen Blixens Persona der bürgerlichen Baronin ebenso ambivalent und widersprüchlich wie Walpole, „a truly eccentric individual, who hovered on the class border between bourgoisie and aristocracy", „a mass of contradictions", Maggie Kilgour zu Walpole, in: dies., *The Rise of the Gothic Novel*, a.a.O., S. 16; zu Blixens aristokratischen Allüren vgl. Judith Thurmans Biographie *Tania Blixen: Ihr Leben und Werk* (Stuttgart 1989).

[2] Vgl. hierzu Valdine Clemens, *The Return of the Repressed: Gothic Horror from* The Castle of Otranto *to* Alien (New York 1999), S. 20ff.

tur des Textes eingegangen, die sich einerseits aus narrativen Abschweifungen, andererseits aus der Vielzahl der literarischen und mythischen Intertexte konstituiert. Sie ist zugleich auch Spiegelung des Bewusstseins des Ich-Erzählers, in dem die Gespenster und Personae der Vergangenheit herumspuken. Das Spukschloss muss nicht notwendigerweise ein Gebäude sein:

> We tend to think of the haunted house as a building, but it can equally well be a lineage, a title, a family (...). The line must go on. Race, continuity, order, a dynasty, a name are the paramount considerations here. All of these go into the concept of the house, and all of them are threatened by that other Hidden House, the true dynasty, the Enemy (...). The progression of this theme can be followed along an unbroken line from *Thyestes* and *Hamlet* through the Gothics, past Poe's *The Fall of the House of Usher* down to Stephen King's *The Shining* (1977). Elsinore, Otranto, the House of Usher and the Overlook Hotel are so many variations on the theme of the Hidden House.[3]

Der Ritter des Titels der Erzählung ist im Allgemeinen mit Miguel Cervantes' Ritter von der Traurigen Gestalt, mit Don Quijote identifiziert worden, der den vergangenen Idealen des Rittertums hinterher jagt:

> Wenn Don Quijote die Unvereinbarkeit der Welt und seiner Ideale auf die Verzauberung der Wirklichkeit zurückführt und die Diskrepanz der subjektiven und der objektiven Ordnung der Dinge nicht begreifen kann, so bedeutet das nur, dass er den welthistorischen Wandel verschlafen hat und dass ihm in Folge dessen seine Traumwelt als die einzig reale, die Wirklichkeit dagegen als eine Zauberwelt voll böser Dämonen erscheint.[4]

Als altertümlicher Ausdruck für „Ritter" ist der Begriff „Chevalier" sowohl mit dem Bild des Ritters zu Pferde als auch mit der Vorstellung des galanten, ritterlichen Kavaliers verknüpft. Der implizite Bezug des Titels auf Don Quijote als Parodie des Ritterlichen deutet proleptisch die Verbindung des Komischen mit dem Tragischen, des Lächerlichen mit dem Unheimlichen an. Die parodistische Verarbeitung von Elementen der Gothic novel erzeugt in Blixens Erzählung neben einem zweistimmigen Diskurs mit subtilem ironischem Unterton auch groteske Effekte. Eine weitere inter- und paratextuelle Assoziation führt zu *Hamlet* als einem Urtext der Schauerfiktion, in dem das Phantasma des toten Vaters als Geist des wandernden geharnischten Ritters herumspukt. Dieser ist nicht nur verlorenes Identifikationsobjekt und Ego-Ideal, sondern zugleich auch unheimliches Spiegelbild und destruktiver Doppelgänger, der die labyrinthischen Schlösser von Helsingør und Otranto heimsucht. Im Titel-Bild des Ritters ist das erste apollinische Ego-Symbol der Erzählung impliziert:

---

[3] Manuel Aguirre, *The closed space: Horror literature and western symbolism* (Manchester 1990), S. 95.
[4] Arnold Hauser, *Sozialgeschichte der Kunst und Literatur* (München 1983), S. 427. Zur Identifikation von Brackels mit Don Quijote vgl. beispielsweise M. Juhl/B. H. Jørgensen, *Dianas Hævn* (Odense 1981), S. 54.

> The hero of the medieval Church militant, the knight in shining armour, is the most perfect Apollonian *thing* in world history. (...) Arms and armour are not handicrafts but art. They carry the symbolic weight of western personality. Armour is the pagan continuity in medieval christianity.[5]

Das Bild der (möglicherweise leeren) Rüstung ist phantasmatisch. Es repräsentiert jenes imaginäre Ich (*moi*), eines jener „Phantasmen", die, so Jacques Lacan, „in einer Form enden, die wir in ihrer Ganzheit eine orthopädische nennen könnten, und in einem Panzer, der aufgenommen wird von einer wahnhaften Identität".[6]

Das polysemantische Bild des Schlosses ist nicht nur symbolische Repräsentation von Identität und Abstammung, von Ich-Bewusstsein und Ego-Ideal einer patriarchalen Gesellschaftsordnung,[7] sondern auch Bild der Welt als geschlossener Raum und Gefängnis, in dem lebende Tote herumwandern ohne Hoffnung auf Transzendenz:

> The world is defined in horror literature as space and, furthermore, as a closed space. (...) the modern world heralded by Macbeth or Hamlet admits boundaries, but not the possibility of transcendence. (...) the beginning of modernity would be aptly summed up in the concept of the Wandering. Quest, pilgrimage, deathdance, wandering, as so many metaphors of life, shape a changing vision of the dynamics of the human existence. (...) Death-in-life becomes an acceptable metaphor for the human condition.[8]

Manuel Aguirre hat darauf hingewiesen, dass der Schauerroman nicht in erster Linie vom Übernatürlichen handelt, sondern vom Numinosen als Gegner des Rationalen. Essentieller Bestandteil des Schauerromans ist hier der Begriff des Mysteriösen, eines Mysteriums, das vermittels einer Verzögerungstechnik stückweise enthüllt wird, die charakteristisch für Gothic novels ist; Erklärungen werden durch ungeduldige Zuhörer, abschweifende Erzähler oder mysteriöse Geschehnisse unterbrochen, Identitäten sind verworren und ungeklärt, die Auflösung der Geschichte wird vorangebracht und gleichzeitig durch sekundäre Erzählungen, durch Geschichten in der Geschichte, zurückgehalten. Diese labyrinthische, sich ständig auf Umwege begebende Erzähltechnik ist von Walpole etabliert worden.[9] Sie ist die Matrix sowohl von Schauer- als auch von Detektivroman und das Muster, auf das Karen Blixen in ihren Gothic Tales wiederholt zurückgreift. Die Architektur ihrer Erzählungen ist auch mit der

---

[5] Paglia, *Sexual Personae*, a.a.O., S. 31.
[6] Lacan, „Die Familie", a.a.O., S. 69.
[7] Clemens, a.a.O., S. 7.
[8] Aguirre, S. 2, 16, 54.
[9] Vgl. Aguirre, S. 111f sowie Maggie Kilgour, *The Rise of the Gothic Novel*, S. 18: „Walpole's form sets the pattern for later writers, who work with techniques of interruption, deferral, ellipsis, framing, to slice stories into bits and pieces and disrupt superficial narrative unity or linearity".

gotischen Kathedrale als einem ‚Gebäude ohne Zentrum' verglichen worden.[10] Aguirre hat den Einfluss der *Quest*-Struktur der arturischen Romanze auf den Schauerroman erwähnt und zugleich den Unterschied der beiden Genres hervorgehoben: „The Quest in the knight-errant romance was ‚concentric', aiming at the heart of the labyrinth. (...) The modern Quest is 'eccentric': it strives to escape, or else destroy, the transcendental labyrinth of Evil". Die Ritterromanze befasse sich mit der Selbsterkenntnis der exemplarischen Figur, der Schauerroman dagegen mit dem Erhalt dessen, was die Figur als ihr Selbst betrachtet, so Aguirre. Erstere suche ontologische, moralische, kosmische Wahrheit und sei mit einer Quest dieser Art konfrontiert, letzterer suche epistemologische Wahrheit und stünde einem Rätsel gegenüber.[11] Blixens „Den gamle vandrende ridder" ist der Zwiespalt zwischen diesen beiden Arten der *Quest* inhärent. Das jugendliche Ich des alten aristokratischen Erzählers ist ein adliger Jüngling à la Parzival, der ins Zentrum eines Mysteriums vorzudringen sucht. Auf der Suche nach dem Heiligen Gral, nach dem Namen des Vaters und des Sohnes, nach Erkenntnis, Glückseligkeit und Unsterblichkeit wird er mit einer numinosen Macht konfrontiert, die Spiegelbild seiner eigenen Negativität ist:

> This is what Gothic is about, neither supernatural persecution nor persecution by man, but haunting by an Other – by a dark power which is transcendental in the eyes of the characters; which manifests itself as a ghost, a Satanic emissary, a human evil or a force of Nature.[12]

Auf der Suche nach Sinn, Wahrheit und einem Endziel ist der Erzähler in der Zyklik seiner eigenen Geschichte gefangen, in der ständig neue Geschichten auseinander hervorgehen, die nie zu einem Ende kommen.

Zyklisches Erzählen in der Form narrativer Verschachtelungen[13] korrespondiert mit der Zyklik, die den heidnischen, naturmythischen Vorläufern der Ritterromanze zugrunde liegt, und steht im Gegensatz zur Linearität und Transzendentalität der letzteren. Dieser Konflikt von zyklischer und linearer Zeitauffassung ist auch der mittelalterlichen *Hamlet*-Version in Saxo Grammaticus' *Gesta Danorum* inhärent, auf dessen Parallele zu Blixens Text später noch zurückzukommen sein wird.

Wie Hamlet selbst ist der Ich-Erzähler in „Den gamle vandrende ridder", der alte Baron von Brackel, ein dänischer Aristokrat, in dessen Weltbild, Grei-

---

[10] Vgl. Aiken, a.a.O., S. 70f.
[11] Aguirre, S. 114.
[12] Ders., S. 106.
[13] Blixens Vorbild ist nicht nur die labyrinthische Konstruktion des klassischen Schauerromans, sondern auch zyklisches Erzählen nach dem Muster von Boccacchios *Dekkameron* und den Märchen aus *Tausendundeine Nacht*, in denen, nebenbei bemerkt, derselbe Frauen mordende Unhold und Repräsentant des feudalen Patriarchats auftritt wie in diversen Gothic Novels und dem Schauermärchen vom Ritter *Blaubart*.

senhaftigkeit und mit Morbidität und Verfall zu assoziierendem Namen sich der Niedergang der im Mittelalter wurzelnden feudalen Aristokratie spiegelt.

Zeit und Schauplatz der Erzählung ist jedoch nicht das mittelalterliche Dänemark, sondern das Frankreich des *Fin de siècle* kurz nach dem Zusammenbruch des Zweiten Kaiserreichs, „dette mærkværdige, forlorne Tusindårsrige", das die Symbole einer bereits toten Gesellschaftsordnung wiederzubeleben suchte.[14] Die Welt der feudalen Gesellschaft, die der Held zu evozieren sucht, ist so tot wie die Welt Hamlets:

> Hamlet's is a dead world. The traditional symbolism that allows Shakespeare to equate king and country also allows him to make a statement about the world's condition when he makes Horatio speak of Old Hamlet as 'buried Denmark'. The death of the old king entails the withering of his kingdom, a point amply illustrated by the constant imagery of sickness and decay in the play.[15]

Die Metaphorik von Krankheit und Verfall in Blixens Erzählung hat ihre Entsprechung nicht nur in Shakespeares *Hamlet*, sondern auch in den Legenden um die Artusritter und deren Bild des kranken Gralskönigs und seiner unfruchtbar gewordenen Gemeinschaft. Weitere intertextuelle Beziehungen verbinden die Erzählung darüber hinaus mit der Morbidität und Dandyismus-Philosophie der Dekadenzdichtung.

Die Geschichte entführt den Leser in das Paris des Jahres 1874: „Paris, – der jo nårsomhelst kan berede os de mest himmelske Overraskelser" (*SFF*, 69), wie der Held der Geschichte nostalgisch-elegant äußert, woraus deutlich „der Mythos von Paris als dem neuen Babylon, der Stadt der nächtlichen Lichter und der heimlichen Paradiese, der Heimat Baudelaires und Verlaines, Constantin Guys und Toulouse-Lautrecs, der Mythos von dem gefährlichen, verführerischen, unwiderstehlichen Paris"[16] spricht. Die Großstadt erscheint als etwas Weibliches, Mütterliches:

> Die Stadt ist ein mütterliches Symbol, ein Weib, das die Bewohner wie Kinder in sich hegt. (...) Das Alte Testament behandelt die Städte Jerusalem, Babel usw. wie Weiber. (...) Feste, nie bezwungene Städte sind Jungfrauen; Kolonien sind Söhne und Töchter einer Mutter. Städte sind auch Huren.[17]

---

[14] Karen Blixen, *Syv Fantastiske Fortællinger* (København 1959), S. 80. Weitere Seitenangaben folgen im Text. Vgl. hierzu außerdem Robert Langbaum, a.a.O., der allerdings keinen Bezug zu *Hamlet* herstellt, S. 80: „The Second Empire was a ‚strange sham millennium', because it tried to revive the symbols of an order that was already dead ... The fall of the Second Empire is the period, after the turn of the nineteenth century, that Isak Dinesen likes most to write about. The earlier period saw the death of the old order; the later period saw the death of its ghost".
[15] Aguirre, S. 65.
[16] Arnold Hauser, a.a.O., S. 802.
[17] vgl. C. G. Jung, *Symbole der Wandlung* (Düsseldorf 2001), S. 262f, 270; Jung verweist auf

Die Atmosphäre, die der Erzähler heraufbeschwört – Paris als magischer Schauplatz von romantischen Abenteuern und Begegnungen – ruft auf subtile Weise die Erinnerung an die großen literarischen Schöpfungen des neunzehnten Jahrhunderts wach, an Flaubert und Maupassant, an Balzacs *Glanz und Elend der Kurtisanen* und dergleichen. Diese Atmosphäre wird an einigen wenigen Stellen der Geschichte durch die Erwähnung diverser signifikanter sozialhistorischer und politischer Phänomene durchbrochen. Wenige Jahre sind vergangen seit der Veröffentlichung von Charles Darwins Gedanken über die *Entstehung der Arten* (1859) und *Die Abstammung des Menschen und die geschlechtliche Zuchtwahl* (1871). In Russland ist „Nihilismens Tid" (*SFF*, 80), ‚die Zeit des Nihilismus', welcher als Begriff Verbreitung durch Ivan Turgenjews Roman *Väter und Söhne* (1861) fand. Dort wird er in einem politischen Sinn auf die russischen Revolutionäre angewendet, die sich als Anarchisten ansahen. Im Anschluss an diesen Roman übernehmen ihn die sozialkritischen Anarchisten als Selbstbezeichnung, als Ausdruck der „natürlichen Opposition der Söhne gegen die Väter", und der „religions- und traditionsfeindlichen Gesinnung der Intelligenz".[18] Zum Zeitpunkt der Begebenheiten, die in „Den gamle vandrende ridder" geschildert werden, hat der zaristische Despotismus über den Anarchismus gesiegt, „de store Revolutionære havde mistet alt og måtte flygte ud af deres Land" (*SFF*, 80f), viele von ihnen nach Frankreich. Dort befördert das nach technischem und sozialem Fortschritt strebende Zweite Kaiserreich die zunehmende Vorherrschaft des Bürgertums und die Entwicklung der modernen, industrialisierten Massengesellschaft, während die patriarchalische Feudalaristokratie abstirbt. Im Jahrhunderte alten Dualismus von Bürgertum und Adel haben der Rationalismus und Materialismus der bürgerlichen Geldwirtschaft den Sieg über die Geisteshaltung des *noblesse oblige* davongetragen, über den auf das mittelalterliche Rittertum zurückgehenden Idealismus und die feudalen Herrentugenden der Aristokratie.

Die Summe all dieser gesellschaftspolitischen Umwälzungen bereitet im neunzehnten Jahrhundert den Boden für das Aufkommen der weiblichen Emanzipationsbewegung. Diese wird vom Ich-Erzähler mit Metaphern beschrieben, die an die *Offenbarung des Johannes* erinnern, wo von der erneuten Herrschaft des heidnischen Babylon, der großen Hure, berichtet wird, welche auf dem Rücken Satans wieder aus ihrem Abgrund auffährt:

> Nu var det således, som De måske nok ved, at alt det hændte just som den Bevægelse, der kaldtes Kvindens Emancipation, kom op og tog Fart ... hos de unge Kvinder af

---

Stellen aus *Jesaia, Jeremia* und der *Apokalypse des Johannes*. Zur Muttersymbolik bei Blixen vgl. beispielsweise auch Scholtz, „Africa and creative fantasy: Archetypes in three of Isak Dinesen's tales", in: *Edda* 5 (1985), S. 312.

[18] Hauser, S. 896f.

Overklassen fandt den en rig Jordbund. Og her kom de så, alle de åndfuldeste og dristigste af dem, lige ud af deres tusindårige Halvmørke, blinkende imod det nye Lys og helt vilde af Dådstrang og Lyst til at prøve deres Vinger (*SFF*, 65).

Das Bild der Frau, die sich aus ihrer vom patriarchalischen Monotheismus sanktionierten Unterdrückung befreit, wird automatisch an das verdrängte Dämonische geknüpft, wie die Rede des Ich-Erzählers zeigt:

> Der var jo nok dem iblandt dem, som spændte Jomfruen af Orleans' Brunje om sig, – hun var jo da også selv et slagfærdigt ungt emancipperet Fruetimmer, – satte hendes Glorie om Hovedet, og fløj op som hvidglødende Engle. Men Flertallet af Kvinderne vil dog altid, når de kan følge deres eget Hoved, sætte af lige lukt til Heksenes Sabbath (*SFF*, 65).

Befreite Weiblichkeit wird hier zum Projektionsträger des ‚wiedergekehrten Verdrängten' und zum Numinosen stilisiert. Die aus soziokulturellen und historischen Umbrüchen resultierende Verunsicherung und Desillusionierung des aristokratischen Ich-Erzählers korrespondiert mit der Stimmung im Renaissance-Drama und im klassischen Schauerroman. Im englischen Renaissance-Drama verbindet sich die im Zuge der Reformation neu gewonnene intellektuelle Freiheit von dogmatischer Theologie mit aus politischen Unsicherheiten resultierender Stimmung von Angst und Desillusionierung. Diese Stimmung ist auch im Schauerroman des achtzehnten Jahrhunderts präsent, der als Gegenreaktion auf den Rationalismus der Aufklärung zu sehen ist und im Vorfeld der Französischen Revolution sowie auch im Kontext mit der Revolution und Ablösung Amerikas von der britischen Krone entsteht.[19] Die Obsession mit primordialen Ängsten im achtzehnten Jahrhundert stellt eine Reaktion auf die zunehmende Säkularisierung dar. ‚Gothic mystery' ist von der Schauerphantastik-Forschung als ‚Ersatz für diskreditiertes religiöses Mysterium'[20] gesehen worden:

> When reason and science usurped God, Gothic rushed in to fill the resulting vacuum with the daemonic. (...) This 'return of the repressed', or whatever has been previously rejected by consciousness, is a fundamental dynamism of Gothic narratives. (...) Growing out of the ancient tradition of the ghost story, Gothic novels emerged with the development of the urban-industrial time-line.[21]

‚Gothic mystery' als Ersatz für Religion im Zeitalter von industrieller Revolution, fortschreitender Modernisierung und beginnender Frauenemanzipation manifestiert sich auch in der ambivalenten Idealisierung, Mystifizierung und

---

[19] Vgl. Valdine Clemens, *The Return of the Repressed*, a.a.O., S. 22ff.
[20] Joel Porte, „In the Hands of an Angry God: Religious Terror in Gothic Fiction", in: G.R. Thompson, *The Gothic Imagination: Essays in Dark Romanticism* (Washington 1974), S. 43.
[21] Clemens, S. 2ff.

Dämonisierung des Weiblichen in Kunst und Dichtung des Symbolismus, der seine Wurzeln in der Romantik hat. Die zentralen Archetypen des Symbolismus materialisieren sich im Bild der Femme fatale und im Bild der dem Untergang preisgegebenen androgynen Jünglinge und ätherischen Mädchen. Diese Ikonen sind neben dem Phantom des Vaters die zentralen Phantasmen, die in „Den gamle vandrende ridder" herumspuken.

2. Wiedergänger und Untoter: Das Phantasma des mumifizierten Jünglings
„Gothic villain-hero" als dekadenter Heros

Im narrativen Rahmen der Geschichte, der sich auf die erste Seite der Erzählung erstreckt und den Rückblick ins neunzehnten Jahrhundert einleitet, stellt ein jüngerer, namenloser Erzähler einen Freund seines Vaters, den alten Baron von Brackel, als Vertreter des *Ancien Régime* vor. Er spiegelt ihn dabei implizit und mit subtiler Ironie mehrfach in mythischen Parallelfiguren,[22] die die heroisch-archaischen Vorläufer ritterlichen Heldentums repräsentieren. Auf diese Weise etabliert der Rahmenerzähler das Muster narzisstischer Spiegelungen, von denen die Binnengeschichte des Barons und zweiten Ich-Erzählers durchsetzt ist:

> Min Fader havde en Ven, den gamle Baron von Brackel, som i sin Ungdom havde været vidt omkring i Verden og lært mange Steder og Mænd at kende. Ellers lignede han slet ikke Odysseus den Vidtbefarne, i hvert Fald ikke hvad Snildhed angaar; sine egne Sager havde han kun ordnet mådeligt (*SFF*, 59).

Der Rahmenerzähler vergleicht den Baron mit ‚Odysseus, dem Weitgereisten', relativiert diesen Vergleich jedoch sofort, indem er hinzufügt, dass der alte Aristokrat darauf verzichte, „at diskutere Livets praktiske Spørgsmål med den

---

[22] Bernhard Glienke hat Blixens komplexes intertextuelles Verfahren in Anlehnung an J. A. Greimas' strukturalistisches Aktantenmodell als Klassen von Akteuren und Aktanten innerhalb ihres Gesamtwerks bezeichnet: „Jede Referenz deutet den Platz und Aktionsbereich eines Akteurs im Geschehen durch den Platz und Aktionsbereich eines Akteurs in einem anderen, oft mythischen Geschehen (...) Fast jeder Akteur (jede syntagmatische Rolle/ Figur in einer Struktur) wechselt nicht, sondern findet seine Identität als ‚Beziehakteur', durch Hinwendung zu einem Bezugsakteur (einer paradigmatischen Rolle). Sind es mehrere Bezugsakteure, und werden sie gar mehrmals im Werk so zusammengestellt, implizieren sie Teile des paradigmatischen Referenzmuseums der Autorin. Umgekehrt rücken Akteure zusammen, die denselben oder dieselben Bezugsakteure teilen. Beide Gruppen, Bezieher und Bezogene, bilden so jeweils Klassen (...) Aktanten, (...) die einen Beziehaktanten, die anderen Bezugsaktanten." Aus: Glienke, *Fatale Präzedenz: Karen Blixens Mythologie*, Neumünster 1986, S. 218.

unge Generation, som var opsat på at komme frem i Verden". So habe der Baron ‚seine eigenen Angelegenheiten nur mäßig in Ordnung gebracht' und stattdessen „a career of good looks"[23] verfolgt, wie die von Blixen unter ihrem Pseudonym Isak Dinesen zuerst veröffentlichte englischsprachige Version andeutet: die Karriere eines verdorbenen Schönlings und Lustknaben, der offenbar seinen Besitz durchgebracht hat. Statt über die ‚praktischen Fragen des Lebens', sprich: die schnöden Ziele eines erfolgsorientierten bürgerlichen Materialismus, redet von Brackel lieber über „Teologi, Opera, Moral, eller andre brødløse Kunster" (SFF, 59). Aus dieser Beschreibung des ästhetischen Hedonisten und verwöhnten *décadent* spricht Charles Baudelaires Definition des Dandys:

> ... der Dandy strebt nicht nach Geld (...) er überlässt diese grobe Leidenschaft den gewöhnlich gesinnten Sterblichen (...) Der da ist vielleicht ein reicher Mann, sicherer aber noch ist er ein Herkules ohne Beschäftigung.[24]

Auch aus der *Fin de siècle*-Affektiertheit, die der Baron später selbstironisch seinem jugendlichen Ich zuschreibt – „den særegne Affektation, som vi dengang lagde os efter og kaldte *fin de siècle*" (SFF, 64) – konstituiert sich die Persona des Dandys Baudelaire'scher Prägung:

> Der Dandysmus erscheint besonders in den Übergangszeiten, wenn die Demokratie noch nicht allmächtig ist, wenn die Aristokratie erst zum Teil wankt und herabsinkt (...) Der Dandysmus ist der letzte Ausbruch von Heroismus in den Niedergangsepochen.[25]

Der Rahmenerzähler beschreibt den Baron als einen Mann, der in seiner Jugend das klassische Ideal des schönen Jünglings verkörpert hat:

> Han havde været sjældent, slående smuk i sine unge Dage: jeg tror, at han for sin egen Tid så at sige havde legemliggjort det Ideal, som de kaldte en skøn Yngling (SFF, 59).

Diese Beschreibung spiegelt von Brackel implizit in mythologischen und historischen Parallelfiguren wie Narziss und Antinous, schönen Jünglingen der Antike, die dem Dandy psychologisch nahe stehen und sowohl bei Baudelaire als auch bei Oscar Wilde auftauchen. Blixens Erzähler spielt auf den Narzissmus dieser Jünglingsgestalten bei Baudelaire und Wilde an:

> I hans Ansigt var der ikke noget tilbage af denne svundne Skønhed, men man kunde nok endnu læse dens Historie i en Slags munter, fribåren Værdighed, som prægede hans Holdning overfor hele Verden. For dette Væsen er noget, der i Årenes Løb bliver frembragt af stor personlig Skønhed, og overlever den, så at det på en for de Uindviede uforklarlig Måde er at finde hos de sammensunkne, gamle Mennesker, der så ind i det

---
[23] Isak Dinesen (Karen Blixen), *Seven Gothic Tales* (London 2002), S. 52.
[24] Charles Baudelaire, „Der Maler des modernen Lebens", in: ders., *Der Künstler und das moderne Leben* (Leipzig 1990), S. 307, 310.
[25] Ders., S. 309.

forrige Århundredes lange Spejle med Glæde og Stolthed. Ja, man måtte nok ad denne Vej ved en *danse macabre* kunne udpege de Skeletter, som engang har været med til at blive udpeget med Beundring, Henrykelse og Misundelse på deres egen Tids Baller (*SFF*, 59).

Die Neigung zur narzisstischen Selbstbespiegelung ist auch dem verblühten Jüngling von Brackel und seinesgleichen noch anzusehen, wie an der *noblesse oblige*-Haltung der ‚zusammengesunkenen alten' Aristokraten abzulesen ist, welche als ‚Skelette' bezeichnet werden, als lebende Leichen. Die Formulierung der englischen Version ist noch drastischer und morbider; dort werden „de sammensunkne, gamle Mennesker" als „shaking ruins" (SGT, 52), ‚zitternde Wracks', bezeichnet.

Das Bild des ‚Totentanzes' verbindet den ehemals schönen Jüngling mit dem verblühten Antinous-gleichen Dandy in Baudelaires Gedicht „Danse macabre":

> Antinous flétris, dandys à face glabre,
> cadavres vernissés, lovelaces chenus,
> Le branle universel de la danse macabre
> Vous entaîne en des lieux qui ne sont pas connus![26]

Die intertextuelle Beziehung zu den ersten beiden Zeilen von Baudelaires Gedicht verzerrt das Spiegelbild des schönen Jünglings in das Phantasma eines lüsternen alten Dandys, eines lebenden Leichnams und gespenstischen Wiedergängers. Dies korrespondiert auch mit dem sprechenden Namen „von Brackel", der in Assoziation mit dem dänischen Wort „brak" in der Bedeutung von „brackig" auf den konservativen, nekrophilen Charakter des adligen Helden verweist:[27]

> Der nekrophile Character erlebt nur die Vergangenheit und nicht die Gegenwart oder Zukunft als ganz real. Das, was gewesen ist, das heißt, was tot ist, beherrscht sein Leben: Institutionen, Gesetze, Eigentum, Traditionen und Besitztümer. Kurz gesagt, *die Dinge beherrschen den Menschen; das Haben beherrscht das Sein; das Tote beherrscht das Lebendige.* Im persönlichen, philosophischen und politischen Denken des Nekrophilen ist die Vergangenheit heilig, nichts Neues ist von Wert, eine drastische Veränderung ist ein Verbrechen gegen die ‚natürliche Ordnung'.[28]

---

[26] In der deutschen Übertragung von Monika Fahrenbach-Wachendorff (Charles Baudelaire, *Les Fleurs du Mal/Die Blumen des Bösen*, Stuttgart 1980, S. 205): „Verwelkter Jüngling, Dandy, mit glattrasierten Wangen, / Ergrauter Wüstling, übertünchter Leichnam, / Der Reigentanz des Todes nimmt auch euch gefangen / Und schleift euch zu dem Ort, wohin noch keiner kam!"

[27] In der Bedeutung von „brach" = unbebautes Land bezieht Ute Klünder den möglicherweise zweideutigen Namen „Brackel" auf die noch nicht abgeschlossene Persönlichkeitsentwicklung des jugendlichen Helden, vgl. Ute Klünder, *„Ich werde ein großes Kunstwerk schaffen…": Eine Untersuchung zum literarischen Grenzgängertum* (Göttingen 2000) S. 118; ebenso Aage Kabell, *Karen Blixen debuterar* (München 1968), S. 121.

[28] Erich Fromm, *Anatomie der menschlichen Destruktivität* (Stuttgart 1974), S. 307.

Allegorischer Totentanz, Skelett und Totenschädel dienten zu Baudelaires Lebzeiten als selbstironische Stilisierung der eigenen Dekadenz – eine Obsession, die in den Werken mancher Surrealisten wiederkehrt. Blixens Rahmenerzähler präsentiert den Helden als jemanden, der – wie die aristokratische Gesellschaft des späten neunzehnten Jahrhunderts „på deres egen Tids Baller" – schon als Jüngling ein Toter war.

Beaudelaires „Danse macabre" spricht von gealterten „Lovelaces" und bezieht sich dabei auf den Wüstling und Verführer Lovelace, den intellektuellen, nekrophilen ‚Gothic villain' in Samuel Richardsons Roman *Clarissa* (1748). Auch Blixens Baron wird sich später der Rolle des Verführers bezichtigen und sich einer nekrophilen Phantasie hingeben.

Die unheimliche und zugleich komische Spiegelung des klassisch schönen Jünglings und Dandys in dem verblühten greisenhaften Aristokraten sowie die Angst vor Alter, Verfall und Tod, auf die Beaudelaires „Danse macabre" anspielt, weist auch eine intertextuelle Beziehung zur Narziss-Gestalt in Oscar Wildes Schauerroman *The Picture of Dorian Gray* auf. Dessen Gothic villain entwickelt sich vom unschuldig-schönen Jüngling zum destruktiven Dandy, der seine physische und psychische Mumifikation in einem magischen Akt auf sein Spiegelbild, ein Gemälde, überträgt, das an seiner Stelle altert. Dorians Obsession mit seinem Spiegelbild ähnelt nicht nur der von Ovids Narziss, sondern auch der Besessenheit der bösen Königin im Märchen von „Schneewittchen". Wie jene Gestalten verursacht er den Untergang anderer Menschen, wobei sein erstes Opfer eine schöne junge Schauspielerin ist. Als diese aus Liebe zu ihm ihrer Kunst entsagen will, verwandelt er sie durch seine kalte Zurückweisung und seinen Hamlet-gleichen Zynismus in die tragischen Frauengestalten, Julia, Ophelia, Imogen, als deren Verkörperung er sie liebt. Sie stirbt und verschwindet wie die von Narziss zurückgewiesene Echo, während er sich vampirisch an der in ein tragisches Kunstwerk transformierten Frauengestalt ergötzt, vergiftet von der misogynen Dandy-Ideologie des zynisch-diabolischen Lord Henry. Hinter der schönen Fassade des Jünglings, der mit seinem Spiegel vor seinem alternden Gemälde steht, um dieses obsessiv mit seiner eigenen jugendlichen Spiegelbild zu vergleichen, verbergen sich narzisstische Destruktivität und projizierte Morbidität.[29] Wie Oscar Wildes Dorian wird auch Blixens von Brackel durch den Begriff „skøn yngling" mit Ovids Narziss gleichgesetzt und darüber hinaus auch mit Kaiser Hadrians Liebling Antinous,[30] der

---

[29] Zum Vampirismus von Dorians Bildnis und dessen Destruktivität vgl. Camille Paglias Kapitel „The Beautiful Boy as Destroyer", in: *Sexual Personae*, a.a.O., S. 512–530.

[30] Antinous: schöner Jüngling aus Bithynien (110–130 n. Chr.), der im Nil ertrank. Kaiser Hadrian ließ ihn nach seinem Tod als Gottheit verehren und gründete 132 n. Chr. die Stadt Antinoe (Antinupolis). Antike Statuen zeigen Antinous in idealer Nacktheit und/oder mit Attributen von Frühlings- und Vegetationsgöttern wie Dionysos und Vertumnus.

ebenso wie Narziss einen frühen Tod im feuchten Element fand. Während Antinous' Schönheit die Zeit in den Skulpturen Kaiser Hadrians überdauert und auf diese Weise Unsterblichkeit erlangt hat, ohne dem von Dorian Gray und Lord Henry so verabscheuten Verfall des Alters anheim zu fallen, ist im „Ansigt" des brackig gewordenen Barons „ikke noget tilbage af denne svundne Skønhed". Dieser ist eines der ‚zittrigen alten Wracks' geworden, deren ehemalige Schönheit ‚für die Uneingeweihten' nicht mehr wahrnehmbar ist – wie im Fall von Dorian Gray, in dessen verschrumpeltem Leichnam zu Füßen seines magischen Totems die Diener nur noch mit Mühe ihren Herrn erkennen. Hinter der Fassade einer „munter, fribåren Værdighed", in die sich die Schönheit des einstigen Jünglings transformiert hat, verbirgt sich der destruktive Narzissmus eines Dorian Gray.

Auch als Greis schwelgt von Brackel in der Vision seines früheren Ichs, im Spiegelbild des schönen Jünglings à la Antinous:

> The beautiful boy, sexually self-complete, is sealed in silence, behind a wall of aristocratic disdain. The adolescent dreaminess of the Antinous sculptures is not true inwardedness but a melancholy premonition of death. Antinous drowned, like Icarus. The beautiful boy dreams but neither thinks nor feels (...) A real person could not remain at this stage without decadence and mummification. (...) The beautiful boy, glittering with charisma, is matter transformed, penetrated by Apollonian light. Greek visionary materialism makes hard crystal of our gross fleshiness.[31]

Das Verlangen des Narziss, dem dionysischen Zyklus des Entstehens und Vergehens zu entrinnen, ist in den Antinous-Skulpturen materialisiert. Deren Transformation von Materie in ‚hartes Kristall' an Stelle von ‚roher Fleischlichkeit', ‚durchdrungen vom Licht des Apollinischen', wie Camille Paglia formuliert, wird in Blixens Erzählung ins Lächerliche verkehrt. Die morbide Ästhetik der Knochen und Skelette, auf die man einst mit „Beundring, Henrykelse og Misundelse" gezeigt hat, ist grotesk – harte Materie, die nicht verwest, sondern mumifiziert, wie das gespenstische oxymoronische Bild des ‚alten Jüngling' impliziert. Die Metamorphose des schönen Jünglings in ein konserviertes Skelett evoziert in Verbindung mit dem gespenstischen Titelbild des geharnischten Wiedergängers im Schloss von Helsingør „die Phantasmen einer wahnhaften Identität", deren „Form" Jacques Lacan in seiner Theorie des Spiegelstadiums als eine „orthopädische" und als „Panzer" bezeichnet hat.[32]

Morbide Metamorphosen bzw. Anamorphosen dieser Art tauchen auch im Surrealismus auf, zum Beispiel auf Gemälden und Photographien Salvador Dalís wie *Die Metamorphose des Narziss* (1937), wo die Gestalt des Jünglings sich in skelettartiges Gestein transformiert, und auf der Photographie *Salvador Dalí – In voluptate Mors* (1944).

---

[31] Paglia, S. 118.
[32] Jacques Lacan „Das Spiegelstadium als Bildner der Ich-Funktion", a.a.O., S. 67.

Wie der Ovidsche Narziss verharrt von Brackel in der selbstverzauberten Obsession des *Schauens*:

> Er bestaunt sich selbst und verharrt unbeweglich mit unveränderter Miene wie ein Standbild aus parischem Marmor. Am Boden liegend, betrachtet er seine Augen – sie gleichen einem Sternenpaar –, das Haar, das eines Bacchus oder eines Apollo würdig wäre, die bartlosen Wangen, den Marmorhals, die Anmut des Gesichts, die Mischung von Schneeweiß und Rot – und alles bewundert er, was ihn selbst bewundernswert macht.[33]

Nichts stürzt den schönen Narziss so sehr in Verzweiflung wie die Auflösung seines Spiegelbilds durch die Bewegung des Wassers:

> Wohin fliehst du? Bleib und laß mich, du Grausamer, in meiner Liebe nicht allein! Laß mich, was ich schon nicht berühren darf, wenigstens anschauen und so dem unglücklichen Wahn Nahrung geben![34]

Als Toter noch im Schattenreich bleibt Narziss, ebenso wie von Brackel ein Schatten seines früheren Selbst, in der Obsession des *Schauens* gefangen: „Auch nachdem er in die Unterwelt aufgenommen war, betrachtete er sich im Wasser der Styx".[35]

Die Parallelen zu Narziss, Dorian Gray und zur Gestalt des Antinous als Liebling des homosexuellen Kaisers Hadrian verweisen auf die homoerotische Metaphorik in „Den gamle vandrende ridder", die die narzisstische, egomanische „Leidenschaft" des Dandys umschreibt, „sich eine Originalität zu bilden (…) in einer Art von Kult seiner selber, der die Suche nach dem Glück, das man in jemand anderem, im Weibe zum Beispiel, finden könnte (…) zu überleben vermag". Baudelaire spricht hier von den „Augen" des Dandys, „die vor allem auf ‚Distinktion' bedacht sind".[36] Camille Paglia nennt Dekadenz ‚eine Krankheit des Auges':

> The hardness of our personalities and the tension with which they are set off from nature have produced the west's vulnerability to decadence. Tension leads to fatigue and collapse, 'late' phases of history in which sadomasochism flourishes (…) decadence is a *disease of the eye*, a sexual intensification of artistic voyeurism.[37]

---

[33] Ovid, *Metamorphosen*, a.a.O., Drittes Buch, Zeile 418 – 424, S. 70.
[34] Ders., S. 71, Zeile 477 – 480.
[35] Ders., S. 72, Zeile 504–506.
[36] Baudelaire, „Der Maler des modernen Lebens", a.a.O., S. 307f. Vgl. hierzu auch Hanna Gekles Hinweis auf die mögliche Lesart des Narziss-Mythos „als Geschichte von Aufstieg und Entstehung der Vorherrschaft des Auges (…) vor allen anderen Sinnen. Hat doch das Auge die Besonderheit, dass es nicht durch Berührung und Kontakt mit seinem Gegenstand in Funktion versetzt wird, sondern gerade im Gegenteil nur dann seine lebendige Aktivität erfüllen kann, wenn es Distanz wahrt" (Gekle, *Tod im Spiegel*, a.a.O., S. 35).
[37] Paglia, a.a.O., S. 36.

Der Rahmenerzähler präsentiert den Baron als dekadenten, in einen Narziss verwandelten Odysseus, was eine Umkehrung der neuplatonischen Sichtweise von der Ablösung des Narziss durch Odysseus darstellt, „der ebenfalls sucht, aber kein eigenes Bild und keinen niederen Leib":

> Auf seiner waghalsigen und schlauen Flucht vor dem feuchten Element und den Sirenen verfällt Odysseus auch nicht seinem Körper, von dem er weiß, dass er nur ein Abbild seiner Seele ist. Die Suche des Odysseus, dieses Anti-Narziss, bricht auf zur Suche nach dem „Vaterland", nach dem „Vater", um jenseits des Körpers jenes Licht zu entdecken, dessen Abglanz er nur ist, und um endlich den Geist zu erreichen, der das Urlicht widerspiegelt.[38]

In dieser Suche des Odysseus nach dem ‚Geist' des ‚Urlichts' und dem Land des ‚Vaters' spiegelt sich nicht nur Hamlets Suche nach dem Geist des Vaters, sondern auch das Streben des Herkules nach Aufnahme in das Land seines unsterblichen Vaters, in den Olymp. Mit jenem Halbgott setzt sich der Dandy von Brackel, „ein Herkules ohne Beschäftigung", selbst gleich, indem er mit dem Rahmenerzähler den „klassiske Konflikt mellem Lyst og Pligt, som Herkules også kom ud for på Skillevejen" (SFF, 59) erörtert, vor dem der alte Baron einst auch gestanden haben will:

„Lønner det sig at forsage en Tilbøjelighed for at gøre det, der for os står som det Rette?" (SFF, 60). Diese moralische Frage, die den Anlass für die Binnenerzählung bildet, spielt auf die mythische Geschichte von Herkules am Scheideweg an, der sich zwischen der Tugend und der Wollust zu entscheiden hatte, personifiziert durch zwei Frauengestalten, die eine züchtig und schlicht in Weiß gekleidet, die andere füllig, schamlos und rot-weiß geschminkt. Herkules erteilt der Wollust, dem Prinzip des Dionysischen, das den Menschen an den leidvollen Kreislauf seiner stofflichen Existenz fesselt, eine Absage und wählt stattdessen die Tugend als transzendentales Prinzip des Apollinischen. Nach zahlreichen Leiden und Siegen über monströse Mächte des Chthonischen steigt er schließlich in den Kreis der Unsterblichen im Olymp auf, wo er mit der Göttin der ewigen Jugend vermählt wird. Herkules als „Erretter aus den Banden des Stoffs" und als „Besieger der Amazone",[39] der die titanischen Mächte überwindet und zu den Nektar und Ambrosia speisenden Olympischen aufsteigt, stellt die archaische Version des Artus-Ritters dar, der allen unmoralischen Anfechtungen widersteht. Dieser bleibt sich selbst treu und stellt sich allen Prüfungen, um am Ende in die Gralsburg einzugehen und in den Genuss ewiger Jugend und Unsterblichkeit zu kommen, welche der Heilige Gral verleiht.

---

[38] Julia Kristeva, *Geschichten von der Liebe* (Frankfurt/M. 1989), S. 108.
[39] Johann Jakob Bachofen, *Das Mutterrecht* (Frankfurt/M. 1975), S. 346.

Von Brackels dandystische Selbstgleichsetzung mit Herkules, dem der Décadent äußerlich ebenso wenig ähnelt wie Odysseus, spiegelt sich in Hamlets ironischem Selbstvergleich mit Herkules, dem er so wenig ähnlich sei wie sein verderbter Stiefvater und Onkel seinem Vater:

> My father's brother – but no more like my father
> than I to Hercules.[40]

Wie Marjorie Garber gezeigt hat, liegt in Hamlets selbstherabsetzender Anspielung auf Herkules dennoch eine Parallele zwischen dem mythischen Helden und dem tatenlosen Dänenprinzen, einem weiteren „Herkules ohne Beschäftigung", verborgen:

> Why does he bring in Hercules, and the unflattering reference to himself? (...) why Hercules? (...) To this titanic figure young Hamlet, the Wittenberg scholar, an indifferent rapier duellist, and at age thirty 'fat and scant of breath', bears small resemblance (...) as shrewd as Hamlet is in applying mythological archetypes, there is an aspect of the Hercules story which does fit him: not the Hercules of the twelve labours, but the allegorical Hercules of the famous choice between pleasure and virtue. Hamlet, too, stands at a crossroads ...[41]

Um seine eigene Erfahrung des klassischen Scheideweg-Konflikts zu illustrieren, setzt der Baron dazu an, von einer Begegnung aus seiner Jünglingszeit mit einem geheimnisvollen jungen betrunkenen Mädchen zu erzählen. Er schweift jedoch sofort zur Vorgeschichte der Begebenheit ab, die, wie er versichert, „ganske vist ikke noget" (*SFF*, 60) mit seiner eigentlichen Erzählung zu tun habe. Sein Abschweifen, das sich im Laufe seiner Erzählung mehrfach wiederholt, entspricht der Verzögerungstaktik klassischer Schauergeschichten:

> (...) gothic narratives, often interminably long, create a tension between a desire to prolong and defer the inevitable and an impulse towards the revelation of all mysteries, between the undulgence of curiosity and its satisfaction. While gothic narratives move towards the revelation of the mystery, they also defer it.[42]

Maggie Kilgour hat darauf hingewiesen, dass das Ende des klassischen Schauerromans, wie man es z.B. bei Ann Radcliffe findet, im Verhältnis zur Länge seiner Hinauszögerung oft enttäuschend ist und deshalb auf einen ‚Widerspruch hinzudeuten scheint':

> endings (...) that (...) seem to suggest a contradiction between a moral principle, expounded in the conclusion, and an aesthetic one, created through suspense; or between what Freud would call a reality principle, which pushes the narrative forward to get to the truth, the moment of revelation, and a pleasure principle, which attempts to

---

[40] William Shakespeare, *Hamlet*, Akt I, Szene 2, Zeile 152–3.
[41] Marjorie Garber, *Coming of age in Shakespeare* (London/New York 1981), S. 199f.
[42] M. Kilgour, a.a.O., S. 32.

defer this moment, to enjoy the aesthetic experience of suspense itself. The typical gothic plot tends to delay narrative development through digressions, interruptions, infolded tales, interpolated poems, etc., which move the narrative backwards as well as forwards.[43]

Der Effekt solchen Erzählens schafft, so Kilgour, einen Eindruck von Stillstand und Nichtentwicklung, der mit dem Stillstand historischer Entwicklung in der feudalen Ära korrespondiert und eine Form der Regression darstellt. Baron von Brackel, der mumifizierte aristokratische Jüngling, ähnelt den notorisch infantilen und adoleszenten Protagonisten früherer Schauerromane, die verschiedene Formen von Regression und gehemmter Entwicklung zeigen.[44] Nicht von ungefähr beschreibt der alte Baron sein adoleszentes früheres Selbst an einer Stelle als ‚entsetztes Kind', das vor der Wirklichkeit flieht und ‚Trost in seinem Bilderbuch sucht':

> Alt for nylig havde den håndgribelige Virkelighed vist sig for mig i en skrækindjagende Skikkelse, jeg løb ind i Armene på Eventyret, som et rædselslagent Barn søger Trøst i sin Billedbog (...) Livet havde vist mig et rædsomt ansigt. (*SFF*, 75/76).

Das ständige Abschweifen des alten Erzählers und dessen Schwelgen in Bildern entspricht dem lustvollen Genuss des Kindes, das sich an seinem Spiel ergötzt und nicht mit einer unliebsamen Realität konfrontiert werden will. Das Motiv des Rahmens, der Konflikt zwischen ‚Pflicht' und ‚Lust', der sich zu Sigmund Freuds Realitätsprinzip und Lustprinzip in Beziehung setzen lässt, spiegelt sich hier in der Erzählform wider. Elemente der Handlung/Geschichte (*histoire*) und der Darstellung (*discours*) werden durch eine Art *mise en abyme* wechselseitig ineinander gespiegelt; der Erzähler wandelt paradoxerweise das, was zur Illustration von ‚Pflicht' und heroischer/ritterlicher Wahrhaftigkeit dienen soll, in etwas ‚Lustvolles' um. Dieser Vorgang entspricht der Vergleichbarkeit von Dichtung, Phantasie und Kinderspiel, auf die Sigmund Freud hingewiesen hat:

> Der Dichter tut nun dasselbe wie das spielende Kind; er erschafft eine Phantasiewelt (...) Der Heranwachsende hört also auf zu spielen, er verzichtet scheinbar auf den Lustgewinn, den er aus dem Spiele bezog. Aber wer das Seelenleben des Menschen kennt, der weiß, dass ihm kaum etwas anderes so schwer wird wie der Verzicht auf einmal gekannte Lust. Eigentlich können wir auf nichts verzichten, wir vertauschen nur eines mit dem andern; was ein Verzicht zu sein scheint, ist in Wirklichkeit eine Ersatz- oder Surrogatbildung (...) Man darf sagen, der Glückliche phantasiert nie, nur der Unbefriedigte. Unbefriedigte Wünsche sind die Triebkräfte der Phantasien.[45]

---

[43] Dies., S. 32.
[44] Maggie Kilgour nennt hier beispielsweise Beckfords Vathek als „big baby, absorbed in his own voracious appetites", „the perpetually youthful Dorian Gray" und Stokers Dracula als „figure clearly stuck in his own version of Freud's oral phase" (Kilgour, S. 33).
[45] Sigmund Freud, „Der Dichter und das Phantasieren", in: ders., *Bildende Kunst und Literatur*, S. 172ff. Zu Lust und Begehren nicht nur als Thema auf der Ebene der Hand-

3. Die Rückkehr des dionysischen Zeitalters: Mörderische Spiegelfechtereien vampirischer Aristokraten

Durch die Rückwendung zur Vorgeschichte erfährt der Leser zunächst nicht, was es mit dem jungen betrunkenen Mädchen auf sich hat, von dem der Baron erzählen will. Stattdessen berichtet er, wie es dazu kommt, dass er in einer Nacht des Jahres 1874 im Regen auf einer Bank sitzt, „rystet og fortvivlet" (SFF, 60), ‚erschüttert und verzweifelt', nur knapp einem Mordanschlag seiner Geliebten entronnen, die versucht hat, ihn zu vergiften. Die aristokratische Schönheit dieser Frau beschreibt er als „i sin Tid noget enestående":

> Hun var meget blond, vist den lyseste Kvinde jeg har set, men hun var ikke noget hvidt og rosenrød Glansbillede. Hun var bleg, helt farveløs, som en gammel Pastel, eller som Spejlbilledet af en ung Dame i et mat Spejl. Og i denne kølige og skrøbelige Form var der en ubegribelig Vitalität, og en sådan udsøgt Fornemhed, som Damerne nutildags ikke længere har, eller ikke længere lægger sig efter (SFF, 60).

Die Giftmischerin und „emanciperede unge Heks" (SFF, 67), deren vornehme Blassheit der Baron mit einem ‚stumpfen Spiegelbild ohne ‚Weiß und Rosenrot' assoziiert und in deren Familiengeschichte „Varulve" (SFF, 62), Werwölfe, vorgekommen sein sollen, ähnelt den Giftmischerinnen aus Märchen, Mythos und Geschichte, die sich mit teuflischen Mitteln in einer patriarchalen Welt zu behaupten suchen. Sie erinnert an die eifersüchtige vampirische Stiefmutter im Märchen, die Gift einsetzt, um das Glanzbild des rosenrot-weißen Schneewittchen zu vernichten, an die Hexen und Hekate-Schülerinnen Medea und Kirke und an Giftmischerinnen vom Schlage Katharina von Medicis, Frankreichs Schwarzer Königin. In der aristokratischen Erscheinung der Dame sieht der schöne Jüngling zunächst das vergeistigte Wesen der apollinischen Tugend gespiegelt, der Herkules folgt: „die olympische Welt", so Friedrich Nietzsche, „in der sich der hellenische Wille einen verklärenden Spiegel vorhielt": „Dies ist die Sphäre der Schönheit, in der sie ihre Spiegelbilder, die Olympischen, sahen".[46]

Von Brackel beschwört das vergangene Bild seines ersten Zusammentreffens mit der Dame aus dem französischen Hochadel herauf, der er, ein ausländischer Adliger von geringerem Rang, auf einer Jagdgesellschaft begegnet:

---

lung, sondern auch als ‚Motor' des Erzählens selbst sowie zur Funktion von narrativen Verzögerungen und Abschweifungen im Zusammenhang mit Sigmund Freuds *Jenseits des Lustprinzips* vgl. auch die beiden Kapitel „Narrative Desire" und „Freuds Masterplot: A Model for Narrative", in: Peter Brooks, *Reading for the Plot: Design and Intention in Narrative* (Oxford 1984).

[46] Friedrich Nietzsche, *Die Geburt der Tragödie aus dem Geiste der Musik* (Frankfurt/M. 1987), Abschnitt 3, S. 40, 42.

> Jeg havde truffet hende og var kommet til at elske hende om Efteråret, mens vi begge var Jagtgæster på et Landslot. (...) Jeg tror, at jeg lige til min sidste Time vil kunne se hende for mig, som hun tog sig ud dengang på en stor rød hest hun havde, i den klare Luft, hvori man lige netop mærkede Frosten, når vi red hjem sammen ud på Eftermiddagen, varme i kolde Klæder, Side om Side over den gamle Stenbro, som førte til Slottet. Jeg elskede hende som en Page tænkes at elske sin Frue, både ydmygt og dristigt, for hun var så omringet af Tilbedere, og selve hendes Skønhed havde et Dragt af Fjernhed og Foragt, som nok kunde knuge hjertet sammen på en ung Mand, der var fattig og fremmed i hendes Kreds (*SFF*, 60/61).

Das Bild der schönen Dame auf dem Jagdpferd, die so unerreichbar scheint, ist mit der unnahbaren Artemis zu assoziieren,[47] der jungfräulichen Göttin der Jagd und Zwillingsschwester Apolls, mit dessen lichter Schönheit sich der Ovidsche Narziss vergleicht. Camille Paglia verweist auf die Konsonanz zwischen den Zwillingen Apollo und Artemis:

> Apollo and Artemis represent not conflict but consonance. They are mirror images, male and female versions of one personality. (...) The fraternal androgynes Apollo and Artemis are, with Athena, the most militant of Olympians in the war against chthonian nature.[48]

Von Brackels Verehrung der unnahbaren Dame ähnelt der Ergebenheit eines armen mittelalterlichen Troubadours, der seine Herrin anbetet, oder der des Artus-Ritters Lancelot, der um die Gunst Königin Guineveres wirbt. Dass die verheiratete Dame ihn schließlich erhört, nährt seinen jugendlichen Narzissmus. Der Jüngling sieht in der Dame, die schön wie eine Göttin ist, ein Spiegelbild seiner selbst – das weibliche Gegenstück zur Apoll-gleichen Schönheit des Narziss. Der alte Baron räumt rückblickend und mit einem Anflug von Selbsterkenntnis die narzisstische Natur seiner Affäre ein, deren Ziel Selbstbestätigung ist:[49]

> Hvor det drejer sig om helt unge Mennesker, har Kærligheden kun lidet med Hjertet at gøre. Vi drikker, i den Alder, af Tørst, eller for at få en Rus, og Vinens eget Væsen beskæftiger os ikke synderligt. En forelsket ung Mand er først og fremmest henrevet og betaget af de Kræfter der rører sig i ham selv (*SFF*, 61).

---

[47] Zur allgemeinen Bedeutsamkeit von Artemis/Diana als wichtiger Bezugsfigur im Leben und Werk Karen Blixens siehe Juhl/Jørgensen, *Dianas Hævn*, a.a.O.
[48] Paglia, *Sexual Personae*, S. 74.
[49] Susan Hardy Aiken hat im Rückgriff auf Maurice Valencys Studie *In Praise of Love: An Introduction to the Love-Poetry of the Renaissance* (New York 1958) auf den narzisstischen Charakter der Liebe des Höflings zu seiner höher gestellten Dame hingewiesen, „pure projective solipsism" (Aiken, S. 118), wonach ‚das hohe Maß an Perfektion, das der Verehrer auf die Dame projiziert, das Maß seiner eigenen Distinguiertheit sei'; er sieht die geliebte Dame ‚im Rahmen seiner eigenen Selbst-Liebe', so Valency: „it is in terms of his own self-love that he sees her" (Valency, S. 26f).

Ob das ‚Wesen des Weines', den ihm seine Geliebte reicht, und der daraus resultierende Rausch von ‚derselben Religion ist wie seine eigene', kümmert den Jüngling nicht:

> En ung Mand (...) kunde nok have sagt, at det var ham lige meget, om den, der dyrkede og solgte ham hans Vin, var af samme Religion som han selv, – og så ment at have ramt Sømmet på Hovedet. Men vi lærer Ydmyghed med Alderen, den Tid kommer, da det er Vinens Væsen og ikke vort eget, som optager vore tanker, vi løfter vort Glas med Andagt og forstår, at det er af den største Betydning for os, om den, som dyrker og sælger os vor Vin, nu også er af samme Religion som vi selv (*SFF*, 61).

Was impliziert die verschlüsselte Rede vom ‚Wesen des Weines' und von der ‚Bedeutsamkeit, ob der, welcher uns unseren Wein anbaut und verkauft, auch dieselbe Religion hat wie wir selbst'? Der Gegensatz zwischen dem Rausch des Jünglings und der ‚Demut' des Alters spielt auf den Dualismus zwischen einem heidnischen und einem christlichen ‚Wesen des Weines' an. Dieser Dualismus ist einer Reihe von Erzählungen Karen Blixens inhärent. Hinter den Masken apollinischer Askese und Aristokratie verbirgt sich das Dionysische, das im Laufe der Evolution immer wieder aufs Neue über das patriarchalische „Verdensbillede over sådanne Mønstre som Symfonier, Hofceremoniel og Logaritmer" und die strenge Unterscheidung „imellem ægtefødte og illegitime Børn" triumphiert, wie die Theorien des „gamle Herr Darwin" belegen. Diese Theorien sind für die konservativen Verfechter monotheistischer Ehegesetze à la von Brackel „nye, og højst problematiske" (*SFF*, 72).

Hinter der Rede vom ‚Wesen des Weines' verbirgt sich eine Doppelbödigkeit, die an anderer Stelle in der Erzählung wiederkehrt. So spricht der alte Baron wie ein Gralsritter mehrfach von heiligen Gefäßen und Ritualen, von Gläsern und Kelch, Heiligtum und Mysterien, von der Überführung des Leibes in ein Symbol, von Zeremoniell, Wein und Heiligem Abendmahl. Was im Christentum zum Symbol für christliche Spiritualität und Verschmelzung mit Gott wurde, diente in archaischer Zeit der Zelebrierung heidnischer Initiations- und Sexualriten.

Von Brackel stellt seine promiske Geliebte im Laufe seiner Geschichte als Repräsentantin der aufkommenden Frauenemanzipation vor, die mit der Männerwelt konkurriert und „den hele Teologi" darauf aufbaut, die Bücher Mose über das Erstgeburtsrecht des Mannes und über die patriarchalischen Ehegesetze gegen den Strich zu lesen – „at læse Mosebøgerne baglæns" (*SFF*, 66). Wenn der Baron darauf hinweist, dass „de unge Skønheder" von keinem anderen Mann als dem Teufel, „af Djævlen" ,besessen' werden wollen (*SFF*, 66), so bedeutet dies in Zeiten sozialhistorischer Umbrüche eine Rückkehr zu dem, was von Brackels historischer Zeitgenosse Johann Jakob Bachofen in *Das Mutterrecht* (1861) als ‚hetärische Lebensrichtung' bezeichnet hat. Nicht der Wein des christlichen Gottes, sondern der Wein des heidnischen bocksfüßigen Gottes

Dionysos und seines bacchischen Kultes ist es, an dem der junge Ritter sich berauscht – der Wein des Gottes, welcher von der „Unterstützung des demetrischen Ehegesetzes" wieder zum „kräftigsten Bundesgenossen der hetärischen Lebensrichtung" wird und „die Rückkehr des weiblichen Daseins zu der vollen Natürlichkeit des Aphroditismus befördert". Dessen Religion ist, so Bachofen, dieselbe, die einerseits „dem männlichen Prinzip eine das Muttertum weit überragende Entwicklung" verliehen habe und andererseits am meisten zur Entwürdigung des Mannes und zu seinem Falle selbst unter das Weib beigetragen":

> Dionysos ist im vollsten Sinne der Frauen Gott (...) Eine Religion, welche (...) die Strenge und Zucht des demetrischen Matronentums notwendig mehr und mehr untergraben und zuletzt das Dasein wieder zu jenem aphroditischen Hetärismus zurückführen [muss] ... Dionysos' Verbindung mit Demeter wird durch die mit Aphrodite und mit andern Naturmüttern gleicher Anlage mehr und mehr in den Hintergrund gedrängt; die Symbole der cerealen geregelten Maternität (...) weichen vor der bacchischen Traube (...) vor dem begeisternden, den Taumel sinnlicher Lust erregenden Weine.[50]

In diesem Zusammenhang spricht Bachofen von einer „Versinnlichung des Daseins", die in der Antike mit „der Auflösung der politischen Organisation" zusammenfalle und an deren Stelle sich „das Gesetz der Demokratie, der ununterschiedenen Masse, und jene Freiheit und Gleichheit" geltend mache, „welche das natürliche Leben vor dem zivilgeordneten auszeichnet, und das der leiblich-stofflichen Seite der menschlichen Natur angehört"; „die fleischliche und die politische Emanzipation" seien „stets verbundene Zwillingsbrüder"; als „Erscheinungen" und „Ausfluss" des „dionysischen Zeitalters" geben sie die Frau „von neuem das Zepter in die Hand" und „begünstigen" ihre „Emanzipationsbestrebungen", und „begründen so eine neue Gynaikokratie, die dionysische", welche zur „Entkräftigung und Herabwürdigung" des Mannes führt.[51] Dieser Zusammenhang zwischen weiblicher Emanzipation und Demokratie, Freiheit und Gleichheit, welcher zur Untergrabung der Vormachtstellung des Mannes bzw., wie Bachofen beklagt, zu dessen „Herabwürdigung" führt, spricht mehr oder weniger implizit aus den historischen Zusammenhängen, auf die der konservative Ich-Erzähler bruchstückhaft verweist. Monologische, traditionalistische Stimmen wie die eines Bachofen werden von der Doppelstimme und Polyphonie in Blixens Text ironisch unterlaufen.

Wie Narziss erkennt der junge Mann nicht, dass seine vermeintlich „objektlibidinöse Orientierung" sich in „tragischer Verkennung"[52] auf ihn selber rich-

---

[50] Bachofen, *Das Mutterrecht*, a.a.O., S. 37ff.
[51] Ders., S. 40f.
[52] Gekle, *Tod im Spiegel*, S. 36.

tet, auf die Bestätigung seiner eigenen Subjektivität, welcher „die Bezogenheit auf den eigenen Körper (...) die narzisstische Betonung des Phallus als des Inbegriffs des Körpers und der narzisstischen Persönlichkeit"[53] zugrundeliegt. Im ‚Spiegelbild' der aristokratischen jungen Dame sieht er lediglich sich selbst. Seine ‚jugendliche Eigenliebe' erhält schnell einen Denkzettel. Im Laufe mehrerer Monate erwächst in dem jungen Adligen der Verdacht, dass er von seiner Geliebten in erster Linie dazu benutzt wird, deren Ehemann eifersüchtig zu machen. Er beginnt darüber nachzugrübeln, ‚welche heimlichen Kräfte' in ihr oder in ihrem Ehemann sie dazu bringen, ihn zum Spielball ihrer Launen zu machen. Der Ich-Erzähler vergleicht die ‚bezaubernde' („fortryllende") und zugleich grausame Geliebte abwechselnd mit einer Katze, einem kleinen Mädchen und einer Werwölfin, mal „alvorlig og sød imod mig som en lille Pige" (62), das ihn „med den samme Lidenskab" liebt „som en lille Pige føler for sin Yndlingsdukke" (67), dann wieder spröde und geringschätzig, als sei ihr Liebhaber nicht mehr als ‚ein Junge' („en Dreng", 62), mit einer jagdlüsternen Katze, die ihr Opfer mit „Lidenskab" (63) herumjagt, und mit einer blutdürstigen Werwölfin als ihrer „sande Skikkelse" (62), ihrer wahren Gestalt. In der fruchtlosen Eifersucht auf ihren Mann, den er feminisierend mit „en anden Skønhed og Løvinde i Paris, en Rivalinde" vergleicht und dessen „Lorbær" (65) sie nicht schlafen lassen („ikke havde tilladt at sove"), sieht der Erzähler den Grund für ihre Blassheit, „denne vilde og gale Lidenskab, som havde brændt al Kulør ud af hende" (65). Diese Vergleiche erinnern wiederum an die Eifersucht der bösen Königin in „Schneewittchen", die vor Neid und Eifersucht auf ihre Rivalin Tag und Nacht keine Ruhe mehr findet. Es ist der Ruhm des Mannes in einer androzentrischen Welt, der sie in ein Phantom verwandelt, das nur ein ‚mattes Spiegelbild' hat. Die Bezeichnungen „som en lille pige", „en dreng" und „helt unge Mennesker" zeigen, dass es sich bei den Figuren um infantile Gestalten handelt, die sadistisch und destruktiv um ihre Identität kämpfen. Die wilde Identitätssuche der Geliebten des jungen Barons ist Spiegelbild seines eigenen vampirischen Narzissmus. Dient zunächst die junge Frau als Identifikationsobjekt, so wendet sich der junge Aristokrat später deren Ehemann zu, den er zu den „Ungdomsidealer" und „Mærkepæle" zählt, „Midtpunkt" (*SFF*, 64) und „Afgud" (63) der damaligen Generation. Diese Dreier-Konstellation folgt dem Muster narzisstischer und ödipaler Identifikationen, in deren Verlauf das infantile Subjekt von der Identifikation mit der Gestalt des Mütterlichen/Weiblichen zum Gesetz des Vaters überzugehen versucht.

Die anschliessende pathetische Reminiszenz an den längst verstorbenen Ehemann der Geliebten stellt eine weitere narrative Verzögerung als Ausdruck eines Verdrängungsprozesses dar. Der Ich-Erzähler beschreibt dessen „sjældne

---

[53] Erich Neumann, *Ursprungsgeschichte des Bewußtseins*, S. 65.

Styrke og Lethed", "en ædel Ophøjethed, som hører det gamle Frankrig til", sowie dessen "Svaghed" und "Lunefuldhed" als ererbten "Familietræk" (*SFF*, 64). Auch erwähnt er die Mutter des Verstorbenen, die ihre Diamanten zerrissen und verstreut habe "som vilde Blomster, à la Ophelia" (64). Mutter und Sohn verbindet er mit der ‚Architektur des siebzehnten Jahrhunderts', mit den "vældige Slotte, som forekommer os ganske og aldeles uegnede til Menneskeboliger" (64). Diese Äußerungen sind assoziierbar mit der Metaphorik von Morbidität, Wahnsinn und Verfall im Schloss von Shakespeares *Hamlet*. Niedergang, Dekadenz und Tod des französischen Aristokraten entsprechen dem Tod des alten Hamlet und seines Königreichs ebenso wie dem Dahinschwinden des arturischen, impotenten Gralskönigs und seiner Gemeinschaft. Die Figuren in Blixens Erzählung scheinen hier mehrfach Rollen literarischer Bezugsakteure ineinander zu verschmelzen. In der Mutter des Verstorbenen sind sowohl Hamlets Mutter Gertrude als auch Ophelia impliziert,[54] im tragischen Untergang ihres Sohnes der Tod des alten ebenso wie der des jungen Hamlet. Auch in der Figur des Erzählers sind sowohl der junge Hamlet als auch der Geist des alten angedeutet. Er spaltet sich in sein früheres adoleszentes Selbst und in das greise Ich des Erzählers auf; selbst ein Phantom, ein mumifizierter Untoter, jagt er den Gespenstern der Vergangenheit hinterher. Er ist eine der manipulativen vampirischen Vaterfiguren, die häufig in Blixens Werk auftreten.[55] Er repräsentiert die Phantomisierung des Namens-des-Vaters:

> We might think that Freud's ‚super-ego' and Lacans ‚Name-of-the-father' would both be names for the Ghost in Hamlet. Yet this Lacan seems explicitly to deny (...) The Name-of-the-Father is the dead father. *This* father – the Ghost – isn't dead enough.[56]

Als verirrter ‚Ritter' gleicht von Brackel den Rittern der arturischen Romanzen, zum Beispiel Parzival, der auf der Suche nach dem Namen-des-Vaters herumirrt, sowie Lancelot, der mit Königin Guinevere Ehebruch begeht.

Die promiske Geliebte erinnert diffus an die ehebrecherische Königin Gertrude sowie an Königin Guinevere, die einer Fassung des *Vulgata-Zyklus* zufolge "des versuchten Giftmords an einem Ritter beschuldigt" und "vor Eifersucht wahnsinnig wird".[57] Als "Heks" (67) entspricht sie überdies der Hexe

---

[54] Zu Hamlets Gleichsetzung von Gertrude und Ophelia vgl. Julia Reinhard Lupton/Kenneth Reinhard, *After Oedipus. Shakespeare in Psychoanalysis* (Ithaka/London 1993), S. 81f.
[55] Zu denken ist hier an Prinz Potenziani in „Vejene omkring Pisa", Justitsråd Mathiesen in „Digteren" oder Mr. Clay in „Den udødelige historie".
[56] Marjorie Garber, *Shakespeare's Ghost Writers: Literature as uncanny causality* (New York/London 1987), S. 131 sowie 129f: "... what is a ghost? It is a memory trace ... the sign of something missing ... the concretization of a missing presence ... a cultural marker of absence, a reminder of loss".
[57] Vgl. hierzu Gwyn A. Williams zum *Vulgata-Zyklus* aus dem dreizehnten Jahrhundert, der „zugleich Höhepunkt und Beginn des Verfalls der arturischen Erzählungen" ist, ders., *Excalibur: Europäische Legenden um Artus* (München 1996), S. 152ff.

Morgan le Fay, die in den Artus-Romanzen mit ihren Zauberkünsten zu Artus' Untergang beiträgt.

Die Parallelen zu Gestalten aus der Ritterromanze illustrieren den Niedergang einer feudalen Gesellschaftsordnung. Adaptionen der arturischen Romanze durch romantische Dichter wie Arthur Tennyson und John Keats sind von der symbolistischen Malerei des *Fin de siècle* aufgenommen worden, deren Darstellungen im Zeitalter rasanter Modernisierung die Versuchung und Bedrohung des Ritters durch dämonische Femmes fatales zeigen.

Die schwärmerische Hommage von Brackels an den Ehemann der Geliebten hat Parallelen in der homoerotischen Liebe mancher Artus-Ritter[58] und klassischer Recken aus der griechischen Mythologie. So vergleicht er den Verstorbenen, der „imod Slutningen af sit Livs tragiske Bane" eine „rolig Tryghed" an den Tag legte, mit Sophokles' Ajax, der sich nicht länger als „Guders Skyldner" (*SFF*, 64) sieht, der nicht länger in der Schuld der Götter steht. Diese schlagen ihn mit Wahnsinn und lassen ihn einen wenig ruhmreichen Tod nicht auf dem Schlachtfeld vor Troia, sondern in wahnhafter Raserei durch Selbstmord finden – nach einem Zwist mit Odysseus, der ihn ebenso überlebt wie von Brackel den Ehemann seiner Geliebten. Die Verherrlichung des Toten durch den Ich-Erzähler, dem er damals „i sin mægtige, sin mærkelige Tryllekrafts fulde Glans" (*SFF*, 63) erschien, spiegelt sich in Hamlets Verherrlichung des toten Vaters, den dieser mit Hyperion, Jupiter und Mars vergleicht,[59] während er in seiner Mutter Gertrude weibliche Geilheit und moralische Schwäche verkörpert sieht: „Frailty, thy name is woman":[60]

> Nay, but to live
> In the rank sweat of an inseamed bed,
> Stew'd in corruption, honeying and making love
> Over the nasty sty![61]

---

[58] Gwyn A. Williams verweist auf die Liebe Galahauts zu seinem Freund Lancelot; von Albträumen und Eifersucht heimgesucht, verfällt Galahaut „in eine stolze Melancholie wie ein Hamlet des Mittelalters", *Excalibur*, S. 152.
[59] William Shakespeare, *Hamlet* (London 2003), Akt III, Szene 4:
> See what grace was seated on this brow,
> Hyperion's curls, the front of Jove himself,
> An eye like Mars to threaten and command,
> A station like the herald Mercury
> New-lighted on a heaven-kissing hill,
> A combination and a form indeed
> Where every god did seem to set his seal
> To give the world assurance of a man.

[60] Ders., Akt I, Szene 2.
[61] Ders., Akt III, Szene 4.

Der von ihm zuvor umworbenen und dann zurückgewiesenen Ophelia empfiehlt der Misogynist, in ein Kloster zu gehen, was in Umkehrung der wörtlichen Bedeutung auch als „Bordell" gelesen werden kann.[62]

Von Brackel gesteht, dass ihn während seiner Affäre mit der jungen Dame ständig ‚der Gedanke an ihren Mann' verfolgt hat, „som den store Skygge paa Bagtæppet følger en Polichinells Krumspring" (SFF, 63), ‚so wie der große Schatten auf dem hinteren Vorhang den Krummsprüngen eines Hanswurst auf der Bühne folgt'. Nie hätte er sich in die Dame verliebt, wäre ihr Mann zu Beginn unter den Gästen der Jagdgesellschaft gewesen:

> Hvis han havde været imellem Gæsterne på det Slot, hvor jeg først mødte hende, tror jeg ikke, at jeg vilde have drømt om at forelske mig i hans Hustru (SFF, 64).

Angesichts der Demütigungen durch seine Geliebte, die ihn sogar „forklædt som Frisør" (63) in ihr Haus kommen lässt, vergleicht er sich selbst mit einem ‚Hanswurst' („Polichinell"). Auch dies zeigt Anklänge an Herkules, der als Sklave von Königin Omphale in weibischer Wollust versinkt und in Frauentracht Spinntätigkeiten ausführen muss, während sie sich in seine Löwenhaut kleidet. In dieser Episode des Herkules-Mythos ist die männliche Identitätsangst der Moderne vorgezeichnet, in der es immer weniger Bedarf an archaischen Heroen gibt und Beaudelaires „Herkules ohne Beschäftigung" in narzisstischer Dekadenz versinkt.

Die Andeutung von Homosexualität, die in den Bemerkungen des Barons mitschwingt, ist assoziierbar mit der narzisstischen Homoerotik in Oscar Wildes *The Picture of Dorian Gray*, wo der offenbar bisexuelle Lord Henry die strahlende Schönheit des Narziss- und Antinous-gleichen Dorian preist, der in Verdorbenheit und selbstmörderischem Wahn versinkt wie Ajax – und, wie sich mutmaßen lässt, auch der Ehemann der Geliebten von Brackels. „I og for sig har han ikke noget med min Fortælling at gøre," (SFF, 64), sagt der Ich-Erzähler über den Verblichenen und entlarvt sich dabei einmal mehr als unzuverlässiger Erzähler. In diesem Nebengang seines narrativen Labyrinths sucht er diese Vatergestalt heraufzubeschwören wie Hamlet zu Helsingør den Geist seines Vaters. Hamlets und von Brackels Verherrlichung der strahlenden Vaterfigur als „Afgud" lässt sich mit der Beschreibung des ersten Mannes in der hebräischen Mythologie vergleichen, neben dem die schönsten Frauen wie Tiere erscheinen:

> Gott hatte Adam eine so große Gestalt gegeben, dass dieser, wenn er sich niederlegte, von einem Ende der Erde zum anderen reichte, und dass, wenn er aufstand, sein Kopf

---

[62] Ders., Akt III, Szene 1: „Get thee to a nunnery. Why wouldst thou be a breeder of sinners?" (zur Doppeldeutigkeit von „nunnery" vgl. Anmerkung 121 der hier zugrunde gelegten Arden Ausgabe).

auf derselben Höhe war wie der göttliche Thron. Außerdem war er von einer so unbeschreiblichen Schönheit, dass – obwohl später die schönsten Frauen, verglichen mit Abrahams Frau Sarah wie Affen erschienen, und obwohl Sarah wiederum, verglichen mit Chawah [Eva], wie ein Affe aussah – Chawah wie ein Affe erschien, wenn man sie mit Adam verglich, dessen Fersen – ganz zu schweigen von seinem Gesicht! – die Sonne überstrahlten.[63]

Von Brackel setzt die „frygtelige Jalousi" seiner Geliebten – „dem var det ved Gud ikke let at blive klog på" (SFF, 64) – in Beziehung zur aufkommenden Frauenemanzipation der damaligen Zeit. So bezeugt er einerseits Achtung für „Flertallet af Kvinderne", die „af lige lukt til Heksenes Sabbath" abfährt, und behauptet, dass er wohl niemals „for Alvor kunde have tabt mit Hjerte til en Dame, som aldrig i sit Liv havde været oppe på et Kosteskaft" (SFF, 65). Diese Aussage ist widersprüchlich, denn anschließend sucht er der Emanzipationsbewegung die Grundlage ihrer Berechtigung zu entziehen, indem er ihr voll mitleidiger Sympathie Adams Erstgeburtsrecht und seine vom Schöpfergott legitimierten Ansprüche an Eva entgegenhält:

> Det har altid syntes mig, at der er blevet gjort stor Uret imod Kvinden derved, at hun ikke nogensinde har været alene i Verden. Adam havde jo dog en Tid, (...) hvor han kunde vandre omkring på en frisk og fredelig Jord, og se på Dyrene i sine egne Tanker. Vi har nok alle, fra Fødslen af, en Erindring om den Periode. Men stakkels Eva kom lige ind i en Verden, hvor hun fandt sin Mand etableret, med alle hans Fordringer på hende. Dette er da også et Klagemål, som Kvinden længe har haft imod sin Skaber –: hun føler, at hun har et Krav på ham, en Ret til for en Tid at have Paradiset for sig alene (SFF, 66).

In Verdrängung der „nye, og højst problematiske teorier" des „gamle Herr Darwin" (SFF, 72), wie er später formuliert, beharrt der Erzähler starrsinnig auf dem patriarchalischen Schöpfermythos der Erstgeburt Adams und erfindet gar eine imaginäre „Erindring om den Periode". Den Kampf der Frauen um einen Raum als Mensch außerhalb ihrer Beziehung zum Mann bezeichnet er als vergebliche Jagd „efter en svunden Tid", die nur verzerrt zurückgeholt werden kann, „som i et Hulspejl". In Wirklichkeit ist er derjenige, der mit dem Blick nach hinten ‚einer entschwundenen Zeit hinterherjagt', die er nur noch „ved Halen" ‚am Schwanze zu packen bekommt' (SFF, 66). Sein eigenes Festhalten am biblischen Schöpfungsmythos erscheint als alberne paternalistische Verzerrung biologischer Fakten, die sich aus Charles Darwins Evolutionstheorie ableiten lassen. In der Figur des altersstarrsinnigen, zum Skelett degradierten Charmeurs sind die patriarchalischen (Groß)Väter, Onkels, Ehemänner und dergleichen aus Blixens eigener Zeit karikiert. Immerhin lässt Blixen ihren Erzähler einräumen, dass er ‚gerne glauben will', „at der i vore Dage, efter Mændene har emanciperet sig fra deres Mandom, er opnået en vis Ligevægt i Forholdet" (SFF, 67).

---

[63] Ranke-Graves/Patai, *Hebräische Mythologie*, a.a.O., S. 75.

Die Bestrebungen der Emanzen, „som galoperede afsted højt oppe i Luften, med Ansigtet i Nakken", assoziiert er mit „Macbeths skæggede gamle Hekse" und den Hexen bei „Dr. Faust" (66), in der englischsprachigen Ausgabe *Seven Gothic Tales* außerdem mit Lilith, Adams erster Frau. Ist in der dänischen Version von „Kappestriden imellem Mand og Kvinde, med den særegne Skinsyge" (66) die Rede, so lautet die Formulierung im englischen Text „the jealousy of competition" (...) as between Adam and Lilith".[64] Der Erzähler bezieht sich hier auf Evas Vorgängerin, die der hebräischen Mythologie zufolge beim Sexualakt auf der dominanten Stellung beharrt, den gewalttätigen Adam verlässt und durch ihre Flucht aus dem Paradies im Gegensatz zu Adam ihre Unsterblichkeit behält:

> Adam und Lilith konnten niemals in Frieden miteinander leben; denn wenn er ihr beiliegen wollte, fühlte sie sich durch die liegende Position, die er von ihr verlangte, beleidigt. ‚Warum muß ich unter dir liegen?' fragte sie. ‚Auch ich wurde aus Staub gemacht und bin dir also ebenbürtig.' Da Adam versuchte, ihren Gehorsam zu erzwingen, sprach Lilith wutentbrannt Gottes magischen Namen aus, erhob sich in die Lüfte und verließ ihn.[65]

Schon an früherer Stelle in der Erzählung des Barons lässt sich ein Bezug zwischen der „emanciperede unge Heks" und Lilith feststellen. Wenn er in der ‚kühlen und zerbrechlichen Form' der jungen Frau ‚eine unbegreifliche Vitalität' erblickt, so stellt dies eine Parallele zu Liliths energischer Rebellion dar. Auch der Vergleich der Geliebten mit einem ‚Spiegelbild einer jungen Dame in einem matten Spiegel' korrespondiert mit Lilith, die als ‚Spiegel, der nicht glänzt' bezeichnet worden ist. Ursprünglich eine babylonische Winddämonin der Göttin Inanna (Anat), mag Lilith eine gnostische Umkehrung der *Shekhinah* sein, der Immanenz Gottes in der Natur: „Divine Presence in the shape of a woman, an image of splendor-in-exile",[66] „the mirror that does not shine", „an image at once divine, maternal and altogether sexual": „She necessarily reflects future life as well as the necessity of dying".[67] Der jüdischen Legende zufolge soll Lilith, „die dunkle Jungfrau",[68] in jedem Spiegel zu Hause sein; als einer ihrer verführerischen Aspekte stellt der Spiegel den Übergang in die Andere Welt dar, der in Liliths Höhle führt.[69] Durch ihre Flucht aus dem Paradies

---

[64] K. Blixen, *Seven Gothic Tales*, a.a.O., S. 58.
[65] Ranke-Graves/Patai, *Hebräische Mythologie*, S. 80.
[66] Harold Bloom, *Kabbalah and Criticism*, S. 45f.
[67] Ders., *Omens of Millenium. The Gnosis of Angels, Dreams, and Resurrection* (New York, 1996), S. 120, 123; vgl. auch Gershom Scholem, *On the Mystical Shape of the Godhead. Basic Concepts in the Kabbalah* (New York 1991), S. 191f.
[68] Vgl. Vera Zingsem, *Lilith. Adams erste Frau* (Tübingen 1999), S. 14.
[69] Dies., S. 44f; Howard Schwartz (Hrsg.), *Liliths Cave: jewish tales of the supernatural* (San Francisco 1988).

wird Lilith in eine Unheil bringende, Kinder und Männer mordende Dämonin verwandelt – wie die jungen emanzipierten Frauen, denen der Kampf um Freiheit und Gleichheit die Bezeichnung ‚Hexe' einbringt. Das von dem alten Aristokraten heraufbeschworene gespenstische ‚Bild einer blassen jungen Dame in einem matten Spiegel' ist eine Projektion seines unbefriedigten Narzissmus sowie unheimliches Spiegelbild seiner eigenen Phantomhaftigkeit.

Claude Vigées Analyse von Charles Baudelaires pessimistischem Weiblichkeitsbild auf der Basis der hebräischen Mythologie, wie sie auch von Brackel für sich instrumentalisiert, zeigt in diesem Zusammenhang das Verlangen des Mannes nach einer Gefährtin als Spiegelbild seiner selbst:

> Vor der Erschaffung Evas hatte Adam die Tiere vor sich vorbeiziehen sehen, die sich aufeinanderlegten, um zu kopulieren. Zu sehen, wie die Männchen die Weibchen besprangen, die ihnen ihre Kruppe boten, entsprach anscheinend nicht dem Liebesideal des ersten Menschen. Statt eines anonymen Sexualobjekts, eines gesichtslosen Tieres, wünschte er eine Gehilfin, eine Gesprächspartnerin vielleicht: *Ezer-qe-negdor*, sagt die Heilige Schrift (...) Adam verlangt das Von-Angesicht-zu-Angesicht – die Gegenwart einer Gefährtin als Gegenüber, die im Falle, daß die erotische Beziehung scheitern sollte, seine Feindin werden könnte. In den intimen Beziehungen ist die unpersönliche Neutralität die größte Gefahr, dachte unser Urvater ... *Neged* heißt im Hebräischen auch ‚der gegen dich ist' und nicht nur der dir gegenüber ist. Das steht zur Wahl. Anstelle der Gehilfin, der Gefährtin, hat die theologische, moralische, poetische und sexuelle Tradition des Okzidents genau das Modell der feindlichen Frau bewahrt. Eine Wahl voll Vorbedeutung, eine üble Lehre, die die Beziehungen zwischen Mann und Frau bis in die Tiefe der abendländischen Seele, bis zu Baudelaire und, wie zu fürchten ist, uns selber bestimmt! Denken wir an Vigny (...) In *Samsons Zorn* sieht Vigny im Krieg die einzig mögliche Beziehung zwischen den Geschlechtern. Für ihn ist die Frau, mehr oder weniger immer Dalila, die geschworene Feindin des Mannes, von Natur Verräterin und Mörderin. Das einzige Bett, das sie ihrem geblendeten Opfer bereitet, ist das Grab. Indem sie mit dem Rhythmus und der Assonanz von *ézer* und *kéver* (Grab) spielte, hatte die Auslegung die Alternative schon vorhergesehen: wenn die Frau nicht die Hilfe (*ézer*) oder die Gefährtin des Mannes sein kann, wird sie mit Sicherheit zu seinem Grab.[70]

Weitere Intertexte hierzu sind das Gedicht „Lilith" und das Gemälde „Lady Lilith" (1868) des englischen Präraffaeliten Dante Gabriel Rossetti. Die Anbetung der jungen blonden Femme fatale durch den Jüngling spiegelt sich in Dantes Zeilen:

> Of Adams first wife, Lilith, it is told
> (The witch he loved before the gift of Eve,)
> That, ere the snake's, her sweet tongue could deceive,
> And her enchanted hair was the first gold.
> ...

---

[70] Claude Vigée, „Die Beziehungen zwischen Mann und Frau bei Baudelaire", in: *Baudelaires „Blumen des Bösen"*. Hrsg. von Hartmut Engelhardt/Dieter Mettler (Frankfurt/M. 1988), S. 83f.

> Lo! As that youth's eyes burned at thine, so went
> Thy spell through him, and left his straight neck bent,
> And round his heart one strangling golden hair.[71]

Das Gemälde zeigt eine sinnliche Frau mit Spiegel und Kamm im Boudoir, welches Bild auch der Baron implizit von seiner Geliebten zeichnet, wenn er von ihrem „blegblå Boudoir" spricht: „en af den Slags silkepolstrede, duftende Æsker, hvori min Tids Damer fra Tid til anden lukkede deres Skønhed og Elegance ned, som Smykker i et Smykkeskrin" (*SFF*, 63). Hinter der schönen Maske der verführerischen Lilith lokalisiert die hebräische Tradition ein Wesen aus „Schmutz und Sediment",[72] ein „haariges Nachtungeheuer"[73] wie die Hexen der Hekate in *Macbeth*, die Gorgo Medusa und die werwölfischen Lamien und Empusen, Kinder der griechischen Hekate:

> Jesaja XXXIV. 14–15 zufolge wohnt Lilith zwischen den verlassenen Ruinen in der edomitischen Wüste, wo ihr Satyrn (sëir), Rëemim, Pelikane, Eulen, Schakale, Strauße, Pfeilschlangen und Gabelweihen Gesellschaft leisten.[74]

Das „haarige Nachtungeheuer" korrespondiert mit dem Bild der Werwölfin, das der Baron von seiner Geliebten zeichnet, welche aus einer alten Adelsfamilie stammt:

> Jeg havde da også læst, at der havde været Varulve i Familien, – sådanne Væsner, ved De, der er Mænd eller Kvinder om Dagen, men om Natten er Ulve (*SFF*, 62).

Diese Beschreibung beschwört nicht nur obskure Werwolf-Legenden innerhalb Frankreichs herauf, sondern im Kontext des viktorianischen Zeitalters auch das Bild der schönen jungen Vampirinnen in Graf Draculas Schloss, die sich blutsaugenden Lamien und Empusen vergleichbar über den jungen Jonathan Harker hermachen wollen. Doch nicht nur die jungen Frauen sind Vampire, sondern auch ihr Herr, der stets im Morgengrauen verschwindet „like the ghost of Hamlet's father".[75] Bram Stokers Roman zeichnet das morbide und gespenstische Schreckbild des untoten Aristokraten: Die Verwandlung des feudalen Ritters und glorreichen Kämpfers einer archaischen Zeit in ein perverses blutsaugendes Phantom. Die Fassade des paternalen Aristokraten maskiert die Regression des Väterlichen zum Infantilen, vom Symbolischen ins Imaginäre.

---

[71] Dante Gabriel Rossetti, „Lilith", in: Gisela Hönnighausen (Hrsg.), *Die Präraffaeliten: Dichtung, Malerei, Ästhetik, Rezeption* (Stuttgart 2000), S. 169.
[72] Ranke-Graves/Patai, a.a.O., S. 80f.
[73] Diess., S 84.
[74] Ebd. ‚Lilith' wird unter anderem auch mit dem hebräischen Wort für Nacht – ‚lejl' – in Verbindung gebracht. Vgl. hierzu auch Blixens Hinweis auf alte afrikanische Frauen, die nachts die Gestalt von Hyänen annehmen, K. Blixen, *Daguerrotypier* (København 1951), S. 32.
[75] Bram Stoker, *Dracula* (New York/London 1997), Chapter III, S. 35.

Auch Dracula hat kein Spiegelbild; er muss von anderen stehlen, um zu Leben erwachen zu können. Diesem vampirischen Grafen ähnelt auch Blixens Baron, der im Phantasma der mörderischen ‚Hexe' und aristokratischen ‚Werwölfin' seinen eigenen infantilen Vampirismus und seine hysterische Negativität – den Horror vor dem Nichts – gespiegelt sieht.

Hinter der apollinischen Maske vergeistigter, entrückter Schönheit einer der „young ladies with faces smooth as flowers",[76] wie es in der englischen Version heißt, meint der Held die andere, gorgonenhafte Seite der Artemis zu erblicken, die nicht nur olympische Zwillingsschwester des Apollon ist, sondern auch blutrünstige Jägerin:

> Artemis is the amazon of Olympus (...) She belongs to the warlike Age of Aries, preceding Christian charity. She is blood-lust, bloody-mindedness.[77]

Raubtiere wie Katze und Löwin („Løvinde i Paris", *SFF*, 65), die der Erzähler nennt, sind Attribute der Artemis/Diana.[78] Auch hinter der aristokratischen Persona von Artemis' Zwilling Apollon verbirgt sich etwas Raubtierhaftes. Apollo Lykeios wurde teils als Wolfsgott verehrt, „ein finsterer, tödlicher Gott", dessen „vielwissendes Lächeln" ein „Wolfslächeln" ist.[79] Diese Fusion von Raubtierhaftigkeit und sublimer Aristokratie findet sich auch bei Graf Dracula, dem *Gothic villain*, der ebenfalls in der Gestalt eines Wolfs erscheinen kann und wie die männlichen Götter des Olymp als Inkubus junge Frauen heimsucht.

Die launenhafte Grausamkeit der jungen Frau, die auch „sød und „fortryllende" (62) sein kann, korrespondiert – wie Andersens Schneekönigin – mit der archetypischen griechischen Göttin der Jagd, die W. F. Otto als „spröde, hart und grausam" charakterisiert hat, deren „sternklare[s], blitzende[s], blendende[s], leichtbewegliche[s] Leben und Sein" und „süße Fremdartigkeit den Mann um so hinreißender anzieht, je spröder es ihn selbst von sich weist", „mit dunklen Wurzeln in die ganze animalische Natur verflochten" und „mit dem Zauber des Lächelns, das eine ganze Verdammnis aufwiegt, und dennoch wild bis zum Schauerlichen und zum Entsetzen grausam".[80] Artemis ist eine Manifestation der Femme fatale, die als grauenhafte Muttergestalt oder als gefühlskalte, mitleidslose Nymphe auftreten kann.[81]

---

[76] K. Blixen, *Seven Gothic Tales*, S. 58.
[77] Paglia, *Sexual Personae*, S. 77, 80.
[78] Vgl. J. C. Cooper, *An Illustrated Encyclopedia of Traditional Symbols* (London 1978), unter „cat"; *Der Neue Pauly: Enzyklopädie der Antike*, Bd. 2 unter „Artemis".
[79] Karl Kerényi, *Apollon und Niobe* (1980), S. 40; *Der Neue Pauly*, a.a.O., Bd. 12/2 unter „Wolf".
[80] Walter F. Otto, *Die Götter Griechenlands*, S. 81, 91.
[81] Vgl. Camille Paglias Beschreibung der »amoral affectlessness«, »serene indifference to the suffering of others, which she invites and dispassionately observes as tests of her power«, *Sexual Personae*, a.a.O., S. 15.

Lilith und Artemis tauchen auch an anderer Stelle in den *Syv fantastiske Fortællinger* als Bezugsakteurinnen für weibliche Figuren auf. So erzählt der historische Rückblick, mit dem die Erzählung „Digteren" eingeleitet wird, von Königin Sophia Magdalena, die „ved Bredden af en Sø i Skoven" einen Hirsch erlegt, dessen sterbendes Spiegelbild „i det klare Vandet" auf dem Kopf steht, „lige på Hovedet", „omringet af Dronningens Hunde". Diese Stelle liest sich wie eine Reminiszenz an den von Artemis in einen Hirsch verwandelten Aktaion an der Quelle der erbarmungslosen Göttin. Sie verweist proleptisch auf nachfolgende Spiegelverkehrungen in der Geschichte; so transformiert sich die puppen- und blumenhafte Fransine in eine Mänade, welche, ähnlich wie einstmals die den Orpheus zerreißenden Mänaden, ihren alten faustischen Freier mit einem riesigen Stein zerstückelt, als dieser sich – Aktaion vergleichbar – an ihrem nackten Anblick ergötzen will. In dem roten Blut, das aus dem sterbenden Körper des „gamle Troldmand" und manipulativen Möchtegern-Dichters herausströmt, sieht sie „hendes Hjertes lettelse og det kommende Daglys" (*SFF*, 391) gespiegelt. Fransine ist nicht nur Artemis und der mörderischen Mänade vergleichbar, sondern auch Lilith. Wie letztere scheint die Tänzerin, so zerbrechlich und spröde wie von Brackels Geliebte, fliegen und Materie transzendieren zu können. Ihre Bewegungen haben „en Fugls Lethed", den „Luftighed (...) som (...) ikke alene ophæver al Vægt, men som tilsyneladende virkelig bærer opad (...) som om selve Stoffet i dette Tilfældet er blevet lettere end Luften, og den Danserinde stiger højere tilvejrs, jo mere der er deraf" (*SFF*, 344). Als Überwindung von Materie und Schwerkraft, und in diesem Sinne als Metapher für Transzendenz und Unsterblichkeit, kommt Liliths Fähigkeit zu fliegen auch in der Erzählung „Et Familieselskab i Helsingør" zur Sprache. Dort ruft der Wunsch einer vornehmen alten Jungfer, ‚gehörig' zu fliegen, die Entrüstung ihres Gastes, eines Bischofs, hervor:

> Vi har dog vistnok Grund til at nære Mistillid til de flyvende Damer. De har måske hørt om Adams første Hustru, Lilith. Hun var ligesom han selv, og i Modsættning til Eva, skabt af Jorden. Hvad var da det første, hun gorde? Hun forførte to Engle og overtalte dem til at røbe det hemmelige Ord, som åbner Himlens Porte, og så fløj hun bort fra Adam. Deraf kan vi uddrage den Lære, at når der er for meget af det jordiske Element i en Kvinde, kan hverken Engle eller Ægtemænd mestre hende (...) Kvindens særlige himmelske og engleliges Egenskaber, som vi i så høj Grad ser op til og tilbeder, er netop de samme, som tynger hende ned og holder hende ved Jorden. De lange Lokker, de kyske Slør og Folder i den sandt kvindelige Klædedragt, endogså de tilbedelsesværdige kvindelige Former, Barmens og Hoftens Runding, strider i selve deres Væsen direkte mod Tanken om Flugt. Vi er alle villige til at indrømme Kvinden Titel af Engel, og Englevingerne skønne Emblem, og til at anbringe hende på vor højeste Piedestal, på den udtrykkelige Betingelse, at hun aldrig må drømme om, at hun endogså må være blevet opdraget i fuldkommen Uvidenhed om Muligheden af Flugt (*SFF*, 229).[82]

---

[82] Zu dieser mythologischen Parallele zwischen „Den gamle vandrende ridder" und „Et

Aus der Äußerung des Bischofs spricht die Verleugnung des Göttlichen in der Gestalt des Weiblichen, verkörpert durch Lilith. Wie der Bischof verleugnet auch von Brackel die Immanenz des Göttlichen in Personae wie Lilith und beharrt auf dem Kanon der jüdisch-christlichen Tradition, wenn er vom „tusindårige Halvmørke" spricht, aus dem die ‚geistreichsten und kühnsten' Frauen hervorkommen, „helt vilde af Dådstrang og Lyst til at prøve deres Vinger" (*SFF*, 65). Hier bezieht er sich auf die *Offenbarung des Johannes* 17–20, auf die Rede vom ‚großen Babylon', verkörpert durch die ‚große Hure', die auf einem gehörnten Tier sitzt – dem Drachen/Lindwurm als phallischem Symbol – und auf tausend Jahre verbannt wird:

> Und ich sah einen Engel vom Himmel fahren, der hatte einen Schlüssel zum Abgrund und eine große Kette in seiner Hand. Und er griff den Drachen, die alte Schlange, das ist der Teufel und Satan, und band ihn tausend Jahre und warf ihn in den Abgrund und verschloss ihn und tat ein Siegel obenauf, daß er nicht mehr verführen sollte die Völker, bis dass vollendet würden die tausend Jahre. Danach muss er loswerden eine kleine Zeit. Und ich sah Throne, und sie setzten sich darauf, und ihnen ward gegeben das Gericht. Und ich sah die Seelen derer, die enthauptet worden sind um des Zeugnisses von Jesus und um des Wortes Gottes willen, und die nicht angebetet hatten das Tier noch sein Bild und nicht genommen hatten das Malzeichen an ihre Stirn und auf ihre Hand; diese wurden lebendig und regierten mit Christus tausend Jahre.[83]

Über die Vision von den Thronen und der tausendjährigen Regentschaft rechtfertigt sich das mittelalterliche Gottesrittertum, das von Brackel repräsentiert und das in sublimen Personae wie den geharnischten Drachentötern St. Michael und St. Georg verkörpert ist.[84] Dass der Teufel nach tausendjähriger Verbannung ‚loswird', erklärt die Vorstellung vom modernen Paris des neunzehnten Jahrhunderts „als dem neuen Babylon".[85] In der „frygtelige Indignation" (63) und „frygtelige Jalousi" (64) seiner Geliebten auf die Position des Mannes und ihrer entfesselten Wut, die er mit dem zu besiegenden Teufel gleichsetzt, sieht der Erzähler in Wahrheit seine eigene Angst und Ohnmacht gespiegelt:

> Was der Heros im Spiegel seines Schildes erblickt, ist sein eigenes, angst- und wutentstelltes Gesicht. Der Mythos gebietet, dass Medusa sterben muss, wenn Pegasus das

---

Familieselskab i Helsingør" vgl. auch Gurli A. Woods, „Lilith and Gender Equality in Isak Dinesen's ‚The Supper at Elsinor' and ‚The Old Chevalier'", in: ders. (Hrsg.), *Isak Dinesen and Narrativity: Reassessments for the 1990s* (Ottawa 1994), S. 47–61.

[83] *Die Bibel Oder Die Heilige Schrift des Alten und des Neuen Testaments nach der Übersetzung Martin Luthers* (Stuttgart 1972).

[84] Neumann, *Ursprungsgeschichte des Bewusstseins*, S. 179: „Sie ist die große Feindin des Helden, der als Reiter und Ritter das Pferd der unbewußten Triebseite männlich gebändigt hat oder als Michael den feindlichen Drachen vernichtet. Er ist das Licht, Form und Ordnung Bringende gegenüber dem Chaos der urmütterlichen Fülle und der Monstrosität der Natur."

[85] Arnold Hauser, *Sozialgeschichte*, a.a.O., S. 802.

Licht der Welt erblicken soll. Die Selbstbestätigung des Künstlers im Werk folgt objektiv dem gleichen Muster, mag sie sich subjektiv als sadistische Handlung, als Entlastung oder als Akt der Notwehr begreifen. Keine Epoche ist so zwanghaft in der Befolgung dieses (Ab-)Tötungsrituals, keine zugleich so erfinderisch in der Ästhetisierung und immer neuen Variation seiner Formen wie das ausgehende neunzehnte und das beginnende zwanzigste Jahrhundert.[86]

Die Assoziation des Erzählers, die Lilith und den Drachen Babylons zur weiblichen Emanzipationsbewegung in Beziehung setzt, ist Ausdruck der Angst und der historischen Todesverfallenheit einer aussterbenden Kaste, die im dunklen Schlund, im *Fleischwolf* einer weiblich-mütterlich konnotierten Natur und Evolution zu verschwinden droht. In homoerotischen Regungen klammert von Brackel sich an das erhabene phallische Bild des Ehemannes seiner Geliebten:

> Male homosexuality may be the most valorous of attempts to evade the femme fatale and to defeat nature. By turning away from the Medusan mother, whether in horror or detestation of her, the male homosexual is one of the great forgers of absolutist western identity.[87]

Doch auch „den store Skygge" (63) des zum Untergang verurteilten tragischen Aristokraten ist nur ein phallisches Phantom wie der Geist des alten Hamlet.

Aus Eifersucht und um zu verhindern, dass ihr junger Geliebter zur Beute ihres als ‚Abgott' verehrten Mannes wird, verübt die junge Frau in ihrem Boudoir einen Giftanschlag auf den Jüngling, der jedoch misslingt. Wie Fransine in „Digteren" entpuppt sie sich als eine der Mänaden, die den Frauen verachtenden Orpheus zerstückeln, welcher sich nach dem Tod der treuen Eurydike der Knabenliebe zugewandt hat.[88] Die Erkenntnis, dass die Geliebte den jungen Narzissten als ‚Maus' und Versuchsobjekt für ihre mörderischen Emanzipationsbestrebungen benutzt hat, versetzt dessen jugendlicher ‚Eigenliebe' eine narzisstische Kränkung, die seinem Kastrationsphantasma zugrundeliegt.[89]

4. Die Frau als Puppe und phallischer Fetisch

Femininität als Maskerade

Vom einen ‚babylonischen' Abenteuer gerät der Held ins nächste. Blixen lässt ihren Ich-Erzähler im Anschluss an dessen mythisierende Abschweifungen zu den ‚Engeln' der Frauenbewegung den Faden seiner eigentlichen Geschichte

---

[86] Annemarie Taeger, *Die Kunst, Medusa zu töten* (Bielefeld 1987), S. 11.
[87] Paglia, *Sexual Personae*, a.a.O., S. 14f.
[88] Den Zerstückelungstod durch die chthonischen Titanen erleidet auf Befehl der eifersüchtigen Hera auch Dionysos, dessen Attribute Kaiser Hadrians Antinous zum Teil trägt.
[89] Vgl. Laplanche/Pontalis, *Das Vokabular*, a.a.O., S. 243 zu „Kastrationskomplex".

wiederaufnehmen. Verzweifelt auf einer Pariser Bank sitzend, wird er im nächtlichen Regen von einem jungen, betrunkenen Mädchen angesprochen. Auch dieses Abenteuer wächst sich in seiner Phantasie zu einer unheimlichen Begegnung mit dem Mysteriösen aus, was zu weiteren Exkursen und Verzögerungen seiner narrativen *Quest* führt, seiner Suche nach dem Mysterium des Numinosen. Der Anblick des Mädchens korrespondiert mit der grell geschminkten Wollust aus der Herkules-Sage, gleichzeitig jedoch auch mit der auf Solidarität abzielenden, sentimentalen Auffassung von der Prostituierten, wie sie aus französischen Romanen des neunzehnten Jahrhunderts hervorgeht, zum Beispiel aus Alexandre Dumas' Darstellung der Kameliendame, die eine Mischung aus Engel und Hure ist. Obgleich sie auf den ersten Blick ein Straßenmädchen zu sein scheint, hat sie doch „noget ganske særligt yndigt og udtryksfuldt" (*SFF*, 68) an sich, „en purung Skønhed, frimodig og yndefuld" (69), „sminket hvid og rød, med Øjne, der strålede som Stjerner", auf dem Kopf „en lille, sort Hat med Strudsfjer, der skyggede lidt for hendes Pande og Øjne", „Hagens Bue og den unge runde Hals lyste hvide og skære under Gadelygterne" (68). Diese Beschreibung spiegelt die Selbstwahrnehmung des Narziss wider, der das „Sternenpaar" seiner Augen bewundert, seinen „Marmorhals", „die Anmut des Gesichts, die Mischung von Schneeweiß und Rot".[90] Von Brackel, der junge Narziss, erblickt in dem jungen Mädchen eine Art Zwilling, ein Spiegelbild in weiblicher Gestalt, ein „hvidt og rosenrødt Glansbillede" – das Gegenstück zum fatalen „Spejlbilledet af en ung Dame i et mat Spejl". Diese Konstellation hat eine Parallele in einer anderen antiken Version des Narziss-Mythos; laut Pausanias sieht Narziss in seinem Spiegelbild im Wasser seine verlorene Zwillingsschwester.[91] Wie Adam,[92] der nach Liliths Flucht Eva als Geschenk Gottes in Empfang nimmt, interpretiert auch von Brackel das junge Mädchen als

en gave til mig fra en Skæbne, der dog kendte til at vise Nåde, i dette yderste Øjneblik da jeg ikke kunde udholde at være alene. Hun tog sig ud for mig som en lille, vild Natalf, der til min Redning var sprunget lige ud af den store By om os, – Paris, – der jo nårsomhelst kan berede os de mest himmelske Overraskelser. (69)

---

[90] Siehe die weiter oben zitierte Stelle aus Ovids *Metamorphosen*.
[91] Vgl. Otto Rank, „Der Doppelgänger", in: ders., *Psychoanalytische Beiträge zur Mythenforschung* (Leipzig/Wien 1919), S. 335, 342.
[92] Bernhard Glienke hat die „lernende Perspektivfigur junger Mann" bei Blixen als „Adam-Aktant" kategorisiert – „ein junger Mann, ein eher negativer Held (…), dem etwas zustößt, woraus er etwas lernt", ders., *Fatale Präzedenz*, a.a.O., S. 90f – oder eben doch nichts lernt, wie die Erzähler oft zu implizieren scheinen. Ein solcher „Adam-Aktant" tritt beispielsweise auch in der Figur des Anders in „Digteren" auf, dessen Wesen und Blick mit Adams im Garten Eden verglichen werden, „da han første Gang vandrede rundt i Haven og så på Dyrene (*SFF*, 340). Dies bildet eine Parallele zur Äußerung von Brackels, dass Adam ja eine Zeit im Paradies gehabt habe, „hvor han kunde vandre omkring på en frisk og fredelig Jord, og se på Dyrene i sine egne Tanker" (*SFF*, 66).

Trotz seiner elenden Gemütsverfassung bemerkt von Brackel, dass er es hier nicht mit einer professionellen Prostituierten zu tun hat: „Dette var ikke det sædvanlige professionelle Tilbud. Hun så ud som et Menneske, der er ude på et stort Eventyr, eller som bærer på en stor Hemmelighed" (*SFF*, 68). Dieses ‚Geheimnis' wird der Ich-Erzähler im Folgenden zum ‚Mysterium *des ewig Weiblichen*' in Beziehung setzen – das „Gothic mystery" der Erzählung? Er nimmt das geheimnisvolle Mädchen mit zu sich nach Hause, wo der Tisch wie bei Dorian Gray „på alle Tider af Døgnet" (69) gedeckt ist:

> min Tjener plejede at holde Ilden vedlige for mig (…) jeg havde tit Brug for en Flaske Champagner, når jeg kom hjem fra mine Hyrdetimer (69).

Er gibt dem vom Regen durchnässten Mädchen Champagner zu trinken und beginnt sie langsam auszukleiden, wie man ein Geschenk auspackt, wobei er sie mehrmals mit einer ‚Puppe' vergleicht:

> Med sine sminkede, røde Kinder og blanke Øjne lignede hun et Barn, der lige er vågnet af Søvnen, eller en stor Dukke (…) Jeg begyndte at klæde hende af, som om hun virkelig havde været en Dukke, ganske langsomt, og hun stod ret op og ned og lod mig gøre det. (*SFF*, 70)

Hat er zuvor sich selbst als „Yndlingsdukke" (67) seiner Geliebten bezeichnet, so kehrt er nun das Verhältnis wieder in die traditionelle Rollenverteilung um. Auf der Flucht vor einer „Virkelighed", die sich ihm „i en skrækindjagende Skikkelse" (75) gezeigt hat, „et Øjekast af Djævelen" (76), rennt von Brackel „i Armene på Eventyret. (…) Jeg tålte ikke godt at se frem, og slet ikke at se tilbage" (75). Er verdrängt die heraufdämmernden Veränderungen eines neuen Zeitalters und gibt sich ganz den ästhetischen Geschmacksurteilen einer vergangenen Zeit hin. In die Wiedergabe der Entkleidungsszene bettet er einen längeren Exkurs über die Damenmode seiner Jugendzeit ein, die im Gegensatz zur Mode des zwanzigsten Jahrhunderts dem einen Zweck diente: „at dølge" (71):

> … i min Ungdom, da var Kvindens Legeme en dyb Hemmelighed, som hendes Klæder med stor Troskab og Opfindsomhed gjorde deres bedste for at bevare… Der var i de Dage en Mening med Kvindernes Klædedragt, den røgtede et Kald. Med en sådan værdig Alvor, som det ingenlunde var givet enhver at gennemskue, tog den sig for at omskabe det Legeme, som den skjulte, i en Form, så forskelligt som muligt fra dets virkelige Væsen (71).

Das ‚wahre Wesen' des weiblichen Körpers, das hier verborgen bleiben soll, „mystery, the hidden", ist, so Camille Paglia, „the anxiety-inducing invisibility of the womb": „This mystery is the main reason for the imprisonment man has imposed on woman. Only by confining his wife in a locked room guarded by eunuchs could he be certain that her son was also his."[93] Die Angst des Mannes

---

[93] Paglia, S. 22f.

vor der ‚Verunreinigung' des *Namens-des-Vaters*, vor illegitimer Abstammung und Nachkommenschaft – ein klassisches Motiv des Schauerromans[94] – macht Karen Blixen wiederholt auf subtile Weise zum Gegenstand ihrer Erzählungen, zum Beispiel in „Aben" (*SFF*), „Karyatiderne" (*Sidste Fortællinger*) und „Det ubeskrevne Blad" (*Sidste Fortællinger*). Letztere Erzählung lässt sich als subversives Echo der patriarchalischen Ehegesetze zum Umgang mit Ehefrauen und Jungfrauen im Fünften Buch Mose lesen.[95] Zugleich dient die fetischisierende Verhüllung des wahren Wesens des weiblichen Körpers – Reproduktion, gefolgt von Verwandlung und Verfall – einem ästhetischen Anliegen, das den weiblichen Körper in ein Kunstobjekt verwandelt. In diesem Sinne äußert nämlich der Ich-Erzähler rückblickend:

> En Kvinde var i min Tid et Kunstværk, som det havde taget mange Århundreder at frembringe, og vi diskuterede hendes Figur på samme Måde som hendes Salon, med al den Respekt, som man skylder en genial og utrættelig Kunstner. (*SFF*, 71)

Dieses ‚Kunstwerk' repräsentiert die Sublimierung der erdkultischen Weiblichkeit vergangener Zeitalter, wie sie beispielsweise in der steinzeitlichen Venus von Willendorf verkörpert ist, einer kleinen gesichtslosen Statuette, welche ‚in der schwellenden Masse ihres ewig schwangeren Körpers begraben ist', so Camille Paglia, die sie mit dem Prinzip des Dionysischen identifiziert.[96] Das „mægtige Brus af Draperier, Slæbskørter, Ophæftninger, Rucher og Plisséer, som ved enhver af Bærerindens Bevægelses steg, sank, vajede og bølgede" (*SFF*, 71), wie von Brackel formuliert, ahmt einerseits die schwellenden Formen einer

---

[94] Zentral auch in William Shakespeares Dramen, vor allem in *Hamlet*; vgl. hierzu M. Garber, *Shakespeare's Ghost Writers*, a.a.O., S. 132f: „The failure of the paternal metaphor. This is not unrelated to what might be called paternal undecidability, or the undecidability of paternity – the fact, so often commented on in Shakespeare's plays, that the father is always a suppositional father, a father by imputation, rather than by unimpeachable biological proof".

[95] In ihrem Essay „Moderne Ægteskab"" bezeichnet Blixen den Gott des Alten Testaments als „Stammesgott": „De gamle patriarkers gud var stammes gud, derfor talte guds røst i deres hjerter stammes sag, og derfor stod han på ægteskabets side (...) De gamle dages gud var overhovedet familiens, ordenes og lovens gud, og derigennem ægteskabets" (Blixen, *Samlede Essays*, S. 30) – woraus sich der Nutzen religiöser Praktiken für an sich biologische Gesetzmäßigkeiten ableiten lässt, nämlich für die Erhaltung des eigenen Stammes und Erbguts.

[96] „She is buried in the bulging mass of her own fecund body (...) Venus of Willendorf carries her cave with her. She is blind, masked (...) She is the cloud of archaic night. Bulging, bulbous, bubbling (...) She is female but not feminine (...) She is going down, disappearing into her own labyrinth (...) Inert and self-communing, Venus of Willendorf represents the obstacle of sex and vegetable nature (...) There are no lines in the Venus of Willendorf, only curves and circles. She is the formlessness of nature. She is mired in the miasmic swamp I identify with Dionysos" (Paglia, S. 54ff).

Venus von Willendorf nach, andererseits repräsentiert es die Verwandlung chthonischer Unförmigkeit in ein phallisches Objekt, indem aus dem ‚mächtigen, wogenden Gebraus' die ‚Taille aufschießt':

> Ud af det mægtige Brus (...) skød Midjen op, så rank og smækker som en Blomsterkalk og bar Barmen højt løftet, rundet som en Rose, men holdt fangen i Fiskeben lige op til Skulderen. (71).

Diese oxymoronische Phallisierung des weiblichen Körpers bedient den Narzissmus des Betrachters und Ästheten:

> Die Frau ist ‚Signifikant' des Begehrens des Mannes, weshalb sie ihren weiblichen Körper zum Fetisch macht und in eine phallische ‚Maskerade' bannt. Die Frau *ist* Phallus (Objekt und Zeichen des Begehrens), der Mann *hat* den Phallus. Die Ausprägung einer eigenen Geschlechtsidentität ist ihr verwehrt; sie ist bloße Stütze einer narzisstischen männlichen Identität.[97]

Die Wahrnehmung von etwas Weiblichem als einem phallischen Objekt taucht auch in „Digteren" auf, wo der alte Kunstgenießer Mathiesen das tanzende Objekt seiner Begierde als eine Art Aufziehpuppe und „ny Blomsterart i Fantasiens Mistbænk" (*SFF*, 374) wahrnimmt. Der verdeckte metaphorische Vergleich der eleganten Tänzerin Fransine mit dem phallischen Fruchtstempel einer Blüte scheint diese sexuelle Konnotation zu bestätigen:

> Påskeliljer, Kejserkroner og Diclytra – som man i Danmark kalder Løjtnantshjerter, fordi de, når man bøjer Blomsterne fra hinanden, indeholder en Champagnerflaske og en Danserinde (...). (*SFF*, 345)

Blixens geschlechtsassoziative Blumen- und Blütenmetaphorik lässt sich zu Shakespeares Blumensprache ebenso in intertextuelle Beziehung setzen wie zu Baudelaires *Blumen des Bösen* und zu Sigmund Freuds psychoanalytischer Blüteninterpretation in *Die Traumdeutung*. In „Den gamle vandrende ridder" tritt diese Metaphorik weniger stark hervor als in „Digteren", wo der auf Freiersfüßen wandelnde alte Lüstling à la Faust „Blomstersproget" lernen und sich auf „Spøgelseshistorier" verlegen will (*SFF*, 359).

Von Brackel vergleicht den weiblichen Körper mit einer Rose – mit dem Bild derjenigen Blumenart, die der Mensch wohl am meisten in ein ‚Kunstwerk' zu verwandeln getrachtet hat. Vermittels kunstvoller (Ver-)Formung durch Stoffschichten und Korsett soll der für die massige Formlosigkeit einer

---

[97] Lena Lindhoff zu Jacques Lacan in: *Einführung in die feministische Literaturtheorie* (Stuttgart 2003), S. 77; Jacques Lacan, „Die Bedeutung des Phallus", in: ders., *Schriften II* (Weinheim/Berlin 1991), S. 130: „So paradox diese Formulierung auch erscheinen mag, wir behaupten, dass die Frau, um Phallus zu sein, Signifikant des Begehrens des Andern, einen wesentlichen Teil der Weiblichkeit, namentlich all ihre Attribute in die Maskerade zurückbannt."

ewig reproduktiven Natur anfällige weibliche Körper in einer ästhetischen Form fixiert werden. Ziel ist „die Verwandlung der Frau in ein Idol", so Simone de Beauvoir:

> In ein zweideutiges Idol: der Mann möchte, dass es aus Fleisch und Blut ist, dass seine Schönheit etwas von der der Blumen und Früchte hat, aber es soll auch glatt, hart und ewig sein wie ein Kiesel. Das Schmücken soll die Frau gleichzeitig inniger mit der Natur verbinden und sie aus ihr herausreißen, es soll dem pulsierenden Leben die nötige Starrheit von etwas Künstlichem geben. (...) In der geschmückten Frau ist die Natur gegenwärtig, aber gefangen, von einem menschlichen Willen dem Verlangen des Mannes entsprechend modelliert, (...) Auf jeden Fall aber erfreut die Frau das Männerherz um so mehr, je harmonischer Gesichtszüge und Proportionen wirken, weil sie der Unbeständigkeit der natürlichen Dinge entgehen zu scheint. Dies führt zu dem seltsamen Paradoxon, dass der Mann, wenn er in der Frau die Natur, aber eine verklärte Natur, in Besitz nehmen möchte, die Frau gerade zur Künstlichkeit verurteilt. Sie ist nicht nur Physis, sondern ebenso sehr Antiphysis (...).[98]

Die ästhetischen Wert- und Geschmacksurteile, die der Held in „Den gamle vandrende ridder" von sich gibt, spiegeln Ansichten wider, die Baudelaires in seinem zeitgenössischen Essay „Der Maler des modernen Lebens" (1863) zum Besten gibt, insbesondere in den Kapiteln „Der Dandy", „Das Weib", „Lob der Schminke", „Damen und Dirnen", sowie in seinen „Intimen Tagebüchern". Besessen von der Abscheulichkeit des Natürlichen, äußert sich Baudelaire exaltiert zur Masken- und Schutzschildfunktion von Kunst und Mode; bei der Analyse des „rein natürlichen Menschen" sei „nur Abscheuliches" zu entdecken:

> Das Verbrechen, zu dem das Menschtier schon im Leibe seiner Mutter einen Hang in sich aufgesogen hat, ist von ursprünglicher Natürlichkeit. Die Tugend dagegen ist *künstlich*, übernatürlich, da es zu allen Zeiten und bei allen Völkern der Götter und Propheten bedurft hat, um sie die vertierte Menschheit zu lehren. (...) Das Böse geschieht mühelos, *natürlich* (...) das Gute ist stets das Erzeugnis einer Kunst (...) Ich komme so dahin, den Schmuck als eins der Zeichen für den uranfänglichen Adel der menschlichen Seele zu betrachten (...) Der Wilde und das Baby bezeugen durch ihre naive Sucht nach dem Glänzenden – nach buntscheckigem Federwerk, nach schillernden Stoffen, nach der übertriebenen Erhabenheit der künstlichen Formen – ihr Missfallen an der Wirklichkeit und beweisen so ohne Wissen und Wollen die Immaterialität der Seele.[99]

Baudelaires Verweis auf die infantile Faszination des Menschen mit dem Künstlichen hat seine Entsprechung in Sigmund Freuds späterer Analyse von Fetischismus und regressiver Sehnsucht nach dem Anorganischen. In der Mode, vor allem in der Damenmode, sieht Baudelaire

---

[98] Simone de Beauvoir, *Das andere Geschlecht* (Reinbek bei Hamburg 2000), S. 214f.
[99] Baudelaire, „Der Maler des modernen Lebens", a.a.O., S. 313.

ein Symptom des Strebens (...) nach jenem Ideal, das im menschlichen Gehirn alles überflutet, was das natürliche Leben an Grobem, Irdischem und Unsauberem dort aufhäuft; jenem Ideal, das als eine erhabene Umgestaltung der Natur oder vielmehr als ein fortwährender und allmählich fortschreitender Versuch einer Neugestaltung der Natur sich darstellt.[100]

Mit der „Neugestaltung der Natur" ist vor allem die Umgestaltung des weiblichen Körpers gemeint, in dem der Mann „das feste Bild seines animalischen Schicksals"[101] gespiegelt sieht:

Er betrachtet sich als einen gefallenen Gott: sein Fluch besteht darin, aus einem lichten, geordneten Himmel in das chaotische Dunkel des Mutterleibs gefallen zu sein. (...) Diese gallertige Masse, die sich in der Gebärmutter herausbildet (die verborgen und verschlossen ist wie ein Grab), erinnert zu sehr an die wabbelige Viskosität von Kadavern (...) Überall wo das Leben im Entstehen ist, im Keimen und Gären, erregt es Ekel, weil es nur entsteht, indem es vergeht.[102]

Das Zaubermittel gegen die Hässlichkeit der Natur ist die Kunst, welche Schwammiges und Schwellendes in eine feste Form bannt:

The most effective weapon against the flux of nature is art (...) Fixation is at the heart of art, fixation as stasis and fixation as obsession (...) Thing-making, thing-preserving is central to male experience. Man is a fetishist. Without his fetish, woman would just gobble him up again (...) Woman's billowy body reflects the surging sea of chthonian nature (...) By focusing on the shapely, by making woman a sex-object, man has struggled to fix and stabilize nature's dreadful flux (...) A sex-object is ritual form imposed on nature. It is a totem of our perverse imagination.[103]

Die Rosenform ist eine solch rituelle Form, die den Körper der Frau zu einem phallischen Phantasma, einem Fetisch und Sexobjekt macht. Camille Paglia sieht Fetischismus als männliche Obsession an, durch die etwas in eine Idee, in ein Symbol verwandelt wird.[104]

5. Mystische Körperkelche

Von Weiblichkeit, die in ein Symbol überführt wird, spricht der Baron, indem er mit scheinbar christlichen Begriffen etwas umschreibt, was sich wie heidnische Initiationsriten ausnimmt: „Intet er et sandt Mysterium, førend det bliver et Symbol. Om det så er den hellige Nadver selv, så må dog Vinen vistnok aftappes, og Brødet bages på almindelig Vis" (SFF, 72). Der Körper der

---

[100] Ders., S. 314.
[101] Simone de Beauvoir, a.a.O., S. 221.
[102] Dies., S. 197.
[103] Paglia, S. 28ff, 57.
[104] Dies., S. 20.

Frau scheint hier mit dem Abendmahlswein und der Hostie gleichgesetzt zu werden, was schon zuvor in der Rede vom Wesen des Weins und der Religion angeklungen ist. Dieser Märtyreraspekt ist auch im zuvor beschriebenen Bild der eingeschnürten weiblichen Taille impliziert – „Midjen fint prentet af Snørlivet, som om hun bar en Krans af Roser" (71), was Assoziationen mit der Dornenkrone weckt. Im Zusammenhang mit der Überführung des Leibes in ein Symbol spricht der Erzähler metaphorisch vom Gefäßcharakter des weiblichen Körpers, wenn er das Bein der Frau mit „Stilkene på vore Glas her" (71) vergleicht, die Taille mit „en Blomsterkalk (71) und die weiblichen ‚Reize' – „Yndigheder" (73) mit „hellige Kar" (73). Eine sexuelle Metaphorik scheint auch der Rede von den Vorgängen innerhalb der „Tempelmurene" innezuwohnen; der Erzähler nennt „Helligdommen", in dessen „Køligheden og Halvmørket" das ‚Wunder vorbereitet wird' („Underet forberedes"), ‚Priesterinnen', „disse gamle og unge, ærefrygtindgydende Augurerinder", „Vogtere af en Hemmelighed (...) i det Allerhelligste, hvor intet profant Øjnet kunde trænge ind!": „det er kun sjældent blevet mig forundt at få Adgang til Helligdommen bagved" (73). Die Wortwahl des Erzählers weckt Assoziationen mit den heidnischen Riten altorientalischer Mysterienkulte, bei denen Tempelprostitution praktiziert wurde, wobei die Priesterinnen bei der Ausübung ihres Tempeldienstes die Muttergottheit inkarnierten, Jungfrau und Hure in einem.

Kelch und Gefäß sind elementare Symbole für das Weibliche, die Erich Neumann in seiner klassischen Studie *Die Grosse Mutter* beschreibt:

> Das Kernsymbol des Weiblichen ist *das Gefäß*. Von Anbeginn an und bis zu den spätesten Stadien der Entwicklung finden wir dieses archetypische Symbol als Inbegriff des Weiblichen. Die symbolische Grundgleichung Weib = Körper = Gefäß entspricht der vielleicht elementarsten Grunderfahrung der Menschheit vom Weiblichen, in der das Weibliche sich selber erlebt, in der es aber auch vom Männlichen erlebt wird.[105]

In einer Reihe von Symbolen nennt Neumann „Tempel und Temenos" sowie „Gefäß, Schale, Becher, Kelch, Gral".[106] In der Vorstellung vom ‚Allerheiligsten', ‚in das kein profanes Auge eindringen konnte', ist etwas Phantasmatisches, etwas Unheimliches angedeutet, das mit dem unsichtbaren Teil des weiblichen Körpers zusammenhängt:

> Woman's body is a secret, sacred space. It is a *temenos* or ritual precinct (...) In the marked-off space of woman's body, nature operates at its darkest and most mechanical. Every woman is a priestess guarding the temenos of daemonic mysteries (...) The female body is the prototype of all sacred spaces from cave shrine to temple and church.

---

[105] Erich Neumann, *Die Grosse Mutter*, S. 51.
[106] Neumann, S. 57. Auf die heidnischen Ursprünge des Gral-Smbols verweist auch Jessie Weston (1920), *From Ritual to Romance* (Princeton, New Jersey 1993), Chapter VI: „The Symbols" und Chaper X: „The Secret of the Grail (1) The Mysteries."

The womb is the veiled Holy of Holies (...) Woman is literally the occult, which means ‚the hidden'. These uncanny meanings cannot be changed, only suppressed, until they break into cultural consciousness again.[107]

Genau diese ‚unheimliche Bedeutung' des Weiblichen ist es, die von Brackel zu verdrängen sucht, wenn er scheinbar progressiv-ironisch vom „Kynismus" der Priesterinnen redet, die eine Maskerade ausführen, ‚heilige Rituale eines Mysteriums', „som de kendte ud og ind, og ikke troede på" (73) – Rituale, die der Aufrechterhaltung der Geschlechterrollen dienen. Er huldigt der Frau, „som bevarede Tilværelsens skønne Orden og Ligevægt ved at blive siddende på Livets Mysterium, vel vidende, at der intet Mysterium var" (74). Der konservative Erzähler scheint hin und her gerissen zwischen der emanzipatorischen Anerkennung der Nichtexistenz eines Mysteriums einerseits, das die Frau auf Kosten ihrer Individualität auf ein Symbol reduziert und eine Geschlechterordnung zu Gunsten des Mannes („Tilværelsens skønne Orden og Ligevægt") unterstützt hat, und andererseits der beunruhigenden Erkenntnis der numinosen Macht des Weiblichen, das mit den mysteriösen Kräften einer unheimlichen Natur und Evolution im Bunde zu stehen scheint. Dieses weibliche Numinose, das von Brackel mit dem ‚Mysterium des *ewig Weiblichen*' umschreibt, repräsentiert das „Gothic mystery" der Erzählung; dieses ‚Mystery' ist identisch mit der artifiziellen Stilisierung des Weiblichen zu etwas Geheimnisvollem im Symbolismus – Mystifizierung dient als Ersatz für Religion und Mystik in einer Zeit fortschreitender Säkularisierung und Rationalisierung. Karen Blixens *Gothic* spielt mit dieser Parallele zwischen Schauerromantik und Symbolismus, die beide eine Reaktion auf Rationalismus und gesellschaftlichen sowie wissenschaftlichen Fortschritt im achtzehnten und neunzehnten Jahrhundert darstellen.[108] In ihren 1951 im Radio gesendeten *Daguerreotypier* präsentiert Blixen Beispiele für männliche Mystifizierungen des Weiblichen und untergräbt solch mystisch verklärte Weiblichkeitsbilder wie das des Engels und der Bajadere, indem sie mit feiner Ironie die weibliche Akzeptanz solcher Geschlechterrollen als Verstellung und als Zeichen von Raffinesse und weiblichem ‚Geschäftssinn' in einer von Männern dominierten Welt offenbart. Das Motiv weiblicher Maskerade bei Blixen, das der vordergründigen Aufrechterhaltung der Geschlechterrollen dient, erinnert stark an Joan Rivieres wenige Jahre vor Blixens Erzählungen erschienenem Aufsatz „Womanliness as a Masquerade" (1929), der sich mit der Frage von „womanliness" als betont femininem Rollenverhalten be-

---

[107] Paglia, a.a.O., S. 23.
[108] Hans-Göran Ekman sieht bei Blixen mehr die Nähe zum Barock bzw. zum Ästhetizismus des *Fin de siècle* und findet Blixens Gattungsbezeichnung *Gothic* nur schwer nachvollziehbar; ders., *Karen Blixens Paradoxer* (Södertälje 2002), S. 60ff.

schäftigt, „assumed and worn as a mask, both to hide the possession of masculinity and to avert the reprisals expected if she was found out to possess it".[109]

6. Gefallener Ritter im Gralstempel: Unheimliche Vorahnungen eines liederlichen Lustknaben

> ... dann schaut zuletzt das Ich auf die Lappen herab, und bildet sich ein sie machten's aus, ja es gibt wohl gar andere noch schlechter gekleidete Ichs, die den zusammengeflickten Popanz bewundern (...) denn beim Licht besehen ist doch die zweite Mandandane auch eine nur künstlicher zusammengenähte, die eine gorge de Paris vorgesteckt hat um ein Herz zu fingieren, und eine täuschender gearbeitete Larve vor den Totenkopf hält.
> ... je mehr Masken übereinander, um desto mehr Spaß, sie eine nach der anderen abzuziehen bis zur vorletzten satirischen, der hippokratischen und der letzten verfestigten, die nicht mehr lacht und weint – dem Schädel ohne Schopf und Zopf, mit dem der Tragikomiker am Ende abläuft.
>
> (Bonaventura, *Nachtwachen*)

Als Blixens Held das junge Mädchen aus dem Blütenblätter-‚Gebraus' der Rüschen und Plissees gepflückt hat und dieses nackt vor ihm steht – „Eva selv (...) en evig Åbenbaring" (*SFF*, 71), sieht er vor sich „det største Naturens Mesterværk (...) en Skønhedsåbenbaring, som kunde tage Vejret fra En. (...) Hele hendes Legeme skinnede i Lampelyset fint og rundt og glat som marmor" (74). Hat er zuvor in der Gestalt seiner mörderischen Geliebten eine blutrünstige Artemis (Diana) und Lilith gesehen, so erblickt er nun eine „Venus" (74) und „Eva" vor sich. Dieser Eindruck wird durch den Vornamen des Mädchens, „Nathalie", verstärkt, dessen lateinische Wurzel „natalis"[110] Assoziationen mit

---

[109] Joan Riviere, „Womanliness as a Masquerade", erstmals veröffentlicht in *The International Journal of Psychoanalysis*, Bd. 10 (1929), hier zitiert aus: J. Riviere, in: Burgin/Donald/Kaplan (Hrsg.), *Formations of Fantasy*, a.a.O., S. 38. Vgl. in diesem Zusammenhang auch Stephen Heath zu Rivieres Artikel und deren „conception of womanliness as a mask, behind which man suspects some hidden danger", in: ders., „Joan Riviere and the Masquerade", in: Burgin et al, *Formations*, S. 50, sowie Judith Butlers Diskussion der unterschiedlichen Auffassungen von ‚Maskerade' bei J. Lacan und Riviere, im Kapitel „Lacan, Riviere und die Strategien der Maskerade", in: J. Butler (1990), *Das Unbehagen der Geschlechter* (Frankfurt/M. 1991), S. 73–91.
[110] lat. „Geburts..."; dichterisch: Geburtsgottheit/Geburtsort.

Darstellungen wie Sandro Botticellis *Geburt der Venus* heraufbeschwört. Auch die zunächst positive Assoziation des Mädchens mit *Natürlichkeit* wird hier betont. Von Brackels exaltierte Beschreibung der apollinischen Perfektion des Mädchenkörpers – „Fejlfrihed", „glat som Marmor", „et ungt Træs himmelstræbende Søjle" (74), erinnert an die durch Venus zum Leben erweckte Marmorstatue Pygmalions. Die Schilderung ähnelt überdies der Szene in der hebräischen Mythologie, in der Eva dem von Lilith verlassenen Adam als perfekte, makellos schöne Jungrau präsentiert wird, mit deren Körperfunktionen er nicht konfrontiert werden will:

> Adam was first made to fall into a deep sleep before the rib for Eve was taken from his side. For, had he watched her creation, she would not have awakened love in him (...) Indeed, God had created a wife for Adam before Eve, but he would not have her, because she had been made in his presence. Knowing well all the details of her formation, he was repelled by her. But when he roused himself from his profound sleep, and saw Eve before him in all her surprising beauty and grace, he exclaimed, This is she who caused my heart to throb many a night![111]

Von Brackel, der junge Adam, sitzt mit seiner nackten Eva zu Tisch bei Wein und Kaviar, „i sin varme og stille Stue, højt oppe over den store By (...) som to Ugler i et hult træ langt ude i Skoven", die schreckliche Wirklichkeit ausgesperrt durch „tykke Silkegardiner" (75). Dieses Bild lässt nicht nur an Adam und Eva im Garten Eden denken, sondern auch an Herkules, der mit seiner Gemahlin Hebe auf dem Olymp Nektar und Ambrosia speist.[112] Im übertragenen Sinne ist dieses Paradies der Garten Eden der Aristokratie vor dem Fall in ein bürgerliches Dasein, über dem der Sündenfalls-Fluch der manuellen Erwerbstätigkeit liegt: der Fall in eine Welt, in der auch der Adlige nicht länger privilegiert ist und für seine Waren bezahlen muss. Als das Mädchen zur Gitarre greift und mit „klokkeklar" Stimme „en lystig Melodie" und „en klagende, lille Sang" (77) singt, fällt der Held wieder in die anbetende Pose des Ritters,

---

[111] Louis Ginzberg, *The Legends of the Jews*, Vol. 1 (Philadelphia 1968), S. 67f. Vgl. auch Patai/Ranke-Graves, *Hebräische Mythologie*, S. 81: „Er [Gott] unternahm einen neuen Versuch und ließ ihn [Adam] zusehen, während Er die Anatomie einer Frau aufbaute; dafür benutzte er Knochen, Gewebe, Muskeln, Blut und Drüsenabsonderungen, überzog dann das Ganze mit Haut und fügte an verschiedenen Stellen Haarbüschel hinzu. Der Anblick widerte Adam so sehr an, dass er, selbst dann, als die Frau, die erste Chawah, in ihrer vollen Schönheit dastand, einen unbezwingbaren Widerwillen verspürte. Gott erkannte, dass er erneut versagt hatte, und entfernte die erste Chawah. Wo sie blieb, weiß niemand mit Sicherheit."
[112] Eva/Chawah ist möglicherweise eine hebräisierte Form des Göttinnennamens Heba, Hebat, Chebat oder Chiba. In hurritischen Texten erscheint diese Göttin als eine Manifestation der Ischtar. Sie wurde in Jerusalem verehrt. Ihr griechischer Name war Hebe, die Göttin der ewigen Jugend, mit der Herkules sich im Olymp vermählte. Vgl. Ranke-Graves/Patai, a.a.O., S. 86.

wobei er sein eigenes heroisches Wesen in ihrem Gesicht gespiegelt sieht: „hendes eget Ansigt forvandledes, og lyste op imod mig, i en Slags heroisk Blidhed. Der havde i det Hele, fra Begyndelsen af, været noget heroisk ved hende" (77). Die Rede vom ‚heroischen' Wesen des Mädchens, das er mit einem Falken vergleicht, korrespondiert mit der heroischen Erscheinung seiner ersten Geliebten auf dem Jagdpferd. Wie diese erhört ihn das Mädchen, das sich zum Erstaunen des Helden als bislang ungepflückte Rose, als Jungfrau in der Verkleidung einer Straßendirne entpuppt. Dies ist eine Umkehrung der ersten Konstellation à la Herkules am Scheideweg, bei der sich die scheinbare Tugend in der Gestalt der unnahbaren vornehmen Dame als lasterhafte Nymphe entpuppt hat, die ihre Liebhaber wie „Trophæer" (65) nimmt. Wie in der ersten Affäre findet der Jüngling in der Erhörung zunächst die Bestätigung seines narzisstischen Selbst. Durch das Eindringen in den jungfräulichen Körper erhält er den ‚Zugang zum Heiligtum', der ihm ‚nur selten vergönnt gewesen ist', und erlebt ‚das Wunder': die Initiation des Mädchens in die Frau und die vorübergehende Auslöschung seiner eigenen individuellen Identität durch die *unio mystica* mit der im ‚Tempel' die Muttergottheit und die Natur inkarnierenden ‚Priesterin' – Mutter, Jungfrau und Hure in einer Gestalt. Indem er ihren jungfräulichen Körper zu sich nimmt wie Abendmahlswein und geheiligte Hostie und dabei selbst zu „et Slags Symbol" ohne „nogen personlig Eksistens" (69) wird, wird er eins mit einem numinosen Prinzip: „To er Et" (76). „Hun var den første uberørte, unge Pige, som blev min" (78), erzählt der Held enthusiastisch. Doch in der Nacht wacht er mit einer Vorahnung auf, „med den Følelse, at der var noget, som var galt, der var en Fare, som truede mig":

> Vi siger, når vi gribes af en pludselig Kuldegysen, at nogen går over vor Grav –: Fremtiden bringer sig i Erindring. (...) Det var ikke her, med mig, den gamle *omne animal* Historie. Det var en pludselig dyb Mistro til Skæbnen, som om jeg havde hørt mig selv spørge: 'Jed ved, at jeg skal betale for dette, men hvad er det, jeg skal betale?' (78).

Die plötzliche Assoziation des Liebeslagers mit dem Grab ähnelt hier der Situation von Romeo und Julia, deren Liebeslager durch die Unmöglichkeit der gesellschaftlichen Anerkennung ihrer Verbindung in der Gruft endet; von Brackel identifiziert sich später auch mit der Gestalt des Romeo.

Der Held ahnt hier düster seinen eigenen gesellschaftlichen Abstieg als mittelloser – sich prostituierender? – Schönling voraus – ein Abstieg, den er auch für das junge Mädchen voraussieht, das der verdorbene Jüngling ebenso in die Prostitution initiiert zu haben glaubt, wie er selbst von seinem lasterhaften Umfeld in das Dasein eines liederlichen Lustknaben initiiert worden ist. Der alte Erzähler erwähnt im Folgenden seine ‚Ansteckung' mit der wirklichen Welt, seinen „Omgang med denne frygtelige virkelige Verden": „jeg var smittet af den, jag have dens Baciller i mit eget Blod" (79f); aus diesen Worten lässt sich nicht nur figurative Bedeutung im Hinblick auf die ‚Verseuchung' mit einer konservativen Sexualmoral herauslesen, sondern auch das Spiel mit einem möglicherweise versteckten wörtlichen Hinweis auf eine Geschlechtskrankheit.

Spricht aus seinen Worten das Schuldgefühl eines unzüchtigen Lancelot, dessen Erscheinen Tennysons „Lady of Shalott" ebenso singend in den Tod schickt, wie Hamlets Erscheinen Ophelia? Das Gewissen des Konservativen, der an ein „Verdensbillede over sådanne Mønstre som Symfonier, Hofceremoniel og Logaritmer" und die strenge Unterscheidung „imellem ægtefødte og illegitime Børn" glaubt und daran, dass „det virkelig gediegne måtte gøres med Hensigt" (*SFF*, 72) und nicht mit zufälligen nächtlichen Begegnungen?

Zum zweiten Male in einer Nacht erleidet der selbstverliebte Jüngling eine narzisstische Kränkung, indem er von der phantasmatischen Erkenntnis seiner verdrängten individuellen und historischen Todesverfallenheit eingeholt wird. Er beschreibt „en pludselig Kuldegysen, at nogen går over vor Grav –: Fremtiden bringer sig i Erindring"; diese Formulierung steht in semantischer Beziehung mit dem Bild der aristokratischen lebenden Toten, der schönen „Skeletter ... på deres egen Tids Baller" (*SFF*, 59) zu Beginn der Erzählung. Durch die unheimliche, sexualisierte Vorstellung des lebendig Begrabenseins wird der Körper der entweihten Jungfrau umgewertet in das Bild des Grabs. Später steht der Held angesichts seines Zögerns und seiner Unfähigkeit, das Mädchen zurückzuhalten, die Qualen desjenigen aus, der an seinen ebenso konservativen wie obsessiven Wertvorstellungen erstickt: „den forfærdelige Kvælningsfornemmelse, som en, der er blevet levende begravet" (*SFF*, 81f).

Die Ernüchterung des Helden hat sowohl eine historische als auch eine individualpsychologische Dimension. Mit der Äußerung „den gamle *omne animal* Historie nimmt er Bezug auf Plinius' *Historia naturalis* 10.171, wo es heißt: „Nur der Mensch empfindet nach dem ersten Beischlaf Reue, eine Vorahnung, daß dieses ganze Leben zu bedauern ist." Auch wenn er dies verleugnet, scheint diese Empfindung mit seiner Vorahnung zu tun zu haben. In Adams Erkenntnis und Bewusstwerdung nach dem Sündenfall liegt die trübe Erkenntnis, dass der Mensch nicht um seiner selbst willen existiert, liebt und geliebt wird, sondern im Dienste der Natur steht und danach abstirbt:

> Die von der Mutter zu Geliebten erkorenen Jünglinge zeugen zwar in der Mutter, sind sogar Fruchtbarkeitsgötter, aber in Wahrheit sind sie nur phallische Begleiter der Großen Mutter, Drohnen der Bienenkönigin, die getötet werden, wenn sie ihre Befruchtungspflicht erfüllt haben. (...) die phallischen Jünglinge (...) machen die Erde fruchtbar, indem sie sind, aber sie werden auch gleichzeitig mit ihrem Reifsein getötet (...) und geerntet ... [sie] sind Frühlingsgötter, die umgebracht werden und sterben müssen, um von der Großen Mutter beweint und wiedergeboren zu werden (...) sie sind zarte

Blüten und werden mythologisch als Anemone, Narzisse, Hyazinthe oder Veilchen symbolisiert.[113]

Wie Narziss, der in eine Frühlingsblume verwandelt wird, und wie Antinous, der ertrinkt, muss auch von Brackel in den dionysischen Zyklus des Entstehens und Vergehens eingehen. Seiner Selbstbespiegelung in den ihm ähnlichen Gestalten seiner Geliebten liegt die Ambivalenz des Narziss zugrunde, der als schöner Jüngling sowohl mit Attributen des Apoll als auch des Bacchus/Dionysos dargestellt wird. Er ist zerrissen zwischen der ersehnten „Wiedervereinigung mit dem verlorenen Ursprung" und der „Konstitution des Ich":[114]

> Wenn Narziss, an seiner Quelle sitzend, sein Spiegelbild als Inbegriff erotischer Verführung entdeckt, mit dem er ebenso verzweifelt wie hoffnungslos die Vereinigung erstrebt, so ist er, selbst noch in diesem Streben, Opfer einer Täuschung. Denn es ist letztlich nicht das eigene Spiegelbild, mit dem er die Vereinigung wünscht; dahinter liegt der Wunsch nach Vereinigung mit der Quelle selber: die Veschmelzung mit der Mutterimago, Rückkehr in den Mutterschoß.[115]

Auf das ‚Heiligtum' und den ‚Tempel' der jungfräulichen engelhaften Priesterin, in dem er die Neugeburt seines narzisstischen Egos wähnte, projiziert er nun das schreckerregende Phantasma des Femininen – Höhle, Hölle, Sarg, Grab, Urne[116] – worin das Individuum begraben ist wie Ödipus, der in den Leib seiner Mutter und in die Unterwelt zurückkehrt oder wie Tannhäuser, der im Venusberg untergeht. Das Individuum dient, wie „gamle Herr Darwins Teorier" gezeigt haben, nur dem Erhalt der Species, deren Unterarten degenerieren und aussterben – wie die feudale Aristokratie, der der Baron angehört.

Im Namen ‚Nathalie', zunächst wahrgenommen als unsterbliches ‚Meisterwerk der Natur' und Geburt der Venus, sieht der Held nun, wie Baudelaire, die Abscheulichkeit des *Natürlichen* gespiegelt, die andere, häßliche Seite der ‚natura', was im Lateinischen auch ‚Genitalien' bedeuten kann. Auch Aphrodite, die himmlische Schaumgeborene, ist Hesiod zufolge aus ‚natura' entstanden, aus dem Genitalsekret des kastrierten Uranos. Die Erkenntnis der biologischen Basis, die dem Verhältnis von Mann und Frau zugrunde liegt, erzeugt Ekel:

---

[113] Neumann, *Ursprungsgeschichte des Bewusstseins*, a.a.O., S. 63f.
[114] Gekle, *Tod im Spiegel*, a.a.O., S. 98.
[115] Dies., S. 90f.
[116] Vgl. Neumann, „Die Zentralsymbolik des Weiblichen", in: *Die Grosse Mutter*, a.a.O., S. 56. Ein ähnliches Erwachen hat der Adam-Aktant Anders in „Digteren", als er in der jungen Fransine nicht mehr etwas „himmelsk" (*SFF*, 371) sieht, sondern eine „Altædende" und „en lille ildrød Lue, en Lugtemand til at vise Folk den gale Vej ... til Helvede" (*SFF*, 384) – eine Hure, die er bezahlen will: „Lad mig betale dig, hvad Sømændene i Helsingør betaler deres Piger" (384) – Anders spricht hier wie Hamlet zu Helsingør, der Ophelia das Bordell nahe legt. Anders ist bereits infiziert von den ‚Bazillen', von denen von Brackel spricht – von der patriarchalen frauenfeindlichen Ideologie der alten Männer, in welche sich die naiven Adam-Aktanten schließlich verwandeln.

Eva wird Adam zugesellt, damit er in ihr seine Transzendenz verwirkliche, und sie zieht ihn in die Nacht der Immanenz. (...) Er wollte besitzen, und auf einmal ist er selbst ein Besessener. (...) Das Begehren, das oft den Ekel verhüllt, wird wieder zu Ekel, wenn es befriedigt ist. «*Post coitum homo animal trist.*» (...) Was der Mann also in erster Linie in der Frau sowohl als Geliebter wie als Mutter liebt und hasst, ist das feste Bild seines animalischen Schicksals (...) Vom Tag seiner Geburt an beginnt der Mensch zu sterben: das ist die Wahrheit, die seine Mutter verkörpert. Pflanzt er sich fort, so behauptet er die Art gegen sich selbst: das lernt er in den Armen der Gattin. In Rausch und Lust, noch ehe er gezeugt hat, vergisst er sein einzigartiges Ich. Obwohl er versucht, Mutter und Geliebte auseinanderzuhalten, findet er in der einen wie in der anderen ein und dieselbe Existenz: die seiner Fleischlichkeit.[117]

Schuldgefühl und bedrohliche Vorahnungen, die den Jüngling heimsuchen, haben nicht nur in Alfred Tennysons romantischem Gedicht „The Lady of Shalott" eine Parallele, wo die singende Jungfrau zu Camelot Opfer eines Fluchs wird, sondern in Umkehrung der Rollen auch in John Keats' romantischer Ballade „La Belle Dame Sans Merci" (1820), die von zahlreichen viktorianischen Malern auf der Leinwand verarbeitet worden ist, sowie in Sir Thomas Malorys Prosawerk *Le Morte d'Arthur*. Dort wird jeweils ein Ritter der Bedrohung durch eine Fee und Femme fatale ausgesetzt. In Keats' Ballade erinnert sich ein Ritter an seine beinah fatale Begegnung mit einem bezaubernden Feenmädchen, „a fairy's child",[118] das der Ritter auf seinem Pferd mitnimmt, wie auch von Brackel Nathalie, die ‚kleine Nachtelfe' („en lille vild Natalf", *SFF*, 69) mitnimmt. Keats' Ritter macht dem Elfenmädchen („her eyes were wild") Blumengirlanden à la Ophelia, der Wahnsinnigen. Sie singt und seufzt wie Ophelia, scheint aber kein Opfer wie diese zu sein. Sie lenkt den Ritter zu ihrer „elfin grot" und lullt ihn in Schlaf ein. Im Traum wird er von den Klagen bleicher Könige und Krieger heimgesucht, die ihn vor der „belle dame sans merci" warnen. Blixens Szenerie mit Ritter und Mädchen folgt diesem Schema. Die Autorin mag auch John William Waterhouses faszinierendes gleichnamiges Gemälde (1893) im Sinn gehabt haben. Der Künstler unterstreicht in der Darstellung von Femme fatale und Ritter „the precariousness of the chivalry and continence idealized, if not lived, by conventional Victorian men".[119] In Sir Thomas Malorys Zyklus versucht eine teuflische Schöne den

---

[117] Simone de Beauvoir, a.a.O., S. 219ff. Vgl. auch Neumann, *Ursprungsgeschichte des Bewußtseins*, S. 175: „Für das Ich und das Männliche ist das Weibliche synonym mit dem Unbewußten und dem Nicht-Ich (...) der Finsternis, dem Nichts, dem Loch und der Leere (...) sind Mutter, Schoß, Abgrund und Hölle miteinander identisch (...) so ist jedes Weibliche als Schoß der Urschoß der Mutter (...) Dieses Weibliche bedroht das Ich mit der Gefahr der Ent-Ichung, des Sichverlierens, das heißt mit dem Tode und der Kastration".
[118] Zitierte Textstellen: „La Belle Dame sans Merci: A Ballad", in: *The Norton Anthology of English Literature*, Vol. 2, hrsg. von M.H. Abrams (New York/London 1993), S. 787f.
[119] Peter Trippi, *J.W. Waterhouse* (London/New York 2002), S. 124: „The knight here can

Artus-Ritter Parzival von der Gralssuche abzulenken; Arthur Hacker hält diese Szene auf dem ein Jahr nach Waterhouses *La Belle Dame* erschienenen Gemälde *The Temptation of Sir Percival* fest.[120]

Die hier genannten romantischen und symbolistischen Werke aus Dichtung und Bildender Kunst weisen intertextuelle Bezüge zu beiden Affären von Blixens Erzähler auf. Beide Frauen werden, gefiltert durch die Wahrnehmung eines ritterlich-viktorianischen Moralkodexes, zu hetärischen Femmes fatales, denen der Ritter nur knapp entrinnt.

In dem Moment, wo von Brackel beginnt, an der Glückseligkeit seiner einzigartigen Nacht zu zweifeln – „Jeg ved, at jeg skal betale for dette, men hvad er det, jeg skal betale?" (*SFF*, 78) – erhebt sich das Mädchen, um sich anzukleiden. Während er noch darüber nachdenkt, wann und wie seine Märchenfee wieder zu ihm zurückkehren wird, kommt sie angekleidet zurück und verlangt zwanzig Francs – gerade so, als sei ihre Forderung die Antwort auf seine eigene stumme Frage und seinen Zweifel in der Nacht.

Zum ersten Mal sieht von Brackel das Mädchen nun als Gegenüber und Mensch:

> Der kom en stor Klarhed over mig, som om alle de Illusioner, og alle de Kunster, hvormed vi prøver at forvandle Verden, – alle Farver, alle Toner, Drømme, Håb, – blev trukket tilside for mig og jeg fik Virkeligheden at se, som den er, – øde som en Brandtomt. Dette var Enden på Drømmen ...
> Det var det første Øjeblik, siden jeg for nogle Timer havde mødt hende, hvori jeg så hende som et Menneske, – et Menneske, som jeg selv, der havde sit eget Liv, ligesom jeg, – og ikke alene som en Gave til mig fra Himlen. (*SFF*, 78f).

Die Wortwahl des Helden suggeriert die Parallele zu Adam und Eva, die sich nach dem Sündenfall ihrer selbst bewusst werden und einander als Mensch von Angesicht zu Angesicht erkennen. Wie Adam sieht er in dem zum Subjekt gewordenen Mädchen nun nicht länger „en Gave til mig fra Himlen" (*SFF*, 79), nicht die Gefährtin, „fælles" (79), „die dir gegenüber ist", sondern „et Menneske", „der havde sit eget Liv", einen Menschen, für den die Liebe nicht sublimes Ritual, sondern möglicherweise schnöder Broterwerb ist. Als Subjekt wird sie, wie aus Claude Vigées oben zitierter Analyse der biblischen Lehre hervorgeht, die ‚Gegnerin'[121] – „Modstander" (79), „die gegen dich ist", wie Lilith, nicht *ézer* (Hilfe), Spiegelbild des Ich, sondern *kéver* (Grab).

---

be interpreted as an artist who must experience the Lady's beauty and song; unlike Odysseus, he emerges from the experience unmanned. Waterhouse shows the knight about to succumb, ensnared like an animal and desperately clutching his lance, the red standard of which resembles blood."
[120] Vgl. Trippi, S. 125.
[121] Zu diesem Aspekt des Sündenfalls vgl. auch Aiken, a.a.O., S. 117.

Die Situation hat auch eine Entsprechung in derjenigen Szene in *Hamlet*, in der dieser Ophelia, Köder negativer Elterngestalten und Objekt seiner Begierde – in Jacques Lacans Terminologie das phallische *Objekt a* – zum ersten Mal als Subjekt wahrnimmt:

> When Hamlet encounters his own status as a subject-signifier within the symbolic order, the *object a*, instead of remaining a locus for the narcissistic fantasy of the ego, becomes an other in its own right, that is, another subject-as-signifier.[122]

Dieser Subjekt-Status wird Ophelia jedoch versagt, indem Hamlet sie zynisch als zukünftige ‚Mutter von Sündern'[123] ins Kloster bzw. Bordell verweist und in Wahnsinn und Untergang entlässt: „she remains trapped by her objectification within the abandoned fantasy, which is why the play abandons her to two forms of dissolution, madness and drowning".[124] Ein ähnliches Schicksal imaginiert auch von Brackel für seine geheimnisvolle Geliebte einer Nacht, indem er sich in hilflosen Spekulationen über die ungelöste Frage ihrer Herkunft und Zukunft ergeht.

Hatte er in der nächtlichen Illusion die Kleidung des Mädchens als kunstvolle Verhüllung wahrgenommen, so entpuppt sie sich nun als „lurvede sorte Forklædning" einer Prostituierten unter der Maske der Jungfrau, als ‚Aschenbrödel', „Askepot" unter der Maske einer der „fortryllende Prinsesser i 1001 Nat" (*SFF*, 78). Von Brackel wünscht nichts weniger als den idealisierten Traum einer Nacht in eine materielle Transaktion zur schmutzigen Triebbefriedigung zu verwandeln, und doch gibt er dem Mädchen das verlangte Geld, sieht er doch keinen „Udvej", „som havde ladet hende forblive fri, og dog tilladt mig at beholde hende" (79). Gefangen in den moralischen Maßstäben seines konservativen patriarchalischen Weltbildes, sieht er keine Möglichkeit, das Mädchen in der Form zu ‚behalten', wie es ist, „i Sikkerhed og fri, indenfor sit eget fri skønne Væsens Tryllering" (79), in einem Status nämlich, der unvereinbar ist mit den verfügbaren weiblichen Geschlechterrollen jener Zeit – Ehefrau, Konkubine oder Prostituierte, die der Philosophie eines Baudelaire zufolge keinen ‚Ausweg' („udvej") aus der „irdischen Realität" bieten:

---

[122] Philip Armstrong, *Shakespeare in Psychoanalysis*, S. 74.
[123] W. Shakespeare, *Hamlet*, Akt III, Szene 1: „a breeder of sinners".
[124] Armstrong (S. 75) zu Jacques Lacans Interpretation des Objekts Ophelia – „*O phallos*" – in: Jacques Lacan, „Desire and the Interpretation of Desire in *Hamlet*", S. 23: „Hamlet no longer treats Ophelia like a woman at all. She becomes in his eyes the childbearer to every sin, a future ‚breeder of sinners' (…) what is taking place here is the destruction and loss of the object (…) Ophelia is at this point the phallus, exteriorized and rejected by the subject as a symbol signifying life (…) Hamlet speaks constantly of one thing: childbearing (…) And all of his dialogue with Ophelia is directed at woman conceived as the bearer of that vital swelling that he curses and wishes dried up forever". Vgl. hierzu auch J. Reinhard Lupton/K. Reinhard, a.a.O., S. 77.

> Auf die engelhafte Beziehung, auf die Anbetung der reinen Schönheit, (...) auf die Erhöhung der Göttin, der himmlischen Schwester und Mutter, antwortet in der irdischen Realität als Echo die Raserei der verkauften Körper oder die bürgerliche Ehe, die die andere, noch elendere und ebenso bestialische Form der universalen Prostitution ist.[125]

‚Angesteckt' – „smittet" – und befleckt vom „Omgang med denne frygtelige virkelige Verden" (*SFF*, 79) und deren fatalen Moralvorstellungen, ist er ebenso unfähig, auf die Forderung des Mädchens zu antworten, wie der Sünder in der Kirche unfähig ist „at svare noget andet end: ‚Og betal os ikke efter vore Misgerninger'" (80). Der Text spielt hier mit der Doppelbedeutung des Wortes ‚betale', was sowohl ‚bezahlen als auch ‚heimzahlen', ‚vergelten' bedeuten kann. Die aus der dänischen Übersetzung von Martin Luthers *Deutscher Litanei* zitierte Zeile enthält zwei unausgesprochene Appelle, die sich sowohl auf das Mädchen als auch auf ihn selbst zu beziehen scheinen sowie auf eine numinose Macht, die er später nicht mit Gott, sondern mit der Nemesis identifiziert: ‚Bezahl uns nicht nach unseren Missetaten' als Appell, sich nicht für die begangene Sünde bezahlen zu lassen, wodurch sie zur Prostituierten wird und: ‚Vergelte uns nicht nach unseren Missetaten' als Bitte des Sünders und Verführers einer Unschuldigen um Vergebung. Das nicht wirklich auflösbare Geflecht von Doppeldeutigkeiten und Widersprüchlichkeiten an dieser Stelle offenbart die Ambivalenz und Zerrissenheit des Erzählers, der sich sowohl als Verführer als auch als Verführter sieht.[126] Die Andeutung von Schuld und Vergebung knüpft auch an seine groteske Definition von „Ridderlighed" (79) an, die er hier mit Nächstenliebe dem Feind gegenüber – nicht mit der Rettung einer Jungfrau – gleichsetzt: „Ridderlighed betyder da, efter mit Skøn, dette: at vi elsker vor Fælles, eller vor Modstanders, Stolthed, – alt efter som det falder, – lige så højt, eller højere end vor egen, at vi værner om den, som var den vor egen." (79).

Der Preis, den das Mädchen für ihre Defloration nennt, ist so gering wie der der „Heksen i Skoven", die für ihre Leistung im Märchen nur eine symbolische

---

[125] Claude Vigée, a.a.O., S. 84.
[126] Die Handlungsunfähigkeit des dionysischen Jünglings Von Brackel entspricht der Analyse Friedrich Nietzsches, der hier auch Hamlet zum Vergleich heranzieht: „Sobald aber jene alltägliche Wirklichkeit wieder ins Bewusstsein tritt, wird sie mit Ekel als solche empfunden (...) In diesem Sinne hat der dionysische Mensch Ähnlichkeit mit Hamlet: beide haben einmal einen wahren Blick in das Wesen der Dinge getan, sie haben *erkannt*, und es ekelt sie zu handeln; denn ihre Handlung kann nichts am ewigen Wesen der Dinge ändern (...) die wahre Erkenntnis, der Einblick in die grauenhafte Wahrheit überwiegt jedes zum Handeln antreibende Motiv, bei Hamlet sowohl als bei dem dionysischen Menschen (...) In der Bewusstheit der einmal geschauten Wahrheit sieht jetzt der Mensch überall nur das Entsetzliche oder Absurde des Seins, jetzt versteht er das Symbolische im Schicksal der Ophelia." In: F. Nietzsche, *Die Geburt der Tragödie*, S. 64f.

Gegenleistung, „Hjertet af en Hare" (79) einfordert: der symbolische Obolus der frisch Initiierten im Tempel der Großen Mutter, die nur vorübergehend die Maske und Verkleidung der Tempelprostituierten angelegt haben?[127]

Dass von Brackel sich mit dem Makel der ‚wirklichen Welt' und deren „Baciller" (79) behaftet sieht und keine Fragen stellt, entspricht der Problematik des Artus-Ritters, der sich selbst treu bleiben, eine Jungfrau beschützen und die richtigen Fragen stellen muss. Ritter, die mit einem Makel behaftet sind, scheitern bei der Gralssuche. Und so scheitert auch er: „Så at det helt og holdent var mig, som faldt ud af Rollen, og svigtede, ved at blive siddende der uden et Ord" (79). Ist von Brackel, der sich selbst als „en ung Stymper" (77) bezeichnet, ein Tor wie Parzival, der aus falsch verstandener Ritterlichkeit in der Gralsburg schweigt und nicht die erlösende Frage stellt, die die sieche Rittergemeinschaft – Spiegelbild einer morbiden feudalen Aristokratie – heilen kann?[128] Später wird er sich selbst dafür anklagen, dass er aufgrund seines Zweifels nicht „Kraft, og Ret" hatte, „til at vende Nathalies og min egen Skæbne fra os" (82).

Die Äußerung des Helden, an dieser Stelle mit seinem „Hjertes Ønske" am Ende zu sein, verweist auf den Beginn und Auslöser seiner Erzählung zurück, das Problem der Entscheidung zwischen „Lyst og Pligt": „Og det var jo det, som vi talte om, De og jeg, til at begynde med" (80). Der Gewissenskonflikt des Helden liegt darin, dass er einerseits meint, sich wie Herkules für „Pligt" und Tugend entschieden zu haben – für das Gesetz des Vaters, andererseits aber von den Gewissensqualen, den „Erinnyerne" eines Orest heimgesucht wird. Der Ich-Erzähler vergleicht sich hier implizit mit jenem Muttermörder und Ver-

---

[127] Vgl. hierzu Joe Heydecker, *Die Schwestern der Venus: Die Frau in den Mythen und Religionen* (München 1991), zum Begriff der „einmaligen Tempelprostitutierten", S. 37f: „Mädchen, die sich zur Zeit ihrer Mannbarkeit ein einziges Mal in den Tempel setzten und sich gegen einen symbolischen Obolus für den Tempelschatz einem Fremden hingaben. Sie brachten damit nicht nur ihre Jungfernschaft den Göttern dar (…) zugleich agierten sie beim Akt stellvertretend als irdische Inkarnation der Göttin und spendeten deren Liebe einem unbekannten Erdensohn ohne Ansehen von Herkunft, Stand oder Vermögen." (Ein symbolischer Obolus als in Vergessenheit geratene heidnische Version des Opfers, das in der Kirche nach Heiliger Kommunion bzw. Abendmahl gespendet wird? Etwas Vergleichbares scheint auch Robert Langbaum in seiner Lesart von Blixens Erzählung anzudeuten: „The price is so absurdly disproportionate to the gift that he can only explain her demand and his response as a ritual the meaning of which has been forgotten, like a response in church." Langbaum, a.a.O., S. 80)

[128] Vgl. hierzu auch Herman Rapaports und Jacques Lacans Analyse von Chrétiens *Perceval* als „someone who is inhibited from gaining access to primal bliss because he is, again, bounded by the Name-of-the-Father (…) Such, then, is the *abject object* that is foisted onto the nondupe, who necessarily wanders in a forest of paternal symbols in which the Name returns like an accuser in order to stand in the way of the primal trait of pleasure" (Rapaport, *Between the Sign and the Gaze*, a.a.O., S. 199).

räter des Mutterrechts und darüber hinaus auch mit Hamlet, der seiner liederlichen Mutter den Tod wünscht und die potenzielle Hure Ophelia in den Tod treibt:

> Erinyerne er, med al Respekt for dem, som Lopper, af hvilke jeg også som Barn var en Del plaget, – de holder sig fortrinsvis til det unge Blod. Jeg har dog haft den Ære at modtage Besøg af dem også siden, det er ikke engang mange År tilbage. (*SFF*, 83).

Von Brackel wird von denselben Gewissensqualen heimgesucht wie Orest und Hamlet, wenn er ein tragisches Schicksal für das unbekannte Mädchen Nathalie erfindet und sich dafür anklagt. So sieht er sich nicht nur von den Erinnyen, den Hüterinnen des Mutterrechts, verfolgt, sondern auch von Nemesis, der Göttin der Vergeltung und Rächerin der Hybris, die in Ovids *Metamorphosen* den Jüngling Narziss für seine Selbstbezogenheit bestraft. In diesem Zusammenhang bildet sich Blixens fabulierender Ich-Erzähler, offenbar M.A. Goldschmidts Nemesis-Theorie folgend, eine „Teori" (82), nach der er, ähnlich wie Orpheus, von den Göttern für seinen plötzlichen Zweifel in der Nacht bestraft wird: „I Nathalies Arme, med hendes friske Åndedrag imod min Skulder, havde jeg spurgt, med Tvivl i Hjertet: »Hvad skal jeg betale for dette?« – Da havde Gudinden selv talt og svaret: «Tyve Francs.« – Og med hende kan man ikke købslå." (83). Dieses scheinbar pandeterministische Detail ist das einzige Element in der Erzählung, das den Anschein von etwas Übernatürlichem erweckt und damit die Bezeichnung „fantastisk" im engeren Sinne für die Erzählung rechtfertigt. Gegen Ende seiner Geschichte deutet der Erzähler an, dass er für sein Versagen vom Schicksal mit dem eigenen gesellschaftlichen Abstieg bestraft worden ist; so vergleicht er die Schuldgefühle, die ihn nach dem Verlust des Mädchens verfolgen, implizit mit seinen Schuldgefühlen beim Verlust von Grundbesitz. Wie so mancher andere geschäftsuntüchtige Aristokrat ist er offenbar gezwungen gewesen, Grundbesitz, „et Stykke Jord" (83), mütterliche Erde, für schnödes Geld an einen Nachbarn zu verkaufen, der den Wald und dessen „Fuglelivet" – „min Ungdoms Musik" (83) – abholzt.

Der klassische moralische Konflikt und das Wertesystem, auf welche Blixen die Erzählung ihres Barons aufbaut, entsprechen nicht allein der Problematik des Herkules-Mythos. Sie liegen auch Saxo Grammaticus' Hamlet/Amlethus in *Gesta Danorum* zugrunde. Man hat in der Forschung auf Reste eines Naturmythos und einer zyklischen Zeitauffassung in der Hamlet-Sage hingewiesen, die Saxo mit einer linearen Zeitauffassung und einer feudalen Ordnung ersetzt: „Saxo is no longer aware that his ending links up with his beginning – that Hamlet has become a winterking who must yield to a new spring".[129] Die Zyklik, die weiblicher Promiskuität zugrundeliegt, wird durch eine neue,

---

[129] Vgl. hierzu und zum Folgenden: Aguirre, *The closed space*, a.a.O., S. 99f.

auf Treue und Tradition basierende Ordnung ersetzt. Zwei Werteordnungen können bei Saxo herauskristallisiert werden: eine, die etwas Männliches repräsentiert und sich auf Abstammung, Glaube, Pflicht, Altes, Geschichte und Tradition gründet; die andere repräsentiert etwas Weibliches und gründet sich auf Schönheit, Zufall, Begehren, Gegenwart, Neues und die Natur. Wie Blixens Baron, der auf Tradition, Zeremoniell und legitime Abstammung verweist, gibt auch Saxos Hamlet in seinem Umgang mit Frauen Abstammung den Vorzug vor Schönheit, „birth before beauty", „tradition over the present".[130]

Von Sehnsucht, Schuld- und Verlustgefühlen getrieben, beginnt Blixens Erzähler nach seinem unbekannten Mädchen zu suchen, das doch eigentlich so gar nicht den Eindruck einer tragischen Gestalt gemacht und ihm zum Abschied sogar „et sådant stort, trøsterigt og opmuntrende Blik" zugeworfen hat, „som en Søster kunde give sin Broder til Farvel" (80).[131] Doch seine Suche bleibt erfolglos. Um seinen Kummer zu lindern, sucht er sich selbstironisch durch den Rat zu erheitern, den Mercutio dem liebeskranken Romeo gibt:

> If love be rough with you, be rough with love;
> Prick love for pricking and you prick love down.
> Give me a case to put my visage in:
> A visor for a visor. What care I
> What curious eye doth quote deformities?
> Here are the beetle brows shall blush for me.[132]

Diesen Rat befolgt auch Blixens Erzähler, der sich zum Trost in die Oper begibt und sich die Maske eines „net, ung Herre af det gode Selskab, i stivet Skjortebryst og hvide Handsker" (SFF, 82) überstülpt, die Maske des Baudelaireschen Dandy: „Der Schönheitscharakter des Dandy besteht vor allem in der kühlen Miene und Haltung, in der sich der unerschütterliche Vorsatz ausspricht, sich nicht bewegen zu lassen."[133] Dieses Gebaren legt auf den zynischen Rat Lord Henrys hin auch Oscar Wildes Dorian Gray an den Tag, nachdem seine von ihm abgewiesene junge Geliebte Selbstmord begangen hat.

In der Oper sieht von Brackel Glucks *Orpheus*, der durch seinen zweifelnden Blick zurück Schuld trägt am endgültigen Abstieg seiner Gattin Eurydike in die Unterwelt. In dieser mythischen Gestalt sieht er seine Gewissensqualen und seine vermeintliche Schuld am imaginierten Abstieg seiner Jungfrau in Pro-

---

[130] Ebd.
[131] In den *Hamlet*-Versionen bei Saxo und Belleforest wird Ophelia als Pflegeschwester Hamlets ausgegeben, worin die Andeutung eines „incestuous brother-sister-theme" liegt, „evidently a derivative of the son-mother one", Ernest Jones, *Hamlet and Oedipus* (New York 1976), S. 140.
[132] William Shakespeare, *Romeo and Juliet*, 1. Akt, 4. Szene.
[133] Baudelaire, „Der Maler des modernen Lebens", a.a.O., S. 310.

stitution und Tod gespiegelt: „overskygget af, indsvøbt i, Erinyernes store, sorte Vinger" (*SFF*, 82).[134] Wie Narziss verweigert sich im Mythos auch Orpheus, der Apollon als den größten aller Götter verherrlicht, den Forderungen des Dionysischen und wird zur Strafe von den Horden des Dionysos ermordet. Auch er erleidet das Schicksal eines Frühlingsgottes. Die thrakischen Mänaden zerreißen ihn stückweise, nachdem er sich der Männerliebe zugewandt hat.[135] Im Mythos überleben das Haupt und die Leier des Orpheus, indem sie vom Fluß Hebros aufgenommen und zur Insel Lesbos getragen werden; hier wird das Haupt von einer Schlange bedroht, die Apoll zu Stein erstarren lässt. Orpheus' Kopf wird in einer geheiligten Höhle des Dionysos aufbewahrt, wo er, unwillig zu sterben und bis Apollon ihm Ruhe gebietet, fortfährt zu weissagen[136] – wie Blixens untoter Erzähler, der sich am Ende seiner Geschichte im *objet d'art* eines konservierten Schädels spiegelt. Neben Narziss, Parzival und Ödipus zählt auch Orpheus zu den bevorzugten androgynen Helden der Symbolisten.

7. Gespenstische Spaßmacher:
Der Narr und Lustknabe im Spiegel seiner selbst

Der Totenkopf: narzisstische Spiegelung und phantasmatisches memento mori

Auf die Frage des Rahmenerzählers, ob er das Mädchen niemals wiedergesehen habe, antwortet von Brackel mit einer „Myte", einer makabren „Fantasi" (*SFF*, 83). So will er ihr fünfzehn Jahre später in Paris bei einem befreundeten Künstler wiederbegegnet sein, der „Anatomi efter Leonardos Eksempel" studierte und ihm „det allersmukkeste, han havde i sit Atelier" zeigen will: „et Kranium", ‚den Schädel einer jungen Frau', dessen ‚seltene Schönheit' der Künstler mit

---

[134] Wie Orpheus schaut er zurück und überlässt, wie er meint, die Geliebte der Prostitution, dem Untergang und dem Tod, weil er sich aus den konventionellen Denkschienen und der Moral des *Ancien régime* nicht befreien kann, vgl. Susanne Fabricius, „Vandrende riddere og knuste kvinder. Om Karen Blixens kvindesyn", in: *Kritik* 22 (1972), S. 71f.

[135] Ovid, *Metamorphosen*, a.a.O., Zehntes Buch, „Orpheus und Eurydike", S. 227: „Er lehrte auch die Thrakervölker, die Liebe auf zarte Knaben zu übertragen, vor der Reifezeit den kurzen Frühling zu genießen und die ersten Blüten zu pflücken."

[136] Zu den verschiedenen Quellen des Mythos vgl. Ranke-Graves, *Griechische Mythologie*, S. 98f. Auf Blixens Motiv des Erzählens als Überlebensstrategie geht Elisabeth Bronfen im Zusammenhang mit der Scheherezade-Figur in „Syndfloden over Norderney" ein: „Indem man, von der eigenen Sterblichkeit unmittelbar wissend, auf die Herausforderung des Anderen antwortet, bleibt man lebendig", in: E. Bronfen, „,Scheherezade sah den Morgen dämmern und schwieg diskret': Zu der Beziehung zwischen Erzählen und Tod in den Geschichten von Isak Dinesen (Karen Blixen)", *Skandinavistik* 16 (1986), S. 48.

,dem Schädel des jungen Antinous' (83) vergleicht, „hvis man kunde få fat i den" (83). Der Baron hält den Totenkopf kontemplativ in der Hand. Seine Pose ist dieselbe wie die Hamlets, des Melancholikers und Dandys der Renaissance, der auf dem Kirchhof den Schädel Yoricks, des verstorbenen königlichen Spaßmachers, in der Hand hält und schaudernd betrachtet, „a fellow of infinite jest, of most excellent fancy (...) How abhorred in my imagination it is. My gorge rises at it."[137] Auch von Brackel war einst ein ‚Spaßmacher', ein „polichinell" (*SFF*, 63) und Hofnarr seiner aristokratischen Geliebten, ein liederlicher Lustknabe, der sich in einen Baudelaireschen „Antinous flétris" verwandelt hat. Als ‚verblühter Antinous' repräsentiert er außerdem die gealterte Version von Penelopes gleichnamigem lasterhaften Freier, der im homerischen Mythos von Odysseus getötet wird. Das Ende der zirkulären Geschichte mündet auf diese Weise wieder in ihren Anfang zurück, und hinter der Maske des gealterten Aristokraten lässt sich der ewige *Gothic* Jüngling als Karikatur des antiken *puer aeternus* erahnen.

Er ist eines jener infantilen Subjekte des Schauerromans, „children who do not grow up, or who become eccentrics, whose development is not teleological but caught in a repetition compulsion like that of Dracula".[138]

Der Anblick des weißen, leuchtenden Schädels ist phantasmatisch, unheimlich. Wie Hamlet projiziert Blixens Dandy etwas Weibliches auf den Schädel, was eine verblüffende Parallele in der anamorphotischen Photographie *Salvador Dalí – In voluptate Mors* hat, auf der Dalí als Dandy vor einer Komposition aus nackten Frauenkörpern posiert, welche den Eindruck eines Totenschädels hervorrufen. Einen Gegensatz hierzu bildet die (von Dalí in einem Essay als Illustration benutzte) Anamorphose auf Hans Holbeins Gemälde *Die Gesandten* (1533); auf diesem ist im Vordergrund ein phallischer Gegenstand zu sehen, Lacan zufolge eine „apparition du fantôme du phallique", die sich bei genauerer Betrachtung als ein perspektivisch in die Länge verzerrter Totenschädel entpuppt: „une tête de mort", worin der französische Psychoanalytiker „die *Visualisierung der untrennbaren Einheit von phallischer Selbstdarstellung und Kastrationsdrohung*"[139] sieht. Die Lacan-Kritikerin Hanna Gekle weist darauf hin, dass, auch wenn man „diese Reduktion nicht mitmachen will", man kaum darum herumkomme, „in diesem Bild der frühen Neuzeit (...) eine verblüffende Bestätigung von Lacans Theorie des Ichs zu sehen":

> Denn in der Tat: Die Gesandten, deren Jugend im Bild selber nicht nur als Zahl ihrer Jahre angegeben ist, sondern sie als Bild zugleich über die Zeit hinweg rettet, stehen in der Nähe des Todes. Der Stolz körperlicher und geistiger Vollkommenheit der Gesand-

---

[137] *Hamlet*, Akt IV, Szene 1.
[138] M. Kilgour, a.a.O., S. 36.
[139] H. Gekle, *Tod im Spiegel*, a.a.O., S. 149.

ten enthüllt sich sofort als imaginär: Über dem prachtvollen Kosmatenboden schwebt in einem schwer bestimmbaren Zwischenraum das *memento mori* des Totenschädels als Drohung und Mahnung. Das imaginär Verleugnende der in korrekter Perspektive *more geometrico* Porträtierten erweist sich sofort als von Grauen und Angst unterhöhlt.[140]

Wie Hans Holbeins *Gesandte* sieht auch Blixens alter Aristokrat, der – welch Zufall – ebenfalls als Diplomat tätig ist,[141] im phallischen Phantasma des Totenschädels sich selbst gespiegelt.

In dem konservierten Totenkopf ist das Zerstückelungs- und Kastrationsphantasma der im Mythos geopferten Jünglinge und männlichen Götter – Dionysos, Orpheus, Attis, Osiris – impliziert, die wie Narziss in den dionysischen Zyklus eingehen müssen. Er ist ein Zeichen für Unsterblichkeit und zugleich ein *memento mori* – wie der weiße, leuchtende Mond in „Digteren", von dessen Anblick der gealterte Orpheus Mathiesen, der Möchtegern-Dichter und Sänger, ebenso fasziniert ist wie von Brackel vom Anblick des Totenschädels:

> ... den var så hvid og rund, og han havde altid elsket det hvide og runde (...) Med eet forekom det ham, at Månen havde lige så meget at fortælle ham som han den. Mere (...) var denne indtrængende Meddelelse fra Månen en Advarsel? (...) Alt talte ud af Natten. Livet, ja og Døden. Et Memento Mori et eller andet Sted. Pas på, Døden er her, sagde Månen. Skulde han lade sig advare? Eller var det et Løfte? Skulde hans gamle Selv blive hævet op, lig Endymion, for at modtage sin Løn for al Livets Møje i Form af en evig Søvn, så sød som denne Nat selv? (*SFF*, 378).

Auch der schöne Zeussohn Endymion, der hier als mythische Bezugsfigur in „Digteren" genannt wird, ist ein Narziss, dem der Gedanke, alt zu werden, verhasst ist. Nach einem Besuch und einem Kuss von der Mondgöttin Selene, die häufig mit Artemis/Diana und einer vampirischen Empuse gleichgesetzt wird, fällt er in einer Höhle in ewigen Schlaf, altert nicht und behält wie die Schneewittchen-gleichen Vampirinnen die Blüte seiner Jugend.[142] So wird der Mond, der „in seinem grinsenden, ewig wechselnden Antlitz die grause Todes-Gorgo"[143] repräsentiert, ebenso wie der polierte Totenkopf oxymoronisches Sinnbild für Unsterblichkeit und Tod zugleich.

Fasziniert betrachtet Blixens Baron „den brede, lave Pande" des Totenschädels, „Hagens ædle linje og de dybe, rentskårne Øjenhuler", „det blanke, hvide Ben", ,den blanken, weißen Knochen', der unter der Lampe „så klar og ærligt" leuchtet, „så rent. Og i Sikkerhed" (*SFF*, 84). Der Hinweis des Künstlers, dass es sich bei dem in einen Kunstgegenstand verwandelten Knochen um den Schädel einer Frau handelt, versetzt den Betrachter zurück in die Vergan-

---

[140] Ebd.
[141] „Jeg var dengang ansat ved Legationen" (*SFF*, S. 69).
[142] Zum Endymion-Mythos und dessen Quellen vgl. Ranke-Graves, *Griechische Mythologie*, a.a.O., S. 188f.
[143] Bachofen, *Das Mutterrecht*, a.a.O., S. 44.

genheit, in seine „Stue på Plads François I, foran Ilden, med de tunge Gardiner trukket for Vinduerne, en Regnvejrsnat femton År tilbage i Tiden" (84). So wie Pausanias' Narziss in seinem Spiegelbild seine verlorene Zwillingsschwester wiederzuerkennen glaubt, meint von Brackel in dem marmorähnlichen, apollinisch leuchtenden Gebein seine geheimnisvolle Geliebte jener Nacht wiederzuerkennen – ästhetisch konserviert, ‚in Sicherheit' vor der Auflösung und Verwesung, welche die an Syphilis erkrankten Unzüchtigen jener Zeit schon zu Lebzeiten verfaulen ließ.[144] War zuvor Nathalies in die Form einer Rose sublimierter Körper der Fetisch gegen die Formlosigkeit und Zersetzungskraft der Natur, so ist es nun das Phantasma des Gebeins, das unsterblich scheint wie das Gebein Adams, wovon – dem jüdisch-christlichen Dogma zufolge – auch Eva genommen.

Das Phantasma, mit dem Blixens Erzählung endet, ist Ausdruck einer narzisstischen Doppelprojektion, einer Wunsch- und einer Abwehrprojektion. Der Erzähler projiziert auf den Totenschädel den Makel der Sterblichkeit, den er an sich selbst nicht wahrhaben will.[145] Er schwankt „zwischen Faszination und Schrecken", ganz ähnlich wie sie Elisabeth Bronfen im Vorwort zu ihrer Studie *Nur über ihre Leiche* beschreibt:

> Es wird eine Situation geschaffen, die im wirklichen Leben unmöglich wäre: Wir sterben mit jemandem, doch wir kehren zurück. Wir nehmen die Allgegenwart des Todes wahr, doch es ist nicht der eigene.
> Die ästhetische Repräsentation des Todes, die die Furcht vor dem Tod und auch die Sehnsucht danach zu *einer* Vorstellung zusammenführt, hilft, das Wissen um die Realität des Todes zu verdrängen. Allerdings funktioniert sie eher wie ein Symptom (…) wie eine misslungene Verdrängung (…) Und im Blick auf den Tod sagt es aus: ‚Ich bin

---

[144] Man denke an Charles Baudelaires Kontakte zu jungen Prostituierten, seine Syphilis-Ansteckung im Alter von zwanzig Jahren (auch Blixens Baron ist zum Zeitpunkt seiner Erlebnisse zwanzig Jahre alt), seinen Abscheu vor weiblicher Sexualität und die damit verknüpfte Vorliebe für „das Unbelebte, wie es sich am reinsten darstellt: im Metall, im Gestein, im Mineralischen (…) Licht, Kühle, Transparenz, glänzendes unangreifbares Metall (…) Sein Abscheu gegen das weiche, meist amorphe Organische, das er auch in sich fühlt, lässt ihn in solcherart anorganischer Materie das Immaterielle suchen" (Henry Schumann, Nachwort in: Ch. Baudelaire, *Der Künstler und das moderne Leben*, a.a.O., S. 430f).
[145] Eine vergleichbare Sichtweise findet sich bei Aiken, a.a.O., S. 127. Eine positive Auslegung zu Gunsten des Ich-Erzählers bei Sara Stambaugh, die die abschließende androgyne Phantasie als Einsicht in die Gleichheit zwischen Mann und Frau, „the sexlessness of fundamental humanity" interpretiert hat: „Through his encounter, then, the Chevalier has learned to see beyond the disguise of ritualistic clothing to the underlying humanity of men and women alike", S. Stambaugh, „Imagery of Entrapment in the Fiction of Isak Dinesen", in: *Scandinavica* 22 (1983), S. 175, vgl. auch Dag Heede, *Det Umenneskelige. Analyser af seksualitet, køn og identitet hos Karen Blixen* (Odense 2001), S. 97f sowie Sidsel Sander Mittet, „En queer læsning af Karen Blixens ‚Den gamle vandrende ridder'", in: *Spring*, 25 (2008), S. 152.

Zuschauer, Überlebender des Todes eines anderen; darum kann ich mir sagen, es gibt für mich keinen Tod' und meint dabei etwas ganz anderes: ‚Jemand ist tot, darum weiß ich, dass es den Tod gibt.'[146]

Der Hinweis des Erzählers, dass der Künstler Anatomie studiere, lässt sich zu Gabriel von Max' im Jahr 1869 in München vorgestelltem Gemälde *Der Anatom* in Beziehung setzen, zu dem Elisabeth Bronfen bemerkt:

> Im gleichen Zug wie der Körper entsexualisiert wird, erfährt der Tod eine Verweiblichung. Die tote Frau ist ein ästhetisch ansprechender Leichnam, der Harmonie, Ganzheit und Unsterblichkeit suggeriert, denn es handelt sich um einen ‚gesicherten toten Körper' (ganz ähnlich der Totenschädel). Vor allem markiert seine Schönheit die Läuterung und den Abstand von zwei Momenten der Unsicherheit – von weiblicher Sexualität und Verfall.[147]

Dass von Brackel das Objekt seines Begehrens, die unerreichbare Geliebte, in ein mumifiziertes *objet d'art* verwandelt, ähnelt dem Märchenprinzen, der sich das tote Schneewittchen aneignet sowie Samuel Richardsons vampirischer Don Juan-Figur, dem *Gothic villain* Lovelace, der das Herz seines verstorbenen und dadurch unerreichbar gewordenen Opfers Clarissa aus deren Leiche stehlen und konservieren will.[148] Dieses Kunstobjekt wird – wie die Erzählung des Barons an sich, wie der Gesang des Orpheus – zum Ersatzobjekt nicht befriedigten Begehrens und in diesem Sinne zum Spiegelbild, zur „*mise-en-abyme* des

---

[146] Elisabeth Bronfen, *Nur über ihre Leiche. Tod, Weiblichkeit und Ästhetik* (München 1996), S. 9.
[147] Dies., S. 24; hierzu passt auch Susan Hardy Aikens Verweis (a.a.O., S. 130) auf George Batailles Ausführungen zum „Schrecken vor dem Tod", der „nicht nur der Vernichtung des Lebens [gilt], sondern auch der Verwesung, welche die toten Körper in die allgemeine Gärung des Lebens zurückführt (…) die bleichen Knochen haben nicht mehr das unerträgliche Aussehen des verwesenden Fleisches, von dem das Gewürm sich nährt (…) Diese Knochen bringen einen ersten dezenten – feierlichen und erträglichen – Aspekt des Todes mit sich, einen Aspekt, der noch immer ängstigt, aber ohne die aktive, exzessive Virulenz der Verwesung. Diese gebleichten Knochen setzen die Überlebenden nicht mehr der schleimigen Bedrohung aus, die den Ekel hervorruft. Sie machen Schluß mit der elementaren Nähe von Tod und Zerfall, aus der das wimmelnde Leben entspringt.", aus: George Bataille, *Die Erotik* (München 1994), S. 56f. An einer anderen Stelle bemerkt Bataille außerdem: „Das diskontinuierliche Wesen verschwindet nicht vollständig, wenn es tot ist, es hinterlässt eine Spur, die sogar unendlich dauerhaft sein kann. Ein Skelett kann Millionen Jahre hindurch erhalten bleiben. Auf höchster Stufe ist das geschlechtliche Wesen versucht, sogar verpflichtet, an die Unsterblichkeit eines diskontinuierlichen Prinzips in sich selbst zu glauben (…) Ausgehend von der Dauerhaftigkeit der Gebeine, stellte es sich sogar die ‚Auferstehung des Fleisches' vor" (*Die Erotik*, S. 965).
[148] Zu diesem Aspekt von Richardsons *villain* vgl. Elisabeth Bronfens Analyse des ‚Künstlers, Wissenschaftlers, Liebhabers als Vampir' in: „Die schöne Leiche: Weiblicher Tod als motivische Konstante von der Mitte des achtzehnten Jahrhunderts bis in die Moderne", in: Renate Berger/Inge Stephan (Hrsg.), *Weiblichkeit und Tod in der Literatur*, S. 92ff.

gesamten Textes", wie Elisabeth Bronfen formuliert: „Die schöne Leiche" – oder, wie im Fall von Blixens Baron, das Leichenteil – beleuchtet „die verbindende Schwelle zwischen Tod und Kunstproduktion, ihre gegenseitige Bedingtheit. Als reiner Körper ist sie, semiotisch gesehen, Figur, d. h. ein rhetorisches Stilmittel ohne eigene, auszeichnende Gesichtsmerkmale, eine beliebige, leere, endlose Projektionsfläche, völlig Spiegel".[149]

Auf diese leere Fläche projiziert von Brackel die Vorstellung vom Sturz Nathalies in eine Welt, „hvor der ikke bliver regnet med Yndefuldhed, men hvor Tilværelsens Kendsgerninger stirrer en i Synet, ned i Pjalter, Håbløshed og Sult" (*SFF*, 81). Da sie ein Lied in einer fremden Sprache gesungen hat, bringt von Brackel sie mit den russischen Exil-Revolutionären in Verbindung, die eine Bedrohung für Adel und Monarchie darstellten. Doch Nathalies Geheimnis bleibt so ungelüftet[150] wie das Geheimnis der Unbekannten in Blixens „Det ubeskrevne Blad". Dort bildet das in einem alten Kloster, einer typischen *Gothic ruin*, ausgestellte unbefleckte Linnen einer namenlosen aristokratischen Braut, auf welchem die patriarchale, mit dem Blut der Frau geschriebene Familiengenealogie – von Brackels „Symfonier, Hofceremoniel og Logaritmer" (*SFF*, 72) – als Kunstwerk verzeichnet sein sollte, „eine beliebige, leere, endlose Projektionsfläche" für Betrachter und Leser. Ist die Unbekannte eine Revolutionärin, die gegen die moralischen Codes verstoßen hat – unwillig, als Märtyrerin auf dem Altar der Ehe geopfert[151] und durch einen Akt der Gewalt in ein stummes *objet d'art* als Spiegelbild für patriarchalen Narzissmuss transformiert zu werden, oder ist sie Opfer anderer Umstände geworden? Das gespenstisch leere Blatt, Zeichen für die Leere aller Zeichen, ist ebenso verstörend und phantasmatisch wie die phallischen Phantasmen, die sich aus den „falmede og blegede Aftegninger" auf den anderen zur Schau gestellten Leinwandstücken herauslesen lassen. Tierkreiszeichen wie „Skorpionen, Løven" oder „et Træ, en Rose, et Hjerte, et Sværd, eller endog et med et Sværd gennemstunget Hjerte"[152] repräsentieren hier Phantasmen gewalttätiger Urszenen, welche im Sinne Melanie Kleins als künstlerische Wiederherstellung und Transformation des zerstörten Mutterleibs in ein Kunstobjekt gelesen werden können.

Von Brackel lässt seine potenzielle Revolutionärin und politische Gegnerin in seiner Vorstellung sterben und statt seiner selbst ins ‚Grab' („Grav") und ‚auf den Grund' („tilbunds") sinken, hinabgezogen von der eigenen Schwerkraft

---

[149] Dies., S. 91.
[150] Im Gegensatz beispielsweise zum Geheimnis Fleur de Maries, der unschuldigen Hure in Eugènes Sues Feuilleton-Roman *Les Mystères de Paris* (1842), die sich am Ende als verlorene Fürstentochter und Opfer niederträchtiger Kuppler entpuppt.
[151] Zum Aspekt u. a. der Märtyrerin vgl. Susan Gubar, „'The Blank Page' and the Issues of Female Creativity", in: Olga Pelensky, *Isak Dinesen: critical views* (Athens 1997), S. 109.
[152] Karen Blixen, *Sidste fortællinger* (København 1957), S. 93.

„som en Sten" (*SFF*, 81). Er verwandelt sie in das gespenstische Phantom, das er selbst ist. Seine Formulierung, dass er nicht die ‚Kraft' hatte, „Nathalies og min egen Skæbne fra os" (82) abzuwenden, impliziert, dass er als mittelloser schöner Lustknabe denselben lasterhaften Lebensweg eingeschlagen hat wie die vermeintliche Prostituierte; dieser Aspekt kehrt zusätzlich den zu Beginn der Erzählung postulierten moralischen Konflikt von „Lyst" bzw. "Tilbøjelighed" und „Pligt" (*SFF*, 59/60) um. Die phantasierte morbide Metamorphose des vermutlich bürgerlichen Mädchens in ein totes Objekt ist identisch mit dem Treiben jener aristokratischen „verfluchten Gestalten, die ihrer Bestimmung nicht entkommen können und allein in der Genugtuung über die Qualen anderer die eigenen Leiden zu ertragen vermögen":

> Der romantische Vampir stirbt nicht, und seine Opfer kommen nicht mit dem Leben davon – sie sterben, und er überlebt, doch auch er bleibt wie seine Opfer die Beute von Verlangen und Schmerz (...) Doch ist der Aristokrat nicht nur eine Maske des Vampirs, der Vampir ist seinerseits die Fratze des Aristokraten. Denn nach dem Gesetz feudaler Despotie dezimiert der Vampir nur selten die eigene Kaste, sondern blutet die der verhassten bürgerlichen Emporkömmlinge aus.[153]

Der Erzähler, der sich zuvor selbst mit Orpheus identifiziert hat und hier einen Totenschädel betrachtet, liest sich wie eine Umkehrung des Orpheus-Mythos sowie symbolistischer Orpheus-Darstellungen, zum Beispiel bei Gustave Moreau, dessen erleuchtete Orpheus-Gestalt, Magier und Sänger, „auch ihre Kehrseite hat": „Aufgewühlte Seele, mächtig und schwach zugleich, erhaben und erbärmlich; hin- und hergerissen zwischen Glaube und Verzweiflung, aus wunderbarer Verzückung in tiefste Verzweiflung stürzend".[154] Auf Moreaus Gemälde „Orpheus" (1865) ähnelt Orpheus einem christlichen Märtyrer, dessen abgetrenntes ätherisch feines Haupt von einer jungen Thrakerin voll Mitleid und Erbarmen betrachtet wird und der dennoch „über sein Schicksal triumphieren und zu einer Symbolgestalt der idealistischen Ästhetik werden [kann], die sich ihrer selbst noch in ihrem Pessimismus annimmt".[155] In Umkehrung der Darstellung bei Moreau betrachtet in Blixens Geschichte die Orpheus-Gestalt das abgetrennte vermeintliche Haupt der Geliebten, die er überlebt zu haben glaubt: ein weiterer wahnwitziger Hamlet, der im Totenkopf des Hofnarren nicht sein eigenes, sondern das Schicksal seiner liederlichen Mutter gespiegelt sehen will. Als Lustknabe, der sich über den Schädel beugt, gleicht

---

[153] Hans Richard Brittnacher, *Ästhetik des Horrors: Gespenster, Vampire, Monster, Teufel und künstliche Menschen in der phantastischen Literatur* (Frankfurt/M. 1994), S. 174.
[154] Francine-Claire Legrand, „Das Androgyne und der Symbolismus", in: Ursula Prinz, *Androgyn: Sehnsucht nach Vollkommenheit* (Berlin 1986), S. 91.
[155] Dies., S. 98. Zu Orpheus und dessen ätherischem Haupt bei Moreau vgl. auch: D. Kosinski, „Orpheus – das Bild des Künstlers bei Gustave Moreau", in: *Gustave Moreau symboliste* (Zürich 1986).

von Brackel auch der seifenblasenden Amor-Gestalt auf dem Stich *Homo bulla* des Holländers Hendrik Goltzius (1585–1616). Dieses Werk, das das Motto *Quis evadet?* trägt und als *vanitas*-Allegorie auch die Vergeblichkeit der Liebe darstellt, inspirierte Baudelaire zu seinem Gedicht „L'Amour et le crâne". Baudelaire spricht darin von Amor, dem fleischlichen Begehren, das über dem Schädel der Menschheit inklusive Baudelaires eigenem triumphiert; mit den Seifenblasen der Amorgestalt verband er die obsessive Vorstellung seines vaporisierten syphilitischen Gehirns.[156] Blixens Baron dagegen erblickt sich auch in der infantilen Amorgestalt; diese triumphiert über dem Schädel der toten Geliebten, welcher zugleich das Schicksal des androgynen alten Lustknaben widerspiegelt. In dieser phantasmatischen Spiegelung liegt eine Antinomie aus Horror und narzisstischer Homoerotik,[157] die sich in Beziehung setzen lässt zu Freuds Postulat des Todestriebs als Streben nach der anorganischen Existenz. Homosexualität gepaart mit Nekrophilie taucht auch in Blixens Erzählung „Aben" auf, in der der homosexuelle Jüngling Boris das viril aussehende Mädchen Athene, das ihm als Braut zugedacht ist, mit „en fantastisk Forestilling" betrachtet. So stellt er sich ihr ‚anmutiges', ‚ausgesucht schönes Skelett' vor, das ‚in der Erde liegen würde wie ein Kunstwerk aus Elfenbein': „Hver Knogle var på sin Plads ligeså fint svunget i Linierne som en Violin". Statt sie in Gedanken ihrer Kleider zu entledigen, entkleidet er sie ihrer Haut und ihres Fleisches und stellt sich vor, „at han kunde blive rigtig lykkelig med hende, ja, forelsket i hende, hvis han kunde få Lov at få hende i det skønne Skelet alene. I Fantasien så han hende i denne Tilstand gøre Furore som Rytterske eller (...) med Familiens berømte Diamantdiadem (...) omkring sin blankt polerede Hovedskal" (*SFF*, 120).

---

[156] Baudelaire, *Les Fleurs du Mal*, a.a.O., S. 249, „L'Amour et le crâne": »L'Amour est assis sur le crâne / De L'Humanité / Et sur ce trône le profane / Au rire effronté ... Car ce que ta bouche cruelles / Éparpille en l'air, / Monstre assassin, c'est ma cervelle, / Mon sang et ma chair!«. Vgl. hierzu die Anmerkung von Horst Hina, S. 447. In Baudelaire selbst ist „eine Hamletfigur mit neuen, antibürgerlichen Zügen auferstanden", „der geistvoll-melancholische Dandy, der sich in einem *Labyrinth* wähnt, aus dem er nicht herauskommt und das von einer ‚geheimen Krankheit bearbeitet wird'", s. Henry Schumann (Nachwort) in Baudelaire, *Der Künstler und das moderne Leben*, a.a.O., S. 409. Zu denken ist in diesem Zusammenhang auch an die Syphilis-Infektion, die Karen Blixen ihrem Ehemann Baron Bror Blixen zu verdanken hatte – das Geschenk eines weiteren aristokratischen Lüstlings?
[157] Vgl. hierzu Julia Kristeva, *Geschichten von der Liebe*, a.a.O., S. 78: „Diese homosexuelle Erotik bindet den Todestrieb und dient als Gegengewicht zum Tod. Begibt sich der Mann nicht deshalb auf die Suche nach Unsterblichkeit durch die Errichtung von Idealen, um den Tod zu bannen, der ihm als Lust und Zerstörung, Erektion und Fall in der Erotik selbst im Nacken sitzt? (...) In seinem Drang zum begehrten Objekt mit dem Tod vernabelt, (...) umgeht der Mann das Weibliche, seinen Abgrund und seine Nacht".

8. Phantasmen des Femininen
Flüchtige *Anima* und unsterbliche Femme fatale:
Sirenen auf den Skeletten der Seefahrer

Das Bestreben des Barons, in dem Totenschädel das Mädchen Nathalie wiedererkennen zu wollen, repräsentiert nicht nur den Versuch einer finalen Aneignung des Liebesobjekts, wie sie auch Richardsons Lovelace mit dem Körper seines toten Opfers Clarissa anstrebt. Die imaginierte Verwandlung des Mädchens in ein phantasmatisches *objet d'art* korrespondiert auch mit Melanie Kleins Theorie frühkindlicher Angstsituationen und sadistischer Zerstörungswünsche gegen den Körper der Mutter, der in infantilen Phantasien zerstört und im künstlerischen Schaffensprozess wiederhergestellt wird.

Von Brackel ist wie Hamlet, der an Ophelias Grab das verlorene und zerstörte Liebesobjekt zurücksehnt. Sein melancholisches Bestreben, das in der Phantasie zerstörte Objekt in ein Kunstwerk zu transformieren, entspricht dem von Melanie Klein analysierten kindlichen Mechanismus von Liebe, Schuld und Wiedergutmachung, der im vorigen Kapitel am Beispiel von H.C. Andersens kleinem Kay illustriert worden ist. Von Brackels makabre Phantasie, die die verschwundene Geliebte neu erschafft, lässt sich als Entsprechung der kindlichen „schöpferischen Aktivitäten sehen, die in dem Wunsch des Kindes wurzeln, sein verlorenes Glück, die verlorenen inneren Objekte und die Harmonie der Innenwelt wiederherzustellen und neu zu schaffen".[158]

Die Erkenntnis der individuellen und historischen Todesverfallenheit, die im abschließenden Bild des *memento mori* gipfelt, ist der Unruhe stiftende Motor der Erzählung von Brackels. Wie Odysseus irrt er auf der Suche nach den beiden zentralen Phantasmen seiner Geschichte umher – nach dem Geist des Vaters, dem einstigen ‚Meilenstein' und Ego-Ideal, entmachtetes Phantom und Spiegelbild seiner selbst sowie nach dem Gespenst des *ewig Weiblichen*, immer auf der Flucht vor dem Abgrund des Nichts, in den er unaufhaltsam zurückgezogen wird.[159] Er ist selbst ein Phantom, das in seiner eigenen Geschichte herumspukt wie ein Gespenst in den Ruinen der Vergangenheit. Er sucht sein Ego und meint in Wahrheit seine unsterbliche Seele, seine *anima*, die er auf das Phantom Nathalie projiziert und im narrativen Labyrinth seiner Geschichte verfolgt. Das Mädchen Nathalie wird so zur typischen Heldin des Schauerromans: „das verfolgte Prinzip der Erlösung", „das auf der Flucht befindliche

---

[158] Hanna Segal, a.a.O., S. 123.
[159] Vgl. Paglia, *Sexual Personae*, S. 19f: „Men (…) wander the earth seeking satisfaction, craving and despising (…) men are out of balance. They must quest, pursue, court, or seize (…) In sex, man is driven into the very abyss which he flees. He makes a voyage to nonbeing and back".

Mädchen" als „die entwurzelte Seele des Künstlers", „die Seele eines Mannes, der sein moralisches Zuhause verloren hat".[160] Von Brackel sieht in Nathalie das schöne ‚Aschenbrödel', das sich seinem obsessiven Prinzen ebenso entzieht wie die mythischen Jungfrauen Syrinx und Daphne, die den Verfolgungen lüsterner Götter und Unholde wie Apoll und Pan nur durch Tod und Metamorphose entkommen:

> Everywhere, the beautiful woman is scrutinized and harassed. She is the ultimate symbol of human desire. The feminine is that-which-is-sought; it recedes beyond our grasp. Hence there is always a feminine element in the beautiful young man of male homosexuality. The feminine is the ever-elusive, a silver shimmer on the horizon. We follow this image with longing eyes: maybe this one, maybe this time. The pursuit of sex may conceal a dream of being freed from sex.[161]

Im Gegensatz zum sich verflüchtenden Bild des Femininen – Spiegelbild des schönen Jünglings – *bleibt* von Brackels Femme fatale, seine erste Geliebte, die eine weitere Revolutionärin ist. Er sieht sie als alte, nicht mehr schöne Frau mit zwei Urenkelinnen in der Oper wieder, ihr einst hysterisch verzerrtes Gesicht nun ruhig („roligt") und zufrieden („tilfreds") wie das einer *Mona Lisa*: „Leonardo's *Mona Lisa* is (...) unnervingly placid. The most beautiful woman, making herself a perfect stillness, will always turn Gorgon (...) she radiates the solipsism of woman gloating over her own creation".[162] Sie hat ihren dekadenten Mann überlebt[163] und verkörpert mit ihrer weiblichen Nachkommenschaft den Sieg der weiblichen Natur über die männliche Geschichte, die sie ebenso verschlingt wie von Brackels kleine Historie – oder sollte man eher sagen, seine ‚Hystorie'? –, die fiktives Produkt seiner hysterischen Phantasien und Ängste vor dem Nichts ist. Obwohl von Brackel das Wiedersehen galant kommentiert, scheut er davor zurück, seiner früheren Geliebten seine ‚Aufwartung' („Opvartning", 60) zu machen, denn:

> ... the danger of the femme fatale is that *she will stay*, still, placid, and paralyzing. Her remaining is a daemonic burden, the ubiquity of Walter Pater's Mona Lisa, who smothers history. She is a thorny symbol of the perversity of sex. She will stick. (...) The most famous painting in the world, the *Mona Lisa*, records woman's self-satisfied apartness, her ambiguous mocking smile at the vanity and despair of her many sons.[164]

---

[160] Leslie Fiedler, *Liebe, Sexualität und Tod* (Frankfurt/M./Berlin 1964), S. 108ff. Auch die ätherischen Frauen symbolistischer Maler sind als Verkörperungen der Seele des Künstlers zu verstehen, als *anima* im Jungschen Sinne; vgl. hierzu John Dixon Hunt, „‚The Soul's Beauty': The Pre-Raphaelite Image of Woman", in: ders., *The Pre-Raphaelite Imagination: 1848–1909* (London 1968), Chapter V.
[161] Paglia, S. 32.
[162] Dies., S. 154f.
[163] Eine mit meiner eigenen korrespondierende Lesart findet sich bei Dag Heede, der die Geliebte mit „en mæt hunedderkop, der har fortæret partneren efter parringen" vergleicht (ders., *Det Umenneskelige*, a.a.O., S. 101).

Im Gegensatz zu Königin Gertrude, der Hamlet das Gesicht eines Totenschädels wünscht, überlebt diese Königin ihre Drohnen. In der gealterten Geliebten sieht der Baron seine eigene abschreckende Greisenhaftigkeit und zugleich das Phantasma der schrecklichen Mutter gespiegelt:

> Die alte Frau, die hässliche Frau sind nicht nur reizlose Objekte, sondern erwecken einen mit Angst gemischten Hass. In ihr kehrt die beunruhigende Gestalt der Mutter wieder, während die Reize der Ehefrau dahingeschwunden sind.[165]

Der Anblick der zufrieden schauenden Urgroßmutter, hinter deren Fassade sich von Brackels einstiger Plagegeist verbirgt – ‚Werwölfin', ‚Katze' und ‚Löwin' – ist so unheimlich wie der Anblick jener anderen Plagegeister, der singenden Sirenen, die an ihrem Ufer, an dem Odysseus vorbeifährt, auf den verrottenden Gebeinen der Seeleute sitzen: „The Sirenes are the triumph of matter. Man's spiritual trajectory ends in the rubbish heap of his own motherborn body".[166] Diese sind antike Grabvögel wie die geflügelte Löwin-Jungfrau-Chimäre Sphinx, die auf Gustave Moreaus Gemälde *Die Sphinx* (1886) lächelnd auf ihrem Felsen über den Leichen der schönen androgynen Jünglinge thront. Ödipus löst ihr Rätsel und wird dennoch von der Würgerin wieder eingeholt. Am Ende verschwindet er als lebendig Begrabener im monströsen Mutterschoß der Unterwelt, so blind, wie er einst daraus hervorgegangen ist: „The riddle by which she defeats all men but Oedipus is the ungraspable mystery of Nature, which will defeat Oedipus anyway".[167] Der Gegensatz zwischen dem Idealbild des schönen Jünglings und dem Schreckbild der alten Urgroßmutter spiegelt die Ödipus-Sphinx-Konstellation wider.

Dass von Brackel den Blick seiner singenden Jungfrau an einer Stelle mit dem eines Raubvogels, eines Falken, vergleicht – „et blændene klart, alvorligt, vildt Blik, som ... en Falks Øjne må have" (*SFF*, 77), offenbart die unheimliche Parallele zwischen den beiden Sirenen/Sphingen seiner Erzählung, deren Rätsel er nicht lösen kann.[168] Von Brackels Respekt und uneingestandenes Grauen vor

---

[164] Paglia, S. 15, 28.
[165] S. de Beauvoir, a.a.O., S. 215.
[166] Paglia, S. 51. Die Vorstellung des toten Jünglings in den Armen seiner Geliebten gleicht dem Bild der toten Seefahrer in H. C. Andersens „Den lille havfrue", die als Ertrunkene auf den Meeresgrund und auf die grabähnlichen Blumenbeete der Meeresprinzessinnen herabsinken und deren Skelette von den mörderischen, nabelschnurähnlichen Polypen der Meerhexe festgehalten werden. Dass Nathalie so betörend singen kann, erinnert ebenfalls an die kleine Meerjungfrau, die verstummt und verschwindet wie Blixens junge Hure.
[167] Paglia, a.a.O., S. 50.
[168] Die Raubtier- und Raubvogelhaftigkeit der beiden Frauen hat auch eine Parallele in Blixens Geschichte „Skibsdrengens fortælling" (*Vintereventyr*), in der das Schicksal des Schiffsjungen Simon von der rätselhaften Macht des noch unschuldigen Mädchens Nora und der hexenhaften, in Gestalt eines Falken auftretenden Großmutterfigur der Lappenfrau

„einer unsterblichen Mutter", die sich „mit einem sterblichen Vater"[169] verbindet, zeugt von seiner Angst vor einem Mysterium, das er zugleich ersehnt, negiert und fürchtet, vor einer tieferen Wahrheit, wie sie bei seinem Zeitgenossen Bachofen formuliert ist:

> Die Mutter ist früher als der Sohn (...) Von Anfang an ist die Erde, der mütterliche Grundstoff. Aus ihrem Schoße geht alsdann die sichtbare Schöpfung hervor (...) Von Anfang an vorhanden, gegeben, unwandelbar ist nur das Weib; geworden und darum stetem Untergang verfallen der Mann (...) das männliche Prinzip (...) ist dem weiblichen untergeordnet.[170]

Und so bleibt ihm nur die starre Maske des Dandys als Schutz gegen den Horror des *Natürlichen*, das er nicht integrieren kann in sein Ich, das er immer projizieren muss auf ein Anderes außerhalb seines Selbst:

> Was ist dann der Dandy, jenes Modell, das Baudelaire beansprucht, um sich vor dem Fantasma des Femininen zu schützen? »Der Dandy muss sein ganzes Streben darauf richten, ohne Unterbrechung erhaben zu sein, er muss leben und schlafen vor einem Spiegel«. Immer auf der Hut, die menschliche Schwäche zu vertreiben, ist der Dandy, wie Gott, sich selbst genug. Er will sich ohne die Mängel und die Fehler, die mit der Sterblichkeit verbunden sind ... Die Liebe, »das Bedürfnis, aus sich selbst herauszugehen«, wäre der Verlust seines Seins; auch »ist jede Liebe Prostitution« ... »Unüberwindliche Neigung zur Prostitution im Herzen des Menschen ... er will *zwei* sein. Der geniale Mensch will *eins*, also einsam sein ... dieses Bedürfnis, sein Ich im äußeren Fleisch zu vergessen, hat der Mensch mit dem edlen Namen des *Bedürfnisses* nach Liebe geschmückt«. Der große Mensch überlebt hier unten ohne Bruder, ohne Schwester, ohne Geliebte, in der er Gefahr laufen würde zu versinken...[171]

Mit der Figur des Barons, der sich mit Herkules vergleicht, parodiert Blixen die Fiktion „des männlich-herakleischen Unsterblichkeitsprinzips": „Herakles dagegen überdauert allen Wechsel der Zeiten", „Herakles der Weiberlose erscheint wiederum als der Erretter aus den Banden des Stoffs", „als Besieger der Amazone ... der finstern dämonischen Naturseite ... auf eine Linie gestellt mit dem Weibe, dessen Mutterschoß das Todesgesetz in sich trägt", „unverträglich mit Apollos reiner Lichtnatur."[172]

Sunniva bestimmt scheint – ein Echo der Konstellation Kay-Gerda-Großmutter-Schneekönigin-Lappin-Finnin in H.C. Andersens „Snedronningen". Der Anblick der gealterten Geliebten von Brackels mit ihrer weiblichen Nachkommenschaft beschwört diese Parallele ebenfalls herauf; die alte Frau mit den kleinen Mädchen erinnert an die alte Samenhexe, die zu Simon sagt: „Vi holder sammen, skal jeg sige dig, vi Kvindfolk i Verden" (*Vintereventyr*, København 2000, S. 15).

[169] J.J. Bachofen, *Urreligion und antike Symbole*; hier zitiert aus: Neumann, *Ursprungsgeschichte des Bewusstseins*, a.a.O., S. 62.
[170] Ebd.
[171] Claude Vigée, a.a.O., S. 85.
[172] Bachofen, *Das Mutterrecht*, a.a.O., S. 346f.

Elizabeth MacAndrew hat gezeigt, dass sich die männlichen Charaktere der klassischen Gothic Novel im Laufe der Zeit veränderten: „The Sentimental hero and the Gothic villain begin to merge into one character torn by terrible conflict."[173] Diesem ambivalenten Helden entspricht von Brackel, der hin und her gerissen ist zwischen seinen subjektiven Projektionen und dem Bewusstsein einer zweifachen Schuld, die in der moralischen Verpflichtung gegenüber dem Über-Ich des aristokratisch-apollinischen Erbes einerseits und seinem Versagen vor dem Individuum andererseits wurzelt:

> Die Schuld, die dem Gotischen zugrundeliegt und seine Fabeln motiviert, ist die Schuld des Rebellen, der von der (väterlichen) Vergangenheit, die er zerstören wollte, heimgesucht wird, und die Angst, die in der ‚gothic novel' vorherrscht und den Ton angibt, ist die Angst, dass der Westen, indem er die alten Ego-Ideale von Kirche und Staat zerstörte, dem Einbruch der Finsternis Tür und Tor geöffnet hat. (...) Unter dem verwunschenen Schloss liegt das Burgverlies: der Schoß, aus dessen Dunkel das Ich zuerst ans Licht kam; das Grab, in das es, wie es weiß, am Ende zurückkehren muß. Unter der morschen Schale der väterlichen Autorität liegt das mütterliche Dunkel, das der gotische Dichter sich als ein Gefängnis, eine Folterkammer vorstellte ... .[174]

Der Baron von Brackel ist einer jener Träumer, die so häufig in Karen Blixens Geschichten auftreten und deren Problematik der Geschichtenerzähler Mira Jama in „Drømmerne" poetisch umschreibt:

> Tror du ikke, at jeg kender Drømmeren, når jeg ser ham? (...) Ved du (...) at hvis Du, idet Du planter et Kaffetræ, bøjer Pæleroden, så vil Træet efter en kort Stund begynde at udsende en Mængde små, fine Rødder nær Overfladen. Det Træ vil aldrig komme til at trives eller bære Frugt, men det blomstrer stærker end de andre. Disse små Rødder er Træets Drømme. Når det udsender dem, behøver det ikke mere at tænke på sin bøjede Pælerod, det holder sig i live ved Hjælp af dem – en kort Tid, ikke længe. Eller man kan også sige, at det dør ved Hjælp af dem – for det at drømme, det er i Virkeligheden velopdragne Menneskers Form for Selvmord (*SFF*, 263).

Der vom Herzschlag des Lebens abgeschnittene Kaffeebaum, der seine abgeknickte Hauptwurzel mit kleinen Wurzeln ersetzt und statt Frucht wunderliche Blüten austreibt, wird mit „velopdragne Mennesker" gleichgesetzt: eine Metapher für den kultivierten Menschen, der, abgeschnitten vom dionysischen Strom des Lebens, Verdrängtes mit Ersatzbefriedigungen kompensiert – mit Phantasien, deren Mechanismus die Psychoanalyse mit dem Phantasieren des Dichters und Künstlers gleichgesetzt hat. ‚Träumen als Form des Selbstmords' ist hier poetische Umschreibung für Sigmund Freuds Todestrieb-Theorie. Die Selbstbespiegelung des auf sich selbst bezogenen Narziss mündet in die Meta-

---

[173] Elizabeth MacAndrew, *The Tradition in Gothic Fiction* (New York 1979), S. 54.
[174] Fiedler, a.a.O., S. 108, 110. Fiedlers Beschreibung spiegelt die von Sigmund Freud beschriebene ödipale Vater-Sohn-Problematik und dessen daraus abgeleitete kulturtheoretische Reflexionen wider, z. B. in *Das Unbehagen in der Kultur* und in *Totem und Tabu*.

morphose in eine Blüte – in Regression und Tod. Eine solch phantasmatische ‚wunderliche Blüte' repräsentiert die Totenkopf-Phantasie des Barons.

Karen Blixens Figuren repräsentieren keine individuellen Charaktere, sondern kollektive, archetypische Gestalten.[175] Ihre Aristokraten sind Olympier, apollinische Masken des Ich. In diesem Sinne haben sie in Blixens Werk nicht nur eine historische, sondern auch eine allgemeine tiefenpsychologisch-allegorische Dimension:

> Aristocracy is aboveness. The Olympians are authoritarian and repressive. What they repress is the monstrous gigantism of chthonian nature, that murky night-world from which society must be reclaimed day by day.[176]

Der Dualismus des Apollinischen und Dionysischen durchzieht zahlreiche Erzählungen Karen Blixens wie ein roter Faden. Dem Begriff des *„Gothic"* ist dieser Dualismus per se inhärent, indem er Identität und feudale Ordnung einerseits sowie Regression und Auflösung andererseits in sich vereint.

Sara Stambaugh hat in diesem Zusammenhang auf die interessanten Parallelen zwischen Blixen und Friedrich Nietzsche hingewiesen. Den Einfluss Nietzsches auf Blixen führt sie hierbei noch stärker auf dessen *Zarathustra* als auf *Die Geburt der Tragödie* zurück.[177] Die Maske des Zarathustra, „jenes dionysischen Unholds" – „Zarathustra der Wahrsager, Zarathustra der Wahrlacher",[178] so Nietzsche, findet nicht nur ein Echo in Blixens Auffassung von Luzifer als Rebell des Geistes, des Lebens und des Humors.[179] Sie korrespondiert auch eindrucksvoll mit beiden Teilen von Blixens Pseudonym Isak Dinesen, das sich als der ‚lachende Dionysos' lesen lässt – „ist doch die Maske im Falle des Dionysos eine Erscheinungsform des Gottes selbst. Nur er ist der ‚Maskengott'".[180]

---

[175] Vgl. Vibeke Schröder, *Selvrealisation og selvfortolkning i Karen Blixens forfatterskab* (København 1979), S. 22.
[176] Paglia, a.a.O., S. 73.
[177] Sara Stambaugh, *The Witch and the Goddess in the Stories of Isak Dinesen: a feminist reading* (Ann Arbor 1988), S. 115n.7. Zu Nietzsches Einfluss s.a. auch Donald C. Riechel in „Isak's Dinesen's ‚Roads Round Nietzsche'" in: *Scandinavian Studies 63* (1991); zum Apollinischen und Dionysischen ferner Vibeke Schröder, S. 44f, 64f.
[178] Friedrich Nietzsche, „Versuch einer Selbstkritik" (1886) in: *Die Geburt der Tragödie aus dem Geiste der Musik*, S. 22.
[179] Vgl. Stambaugh, S. 62f. Im Jahr 1926 erläutert Blixen in einem Brief an ihren Bruder „hvad jeg mener med det symbolske Udtryk: Lucifer ... Jeg opfatter det som om det betyder: Sandhed, eller Søgen efter Sandhed, Stræben mod Lys, Kritik, – ja, vel det man kalder Aand... – en sense of humour, som ikke er bange for *noget*, men *efter sin Overbevisning* tør gøre Nar ad alt, og Liv, nyt Lys, Vekslen." Blixen, *Breve fra Afrika 1914–31* (København 1978) S. 31.
[180] *Der Neue Pauly* Bd. 3, a.a.O., unter ‚Dionysos'.

Die Opposition des Apollinischen und Dionysischen tritt häufig in einer Art Janusgesichtigkeit bei Blixens Figuren auf, über deren Personae klerikaler und aristokratischer Traditions- und Würdenträger „der glühende Lebensdämon" des Dionysischen[181] den Sieg davonträgt. Ein markantes Beispiel ist die Figur des alternden Fürsten Potenziani in der Erzählung „Vejene omkring Pisa", dessen sexuelle Impotenz die in seinem Namen implizierte Allmacht des patriarchalischen Aristokraten Lügen straft. Seine Intrigen bleiben fruchtlos; unter der starren Maske der Schminke Potenzianis sieht sein Betrachter, der junge Adlige Augustus von Schimmelmann plötzlich, „hvem det var, han lignede":

> Hans Ansigt forblev i nogle Sekunder ubevægelig som en Maske. Derefter begyndte det at lyse og gløde, som om et Lys var blevet tændt bag hans Træk, med en sælsom, triumferende Stråleglans (...) gav Indtryk af en hemmelighedsfuldt forøget, oprindelig Livskraft. Han havde set gammel ud (...) Nu knejsede han med Ungdommens, ja, med Barndommens sorgløse Herskerkraft (...) han havde de fulde, rige Former og den vældige Styrke bag dem, som man finder hos Bacchus, Vinens Gud. Luftkredsen om ham tog til at tindre med hans Strålekraft, som om den gamle Gud havde åbenbaret sig, vinløvkranset, for de forfærdede Dødelige. (*SFF*, 35)

Im Gesicht des alten Fürsten sieht der schwermütige junge Graf den Verfall seines eigenen degenerierten aristokratischen Egos und gleichzeitig die ihm fehlende glühende Lebenskraft des Dionysischen gespiegelt. Gequält von der Vorstellung eines Spiegelkabinetts, das seine Erscheinung hundertfach verzerrt, ist er unfähig, sich ein lebendiges Bild von sich selbst zu machen, einzig sein Freund Karl und dessen „sand Vens Sjæl" ist ihm „et oprigtigt Spejl (*SFF*, 10).[182] Der zur Rolle des Zuschauers verdammte von Schimmelmann krankt an der Erkenntnis, dass nichts an sich eine Bedeutung hat und sich hinter jeder Maske nur das Nichts verbirgt. Ebenso steril ist die Figur der alten Adligen Carlotta, deren „mest indgroede Rædsel for at føde barn" (*SFF*, 15) symptomatisch ist für die Angst vor den Leiden des Dionysischen. Das Schicksal von Schwangerschaft und Gebären möchte sie ihrer Stiefenkelin ersparen, die sie deshalb zu einer Heirat mit dem impotenten Potenziani zwingt. Am Ende stirbt der Fürst und mit ihm die Macht des demiurgischen Patriarchen, über die die illegitime Schwangerschaft Rosinas den Sieg davonträgt. Dieselbe Janusgesichtigkeit tritt in „Syndfloden over Norderney" in der Figur der adligen alten Jungfer Malin und ihrem sprechenden Namen Nat-og-Dag auf. Diese hat sich in der eigentlichen Blüte ihrer Weiblichkeit dem Kult ihrer tugendhaften Jungfräulichkeit hingegeben und wird als Fünfzigjährige von den Verdrängungen ihrer ersten Lebenshälfte heimgesucht; wie die vom Strom des Dionysischen abgetrennte

---

[181] Ernst Bloch, *Geist der Utopie* (Frankfurt/M. 1977), S. 36.
[182] Vgl. Aiken, a.a.O., S. 155f: „... he seeks refuge in the law of the Same – the ‚love' of the male friend with whom, in both senses, he *corresponds*... he, like the old chevalier, is a narcissist for whom woman's worth lies in ‚reflecting' man's desire..."

Kaffeepflanze treibt die Phantasie der hysterischen alten Jungfer wunderliche Blüten, indem sie sich die unausgelebte Rolle der „store Skøge fra Åbenbaringen" (*SFF*, 154), der Hure Babylon aus der Offenbarung, überstülpt. Indem sie für ihre Zuhörer die Geschichte der jungen Calypso neu erfindet, spiegelt sie sich selbst in dem Mädchen[183] und dessen „evige Strid mellem Instinkt og Teori ... ganske som den fortærede Herkules eller enhver anden klassisk Tragediehelt" (*SFF*, 176). Die Weiblichkeit des Mädchens Calypso wird von dessen Onkel und Vormund ignoriert und verachtet; dieser ist ein Feind des mit weiblicher Sexualität assoziierten Dionysischen, „en Apollo" (*SFF*, 179) mit einer Vorliebe für „skønne unge Drenge" (*SFF*, 174), die er in seinem mittelalterlichen Schloss Engelshorn, einer Art klösterlichem Olymp, um sich schart. Als die auf eine knabenhafte Puppe degradierte Calypso sich ihrer körperlichen weiblichen Attribute entledigen, sich quasi kastrieren will, sieht sie im Spiegel vor sich ein Gemälde mit Nymphen und Faunen, worin sie den Wert ihrer Sexualität erkennt: „Selve Guden Dionysos, som også var til Stede, så hende lige i Øjnene og lo" (*SFF*, 178). Das doppelte Spiegelbild von Calypsos Nacktheit und dem der nackten aphrodisischen Gestalten ist in Wahrheit die Projektion von Malins eigener weiblicher Sexualität, die sie wie der Herr von Engelshorn aus ihrem Selbstbild zu verdrängen gesucht hat.

Auch in Figuren wie der Priorin des klösterlichen Damenstifts Seven in „Aben" (*SFF*) und des Kardinals Salviati in „Kardinalens første Historie" aus *Sidste Fortællinger* verbirgt sich die Macht des Dionysischen unter dem Schleier apollinischer Askese. Das *alter ego* der Priorin, ein Affe – Symbol des Irrationalen – untergräbt das Olympische der jungen Athene, einer Eisernen Jungfrau, die sich „mit Zeus und Apollon zur höchsten Dreiheit verbindet" – „so verleugnet sie die weibliche Art ausdrücklich und macht sich selbst zum Genius der männlichen".[184] Ist die Macht, der die Priorin in Wahrheit dient, dieselbe wie diejenige, der auch Kardinal Salviati zu dienen scheint? „Jeg føler og erkender, at den som De tjener er en mægtig Herre, en af de to mægtigste i Universet og Evigheden" – ... „Kan De være sikker på ... at den Herre som De tjener, nidkært og ubestikkeligt, at det er Gud?" (*Sidste Fortællinger*, 29) sagt die Dame in Schwarz zum Kardinal. Dieser birgt als Überlebender der Zwillinge Atanasio und Dionysio unter der Maske des Orthodoxen St. Athanasio den Ketzer Arius in sich, der das Wesen von Christus mit dem des Dionysos gleichsetzt.[185]

---

[183] Vgl. Stefanie Würth, „Rolle und Identität in Karen Blixens *Syv fantastiske Fortællinger*" in: *Skandinavistik* 26 (1996), S. 104.

[184] Walter F. Otto, *Die Götter Griechenlands*, a.a.O., S. 155. Zum Apollinischen und Dionysischen in „Aben" vgl. etwa auch Robert Langbaum, *The Gayety of Vision*, a.a.O., S. 27f., S. 86/88.

[185] Vgl. Stambaugh, *The Witch and the Goddess*, S. 114n.6.

Karen Blixens „*Gothic*" verfolgt dasselbe Projekt wie Friedrich Nietzsche in *Die Geburt der Tragödie*, wo vom „Erstaunen" und „Grauen" des Hellenen die Rede ist, dessen „apollinisches Bewusstsein nur wie ein Schleier diese dionysische Welt vor ihm verdecke":

> Um dies zu begreifen, müssen wir jenes kunstvolle Gebäude der *apollinischen Kultur* gleichsam Stein um Stein abtragen, bis wir die Fundamente erblicken, auf die es begründet ist. Hier gewahren wir nun zuerst die herrlichen olympischen Göttergestalten, die auf den Giebeln dieses Gebäudes stehen und deren Taten in weithin leuchtenden Reliefs dargestellt seine Friese zieren (...) Der Grieche kannte und empfand die Schrecken und Entsetzlichkeiten des Daseins: um überhaupt leben zu können, musste er vor sie hin die glänzende Traumgeburt der Olympischen stellen (...) die olympische Welt, in der sich der hellenische »Wille« einen verklärenden Spiegel vorhielt.[186]

Diese „herrlichen olympischen Göttergestalten", in denen sich auch von Brackel „einen verklärenden Spiegel" vorhält, sind schöne Jünglinge à la Apoll wie Narziss und Antinous, archaische Helden und Sänger wie Herkules, Ajax und Orpheus, die die „feindseligen Dämonen der nicht-apollinischen Sphäre", der „Barbarenwelt"[187] des Dionysischen zu bannen suchen, die letztendlich Spiegelbild ihrer eigenen verdrängten Negativität sind. Mit diesen und anderen Gestalten des Altertums, zu denen auch der Baron als Vertreter des *Ancien régime* gehört, hat Karen Blixen die ‚Giebel' ihres gotischen Gebäudes geschmückt, das dadurch selbst zu einer Art Monster à la Frankenstein wird: Blixens narratives Bauwerk kombiniert Bruchstücke anderer Texte,[188] deren Stimmen ironisch unterlaufen werden. Durch Maske und Medium des alten Barons als Erzähler, der die moralischen und ästhetischen Geschmacksurteile einer vergangenen Zeit wiedergibt, hat die Autorin die Problematik des Men-

---

[186] Nietzsche, Die Geburt der Tragödie, a.a.O., S. 37ff.

[187] Ders., S. 45.

[188] Vgl. Maggie Kilgour (a.a.O., S. 4) zur Form des Schauertextes: „The form is thus itself a Frankenstein's monster, assembled out of the bits and pieces of the past (...) at its best, a highly wrought, artificial form which is extremely self-conscious of its artificiality and creation out of old material and traditions. (...) Gothic creation thus suggests a view of the imagination not as an originating faculty that creates ex nihilo, but as a power of combination". Vgl. in diesem Zusammenhang auch Susan Brantlys Hinweis auf die Verwandtschaft zwischen den deutschen Romantikern und Blixen: „The Gothic ruin that engages the spectator's imagination finds its counterpart in the romantic textual fragment. (...) German writers were also fond of irony and literary masks (...) Adopting a literary mask enables the author to relinquish narrative authority and forces the reader to assess the bias of the narrative. The narrative says one thing but may imply another, and the reader must be attentive to catch the nuances. This effect, which engages the participation of the reader in deciphering the text, is known as romantic irony" (S. Brantley, *Understanding Isak Dinesen*, Columbia 2002, S. 14). Zur subversiven Umkehrung orthodoxer Deutungen bei Blixen siehe auch Bernhard Glienke, der hier vom „völligen, aber dialektischen Widerspruch zu einem Ausgangsmythos" spricht, in: *Fatale Präzedenz*, a.a.O., S. 200.

schen in der Moderne literarisch aufgearbeitet, wie sie beispielsweise auch Werner Ross beschrieben hat:

> Die Moderne kristallisiert sich zur neuen Epoche in den Jahren und in dem Maße, da das vorherrschende Modell der Antike – die ‚Alten' oder das ‚Altertum' – seine Macht einbüßt und zu einem Paradigma unter vielen absinkt, relativiert, historisiert, auch zu Zeiten nostalgisch verehrt und zurückbeschworen, aber ohnmächtig gegenüber dem, was nun, etwa seit der Hälfte des 19. Jahrhunderts, überwältigend als WIRKLICHKEIT auftritt. (...) Man kann die Geschichte nicht verstehen ohne jene uralte Religion, die wir den Ahnenkult nennen. Die Ahnen waren die Größeren, Edleren, Götternäheren, vielleicht selbst Götter. Sie hatten die Einrichtungen gestiftet, die Festsetzungen getroffen, die Bräuche befohlen, innerhalb derer sich die Lebenden bewegten. Sie waren immer dabei. Sich von den Vätern loszumachen, ist der eigentliche emanzipatorische Akt der Weltgeschichte (...) Ohne dieses Übergewicht des Alten und der Alten lässt sich alte Geschichte nicht verstehen. Eine der daraus sich ableitenden Folgen ist die Berufung auf die Alten als Zeugen. Die Zeugen, die man vor Gericht aufmarschieren lässt, sind Lebende, möglichst Augenzeugen, die Zeugen, die für die Wahrheit von Geschichte oder Mythos, von Philosophie (...) aufgerufen, ‚zitiert' werden, sind alt, lang überliefert, je älter, umso besser, um so näher dem göttlichen Ursprung der Welt. Sie sind (...) *auctores*, Urheber, Gewährsmänner, und davon leitet sich ihre *auctoritas*, ‚Autorität', ab.[189]

Die phallischen paternalen Gestalten, die in Karen Blixens Schauererzählungen Autorität und Identität repräsentieren, sind ambivalente Verkörperungen des *Gothic villain*. Sie verkehren die symbolische Ordnung und das Gesetz des Vaters, für das sie stehen, in etwas Morbides, Infantil-Narzisstisches. Eine solche Verkehrung des vermeintlich Schönen und Erhabenen ins Hässlich-Morbide, impliziert durch die satirische Degradierung des schönen Jünglings in das Phantasma eines alten narzisstischen Skeletts (Knochengerüst als ‚orthopädisches' ICH-Hilfsgerüst wie der ‚wahnhafte Panzer' von Hamlets und Don Quijotes Rüstung, um Lacans Formulierungen zu benutzen), erweitert das Unheimliche durch die Zutat des Makabren und Lächerlichen ins Groteske, »in den Schädel ohne Schopf und Zopf, mit dem der Tragikomiker am Ende abläuft«, so Bonaventura.

---

[189] Werner Ross, *Baudelaire und die Moderne. Portrait einer Wendezeit* (München/Zürich 1993), S. 24f.

KAPITEL IV
Seelensektionen in Ingmar Bergmans Schauerfilm *Persona*: Un*heimliche* Personen und Nachtmahre im Kopflabyrinth

> Do I not know the dreamers when I meet them? You dream awake and walking about. You will do nothing yourself to choose your own ways: you let the world form itself around you, and then you open your eyes to see where you will find yourself ... This journey of yours, tonight, is a dream of yours ... dreaming is the well-mannered people's way of committing suicide.
> (Karen Blixen, *The Dreamers*)

> Wir are such stuff as dreams are made of, and our little life is rounded with a sleep.
> (William Shakespeare, *The Tempest*)

1. In der Vorhölle:
Scheintote Seelen auf dem Seziertisch

Unheimliches und Expressionistisches

Ingmar Bergmans *Persona* (1966) ist ein Film voller Phantasmen, der praktisch alle Elemente enthält, die Sigmund Freud in seiner Definition des „Unheimlichen" aufgelistet hat: Urphantasien wie Mutterleibsphantasie, narzisstische Regression und ödipale Problematik, Kastrations- und Zerstückelungsphantasmen in Form von abgetrennten Körperteilen als Ausdruck infantiler Komplexe; Aspekte des Doppelgängertums wie die Verschmelzung der Identität ähnlicher Personen „durch Überspringen seelischer Vorgänge von einer dieser Personen auf die andere", also durch scheinbar telepathische Übertragungen, „so dass der eine das Wissen, Fühlen und Erleben des anderen mit besitzt", in diesem Sinne „die Identifizierung mit einer anderen Person, so dass man an seinem Ich irre wird oder das fremde Ich an die Stelle des eigenen versetzt, also Ich-Verdopplung, Ich-Teilung, Ich-Vertauschung".[1] Dieser Prozess der ‚Entpersönlichung' ist im polysemantischen Titel des Films „*Persona*" impliziert, dessen

---
[1] Sigmund Freud, „Das Unheimliche", a.a.O., S. 153f.

Bedeutung „Maske" unter anderem auf die unheimliche Auslöschung individueller Merkmale einer Person verweist. Als weiteres Doppelgänger-Phänomen tritt in *Persona* auch die pathologische Abspaltung der Instanz des Gewissens auf, also derjenigen Instanz, „welche sich dem übrigen Ich entgegenstellen kann, die der Selbstbeobachtung und Selbstkritik dient, die Arbeit der psychischen Zensur leistet".[2] In *Persona* äußert sich diese Abspaltung in pathologischem Selbstbeobachtungswahn. Weitere Aspekte des Unheimlichen, die in *Persona* auftreten und ebenfalls bei Freud genannt werden, sind Wiederholungszwang und die „Wiederholung des Gleichartigen". Freud nennt hier das Phänomen des im Kreis Herumgehens, zum Beispiel auf den menschenleeren Straßen einer unbekannten Stadt, in der man sich verirrt hat – ein Gefühl, das „an die Hilflosigkeit mancher Traumzustände mahnt".[3] Solche labyrinthischen Traumzustände, aus denen der Träumer nicht mehr herausfindet, sind eine zentrale Quelle des Unheimlichen in *Persona*. Hiermit verknüpft ist auch die unheimliche Wirkung, die die Verwischung oder gar Auflösung der Grenze zwischen Phantasie und Wirklichkeit hervorruft. Freud hat hier auf das Infantile des Seelenlebens der Neurotiker hingewiesen, das in der Überbetonung der psychischen Realität im Vergleich zur materiellen"[4] liegt. Die pathologischen Aspekte des im Durchschnittsmenschen und dessen Traumwelt verborgenen Infantilen hat Ingmar Bergman in *Persona* und auch in anderen seiner Filme untersucht. Viele seiner Protagonisten gehören – wie diverse Figuren bei Karen Blixen und H.C. Andersen – in die Kategorie der notorisch infantilen und adoleszenten Charaktere der Schauerfiktion, die nicht erwachsen werden und in einer zirkulären Bewegung gefangen sind.

Der Prolog, mit dem *Persona* beginnt, evoziert das, was Sigmund Freud als für viele Menschen „im allerhöchsten Grade unheimlich" bezeichnet hat: nämlich alles, „was mit dem Tod, mit Leichen und mit der Wiederkehr der Toten, mit Geistern und Gespenstern zusammenhängt".[5] Hierzu gehört auch die Horrorvorstellung, „scheintot begraben zu sein", die Freud als Variation „der Phantasie vom Leben im Mutterleib"[6] ansieht.

Persona entspricht der Form des archetypischen Maskenspiels, die Northrop Frye als ‚vorherrschende Form des Intellektuellendramas des zwanzigsten Jahrhunderts' und ‚anspruchsvoller Filme' definiert hat:

> ... the movie audience, sitting in small units (usually of two), is a relatively individualized one. A growing sense of loneliness is noticeable as we move away from comedy

---

[2] Ders., S. 154.
[3] Ders., S. 156.
[4] Ders., S. 164.
[5] Ders., S. 161.
[6] Ders., S. 163.

(...) instead of the Arcadias of the ideal masque, we find ourselves frequently in a sinister limbo, like the threshold of death in *Everyman*, the sealed underworld of Maeterlink, or the nightmares of the future in expressionist plays. As we get nearer the rationale of the form, we see that the *auto* symbol of communion in one body is reappearing, but in a psychological and subjective form, and without gods. The action of the archetypal masque takes place in a world of human types, which at its most concentrated becomes the interior of the human mind.[7]

Diese Beschreibung passt auf den Rahmenprolog von *Persona*. Umgeben von totenstarren Greisen, erwacht im düsteren Zwielicht eines Leichenschauhauses ein Junge auf einer Bahre aus einem Zustand des Scheintods und der Regression. In Kombination mit der teils rasanten Abfolge fragmentarischer Traumbilder, die der Leichenhaus-Szenerie vorausgehen, erinnert der Ort an das Phantasma des *Limbus*, an das mit der Vorhölle assoziierte imaginäre Jenseits, in dem Vergessenes, Verdrängtes und Verstorbenes herumspukt. Was in christlicher Vorstellung die Vorhölle repräsentiert, in der die Geister unerlöster Seelen und ungewollter Kinder gefangen sind, erscheint hier als albtraumhafte Materialisation der mentalen und psychischen Innenwelt eines Träumers, als expressionistisches Kopflabyrinth.[8]

Bergmans surrealer Bilderstrom beginnt mit einem Filmprojektor, der von unsichtbarer Hand in Bewegung gesetzt wird. Dieser ist das zentrale Symbol für die unheimlichen psychischen Projektionsmechanismen, die Gegenstand dieses Films sind, für das rätselhafte Spiel introjektiver und projektiver Identifikationen.[9] Der Projektor ist zugleich der mechanische Automat der filmischen Traumfabrik, der den psychischen Automaten mit Bildern programmiert und fernsteuert. Eine solche Lesart korrespondiert nicht nur mit der Automatenproblematik und den wahnhaften Projektionen, wie sie in der schauerphantas-

---

[7] Northrop Frye, *Anatomy of Criticism* (Princeton 1957), S. 290f.

[8] Vgl. hierzu die Aussage des Kritikers René Clair aus dem Jahr 1922: „Der Expressionismus im Film ist eine Sache des Gehirns" – der Expressionismus ist als Bestreben gesehen worden, das dem Zuschauer „eine unabänderliche, nur in der Vorstellungswelt des Künstlers existierende, also subjektive Wirklichkeit oktroyiert": „Diese Art von ‚Geistigkeit' liegt dem Expressionismus in allen Kunstgattungen zugrunde, besonders stark tritt sie vielleicht beim Film hervor", in: Jerzy Toeplitz, *Geschichte des Films 1895–1933* (München 1987), S. 220.

[9] Vgl. in diesem Zusammenhang Hans Blumenbergs Hinweis auf das gleichzeitige Aufkommen von Psychoanalyse und Film: „Während die Projektoren surrend und flackernd das Zeitalter der zwar bewegten, doch mit deterministischer Starre gekoppelten Bildfolgen (...) einleiteten, breitete in unzufälliger Gleichzeitigkeit die Metaphorik der ‚Projektionsmechanismen' ihre Erklärungsmacht über den Psychologismus aus. Sie leistete, was je eine Metapher fürs Theoretische nur hatte leisten können: einem Denkmuster nahezu unbezweifelbare Plausibilität zu verschaffen, dessen Hauptvorzug darin bestand, die Lokalisierungen ‚außen' und ‚innen' verwechselbar zu machen", in: „Seelentiefenhöhlen", ders. (1989), *Höhlenausgänge* (Frankfurt/M. 1996), S. 684.

tischen Literatur, insbesondere in E. T. A. Hoffmanns *Der Sandmann*, auftreten, sondern auch mit August Strindbergs mechanistischer Auffassung des Menschen und dessen Verwendung von technischen Bildern, um mentale Vorgänge zu beschreiben. Der psychische Apparat reproduziert filmische Fragmente des mechanischen Apparats in Form von Traumfetzen, Tagesresten, aktuellen und infantilen Reminiszenzen: Aufeinander folgende Bilder von spitzen Gegenständen wie Nagel, Messer und Zinken eines Zauns, von toten und unheimlichen Tieren und Körperteilen – vor allem Hände, daneben auch Füße, Genitalien, Lippen, ein Tierauge und blutige Eingeweide – evozieren Vorstellungen von Folter und Martyrium und ähneln den Horrorvisionen vom wahnhaften Ansturm losgelöster Körperteile auf Gemälden von Hieronymous Bosch und Pieter ‚Höllen-Breughel'.[10] Die Assoziation mit Folter und Verletzung und der Anblick der Leichen und ihrer Körperteile im Kellerraum eines Krankenhauses oder pathologischen Instituts erinnert diffus an eine Folterkammer oder an den Abstellraum eines Versuchslabors vom Schlage Viktor Frankensteins und Dr. Caligaris. Ein permanentes desolates Tropfgeräusch – ein Wasserhahn, ein Infusionstropf oder ein Formalinbad für eingelegte Leichen? – verstärkt diese unheimliche Assoziation. Geräusche und Bilder erzeugen hier dieselbe morbide Metaphorik von Krankheit, Tod und Verfall wie Karen Blixens phantasmatische Knochen und Skelette als Spiegelbilder der ‚lebenden Toten'.[11]

Was wird hier seziert und konserviert? Menschliche Seelen? Die düstergraue albtraumhafte Atmosphäre und Ikonographie dieses Schwarz-Weiß-Films evoziert die der expressionistischen Horrorfilme des frühen zwanzigsten Jahrhunderts, mit denen Ingmar Bergman in seiner Kindheit und Jugendzeit aufwuchs. Philip Mosley hat Bergmans Bildsprache in Filmen wie *Det Sjunde Inseglet*, *Smultronstället* und *Vargtimmen* in der Tradition von Horrorklassikern wie Friedrich Murnaus *Nosferatu*, Robert Wienes *Das Kabinett des Dr. Caligari* und Carl Theodor Dreyers *Vampyr*, *Johanna von Orléans* und *Dies Irae* gesehen.[12] Parallelen zu solchen klassischen Horrorfilmen weist aber auch *Persona*

---

[10] Zu dieser Assoziation passen Bergmans autobiographische Äußerungen im Anschluss an die Schilderung einer Begebenheit aus seiner Kindheit, bei der er im Leichenhaus eines Krankenhauses mit den Toten eingeschlossen wurde: „Spöken, djävlar och dämoner, goda, onda eller bara förtretliga. De har blåst mig i ansiktet, knuffats, stuckit mig med nålar, ryckt mig i tröjan. De har talat, väst eller viskat, tydliga röster, inte särskilt begripliga men omöjliga att ignorera". In: Ingmar Bergman, *Laterna magica* (Stockholm 1987), S. 237.
[11] Egil Törnqvist vergleicht den Schauplatz im Prolog von *Persona* mit der Rede des Studenten in August Strindbergs *Spöksonaten*, der das Haus der lebenden Toten, in dem er zu Gast ist, als „bårhuset jorden", als ‚die Leichenkammer Welt' ansieht, in: ders., *Between Stage and Screen: Ingmar Bergman Directs* (Amsterdam 1995), S. 144.
[12] Philip Mosley, *Ingmar Bergman: The Cinema as Mistress* (London/Boston 1981), S. 37ff. Mosley meint, dass Bergman ‚unaufrichtig' sei, wenn er direkte Einflüsse von Dreyers Stil auf seinen eigenen abstreite und diese lediglich ‚auf den gemeinsamen skandinavischen

auf, wenngleich diese Ähnlichkeiten subtiler und weniger augenscheinlich sind. Nicht nur im Rahmenprolog, sondern auch in der Binnengeschichte des Films tauchen Räumlichkeiten eines Krankenhauses auf, beziehungsweise einer psychiatrischen Abteilung. Dieser psychopathologische Aspekt korrespondiert mit der oben genannten Assoziation eines pathologischen Instituts und mit dem Schauplatz der Irrenanstalt in *Das Kabinett des Dr. Caligari*. Der Anblick der Toten auf den Bahren ähnelt stark dem der Vampire in Gruft und Sarg in Murnaus *Nosferatu* und Dreyers *Vampyr*. Die tote Greisin, die im Prolog von *Persona* plötzlich die Augen aufschlägt – ein Element, das später in der Binnenhandlung wiederkehrt – erinnert stark an die Gestalt der greisen exhumierten Vampirin in *Vampyr*. In der Binnengeschichte tritt zudem eine Psychiaterin auf, die auf diffuse Weise dem zwielichtigen Irrenarzt Dr. Caligari und dem teuflischen Arzt und Vampir-Helfer in *Vampyr* entspricht. Darüber hinaus gibt es – wie in den älteren Schauerfilmen – auch in *Persona* diverse phantastische Sequenzen, bei denen offen bleibt, ob es sich um Geschehnisse oder um wahnhafte Träume einer Schlafwandlerin handelt. Intertextuelle Beziehungen unterhält *Persona* nicht nur zu diesen expressionistischen Horrorfilmen mit ihren Vampiren, Schlafwandlern und dämonischen Wissenschaftlern, sondern auch zu deren literarischen Vorlagen wie Bram Stokers *Dracula* und Joseph Sheridan Le Fanus Erzählsammlung *In a Glass Darkly*. Le Fanus *In a Glass Darkly*, daraus besonders die Vampirgeschichte „Carmilla", war sowohl für Stokers *Dracula* als auch für Carl Dreyers *Vampyr* eine Vorlage. Auch von Mary Shelleys *Frankenstein* lassen sich Parallelen zu *Persona* ziehen. Die unterirdische Leichenkammer mit ihrer Versuchslabor-Assoziation gehört derselben Schauplatz-Kategorie an wie unterirdisches Gefängnis, Kerker und Folterkammer als Teil des Schlosses im klassischen Schauerroman. Schloss und Kerker tauchen als Schauplätze auch in Bergmans zwei Jahre nach *Persona* gedrehtem Horrorfilm *Vargtimmen* auf; dort erscheint das von vampirischen Psychopathen bewohnte Schloss des diabolischen Barons von Merkens als allegorische Vorhölle der von einer Legion Dämonen heimgesuchten Seele des schizophrenen Malers Johan Borg.[13] Das Motiv des *Limbus* wird hier mit dem Begriff der *Wolfsstunde* („vargtimmen") assoziiert, der Stunde des Morgengrauens, die der Maler im Film folgendermaßen definiert:

Hintergrund zurückführe'. ‚Beiden Regisseuren sei das ‚Spiel mit dunklen Mächten, dramatischen Kontrasten von Licht und Schatten sowohl in Geschichte und mise-en-scène ein Anliegen und Bergman verdanke Dreyer mehr, als er zuzugeben bereit sei' (ebd.).

[13] Vgl. Bergmans Aussage zu *Vargtimmen*: „It is grotesque, like a horror picture, and don't forget that I was brought up on those horror films of the Thirties like *Frankenstein* and *Dracula*, in: Cohen, *Ingmar Bergman: The Art of Confession*, S. 455, n22; dort zitiert aus: Peter Cowie, *Sweden 2* (New York 1970), S. 196.

Nu har vi vakat varje natt till gryningen. Men den här timmen är den svåraste. Vet du vad den kallas? ... Jo de Gamla kallade den för vargtimmen. Det är timmen, då de flesta mänskor dör. Det är timmen, då de flesta barnen föds. Det är nu, som mardrömmarna kommer till oss. Och är vi vakna så – ... så är vi rädda.[14]

Die Vorstellung der ‚Wolfsstunde' repräsentiert im doppelten Sinne die Zeit des Morgen*grauens*: sie steht für das graue Zwielicht, in dem Traum, Wahn und Wirklichkeit voneinander ununterscheidbar sind und sie repräsentiert zugleich die Zeit des *Grauens* und der Albträume, in der die ungeborenen vampirischen Phantome aus dem Limbus ins Leben streben und die Geister der Sterbenden in die Schattenexistenz zurückfallen. Auch Dracula tritt in Stokers Roman als Nachtmahr in Wolfsgestalt auf. Das Grauen vor dem Tod hat Bergman in seiner Autobiografie im Zusammenhang mit seiner Kritik am christlichen Erlösungsgedanken zum Ausdruck gebracht:

> Nej, Döden är läskig, man vet ju inte vad som kommer efteråt. Det där som Jesus säger, att i min faders hus finns många boningar, tror jag inte på. ... Döden är en olöslig fasa, inte för att den gör ont, utan för att den är full av otäcka drömmar som man inte kan vakna ur.[15]

Die letzte Formulierung liest sich wie ein intertextuelles Echo des berühmten Monologs in Shakespeares *Hamlet*, wo letzterer angesichts der Möglichkeit, der Tod könne ein nicht enden wollender Albtraum sein, vor der Ausführung seines Selbstmords zurückschreckt:

> To be or not to be
> To die – to sleep,
> No more; and by a sleep to say we end
> The heart-ache and the thousand natural shocks
> That flesh is heir to: 'tis a consummation
> Devoutly to be wish'd. To die, to sleep;
> To sleep, perchance to dream – ay, there's the rub:
> For in that sleep of death what dreams may come,
> When we have shuffled off this mortal coil ...[16]

Der Junge in der Leichenkammer im Prolog von *Persona* ist wie Hamlet, der schlafen, sterben möchte und davor zurückschreckt, ‚was für Träume in diesem Schlaf des Todes kommen mögen'. Zunächst liegt er reglos auf seiner Bahre. Als Reaktion auf das laute Klingeln eines Telefons – Zeichen einer Wirklichkeit außerhalb des Traums – dreht er sich weg wie ein Fötus, der von Reizen aus einer feindlichen Außenwelt gestört wird, rollt sich zusammen und deckt sich wieder mit etwas zu, was aussieht wie ein Leichentuch. Diese Tücher tauchen

---

[14] Ingmar Bergman, *Vargtimmen*, in: *Persona. Filmberättelser 2* (Stockholm 1973), S. 68f.
[15] Ders., *Laterna magica*, a.a.O., S. 96f.
[16] William Shakespeare, *Hamlet*, Akt III, Szene 1.

im Werk Bergmans häufig in Verbindung mit Kranken und Sterbenden auf.[17] Der Widerwille des Jungen gegen das Erwachen und sein Verharrenwollen in einer Art narzisstischer Regression, die sowohl pränatal als auch postmortal sein kann, korrespondiert mit Sigmund Freuds Definition des Schlafs als Rückzug in eine vorweltliche Existenz:

> Unser Verhältnis zur Welt, in die wir so ungern gekommen sind, scheint es mit sich zu bringen, dass wir sie nicht ohne Unterbrechung aushalten. Wir ziehen uns darum zeitweise in den vorweltlichen Zustand zurück, in die Mutterleibsexistenz also. Wir schaffen uns wenigstens ganz ähnliche Verhältnisse, wie sie damals bestanden: warm, dunkel und reizlos. Einige von uns rollen sich noch zu einem engen Paket zusammen und nehmen zum Schlafen eine ähnliche Körperhaltung wie im Mutterleibe ein. Es sieht so aus, als hätte die Welt auch uns Erwachsene nicht ganz, nur zu zwei Drittteilen; zu einem Drittel sind wir überhaupt noch ungeboren. Jedes Erwachen am Morgen ist wie eine neue Geburt.[18]

Über die Analogie zu Shakespeares *Hamlet*, auf dessen zentrale Bedeutung für den englischen Schauerroman bereits hingewiesen worden ist, schreibt sich *Persona* zusätzlich in den Gattungsdiskurs der Schauerfiktion ein. Der Junge auf der Totenbahre ist zudem nicht allein eine Verkörperung Hamletscher Todessehnsucht; er erinnert auf diffuse Weise auch an die Fegefeuer-Vorstellung, die in William Shakespeares Stück noch präsent ist.[19] Wie der Geist des alten Hamlet scheint auch er ein Phantom zu sein, eine Geistererscheinung aus einer Parallelwelt, die im Kopflabyrinth derjenigen herumspukt, die ihn aus ihrem Bewusstsein zu verdrängen suchen. Eine solche Lesart hat eine Entsprechung in dem, was Terry Castle in ihrer Studie über die Erfindung des Unheimlichen und die Rationalisierung des Übernatürlichen im achtzehnten Jahrhundert als „supernaturalization of the mind" bzw. „spectralization or ‚ghostifying' of mental space"[20] bezeichnet hat. Der Junge im Limbus ist ein Phantasma des Infantilen: er ist eines jener ungeborenen oder ungewollten, körperlich oder, häufiger noch, seelisch verkümmerten, vereinsamten Kinder in Bergmans Werk, die weder leben noch sterben können. Er ist ein imaginärer Doppelgänger der infantilen Erwachsenen in der Binnengeschichte. Die Assoziation mit Fegefeuer und Vorhölle scheint außerdem auch ein Vorbild in August Strindbergs *Spöksonaten* zu haben, wo der tote Student sich in einer Art postmortalen Vision in der Vorhölle wiederfindet, die zugleich ein mentales Kopflabyrinth und ein Spiegelbild der irdischen Welt darstellt.

---

[17] Zum Beispiel bei der todkranken Ester in *Tystnaden*, beim Phantom der toten Veronika in *Vargtimmen*, bei der sterbenden Agnes in *Viskningar og rop*.
[18] Sigmund Freud, *Vorlesungen zur Einführung in die Psychoanalyse Und Neue Folge* (Frankfurt/M. 2003), S. 106.
[19] Vgl. hierzu Dietrich Schwanitz, *Shakespeares Hamlet und alles, was ihn für uns zum kulturellen Gedächtnis macht* (Frankfurt/M. 2006), S. 21ff.
[20] Vgl. Terry Castle, *The Female Thermometer* (Oxford/New York 1995), S. 135, 141f.

Der scheintote Junge, der sich aufgrund von Ingmar Bergmans biographischen Angaben unter anderem auch als alter ego und Persona des Regisseurs auffassen lässt,[21] setzt sich nach seinem Erwachen gelangweilt eine Brille auf. Er beginnt in Michail Lermontovs nihilistischem Roman *Ein Held unserer Zeit* (1840) zu lesen. Einzelne Passagen dieses Romans lassen sich in einen intertextuellen Bezug zu *Persona* setzen, so zum Beispiel der folgende Abschnitt:

> In meiner frühen Jugend war ich ein Träumer. Ich liebte, ununterbrochen mit den bald finsteren, bald lichten Gestalten zu spielen, die mir meine unruhige, unersättliche Phantasie vorzeichnete. Aber was ist mir von alledem geblieben? Nichts als Müdigkeit, wie nach dem nächtlichen Kampf mit einem Gespenst, und eine wirre, von Bedauern erfüllte Erinnerung. In diesem unnützen Kampfe verzehrten sich die Glut der Seele und die Beständigkeit des Willens, der für das wirkliche Leben unumgänglich ist. Als ich in dieses Leben eintrat, hatte ich es in Gedanken bereits durchlebt, und es wurde mir langweilig und widerwärtig zumute, wie jemandem, der die schlechte Nachahmung eines ihm längst bekannten Buches liest.[22]

Auch diese Passage klingt wie ein Echo des lebensüberdrüssigen Hamlet. Plötzlich schaut der Lesende auf, von einer Erscheinung abgelenkt. Er streckt seine Hand nach dem Zuschauer aus, als versuche er, dessen Gesicht zu berühren. Sind wir selbst die gespenstischen Doppelgänger, nach denen er greift wie das Kind, das nach dem Gesicht der Mutter bzw. nach seinem eigenen Spiegelbild zu greifen versucht? Der französische Filmtheoretiker Christian Metz hat die Traumbilder des Films als Reflektoren des Ichs direkt in Beziehung zu Lacans Spiegelstadium gesetzt:

> Der Film beruht auf dem ursprünglichen Imaginären des photographischen ‚Doubles' (...) und er reaktiviert sodann beim Erwachsenen auf seine eigene Weise die Spiele des Kindes vor dem Spiegel und die primordialen Unsicherheiten über die eigene Identität (...) Dem Film ist etwas vom Traum eigen, etwas vom Phantasma, etwas vom Austausch und von der wechselseitigen Identifizierung von Voyeurismus und Exhibitionismus.[23]

Durch einen Perspektivwechsel der Kamera steht der Zuschauer wie ein unsichtbares Gespenst plötzlich hinter dem Jungen und schaut ihm (oder sich selbst?) über die Schulter. Wo die Wand des Leichenhauses zu sehen sein sollte, wo der Zuschauer sich eben noch selbst befand, erscheinen auf einer hell erleuchteten, gläsern wirkenden Traumleinwand nacheinander zwei überlebensgroße Frauengesichter, deren Konturen abwechselnd verschwommen und scharf sind, so wie Gesichter einem Säugling erscheinen mögen, und die sich schließlich zu einem Gesicht vereinigen.

---

[21] Zu den Kinderfiguren bei Bergman als Masken des Filmemachers vgl. etwa auch Birgitta Steene, „Barnet som Bergmans Persona", *Chaplin* Nr. 2–3 (1988).
[22] Michail J. Lermontov, *Ein Held unserer Zeit* (Zürich 1963), S. 272.
[23] Christian Metz, *Der imaginäre Signifikant. Psychoanalyse und Kino* (Münster 2000), S. 8.

Symbolistisches

Das rätselhafte Antlitz schweigt und verschließt die Augen vor der ausgestreckten Hand des im Limbus Gefangenen, entzieht ihm den Blick und die mütterliche Anerkennung seiner Existenz ebenso wie den unsichtbaren Körper. Das Frauengesicht ist so symbolistisch wie die Gestalt des Jungen und entzieht sich einer eindeutigen Interpretation. Das Bild eines schlafenden Frauengesichts erinnert an Schneewittchen oder Dornröschen im Märchen. Als beliebtes Thema der Viktorianischen Epoche verkörpert die Schlafende Schöne den Typ aller schlafenden unerreichbaren Königinnen am kunstvollsten in Edward Burne-Jones' symbolistischen Dornröschen-Gemälden; deren Betrachter korrespondiert mit dem erwachenden Träumer in *Persona* ebenso wie mit H. C. Andersens kleinem Kay, der zur Gestalt der Schneekönigin aufblickt:

... in these paintings, personified sleep exerts a hypnotic power over the dwarfed waking viewer. As a type of female power, both dormant and revealed, the Sleeping Beauty seems to contain in herself both victim and queen, the apparent passivity of the one modulating imperceptibility into the potency of the other.[24]

Der kindliche Scheintote ist selbst eine Dornröschen-Figur, die auf die Erlösung aus einem katatonischen Schlafzustand zu warten scheint. Eine solche Assoziation stützt sich auf die Analogie zwischen dem Jungen und den schlafwandlerischen Frauengestalten in der Binnengeschichte, die nicht nur Mütter, sondern zugleich auch infantile Gestalten sind. Unentscheidbar ist, wer hier wen betrachtet: betrachtet die Mutter das Phantasma des toten Kindes oder das Kind das Phantasma der toten Mutter, wie auf Max Klingers symbolistischem Stich *Tote Mutter* (1889), auf dem ein Kind wie ein Alp auf der Brust seiner toten Mutter sitzt, dem Dämon auf Johann Heinrich Füsslis *Der Nachtmahr* vergleichbar? Repräsentiert das Frauengesicht in Analogie zum Geist von Hamlets Vater das Gespenst der Mutter, deren asymmetrische Gesichtshälften zugleich auch zwei projizierte Personae als Doppelgänger ihres Betrachters widerspiegeln? Das Gesicht ist ein Phantasma des Femininen, Nachtmahr als *night-mère*. Es erinnert an die monströsen Mütter bei August Strindberg, Edvard Munch und Henrik Ibsen, die ihre ungewollten Kinder der Existenz berauben und im Nichts verschwinden lassen.

In Strindbergs Drama *Der Vater* (1887) wird der Rittmeister, der unter der Vorstellung leidet, ein ungewolltes Kind gewesen zu sein, von seiner Ehefrau, die ihm zugleich auch Mutterersatz ist, als „jättebarn" bezeichnet, „som antingen kommit för tidligt till världen eller kanske icke var önskad".[25] So klagt er selbst im Rückblick seine Mutter an:

---

[24] Nina Auerbach, *Woman and the Demon* (Cambridge/Massachusetts/London 1982), S. 41.
[25] August Strindberg, *Fadren*, Akt II, Szene 5; zitiert aus: A. Strindberg, *Samlade Skrifter*, Bd. 23: *Naturalistiska Sorgespel* (Stockholm 1921).

Min Mor, som icke ville ha mig till världen, därför att jag skulle födas med smärta, var min fiende, när hon berövade mitt första livsfrö dess näring och gjorde mig till en halvkrympling![26]

Eine solche Anklage taucht auch gegen Ende der Binnengeschichte von *Persona* auf. Auf einer Version der Farblithographie *Madonna* (1895/1902) von Edvard Munch, bei welchem offenbar auch Klingers *Tote Mutter* nachwirkte,[27] ist eine laszive, narzisstisch in sich selbst versunkene Frauengestalt mit geschlossenen Augen zu sehen, zu der ein skelettartiger, verkümmerter Fötus am unteren linken Bildrand – wie aus einer Art Limbus – mit riesigen Augen vorwurfsvoll aufblickt; auf der Umrahmung der Darstellung schwärmen Spermien umher, denen der Eintritt in den weiblichen Körper verwehrt ist. Hatte Bergman im Bild des norwegischen Malers bewusst einen Intertext für diverse seiner Filme gesehen? In einem Interview aus dem Jahr 1968 sagt Bergman im Zusammenhang mit *Smultronstället* (1957) und der steinalten, gefühlskalten Mutter des Protagonisten Borg, der an mehreren Stellen des Films wie ein seniler Fötus erscheint: „Ich hatte die Vorstellung, dass bestimmte Kinder aus kalten Schößen geboren werden. Ich finde, es ist ein furchtbarer Gedanke, dass kleine Neugeborene daliegen und vor Kälte zittern".[28]

Das Bild der aus der Tiefe heraufstarrenden Kinderaugen sowie körperliche und seelische Verkrüppelung durch elterliche Selbstsucht und Mangel an mütterlicher Fürsorge sind auch Gegenstand von Henrik Ibsens Drama *Lille Eyolf* (1894). Dessen Titelfigur ist von der Mutter nur widerwillig zur Welt gebracht und in der Folge vernachlässigt worden; sie ist selbst vampirisch und liebeshungrig wie ein Kind und denkt nur an ihre eigene Befriedigung. Das Kind ertrinkt im Meer und die Eltern Rita und Alfred Allmers werden in der Folge vom Phantasma der ‚großen, bösen, aus der Tiefe aufstarrenden Kinderaugen' verfolgt, worin sie ihre eigene infantile Negativität gespiegelt sehen:

> RITA. (…) dette grufulle syn som vil stå for meg gjennem hele livet. (…) Ja, de sier at de så ham ligge nede på bunnen. Dypt nede i det klare vann. (…) De så han lå på ryggen. Og med store åpne øyne (…) ganske stille. (…) Dag og nat vil han stå for meg som han lå der nede … Med de store, åpne øyne. Jeg ser dem for meg! (…)
> ALLMERS. Var det onde øyne som stirrede oppad? Der nede fra dypet? (…)
> RITA. Å, dette grufulle syn! (…)
> ALLMERS. De onde barneøyne, ja.[29]

Auch in Bergmans Film *Höstsonaten* (1978), der einen wichtigen Intertext zu *Persona* darstellt, geht es um eine selbstsüchtige Mutter, die ihre Töchter in

---

[26] Ders., Akt III, Szene 7.
[27] Vgl. Christopher Frayling, *Alpträume: Ursprünge des Horrors* (Köln 1996), S. 12.
[28] Stig Björkman et al (1970), *Bergman über Bergman: Interviews über das Filmemachen* (Frankfurt/M. 1987), S. 167.
[29] Henrik Ibsen, *Lille Eyolf* in: ders., *Samlede Verker* Bd. 2 (Oslo 1993), Akt II, S. 382f.

deren Kindheit und Jugend für ihre Karriere als Pianistin und ihre Liebesaffären vernachlässigt hat. Die eine ist seelisch, die andere körperlich verkrüppelt. Bei einem der seltenen Treffen mit ihrer sich stets entziehenden Mutter Charlotte äußert Eva als Erwachsene ihre Erkenntnis, ‚dass es keinen Unterschied zwischen Kindern und Erwachsenen gibt, weil die Erwachsenen Kinder bleiben, die als Erwachsene verkleidet leben müssen':

> Jag försöker förklara (...) att det inte finns någon skillnad på barn och vuxna eftersom de vuxna fortfarande är barn, som måste leva förkladda till vuxna.[30]

Hinter der Maske der Erwachsenen verbergen sich infantile Selbstsucht und Hilflosigkeit. Auch Charlotte ist in ihrer eigenen Kindheit von ihrer Mutter nicht beachtet worden, da diese sich – wie Rita Allmers in *Lille Eyolf* – nach ihrer Geburt sofort wieder dem Vater zugewandt habe; deswegen, so bekennt Charlotte bei der nächtlichen Konfrontation mit den Vorwürfen ihrer Tochter Eva, leide sie selbst unter dem Gefühl, nicht wirklich zu existieren:

> Ibland när jag ligger vaken på nätterna undrar jag om jag över huvud taget har levat (...) Och jag tänker: Jag lever inte, jag har aldrig blivit född, jag pressades fram ur min mors kropp, den slöt sig och vände sig genast mot far, jag existerar inte ... Ibland har jag undrat om der är på samma sätt för alla mänskor eller om somliga har större begåvning för att leva än andra. Om somliga mänskor aldrig lever, utan bara existerar? (...) Jag har aldrig blivit vuxen, mitt ansikte och min kropp åldras, jag skaffar mig minnen och erfarenheter, men innanför de där påtagligheterna är jag liksom oföd (...) ‚Verklighetskänsla är en begåvningssak', sa han, ‚de allra flesta mänskor saknar den begåvningen och det är kanske tur'.[31]

In Bergmans deutscher Fernsehproduktion *Aus dem Leben der Marionetten* (1979/80) sieht die Modedesignerin Katarina Egerman sich und ihren Mann ebenfalls als nicht erwachsen gewordene Kinder:

> Keiner von uns will erwachsen sein. Das ist der Grund, warum wir streiten und uns prügeln und weinen. Keiner von uns will klug und reif sein. Aber wir haben einen gemeinsamen Blutkreislauf, unsere Nervenstränge sind auf irgendeine unheimliche Weise zusammengewachsen.[32]

Für Katarina ist Peter eine Art Zwilling, „ein Teil von mir ... Ich trage ihn in mir, wohin ich auch gehe, er sitzt hier drinnen".[33] Und auch Tim, ein Freund Katarinas und Peters, wird die Empfindung nicht los, „nur ein Kind" zu sein:

---

[30] Ingmar Bergman, *Höstsonaten* (Stockholm 1978), S. 36.
[31] Bergman, *Höstsonaten*, S. 75ff. Egil Törnqvist hat hier eine deutliche Parallele zu August Strindbergs Kammerspiel *Pelikanen* gesehen (von Bergman als Theaterregisseur zwei Mal aufgeführt); auch dort verteidigt sich eine selbstsüchtige Mutter gegen die Anklagen ihrer Tochter, indem sie ihre eigene lieblose Kindheit anführt, vgl. Törnqvist, *Between Stage and Screen*, S. 161.
[32] Ingmar Bergman, *Aus dem Leben der Marionetten* (Hamburg 1980), S. 30.
[33] Ebd.

Ich mache die Augen zu und fühle mich wie ein Zehnjähriger – ich meine, auch körperlich. Und dann mache ich die Augen auf und gucke in den Spiegel, und da steht ein kleiner alter Knacker. Ein kindlicher alter Knacker, ist das nicht merkwürdig? ... Ein kindlicher alter Knacker, das ist alles.[34]

Der „alte Knacker" als niemals erwachsen gewordenes Kind ist auch in der Figur des gefühlserstarrten alten Arztes Isak Borg in Bergmans *Smultronstället* verkörpert. Wie Eva und Charlotte in *Höstsonaten* hat er von seiner Mutter keine Wärme und Liebe erfahren, konnte selbst keine empfinden und hat sein Leben lang nur für seine Arbeit gelebt. Im Film ist der gealterte Sohn neben seiner noch greiseren Mutter zu sehen. Ihre starren alten Gesichter gleichen denen der toten Greise im Prolog von *Persona*. Ähnlich wie jene ist Isak Borg, der sich selbst als ‚lebenden Toten' bezeichnet, in liegender Position zu sehen, als er aus dem Schlaf erwacht, wobei sein Gesicht wie das eines gealterten Säuglings wirkt. In einem seiner Träume begegnet er zweifach seinem Doppelgänger: einmal in Gestalt eines Mannes in Hut und Mantel mit fetalen, undifferenzierten Gesichtszügen[35] und ein weiteres Mal in Gestalt eines Leichnams, der von seinem Leichenwagen und aus seinem Sarg herausfällt, Isak ins Gesicht blickt und die Hand nach ihm ausstreckt. Isak befindet sich in seinem Traum auf den menschenleeren Straßen einer unbekannten Stadt; die Situation vereinigt mit dem Auftreten des Doppelgängers als Spiegelbild und unheimlichem Vorboten des Todes gleich zwei Aspekte, die Sigmund Freud als Beispiele für „das Unheimliche" beschrieben hat.

Infantile Angstphantasien, Sublimierungen und Ersatzobjekte: Objet d'art als Objekt a

Die Traumvision des überlebensgroßen Frauengesichts im Prolog von *Persona* weist neben intertextuellen Beziehungen zur oben genannten Eltern-Kind-Problematik bei skandinavischen Künstlern wie Strindberg, Ibsen und Munch auch Parallelen zu theoretischen Konzepten aus Psychoanalyse und Philosophie auf.

Die kindliche Gestalt, die vergeblich die Hand nach einem körperlosen femininen Objekt ausstreckt, lässt sich als Repräsentant von Trennungs- und Geburtsangst und infantilem Kastrationsphantasma lesen.[36] Otto Rank hat in

---

[34] Ders., S. 56f.
[35] Vgl. hierzu auch Törnqvist, S. 117: „The empty face of the man with its desparately closed mouth and eyes resembles the face of a fetus. A grown-up man and yet a fetus is a rather adequate description of Isak who emotionally has remained at a rudimentary stage".
[36] Das Motiv symbolischer Kastration taucht in ganz ähnlicher Form auch in *Tystnaden* auf; nämlich in der Szene, in der der alte Kellner vor dem kleinen Johan einem Würstchen den ‚Kopf' abbeißt, worauf der Junge zu seiner Mutter läuft, die sein Bedürfnis nach Nähe jedoch abweist und ihren Körper stattdessen ihrem Liebhaber zuwendet.

Das Trauma der Geburt auf die Bedeutung der Kastrationsangst hingewiesen, die er im Gegensatz zu Freuds Genitalkastrationskomplex an erster Stelle auf die „Urkastration' der Geburt, d.h. der Trennung des Kindes von der Mutter" zurückführt und an zweiter Stelle auf das Trauma der Entwöhnung des Kindes von der Mutter.[37] Das Bild des Jungen, der allein und in einem dunklen Raum die Hand nach einer unerreichbaren Mutter ausstreckt, ist Ausdruck infantiler Urängste. Wie andere Elemente des Prologs ist dieses Phantasma des Geburtstraumas proleptisch; in der Binnenhandlung des Films wird es später in verbalen und visuellen Sequenzen wieder auftauchen.

Der unsichtbare Körper des weiblichen Objekts in *Persona* korrespondiert in diesem Zusammenhang mit dem verlorenen Liebesobjekt, mit dem, „was Lacan das ‚Reale' nennt, jenes unzugängliche Reich, das sich stets jenseits der Reichweite der Bedeutung befindet, immer außerhalb der symbolischen Ordnung":

… nach der ödipalen Krise können wir dieses kostbare Objekt niemals wieder erlangen, auch wenn wir ihm unser ganzes Leben lang nachjagen. Wir müssen uns stattdessen mit Ersatzobjekten zufrieden geben, dem, was Lacan das ‚Objekt klein a' nennt, mit dem wir die Lücke mitten im Zentrum unseres Seins vergeblich zu stopfen suchen.[38]

Als ein solches Ersatzobjekt „*Objekt a*" lässt sich das *objet d'art*[39] des Frauengesichts lesen. Die auf die weiße Wand projizierte Erscheinung entspricht den von Karen Blixens altem Ritter-Ödipus heraufbeschworenen begehrten und zugleich angstbesetzten ‚Spiegelbildern' und Phantomen unerreichbarer junger Damen ‚in matten Spiegeln' und weißen Gebeinen. Sie lässt sich zu Melanie Kleins (von Lacan allerdings kritisiertem) Postulat der Wiedergutmachungs- und Sublimierungsantriebe als Grundlage künstlerischen Schaffens in Beziehung setzen, welche auf die sadistische, paranoid-schizoide Position des kleinen Kindes folgen.

Um Kleins theoretische Überlegungen nachzuvollziehen, soll an dieser Stelle zunächst genauer auf die surrealen Traumfragmente im Prolog von *Persona* eingegangen werden. Klein verweist auf die Identifizierungstendenzen – „die Vorstufe der Symbolik" – des ganz kleinen Kindes, das „in jedem Ding seine Organe und deren Tätigkeiten wiederzufinden sucht".[40] Gestützt auf Überlegungen von Ferenczi und Ernest Jones, gelangt Melanie Klein zu dem Ergebnis, „dass die Symbolik die Grundlage aller Sublimierungen und Begabungen sei, indem Dinge, Tätigkeiten, Interessen auf dem Wege der symbolischen Gleich-

---

[37] Otto Rank, *Das Trauma der Geburt*, a.a.O., S. 22f.
[38] Terry Eagleton, *Einführung in die Literaturtheorie* (Stuttgart/Weimar 1997), S. 157.
[39] Zu Lacans Wortspiel zwischen *Objekt a* und *objet d'art* vgl. nochmals Armstrong, a.a.O., S. 69.
[40] Melanie Klein, „Die Bedeutung der Symbolbildung für die Ich-Entwicklung", in: *Das Seelenleben des Kleinkindes*, a.a.O., S. 32.

setzung Gegenstand libidinöser Phantasien werden". Neben dem lustbetonten Gleichsetzungsinteresse ist es auch „*Angst*", die Klein zufolge „den Mechanismus der Identifizierung in Gang setzt":

> Die Zerstörungswünsche gegen die die Objekte vertretenden Organe – Penis, Vagina, Brust – lösen Angst vor den Objekten aus. Diese Angst trägt zur Gleichsetzung dieser Organe mit anderen Dingen bei und treibt dann von den durch diese Gleichsetzung zu Angstobjekten verwandelten Dingen weg zu immer neuen und anderen Gleichsetzungen, die die Basis für ein mit diesen Gegenständen verknüpftes Interesse und für die Symbolik bilden.[41]

Auf solchen lustbetonten und angstbesetzten symbolischen Gleichsetzungen von Teilobjekten scheint die Abfolge der Traumfragmente im Prolog zu basieren, welche der Leichenhausszenerie vorausgeht. Diese Abfolge wirkt wie eine im Traum vollzogene Regression auf die infantilen Desintegrationszustände des Säuglings in der paranoid-schizoiden Position, die von unbewussten sadistischen Phantasien, Zerstückelungs- und Verfolgungsängsten geprägt ist.[42] Sigmund Freud äußert in *Die Traumdeutung* die Ansicht, „das Träumen sei im Ganzen ein Stück Regression zu den frühen Verhältnissen des Träumers, ein Wiederbeleben seiner Kindheit, der in ihr vorherrschend gewesenen Triebregungen und verfügbar gewesenen Ausdrucksweisen".[43] In „Das Unheimliche" weist er darauf hin, dass „das Unheimliche des Erlebens" zustande komme, „wenn verdrängte infantile Komplexe durch einen Eindruck wiederbelebt werden".[44] Eine solche Wiederbelebung kann man zusätzlich auch aus Bergmans biographischen Angaben ableiten; durch Eindrücke während seines langwierigen Krankenhausaufenthalts als Erwachsener im Stockholmer Sophiaheim wurden Leichenhaus-Erinnerungen und -Phantasien aus der Kindheit am selben Ort wiederbelebt, wozu auch gehört, dass Bergman als Junge einst mit den Toten im Leichenhaus eingeschlossen wurde.[45] Im Prolog von *Persona* fließt offenbar beides zusammen.

---

[41] Ebd.
[42] Klein, „Bemerkungen über einige schizoide Mechanismen", in: *Das Seelenleben des Kleinkindes*, S. 101–125.
[43] S. Freud, *Die Traumdeutung* (Frankfurt/M. 1991), S. 539. Vgl. auch Freuds Feststellung, „dass im Traume Eindrücke aus den frühesten Lebensaltern erscheinen können", in: „Das Infantile als Traumquelle", *Die Traumdeutung*, S. 199.
[44] Ders., „Das Unheimliche", S. 168f.
[45] In seiner Autobiographie *Laterna Magica* erzählt Bergman, wie er als kleiner Junge in der Zeit, als sein Vater Krankenhauspfarrer im Sophiaheim war, vom Krankenhauswärter mit den Toten im Leichenhaus eingeschlossen wurde. Die Idee zu *Persona* selbst wurde während Bergmans langwierigem Krankenhausaufenthalt im Stockholmer Sofiahemmet geboren, in einer Atmosphäre von Leere und Tod, die im Film allgegenwärtig ist. Diese Zeit hat Bergman folgendermaßen beschrieben: „Ich saß im Bett und starrte auf einen schwarzen Fleck an der Wand, denn hätte ich den Kopf zur Seite gedreht, wäre alles umgefallen – ich verlor ständig das Gleichgewicht. (...) als ich mit *Persona* beschäftigt war, schwebte mir

Das Zurückschreiten im Traum auf infantile Stufen der Entwicklung kann aber auch jene universalen frühen ödipalen Phantasien und Ängste wiederbeleben, welche Melanie Klein an Kleinkindern festgestellt hat. Diese wurzeln Klein zufolge in den sehr frühen kindlichen Objektbeziehungen, in denen Teilobjekte – einzelne Körper- und Geschlechtsteile – die Eltern und auch das Kind selbst als Ganzes repräsentieren. Der Vorspann von *Persona* evoziert solche paranoiden und sadistischen Phantasien, die im Übrigen auch an die surrealistische Zerstückelungsangst und den Assoziationswahn bei Salvador Dalí erinnern. Melanie Klein hat solche „frühen Angstsituationen im Spiegel künstlerischer Darstellungen" in ihrem gleichnamigen Aufsatz aus dem Jahre 1931 beschrieben.[46] Am Beispiel einer Oper von Ravel sucht Klein hier zu illustrieren, wie vom Kind beschädigte Gegenstände und gequälte Tiere unbewusst mit Körperteilen, Eltern und Geschwistern assoziiert und zu Angstobjekten und Verfolgern werden.

Die angstbesetzte und gleichzeitig lustbetonte Gleichsetzung von Organen mit anderen „zu Angstobjekten verwandelten Dingen weg zu immer neuen und anderen Gleichsetzungen", die laut Klein „die Basis für ein mit diesen Gegenständen verknüpftes Interesse und für die Symbolik bilden", lässt sich am Vorspann und Prolog von *Persona* nachvollziehen.[47] Die Bildfolge beginnt mit den

---

vor, ein Gedicht zu machen über die Situation, aus der *Persona* geboren wurde. Nicht in Worten, sondern in Bildern (...) Mein Dasein bestand gerade damals aus toten Menschen und Ziegelmauern und ein paar kahlen Parkbäumen. Wenn man im Krankenhaus lebt, spürt man die Anwesenheit der Toten. Von meinem Fenster aus sah ich auf die Leichenhalle, wo die Leichenzüge hingingen und kleine Särge hinein- und herausgetragen werden. Dann spielte ich den kleinen Jungen, der gestorben war, aber doch nicht richtig tot sein durfte, weil er dauernd mit Telefonanrufen vom Dramatischen Theater geweckt wurde. Dann wurde er so ungeduldig, dass er sich hinlegte und ein Buch las: ‚Ein Held unserer Zeit'. Plötzlich fand ich, dass das ziemlich bezeichnend war für mich: der abgehetzte Manager, der auf seinem Sterbebett liegt. Ja, das ist wirklich trivial, aber so läuft das eben – und plötzlich sieht man zwei Gesichter, die sich ineinander bewegen, und da fängt der Film an", in: Björkman et al, *Bergman über Bergman*, a.a.O., S. 223f.
[46] Melanie Klein, „Frühe Angstsituationen im Spiegel künstlerischer Darstellungen", a.a.O., S. 497–506.
[47] Dieses Phänomen hat Sigmund Freud in seiner *Traumdeutung* mit den Mechanismen von Verschiebung und Verdichtung beschrieben, was der Strukturalist Roman Jakobson anhand der Gleichsetzung der linguistischen Begriffe Paradigma und Syntagma mit den rhetorischen Figuren Metapher und Metonymie aufgegriffen hat und J. Lacan mit der Gleichsetzung von Verdichtung und Verschiebung mit Metapher und Metonymie. Christian Metz betont die Bedeutung der rhetorischen Figuren Metapher und Metonymie für das Kino, die „mit der Verdichtung und der Verschiebung, den Charakteristika des Traumflusses, verbunden sind. Diesen Fluss evoziere übrigens der Film mit seinem Hervorbringen von Bildern direkter als das literarische Objekt", so Metz in: *Der imaginäre Signifikant*, a.a.O., S. 9. Analogien zwischen *Persona* und realen Traumprozessen, den physiologischen Schlafzuständen von REM and NREM, hat Marsha Kinder untersucht, in: dies., „The

Karbidlampen eines Filmprojektors, die, von verstörender Musik begleitet, in der Dunkelheit nacheinander aufglühen wie ein Blitz, worauf der Projektor mit ratterndem Geräusch zu laufen und einen Film abzuspulen beginnt. Man kann dies sowohl als Rekapitulation der Frühstadien der Filmgeschichte als auch der Anfänge von Bergmans eigenem Schaffen als Filmregisseur lesen.[48] Ebenso kann man das Aufblitzen und die sich daran anschließende Bildfolge im Sinne Melanie Kleins aber auch als Repräsentation eines frühen menschlichen Bewusstseins und seiner Symbolbildungen lesen, für die Wahrnehmung des Kindes oder die Reminiszenzen des Träumers, der im Traum auf infantile Bewusstseinsstufen und Symbolbildungen regrediert. Auf das Bild von Projektor, Karbidlampen und Filmspule folgt die kurze Einblendung eines erigierten männlichen Geschlechtsteils, das genau dieselbe Form hat wie die rechte Lampe des Filmprojektors. Das Genital und die an der Spitze grell aufglühende Lampe, welche beide diagonal aufragen, sind assoziierbar mit Jacques Lacans Auffassung des Phallus als ‚transzendentalem Signifikanten'. Diese Auffassung deckt sich mit Camille Paglias Analyse der genitalen Projektionsmetaphorik in Kunst und Kino, die Projektor, Phallus, Auge und Hand als Signifikanten und Erweiterungen des Selbst – „an extension of self reaching outward" – gleichsetzt:

> The male genital metaphor is concentration and projection (...) Through concentration to projection into the beyond. The male projection of erection and ejaculation is the paradigm for all cultural projection and conceptualization – from art and philosophy to fantasy, hallucination, and obsession (...) An erection is a thought and the orgasm an act of imagination (...) The penis is like an eye or hand, an extension of self reaching outward (...) The eye is Apollo's arrow following the arc of transcendence (...) The western eye is a projectile into the beyond (...) Arrow, eye, gun, cinema: the blazing lightbeam of the movie projector is our modern path of Apollonian transcendance. The movie projector is an Apollonian straight-shooter, demonstrating the link between aggression and art (...) The camera has unbound daemonic western imagination (...) Plot and dialogue are obsolete word-baggage. Cinema, the most eye-intense of genres, has restored pagan antiquity's cultic exhibitionism. Spectacle is a pagan cult of the eye.[49]

Penetrating Dreamstyle of Ingmar Bergman", in: Vlada Petrić (Hrsg.), *Films & Dreams. An Approach to Ingmar Bergman* (South Salem/New York 1981), S. 57–73, bes. S. 65–73.

[48] Vgl. John Simons Assoziation mit der Frühphase des Films sowie mit Bergmans eigenen, in der Kindheit liegenden Anfängen als Filmemacher, in: ders., *Ingmar Bergman directs* (New York 1972), S. 230f. Ebenso lässt sich das Aufleuchten aus der Dunkelheit mit der Scheidung von Licht und Finsternis, Tag und Nacht im *Ersten Buch Mose* durch den biblischen Schöpfer assoziieren: „Und Gott sprach: Es werde Licht! Und es ward Licht. Und Gott sah, dass das Licht gut war. Da schied Gott das Licht von der Finsternis"; vgl. Törnqvist zu diesem Hinweis, a.a.O., S. 144: „Does Bergman wish to indicate that artistic creativity is related to divine creativity?"

[49] Paglia, a.a.O., S. 19f., 23, 31, 33. Tatsächlich scheint Bergmans Filmtitel Paglia zum Titel ihrer Studie „*Sexual Personae*" inspiriert zu haben; so schreibt sie in ihrem Vorwort: „My

Camille Paglia hat Kunst als „form struggling to wake from the nightmare of nature"[50] bezeichnet. Das Aufblitzen der Karbidlampen ist in der Sekundärliteratur als Metapher für sublimierte *Libido*, für den Akt künstlerischer Inspiration aufgefasst worden, welchem Sexualität und triebhafte Aggression zugrunde liegen.[51] Dass es sich um zwei Lampen handelt, korrespondiert nicht nur mit der Tatsache, dass in der Binnengeschichte zwei in Konflikt stehende Frauenfiguren auftreten, sondern auch mit dem Bild des vertikal aufgenommenen Lippenpaars, das im Vorspann ebenso schnell auftaucht und verschwindet wie das männliche Genital. Die Lippen erinnern optisch an eine Vagina und suggerieren Doppelgängertum und Duplizität, auf die beispielsweise auch in Luce Irigarays feministischer Schrift *Das Geschlecht das nicht eins ist* (1977) als Gegenentwurf zum phallischen Symbol für Logos, Einheit und Identität verwiesen wird. Die vertikalen Lippen bilden eine Korrespondenzbeziehung zu den beiden weiblichen Gesichtshälften, aus denen das überlebensgroße Frauengesicht auf der Leinwand zusammengesetzt ist. Mund und weibliche sowie männliche Geschlechtsteile kehren später in einer zusammenhängenden Episode wieder. Die Rekurrenz dieser sexuellen Elemente in Prolog, Vorspann und Binnenerzählung suggeriert, dass hier Äquivalenzbeziehungen als Teil der Symbolstruktur des Films vorliegen. Die überdimensional und monströs wirkenden Geschlechtsteile, die mit weiteren eingeblendeten Traumbildern wie großen phallischen Bäumen, aufragenden Metallzinken und einer haarigen Spinne gleichgesetzt werden können, entsprechen den infantilen Symbolbildungen und Angstphantasien, in denen das Kleinkind sich von den mit den Geschlechtsteilen gleichgesetzten Eltern verfolgt fühlt.

Nach der flüchtigen Einblendung des männlichen Geschlechtsteils ist die Filmrolle zu sehen, die vom Projektor abgespult wird; man kann erahnen, dass es sich um einen alten Cartoon handelt. Als nächstes erscheint das Innere des Projektors: repräsentiert dies eine Analogie zum Inneren eines Gehirns, das mechanisch-automatisch Erinnerungsbilder abspult?[52] Bergmans experimentel-

---

title was inspired by Ingmar Bergman's cruel, dreamy masterpiece, *Persona*". Der Film selbst ist jedoch nicht Gegenstand ihrer kunst- und literaturwissenschaftlichen Reflexionen und Analysen.

[50] Dies., S. 39.

[51] Zu Deutungen hierzu vgl. Bruce Kawin, *Mindscreen* (Princeton 1978), S. 106; Kawin setzt die sich aneinander entzündenden Lampen in Beziehung zum „dramatic intercourse" zwischen den beiden miteinander in Konflikt stehenden Frauenfiguren der Binnengeschichte; vgl. außerdem Hubert Cohen, *Ingmar Bergman: The Art of Confession*, S. 229: „The image also prefigures the psychological fireworks that will result when the film's two protagonists are forced into close contact, and it symbolizes what Bergman sees as a key source of his creativity: aggression and sexual energy"; vgl. auch Törnqvist, der den Moment des Aufblitzens mit „fertilization" und „sublimation of sexual activity" in Verbindung bringt (a.a.O., S. 144).

[52] Vgl. in diesem Zusammenhang Bergmans eigenen Verweis auf die quasi automatische

les ‚Gedicht in Bildern', wie er es genannt hat, zeigt deutliche Anklänge an das automatische Schreiben der Surrealisten, das auf dem psychologischen Prinzip der Freien Assoziation beruht. Als Nächstes ist der Cartoon zu sehen: die auf dem Kopf stehende Zeichentrickfigur einer dicken Wäscherin, die in einem Fluss steht, ihre Hände ins Wasser taucht, ihr Gesicht wäscht und sich wiederholt an die Brüste greift. Suggeriert dieses Bild die infantile Obsession mit Geschlechtsmerkmalen wie der Mutterbrust und damit die ödipale Umkehrung des ‚transzendentalen Signifikanten'? Das Bild friert kurzzeitig in einem *Freeze frame* ein und steht außerdem auf dem Kopf, was daran erinnert, dass Bilder spiegelverkehrt auf die Netzhaut im Inneren des Auges projiziert werden. Dies lässt sich als ein weiteres Indiz dafür lesen, dass man sich die Welt dieses Films als Innenwelt im Kopf eines Träumers vorzustellen hat. Die Umkehrung suggeriert außerdem die Wahrnehmung des Säuglings, aus dessen Perspektive die Welt immer wieder auf dem Kopf zu stehen scheint. Nach der wiederholten Einblendung der Filmrolle erscheint ein weiteres Paar Hände, pantomimische Kinderhände vor dunklem Hintergrund, die eine Waschbewegung zu imitieren, ein Spiel zu spielen oder nacheinander zu greifen scheinen. Ist das Händepaar ein weiteres Symbol für Duplizität? Repräsentieren diese Hände ohne Körper die zerstückelte Selbstwahrnehmung von Säugling und Kleinkind, dessen Gliedmaßen vor dem Eintritt ins Spiegelstadium Teilrepräsentanten seiner selbst sind?

Danach erscheint ein Stummfilmfragment[53] als Projektion auf einer weißen Fläche: eine als Tod verkleidete Gestalt erscheint aus einer Truhe und erschreckt einen Mann im Nachthemd, der wegrennt und auf eine Teufels- oder Vampirgestalt trifft, die sich vor ihm aufbaut. Dieser Nonsense-Sequenz lässt sich die Funktion eines Miniaturspiegels zuschreiben: sie spiegelt die sadistischen Spiele der als Erwachsene verkleideten Kinder wider, die einander in der Binnengeschichte des Films verfolgen. Danach wird die Bildfolge langsamer. Vor einem weiteren weißen Hintergrund, der sich als Metapher für den mentalen Bildschirm lesen lässt, bewegt sich langsam eine Vogelspinne; ihre Bewegungen werden von langsamer unheimlicher Musik untermalt, was den ominösen Cha-

---

Produktion dieser Bilder: „Also, als ich mit *Persona* beschäftigt war, schwebte mir vor, ein Gedicht zu machen über die Situation, aus der *Persona* geboren wurde. Nicht in Worten, sondern in Bildern. Da habe ich überlegt, was wichtig war, und fing mit diesem Projektor an und der Lust, ihn in Bewegung zu setzen. Aber als der Projektor endlich in Schwung gekommen war, waren bloß noch alte Sachen da, wie die Spinne und das Gotteslamm und ähnlich triste Sachen. Mein Dasein bestand gerade damals aus toten Menschen und Ziegelmauern und ein paar kahlen Parkbäumen", in: Björkman et al, *Bergman über Bergman*, a.a.O., S. 223.

[53] Genauer gesagt handelt es sich dabei um ein von Bergman nachgebildetes Fragment eines Stummfilms, das er in seinen Film *Fängelse* (1949) integriert hatte.

rakter des Tieres hervorhebt. Die haarige Vogelspinne, die in der Psychoanalyse als Symbol der phallischen Mutter gilt,[54] korrespondiert mit in der Binnenerzählung auftretender weiblicher Schambehaarung und Geschlechtsverkehr und damit im weiteren Sinne mit dem Horror von Sexualität als Gegenspielerin von Identität, Individualität und Transzendentalität. Eine weitere Konnotation lässt sich am vampirischen Verhalten einer der beiden weiblichen Hauptfiguren festmachen, die obendrein mit Nachnamen „Vogler" heißt.[55] Auf das Horrorbild der haarigen Spinne folgt ein totes Schaf, das ausgeblutet und dabei von einer Hand festgehalten wird. Die nächste Aufnahme zeigt das erstarrte Auge des Tieres, auf das ein Messer zielt.[56] Über dem Auge ist ein einzelner Finger zu sehen, und in der folgenden Aufnahme werden Hände gezeigt, die die blutigen Eingeweide des Schafs zusammenschnüren. Das Bild ist eines jener „Phantasmen der Zerstückelung", die, so Lacan im Verweis auf Melanie Klein, „in regressiver Richtung von der Ausrenkung und Zerteilung über die Entmannung und das Bauchaufschlitzen bis zum Gefressen- und Begrabenwerden führen" und deren „Reihe" sich „einer Form des zugleich zerstörenden und erforschenden Eindringens einschreibt, das aufs Geheimnis des Mutterleibs zielt".[57] Opferlamm und Mörderhand vereinigen sich im Folgenden in der Aufnahme einer Hand, durch die ein Nagel geschlagen wird; Blut quillt aus der Wunde und die Finger krümmen sich langsam wie zuvor die Beine der unheimlichen

---

[54] Vgl. Freud, *Vorlesungen zur Einführung in die Psychoanalyse Und Neue Folge*, a.a.O., S. 466: „Nach Abraham 1922 ist die Spinne im Traum ein Symbol der Mutter, aber der phallischen Mutter, vor der man sich fürchtet, so dass die Angst vor der Spinne den Schrecken vor dem Mutterinzest und das Grauen vor dem weiblichen Genitale ausdrückt. Sie wissen vielleicht, dass das mythologische Gebilde des Medusenhaupts auf dasselbe Motiv des Kastrationsschrecks zurückzuführen ist".

[55] Bergman übernahm diesen in seinen Filmen mehrfach auftretenden Namen von einem dämonischen deutschen Violinisten, mit dem er persönlich bekannt war; auch hat er auf seine eigene Angst vor Vögeln hingewiesen (was natürlich an Alfred Hitchcocks Verfilmung von Daphne du Mauriers *The Birds* denken lässt): „Vogler also evokes the word *bird*. To me birds have always been something demoniacal, mysterious, and dangerous. I'm afraid of birds, I've always been afraid of them. Since I was a child", in: Björkman/Manns, Sima: „Death at Dawn Each Day: An Interview with Ingmar Bergman", in: *Evergreen Review*, Vol. 13, Nr. 63, February 1969, S. 45. Daneben ist ‚Vogler' auch mit dem Vogelfänger in W.A. Mozarts Oper *Die Zauberflöte* zu assoziieren, welche Bergman inszeniert und verfilmt hat.

[56] John Simon hat in diesem Motiv eine Parallele zum durchgeschnittenen Auge in Buñuels surrealistischem Film *Un Chien andalou* gesehen, an dem übrigens auch Salvador Dalí beteiligt war; in: Simon, *Ingmar Bergman directs*, S. 309. Simon zitiert hierzu eine Aussage Bergmans: „Buñuel was my first cinematic revelation. He remained the most important for me ... I entirely share his theory of initial shock to attract the public's attention". (Zitat bei Simon aus: *Cinéma* 66, Nr. 111, December 1966).

[57] Lacan, „Die Familie", S. 69.

Spinne. Ist dies eine Kreuzigung oder ein exorzistischer Akt, der an die Pfählung und Austreibung eines Vampirs erinnert? Beides kehrt in der Binnengeschichte wieder. Auf die blutigen Zerstückelungsphantasmen von Hand und Schaf folgen weitere Aufnahmen, die Tod, Versteinerung und Karfreitagsstimmung evozieren: eine an einen Friedhof erinnernde Ziegelmauer, phallisch aufragende Objekte wie kahle Baumstämme in einem winterlichen Park und gefährlich aussehende spitze Zinken eines Metallzauns, die Trübseligkeit eines schmutzigen Schneehaufens, der wie ein Grabhügel wirkt. Das Erstarrte, Versteinerte dieser Objekte wiederholt sich in den nun folgenden Aufnahmen von erloschenen Gesichtern, Händen und Füßen toter Greise im Leichenschauhaus. Auf den Schneehaufen folgt unvermittelt der Gesichtsausschnitt einer Leiche, deren Kinn und Nase sich mit einer Mundspalte dazwischen wie Felsgestein wölben oder wie trockene Rinde wirken. Die Gesichter und gefalteten Hände der Toten werden mehrfach aus verschiedenen Perspektiven gezeigt, daneben auch ein Paar Füße, die an Skulpturen der Füße des Gekreuzigten erinnern. Die Gesichter der Toten ähneln expressionistischen Seelenlandschaften, mit denen Edgar Morin ganz allgemein das Gesicht auf der Leinwand gleichgesetzt hat:

> Denn auf der Leinwand wird das Gesicht zur Landschaft, und die Landschaft wird Gesicht, das heißt Seele. Die Landschaften sind Seelenzustände, die Seelenzustände sind Landschaften.[58]

Die toten Gesichter haben eine Parallele im schlafenden alten Gesicht Isak Borgs, der in *Smultronstället* im Traum seinem eigenen Leichnam begegnet sowie im Gesicht des jungen Helden in Carl Dreyers *Vampyr*, der sich im Traum als Toter mit starren Augen im Sarg liegen sieht. Die Toten im Leichenhaus mit ihren blinden Gesichtern und geschlossenen Augen repräsentieren greise Ödipus-Gestalten. Als infantile Greise und senile Föten sind sie mit dem geblendeten Ödipus assoziierbar, der, seiner transzendentalen Vision beraubt, im Mutterschoß der Erde und im Reich der Toten verschwindet. Das Bild der von einem Nagel durchbohrten Hand lässt sich ebenfalls zum Kastrationsphantasma des Ödipus in Beziehung setzen: der Blendung der Augen geht die Kastration der Füße voraus. Ödipus wird von seinen Eltern mit durchbohrten Sehnen ausgesetzt. Mit der Vorstellung eines ungewollten, ausgesetzten Kindes ist auch der scheintote nackte Junge zu assoziieren, der hier zum ersten Mal im Prolog eingeblendet wird und wie die Toten unter einem Tuch auf einer

---

[58] Edgar Morin, *Der Mensch und das Kino* (Stuttgart 1958), S. 84. Ein ähnlicher Vergleich im Hinblick auf *Persona* ist auch bei Marilyn Johns Blackwell zu finden, in: Dies., *Persona. The Transcendent Image* (Urbana 1986), S. 22f: „These shots are, however, also ‚soul'-scapes, in that they function as images meant to evoke particular emotions in the viewer (…) an extreme close-up of the mouth, chin, and nose of a corpse in profile (…) looks less like a human face than like a landscape".

Bahre liegt. Seinem Aussehen nach zu urteilen, befindet er sich an der Schwelle zur Pubertät, in der der Ödipuskomplex laut Freud eine Wiederbelebung erfährt.[59] Auch er ist eine Ödipus-Gestalt. Stumm schaut er zum monströs-riesigen Gesicht einer rätselhaften Sphinx auf, die ihn im Mythos als Doublette der Mutter mit ihrem Rätsel des vierfüßigen, zweifüßigen und dreifüßigen Menschen an den Zyklus von Säugling, Mann und Greis und an die Vergeblichkeit der transzendentalen Vision erinnert:

> ... the Sphinx rules words. She rules them by stopping them, still-born, in the throat ... Birth is taking first breath. But the Sphinx of nature throttles us in the womb.[60]

Der Junge nimmt das Phantasma des Femininen wahr, nachdem er sich eine Brille aufgesetzt hat. Dieses Brillenmotiv, das häufiger bei Bergman erscheint, zeigt starke Anklänge an die Spiegel, Brillen- und Sehgläser in E.T.A. Hoffmanns *Der Sandmann* und *Prinzessin Brambilla*, wo Augengläser und phallische Fernrohre in projektiven wahnhaften Visionen das „Phantom unseres eigenen Ichs" hervortreten lassen und die transzendentale Vision in geistige Umnachtung umkehren. Die projektive Armbewegung, mit der der Junge die Hand nach der Erscheinung des überlebensgroßen Frauengesichts ausstreckt, ruft die Form des erigierten männlichen Genitals als Metapher für den transzendentalen Signifikanten in Erinnerung: „The penis is like an eye or hand, an extension of self reaching outward".[61]

Surrealistisches

Die Vorstellung, dass Hände und Gesichter das Menschliche repräsentieren, bringt Bergman auch in *Tystnaden* (1962) zum Ausdruck. Dort gibt die allein in einem fremden Land zurückbleibende sterbende Esther ihrem kleinen Neffen, der vom selben Jungen (Jörgen Lindström) wie in *Persona* verkörpert wird, zwei Worte der fremden Landessprache, die sie gelernt hat, mit auf den Weg: die Worte für Hand und Gesicht.[62] Die Gleichsetzung von Händen, erstarrten Körpern und Genitalien korrespondiert mit diversen surrealistischen Werken Salvador Dalís, auf denen Gliedmaßen in Geschlechtsteile übergehen. *Die Metamorphose des Narziss* zeigt die anamorphotische Verwandlung der Ich-Gestalt,

---

[59] Laplanche/Pontalis, *Das Vokabular der Psychoanalyse*, unter „Ödipuskomplex", S. 351ff.
[60] Paglia, a.a.O., S. 50f.
[61] Dies., S. 23.
[62] Hierzu Bergmans Aussage: „Für mich ist wichtig, dass Esther eine geheime Mitteilung an den Jungen schickt. Diese Mitteilung, die er zu entziffern versucht, die ist wichtig. Esther in all ihrem Elend repräsentiert für mich das Destillat von etwas unzerstörbar Menschlichem, das sie dem Jungen vererbt", in: Björkman, *Bergman über Bergman*, a.a.O., S. 205.

deren Kopf und Körper sich in ein steinernes Ei und in eine versteinerte Hand verwandeln. Diese surrealistischen Gleichsetzungen und Symbolbildungen haben nicht zufällig ihre Parallelen in der Traumsymbolik Sigmund Freuds, den die Surrealisten zu ihrem Patron erwählt hatten.[63] „*Berg* und *Fels*", so Freud, „sind Symbole des männlichen Gliedes"[64] und „Kinder bedeuten im Traume oft nichts anderes als Genitalien".[65] Der Freud-Schüler und Klein-Lehrer Sándor Ferenczi bezeichnet „das Kind als Penissymbol" und „das männliche Glied als Miniatur des ganzen Ich (...) dieses reduziertere kleinere Ich, das in Träumen und anderen Phantasieprodukten so häufig die ganze Person vertritt".[66] Genitalien können Freud zufolge „auch im Traum durch andere Körperteile vertreten werden, das männliche Glied durch die Hand oder den Fuß, die weibliche Genitalöffnung durch den Mund, das Ohr, selbst das Auge".[67] Hände, Finger, Füße und Genitalien lassen sich also als Repräsentanten für das Ich lesen. Primäre und sekundäre Geschlechtsmerkmale, Hände und Münder kehren in einer Koitus-Szene in der Binnengeschichte wieder; dort zerfallen orgiastische Körper in ihre Einzelteile, und die pornographische Schilderung sexueller Handlungen korrespondiert mit den sadistischen und angstbesetzten Phantasien von elterlichen Geschlechtsteilen und elterlichem Koitus, die Melanie Klein an kleinen Kindern nachgewiesen hat. Die unheimlichen Körperteile sind hier phantasmatische Angst- und Identifikationsobjekte, Verfolger, mit denen sich das Kind gleichsetzt und gegen die es zugleich Zerstörungswünsche richtet, indem es sie nach außen projiziert.[68]

---

[63] Wobei Dalí sich später stärker in den Theorien Jacques Lacans wiederfand.
[64] Freud, *Vorlesungen*, a.a.O., S. 167.
[65] Freud, „Die Darstellung durch die Symbolik im Traum", in: *Die Traumdeutung*, a.a.O., Kapitel VI., S. 358.
[66] Sándor Ferenczi, „Versuch einer Genitaltheorie", in: *Schriften zur Psychoanalyse*, Bd. II (Gießen 2004), S. 361 u. S. 331. Ferenczi sieht die „Ursache der symbolischen Identität ... des männlichen Gliedes mit dem Kinde und dem Fisch" in der „geologischen Katastrophe der Meereseintrocknung" – *die Kämpfe jenes Urtieres* unter den Vorfahren, das *die große Eintrocknungskatastrophe mitmachte*" und das „nach Wiederherstellung der verlorenen Lebensform in einem feuchten Milieu [strebt]", also nach der „*Wiederherstellung der See-Existenz im feuchten, nahrungsreichen Körperinneren der Mutter*". Die Mutter erscheint hier „als ein Symbol oder partieller Ersatz des Meeres (S. 361f, 364f). Interessanterweise werden zu Beginn von Bergmans Drehbuchversion von *Persona* ‚Worte' mit den ‚Schatten von Fischen' verglichen: „hela ord (osammanhängande och avlägsna) börjar dyka fram likt skuggor av fiskar i ett bråddjupt vatten" (*Persona*, Stockholm 1973, S. 7).
[67] Freud, „Die Darstellung durch die Symbolik im Traum", in: *Die Traumdeutung*, a.a.O., S. 361.
[68] Vgl. hierzu besonders Melanie Klein, „Frühstadien des Ödipus-Konfliktes und der Über-Ich-Bildung", in: *Die Psychoanalyse des Kindes*, S. 133–158. Klein weist in einer Fußnote auf ihre Erfahrungen in Knabenanalysen hin, in denen sich Angriffsversuche gegen den Kopf, die Füße und die Nase der Analytikerin richteten, welche für jene Kinder „auch Penisbedeutung besaßen", ebd., S. 142, n. 31.

Die Projektion des zusammengesetzten Frauengesichts auf der weißen Leinwand lässt sich in Beziehung setzen zu den von Melanie Klein und der Klein-Schülerin Hanna Segal beschriebenen Wiedergutmachungsantrieben, die in der manisch-depressiven Position des Kleinkindes auf die paranoid-schizoide Position folgen:

> Die Sehnsucht des Kindes, die verlorenen Objekte neu zu schaffen, gibt ihm den Impuls, das in Stücke Gerissene wieder zusammenzusetzen, das Zerstörte neu zu machen, etwas wiederzuerschaffen und etwas zu erschaffen. Gleichzeitig veranlasst ihn der Wunsch, die Objekte zu schonen, seine als destruktiv empfundenen Antriebe zu sublimieren.[69]

Man kann hier eine Parallele zum Destruktions- und Wiederherstellungsantrieb des kleinen Kay in H.C. Andersens „Snedronningen" sehen. Die Verletzungs-, Zerstückelungs- und Verfolgungsphantasmen im Prolog von *Persona* korrespondieren mit dem Phantasma der Trollteufel und ihres fatalen Spiegels; und die Persona der Schneekönigin repräsentiert die Wiederherstellung von etwas Weiblichem, Mütterlichem, das Andersens ödipaler Protagonist mit kindlichem Sadismus in der Gestalt der alten Großmutter und deren Rosen zu zerstören sucht. Diesen Mechanismus hat Melanie Klein, wie bereits in Kapitel II erläutert, am Fall der schwermütig veranlagten Malerin Ruth Kjaer geschildert, die vor der Entdeckung ihrer künstlerischen Veranlagung unter einem leeren Fleck an ihrer Wand litt, „der irgendwie unglücklicherweise mit dem gewissen leeren Fleck in Ruths Innern übereinzustimmen scheint": „Der leere Fleck grinst hässlich herab ...".[70] Klein hat die Wahrnehmung dieses Flecks zu frühkindlichen Ängsten und zur Angst vor dem Verlust der Mutter, vor Einsamkeit und Verlassenheit in Beziehung gesetzt. Die Künstlerin füllt den Fleck an der Wand schließlich mit der überlebensgroßen Komposition einer nackten Afrikanerin aus und malt im Folgenden weitere Portraits, darunter eines einer alten, runzligen, verbrauchten Frau und hiernach eines ihrer Mutter, das diese „im Vollbesitz ihrer Kräfte und Schönheit"[71] zeigt. Klein interpretiert „das Portrait der alten, dem Tode nahen Frau" als „Ausdruck der primären, sadistischen Zerstörungswünsche" der Tochter gegenüber der Mutter, die im darauf folgenden Bild wieder hergestellt wird:

> Dass die Tätigkeiten des Zeichnens und Malens sowohl als Mittel des Sadismus und der Zerstörung, wie auch als Mittel der Wiederherstellung dienen, erweist sich vielfach in Kinderanalysen. Dem Ausdruck von Zerstörungs- und Angriffstendenzen folgen häufig Zeichnungen, die sich als ein Neuschaffen der zerstörten Objekte erweisen.[72]

---

[69] Vgl. Hanna Segal, *Melanie Klein*, a.a.O., S. 103f.
[70] Klein, „Frühe Angstsituationen im Spiegel künstlerischer Darstellungen", a.a.O., S. 503.
[71] Ebd.
[72] Klein, „Frühe Angstsituationen", S. 506.

Diesem Phänomen scheint die Projektion des überlebensgroßen Frauengesichts in *Persona* zu entsprechen. Einerseits erinnert es an das Gesicht der Mutter, das sich scheinbar überlebensgroß über die Wiege von Säugling und Kleinkind in der imaginären Phase beugt, andererseits repräsentiert es als *objet d'art* Jacques Lacans *Objekt a*, Ersatzobjekt und imaginärer Signifikant: diese ‚Persona' ist das künstliche Gebilde, das etwas Abwesendes, den leeren Fleck im ‚Zentrum unseres Seins' ausfüllt, etwas, das sichtbar gemacht, aber nicht erfasst und angeeignet werden kann, wie die vergebliche Handbewegung des Jungen verdeutlicht.[73] Die ‚Persona' ist eine Fata Morgana der ‚*Anima*', der Seele, die nicht besessen werden kann und an deren Stelle immer nur die ‚Persona' zu finden ist, nie das ‚reale Objekt' selbst. Sieht man in dem aus zwei Teilen zusammengesetzten Phantasma auf der Traumleinwand eine imaginäre Repräsentation des verlorenen Mutterkörpers bzw. seines Teilrepräsentanten, der Mutterbrust,[74] die das Kleinkind, so Melanie Klein, in zwei Teile, einen guten und einen bösen, aufspaltet, dann lässt sich auch noch eine Korrespondenz mit dem infantilen Phantasma der dicken Wäscherin, die sich an die Brüste fasst, ausmachen; eine ödipale Gestalt, die bei sexuellen Handlungen am Meer nach einer Brust greift, kehrt außerdem in der Binnengeschichte auf einer meta(meta)diegetischen Ebene wieder.

---

[73] Vgl. Lloyd Michaels' hierzu passende Bemerkung: „... *Persona* reminds us of its own status as a ‚lost object', in: ders., „The Imaginary Signifier in Bergman's *Persona*", in: *Film Criticism* 11, Nr. 1–2, 1986/87, S. 128. Michaels untersucht in seinem kurzen Artikel das Paradigma der ‚Gegenwart des Abwesenden', das er in *Persona* durch die Unterbrechungen im Film zum Ausdruck gebracht sieht.

[74] Zum Begriff des „dream screen", der dem Schlafwunsch entspricht und in der Filmtheorie mit der Kinoleinwand verglichen und mit der ‚Brust' gleichgesetzt worden ist, vgl. Jean-Louis Baudrys Diskussion des Begriffs, wie er von B.D. Lewin definiert worden ist, nämlich als „halluzinatorische, durch den Traum vermittelte Vorstellung der mütterlichen Brust, an welcher der Säugling nach dem Stillen einschlief", in: Baudry, „Das Dispositiv. Metapsychologische Betrachtungen des Realitätseindrucks", in: Robert F. Riesinger (Hrsg.), *Der kinematographische Apparat* (Münster 2003), a.a.O., S. 55; B.D. Lewin, „Sleep, the Mouth, and the Dream Screen"; „Inferences from the Dream Screen", in: J.A. Arlow (Hrsg.), *Selected Writings of Bertram Lewin* (New York 1973), S. 87–100 und 101–114. Die mütterliche Brust ist Lewin zufolge die ‚Leinwand', auf die das schläfrige Kind seine Phantasien projiziert; die orale Befriedigung entspricht der visuellen Befriedigung des Zuschauers. Eine Darstellung des Begriffs liefert auch Robert Eberwein in: ders., *Film & the Dream Screen: A Sleep and a Forgetting* (Princeton 1984); Eberwein (S. 34–42) weist auf die abstraktere Bedeutung der ‚Brust' hin, die alles Mögliche einschließlich der Filmleinwand repräsentiert, was Befriedigung verschafft. In diesem Sinne wäre dann das Frauengesicht auf der Leinwand in *Persona* als ‚Brust' aufzufassen (vgl. Eberwein, S. 124). In diesen Zusammenhang gehören Melanie Kleins Analysen der frühkindlichen oral-libidinösen und oral-destruktiven Phantasien von guter und böser Brust, die die Mutter in zwei Teile aufspalten, in: dies., *Das Seelenleben des Kleinkindes*, a.a.O., S. 144ff.

Autoreflexivität und Gefängnismetaphorik

Die ausgestreckte Hand des Jungen korrespondiert mit der Situation der Höhlengefangenen in Platons Höhlengleichnis in „Politeia". Dort starren die von Kindheit an Gefesselten die Schatten und Trugbilder an, welche vom Schein des Feuers an die Höhlenwand projiziert werden und welche sie für die Wirklichkeit halten. Deren Situation hat der Filmtheoretiker Jean-Louis Baudry mit der des modernen Kinobesuchers verglichen. Wie die Höhlengefangenen verharrt der Kinobesucher in einer Art erzwungener Unbeweglichkeit. Es ist dieselbe „erzwungene Unbeweglichkeit des Schlafenden, der bekanntlich den nachgeburtlichen Zustand oder gar das intrauterine Leben wiederholt, aber sie ist auch die Unbeweglichkeit, die der Besucher des dunkeln Saales wiederfindet, der sich in seinen Sessel vergraben hat".[75] Höhle und Fesseln der Gefangenen bei Platon lassen an das Tropfgeräusch im Prolog von *Persona* denken, das als Assoziation mit einem Infusionstropf in einem Versuchslabor den Zuschauer als eine Art Drogenabhängigen erscheinen lässt; mit einer imaginären Nabelschnur[76] wird er an die Illusion der Bilder gefesselt wie der Süchtige an seine Droge. Eine ähnliche Vorstellung taucht über zwanzig Jahre nach Bergmans Film auch in Lars Gustafssons Erzählzyklus *Det sällsamma djuret från norr* (1989) auf. Dort werden unerwünschte Personen als ‚Gefangene im Brunnen der Träume', „Fångarna i Drömmernas Brunn", mit einem nabelschnurähnlichen Kabel in einem Traumtank untergebracht und in einen Zustand versetzt, „som ett foster upplever i livmodern".[77] Wissenschaftler setzen die Gefangenen sadistischen Experimenten in Form von Träumen und Halluzinationen aus, in denen möglicherweise „den fångne uppfattade sig själv som en person med två liv eller två helt olika personer med olika liv som på något egendomligt sätt hade tillgång till varandras minnen" oder in denen der Gefangene „cirkulära liv"[78] durchlief. Auch Bergmans *Persona* repräsentiert ein solches Traumlabyrinth voller Scheinexistenzen und Verdopplungen.

---

[75] Baudry, „Das Dispositiv", S. 46. Eine Parallele zwischen Baudrys Ausführungen und Bergmans *Persona* ist auch Lucy Fisher aufgefallen, die in *Persona* eine Darstellung von „Baudry's notion of the filmic apparatus" sieht; Fisher hat überdies auch auf die Parallele zwischen Bergmans selbstreflexiver Projektoren-Metaphorik und Deleuze/Guattaris Wunschmaschinen hingewiesen, in: dies., „The Lives of Performers: The Actress as Signifier" in: dies., *Shot/Countershot: Filmtradition and women's cinema* (Princeton 1989), S. 77ff.

[76] Eine Metapher, die auch Roland Barthes in *Die helle Kammer* (1980) benutzt: „Eine Art Nabelschnur verbindet den Körper des photographierten Gegenstandes mit meinem Blick" (dt. Ausgabe, Frankfurt/M. 1989, S. 91).

[77] Lars Gustafsson, *Det Sällsamma Djuret från Norr och andra Science Fiction-berättelser* (Stockholm 1989), S. 16. Gustafssons im Traumtank gefangener Prinz Filibert ist offenbar von Calderón de la Barcas Prinz Sigismund aus *Das Leben ein Traum* inspiriert.

[78] Gustafsson, S. 22.

In der Bergman-Literatur ist häufig auf die Selbstreflexivität von *Persona* hingewiesen worden, die durch die Einblendung von technischem Gerät wie Projektor, Filmspule und Leinwand, eingeblendete Dreharbeiten und durch Illusionsstörungen wie Freeze frame und suggestiven Filmriss zum Ausdruck kommt. Diese Selbstreflexivität, die mit dem Konzept der romantischen Ironie korrespondiert, suggeriert allerdings zugleich die Verstrickung des Menschen in obsessive Illusionen, Selbsttäuschungen und Scheinwelten, aus denen er sich aller Selbstreflexivität zum Trotz weder befreien kann noch befreien will:

> Jedes Kunstwerk ist ein Traumbild (...) Der Begriff der ‚romantischen Ironie' gründet sich im Wesentlichen auf die Einsicht, dass die Kunst nichts als Autosuggestion und Selbstbetrug ist und dass wir uns der Fiktivität ihrer Darstellungen stets bewusst sind. Die Definition der Kunst als ‚bewusste Selbsttäuschung' geht auf die Romantik zurück (...) Die ‚Bewusstheit' und ‚Gewolltheit' dieser Attitüde aber ist noch ein klassizistisch-rationalistischer Zug, den die Romantik mit der Zeit aufgibt und ihn durch die unbewusste Selbsttäuschung, die Betäubung und Berauschung der Sinne, den Verzicht auf Ironie und Kritik ersetzt. Man hat die Wirkung des Films mit der des Alkohols und des Opiums verglichen und die aus den Kinos in die dunkle Nacht hinauswankende Menge als Betrunkene und Betäubte beschrieben, die sich über den Zustand, in dem sie sich befinden, keine Rechenschaft geben können noch wollen. Diese Wirkung aber ist nicht nur dem Film eigentümlich; sie hat ihren Ursprung in der romantischen Kunst.[79]

Selbstreflexivität in *Persona* beruht unter anderem auf der narrativen Technik der auf dem „*Spiegelungsprinzip* beruhenden *mise en abyme*":

> Sie ist die Spiegelung einer Makrostruktur eines literarischen Textes in einer Mikrostruktur innerhalb desselben Textes. ‚Spiegelung' impliziert dabei erstens immer ein formal isolierbares Vorgehen, das sich jedoch auch auf Inhaltliches beziehen kann, und zweitens (...) dass die Wiederholung sich auf einer anderen Ebene (einer anderen Realitätsebene und/oder einer anderen erzähllogischen Ebene) konstituiert als der ursprünglich gegebenen.[80]

Dieses Prinzip der „Wiederholung auf einer anderen Realitätsebene" bzw. „einer anderen erzähllogischen Ebene" manifestiert sich in *Persona* im Phänomen des Traums im Traum des Traums, wobei Rahmen und Binnengeschichte, Träumer und Geträumtes, *discours* und *histoire*-Elemente sich wechselseitig ineinander spiegeln. Verdopplungen und Wiederholungen von Träumen und Traumelementen entsprechen Verdopplungen und Spiegelungen von Personen. Werner Wolf weist daraufhin, dass die *mise en abyme* häufig als narratives Verfahren der Illusionsstörung eingesetzt wird. In *Persona* sieht man mehrfach ein Bild im Bild, ein Spiel im Spiel, einen Film im Film[81] und ein „Arretieren der Handlung"

---

[79] Arnold Hauser, *Sozialgeschichte der Kunst und Literatur*, S. 696.
[80] Werner Wolf, *Ästhetische Illusion und Illusionsdurchbrechung in der Erzählkunst* (Tübingen 1993), S. 293f.
[81] Zur Funktion solcher Kunstgriffe im Filmmedium vgl. Christian Metz in: ders., *Die*

als „Illusionssuspension"[82], zum Beispiel wenn der Film für einen Augenblick stehen bleibt. Doch in *Persona* verdeutlichen die Illusionsdurchbrechungen lediglich, dass die Illusion nicht durchbrochen werden kann; jedes Erwachen entpuppt sich als Erwachen in einen weiteren Traum und enthüllt so den Traumcharakter des Daseins.[83] Das Stummfilm-Fragment aus *Fängelse* ist solch ein Mikro-Film im Film, der die Spiegelfunktion einer *mise en abyme* hat, indem er zeitrafferartig das Albtraumhafte des Makrofilms und die darin auftretenden Schlafwandler, menschlichen Teufel und Vampire spiegelt; dass die Sequenz aus einem weiteren Bergman-Film stammt, ist an sich schon selbstreflexiv. Darüber hinaus steht der Titel dieses Films, „Gefängnis", in intratextueller Verbindung mit vergleichbaren Gefängnissen und albtraumhaften Labyrinthen in anderen Bergman-Filmen, zum Beispiel den grauen Zugabteilen und düsteren Hotelkorridoren in *Tystnaden*, den verzweigten Fluren und Zimmern in *Viskningar och rop*, den weitläufigen Wohnungen und dem labyrinthischen Kuriositätenkabinett in *Fanny och Alexander* sowie dem Gewölbe des Schlosses in *Vargtimmen*. Die Welt, die von den Figuren dieser Filme bevölkert wird, erscheint als Gefängnis; dass Shakespeares *Hamlet* in *Fanny och Alexander* explizit als Spiel im Spiel und als Intertext auftaucht, erinnert in diesem Zusammenhang an den Gefängnis-Dialog zwischen Hamlet, Guildenstern und Rosencrantz:

> GUILDENSTERN. Prison, my lord?
> HAMLET. Denmark's a prison.
> ROSENCRANTZ. Then is the world one.
> HAMLET. A goodly one, in which there are many confines, wards, and dungeons, Denmark being one o'th' worst.[84]

Auf die Tatsache, dass *Hamlet* als Intertext zu *Persona* in Beziehung gesetzt werden kann, ist bereits weiter oben hingewiesen worden; neben der Auffassung von der Welt als Albtraum und Gefängnis bringt Bergmans *Persona* auch die Selbstreflexivität zum Ausdruck, die ein zentrales Merkmal von Shakespeares Drama ist. Hierzu gehört auch die Renaissance-Auffassung vom Theater als Spiegel der menschlichen Seele:

> Da auch das Theater als Spiegel gedacht wird, ergibt sich eine Parallele zwischen menschlicher Seele und Theater. Der Geist wird zum ‚theatrum internum', besichtigt von ‚the mind's eye'.[85]

---

unpersönliche Enunziation oder der Ort des Films (Münster 1997), Kapitel II, „Das Dispositiv zeigen" und „Film(e) im Film".

[82] Wolf, S. 298.

[83] Eine solche Interpretation deckt sich mit Bergmans eigener Aussage: „Filmandet är för mig en i detalj planerad illusion, speglingen av en verklighet, som ju längre jag lever föfaller mig alltmer illusorisk", in: *Laterna magica*, S. 88.

[84] *Hamlet*, a.a.O., Akt II, Szene 2.

[85] Dietrich Schwanitz, *Englische Kulturgeschichte von 1500 bis 1914* (Frankfurt/M. 1996), S. 61.

Die im Prolog von *Persona* eingeblendete Leinwand entspricht der Bühne im Renaissance-Theater, auf der die Schauspieler zu unseren Zwillingen werden, und wo das Spiel im Spiel bzw. der Traum im Traum der internen Selbstverdoppelung, der Spiegelung eines Makrokosmos in einem Mikrokosmos dient. Shakespeares „Ästhetik der Verdoppelung", die den Zuschauer Figuren beobachten lässt, die sich gegenseitig beobachten, „schwelgt geradezu in Spiegelbildern":

> Jede Welt hat ihre gespiegelte Gegenwelt. Die himmlische Hierarchie spiegelt sich in der höllischen Hierarchie der Dämonen, die geistige Welt in der materiellen und die ewige in der irdischen (...) Das Theater setzt die Verdopplungen der Welt fort. Die Schauspieler auf der Bühne werden zu unseren Zwillingen. Deshalb kann das Theater seine Grenze zur Welt in sich noch mal reproduzieren. Das Spiel im Spiel zeigt deshalb erst, was das Theater ist: in der internen Selbstverdopplung des Theaters betreibt das Theater Kunstreflexion. Und Reflexion ist ja selbst eine Spiegelung. Von da aus eröffnet sich der Abgrund unendlicher Reflexion als Spiegelung des menschlichen Innern. Das ist dann das, was die Romantik an Shakespeare interessiert. Im Spiegel erscheint die Kopie dem Original so ähnlich, dass es sich als Kopie der Kopie vorkommen mag. Damit sieht es sich plötzlich dem Sog der internen unendlichen Reflexion ausgesetzt. Jeder Mensch trägt mit sich ein Bild seiner selbst herum. Er spiegelt sich in sich selbst. Sein Problem ist dann, sich mit dem Bild seiner selbst zusammenzuschließen. Da das nicht gelingt, wird der Spiegel ebenfalls zum Bild der Entfremdung. Die Figur, die uns aus dem Spiegel anblickt, ist selbst ein Betrachter, der uns, das Subjekt, zum Objekt macht. Wir sind es und wir sind es nicht.[86]

Die Transformation des Spiegels als Bild der Ähnlichkeit in ein „Bild der Entfremdung" taucht in der Binnengeschichte von *Persona* auf, wo die begehrte Identifikationsfigur zum abschreckenden Spiegelbild der eigenen infantilen Negativität wird, zum Bild des Unheimlichen, in dem Freud die „Wiederkehr des Verdrängten" sah. Der überlebensgroßen Projektion der ‚schlafenden Schönen' auf der Leinwand kommt ebenfalls die Funktion einer *mise en abyme* zu. Als metonymisches Kunstgebilde ist sie ebenso wie die Stummfilm-Sequenz ein Spiegelbild des Makrofilms; zugleich ist sie auch ein Spiegelbild ihres Betrachters, des Jungen, der wiederum ein Spiegelbild des Zuschauers ist, der ihn beobachtet. Die verschiedenen Interpretationsmöglichkeiten und die Autoreflexivität machen das weibliche Phantom zu einem Paradebeispiel für Paul de Mans „Allegorien des Lesens", zu einem Beispiel für die Vieldeutigkeit eines Textes, der „Entscheidungen zwischen figurativem und wörtlichem oder eigentlichem und allegorischem Sinn von Aussagen"[87] unmöglich macht, „Schwindel erregende Möglichkeiten referenzieller Verirrung"[88] schafft und dadurch seine eigene letztendliche Unlesbarkeit reflektiert.

---

[86] Ders., S. 63.
[87] Werner Hamacher, „Unlesbarkeit", in: Paul de Man, *Allegorien des Lesens*, S. 17.
[88] Paul de Man, „Semiologie und Rhetorik", in: ders., *Allegorien des Lesens*, S. 40.

Die Tatsache, dass der Träumer im Prolog von *Persona* ein vor dem Eintritt in die Pubertät stehender Junge ist, verleitet zur Annahme einer klassischen männlich-ödipalen Erzählung. Die ödipale Problematik in *Persona* lässt sich jedoch nicht auf ein männliches Subjekt eingrenzen.[89] Dass die Identitäten männlicher und weiblicher Figuren in *Persona* miteinander zu verschwimmen scheinen und dadurch über die von der klassischen Psychoanalyse postulierte Situation des männlich-ödipalen Subjekts hinausgehen, korrespondiert mit der *Phantasie*-Theorie Elizabeth Cowies. In ihrem Aufsatz „Fantasia" (1984)[90] erforscht Cowie das Konzept eines ‚fließenden, bisexuellen Blicks'. Dabei stützt sie sich auf Laplanches und Pontalis' einflussreichen Essay *Fantasy and the Origins of Sexuality*, in dem diese das Konzept der Freudschen Urphantasien ausarbeiten. Urphantasien durchlaufen sowohl den Schlaf als auch den Wachzustand des Individuums, dies in Form von bewussten und unbewussten Wünschen. Laplanches und Pontalis' Betonung liegt auf der Phantasie als einer Inszenierung des Begehrens, als einer Form der *mise en scène*; die Position des Subjekts ist dabei nicht statisch: Positionen sexueller Identifikation sind nicht fix. Das Subjekt kann beim Phantasieren multiple Positionen einnehmen und sich über die Grenzen von Gender, Zeit und Raum hinweg identifizieren; ebenfalls kann dies auch der Filmzuschauer, indem er sich auf wechselnde Rollen und Modi der Identifikation einlässt. Ein wichtiges Argument von Laplanche und Pontalis und in der Folge von Cowie ist, dass das Subjekt in einem Phantasie-Szenarium gleichzeitig als Beobachter und als Teilnehmer anwesend ist.[91] Diese Doppelrolle ist in *Persona* in der Figur des infantilen Betrachters verkörpert, der sich in die beiden Frauengestalten aufzuspalten scheint, aus deren Gesichtshälften das rätselhafte Riesengesicht zusammengesetzt ist. In „Der Dichter und das Phantasieren" nennt Freud die „Neigung des modernen Dichters, sein Ich durch Selbstbeobachtung in Partial-Ichs zu zerspalten und dem-

---

[89] Lucy Fisher sieht den Jungen als „Symbol der ödipalen Perspektive": „It is his Oedipal view of women that we must witness, his complaints that we must hear. In this sense, Alma and Elisabet (as women) are only the ‚pseudocenters' of the filmic discourse, despite their omnipresence on camera" (a.a.O., S. 77). Ich vertrete dagegen die Ansicht, dass die ödipale Perspektive hier als etwas Geschlechtsübergreifendes repräsentiert wird; die beiden Frauen sind keine ‚Pseudocenter', sondern mit dem Jungen identisch. Bergman selbst war der Meinung, dass *Persona* „nicht speziell von Frauen handelte" – „es hätten genauso gut Männer sein können", ebenso wie in *Tystnaden*, das er in diesem Punkt mit *Persona* verglich (vgl. Stig Björkman, *Bergman über Bergman*, S. 211f).
[90] Elizabeth Cowie, „Fantasia", in: Parveen Adams/Elizabeth Cowie (Hrsg.), *The Woman in question: M/f* (Cambridge/Massachusetts 1990), bes. S. 149–168. Vgl. zum Folgenden auch Barbara Creed, „Film and Psychoanalysis" in ihrem Abschnitt über „Fantasy theory and the mobile gaze", in: John Hill (Hrsg.), *The Oxford guide to film studies* (Oxford 1998), S. 85.
[91] Zu diesem Merkmal des Phantastischen vgl. auch Rosemary Jackson, a.a.O., S. 86.

zufolge die Konfliktströmungen seines Seelenlebens in mehreren Helden zu personifizieren", wobei die als „Held eingeführte Person die geringste tätige Rolle spielt, vielmehr wie ein Zuschauer die Taten und Leiden der anderen an sich vorüberziehen sieht."[92] Bergman hat, passend zu dieser Beobachtung Freuds, nicht nur den Jungen als sein alter ego identifiziert, sondern auch die beiden Frauen: „En dag upptäckte jag att den ena var stum som jag själv. Den andra var talför, beställsam och vårdande som jag själv".[93] Die Identifizierungen zwischen diversen Figuren in *Persona* entsprechen dem Phänomen der „Sammel- und Mischpersonen", welches Freud als „eines der Hauptarbeitsmittel der Traumverdichtung"[94] beschrieben hat; Freud spricht von Träumen,

> in denen mein Ich nebst anderen Personen vorkommt, die sich durch Lösung der Identifizierung wiederum als mein Ich enthüllen (…) Ich kann also mein Ich in einem Traum mehrfach darstellen, das eine Mal direkt, das andere Mal vermittels der Identifizierung mit fremden Personen. Mit mehreren solchen Identifizierungen lässt sich ein ungemein reiches Gedankenmaterial verdichten.[95]

---

[92] Freud, „Der Dichter und das Phantasieren" in: ders., *Der Moses des Michelangelo*, a.a.O., S. 176f.

[93] Bergman, *Laterna magica*, S. 240. Linda Haverty Rugg hat zu Recht darauf hingewiesen, dass allen Biografie-feindlichen theoretischen Positionen zum Trotz biographische Bezüge bei Bergman nicht ausklammerbar sind; so ist das zusammengesetzte Frauengesicht im Prolog auch in Beziehung zu der Tatsache zu setzen, dass Bergman zu beiden Schauspielerinnen, zu Andersson und zu Ullmann, eine Liebesbeziehung unterhalten hat und dass die Vision der Verschmelzung ihrer Gesichter auf der Leinwand Bergmans ursprüngliche Wahrnehmung einer Ähnlichkeit zwischen ihren Gesichtern auf einem Photo wiederholt. Die Gesichter im Prolog verweisen also nicht nur auf die fiktiven Figuren in der Binnenhandlung, sondern auch auf die realen Schauspielerinnen und früheren bzw. späteren Geliebten Bergmans selbst, die die Rollen und Masken dieser Figuren in der Binnenhandlung übernehmen werden; vgl. Rugg, „A Camera as Close as Ingmar's: Sexuality and Direction in the Work of Ingmar Bergman and Liv Ullmann", in: H. Forsås-Scott (Hrsg.), *Gender – Power – Text* (2004), S. 231–246 sowie Marilyn Jones Blackwell, *Gender and Representation in the Films of Ingmar Bergman* (Columbia 1997), S. 133. Man hat es hier wahrhaftig mit einem Paradebeispiel für die „referenzielle Verirrung" des Rezipienten zu tun.

[94] Freud, *Die Traumdeutung*, Kapitel VI., „Die Traumarbeit", S. 299.

[95] Ders., S. 326. Auf ähnliche Weise beschreibt August Strindberg, der Bergman nachhaltig beeinflusst hat, in seinem Prolog zu *Ett drömspel* die Verschmelzung und Aufspaltung von Personen: „Allt kan ske, allt är möjligt och sannolikt. Tid och rum existerar icke; på en obetydligt verklighetsgrund spinner inbillningen ut och väver nya mönster: en blandning av minnen, upplevelser, fria påhitt, orimligheter och improvisationer. Personerna klyvas, fördubblas, dubbleras, dunsta av, förtätas, flyta ut, samlas. Men ett medvetande står över alla, det är drömmarens…", in: August Strindberg, *Ett Drömspel*, (Stockholm 1923), S. 215. Mit diesem Strindberg-Prolog endet bezeichnenderweise der Epilog von *Fanny och Alexander*.

In der auf Prolog und Vorspann folgenden Binnengeschichte treten Figuren auf, die ebenso wie das Frauengesicht verschiedene Aspekte des in der Höhle Gefangenen zu verkörpern scheinen. Dieses Phänomen korrespondiert mit Elisabeth Lenks Formulierung: „Der Traum ist ein Theater, ein Theater im Innern des Körpers. Der Träumer ist niemals er selber. Er ist Mime"[96] und, so ergänzt Michael Kötz im Anschluss an Lenk, „jenseits der auf das Subjekt reduzierten Person sei er ‚außer sich', und zwar in den Masken der andern".[97] In den Personae, in den Masken der Figuren im Traumtheater sind Aspekte des Doppelgängers und Schattens verkörpert, in den „der Mensch alle seine Sehnsüchte und Ängste projiziert, ebenso übrigens seine Bosheit und seine Güte, sein ‚Über-Ich' und sein ‚Ich'".[98] In dem aus zwei Personen zusammengesetzten Frauengesicht taucht das ‚*auto* Symbol der Vereinigung in einem Körper' auf, wie es Northrop Frye im antik-mittelalterlichen Mythenspiel festgestellt hat,[99] das im nicht-religiösen Maskenspiel aber ‚in einer psychologischen und subjektiven Form, und ohne Götter' auftritt:

> The action of the archetypal masque takes place in a world of human types, which at its most concentrated form becomes the interior of the human mind (...) Naturally, with such a setting, characterization has to break down into elements and fragments of personality. This is why I call the form the archetypal masque, the word archetype being in this context used in Jung's sense of an aspect of the personality capable of dramatic projection. Jung's persona and anima and counsellor and shadow throw a great deal of light on the characterization of modern allegorical, psychic and expressionist dramas (...) A sense of confusion and fear accompanies the sense of loneliness ... and the constant undermining of the distinction between illusion and reality, as mental projections become physical bodies and vice versa, splits the action up into a kaleidoscopic chaos of reflecting mirrors.[100]

Als Repräsentanten menschlicher Typen treten in Bergmans archetypischem Maskenspiel der tote Junge, die Krankenschwester, die Ärztin, die Schauspielerin, die verführten Jungen und der Ehemann auf, wenngleich die beiden weiblichen Hauptfiguren weniger entindividualisiert und abstrahiert sind als die Typen in August Strindbergs expressionistischen Dramen. Frye hat darauf hingewiesen, dass das archetypische Maskenspiel sich, je weiter es sich von der idealen Maske mit ihren Göttern und Feen entfernt, als Antimaske offenbart, „a

---

[96] Elisabet Lenk, *Die unbewusste Gesellschaft. Über die mimetische Grundstruktur in der Literatur und im Traum* (München 1983), S. 21.
[97] Michael Kötz, *Der Traum, die Sehnsucht und das Kino. Film und die Wirklichkeit des Imaginären* (Frankfurt/M. 1986), S. 107.
[98] Morin, *Der Mensch und das Kino*, a.a.O., S. 32. Die Projektion von „Bosheit" und „Güte" entspricht Melanie Kleins Analyse der ‚guten' und der ‚bösen' Brust, in die das kleine Kind die Gestalt der Mutter aufspaltet.
[99] Frye, *Anatomy of criticism*, a.a.O., S. 282.
[100] Ders., S. 291.

revel of satyrs who have got out of control."[101] Dieses ‚außer Kontrolle geratene' Dämonische ist in *Persona* proleptisch im Mikrofilm der Stummfilm-Sequenz durch die Gestalten in Tod- und Teufelsverkleidung angedeutet.

2. Elektra-Gestalten: Maskenentwürfe, verworfene Masken

Die Binnengeschichte beginnt mit einer weiteren weißen Wand als Repräsentation des mentalen Bildschirms. Eine Tür wird darauf sichtbar, durch die Schwester Alma zu uns bzw. zu ihrer Vorgesetzten ins Zimmer tritt. Wie zuvor im Prolog wechselt die Perspektive, so dass der Zuschauer wieder wie ein unsichtbares Gespenst zuerst die Perspektive der Ärztin einnimmt und mit deren Augen Alma betrachtet und danach die Ärztin über Almas Schulter hinweg, auf genau dieselbe Weise, wie er den Jungen im Leichenhaus aus der Richtung des Frauengesichts wahrgenommen hat und danach das Gesicht über die Schulter des Jungen hinweg. Almas gestärkte Krankenschwesterntracht[102] verrät ihre berufliche Persona. Mit ihrem kurzgeschnittenen Haar und ihrem kindlichen, fragenden Gesicht erinnert sie vage an den Jungen im Leichenhaus.

Die viril wirkende Ärztin trägt einen weißen Arztkittel und sitzt hinter ihrem Schreibtisch. Sie strahlt die selbstsichere Autorität der Psychiaterin aus und raucht während des Gesprächs eine Zigarette. Ihre Selbstsicherheit und der Rauch, den sie ausstößt, verleihen der Wissenschaftlerin etwas Zwielichtiges und Diabolisches. Die Ärztin erläutert Alma die Krankengeschichte einer neuen Patientin, die ihr anvertraut werden soll. In verbaler und visueller Rückblende wird uns gezeigt, wie die Schauspielerin Elisabet Vogler während einer Aufführung von *Elektra* unvermittelter Dinge ‚aus der Rolle fällt' und in Schweigen versinkt. Die Unterbrechung der Illusion auf der Theaterbühne ist Teil des selbstreflexiven Spiegelungsprinzips in *Persona*. Auch dieses Mikro-Spiel im Spiel hat die Funktion einer *mise en abyme*. Elektra ist eine weibliche Hamlet-Figur.[103] Die Rache- und Mordgelüste der melancholischen Prinzessin sind

---

[101] Ebd.
[102] Robin Wood vergleicht Almas Schwesterntracht mit einer Schuluniform: „The nurse's uniform is itself a mask, an assumed identity (…) she stands before the psychiatrist (…) the stance of a good, obedient schoolgirl before the headmistress", in: Wood, „The World Without, the World Within", in: Stuart Kaminsky (Hrsg.), *Essays in Criticism* (Oxford 1975), S. 58.
[103] Eine innovative *Hamlet*-Verfilmung der Regisseure Sven Gade und Heinz Schall mit Asta Nielsen als weiblicher Verkörperung von Hamlet stammt aus dem Jahr 1920, allerdings fand „die Absicht der Regisseure, aus Hamlet eine Frau zu machen, allgemein keinen Anklang", in: Toeplitz, *Geschichte des Films: 1895–1933*, a.a.O., S. 214.

Spiegelbild negativer Elternfiguren. Vor den Bühnenscheinwerfern stehend (die an die Lampen des Projektors im Prolog erinnern), wendet Elisabet/Elektra sich uns, dem Publikum, zu, was die Illusionsdurchbrechung noch verstärkt. Ihr Blick ist erst ratlos-verzweifelt, dann lächelt sie wissend und ironisch-triumphierend. Wir sehen Elisabets geschminktes, maskenhaftes Gesicht vor uns; der Zuschauer erfährt nicht, ob es sich bei der Aufführung um die *Elektra* des Euripides oder des Sophokles[104] handelt und an welcher Stelle des Dramas Elisabet aus der Rolle fällt. Die Ärztin sagt in einem Gespräch mit Elisabet, ‚die Rolle als Elektra' sei nicht die Ursache für ihren Rückzug aus der Umwelt gewesen:

> För inte var det rollen som ELEKTRA. Där vilade du. Hon fick dig till och med att uthärda ett tag till. Och hon var en ursäkt för att de andra rollerna (verklighetsrollerna) blev lite mer summariskt framförda. Men sen när ELEKTRA tog slut, så hade du ingenting kvar att gömma dig bakom, ingenting, som höll dig igång. Inga ursäkter. Och då stod du där med ditt sanningskrav och din leda.[105]

Ist es nur der Wahrheitsanspruch, „sanningskrav", den Elisabet mit Elektra gemeinsam hat? Der ödipale Mutter-Tochter-Konflikt bei Euripides, wo Elektra Liederlichkeit und Ehebruch der Mutter anklagt, die ihre Kinder vernachlässigt habe, ähnelt stark dem in Bergmans *Höstsonaten*, wo die Figur der Eva vergleichbare Anklagen gegen ihre Mutter Charlotte vorbringt.[106] Ähnliche Anklagen werden in *Persona* in Form von traumartigen Sequenzen später auch gegen Elisabet – und weniger deutlich auch gegen Alma – vorgebracht; die beiden ähneln insofern auch Elektras Mutter Klytaimnestra. Wie diese scheinen sie ihre Kinder verstoßen zu haben, die von anderen aufgezogen bzw. gar nicht

---

[104] Robert Boyers sieht Sophokles' *Elektra* als „crucial for an understanding of *Persona*" an; im schweigenden Rückzug Elisabets sieht Boyers eine Parallele zum Wunsch von Sophokles' verbitterter Elektra, sich angesichts von Orests Nichterscheinen von ihrer falschen, korrupten Umwelt in eine unterirdische Höhle zurückzuziehen; in: Robert Boyers, „Bergman's *Persona*: An Essay on Tragedy", in: ders., *Excursions: Selected Literary Essays* (Port Washington/London 1977), S. 48ff.
[105] Ingmar Bergman, *Persona*, S. 16; weitere Seitenangaben in Klammern im Text. Auf Textstellen aus dem Drehbuch, die an für die vorliegende Analyse relevanten Stellen stark vom Film abweichen, wird im Folgenden gesondert hingewiesen.
[106] Mit Euripides verbindet Bergman so manches: die Dominanz weiblicher Figuren, neben denen die männlichen Charaktere häufig zu Nebenrollen degradiert sind, die Beleuchtung der weiblichen Psyche, die Darstellung weiblicher Leidenschaft und die Pathologie des Affekts; die Theologie von Euripides' Tragödien ähnelt der Bergmans: der Mensch ist die Marionette seiner destruktiven Triebe, von Göttern gelenkt, die zu weit weg sind, als dass man sie verstehen könnte. In der Forschung hat man Bergmans Darstellung von Frauen teils als Sexismus wahrgenommen, zu dieser Diskussion vgl. neben Rugg und Blackwell u. a. Birgitta Steene, „Bergman's Portrait of Women: Sexism or Suggestive Metaphor?", in: Patricia Erems (Hrsg.), *Sexual Strategems: The World of Women in Film* (New York 1979), S. 90–107.

erst geboren werden. Sie erscheinen gar als potenzielle Kinds- und Seelenmörderinnen. Wie eine Traumsequenz suggeriert, spielen sie ähnlich wie Klytaimnestra ihrem Gatten die liebende Gemahlin vor. Auch der von Elektra betrauerte König Agamemnon ist ein Ehebrecher und Kindsmörder,[107] der einer fluchbeladenen, von den Sünden der Väter heimgesuchten Ahnenreihe entstammt. Elektras Festhalten am Gesetz des Vaters ist ein Bestreben, das *ad absurdum* führt. Die Schlechtigkeit der Elterngestalten, die auf die Kinder vererbt wird, taucht auch in Strindbergs *Spöksonaten* und *Pelikanen* auf; in *Pelikanen* sagt die Mutter Elise zu den Vorwürfen ihrer Tochter:

> Känner du min barndom? Anar du vilket dåligt hem jag hade, vad ont jag fick lära där? Det syns gå i arv, uppifrån, från vem? Från första föräldrarne, stod det i barndomsböckerna, och det tycks slå in... Skyll inte på mig alltså, så skall jag inte skylla på mina föräldrar, som kunde skylla på sina och så vidare! För övrigt, det är lika dant i alla familjer, fastän det inte visas för de utomstående....[108]

Lächelt Elisabet auf der Bühne ironisch, weil sie in *Elektra* ihre eigenen Widersprüche und Abgründe erkennt, die Fruchtlosigkeit ihres Wahrhaftigkeitsanspruchs, dem sie selbst nicht gerecht wird?

Die Ärztin berichtet Alma, dass Elisabet Vogler nach diesem Vorkommnis auf der Theaterbühne in Schweigen verharrt und auch mit ihrem Ehemann nicht spreche, dass sie jedoch körperlich und geistig völlig gesund sei:

> Detta tillstånd har nu varat i tre månader. Hon har genomgått alla undersökningar, som kan tänkas. Resultatet är entydigt: Så långt vi förstår, är fru Vogler andligen och kroppsligen fullkomligt frisk. Det är inte ens fråga om någon sorts hysterisk reaktion. Frau Vogler har överhuvudtaget under sin utveckling som konstnär och människa visat en lycklig och verklighetsanpassad lägging och en utmärkt fysisk hälsa (*Persona*, S. 8).

Ob Elisabet Vogler tatsächlich so ‚unhysterisch', ‚glücklich' und ‚wirklichkeitsangepasst' ist, wie die Ärztin behauptet, ist eine Frage, die der Film offen lässt. Indessen wird die Pflegerin, deren eigenes Selbstbild „en lycklig och verklighetsanpassad lägging" umfasst, in der Schauspielerin psychopathische Züge entdecken, in denen sie einen unbewussten, geheimen Teil ihrer eigenen Person gespiegelt sieht, eine heimliche Person, verborgen unter der sozialen *Persona* von Alma, der einfühlsamen Krankenschwester. Ihr Vorname bedeutet im Lateinischen bezeichnenderweise die ‚Nährende'. Indem sie Elisabet, die Schlange,

---

[107] Vgl. Ranke-Graves, *Griechische Mythologie*, a.a.O., 112.h., S. 379.
[108] August Strindberg, *Pelikanen*, Akt III, in: *Samlade Skrifter. Bd. 45, Kammarspel.* (Stockholm 1917), S. 276. Elises kalter Hinweis auf das Erbe der „första föräldrarne" lässt sich auch zu Isak Borg in *Smultronstället* und dessen von Gefühlskälte geprägten Beziehungen zu Mutter, Vater, Ehefrau und Sohn in Beziehung setzen. In biblischen Namen wie Isak und Sara ist die Vorstellung von der Sünde der Vorfahren angedeutet, die auf die Nachkommen weitervererbt wird.

an ihrem Busen nährt, nährt sie das Monster in sich selbst und wird zu einer Anderen. Die *heimliche* Person tritt hervor und wird dadurch zu einer un*heimlichen Person*.

Während des Berichts der Ärztin wird Schwester Alma zunächst von vorne und dann von hinten gezeigt. Wir schauen ihr über die Schulter und sehen dabei das entrückte, verschwommene Gesicht der Vorgesetzten. Scharf sieht man dagegen Almas kindlichen Nacken und ihre ebenso kindlichen Hände, die sie hinter dem Rücken verschränkt hält. Diese Hände erinnern an die Aufnahme der unruhigen Kinderhände im Prolog; sie sind Zeichen für Almas Ich und Persona, welche sie zusammenzuhalten bestrebt ist. Almas Gesicht ist in Großaufnahme zu sehen, während sie aufmerksam zuhört. Deutet ihr starrer Blick an, dass sie hier mit einem verdrängten Teil ihres Selbst konfrontiert wird? Ihr Blick ähnelt der geschminkten, starren Maske der Schauspielerin. Gleichzeitig scheint sie mit dem Jungen im Leichenhaus synonym zu sein, der wie ein Geist aus der Unterwelt der Krankenhauspathologie zuschaut. Auch der Filmzuschauer sieht Alma über die Schulter wie ein unsichtbares Gespenst. Dieser Eindruck korrespondiert mit der Fegefeuer- und Parallelwelt-Vorstellung, auf die weiter oben im Zusammenhang mit *Hamlet* als Intertext zu *Persona* eingegangen worden ist. Die Idee parallel existierender Welten, die sich auch in Bergmans *Vargtimmen* und *Fanny och Alexander* findet, bringt vor allem Eva in *Höstsonaten* zum Ausdruck, als sie ihrer Mutter zu erklären versucht, dass auch die Erwachsenen Kinder bleiben. Für sie existiert ihr ertrunkener kleiner Sohn in einer anderen Wirklichkeit parallel zu ihrer eigenen weiter; ihrer entsetzten Mutter, die selbst niemals zur Kommunikation mit ihren Kindern fähig war und Eva für überspannt hält, erzählt sie vom Kontakt mit ihrem Kind im Jenseits, was an die katholische Vorstellung der Kommunikation mit den Geistern der Toten erinnert, die im Limbus weiterexistieren:

> Innerst inne kände jag redan från börjän at han fortfarande levde, att vi levde tätt intill varandra. Jag behöver bara koncentrera mig det allra minsta, så finns han där. Ibland just när jag ska somna kan jag känna att han andas mot mitt ansikte och så rör han vid mig med sin hand ... Han lever ett annat liv men närsomhelst kan vi nå varandra, det finns ingen gräns, ingen oöverkomlig mur (*Höstsonaten*, S. 39).

Für Eva gibt es keine Grenzen, für sie ist der Mensch „en ofattbar tanke", in dem alles vereint sei, „väldiga krafter", „djävlarna och helgonen och profeterna och mörkmannen och konstnärerna och förstörarna":

> På så sätt måste det ju också finnas en obegränsad mängd verkligheter, inte bara den verkligheten som vi fattar med våra trubbiga sinnen utan ett tumult av verkligheter som välver sig över och runt varandra, innanför och utanför ... Det finns inga gränser (*Höstsonaten*, S. 40).

Der Zuschauer weiß nicht, ob es sich bei Evas enthusiastischer Schilderung in *Höstsonaten* um Visionen oder um die überspannten Phantasien einer Neurotikerin handelt. Ihre Worte sind tröstlich und unheimlich zugleich. Der Titel „*Höstsonaten*" spielt auf die Geistervorstellung und die Eltern-Kind-Problematik in August Strindbergs *Spöksonaten* an; die Figur des Studenten in *Spöksonaten* lässt sich ebenfalls zur Figur Hamlets in Beziehung setzen.[109]

Unheimlich ist in *Persona* auch die Nebeneinanderstellung der maskenhaften Gesichter von Krankenschwester, Künstlerin und Ärztin.[110] Die drei Frauen erscheinen wie Manifestationen von Sigmund Freuds Drei-Instanzen-Modell: Die Autoritätsperson der Ärztin lässt sich als dubioses Über-Ich sehen, Alma als bedrohtes Ich und Elisabet als Es, als monströser Auswuchs des Unbewussten, der exorziert und geheilt werden muss.[111]

Nach dem Gespräch mit der Ärztin betritt Alma das Zimmer Elisabets, die leblos und passiv auf ihrem Krankenhausbett liegt wie der Junge und die Greise auf ihren Bahren im Leichenhaus.[112] Alma tritt dagegen betont lebensbejahend auf und stellt Elisabet (und dem Zuschauer) ihre eigene bürgerliche Person als 25jährige Verlobte und Krankenpflegerin vor, die dem Vorbild ihrer Mutter, einer ehemaligen Krankenschwester und Mutter von acht Kindern, nachzueifern sucht. Alma definiert den Sinn ihrer Existenz über diese Rollen, die darin bestehen, die Bedürfnisse anderer zu befriedigen. Almas Selbstauffassung entspricht der Definition von „Persona" wie sie aus der stoischen Ethik überliefert ist; die Persona repräsentiert die von den Eltern übernommene oder ererbte gesellschaftliche Rolle, die innerhalb der sozialen Beziehungen definiert ist. Stabilität und Identität innerhalb der Kultur beruhen auf der Anpassung an diese Rolle. Die römischen und griechischen Moralisten verliehen dem Begriff

---

[109] Hierzu Egil Törnqvist, „*Hamlet och Spöksonaten*", in: *Meddelanden från Strindbergssällskapet*, Nr. 37, Mai 1965.

[110] Marsha Kinder hat die drei Figuren in einer Formulierung als wechselseitige Schatten-Figuren interpretiert – sozusagen als Doppelgänger – indem sie auf die Variationen von Figuren und gleichbleibenden Namen bei Bergman hingewiesen hat, vgl. M. Kinder, „The Penetrating Dreamstyle of Ingmar Bergman", a.a.O., S. 60, 65. In *Ansikte mot Ansikte* ist die Hauptfigur, die einen Zusammenbruch erleidet, eine Psychiaterin, deren Desintegration sich in der Psychose einer ihrer Patientinnen spiegelt.

[111] Hierzu passt auch eine Beobachtung Robert Boyers, der Elisabet indirekt als „alien element" interpretiert hat, von dem Alma, wie Ödipus, die Gesellschaft befreien muss, beauftragt von einer höheren Autorität, hier in Gestalt der Ärztin als Verkünderin der „therapeutic imperatives of the civilization she protects against unconformed elements"; in: Boyers, a.a.O., S. 52f.

[112] In einem Interview beschrieb Bergman sich zum Zeitpunkt der Entstehung von *Persona* wegen seiner schweren Erkrankung als „beinahe tot": „I thought to myself that I would never create anything anymore; I was completely empty, almost dead", in: Charles Thomas Samuels, „Ingmar Bergman. An Interview" (1972), in: Kaminsky, a.a.O., S. 107.

die ethische Bedeutung: seine Maske tragen bedeutet, seine Pflichten zu erfüllen und die eigene Individualität in die sozialen Beziehungen zu integrieren.[113] Eine ähnliche Bedeutung hat der Begriff „Persona" auch bei C.G. Jung, wo er die schützende Maske und das Selbstbild sowie die stereotype gesellschaftliche Rolle bezeichnet, die einer persönlichen Weiterentwicklung oft im Wege steht.[114] Almas Rolle drückt sich auch in ihrem sprechenden Vornamen aus, den Bergman in seinen Filmen mehrfach für fürsorgliche mütterliche Frauen benutzt hat.[115] Elisabet ist die Antithese hierzu. In Almas Anwesenheit reagiert sie aggressiv auf eine Frauenstimme in einem Hörspiel, die mit theatralischen Worten um Vergebung bittet. In der Drehbuchversion spricht die Phantomstimme aus dem Radio (die in Wirklichkeit Bibi Anderssons ist, welche Alma verkörpert und in deren Rolle an einer anderen Stelle im Film um Vergebung bittet) außerdem von „en mors lidanden, en kvinnans blödande smärta" (*Persona*, 10). Elisabet fängt an zu lachen und schaltet dann ärgerlich das Radio ab. Diese neuerliche Illusionsdurchbrechung eines Spiels im Spiel, das ein Artefakt im Artefakt ist, spiegelt die Szene aus *Elektra* wider, in der Elisabet ‚aus der Rolle fällt' und lächelt, der Drehbuch-Version zufolge sogar ein unangebrachtes Lachen unterdrückt.[116] Auch in Euripides' *Elektra* äußert Klytaimnestra Mutterschmerz, als sie vor ihrer Tochter Elektra den Gattenmord mit dem Verlust ihres Kindes durch Agamemnon und mit dessen Ehebruch rechtfertigt.[117] Die Selbstreflexivität der Hörspiel-Episode in *Persona* bekommt eine zusätzliche ironische Note, als Alma ihre Bewunderung für die Rolle des Künstlers in der Gesellschaft ausspricht und für das therapeutische Potenzial von Kunst, die für Alma eine „kolossal betydelse i livet" hat, „särskilt för människor, som har det svårt på det ena eller andra sättet" (*Persona*, 11). Für solche Sichtweisen hat Elisabet offenbar nur Spott übrig.[118] Ihre eigene Schauspielkunst, mit der sie die identifikatorischen und kathartischen Bedürfnisse der Zuschauer im Theater befriedigt, hat für sie selbst keinerlei therapeutischen Wert, sondern spiegelt

---

[113] Marcel Mauss, „Eine Kategorie des menschlichen Geistes: Der Begriff der Person und des ‚Ich'", in: ders., *Soziologie und Anthropologie* (München/Wien 1975), S. 238–246. Vgl. Paisley Livingstons Hinweis auf Mauss im Zusammenhang mit *Persona* in: ders., *Ingmar Bergman and the Rituals of Art* (Ithaca/London 1982), S. 193.

[114] Vgl. C.G. Jung, *Psychologische Typen*, Gesammelte Werke, Bd. 6 (Olten/Freiburg i.Br. 1971), S. 507.

[115] Zum Beispiel in *Fanny och Alexander* und *Vargtimmen*; in letzterem spielt Liv Ullmann, die in *Persona* Elisabet verkörpert, eine ‚Alma'.

[116] Bergman, *Persona*, S. 7: „Jag blev så fruktansvärt full i skratt".

[117] Euripides, *Elektra* (Stuttgart 2005), 1011–1050, S. 57.

[118] Vgl. hierzu Bergmans Bemerkung zu Almas Bewunderung: „Da mache ich nur Spaß ... Ich mag dieses ganze unterwürfige Getue vor Künstlern nicht, *von mir aus sollte man ihnen einen kräftigen Tritt in den Arsch geben* – darüber wäre eine ganze Menge zu sagen", in: Björkman, *Bergman über Bergman*, a.a.O., S. 234f.

nur die Schauspielerei des Menschen im wirklichen Leben wider. Die Verkörperung von Elektras Wahrheitsanspruch steht im Gegensatz zur Unauthentizität und Unaufrichtigkeit, mit der Elisabet ihre „verklighetsrollerna" als Ehefrau, Geliebte und Mutter spielt. Schließlich fällt sie auch im wirklichen Leben aus der Rolle, so wie sie im Theater aus der Rolle fällt:

> Verdammt, wie höre ich mich eigentlich an? Sie sieht ihre Kollegen, deren geschminkte Gesichter – was zum Teufel machen wir eigentlich? Und dann denkt sie: es hat keinen Zweck, irgendwas zu sagen, es ist besser, man hält den Mund.[119]

Alma schaltet als Reaktion auf Elisabets aggressive Geste ein Radio-Programm ohne Worte an, klassische Musik als Kunstform, die besser zu Elisabets wortlosem Gemütszustand zu passen scheint, und lässt die Patientin verständnisvoll allein. Im dunkler werdenden Zimmer sieht man Elisabets bewegungsloses Gesicht auf dem Bett, bis schließlich nur noch die beiden glimmenden Lichtpunkte in ihren Augen zu sehen sind, die ihr etwas Monströses verleihen, das an einen Vampir erinnert. Schließlich erlöschen sie ganz.

Nach ihrer ersten Begegnung mit Elisabet im Krankenzimmer wird Alma auf dem Krankenhausflur von der Ärztin zu ihrem ersten Eindruck von Frau Vogler befragt. Alma äußert ihre Befürchtung, dass sie der Patientin seelisch vielleicht nicht gewachsen sei und beschreibt den Kontrast zwischen Frau Voglers kindlichem Gesicht und ihren strengen Augen:

> Först tycker man, att ansiktet ser så mjukt och nästan barnligt ut. Men sedan ser man på hennes ögon och då. Jag vet inte, hur jag ska säga. Hon har så sträng blick, tycker jag ... Jag kanske inte klarar henne ... Själsligt ... Om fru Voglers oörlighet är resultatet av ett beslut och det måste det ju vara, eftersom hon anses fullt frisk ... Då är det ett beslut, som vittnar om själslig kraft. Jag tror, att den, som ska sköta henne, måste ha stor andlig styrka. Jag vet inte, om jag räcker till helt enkelt. (*Persona*, S. 9).

Elisabets kindliches Gesicht mit den strengen Augen erinnert an das unheimliche Motiv der großen bösen Kinderaugen in Ibsens *Lille Eyolf* und auf Munchs Lithographie *Madonna*. Dieselbe Maske wird später auch an Alma zu sehen sein. Die Ärztin sucht Almas Zweifel zu zerstreuen, indem sie darauf hinweist, dass die Leiterin der Krankenpflegeschule explizit Alma als Pflegerin für den vorliegenden Fall empfohlen habe.

Mit Elisabets offensichtlicher Leere konfrontiert, sucht Alma sich beim Zubettgehen des Sinns ihrer eigenen Lebensentwürfe, ihrer Rolle als Krankenschwester und ihrer zukünftigen Rolle und Persona als bürgerliche Ehefrau und Mutter zu versichern, indem sie sich „trygghet" einredet, ‚Geborgenheit', die sich später jedoch als Selbstverleugnung, Unauthentizität und Selbstentfremdung *entlarven* wird:

---

[119] Bergmans Kommentar zu Elisabets Verstummen auf der Bühne in: Björkman, *Bergman über Bergman*, a.a.O., S. 235.

Man kan gå omkring nästan hur som helst, man kan tå sig för nästan vad som helst. Jag gifter mig med Karl-Henrik och vi får ett par barn, som jag ska uppfostra. Alltihop det där är bestämt, finns ini mig själv. Jag behöver inte alls fundera på, hur det ska bli. Det är en väldigt trygghet (*Persona*, S. 12).

Vor dem Einschlafen fragt sie sich, „vad det är för fel med fru Vogler egentligen" (*Persona*, 12). Almas unruhiges Herumhantieren mit Lichtschalter und Gesichtscreme und ihre Frage, die auf ihre Selbstversicherungen folgt, implizieren, dass sie sich möglicherweise mit ihren eigenen Rollenentwürfen etwas vorzumachen und damit wie der Künstler auf der Leinwand den leeren Fleck im Zentrum des Seins auszufüllen sucht, die essentielle Leere des Daseins, an der Elisabet leidet.

Zur selben Zeit steht Elisabet in ihrem Zimmer vor dem Fernsehseher und sieht eine amerikanische Nachrichtensendung, in der ein buddhistischer Mönch zu sehen ist, der sich schweigend und auf offener Straße selbst verbrennt. In seiner stummen Protesthandlung sieht Elisabet ihren eigenen stummen Protest gespiegelt. Doch ist ihr Wahrhaftigkeitsstreben mit dem des Mönchs zu vergleichen? Ist ihr Schweigen nicht vielmehr nur eine weitere Rolle, die sie spielt, bis sie sie uninteressant findet – „tills du finner den ointressant, färdigspelad och kan lämna den liksom du undan för undan lämnar dina andra roller", wie die Ärztin später zu ihr sagt (*Persona*, S. 16)? Keuchend weicht Elisabet vor dem grauenhaften Anblick des Märtyrers an die Wand zurück, der *in Wirklichkeit* und nicht nur auf der Theaterbühne oder im Hörspiel die Selbstauslöschung vollzieht, die die Ärztin hinter Elisabets Schweigen ausmacht: „att äntligen bli genomskadad, reducerad, kanske utplanad" (*Persona*, S. 16). Elisabet schreckt vor diesem Horror schockiert zurück und folgt dabei dem Phantom ihres Schattens, der im Licht des Fernsehgeräts vergrößert an der Wand hinter ihr erscheint. Spiegelt die visuelle Aufspaltung in Person und Schatten, die an C.G. Jungs gleichnamige tiefenpsychologische Konzepte erinnert, Elisabets geteiltes Selbst wider, das gespalten ist zwischen ihrem Wahrhaftigkeitsideal und ihrer Unfähigkeit, *wirklich* über ihren *Schatten* zu springen?

Eines Morgens liest Alma Elisabet einen Brief von deren Ehemann vor, dessen gefühlvolle Worte an das Hörspiel erinnern. Mit der Lesebrille und ihrem kindlichen Gesicht ähnelt sie wieder dem Jungen im Prolog. Auch in den Zeilen, die sie vorliest, taucht das Motiv der Kinder, die nicht erwachsen werden, auf. Elisabets Mann bezeichnet sich und seine Frau als „två ängsliga barn", „uppfyllda av god vilja och de bästa föresatser, men regerade av krafter som vi bara delvis behärskar" (*Persona*, 13).[120] Als Alma beim Vorlesen an eine Stelle

---

[120] Von den ‚Kräften' – der paradoxen Dialektik der Todes- und Lebenstriebe – ist auch in anderen Filmen Bergmans die Rede, z.B. in *Aus dem Leben der Marionetten*; hier sagt der

mit besonders starken Gefühlsbekundungen und offensichtlich erotischem Inhalt kommt, zerknüllt Elisabet den Brief ebenso wütend, wie sie das Hörspiel abgeschaltet hat. Alma reicht ihr das Photo, das sich ebenfalls im Briefumschlag befunden hat, ein Bild von Elisabets kleinem Sohn: „Han ser förfärligt rar ut" (*Persona*, S. 13). Elisabet schaut stumm auf das Bild und zerreißt es dann. Ominöse Musik begleitet diesen Riss, in dem sich die Spaltung des zusammengesetzten Frauengesichts zu wiederholen scheint. In der Handlung Elisabets wiederholt sich das Phantasma des Prologs: die Imago des toten Kindes, das zur Imago der Mutter aufschaut, deren überlebensgroßes zweigeteiltes Gesicht auf das Kind hinabschaut, dem sie die Existenz verweigert. Ebenso wie Elisabet zuvor mit dem Hörspiel die Rollen der Mutter und der Künstlerin abgeschaltet und verworfen hat, verwirft sie hier mit der Zerstörung von Brief und Bild ihre realen Rollen als Ehefrau, Geliebte und Mutter, „hustrurollen, kamratrollen, modersrollen, älskarinnerollen" (*Persona*, S. 16). Ihr Verhalten bildet eine Antithese zu Almas Maskenentwürfen.

Nicht nur der Junge im Leichenhaus ist Hamlet vergleichbar. Elisabet als Schauspielerin und Maskenträgerin ist „der dionysische Mensch", der Friedrich Nietzsche zufolge „Ähnlichkeit mit Hamlet" hat: „beide haben einmal einen wahren Blick in das Wesen der Dinge getan, sie haben *erkannt*, und es eckelt sie zu handeln; denn ihre Handlung kann nichts am ewigen Wesen der Dinge ändern (...) Die Erkenntnis tötet das Handeln (...) die wahre Erkenntnis, der Einblick in die grauenhafte Wahrheit überwiegt jedes zum Handeln antreibende Motiv, bei Hamlet sowohl als bei dem dionysischen Menschen", der „überall nur das Entsetzliche oder Absurde des Seins" sieht".[121] Hier versagt selbst „die *Kunst*", die Nietzsche „in dieser höchsten Gefahr des Willens" als „rettende, heilkundige Zauberin"[122] sieht. Die Psychiaterin analysiert im Gespräch mit Elisabet als Ursache von deren Schweigen das Leiden an der Falschheit und Unauthentizität aller Rollen; auch im wirklichen Leben bleibt Elisabet eine Schauspielerin:

> Tror du inte att jag förstår. Den hopplösa drömmen om att vara. Inte verka utan vara. I varje ögonblick medveten, vaksam. Och samtidigt avgrunden mellan vad du är inför andra och vad du är inför dig själv. Svindelkänslan och den ständiga hungern efter ett

---

homosexuelle Tim: „Ich werde von Kräften gesteuert, die ich nicht meistere ... zwei völlig unvereinbare ... Den Traum von der Nähe, von Zärtlichkeit, Gemeinschaft, Selbstvergessenheit, von allem, was lebendig ist. Und auf der anderen Seite – die Gewalt, die Schweinerei, das Entsetzen, die Todesdrohung. Manchmal glaube ich, es handelt sich um ein und denselben Trieb" (*Aus dem Leben der Marionetten*, a.a.O., S. 58). In *Tystnaden* sagt die sterbende Ester: „Krafterna är för starka, jag menar krafterna, *de ohyggliga*" (I. Bergman, *En Filmtrilogie*, Stockholm 1963, S. 161).
[121] Nietzsche, *Die Geburt der Tragödie*, S. 65.
[122] Ebd.

avslöjande. Att äntligen bli genomskadad, reducerad, kanske utplanad. Varje tonfall en lögn och ett förräderi. Varje gest en förfalskning. Varje leende en grimas: Hustrurollen, kamratrollen, modersrollen, älskarinnerollen, vilken är värst? ... Var sprack det? (*Persona*, S. 15f).

Auch Elisabets ‚Wirklichkeitsrollen' sind mehr Schein als Sein, nur Masken und leere Gesten.[123] Auf die Leere hinter den Masken der Gesichter weist schon Seneca in *De tranquillitate animi* hin, indem er den Leser zu dem Bewusstsein ermahnt, dass alles gleich nichtig sei, äußerlich mit verschiedenen Gesichtern versehen, dahinter aber herrsche unterschiedslose Leere.[124]

Elisabets Wachsamkeit – „medveten, vaksam" – erinnert an Hamlet, der sich verrückt stellt und seine Umgebung beobachtet. Im Wunsch Elisabets „att äntligen bli genomskadad, reducerad, kanske utplanad", wie die Ärztin formuliert, steckt etwas von Hamlets Suizidwünschen. Die Psychiaterin spricht Elisabet solche Selbstmordüberlegungen jedoch ab: „Ta livet av sig. Nej – det är för otäckt det gör man inte. Men man kan bli orörlig. Man kan bli tyst" (*Persona*, 16). Doch auch in ihrem katatonischen Schweigen ähnelt Elisabet Hamlet und dessen letzten Worten am Ende der Tragödie: „The rest is silence".[125] Den Worten der Psychiaterin ist nicht ganz zu trauen; ihre Äußerungen scheinen die einer dubiosen Sprecherin zu sein. Dass in *Persona* Umkehrungen stattfinden und manches gegen den Strich zu lesen ist, scheint Bergman in seinen Filmen immer wieder durch auf dem Kopf stehende Aufnahmen zu implizieren.

3. Teuflische Experimente

Die Psychiaterin schlägt der schweigenden Elisabet im Gespräch vor, mit Schwester Alma ins einsam am Meer gelegene Sommerhaus der Ärztin zu reisen, um sich dort in der Natur zu erholen. Die Abmachung zwischen der Ärztin und Elisabet hat etwas von einem Komplott an sich, von einem Experiment an Alma. Im Drehbuch sagt die Ärztin zu Elisabet:

> Syster Alma har jag redan talat med. Hon var en aning betänksom ... Men ... dessutom kan man muta syster Alma. Hon samlar väl till utstyrseln, förmodar jag. Eller något annat lika konservativt och förargelseväckande ... Syster Alma är en storartet liten person. Henne kommer du att ha glädje av (*Persona*, S. 14f).

---

[123] Vgl. auch die Worte der intellektuellen Ester auf dem Sterbebett in Bergmans *Tystnaden*: „Man prövar attityder. Och finner dem alla meningslösa" (*En Filmtrilogi*, a.a.O., S. 161).
[124] Seneca, *De tranquillitate animi* 10, 5: „Sciamus omnia aeque levia esse, extrinsecus diversas facies habentia, introrsus pariter vana."
[125] *Hamlet*, Akt V, Szene 2.

Alma wird auf ähnliche Weise geködert wie E.T.A. Hoffmanns naiver Student Nathanael von den Experimenteuren Spalanzani und Coppola. Die dubiose Psychiaterin ist eher eine Randfigur in *Persona*; als Helferin Elisabets spielt sie jedoch eine ähnliche Rolle wie der diabolische Arzt, der in Carl Dreyers *Vampyr* als Helfershelfer der alten Vampirin und Wiedergängerin auftritt. Diese Assoziation korrespondiert mit der Vorstellung, dass der Therapeut selbst „zum Verfolger und zu einer teuflischen Gestalt" werden kann, „dass der Psychoanalytiker sich ebenfalls mit dem Unbewussten verbünden und dass es in dieser Hinsicht zu einer Art Teufelspakt kommen könnte",[126] die ihre literarische Entsprechung im Teufelspakt zwischen dem Wissenschaftler Faust und seinem Teufel Mephisto hat. Alma wird einem psychischen Experiment unterzogen. Sie fungiert als Wirtstier für Elisabet, die stumme Parasitin, die sich Almas ‚Innereien' einverleibt und deren Psyche mit ihrem vampirischen Nihilismus infiziert. Später wird sich Elisabet, die Alma intime Bekenntnisse entlockt, in einem Brief an die Ärztin mit einem Fötus im Mutterschoß vergleichen, „flytande i en mild halvslummer", erfüllt von „barbarisk munterhet": „Jag är omgiven av havet och vaggar som ett foster i ett moderssköte" (*Persona*, S. 27). Diese Formulierungen, die so nur im Drehbuch stehen, lassen sich zu Professor Van Helsings Darstellung von Dracula in Beziehung setzen; der Professor beschreibt den Vampir, der zu Wasser in seinen mit Erde gefüllten Kisten schläft, reist und wächst und sich als unheimlicher Gast ins Seelenleben anderer einschleicht, als etwas Fetales, im Wachsen Begriffenes:

> In some faculties of mind he has been, and is, only a child; but he is growing, and some things that were childish at the first are now of man's stature. He is experimenting, and doing it well (...) He has all along, since his coming, been trying his power, slowly but surely; that big child-brain of his is working. Well for us, it is, as yet, a child-brain (...) Do you not see how, of late, this monster has been creeping into knowledge experimentally. How he has been making use of the zoophagous patient to effect his entry into friend John's home; for your vampire (...) must at the first make entry only when asked thereto by an inmate.[127]

Elisabets narzisstische Regression auf einen infantilen Zustand überträgt sich auch auf Alma, die in ihren Phantasien auf eine paranoid-schizoide Stufe zu regredieren scheint und sich im Labyrinth ihrer wahnhaften Träume verirrt wie die naive Märchenheldin im Wald. In ihren Träumen wird der Gutmensch und Durchschnittsmensch Alma mit der eigenen Negativität konfrontiert. Ihre phantasmatische „Reise nach innen" repräsentiert das, was Patrick Brantlinger

---

[126] Mario Erdheim, „Das unheimlich Teuflische der Psychoanalyse", in: „Freuds Erkundungen an den Grenzen zwischen Theorie und Wahn", Einleitung zu Sigmund Freud, *Zwei Fallberichte*, a.a.O., S. 92f. Mario Erdheim verweist hier auch auf „eine Identifikation von Freud mit Goethes Faust".
[127] Bram Stoker, *Dracula*, a.a.O., Chapter XXIII, S. 264.

als „eine Reise in unser gemeinsames ‚*Heart of darkness*'" bezeichnet hat, wo „zwei oder mehr Personen Teile eines einzelnen Selbst sind, dessen Auflösung die Erzählung schattenhaft andeutet. Die Tätigkeiten dieser stückhaften Teile scheinen oft einen düsteren, mysteriösen Konflikt innerhalb eines einzigen Menschen darzustellen".[128] Almas Seele wird seziert. Ihre pathologischen Affekte und Phantasien münden in eine monströse Metamorphose, die in der imaginären Verschmelzung von Alma und Elisabet in einem Horror-Mischgesicht gipfelt. Diese Seelensektion ist vergleichbar mit den grauenhaften Vivisektionen, mit denen der teuflische Dr. Moreau auf seiner entlegenen Insel in H.G. Wells' *The Island of Dr. Moreau* monströse Mischwesen kreiert.[129] Auch der Regisseur G.W. Pabst, ein Anhänger Sigmund Freuds, hat in den Zwanziger Jahren des vorigen Jahrhunderts die menschliche Seele „mit Hilfe einer regelrechten filmischen Vivisektion erforscht",[130] so zum Beispiel in dem Film *Geheimnisse einer Seele* (1926), wo destruktive Träume Einblick in die Psyche eines Wissenschaftlers geben. Vergleichbare Vivisektionen hat Bergman nicht nur in *Persona*, sondern auch in *Smultronstället*, *Viskningar og rop*, *Ansikte mot ansikte* und in *Aus dem Leben der Marionetten* vorgeführt. Ihre anfängliche Neugier herauszufinden, was Elisabet hinter der Maske ihres Schweigens verbirgt, konfrontiert Alma mit den (Un)Heimlichkeiten hinter ihrer eigenen Maske. Am Ende von *Persona* wird Alma versuchen, in einer Art Traum-Exorzismus die monströse Geschwulst ihrer psychischen Metamorphose und Verschmelzung mit Elisabet auszutreiben.

Obwohl *Persona* im Allgemeinen jede narrative Linearität abgesprochen wird, lassen sich in diesem Film die drei Hauptmotive oder Stadien identifizieren, die die Struktur der Romanze definieren: das Quest-Motiv der Suche/Reise, das in *Persona* mit der psychischen Reise in das Selbst identisch ist; der Kampf des Helden, der mit dessen Tod enden kann; und die Wiedererkennung bzw. Wiedergeburt. „The passage from struggle through a point of ritual death to a recognition scene"[131] entspricht, so Northrop Frye, dem rituellen Drei-Tages-Rhythmus von Tod, Verschwinden und Wiederauferstehung. Diese zyklische Bewegung lässt sich sowohl Alma als auch Elisabet zuschreiben, vor allem jedoch Alma, die die Hauptidentifikationsfigur des Films repräsentiert.

Das Motiv der Suche enthält in *Persona* den für die Romanze typischen Konflikt zwischen zwei Hauptcharakteren, von denen der eine – Elisabet – mit Dunkelheit, Tod und dem zu überwindenden Monster assoziiert ist, und der

---

[128] Brantlinger, „*Romances*, Romane und Psychoanalyse", a.a.O., S. 34f.
[129] Auch der Schauplatz von *Persona* ist, nebenbei bemerkt, eine Insel, die Ostsee-Insel Fårö, auf der Bergman jahrzehntelang bis zu seinem Tod gelebt hat.
[130] Toeplitz, *Geschichte des Films: 1895–1933*, a.a.O., S. 434.
[131] Frye, *Anatomy of Criticism*, S. 187.

andere – Alma – mit Helligkeit, Ordnung, Fruchtbarkeit und Jugend.[132] Die Konstellation mit Elisabet in der Rolle der Unholdin und mit Alma als kindlich-naiver Protagonistin, die Elisabet bewundert, entspricht der Konstellation der klassischen Schauerromanze, in der eine naive Heldin von einem *Gothic villain* heimgesucht wird. Dass das Monster ein abgespaltener Teil von Alma selbst ist, den sie in der von ihr angebeteten Elisabet gespiegelt sieht, verleiht *Persona* eine noch unheimlichere Dimension im Sinne Freuds. Indem Alma sich mehr und mehr mit Elisabet zu identifizieren und an ihrem eigenen Ich irre zu werden beginnt, werden die individuellen Merkmale ihrer eigenen Person ausgelöscht. Dieser Prozess von Ich-Verdopplung und Entpersönlichung kommt in einer der ersten Szenen zum Ausdruck, in denen Elisabet und Alma an ihrem Ferienort am Meer gezeigt werden. Elisabet hat sich inzwischen unter Almas Fürsorge von ihrer Lethargie erholt und ihr Selbst stabilisiert. Man sieht, wie die beiden an einem Tisch sitzen. Alma putzt gesammelte Pilze und Elisabet vergleicht die Pilze mit den Abbildungen in einem Bestimmungsbuch. Beide Frauen tragen große Strohhüte, die ihre Gesichter wie Masken weitgehend verdecken. Auf den Vergleich der Pilze folgt ein Vergleich ihrer Hände. Elisabet nimmt Almas Hand, studiert ihre Innenseite wie eine Wahrsagerin und vergleicht sie dann mit ihrer eigenen Hand, worauf Alma ihre Hand lachend zurückzieht: „Det betyder otur att jämföra händer, vet du inte?" (*Persona*, S. 18). Bergman hat diese Szene als eine der Urszenen beschrieben, aus denen sich die Idee zu *Persona* entwickelte: „Plötzlich bekam ich die Idee, dass sie dasitzen und ihre Hände miteinander vergleichen, das war das erste Bild – dass sie dasitzen und ihre Hände nebeneinander halten und große Hüte auf dem Kopf haben".[133] Eine weitere Inspiration war die Ähnlichkeit, die er auf einer Photographie zwischen den Schauspielerinnen Liv Ullmann und Bibi Andersson wahrnahm: „ ... als ich das Bild sah, dachte ich plötzlich: meine Güte, was sind die sich ähnlich! Sie hatten eine so eigentümliche Ähnlichkeit".[134] Elisabets Gesten und Almas Bemerkung sind proleptisch. Auf den Vergleich von Händen und Pilzen, die häufig als phallisches Symbol gelesen werden, folgt der Vergleich ihrer Gesichter, Persönlichkeiten und Personae, wobei Elisabets Ich sich wie ein halluzinogener Giftpilz in Almas Ich einnistet und ausbreitet.

Im Laufe des Aufenthalts am Meer vollzieht sich zwischen Schauspielerin und Krankenschwester eine Art Rollentausch. Elisabet nimmt als stumme Zuhörerin mehr und mehr die Rolle der Therapeutin und Pflegerin ein, während die plappernde Alma die Rolle der Patientin übernimmt und mehr und mehr Intimes und Verdrängtes von sich selbst enthüllt.[135] Indem sie bewundernd zu

---

[132] Zu dieser Definition von Held und Gegner in der Romanze vgl. Frye, S. 187.
[133] Björkman, *Bergman über Bergman*, a.a.O., S. 220.
[134] Ders., S. 221.
[135] Aufgrund dieses Rollentausches und der Übertragungssituation zwischen Elisabet und

Elisabet aufschaut und sich mit ihr zu identifizieren sucht, offenbart sie sich einmal mehr als Parallelgestalt des Jungen im Prolog, der die Hand nach dem Phantom auf der Leinwand ausstreckt. Elisabet wird zum Identifikationsobjekt Almas. So erzählt Alma ihr eines Abends im Sommerhaus, dass sie in der Vergangenheit im Kino einen Film mit Elisabet gesehen und danach vor dem Spiegel Vergleiche zwischen ihren Gesichtern angestellt habe. Der Film mit Elisabet als Leinwandheldin reaktiviert die narzisstischen „Spiele des Kindes vor dem Spiegel" und „die primordialen Unsicherheiten über die eigene Identität".[136] Alma stellt sich vor, dass sie sich beide aufgrund ihrer Ähnlichkeit ineinander verwandeln könnten:

> Den där kvällen, när jag hade varit och sett din film, så stod jag framför spegeln och tänkte: Vi är ju rätt lika. Ja, missförstå inte. Du är mycket vackrare. Men vi är lika på något vis. Och jag skulle nog kunna förvandla mig till dig. Om jag ansträngde mig. Jag menar inuti mig ... Och för dig vore du ju ingen konst att förvandlas till mig. Det gör du som så. Din själ skulle förstås sticka ut överallt, för att den är för stor, för att vara inne i mig. Det skulle se besynnerligt ut (*Persona*, S. 25).

Almas belustigte Vorstellung, dass im Falle einer Verwandlung Elisabets in Alma Elisabets ‚zu große Seele überall aus ihr herausstehen würde', spiegelt sich zuvor im äußeren Erscheinungsbild der beiden Frauen wider. In der Sequenz tragen beide identische schwarze Pullover; während sie vor- und nebeneinander zu sehen sind, gehen sie optisch ineinander über, so dass sie aussehen wie zusammengewachsene Zwillinge mit einem schwarzen formlosen Körper, aus dem zwei Köpfe herausstehen. Der groteske Anblick korrespondiert mit dem aus zwei Hälften zusammengesetzten monströsen Frauengesicht im Prolog und wiederholt sich später in einem Traum mit einem Spiegel, in dem zwei Köpfe zu sehen sind. Die Vorstellung, die Alma äußert, suggeriert in Kombination mit der optischen Verschmelzung der beiden Frauenkörper, dass Elisabet wie ein Giftpilz, wie ein fremder Organismus in Almas Seele eingedrungen ist; dies lässt an Horrorfilme wie *Bodysnatchers* oder *Alien* denken, in denen parasitische Außerirdische sich in den Körpern ihrer ahnungslosen Opfer einnisten und verpuppen. Alma geht psychisch mit Elisabet schwanger. Während Elisabet blüht und wächst, scheint Alma wie die Vampir-Opfer in Stokers *Dracula* und Sheridan Le Fanus *Carmilla* Opfer schlafwandlerischer Heimsuchungen zu werden und in einer wahnhaften Traumwelt zu versinken, die mit der Wirklichkeit verschwimmt.

Alma, die man mit der Beziehung zwischen Analytiker und Analysand vergleichen kann, hat zum Beispiel P. A. Sitney in *Persona* eine ‚Allegorie der Psychoanalyse' gesehen; in: „Saying ‚Nothing': Persona as an Allegory of Psychoanalysis", in: ders., *Modernist Montage: The Obscurity of Vision in Cinema and Literature* (New York 1990), S. 125–145.
[136] Metz, *Der imaginäre Signifikant*, a.a.O., S. 8.

4. Urszene und pornographische Regression als Phantasma

> O dass wir unsere Ururahnen wären.
> Ein Klümpchen Schleim in einem warmen Moor.
> Leben und Tod, Befruchten und Gebären
> glitte aus unseren stummen Säften hervor.
>
> Ein Algenblatt oder ein Dünenhügel,
> vom Wind Geformtes und nach unten schwer.
> Schon ein Libellenkopf, ein Möwenflügel
> wäre zu weit und litte schon zu sehr.
>
> (Gottfried Benn, *Gesänge*)

In der entspannten Urlaubsatmosphäre fasst Alma Zutrauen zu der von ihr bewunderten, berühmten Schauspielerin und beginnt intime Einzelheiten aus ihrem Privatleben auszuplaudern. So erzählt sie von ihrer ersten Liebe zu einem verheirateten Mann, der starker Raucher war und an den sie sich hier erinnert, da sie in der Zwischenzeit unter Elisabets Einfluss selbst zur Raucherin geworden ist. Elisabet schweigt weiter und hört interessiert zu, während Alma im Zusammenhang mit diesem Liebesverhältnis Empfindungen schildert, die die Ärztin zuvor an Elisabet diagnostiziert hat: „På något vis var det aldrig riktigt verkligt. Jag vet inte, hur jag ska förklara. I varje fall var *jag* aldrig riktigt verklig för *honom*. Mina plågor var nog verkliga" (*Persona*, 20). Almas Beschreibung der eigenen Unauthentizität und Scheinexistenz an dieser Stelle korrespondiert nicht nur mit Elisabets Leiden an der Unwirklichkeit des Daseins, sondern auch mit den weiter oben genannten Kindergestalten bei Bergman, Strindberg und auch Ibsen, denen die Anerkennung der eigenen Existenz durch den Blick des Anderen verweigert wird. Auch bemerkt Alma, ihr jetziger Verlobter sei der Ansicht, sie lebe wie eine Schlafwandlerin: „Han säger, att jag lever som en sömngångare" (*Persona*, 19). Spätere Sequenzen im Film suggerieren, dass Alma möglicherweise tatsächlich eine Schlafwandlerin ist, die Traum und Wirklichkeit nicht unterscheiden kann. Als Schlafwandlerin unter Elisabets Einfluss erinnert sie an die Schlafwandlerin Lucy in Stokers *Dracula*, die in nächtlicher Trance ein Opfer des Vampirs wird. Elisabets Gesichtsausdruck suggeriert etwas Vampirisches, während sie stumm Almas privaten Enthüllungen lauscht. Später an diesem Abend gibt Alma noch weitaus intimere Dinge in pornographisch-obszönen Einzelheiten preis, die Elisabet mit gierigem Gesichtsausdruck verschlingt wie ein fetaler Vampir, der zu Leben erwachen will. Sie ist wie die Schatten der Unterwelt in der Odyssee, die begierig sind, vom Blut des von Odysseus geschlachteten Schafs zu trinken, um so für kurze Zeit die Gestalt der Lebenden annehmen zu können. Die ultimative

Personifikation dieser unheimlichen fetalen Gier ist Stokers Dracula, der wie Elisabet weder leben noch sterben kann:

> ... the desire to eat, to be eaten, and to sleep ... is part of the human sucking instinct which evidently develops while the human being is still a fetus ... Stoker's Dracula, the vampire, has the desire to drink the blood of another, to have his blood drunk by the other, and to sleep in his native soil. In this way, Dracula may represent the ambivalent link between the desire for life and death in the human psyche. 'Oh how wonderful it must be to be really dead', Dracula exclaimed. He cannot help himself. In order to survive, he must drink the blood of the living. On the one hand, he wants to live really, and on the other hand, he wants to die really. But both options are not meant to be his. He is not really alive and not really dead ... He is doomed to live on as an 'undead'. There is something pathetic, if not tragic, about Dracula the vampire.[137]

Elisabets Gesicht, das bei Almas Erzählung lüstern anschwillt, ähnelt dem aufgedunsenen, phallischen Inkubus auf Johann Heinrich Füsslis *Der Nachtmahr* und auch dem unheimlichen Anblick Draculas, der wie ein vollgesaugter Blutegel, wie ein parasitischer Phallus mit einem boshaften Grinsen auf dem aufgeblähten Gesicht in seiner Gruft im Sarg liegt.[138] Bergman hat im Interview die Bedeutung von Elisabets lüsternem Gesicht hervorgehoben:

> Schau dir Livs Gesicht an: es schwillt die ganze Zeit über an, es ist faszinierend – die Lippen werden größer, die Augen dunkler, das ganze Mädchen verwandelt sich in eine Art Lüsternheit ... Man sieht richtig, wie sich das Gesicht in eine Art kühle, wollüstige Maske verwandelt ... Als wir drehten, redete ich mit Liv darüber, dass sie alles Gefühl in den Lippen sammeln sollte ... Und davon hat sie diese merkwürdig lüstern-lauschende Haltung.[139]

Dieser suggestive Effekt soll sich, so Bergman, in gleicher Weise beim Zuschauer einstellen, der Elisabets voyeuristischen Blick in Almas Seele teilt: „Die Geschichte soll ja nicht nur Elisabet beeinflussen, sie soll ja auch dich beeinflussen, so dass du alles auf dieser eigenen, inneren Leinwand erleben kannst".

---

[137] Radu Florescu / Raymond T. McNally, *Dracula: A Biography of Vlad the Impaler 1431–1476* (London 1974), S. 175.
[138] Bram Stoker, *Dracula*, a.a.O., Chapter IV, S. 53: „There lay the Count ... the deep, burning eyes seemed set amongst swollen flesh, for the lids and pouches underneath were bloated. It seemed as if the whole awful creature were simply gorged with blood; he lay like a filthy leech ... there was a mocking smile on the bloated face ... a grin of malice".
[139] Björkman, *Bergman über Bergman*, a.a.O., S. 229f. Dieses voyeuristische Motiv taucht auch in Bergmans *Såsom ett spegel* auf; hier beobachtet der Schriftsteller David auf ähnliche Weise die Desintegration seiner schizophrenen Tochter Karin. In der Sekundärliteratur hat man Elisabet mit den vampirischen Gestalten bei Strindberg verglichen; zu denken ist hier an Edgar, den Hauptmann in *Dödsdansen*, oder an den Alten und die parasitischen Dienstboten in *Spöksonaten* oder an Fräulein Y in *Den Starkare*; vgl. hierzu Paisley Livingston, a.a.O., S. S. 37f sowie Birgitta Steene zu gewissen Parallelen zwischen *Persona* und *Den Starkare* in: „Bergman's *Persona* through a Native Mindscape", in: Lloyd Michaels (Hrsg.), *Ingmar Bergman's Persona* (Cambridge 2000), S. 31ff.

Elisabet, die sonst selbst Akteurin auf der Bühne ist, nimmt hier die Rolle des vampirischen Voyeurs im Zuschauerraum ein, der den tragischen Untergang eines anderen beobachtet. Während Alma erzählt, sieht man die rauchende Elisabet auf dem Bett; sie erinnert stark an die dubiose Psychiaterin, die während ihres Gesprächs mit Alma ebenfalls raucht.[140]

War Alma bis zu dieser Stelle gut gelaunt und geradezu aufgekratzt, so kommt nun unter der Maske der glücklichen, resoluten und wirklichkeitsangepassten Krankenschwester das zum Vorschein, was man als Almas Lebenslüge und Trauma bezeichnen könnte. Sie erzählt Elisabet von einem anonymen Sex-Abenteuer, das ebenso wie ihr früheres Liebesverhältnis mit einem verheirateten Mann in krassem Gegensatz zu ihrem Selbstbild und Ich-Ideal steht. Alma berichtet, wie sie in den Ferien am Strand ein Mädchen namens Katarina trifft, das sich allein ungeniert nackt sonnt. Sie tut es ihr nach; beide haben dabei große Bastsonnenhüte auf, die die Gesichter verdecken. Dieses Detail verweist zurück auf die Szene, in der Alma und Elisabet mit solchen Hüten auf dem Kopf zusammen am Tisch sitzen. Auch in der Strand-Episode repräsentiert der Hut eine Art Maske, die das Gesicht des Individuums und dessen gesellschaftliche Identität verdeckt und vorübergehend auslöscht. Ebenso wie der Hut ist auch die Nacktheit der beiden Mädchen am Strand eine Maske, die die Antithese zur Persona der stoischen Ethik darstellt:

> Durch das Aufsetzen der Maske verwandeln die Menschen sich in Wesen, die es nicht gibt, in geträumte, mythische Wesen. Sie verwandeln sich in das, was sie anbeten und wovor sie Angst haben. In der Maske kommt das Geheimnis der Verdoppelung zum Ausdruck. ‚Ich ist ein anderer und ein anderer ist ich'. Durch die Maske ist momentan die Identität aufgehoben und somit die furchtbare Gleichung von Individuum und Gesellschaft. Die Menschen dürfen rasen, obszön sein ... Durch die Maske ist augenblicksweise der gesellschaftliche Druck vom Einzelnen abgewälzt.[141]

Die Wiederholung des Hutmotivs als Zeichen einer Ich-Verdopplung und Entpersönlichung impliziert, dass das fremde Mädchen als Verführerin eine ähnliche Rolle spielt wie Elisabet. Signifikant ist auch, dass Almas Begegnungen mit den beiden anderen Frauen abseits der Gesellschaft am Meeresstrand stattfinden.

Der Situation mit dem Mädchen Katarina am Strand haftet etwas Unwirkliches und Traumhaftes an. Zwischen Wachen und Schlafen tauchen zwei Jungen auf den Klippen auf, die die beiden Nackten beobachten. Nur wenig älter als der Scheintote im Prolog, sind auch sie ödipale Gestalten. Was folgt, ist eine Art Initiationsritus. Katarina ruft den einen Jungen zu sich und verführt ihn vor Almas Augen. Der Anblick von Katharinas „tjocka lår och stora hårbuske"

---

[140] Man mag sich hier auch an den starken Raucher Sigmund Freud erinnert fühlen.
[141] Elisabet Lenk, *Die unbewusste Gesellschaft*, a.a.O., S. 299.

(*Persona*, 23), der mit der haarigen Vogelspinne im Prolog und mit Elisabets vampirischer Lüsternheit korrespondiert, und Katarinas sexuelle Handlungen erregen auch Alma. Es kommt zu einer Gruppensex-Orgie. Almas Erregung veranlasst Katarina, den Jungen an Alma weiterzureichen, wobei sie sich manuell mitbeteiligt. Sie befriedigt sich im Folgenden mit der Hand des Jungen und ruft dann den zweiten Jungen herbei, um mit ihm Oralverkehr zu vollziehen. Alma schildert den obszönen Vorgang in pornographischen Details, so dass der Zuschauer laut Bergman „alles auf dieser eigenen, inneren Leinwand erleben" kann. Das Besondere an Almas Schilderung ist, dass sie Sinneseindrücke und Vorgänge beschreibt, die *nicht gesehen* werden können. Die nichtvisuelle, rein verbale Wiedergabe ihres orgiastischen Genießens, ihrer *jouissance*, erhöht sogar den phantasmatischen Charakter ihrer Erzählung, die etwas Unsichtbares sichtbar zu machen sucht:

> The word fantasy ... derives through Latin from the Greek term meaning to ‚make visible'. However, rather than a notion of revelation, making visible what we would not otherwise be able to see – as with a microscope allowing us to see bacteria, etc., invisible to the 'naked' eye – fantasy as a term has come to mean the making visible, present, of what isn't there, of what can never *directly* be seen.[142]

In dieser Orgie, in der sich Almas Ich und ihre gesellschaftliche Rolle/Persona in einer endlosen Kette von Orgasmen auflösen („kom gång på gång", *Persona*, 24), verschwimmen die Grenzen zwischen den einzelnen Individuen; im sexuellen Exzess wird jeder mit jedem eins. Dies ist, was Friedrich Nietzsche als „Rückkehr zu den Müttern des Seins" beschrieben hat. Alma gehört zum „Chor der Verwandelten, bei denen ihre bürgerliche Vergangenheit, ihre soziale Stellung völlig vergessen ist" durch „das Zerbrechen des Individuums und sein Einswerden mit dem Ursein".[143] Wie Narziss, die Gestalt des Ich, die in den dionysischen Zyklus eingehen muss, erfährt Alma orgiastische Selbstauslöschung und Selbstzerstückelung. Das Bild der in der Orgie in ihre Einzelteile, in Gesichter, Hände, Münder und Geschlechtsteile zerfallenden Körper ist eine Wiederholung des infantilen Zerstückelungsphantasmas aus dem Prolog. Almas detaillierte Schilderung von manueller Manipulation, von Händen und Mündern an Brüsten, von Oral- und Vaginalverkehr reproduziert die Traumbilder von erigiertem Genital, vollbusiger Cartoonfigur, vertikalen Lippen, Gesichtern und Händen, mit denen der Film beginnt. Die phantasmatische Vorstellung von männlichen Genitalien und „säd" (*Persona*, 23), welche in weiblichen Genitalien und Mündern verschwinden, korrespondiert mit Freuds Phantasie-Konzept der Urszene bzw. mit den infantilen sadistischen Phantasien vom Koitus der Eltern, die Melanie Klein in *Die Psychoanalyse des Kindes*

---

[142] Elizabeth Cowie, „Fantasia", a.a.O., S. 154.
[143] Nietzsche, *Die Geburt der Tragödie*, a.a.O., Abschnitt 8, S. 70f.

beschrieben hat.[144] So wie die Genitalien und Spermatozoen der Jungen in Almas Genital und Katarinas Mund verschwinden, so verschwindet auch Almas soziale und individuelle Identität in einem dunklen Abgrund, verschlingt sie sich selbst in einem Akt der Exstase, der auf diese Weise zu einem „*Selbstkastrationsakt*"[145] wird. Die regressiv-narzisstischen Tendenzen dieser sexuellen Vorgänge hat Melanie Kleins Lehrer Sándor Ferenczi durch die Annahme eines Identifizierungsvorgangs zwischen dem Genitalsekret und dem Ich zu beleuchten gesucht, wodurch „dreierlei Identifizierungsakte bei der Begattung" festgestellt werden können:

> Identifizierung des ganzen Organismus mit dem Genitale, Identifizierung mit dem Partner, und Identifizierung mit dem Genitalsekret ... berücksichtigen wir die verwickelten Identifizierungsvorgänge des Ich mit dem Penis und dem Genitalsekret, so kommen wir zu dem Schluss, dass der Zweck dieser ganzen Entwicklung, also auch der Zweck des Begattungsaktes, nichts anderes sein kann als ein anfangs ungeschickt tappender, später immer zielbewussterer und schließlich zum Teil gelungener Versuch zur Wiederkehr des Ich in den Mutterleib, wo es die für das zur Welt gekommene Lebewesen so peinliche Entzweiung zwischen Ich und Umwelt noch nicht gab. Die Begattung erreicht aber diese zeitweilige Regression auf dreierlei Weise: der ganze Organismus erreicht dieses Ziel nur halluzinatorisch, ähnlich wie etwa im Schlaf; dem Penis, mit dem sich der ganze Organismus identifizierte, gelingt dies bereits partiell oder symbolisch, und nur das Genitalsekret hat das Vorrecht, in Vertretung des Ich und seines narzisstischen Doppelgängers, des Genitales, auch real die Mutterleibssituation zu erreichen.[146]

Ferenczi bezieht seine „Auseinandersetzungen" an dieser Stelle „ausschließlich auf die einfacheren Verhältnisse des männlichen Mitspielers". In seinem nächsten Kapitel erläutert er jedoch, wie die „männliche Tendenz, selbst in den Mutterleib zurückzukehren", auch als weibliche Tendenz „im Psychischen" vorhanden ist,

> wo sie sich als phantastische Identifizierung mit dem penisbesitzenden Mann beim Koitus, als Empfindung des Penisbesitzes an der Vagina selbst (Hohlpenis), wohl auch als Identifizierung des Weibes mit dem Kinde, das es im eigenen Leibe beherbergt, äußert. Die männliche Aggressivität schlägt in die passive Lust am Erleiden des Geschlechtsaktes (Masochismus) um, der einesteils mit Zuhilfenahme sehr archaischer Triebkräfte (der Todestriebe Freuds) erklärbar wird, andernteils durch den psychischen Mechanismus der Identifizierung mit dem sieghaften Mann.[147]

Ferenczi sieht hierbei die Genitalität der Frau beim Geschlechtsakt als regressiv zurückgezogen auf den ganzen Körper und das ganze Ich, aus dem sie „amphimiktisch" entstanden sei, so dass sie

---

[144] Vgl. Melanie Klein, *Die Psychoanalyse des Kindes*, a.a.O., S. 141 ff.
[145] Ferenczi, „Versuch einer Genitaltheorie", a.a.O., S. 343.
[146] Sándor Ferenczi, „Versuch einer Genitaltheorie", S. 332.
[147] Ders., S. 339.

einem sekundären Narzissmus anheim fällt, in erotischer Sicht also wieder mehr einem Kind ähnlich wird, das geliebt werden will, also einem Wesen, das noch an der Fiktion der Mutterleibsexistenz in toto festhält. Als solches kann sie sich dann leicht mit dem Kind im eigenen Leib (bzw. mit dem Penis, als dessen Symbol) identifizieren und vom transitiven Eindringen auf das Intransitive (Passive) übergehen.[148]

Ferenczis krass anmutende Genitaltheorie ergänzt Freuds Todestriebtheorie und dessen Postulat vom Regressionstrieb zu längst überwundenen „Formen der Existenz",[149] „nicht nur zur Ruhe im Mutterleib", sondern auch zur „Ruhe vor der Entstehung des Lebens", die „die Todesruhe der anorganischen Existenz"[150] ist. In Bergmans Film *Gycklarnas Afton* (1953) wird diese Mutterleibssehnsucht von Frost, dem Clown, geäußert; er träumt davon, ein winziges Samenkorn im Bauch seiner Frau zu sein, das immer kleiner wird und zuletzt ganz verschwindet. Die symbolische Gleichsetzung von Kind, Genital und Keimzellen, die auch Almas Erzählung zu suggerieren scheint, macht die Urszene als Phantasma vom Ursprung des Subjekts zugleich zu einer ödipalen Mutterleibsphantasie. Dieses regressive Bestreben lässt sich jedoch paradoxerweise auch als Streben nach Unsterblichkeit lesen, da der Mensch nur in seinen Keimzellen potenziell unsterblich ist, „insofern sie imstande sind, unter gewissen günstigen Bedingungen sich zu einem neuen Individuum zu entwickeln",[151] dies jedoch auf Kosten des alten Individuums, denn bei den Protozoen fällt der Tod „immer mit der Fortpflanzung zusammen",[152] entsteht also das Leben nur durch ein fortlaufendes Sterben.

Almas lusterfüllte Selbstauflösung entspricht Richard Boothbys Definition von ‚Todestrieb' als

> Wiederkehr der Lebenskraft, des Anteils an ihr, der durch die Auferlegung der versteinerten Maske des Ich ausgeschlagen wurde – was im ‚Todestrieb' wieder auftritt, ist letztendlich das Leben selbst (…) ‚Todestrieb' bedeutet, dass das Leben selbst gegen das Ich rebelliert: Der wahre Repräsentant des Todes ist das Ich selbst als versteinerte Imago, welche den Fluss des Lebens stört.[153]

---

[148] Ebd.
[149] Ders., S. 387.
[150] Ders., S. 372.
[151] Sigmund Freud (1920), „Jenseits des Lustprinzips", in: *Psychologie des Unbewussten*, S. 254f.
[152] Ders., S. 256.
[153] Slavoj Žižek, *Die Metastasen des Genießens* (Wien 1996), S. 21. Žižek referiert Richard Boothbys Thesen aus dessen Buch *Death and Desire* (New York 1991) und kritisiert zugleich, es gebe „in Boothbys Schema keinen Platz für die fundamentale Einsicht Lacans, nach der die symbolische Ordnung ‚für den Tod steht', in dem präzisen Sinn, dass sie das Reale des Körpers ‚mortifiziert', es einem fremden Automatismus unterordnet". Boothby begreife, so Žižek, das ‚reine Leben' als *Produkt* der symbolischen Ordnung, welche doch eigentlich die Wunde des Mangels schlage und ‚den organischen ‚Instinkt' in eine unstillbare Sehnsucht verwandelt, die ihren Frieden nur im Tod finden kann" (S. 22f).

Die Tatsache, dass Alma mit ihren intimen Enthüllungen ihr Innerstes vor Elisabet nach außen kehrt, lässt sich in Beziehung setzen zum Traumbild des geschlachteten Schafs im Prolog, dessen blutige Innereien, Geheimnis des Mutterleibs, von einer Hand zu Tage gefördert werden.[154] Die Assoziation von Opferlamm und Alma als Teilnehmerin einer Orgie erinnert in mancher Hinsicht an die seit den 1960ern aufgeführten *Orgien-Mysterienspiele* des österreichischen Aktionskünstlers Hermann Nitsch. Hier wird das Weibliche als beim Sexual- und Empfängnisakt ‚gekreuzigt' dargestellt.[155] Der Erlösungsgedanke wird in Kreuzigungsaktionen wie der *Lammkreuzigung* und *Mariä Empfängnis* „erotisch und obszön gestaltet":

> Wo das aufgeklaffte, gekreuzigte Lamm die ästhetische Koppelung von Uterus und Kreuz, von Dionysos und Christus, von weiblich und männlich, von Orgasmus und Erlösung vollzieht, bleibt es dennoch auf dem Boden dieser paradoxen Verbindung des heidnischen Eros mit der christlichen Erlösungsidee in einer obszönen und religiösen Kunst ... Die neuen Kreuzigungsaktionen ergänzen die Fleischlichkeit des toten Lammkörpers durch die Fleischlichkeit eines weiblichen Aktes. Er wird sinnbildlich gekreuzigt wie das Lamm und zusammen mit dem Lamm.[156]

Alma wird zur Akteurin in einem dionysischen Ritual und Elisabet, die Schauspielerin, wird zur voyeuristischen Zuschauerin von Almas tragischem Untergang als Individuum; Elisabet ist Spiegelbild des extradiegetischen Zuschauers: „Pornography and art are inseparable, because there is voyeurism and voracity in all our sensations as seeing, feeling beings".[157]

---

[154] Eingeweide tauchen als Labyrinthdarstellungen alter Kulturen auf; das Labyrinth, der „Palast der Eingeweide" wird mit der Unterwelt assoziiert, aus der der Embryo den Ausgang sucht; vgl. hierzu Otto Rank, *Das Trauma der Geburt*, a.a.O., S. 146f sowie Karl Kerenyi, *Humanistische Seelenforschung* (Darmstadt 1966), S. 228f.

[155] In Bergmans filmischem Universum erscheinen weibliche Figuren mehrfach als durch ihre Sexualität gleichsam Gekreuzigte, so z.B. in *Tystnaden* oder *Viskningar og rop*. Bergman selbst hat solche Interpretationen im Interview allerdings von sich gewiesen; vgl. Jonas Simas Hinweis auf weibliche Leidensgestalten, die als Christus-Äquivalente interpretiert worden sind, und Bergmans Entgegnung, eine solche Interpretation gehe „viel zu weit", wobei er als Sohn eines Pastors eingeräumt hat, dass Ähnlichkeiten mit der Passion „gar nicht zu verwunderlich" seien, habe er doch, verwurzelt in einer „konservativ christlichen Vorstellungswelt", „das Christentum mit der Muttermilch eingesogen", in: Björkman et al, *Bergman über Bergman*, a.a.O., S. 213. vgl. hierzu auch Richard A. Blake, „Ingmar Bergman's Post-Christian God: Silent, Absent, And Female", in: *Religion & and the Arts* Vol. 1, Nr. 3 (Summer 1997), S. 32. In *Viskningar og rop* heißt die – wie Strindbergs Adele in *Spöksonaten* – an Gebärmutterkrebs leidende Protagonistin bezeichnenderweise „Agnes" (von lat. „Lamm").

[156] Peter Gorsen, *Sexualästhetik. Zur bürgerlichen Rezeption von Obszönität und Pornographie* (Reinbek bei Hamburg 1972), S. 180.

[157] Paglia, *Sexual Personae*, a.a.O., S. 35.

„Die Tragödie", so Patrick Brantlinger, der hier unter anderem Äußerungen Lionel Trillingers zitiert, „ist eine Gattung, die uns immer rätselhaft sein muss, weil sie scheinbar dem Selbst Gratifikation beim Betrachten der eigenen Vernichtung zuschreibt".[158] Brantlinger hebt hier die Verwandtschaft der Romanze, die regressiv, „schreckhaft, belustigend und voller Schuldgefühle" sei, mit der Tragödie hervor, worauf bereits in der Einleitung hingewiesen worden ist.

Alma berichtet, dass sie an jenem Abend nach der orgiastischen Entfesselung zum ersten und einzigen Mal sexuelle Erfüllung in der Beziehung zu ihrem Verlobten findet. Die ganze Episode mündet am Ende in eine Schwangerschaft und eine Abtreibung, die in krassem Gegensatz zu Almas bürgerlicher Moral und ihrem Krankenschwestern-Ethos steht, das sie zuvor in ihrer Bewunderung für altruistische, madonnenhafte „gamla sjuksköterskor" zum Ausdruck gebracht hat, die im Krankenhaus leben und „alltid har burit sina uniformer" (*Persona*, 19), wodurch ihr individuelles Ich mit der offiziellen Persona der Schwesterntracht verschmolzen ist. Indem diese Schwestern aus Überzeugung ein Ideal ausleben, das Alma bewundert, nämlich „att tycka att ens liv har mening", „att tro på något så starkt, att man ägnar sig åt det hela livet" (*Persona*, S. 19), repräsentieren sie wie der buddhistische Mönch, der sich selbst verbrennt, eine Verkörperung der Wahrhaftigkeit.

Almas authentische Teilhabe am *Sein* im archaischen und anonymen sexuellen Exzess, an dem, was Jacques Lacan das *Reale* nennt, resultiert in die Unauthentizität ihrer sozialen Rolle. Alma wird sich selber fremd. Verzweifelt und unter Tränen[159] wirft sie im Beisein Elisabets die zentrale Frage auf, ob es möglich ist, ein und derselbe Mensch und zur gleichen Zeit zwei Personen zu sein: „Kan man vara en och samma människa precis på samma gång? Jag menar, var jag två människor?"[160] Die Spaltung ihres Ichs in zwei Personen, in eine offizielle, vom Über-Ich bestimmte gesellschaftlich-moralische Person(a) und eine (un)heimliche, verdrängte, vom Es gesteuerte Person(a) wird Alma nicht nur durch ihr heimliches Sex-Abenteuer ins Bewusstsein gerückt. Auch die Konfrontation mit Elisabet bringt eine andere Seite ihres Ichs zum Vorschein, eine verborgene und (un)heimliche Person. Dieser Aspekt eines heimlichen, verborgenen Teils des Selbst, der durch den Akt der Verdrängung *un*heimlich wird, entspricht exakt Sigmunds Freuds Analyse der oxymoronischen Etymologie des Wortes „heimlich", das „zwei Vorstellungskreisen angehört"

---

[158] Patrick Brantlinger, a.a.O., S. 38. Es ist das „*Grausen*" und „die wonnevolle Entzückung" beim Anblick des „Zerbrechens des *principii individuationis*", von dem Nietzsche im ersten Kapitel in *Die Geburt der Tragödie* spricht.
[159] Während ihrer Erzählung blickt sie auch aus dem Fenster, dessen Scheibe außen von Regentropfen bedeckt ist, ein Spiegelbild ihrer eigenen Tränen.
[160] Im Drehbuch ist der Wortlaut etwas anders: „Kan man vara alldeles olika mänskor, alldeles bredvid vartannat, på samma gång" (*Persona*, S. 25).

und sich in einer Nuance seiner Bedeutungen „nach einer Ambivalenz hin entwickelt, bis es endlich mit seinem Gegensatz unheimlich zusammenfällt":

> Unheimlich nennt man alles, was im Geheimnis, im Verborgnen ... bleiben sollte und hervorgetreten ist ... Unheimlich ist irgendwie eine Art von heimlich ... Das Unheimliche ist ... das ehemals Heimische, Altvertraute. Die Vorsilbe ‚un' an diesem Worte ist aber die Marke der Verdrängung.[161]

Auch die Fragmentierung von Körpern in Einzelteile und deren Reduktion auf sexuelle Funktionen und Handlungen vergegenwärtigt etwas Unheimliches, Phantasmatisches: den Horror der Natur, der das Individuum auflöst und zu dem unheimlichen Ort zurückführt, aus dem es einst hervorgegangen ist, in den Mutterleib, „zur alten Heimat des Menschenkindes, zur Örtlichkeit, in der jeder einmal und zuerst geweilt hat",[162] repräsentiert durch Katarinas „stora hårbuske" und Almas Genital, in dem „säd" als Repräsentant des Ich verschwindet.

Unheimlich ist auch die Vorstellung von Almas ungewolltem Kind. Als imaginärer Doppelgänger spiegelt dieses Phantasma die regressiven Tendenzen von Alma, der ‚Schlafwandlerin', wider. Wie der verkümmerte Fötus auf Edvard Munchs *Madonna* geistert es in der albtraumhaften Unterwelt von Almas Seele herum, welche figurativ in der feuchten, tropfenden Welt von Leichenhaus und Krankenhaus-Pathologie zum Ausdruck kommt. Das pränatale oder postmortale infantile „Phantom des Ich" ist ein verdrängter Teil von Almas Selbst, das zwischen Traumbildern von Schneehäufen und feuchten Kellern auf seine Erlösung aus der Vorhölle und seinen (Wieder)Eintritt ins Dasein wartet:

> Psychologically, this image is related to the embryo in the womb, the world of the unborn often being thought of as liquid; anthropologically, it is related to the image of seeds of new life buried in a dead world of snow or swamp.[163]

Gefangen in seinem *Limbus* der Nicht-Existenz, wird der Junge im Leichenhaus Zeuge der Urszene seines eigenen Entstehens und Vergehens: „Jag lever inte, jag har aldrig blivit född, jag pressades fram ur min mors kropp ... jag existerar inte".[164] Die Verführung der beiden Heranwachsenden durch die jungen Frauen enthält mehrere Phantasmen:
1. Die Phantasie der Verführung des Kindes durch einen Erwachsenen.
2. Die Urszene als Ursprung des Subjekts.

---

[161] S. Freud, „Das Unheimliche", a.a.O., S. 143, 145, 164.
[162] Ders., S. 164.
[163] Northrop Frye, a.a.O., S. 198. Man erinnere sich an das Bild des Schneehaufens im Prolog.
[164] Vgl. Charlottes Worte in *Höstsonaten*, s.o.

3. Die Aufspaltung des Subjekts in mehrere passive und aktive Positionen: das zuschauende/phantasierende Phantom im Limbus, das auch Spiegelbild des extradiegetischen Filmzuschauers ist; die Jungen als passive Voyeure und aktive/passive Akteure, Alma als passive Voyeurin und aktive/passive Akteurin; das Szenario korrespondiert mit Lacans Lesart der phantasierten Urszene von Sigmund Freuds Wolfsmann, der zufolge das infantile phantasierende Subjekt, Lacans „*l'enfant medusé*",[165] in den phantasierten phallischen Details der Szene gespiegelt ist.
4. Zerstückelung und Selbstkastration im sexuellen Exzess als Umkehrung von Ursprung und Ego-Formation des Subjekts im Spiegelstadium.

Die Episode mit Orgie und Abtreibung stellt das Ich-Ideal, das Alma zuvor als Sinn und Ziel ihres Lebens definiert hat, radikal in Frage. Der Same, der stattdessen in ihr zu keimen beginnt, ist Elisabet, die sich in ihrem Drehbuch-Brief an die Ärztin mit „ett foster i ett modersköte", „omgiven av havet" vergleicht. Alma versucht sich mit Elisabet zu identifizieren und damit die Leerstelle im Zentrum ihres Seins mit einem neuen Ersatzobjekt zu besetzen. Aber Elisabet ist, so Bergman, „a monster, because she has an emptiness in her".[166] Sie ist nicht nur mit Dracula vergleichbar, sondern auch mit Goethes Mephistopheles,[167] der als zynischer Gegner von Liebe und Eros die Leere der Welt und die Abwesenheit von Sinn offenbart:

> 'he' introduces a negation of cultural order, insisting that there is no absolute meaning in the world, no value, and that beneath natural phenomena, all that can be dis-covered is a sinister absence of meaning. His 'demonic' enterprise consists in revealing this absence, exposing the world's concealed vacuity, emptiness, and its latent pull towards disorder and undifferentiation.[168]

---

[165] Vgl. Herman Rapaport, a.a.O., S. 70.
[166] John Simon, „Conversation with Ingmar Bergman" in: ders., *Ingmar Bergman directs*, a.a.O., S. 32.
[167] Parallelen zwischen Mephisto und Dracula sind nicht zufällig. Die Verkörperung Mephistos – und auch Hamlets! – durch den Bram Stoker nahe stehenden Schauspieler Henry Irving ist in die Figur des Grafen Dracula eingeflossen; vgl. hierzu R.T. McNally/R. Florescu, *In Search of Dracula* (Boston/New York 1994), S. 145ff sowie Nina Auerbach, *Our Vampires, Ourselves* (Chicago/London 1995), S. 67. Als vampirische Mephisto-Figur ähnelt Elisabet – ebenso die Psychiaterin – auch der Figur des alten Hummel in Strindbergs *Spöksonaten*, der ebenfalls mephistophelische Züge trägt; zu Hummel als Mephisto-Figur vgl. Egil Törnqvist, „,Faust' and ,The Ghostsonata'", in: Wilhelm Friese (Hrsg.), *Strindberg und die deutschsprachigen Länder* (Basel/Stuttgart 1979), S. 75.
[168] Rosemary Jackson, *Fantasy*, a.a.O., S. 57.

5. Spiegelungen und vampirische Heimsuchungen

> „It's a baby ... He lived in a place in a Japan.
> It's skin got all silver and shiny. Just like a mirror. You could see your face in it"
> (aus: Philip Ridleys American Gothic *The Reflecting Skin*)

In der Nacht, die auf Almas intime Enthüllungen folgt, betritt Elisabet wie ein Gespenst Almas Zimmer und offenbart ihr durch einen gemeinsamen Blick in einen Spiegel beider Ähnlichkeit, die sich als die Ähnlichkeit zwischen ‚all diesen Menschen' entpuppt, die ‚Kinder' sind, welche ‚Erwachsene *spielen*', ‚ängstliche, gequälte, grausame Kinder'.[169] Dass Elisabet am Tag danach Almas Frage, ob sie in der Nacht ihr Zimmer betreten habe, verneint, suggeriert, dass es sich bei der Sequenz vielleicht nur um einen Traum Almas handelt. Vor dem Zubettgehen legt die offenbar angetrunkene, redselige Alma ihren Kopf auf den Tisch, unmittelbar nachdem sie von ihren Verwandlungsphantasien vor dem Spiegel erzählt hat. Plötzlich hört sie Elisabets Stimme, die ihr zuflüstert, dass sie ins Bett gehen solle. Almas verwirrtes Gesicht impliziert, dass das Flüstern möglicherweise nur Einbildung ist. Auch der Anblick der beiden Frauengesichter im Spiegel ist vielleicht nur ein Traum, in dem sich Tagesreste und aktuelle Reminiszenzen Almas verdichten. Bevor sie Alma zum Spiegel führt, beugt Elisabet sich über die schlafende Alma, was eine Parallele im Anblick der greisen Vampirin hat, die sich in Dreyers *Vampyr* in einer Szene über ihr schlafendes Opfer, ein junges Mädchen, beugt. Die Konstellation ähnelt der auf Johann Heinrich Füsslis gleichnamigem Gemälde *Der Nachtmahr*, wo ein Dämon auf einer schlafenden Jungfrau sitzt.

Das Motiv eines Spiegels im Zwielicht korrespondiert mit dem Titel von Bergmans gleichnamigem Film *Såsom i en spegel* (1960/61), dessen Titel als Referenz auf den Vers des Apostels Paulus im Ersten Korinther-Brief des Neuen Testaments verstanden werden kann:

> Wir sehen nämlich jetzt durch einen Spiegel in einem dunklen Wort. Dann aber von Angesicht zu Angesicht. Jetzt erkenne ich stückweise, dann aber werde ich erkennen, gleichwie ich erkannt bin (1. Kor. 13,12).

Die Stelle aus dem Ersten Korinther-Brief ist auch Intertext für die Sammlung von Schauergeschichten *In a Glass Darkly* (1872) des Iren Joseph Sheridan le Fanu und die darin enthaltene Erzählung „Carmilla", die Inspirationsquellen

---

[169] Vgl. Formulierungen in Bergmans Arbeitsnotizen zu *Persona*: „alla dessa mänskor är barn som *spelar* vuxna ... rädda, plågade, grymma barnen", in: „Drömmar Drömmare", in: ders., *Bilder* (Stockholm 1990), S. 58.

für Carl Theodor Dreyers Film *Vampyr* waren. Die Spiegelmetaphorik von Le Fanu, wie Bergman ein Pastorensohn, lässt sich mit der des schwedischen Filmemachers vergleichen:

> A clergyman's son, we can be sure he did not misquote scripture lightly. The glass of his title is not a window-pane through which we glimpse dim intimations of a spiritual world, or of divine truth. It is a mirror in which we glimpse our own darker nature.[170]

Almas Zimmer ist in der traumartigen Sequenz nach mehreren Seiten hin offen und wie in Nebel getaucht. Der Film evoziert hier eine Atmosphäre, die stark an Stokers *Dracula* erinnert. Ein Nebelhorn ist zu hören; Nebel und das Tuten eines Nebelhorns tauchen auch bei Stoker auf, als das gespenstische Schiff, das den Vampir beherbergt, in England ankommt. In Gestalt eines Nebels, als „thin white mist",[171] dringt Dracula in die Zimmer, Körper und Träume seiner ahnungslosen Opfer Lucy und Mina ein, in „a whole myriad of little specks ... floating and circling in the draught from the window".[172] Auch das Motiv des Luftzugs wird in *Persona* in der Bewegung von Elisabets weißem Nachthemd und der weißen Vorhänge imitiert. Die Beziehung zwischen Alma und Elisabet ähnelt den Beziehungen zwischen den arglosen Halbwaisen Christabel und Laura und deren Succubus-ähnlichen vampirischen Verführerinnen Geraldine und Carmilla in Samuel Taylor Coleridges schauerromantischem Traumgedicht *Christabel* (verfasst 1797 und 1800, veröffentlicht 1816) und Le Fanus Erzählung „Carmilla", von der auch Bram Stokers *Dracula* inspiriert ist. Elisabet streicht vor dem Spiegel Almas Haar zurück und offenbart dadurch die Ähnlichkeit, von der Alma gesprochen hat. Danach zeigt das Spiegelbild auch die ineinander verschränkten Köpfe der beiden, was wieder den oben beschriebenen Eindruck eines Körpers mit zwei Köpfen hervorruft. Elisabet neigt dabei ihren Mund auf Almas Nacken.[173] Diese vampirische Geste ähnelt der Traumvision in *Christabel*, wo sich eine Schlange um den Hals einer Taube schlingt.[174]

---

[170] Robert Tracy, „Introduction" zu: Joseph Sheridan Le Fanu, *In a Glass Darkly* (Oxford 1993), S. xv.
[171] Stoker, *Dracula*, a.a.O., Chapter XXI, S. 251.
[172] Ders., Chapter XI, S. 131. Auf dieselbe Weise materialisieren sich auch Draculas junge Vampirinnen aus „wheeling figures of mist and snow", Chapter XXVII, S. 317.
[173] Die spiegelbildliche Fusion von Alma und Elisabet hat Bergman in *Fanny och Alexander* in der Fusion zwischen Alexander und dem dämonischen Ismael aufgegriffen; die Figur des androgynen Ismael, verkörpert von Stina Ekblad, erinnert optisch stark an Alma. Manche haben in der Beziehung zwischen Alma und Elisabet gar eine homosexuelle Dimension gesehen; vgl. Gwendolyn Audry Foster „Feminist Theory and the Performance of Lesbian Desire", in: Lloyd Michaels, *Ingmar Bergman's Persona*, a.a.O., S. 130–146.
[174] „I saw a bright green snake/Coiled around its wings and neck/Green as the herbs on which it couched/Close by the dove's head it crouched/And with the dove it heaves and stirs/Swelling its neck as she swelled hers", aus: S. T. Coleridge, „Christabel", 549–545, in:

Die anfängliche totenähnliche Apathie Elisabets hat eine Parallele in der eigentümlichen Lethargie der Vampirin Carmilla, die zu neuem Leben erwacht, indem sie ihr Opfer Laura durch nächtliche Heimsuchungen schwächt. Wie die mutterlose Laura, die sich eine schwesterliche Freundin wünscht und diese in Carmilla, einer untoten Vorfahrin mütterlicherseits, gefunden zu haben glaubt, sagt auch Alma zu Elisabet: „Jag har alltid önskat mig en syster" (*Persona*, 21). Das Bedrohliche oder Subversive dieser Vampirfrauen und -mädchen liegt auch darin, dass sie ihre Opfer von den ihnen zugedachten traditionellen Geschlechterrollen des Patriachats weg zu verführen drohen.[175] Wie die von Dracula infizierte Schlafwandlerin Lucy wird auch Alma immer mehr zum Phantom. Lucy besitzt als Leiche eine eigenartige Schönheit und zeigt wie Schneewittchen keinerlei Anzeichen von Verfall. Die Umkehrung einer Schneewittchen-Gestalt in etwas Vampirisches ist auch in *Persona* angedeutet. Der Spiegel, der sowohl Almas als auch Elisabets Gesicht zeigt, erinnert auf kuriose Weise an den Spiegel in *Schneewittchen*. Wo ist hier eine Parallele zu sehen? Bruno Bettelheim hat in seiner *Schneewittchen*-Interpretation die Stimme des Zauberspiegels „eher mit der Stimme einer Tochter als mit der einer Mutter" gleichgesetzt und in der negativen Stiefmutter eine Projektion der infantilen „bösen und destruktiven Aspekte unserer Persönlichkeit" gesehen.[176] Der ödipale Konflikt zwischen narzisstischer Ersatzmutter und Stieftochter, die infantile Regression der adoleszenten Figur und deren Heimsuchung in der Wildnis durch die monströse Mutterfigur können als Muster und Spiegelbild der Vorgänge zwischen Elisabet und Alma gesehen werden. Camille Paglia hat auch Coleridges vampirische Geraldine mit der bösen Königin in *Schneewittchen* verglichen: „She is like the narcissistic witch-queen of *Snow White*, the wicked stepmother of fairy tales who is a projection of the repressed negativity of and toward the real mother".[177]

Dass Alma versucht, sich in der intellektuellen und androgynen Elisabet zu spiegeln, ihr ähnlich zu werden und damit über die Identifikation mit ihrer eigenen Mutter hinauszuwachsen, lässt sich mit der Entwicklung des Kindes von der primären Identifikation mit der Mutter zur sekundären Identifikation mit dem väterlichen Gesetz der symbolischen Ordnung von Sprache und Identität gleichsetzen.[178] Dem Kleinkind vergleichbar, das im Spiegel vor dem Bild

---

The Norton Anthology of English Literature, a.a.O., S. 362. Das Motiv der vampirischen Heimsuchung zwischen Frauen und die Schlangenvision erinnern an Strindbergs *Den Starkare*, wo Frau X das parasitische Fräulein Y anklagt, sich „som ormen med dina svarta ögon" in ihr Leben und ihre Seele eingeschlichen und sie verhext zu haben.

[175] Vgl. hierzu Barbara Creed, *The Monstrous-Feminine. Film, feminism, psychoanalysis* (London/New York 1993), S. 61.

[176] Bruno Bettelheim, *Kinder brauchen Märchen*, S. 239 u. 248.

[177] Paglia, a.a.O., S. 345f.

[178] In Bergmans *Tystnaden* vollzieht der kindliche Ödipus Johan den Übergang von der

der Mutter im Hintergrund nach der eigenen Identität sucht, versucht Alma in der Identifikations- und Mutterersatzfigur Elisabet ihr Ideal-Ich anstelle ihres von den Eltern geprägten Ich-Ideals zu finden. Doch die vampirische Elisabet ist eine teuflische Figur wie Mephisto und der dubiose Geist von Hamlets Vater, mit dem auch Dracula in Stokers Roman verglichen wird. Wie diese männlichen Teufel und Vampire repräsentiert sie die Umkehrung und subversive Negation der symbolischen Ordnung und die Rückkehr in die prä-ödipale und orale Phase. Sie penetriert Alma in deren schlafwandlerischen Träumen auf dieselbe Weise, wie Alma in ihrer Orgie vom Horror des Natürlichen penetriert wird: „With each penetration and ‚return' to the unity of the imaginary, a new vampire is produced: further objects of desire are endlessly generated, creating an ‚other' order of beings, for whom desire never dies and whose desire prevents them from dying".[179] Die nebelhafte Traumsequenz mit der Spiegelszene im Zwielicht entspricht dem, was Reiner Matzker als expressive Darstellung innerseelischer Zusammenhänge beschrieben hat:

> Im Helldunkel archaisiert sich die empirische Sphäre, die Formen des Wirklichen verändern sich, die sinnlich erfahrbare Welt wird zur Halbwelt, empfänglich für seelische Projektionen jedweder Art. Ein animistischer Blick wird freigesetzt, der Blick desjenigen, der zwischen inneren und äußeren Eindrücken wie zwischen den toten und lebendigen Gegebenheiten des Daseins nicht länger zu unterscheiden weiß ... Im Zwielicht, im Nebel, im Hell- oder Halbdunkel wird der einzelne auf sein solipsistisches Erleben und die existentiellen Zusammenhänge zurückbezogen... In dieser Landschaft werden innerseelische Zusammenhänge deutlich; sie finden sich nach außen gekehrt. Und wer sich in dieser Landschaft bewegt, der wird gegebenenfalls auch mit seiner eigenen seelischen Verfassung und Geschichte konfrontiert. Die Dissoziationen eines vereinsamten, in den Nebel des Daseins gestoßenen Ichs führen zur Begegnung mit autonomen Schatten, Spiegelungen und Doppelgängern der eigenen Person und steigern die Erlebnisqualität bis hin zum Paroxysmus.[180]

---

primären Identifikation mit seiner triebhaften Mutter Anna zur sekundären Identifikation mit seiner Tante, der intellektuellen Ester, die von Beruf Übersetzerin ist, die symbolische Ordnung von Sprache und Identität repräsentiert und hier im Gegensatz zu Elisabet in *Persona* positiv konnotiert ist – als „Destillat von etwas unzerstörbar Menschlichem, das sie dem Jungen vererbt" (Björkman, *Bergman über Bergman*, a.a.O., S. 205).
[179] Rosemary Jackson, *Fantasy*, a.a.O., S. 120f.
[180] Reiner Matzker, *Das Medium der Phänomenalität: wahrnehmungs- und erkenntnistheoretische Aspekte der Medientheorie und Filmgeschichte* (München 1993), S. 119f.

6. Weitere Phantasmen: Almas Rache
Die „gequälten, grausamen Kinder"

Almas vertrauensvolle Bewunderung für Elisabet verwandelt sich bald darauf in Desillusionierung und Hass. Als sie allein bei Regenwetter mit dem Auto losfährt, um Besorgungen zu machen, gibt Elisabet ihr einen Brief an die Ärztin mit. Alma kann der Versuchung, den unverschlossenen Brief zu öffnen, nicht widerstehen. Fassungslos liest sie Elisabets belustigte Bemerkungen über ihre eigenen intimen Enthüllungen und Tränen und auch darüber, dass sie, Alma, ‚ein wenig verliebt sei' in Elisabet, „till och med lite förälskad på ett omedvetet och förtjusande sätt", und ‚dass es lustig sei, Alma zu studieren': „Det är för övrigt mycket roligt att studera henne (*Persona*, S. 28). Almas gutgelauntes kindliches Gesicht versteinert angesichts dieser Zeilen, die ihr positives Bild von Elisabet zerstören. Die mütterliche Zuhörerin und vermeintliche Freundin entpuppt sich als vampirische Räuberin, die Almas Geheimnisse und Selbstbild stiehlt und der Lächerlichkeit preisgibt. Diese Szene wird vom desolaten Geräusch fallender Regentropfen untermalt, was mit zwei früheren Szenen korrespondiert: mit dem Tropfgeräusch im Leichenhaus und mit Almas Tränen und den Regentropfen am Fenster, die die Welt draußen der Sicht entziehen, als Alma vom traumatischen Verlust ihres Selbstbilds erzählt. Warum ist der Brief nicht verschlossen? Ist dies Teil des sadistischen ‚Experiments', dem die Ärztin und die Schauspielerin Almas Person auszusetzen scheinen?[181] Man kann in dieser Szene eine Wiederholung der Gefängnis- und Versuchslabor-Assoziation sehen. Die wie versteinert im Auto sitzende Alma ist ein Spiegelbild der im Leichenhausraum eingekerkerten Scheintoten. Alma sitzt im Auto wie eine in einem Sarg lebendig Begrabene. Das langsame Tropfgeräusch intensiviert wie im Prolog den Eindruck eines endlosen Augenblicks, einer blutenden Wunde, eines lähmenden Todeszustands. Almas Zustand gleicht Blixens Baron von Brackel, der sein narzisstisches Ich in seinen diversen Geliebten zu spiegeln sucht und dabei die Erfahrung des lebendig Begrabenseins macht.

In der anschließenden Szene sieht man Alma, die aus dem Auto ausgestiegen ist, einsam und mit verlorenem Gesicht an einem Teich stehen. Zu Almas Füßen ist auf der Wasseroberfläche, symmetrisch zu ihrer Gestalt, ihr auf dem Kopf stehendes Spiegelbild zu sehen. Dieser Anblick ruft die Gestalt des Narziss

---

[181] Hier kann ein weiterer biographischer Bezug hergestellt werden; in seiner Beziehung mit Liv Ullmann hatte Bergman Zugang zu deren privaten Dokumenten wie Tagebüchern und Photoalben, die er, nicht immer mit Ullmanns Wohlwollen, für seine filmische Arbeit, z. B. für *Scener ur ett äktenskap*, verwendete; vgl. Rugg, a.a.O., S. 237ff. Wie Elisabet in *Persona* oder die Vaterfigur des Schriftstellers in *Såsom i en Spegel* beutete der Künstler Bergman das Privatleben anderer parasitisch für seine eigenen Experimente aus.

in Erinnerung, der sich vergeblich mit seinem Spiegelbild im Wasser zu vereinen sucht. Die Umkehrung korrespondiert mit den anderen Aufnahmen in *Persona*, die auf dem Kopf stehend eingeblendet werden. Die Verdopplung von Almas Person im Wasser hat eine Parallele in den Verdopplungen der paarweise gezeigten Projektorlampen, Kinderhände, vertikalen Lippen, der optischen Spaltung Elisabets in Person und Schatten an der Wand sowie dem aus zwei Hälften zusammengesetzten Frauengesicht auf der Leinwand, dem in zwei Hälften zerrissenen Kinderphoto und Almas Erkenntnis, „tvä människor" zu sein. Die Aufspaltung in Person und Spiegelbild am Teich ist Spiegelbild eines seelischen Zustands: In ihr kommt Almas geteiltes Selbst symbolisch zum Ausdruck, das Bewusstsein der Kluft zwischen ihrem Selbstbild und dem Bild, das Elisabet offenbar von ihr hat, „avgrunden mellan vad du är inför andra och vad du är inför dig själv" (*Persona*, S. 15). Ihr Selbstbild wird mehr und mehr umgekehrt und auf den Kopf gestellt. Ihre zuvor geäußerte Erkenntnis, ein Mensch mit zwei Gesichtern, zwei Masken zu sein, wird auch in der folgenden Episode in symbolischen Bildern vermittelt.

Almas Erkenntnis, von Elisabet missbraucht worden zu sein, resultiert in Reaktionen, die sich zu den paranoid-schizoiden Mechanismen und den manisch-depressiven Zuständen in Beziehung setzen lassen, die Melanie Klein als frühe Entwicklungsstadien des Kleinkindes analysiert hat. Die Konfrontation mit der ‚bösen' Mutterfigur Elisabet erzeugt bei Alma typisch kindliche Gefühle von Verlassenheit und Einsamkeit und in der Folge Hass, Aggression und racheerfüllte Abwehrmechanismen, denen anschließend Schuldgefühle und Wiedergutmachungstendenzen folgen, mit denen Alma das gute Objekt in Elisabet und in sich selbst zu retten und wiederherzustellen versucht. Elisabets Verrat und ihr eigener Racheakt führen bei Alma auf ähnliche Weise zur Erfahrung von Ich-Verlust und phantasmatischer Zerstückelung wie die Orgie am Strand. Melanie Klein hat „dieses In-Stücke-Zerfallen" als „Grundlage für Zustände von Desintegration und Schizophrenie"[182] gesehen. Alma scheint innerlich einen Prozess der Depersonalisation zu durchlaufen, in dem sich infantile Entwicklungsstadien wiederholen. Unheimlich an diesem Prozess ist, dass diese Vorgänge Mechanismen und „Züge schizoider Objektbeziehungen" repräsentieren, die sich Melanie Klein zufolge auch bei normalen Menschen finden:

> Bei Erwachsenen scheinen Zustände von Depersonalisation und schizophrener Dissoziation eine Regression auf diese infantilen Desintegrationszustände zu sein ... wir alle sind zeitweise einer augenblicklichen Hemmung im logischen Denken ausgesetzt, die einer Abspaltung von Gedanken, Assoziationen und Situationen voneinander gleichkommt; tatsächlich ist das Ich zeitweise gespalten.[183]

---

[182] Melanie Klein, *Das Seelenleben des Kleinkindes*, a.a.O., S. 105.
[183] Dies., S. 110, 114.

Alma versucht sich im Folgenden auf sadistische Weise an Elisabet zu rächen, wie ein enttäuschtes Kind, das die ‚böse' Mutter zerstören will. Sie sonnt sich allein auf der Terrasse und stößt aus Versehen ihr Glas um, das in Scherben zerspringt. Sie entfernt die Glasscherben und lässt dann absichtlich eine liegen, die sie beim Aufkehren zunächst übersehen hat. Vom Fenster aus und hinter der Gardine verborgen, beobachtet die Krankenschwester mit einer Gesichtshälfte im Schatten, wie Elisabet in die Scherbe tritt und sich verletzt. Almas Gesicht ist wie versteinert, während Elisabet mit vorwurfsvollen Kinderaugen zu der Gestalt hinterm Fenster aufschaut. Ein Rollentausch hat stattgefunden: in dieser Szene hat Almas Gesicht einen grausamen, lüstern-voyeuristischen Ausdruck, während Elisabet einem verstörten, verletzten Kind gleicht.

An dieser Stelle wird der Film plötzlich durch einen imaginären ‚Riss' unterbrochen, mit dem Bergman einen Schockeffekt erzielt. Das Rattern des Projektors ist wieder zu hören. Almas Gesicht wird in zwei Hälften gespalten, so dass nur noch eine Seite zu sehen ist. Hat die dunkle, destruktive Seite ihrer Persönlichkeit die Oberhand gewonnen, die verborgene, unheimliche Person in ihr? Ein schwarzes Loch brennt sich ins Bild und löst Almas Persona wie eine Folie auf, hinter der nun eine andere Maske zum Vorschein kommt. So wie Almas positives Bild von Elisabet ‚zersprungen' ist, so zerspringt nun auch Almas eigene ‚gute' Seite. Das Abfallen einer Maske taucht auch in *Vargtimmen* auf, wo eine Greisin auf dem dämonischen Schloss vor den Augen des Malers Johan ihr Gesicht plötzlich wie eine Maske abzieht, ihre toten Augen vor sich auf den Tisch legt und mit leeren Augenhöhlen dasitzt. Diese Episode ist offensichtlich von der entsprechenden Szene in E.T.A. Hoffmanns *Der Sandmann* inspiriert, in der der schizophrene Nathanael wie Bergmans Johan in den herausgerissenen Augen und den schwarzen Augenhöhlen der Puppe Olimpia seine eigene psychische Auflösung und geistige Umnachtung gespiegelt sieht. Worin besteht die Funktion von Filmriss und Illusionsstörung an dieser Stelle in *Persona*? Soll der Zuschauer zur Reflexion der Vorgänge in Almas Psyche animiert werden? Oder soll die Illusionsstörung die Regung eines Träumers ausdrücken, der sich wie Hamlet aus einem Albtraum zu befreien sucht, den er nicht verlassen kann? Metafiktionaler Trost scheint dem Zuschauer hier nicht vergönnt. Die Illusion kann nicht verlassen werden, denn das Primat der *mise en abyme*, die in *Persona* Prolog und Binnenerzählung ineinander spiegelt, kennt hier keine andere Wirklichkeit als die des Traums. Hinter der Ebene des einen Albtraums kommt ein anderer wieder zum Vorschein, indem sich die Zerstückelungsphantasmen des Prologs einschieben und sich in den Vorgängen an dieser Stelle des Films verdichten: das Bild der durchbohrten Hand des Gekreuzigten als Assoziation mit der Verletzung von Elisabets Fuß; die einander herumjagenden verkleideten Gestalten der Stummfilmsequenz als Assoziation mit den ‚ängstlichen, gequälten, grausamen Kindern' Alma und Elisabet, die ‚Erwachsene *spielen*'; ein Auge mit einer schwarzen Pupille als Assoziation mit Alma und dem Zuschauer als Beobachtern und als Assoziation mit dem eingebrannten schwarzen Loch. Die stark vergrößerten verzweigten Blutgefäße im Innern des Auges repräsentieren die imaginären Nabelschnüre, die Blut- und Nervenbahnen, die uns an die Welt der Trugbilder und Phantasmen fesseln, und erinnern uns daran, dass wir uns in den verzweigten, labyrinthischen, geheimen Räumen im Innern einer Seele befinden.[184] Auch die Episode mit der Glasscherbe ist eine symbolische Darstellung innerseelischer Vorgänge. Die Assoziation von Almas triumphierendem Gesicht als Beobachterin von Elisabets Verletzung mit der an dieser Stelle wieder eingeblendeten Stummfilmsequenz und deren als Teufel verkleideten Gestalten erinnert an das destruktive Treiben der schadenfrohen infantilen Trollteufel und Mephisto-Äquivalente in H. C. Andersens „Snedronningen". Almas ‚gutes' Ich und ihre soziale Maske ‚zerbrechen' wie das Glas, das sie hat fallen lassen. Die Scherbe, die in Elisabets Fuß eindringt, spiegelt die seelische Verletzung wider, die die teuflische Elisabet Alma zugefügt und mit der sie den Teufel in Alma an die Oberfläche befördert hat. Alma wird von Elisabet auf ähnliche Weise mit nihilistischer Negativität infiziert wie das Kind Kay von den Trollteufeln; genauer gesagt, ist sie eine Art naive Gerda-Gestalt, die hier ihre Unschuld verliert und wie Kay Opfer einer nihilistischen Ansteckung wird. Die Krankenschwester Alma, die glauben will, „att ens liv har mening", die „gamla sjuksköterskor" bewundert, die so stark an ihre Mission glauben, „att man ägnar sig åt det hela livet" (*Persona*, S. 19), ist eine Art Heiliger Antonius, der in der Felswüste am Meer von Teufeln und Dämonen heimgesucht wird.[185] Elisabets Perfidität und Almas sadistische Rache korrespondieren mit Sigmund Freuds kulturpessimistischen Überlegungen, die er in *Das Unbehagen in der Kultur* darlegt. Freud geht hier auf die Perversion der „sogenannten Idealforderungen der Kulturgesellschaft" ein, die er unter anderem im Gebot der Nächstenliebe sieht, in der Liebe zum Mitmenschen, der doch „nicht die mindeste Liebe für mich zu haben" scheint:

---

[184] Passend hierzu Bergmans Hinweis auf den ‚Dämmerraum der Seele' und filmische ‚Schockeffekte': „Film som dröm, film som musik. Ingen konstart går som filmen förbi vårt dagmedvetande, rakt mot våra känslor, djupt i själens skymningsrum. En liten misär i vår synnerv, en chockeffekt: tjugofyra belysta rutor i sekunden, däremellan mörker, synnerven registrerar inte mörkret ... De stumma eller talande skuggorna vänder sig utan omsvep mot mina hemligaste rum", in: *Laterna magica*, a.a.O., S. 89. Das Motiv eines einzelnen Auges taucht auch in anderen Bergman-Filmen auf, z. B. in *Tystnaden*, im Handspiegel von Anna, die auf der Suche nach Männerbekanntschaften ist. Dort spiegelt das Auge im Spiegel den Voyeurismus des Zuschauers wider, der Annas narzisstische, körperfixierte Maskerade beobachtet; in *Smultronstället* sieht der narzisstische Isak im Mikroskop anstelle seines Untersuchungsobjekts grauenhafterweise sein eigenes Auge.
[185] Eine solche Assoziation korrespondiert auch mit dem Namen des von Zweifeln und vom Grauen des Nichts heimgesuchten Kreuzritters Antonius Block in Bergmans *Det Sjunde Inseglet*.

Wenn es ihm einen Nutzen bringt, hat er kein Bedenken, mich zu schädigen, fragt sich dabei auch nicht, ob die Höhe seines Nutzens der Größe des Schadens, den er mir zufügt, entspricht. Ja, er braucht nicht einmal einen Nutzen davon zu haben; wenn er nur irgendeine Lust damit befriedigen kann, macht er sich nichts daraus, mich zu verspotten, zu beleidigen, zu verleumden, seine Macht an mir zu zeigen, und je sicherer er sich fühlt, je hilfloser ich bin, desto sicherer darf ich dies Benehmen gegen mich von ihm erwarten ... Das gern verleugnete Stück Wirklichkeit hinter alledem ist, dass der Mensch nicht ein sanftes, liebebedürftiges Wesen ist, das sich höchstens, wenn angegriffen, auch zu verteidigen vermag, sondern dass er zu seinen Triebneigungen auch einen mächtigen Anteil von Aggressionsneigung rechnen darf. ... *Homo homini lupus*; wer hat nach allen Erfahrungen des Lebens und der Geschichte den Mut, diesen Satz zu bestreiten? ... die Kindlein, sie hören es nicht gerne, wenn die angeborene Neigung des Menschen zum ‚Bösen', zur Aggression, Destruktion und damit auch zur Grausamkeit erwähnt wird.[186]

Wie die Episoden mit der Orgie und mit Elisabets Brief repräsentiert die Sequenz mit der Glasscherbe die phantasmatische Umkehrung des Spiegelstadiums, die Almas Person(a) in zwei teilt und sie auf ein imaginäres infantiles Stadium regredieren lässt:

> Fantasies try to *reverse* or rupture the process of ego formation which took place during the mirror stage, i.e. they attempt to re-enter the imaginary. Dualism and dismemberment are symptoms of this desire for the imaginary. 'Corporal disintegration is the reverse of the constituents of the body during the mirror phase, and it occurs only at those times when the unified and transcendent ego is threatened with dissolution'. A fantasy of physical fragments corresponds, then, to a breakdown of rational unity ... Unlike the symbolic, the imaginary is inhabited by an infinite number of selves preceding socialization, before the ego is produced within a social frame.[187]

Die Glasscherben und die in einzelne Teile zerstückelt wahrgenommenen Körper während der Orgie am Strand sind Spiegelbilder von Almas psychischer Fragmentierung. Dieses Motiv von zerschlagenem Glas als Ausdruck von psychischer Desintegration taucht in vergleichbarer Weise in *Vargtimmen* auf, wo der wahnsinnige Johan angesichts des höhnischen Gelächters seiner Dämonen sagt:

> Så är gränsen slutligen överskriden. Spegeln är sönderslagen, men vad speglar skärvorna? Tomrummet har äntligen sprängt det tunna skalet och möter – tomrummet? I så fall. Vilken triumf för tomrummet.[188]

Auf Almas anfängliche Bewunderung für Elisabet, auf Elisabets Verrat, Almas dadurch verursachte narzisstische Kränkung und ihre feindselige Rache folgen offenbar hysterische Phantasien und wahnhafte Träume, die der Film wie Georg Wilhelm Pabsts *Geheimnisse einer Seele* als eine Art Seelensektion vorführt.

---

[186] Sigmund Freud, *Das Unbehagen in der Kultur* (Frankfurt/M. 1994), S. 73ff, 83f.
[187] Rosemary Jackson, *Fantasy*, a.a.O., S. 90f.
[188] Ingmar Bergman, *Vargtimmen*, in: *Persona*, S. 81.

Die Konstellation zwischen Alma und Elisabet, zu der später der imaginäre Herr Vogler als Verführer im Traum hinzukommt, ähnelt der Konstellation in Sigmund Freuds berühmtem *Bruchstück einer Hysterieanalyse*. Das Mädchen Dora wird dort wie Alma in eine Dreiecksbeziehung mit Frau K. und Herrn K. verwickelt, in der sie wechselnden Identifikationen ausgesetzt ist, Symptome imitiert und durch Frau K.s Verrat feindselige Gefühle und Rachegelüste gegen die angebetete Freundin entwickelt.

Im Folgenden wird der Zuschauer Zeuge eines möglicherweise nur imaginär stattfindenden psychologischen Kampfes zwischen den beiden Frauen, welcher manche Gemeinsamkeit mit August Strindbergs naturalistischen Werken aufweist, in denen das psychisch stärkere Subjekt den Sieg über das schwächere davonträgt. Zu denken ist hier etwa an Strindbergs in der Sammlung *Vivisektioner* enthaltenen „Kampf der Gehirne" („Hjärnornas Kamp", 1887), worin ein psychisch-mentales Duell zwischen einem intellektuell überlegenen Älteren und seinem jüngeren Herausforderer ausgetragen wird, welches der Ältere gewinnt; dieser vergleicht sich mit einem ‚Hautflügler' („en sådan stekel"), der seine ‚Eier' im Gehirn des anderen ablegt, aus denen seine ‚Gedanken' wie ‚ein Schwarm von Hautflüglern' („en svärm steklar") ausschlüpfen, bis vom Wirtstier, das mit einer Schmetterlingslarve verglichen wird, nur ‚die leere Haut' („tomma skinn") übrig ist. Wie Alma, die von Elisabeth studiert und beeinflusst wird, ist der Herausforderer „ung och hade ännu icke kunnat besluta sig för en roll i livet; därför var han rörligare och lättare att studera".[189]

Ähnliche Infiltrationen und Rollenverkehrungen tragen sich im Drama *Fröken Julie* (1888) zu oder im Roman *Tschandala* (1889). In Letzterem schmarotzt die Figur des „Tattare" als Verkörperung des kriminellen und parasitären Subjekts – dem von ihm gehegten Natterngezücht vergleichbar – am Wissen des moralisch und intellektuell höher stehenden Magisters Törner, erweckt in diesem niedere Triebe und treibt ihn durch Ränke und kriminelle Überlegenheit fast in den Untergang. Am Ende erweist sich der Geistesmensch als psychisch stärker und besiegt durch Intellekt und Suggestion den leicht zu beeindruckenden anarchischen Schmarotzer. Die Konstellation des nordeuropäischen Gelehrten und des ethnisch, psychisch und kriminologisch als minderwertig dargestellten, in einem heruntergekommenen Schloss hausenden Tattare lässt sich mit der Gegenüberstellung von modernen Bildungsbürgern und archaischem parasitärem osteuropäischen Schlossherrn in Bram Stokers später erschienenem *Dracula* vergleichen.

---

[189] Original zitiert aus: August Strindberg: „Hjärnornas Kamp", in: August Strindbergs *Samlade Verk*, Bd. 29. *Vivisektioner. Blomstermålninger och djurstycken. Skildringar av naturen. Silverträsket*, hrsg. v. Hans Lindström (Stockholm 1985), S. 44 und 49.

In der nächsten Episode ist Almas Gesicht – wie zuvor unter einem Strohhut – hinter der schützenden Maske einer neu gekauften schwarzen Sonnenbrille halb verborgen, während Elisabet sich weiterhin hinter der Maske ihres Schweigens verbarrikadiert. In ihrer zunehmenden Verzweiflung über das Schweigen der Anderen versucht Alma Elisabet zu einem Gespräch zu bewegen, zuerst flehend und dann mit Gewalt. Wie ein Kind bittet sie Elisabet, ihr Schweigen zu brechen und etwas zu sagen, egal wie banal. Dieses Flehen offenbart die in vielen Filmen Ingmar Bergmans so zentrale Problematik menschlicher Kommunikation: so defizitär und falsch Sprache auch sein kann, bleibt sie doch unverzichtbar für die zwischenmenschlichen Beziehungen. Alma stellt das Bedürfnis nach Kommunikation höher als das Bedürfnis nach Wahrheit und Aufrichtigkeit, auch wenn sie sich der Heuchelei zwischen sich selbst und ihrem Verlobten bewusst ist:

> Jag tål inte höra Karl-Henriks röst i telefon. Han låter så falsk och förställd. Jag kan inte tala med honom längre. Det blir onaturligt. Man hör sin egen röst också och ingen annan! Man tänker: vad jag låter tillgjord. Så många ord jag använder. Ser du, nu pratar jag i ett kör, men jag lider av att prata, för jag kan inte säga, det jag vill. Men du har gjort det enkelt för dig: Du bara tiger. Nej, jag vill försöka att inte bli arg. Du tiger och det är ju strängt taget din sak. Men nu behöver jag, att du talar till mig. Kära du kan du inte tala till mig bara lite. Det är nästan outhärdligt (*Persona*, S. 31).

Auch als Alma Elisabets Künstlertum in Frage stellt und von ihrer eigenen anfänglichen Fehleinschätzung spricht, Schauspieler seien mehr als andere Menschen zu Empathie fähig, und Elisabet obendrein des Verrats anklagt – „Använda och kasta bort. Du har använt mig (*Persona*, 31)" –, verharrt die Schauspielerin beharrlich weiter in ihrem Schweigen wie das riesige projizierte Frauengesicht im Prolog, das dem Träumer die Anerkennung seiner Existenz verweigert. Elisabet ist so reg- und emotionslos wie die künstliche Frauengestalt einer hölzernen Galionsfigur vor dem Sommerhaus, die während Almas Rede zu sehen ist. Schließlich verliert Alma die Fassung und wirft die Sonnenbrille zu Boden. Sie klagt Elisabet des Vertrauensbruchs an, da diese Almas Geheimnisse an Dritte weitergeben wollte und sich hinter ihrem Rücken über sie lustig gemacht hat. Alma nennt sie einen ‚verdammten Teufel', „en jävla, förbannad jävel", „du är ju inte klok" (*Persona*, 32), und versucht sie mit Gewalt zum Sprechen zu bringen. Die Handgreiflichkeiten enden mit einer weiteren Erniedrigung Almas, als Elisabet ihr ins Gesicht schlägt, worauf Alma aus der Nase zu bluten beginnt; dieses Bild korrespondiert mit dem toten Schaf, das im Prolog ausgeblutet und ausgeweidet wird. Alma ergreift einen Topf mit kochendem Wasser und droht dieses auf Elisabet zu schütten, wodurch diese tatsächlich zu einem Ausruf genötigt wird und laut „Nej!" schreit. Alma wird angesichts von Elisabets Todesangst vor der scheinbar verrückt gewordenen Alma plötzlich wieder ruhig. Bildet Elisabets Angst vor Schmerz und Verunstaltung hier wieder einen Gegensatz zu ihrem von der Ärztin ausformulierten angeblichen Wunsch, „att äntligen bli genomskadad, reducerad, kanske utplanad" und somit auch einen Gegensatz zur märtyrerischen Selbstauslöschung des buddhistischen Mönchs im Feuer? Alma kneift Elisabet sadistisch in die Wange, worauf etwas Seltsames geschieht: Die Schauspielerin beginnt einfach zu lächeln. Dieser Anblick korrespondiert mit Elisabets triumphierendem Lächeln in der *Elektra*-Szene auf der Theaterbühne und er ähnelt auch dem teuflischen Grinsen, das der starr und mit offenen Augen im Sarg ruhende Dracula zur Schau stellt, nachdem Jonathan Harker ihm mit einer Schaufel eine Verletzung im Gesicht beigebracht hat. Dieses Lächeln erlischt, als Alma die Diagnose der Ärztin in Frage stellt und Elisabets „galenskap" als „värre än det värsta" bezeichnet:

> Doktorn sa, att du var frisk. Jag undrar, om inte din galenskap är värre än det värsta. Du spelar frisk. Och du gör det så skickligt, att alla tror dig. Alla utom jag. För jag vet, hur rutten du är (*Persona*, 34).

Elisabet geht als Reaktion auf diese Worte mit entschlossenen Schritten Richtung Strand davon. Alma läuft hinter ihr her und bittet sie plötzlich um Vergebung wie ein Kind, das Angst davor hat, allein gelassen zu werden. Ihr flehendes „förlåt mig" erinnert an die Hörspielstimme im Radio, die zu Beginn im Krankenhaus dieselben Worte spricht. Alma läuft Elisabet hinterher wie die Klamauk-Figuren, die einander in der Stummfilmsequenz verfolgen. Eine Variation dieser Szene in *Persona* findet man in *Vargtimmen*. Hier läuft die andere Alma, die in *Vargtimmen* von Liv Ullmann verkörpert wird, ihrem vom Wahnsinn und seinen Dämonen verfolgten Mann Johan hinterher. Masochistisch fleht Alma Elisabet immer wieder an ihr zu vergeben, doch diese entzieht sich schweigend und mitleidslos wie ein selbstbezogener Narziss auf der Flucht vor Echo. Alma bricht am Strand verzweifelt und weinend wie ein Kind zusammen. Noch in der Abenddämmerung sitzt sie so verloren und mit versteinertem Gesicht in den Felsen, wie sie in der früheren Szene über ihrem Spiegelbild am Teich stand. Sie ähnelt sowohl Salvador Dalís versteinertem Narziss als auch der von Narziss zurückgewiesenen Nymphe Echo, deren Gebein sich in Gestein verwandelt. Dass Alma im Folgenden in wahnhaften Träumen zu versinken scheint, hat überdies auch eine Parallele in der von Hamlet zurückgewiesenen Ophelia, die dem Wahnsinn verfällt und wie Narziss am Fluss in ein amorphes Pflanzenreich regrediert. Felslandschaft, Steinmauer und karges Gestein tauchen als proleptische Bilder bereits in Prolog und Vorspann des Films auf; die Kargheit der Felslandschaft, vor deren Hintergrund sich das Drama zwischen Alma und Elisabet abspielt, mag auch die karge Berglandschaft in Euripides' *Elektra* in Erinnerung rufen, vor der sich der Konflikt zwischen Elektra und ihrer Mutter Klytaimnestra zuträgt.

Almas Qualen scheinen Elisabet auf eine Weise zu befriedigen, wie sie auch in Lermontovs *Ein Held unserer Zeit* zur Sprache kommt, dem Buch, das der Junge im Leichenhaus liest. Hier genießt der Held Grigorij Petschorin die Qualen eines Mädchens, das er in sich verliebt gemacht hat, so wie Elisabet Alma auf gewisse Weise in sich verliebt gemacht hat:

> Ich fühle jene unersättliche Gier in mir, die alles verzehrt, was ihr begegnet. Ich betrachte die Leiden und Freuden der anderen nur im Hinblick auf mich, nur wie eine Speise, die meine seelischen Kräfte erhält. Ich selbst bin nicht mehr fähig, unter dem Einfluss der Leidenschaft den Verstand zu verlieren. Mein Ehrgeiz ist durch die Umstände erstickt worden; er ist jedoch in anderer Form wieder zum Vorschein gekommen ... In jemandem Liebe, Ergebenheit und Furcht vor mir zu erwecken – ist das nicht das erste Zeichen und der größte Triumph der Macht? Die Ursache der Leiden und Freuden für jemand zu sein ... Das erste Leiden vermittelt uns einen Begriff von dem Vergnügen, einen anderen zu quälen. Die Idee des Bösen kann einem Menschen nicht in den Kopf kommen, ohne dass er sie nicht in die Wirklichkeit übertragen möchte. Ideen sind organische Geschöpfe, hat jemand gesagt: ihre Geburt gibt ihnen schon die Form, und diese Form ist Handlung. In wessen Kopf mehr Ideen entstehen, der handelt auch mehr als andere.[190]

„Sie wird die ganze Nacht schlaflos daliegen und weinen", sagt Petschorin im Gedanken an das Mädchen: „Dieser Gedanke gewährte mir unaussprechlichen Genuss; es gibt Augenblicke, wo ich einen Vampir begreife".[191]

7. Gespenster des Holocaust als unheimliche Spiegelbilder

Während Alma in den Felsen sitzt, geht Elisabet in der Zwischenzeit im Haus unruhig auf und ab. Sie begibt sich zu Bett und betrachtet ein Photo, das sie in einem Buch findet: es handelt sich um die berühmte Holocaust-Aufnahme eines kleinen Jungen mit Schiebermütze und erhobenen Händen, dessen Anblick an den Jungen im Prolog erinnert. Hat diese historische Aufnahme als Bild im Bild ebenfalls die illusionsdurchbrechende Spiegelbild-Funktion einer *mise en abyme*? Was für eine Äquivalenz-Beziehung weist sie zu anderen Elementen in *Persona* auf? Auch der Junge auf dem Photo befindet sich in einer Art Leichenhaus und Gefängnis, in der Hölle des Holocaust als weiterer Variante des „bårhuset jorden" von August Strindbergs *Spöksonaten*. Hinter ihm stehen weitere Menschen mit ebenfalls erhobenen Händen, daneben ein SS-Mann mit einer Maschinenpistole im Anschlag, vermutlich Josef Blösche, der 1969 in der DDR hingerichtet wurde. Die Aufnahme ist im Sommer 1943 wahrscheinlich am Rande des Warschauer Ghettos oder kurz nach dessen Ver-

---

[190] M. J. Lermontov, *Ein Held unserer Zeit*, a.a.O., S. 184f, 203.
[191] Ders., S. 203.

nichtung gemacht worden. Der Junge ist vermutlich der damals siebenjährige Tsvi Nussbaum, der im Konzentrationslager Bergen-Belsen überlebt hat. Schweigend betrachtet Elisabet das Bild, dessen Einzelheiten von der Kamera abwechselnd herangezoomt werden: der Junge selbst, sein Gesicht und seine erhobene rechte Hand, Soldaten, die in die Richtung des Jungen schauen, die Hände des Soldaten auf dem Gewehr sowie weitere Frauen und Kinder mit erhobenen Händen und gespenstischen weißen Gesichtern, die wie das riesige Frauengesicht auf der Leinwand im Prolog zu leeren weißen Flecken verschwimmen. Die Kamera scheint Elisabets betrachtenden Blick nachzuahmen und das Bild auf eine Weise abzutasten, die an die Handbewegung des Jungen im Prolog erinnert, mit der dieser das Riesengesicht vor sich abtastet.[192] Sind diese Gesichter die Geister von Toten?[193] Wie der stumme Scheintote im Prolog schaut der Junge aus dem Holocaust-Bild heraus und gespenstergleich in die Gegenwart hinein und Elisabet blickt ihrerseits wie die überlebensgroßen, von der Leinwand in das Leichenhaus hineinblickenden Frauengesichter in den Mikrokosmos dieses Photos hinein. Die Menschengesichter auf dem Photo werden immer größer, verschwommener und leerer. Extreme Großaufnahmen sind ein beliebter Kunstgriff bei Bergman, mit dem er die Auflösung der Ich-Grenzen zu implizieren scheint:

> Die Gesichter konvergieren, leihen sich ihre Erinnerungen aus und verlieren tendenziell ihre Grenzen ... Die Großaufnahme hat das Gesicht nur bis in Regionen getrieben, in denen das *principium individuationis* seine Geltung verliert. Sie verschmelzen nicht deswegen, weil sie sich ähnlich sehen, sondern weil sie die Individuation ebenso wie ihre Sozialisation verloren haben ... die Großaufnahme des Gesichts ist das Angesicht (la face) und seine Auslöschung (effacement) zugleich. Bergman hat den Nihilismus des Gesichts am weitesten getrieben, das heißt sein Verhältnis zur Leere und Abwesenheit in der Angst, der Angst des Gesichts angesichts des Nichts.[194]

Worin sieht der Betrachter dieser Holocaust-Photographie das, was Roland Barthes in *Die helle Kammer* als „*punctum* einer Photographie" bezeichnet hat, „jenes Zufällige an ihr, das *mich besticht*, mich aber auch verwundet, trifft"?[195] Sind es die leeren Gesichter, die erhobenen Hände, die Maschinengewehre, das Eingefrorensein der Menschen, als wären ihre unerlösten Seelen auf ewig in der

---

[192] Vgl. Robert Eberwein, a.a.O., S. 126f.
[193] Hierzu passt Marianne Hirschs Diskussion der Gespenstigkeit des photographischen Bildes, ausgehend von Roland Barthes' Reflexionen in *Die helle Kammer*: „The referent is both present (implied in the photograph) and absent (it has been there but is not here now). The referent haunts the picture like a ghost: it is a revenant, a return of the lost and dead other", in: M. Hirsch, *Family Frames: Photography, Narrative and Postmemory* (Harvard UP 1997), S. 5.
[194] Gilles Deleuze, *Kino 1: Das Bewegungsbild* (Frankfurt/M. 1989), S. 139f.
[195] R. Barthes, *Die helle Kammer*, a.a.O., S. 36.

Hölle dieses historischen Augenblicks gefangen? Bergmans Verwendung des Photos als historischem Fragment und Intertext erinnert an das Fragmentarische der Schauerfiktion.

Das statische Bild, das durch die Schnitte und Vergrößerungen scheinbar in Bewegung versetzt wird,[196] weist sowohl eine Kontrast- als auch eine Korrespondenz-Beziehung zu den vorhergehenden Filmen im Film auf: die Bewegungen schnell rennender Menschen in den Filmausschnitten bilden einen Kontrast zu der stummen Intensität und der Bewegungslosigkeit der Menschen auf dem Photo. In der Nachrichtensendung hört man Schüsse fallen, asiatische Menschen laufen auf den Straßen vor etwas davon, was man nicht sieht, während man auf dem von der Zeit eingefrorenen Holocaust-Photo zwar das Maschinengewehr sieht, aber keine Schüsse hört. Der Terror von Vietnam-Krieg und Holocaust, in welchem die ‚ängstlichen, gequälten, grausamen Kinder' die Gestalten von SS-Mann und jüdischen Frauen und Kindern angenommen haben, bildet mit dem Klamauk-Terror der Stummfilmsequenz einen Teil der Symbolstruktur von *Persona*. Die Menschen auf dem Photo sind zu Phantomen geworden. Sie sind nicht nur Phantome, sie sind auch ein Phantasma. Sie sind ein Spiegelbild des Horrors, der als infantiler Sadismus in alltäglichen zwischenmenschlichen Beziehungen beginnt und auch im ‚Krieg' zwischen Alma und Elisabet offenbar wird. Beide Frauen werden zu Verfolgern und Verfolgten in einem persönlichen Krieg, der zunehmend destruktiver und gewalttätiger wird. Der Anblick des Kindes auf dem Photo beschwört das Phantasma von Henrik Ibsens vorwurfsvollen ‚großen Kinderaugen' herauf. Spiegelt das Bild mit der stummen Todesdrohung Elisabets Seelenmorde wider, die sie begeht, als sie das Photo ihres Sohnes zerreißt und damit gleichsam seine Existenz auslöscht, und als sie mit ihrem Brief Almas Selbstbild zerstört?

Elisabets Gesicht verrät keine Regung. Betrachtet sie die Gestalten vor sich mit demselben emotionslosen Interesse, mit dem sie Alma ‚studiert' hat? Sieht sie in diesen Märtyrern auch nur Darsteller in einem Schauspiel?[197] Vor der grauenvollen Wirklichkeit und Wahrhaftigkeit des anderen Märtyrers hingegen, des buddhistischen Mönchs, wich sie voll Schrecken zurück.

Der britische Regisseur Philip Ridley hat fast 25 Jahre nach Bergman eine ähnliche symbolische Bildreferenz in seinen amerikanischen Schauerfilm *The*

---

[196] Vgl. Eberwein, S. 126.

[197] Peter Ohlin hat in seiner Untersuchung zum historischen Hintergrund der Holocaust-Aufnahme darauf hingewiesen, dass die Aufnahme nicht so spontan war wie allgemein angenommen, sondern für nationalsozialistische Propaganda teilweise inszeniert, vgl. P. Ohlin in: „The Holocaust in Ingmar Bergman's *Persona*", in: *Scandinavian Studies*, 77 (Summer 2005), S. 247ff. Ohlin listet in seinem Aufsatz auch einige der teils recht gegensätzlichen Interpretationen der Beziehung zwischen Elisabet und der Photographie auf, die in der Sekundärliteratur zu *Persona* zu finden sind.

Reflecting Skin (1990) eingebaut. Dort zeigt der aus dem Pazifik heimgekehrte, von Atombomben-Versuchen nuklear verseuchte Soldat Cameron seinem kleinen Bruder Seth eine Aufnahme, auf der ein Soldat ein verbranntes Baby in den Armen hält: „It's a baby. ... Well ... he lived in a place in Japan. Its skin got all silver and shiny. Just like a mirror. You could see your face in it".[198] Wie die Figuren auf der Holocaust-Aufnahme in *Persona* werden das Photo und das darauf abgebildete Baby als Kriegsopfer mit verbrannter ‚glänzender Haut' zum symbolischen „silver and shiny mirror" der grausamen und der toten infantilen Figuren in der Filmhandlung. Die Symbolstruktur von *The Reflecting Skin* enthält weitere unheimliche Elemente wie einen abgetriebenen oder totgeborenen Fötus, den Seth in einer Scheune findet und den er sich als Engel vorstellt, und eine Bande von psychopathischen Mördern, die mit Vampiren in einem Horrorcomic zu assoziieren sind.

8. Blindheit und Femininität als Maskerade: Almas phantasmatische Partial-Ichs

In der nächsten Sequenz ist die schlafende Alma zu sehen, die wie ein Säugling mit angewinkelten Armen im Bett liegt und sich konvulsivisch und anfallartig bewegt wie jemand, der in einem Albtraum gefangen ist. Das Bild von Alma im Bett knüpft an frühere Szenen an, die Alma schlaflos oder offenbar träumend im Bett zeigen und in denen sie auf diffuse Weise mit Elisabet als Spiegelbild ihrer selbst konfrontiert wird. Laut Drehbuch ist Alma voller Rachegelüste und ohnmächtiger Angst in der Seele, mit „en grov hämndlystnad och en maktlös ängslan" zu Bett gegangen. „Efter några timmar av tung sömn" (*Persona*, 35) erwacht sie aus einer Art Lähmung oder Starre, den Opfern von Vampiren vergleichbar. Der Drehbuch-Version zufolge, die hier von der Filmversion abweicht, dringt wie in der früheren nächtlichen Traum-Szene, in der Elisabet im Nachthemd wie ein Phantom in ihr Zimmer kommt, wieder Nebel von draußen herein und das Zimmer ist in graues Zwielicht getaucht: „Dimman välver genom det öppna fönstret och rummet flyter i en grå halvdagar".

Erwacht Alma wirklich? Die Atmosphäre suggeriert, dass es sich auch hier wieder um einen Traum handelt. Wie in der allerersten Zubettgeh-Szene, in der sie nicht einschlafen kann, hebt Alma die Hand zur Nachttischlampe, um Licht anzumachen, aber „det kommer inget ljus" (*Persona*, 35). Alma schaltet das kleine Transistorradio an, wie sie zuvor in Elisabets Krankenzimmer getan hat. Weder ein Hörspiel noch beruhigende Musik ist hier zu hören und die abge-

---

[198] Philip Ridley, *The American Dreams: The Reflecting Skin & The Passion of Darkly Noon* (London 1997), S. 47.

rissenen, rauschenden Wortfetzen, die mechanisch aus dem Radiogerät dringen wie die Bilder aus dem Projektor, sind vielleicht nur eine Stimme in ihrem Kopf. Die Geräusche verschwinden und lediglich das Nebelhorn, das an Stokers *Dracula* erinnert, ist nun „på oändligt avstånd" (35) zu hören.

Bei ihrem scheinbaren Erwachen wirkt Alma im Film um Jahre gealtert und erinnert hierin an die scheintote Greisin, die im Leichenhaus plötzlich ihre Augen aufschlägt. Sie wird auf dem Kopf stehend eingeblendet, was sich als Indiz für weitere zu erwartende Umkehrungen und Verdopplungen lesen lässt. Wieder ist eine Stimme zu hören, eine Männerstimme, die nach Elisabet ruft. Alma verlässt ihr Bett und geht ins Zimmer von Elisabet. Träumt sie, schlafwandelt sie, die von ihrem Verlobten als „sömngångare" bezeichnet worden ist? Alma steckt ihren Kopf durch die Vorhänge, mit denen Elisabets Zimmer abgetrennt ist. Dieser Anblick evoziert die gespenstische Stute, *„the nightmare"*, die auf Johann Heinrich Füsslis *Der Nachtmahr/The Nightmare* ihren Kopf durch die Vorhänge steckt und mit toten Augen über den Dämon und dessen schlafendes Opfer hinblickt. Mit bösen Augen betrachtet und berührt Alma das Gesicht der schlafenden Elisabet. Die Szene ist eine Wiederholung und Umkehrung der früheren Traum-Szene, in der sich die Schauspielerin über die schlafende Krankenschwester beugt. Nun liegt Elisabet scheinbar als wehrloses Opfer da, über das Alma sich beugt wie die alte Vampirin in Dreyers *Vampyr*, wie der grinsende Dämon auf Füsslis *Nachtmahr* und die vampirische Schlange Geraldine in Coleridges *Christabel*. Elisabets „munnen står halvöppen som på en död" (*Persona*, S. 36). Hat Alma zuvor vor allem Elisabets Attraktivität wahrgenommen, so sind es nun deren Makel: „När du sover, är ditt ansikte slappt och din mun är svullen och ful. Och du har en tvärrynka i pannan" (S. 36). Die Szene ähnelt auch der Szene in Stokers *Dracula*, in der Jonathan Harker voller Hass und Abscheu den schlafenden Vampir in seinem Sarg betrachtet. Elisabet liegt in derselben totenähnlichen Stellung da wie zu Anfang in ihrem Krankenzimmer. Ihre Lippen wirken dick, hässlich und ‚geschwollen' und gleichen denen des Jungen im Leichenhaus. Mit denselben Worten beschreibt Alma Elisabets Sohn in einer weiteren phantasmatischen Szene, in der sie sich mit einer möglicherweise rein imaginierten Perspektive der Schauspielerin identifiziert. „Du luktar sömn och gråt och jag kan se pulsen i din hals", sagt die Krankenschwester hier zu ihrer Patientin, als betrachte sie voller Ekel ein Kind, das sich in den Schlaf geweint hat, so wie sie offenbar sich selbst in den Schlaf geweint hat. Mit denselben destruktiven Gefühlen hat Alma Elisabet betrachtet, als diese in die Glasscherbe getreten ist, und dieselben destruktiven Gefühle wird sie Elisabet als Empfindungen für deren eigenes Kind zuschreiben. Die Handlung wird zunehmend phantasmatischer und phantastischer, indem die Unschlüssigkeit, was nun Elisabet und was Alma ist, was Außen und was Innen, was Traum und was nicht Traum, immer größer wird. Von phantastischer Unschlüssigkeit im minimalistischen Sinne kann man hier insofern sprechen, als unklar ist, ob man es tatsächlich mit Telepathie und Gedankenübertragung oder aber mit rational erklärbaren wahnhaften Träumen zu tun hat.

Die Männerstimme ruft wieder „Elisabet" und Alma verlässt das Zimmer, um herauszufinden, „vad han vill oss. Här långt borta i vår ensamhet" (*Persona*, S. 36). Elisabet wird plötzlich lebendig und schlägt die Augen auf,[199] in denen teuflische Lichtpunkte aufglimmen. In seinen Arbeitsnotizen zu *Persona* hat Bergman seine ursprüngliche Idee festgehalten, aus der die nachfolgenden Szenen hervorgegangen sind, in denen Alma zunehmend in den Seelenzustand der Anderen hineinzugleiten scheint; dort steht, dass Alma Frau Vogler in ihrem Zimmer „medvetslös eller som död" vorfindet und zum Telefon geht, das ebenfalls tot ist:

> Då hon kommer tillbaka till den döda så plirar hon till henne och plötsligt *växlar de karaktär med varandra*. På detta sätt, hur vet jag inte riktigt, upplever hon med fragmentarisk skärpa den andras själstillstånd ända in i det absurda.[200]

Dieser Austausch repräsentiert das unheimliche Phänomen, das Sigmund Freud als einen der „Aspekte des Doppelgängertums" aufgelistet hat: „durch Überspringen seelischer Vorgänge" von einer Person auf eine andere kommt es zur „Verschmelzung der Identität ähnlicher Personen"; eine Person identifiziert sich mit einer anderen, „so dass der eine das Wissen, Fühlen und Erleben des anderen mitbesitzt" und „man an seinem Ich irre wird oder das fremde Ich an die Stelle des eigenen versetzt, also Ich-Verdopplung, Ich-Teilung, Ich-Vertauschung".[201]

Elisabet folgt Alma ins andere Zimmer, wo ein Mann, der Elisabets Ehemann darstellt, die sich sträubende Alma für seine Frau hält. Er trägt eine dunkle Sonnenbrille und verhält sich wie ein Blinder. Ist er die gealterte Version der adoleszenten Ödipus-Gestalten im Leichenhaus und am Strand? Er erinnert auch auf diffuse Weise an die toten Greise im Prolog, deren Vision behindert oder erloschen ist. Welcher latente Traumgedanke manifestiert sich im Traumbild der Sonnenbrille? Die Barriere der inneren Vision, an der Alma ebenso leidet wie der mythische Ödipus, der blindlings auf der Suche nach sich

---

[199] Wie die kurz zuvor aus dem Schlaf erwachende Alma erinnert nun auch Elisabet an die alte Frau im Leichenhaus, die ihren totenähnlichen Zustand vielleicht nur vorgetäuscht hat. Vgl. Marsha Kinder in: „Self Exploration and Survival in *Persona* and *The Ritual*: The Way In", in: Beverle Houston/Marsha Kinder (Hrsg.), *Self and Cinema. A Transformalist Perspective* (Pleasantville, New York 1980), S. 40. Auf ähnliche Weise erwachen auch andere Scheintote oder scheinbar Tote bei Bergman, so z. B. die todkranke Esther in *Tystnaden* und die unheimliche Veronica in *Vargtimmen*.
[200] Ingmar Bergman, „Drömmar Drömmare", a.a.O., S. 60f.
[201] Sigmund Freud, „Das Unheimliche", a.a.O., S. 153f.

selbst ist? Der Anblick des Ehemannes korrespondiert mit Almas Gesicht, das vor den Handgreiflichkeiten mit Elisabet ebenfalls mit einer schwarzen Sonnenbrille maskiert ist; dort spricht sie von der Heuchelei zwischen sich und ihrem Verlobten, dessen Stimme am Telefon „så falsk och förställd" klingt. Die schwarze Brille ist auch symbolische Repräsentation des Maskenspiels zwischen Alma und ihrem Verlobten, die sich beide blind stellen, um nicht mit der eigenen Verlogenheit und Schauspielerei und der des Gegenübers konfrontiert zu werden. Genau die Sorte Maskenspiel, der Elisabet sich durch ihr Schweigen zu entziehen sucht, wodurch Alma die eigene Schauspielerei vor Augen geführt wird? Der blinde Ehemann scheint die projizierte Persona und Maskierung eines von Almas heimlichen „Partial-Ichs" zu sein, die sie nicht *sehen* will.

Die ganze Sequenz scheint ein weiterer Traum zu sein, in dem sich Tagesreste und aktuelle Reminiszenzen Almas verdichten, darunter der gefühlvolle Brief von Elisabets Ehemann, den Alma laut vorgelesen hat, ihre eigenen Andeutungen über die unaufrichtige und sexuell unbefriedigende Beziehung zu ihrem Verlobten sowie ihre Enthüllung der Tatsache, einst die Geliebte eines verheirateten Mannes gewesen zu sein.[202] Im Traum gibt die widerstrebende Alma sich schließlich Elisabets Mann sexuell hin und spielt ihm etwas vor, so wie sie offenbar sonst ihrem Verlobten im Bett etwas vorspielt. Im Hintergrund beobachtet Elisabet „med ett svagt ironiskt leende" (*Persona*, 36) den qualvollen Vorgang, der einen Gegensatz zu Almas authentischem Sein während der anonymen Orgie bildet. Die Figuren in dieser Traum-Sequenz repräsentieren offenbar alle eine Aufspaltung von Almas Ich in drei „Partial-Ichs", eine Verkörperung der „Konfliktströmungen" ihres Seelenlebens „in mehreren Helden", wobei Elisabet als Beobachterin „die geringste tätige Rolle spielt, vielmehr wie ein Zuschauer die Taten und Leiden der anderen an sich vorüberziehen sieht."[203] Elisabet fungiert hier als Doppelgängerin, die die Instanz des Gewissens verkörpert, „welche sich dem übrigen Ich entgegenstellen kann, die der Selbstbeobachtung und Selbstkritik dient, die Arbeit der psychischen Zensur leistet".[204] Was Sigmund Freud in „Der Dichter und das Phantasieren" als eine

---

[202] Linda Haverty Rugg sieht auch hier einen biographischen Bezug, „a gesture toward the ‚real-life' story surrounding the film", Herr Vogler als Repräsentant von Bergman selbst: „At the most simplistic level, one can make an immediate connection between the husband and Bergman, who in his sexual relationships ‚substitutes' Liv Ullmann for Bibi Andersson (who encourages the ‚confusion')", Rugg, a.a.O., S. 242. Almas Promiskuität ist ein Spiegelbild der Bergmans. Reflektiert Bergman hier seine vielen Beziehungen mit verschiedenen, zum Teil noch verheirateten Frauen und die Erfahrung, was es heißt, die Fassade einer Beziehung aufrecht zu erhalten, die längst am Ende angekommen ist? Sowohl aus seiner eigenen Perspektive als auch aus der der jeweiligen Partnerin?
[203] Sigmund Freud, „Der Dichter und das Phantasieren", a.a.O., S. 176f.
[204] Ders., „Das Unheimliche", a.a.O., S. 154.

„Neigung des modernen Dichters" beschrieben hat, entspricht auch dem, was er in *Die Traumdeutung* als Träume beschrieben hat, „in denen mein Ich nebst anderen Personen vorkommt, die sich durch Lösung der Identifizierung wiederum als mein Ich enthüllen", wodurch das Ich im Traum mehrfach dargestellt werden kann, „das eine Mal direkt, das andere Mal vermittels der Identifizierung mit fremden Personen", wodurch „sich ein ungemein reiches Gedankenmaterial verdichten [lässt]".[205] Alma spielt im Traum also mehrere Rollen gleichzeitig: die Rolle der Ehefrau, die ihrem Mann etwas vorspielt, die Instanz des Gewissens, die diese Schauspielerei durchschaut, und den Ehemann als Stellvertreter-Figur für Almas im übertragenen Sinne ‚blinden' Verlobten und zukünftigen Ehemann. Dieser schauspielert ebenfalls unter der Maske seiner Brille und seine Äußerungen sind eine Mischung aus Almas eigenen Gedanken und kürzlich geäußerten Worten und dem Brief von Elisabets Ehemann, worin letzterer sich selbst und seine Frau als „två ängsliga barn uppfyllda av god vilja och de bästa föresatser" beschrieben hat. Dass Alma im Krankenhaus diesen Brief stellvertretend für Elisabet liest, leitet ihre Identifikation mit Elisabets Seelenzustand ein, spiegelt der Brief doch ihre eigenen guten Vorsätze und unterdrückten Zweifel wider.[206] In Almas Traum sagt der Ehemann:

> Man älskar någon eller rättare man säger, att man älskar. Det är fattbart, påtagligt som ord. ...Man blir också älskad. Man bildar ein liten gemenskap. Det ger trygghet, man ser en möjlighet att uthärda, inte sant? Oh! Hur ska jag säga allt det jag tänkt, utan att villa bort mig, utan att tråka ut dig? ... Att uppfatta varandra som barn. Plågade, hjälplösa, ensamma barn. Och det viktiga är själva ansträngningen, eller hur? Inte vad vi åstadkommer (*Persona*, S. 37f).

Diese Worte sind eine Wiederholung von Almas eigenen Äußerungen im Anschluss an die Handgreiflichkeiten zwischen den beiden Frauen:

> Är det viktigt, att man inte ljuger, att man talar sant, att man har sanna tonfall. Är det nödvändigt. Kan man leva överhuvudtaget, om man inte pratar hit och dit. Pratar smörja, urskuldar sig, ljuger, gör undanflukter. Jag vet, att du tiger därför att du är trött på alla dina roller, allt det där, som du behärskade till fulländning. Men är det inte bättre, att ge sig själv lov att vara dum och slapp och pratsjuk och lögnaktik? Tror du inte, att man skulle bli en liten aning bättre, om man lät sig själv vara, som man är (*Persona*, S. 33).

Im Film sieht man die Schauspielerin bei diesen Worten Almas ironisch und wissend lächeln und im Drehbuch heißt es: „Elisabet ler en aning ironiskt"

---

[205] Freud, *Die Traumdeutung*, a.a.O., S. 326.
[206] Ähnliche Lesart bei Philip Mosley, *Ingmar Bergman: the cinema as mistress*, S. 124: „By becoming the addressee, when she reads Elisabet a letter from Mr Vogler, Alma unwittingly prefigures her later identification with the actress."

(*Persona*, S. 34). Dies fließt als Reminiszenz in Almas Traum ein, in dessen Hintergrund ständig Elisabet als ein „Phantom des Ichs" mit ironisch lächelndem Gesicht zu sehen ist, das wie die gespenstischen Gesichter auf dem Holocaust-Photo immer größer wird, während Alma sich im Traum anstrengt, ihren Vorsatz umzusetzen, eine gute Ehefrau zu sein. So sagt sie mit „konstlad ömhet" zu ihrem Liebhaber: „Jag älskar dig lika mycket som förr ... vi älskar varandra. Det är ju så. Eller hur? ... Du är en underbar älskare. Det vet du, käraste!" (*Persona*, 37f). Alma und ihr phantasierter Ehemann ziehen voreinander eine Maskerade der Blindheit und der Femininität ab, mit der Alma ihre eigenen Zweifel an der Authentizität ihrer Rollen maskiert. Während ihrer Versuche, eine hingebungsvolle Geliebte zu sein, bemüht sie sich gleichzeitig auch noch, eine gute Mutter zu sein, indem sie ihrem phantasierten Ehemann einen Gruß an "vår lilla poike" und die Botschaft aufträgt, "att mamma snart kommer tillbaka", "att hon längtar efter sin gosse" (*Persona*, 38). Die ganze Szene ist eine Reminiszenz und ein Echo der Diagnose, die die Ärztin Elisabet – und implizit auch Alma – stellt: nicht *Schein*, sondern *sein* zu wollen und sich dabei gleichzeitig ‚der Kluft' bewusst zu sein zwischen dem ‚was man vor den anderen ist und dem, was man vor sich selbst ist', ‚jeder Tonfall eine Lüge und ein Verrat', ‚jede Geste eine Verfälschung', ‚jedes Lächeln eine Grimasse', was in das Bedürfnis mündet ‚endlich entlarvt, durchschaut, reduziert und vielleicht ausgelöscht zu werden' (*Persona*, S. 15f). Alma sieht sich und ihr unaufrichtiges Rollenspiel in den wachsamen Augen ihres Gewissens gespiegelt, „i varje ögonblick medveten, vaksam" (*Persona*, 15): „Alma låter allt ske och hela tiden ser hon in i fru Voglers stora ögon" (*Persona*, 38). Als „lidandets yttersta punkt" (38) in Almas Maskerade erreicht ist, fällt sie aus ihrer mühsam aufrecht erhaltenen Rolle, so wie Elisabet aus der Rolle der Elektra fällt, und entlarvt sich selbst:

> Ge mig ett bedövningsmedel, slå sönder mig, jag kan inte, kan inte längre. Du får mig inte röra mig, det är en skam, en skam alltihop, det är bara förfalskning, lögn. Låt mig vara, jag är giftig, skämd, jag är kall och rutten. Varför kan jag inte få slockna, jag har inte mod (*Persona*, S. 38).

Die ganze Szene ist eine Projektion Almas in Elisabets Vergangenheit und in ihre eigene Zukunft als Ehefrau und Mutter, die sie in Elisabet als Doppelgängerin und alter ego gespiegelt sieht: „Man sieht sich, wie man (…) sein wird (…) zu werden fürchtet".[207] Die Aufspaltung von Almas Ich in mehrere Personen ist eine weitere Variante dessen, was in der Spiegelung am Teich als Symbol für Almas Seelenzustand und ihr geteiltes Selbst zum Ausdruck

---

[207] Bonin, „Über Doppelgänger, Spiegelbilder und Masken", in: Eberhard Bauer/Walter von Lucadou (Hrsg.), *Spektrum der Parapsychologie* (Freiburg i.Br. 1983), S. 74; s. a. Marsha Kinder, „Self Exploration and Survival", a.a.O., S. 46.

kommt. Almas Gewissen in Gestalt von Frau Vogler wendet sich mit einem Ausdruck des Ekels, „med ett uttryck av leda" (*Persona*, 39) ab: Alma ekelt sich vor sich selbst. Im Traum erkennt sie die Unzulänglichkeit ihrer eigenen Kritik an Elisabets Schweigen, mit dem diese ihren Wahrhaftigkeitsanspruch, „sanningskrav" (S. 16), als Ausweg aus dem Ekel vor sich selbst und vor der eigenen Schauspielerei umzusetzen versucht. Ist es am Ende doch besser zu schweigen, als mit immer denselben abgedroschenen pathetischen Worten die Leere und Einsamkeit der menschlichen Existenz zu beschwören, wie Almas Gewissen im Drehbuch am Ende der Sequenz zum unsichtbaren Zuschauer sagt: „Det har gått inflation i ord som tomhet, ensamhet, främlingskap, smärta, hjälplöshet." (*Persona*, 39)?

Wie vielleicht Elisabet vor ihr, durchlebt auch Alma in ihrem Traum den Ekel von Friedrich Nietzsches dionysischem Menschen, dessen Einsicht in die Absurdität des Daseins Nietzsche mit der Hamlets verglichen hat: „beide haben einmal einen wahren Blick in das Wesen der Dinge getan, sie haben *erkannt*, und es ekelt sie zu handeln ... die wahre Erkenntnis, der Einblick in die grauenhafte Wahrheit überwiegt jedes zum Handeln antreibende Motiv, bei Hamlet sowohl als bei dem dionysischen Menschen", der „überall nur das Entsetzliche oder Absurde des Seins" sieht".[208] Elisabets Authentizität ist „eine Form der Unauthentizität", die Alma die essentielle Leere und Widersprüchlichkeit ihrer eigenen Existenz vor Augen führt:

> Alma begins an anxious introspection in which she confronts her own inconsistencies. Her newly gained lucidity destroys her confidence and robs her of the naïve genuineness with which she earlier fulfilled the nurse's role. Imitating her companion, she joins in the vigil of doubt; ceasing to be a nurse, she loses herself in searching for herself and becomes more 'authentic' and thus more 'inauthentic'.[209]

Die Sequenz verarbeitet dieselbe Problematik der Lebenslüge, auf der diverse Figuren in Henrik Ibsens Dramen ihr Leben aufbauen.[210] Weitere Parallelen lassen sich hier wiederum auch zu Strindbergs *Spöksonaten* ziehen, worin bürgerliche Scheinmoral aufgedeckt und vermeintliche Ehrenmänner und Ehepaare als Ehebrecher, Lügner und Betrüger demaskiert werden. Alma scheitert daran, ihren eigenen Ansprüchen gerecht werden zu wollen. In ihrer Rolle als Verlobte und zukünftige Ehefrau ist sie genauso ‚Schauspielerin' wie Elisabet. Die Schauspielerin wird hier zum Zeichen für den Menschen an sich, der im

---

[208] Nietzsche, *Die Geburt der Tragödie*, a.a.O., S. 65.
[209] Paisley Livingston, a.a.O., S. 199.
[210] Vgl. hierzu auch die Figur der verheirateten Karin in Bergmans *Viskningar og rop*, die sich unter dem Druck ihrer mühsam aufrechterhaltenen Fassade der großbürgerlichen Ehefrau ähnlich wie Alma masochistischen Phantasien hingibt und ausruft: „Det är bara en härva av lögner", in: I. Bergman, *Riten: Filmberättelser 3* (Stockholm 1973), S. 163.

Spiel der Rollen und Masken nach seinem authentischen Selbst sucht und sich dabei immer fremder wird. Elisabet leidet an derselben allzu menschlichen Berufskrankheit wie die Schauspielerin Emily in Bergmans *Fanny och Alexander*, die auf der Suche nach einem Zentrum den autoritären Bischof Vergerus heiratet, der das Gesetz des Vaters, Wahrheit, Logos, Transzendenz und den Gegensatz zu Emilys dionysischem Maskengott repräsentiert:

> Min Gud är annorlunda ... Han är som jag själv, flytande och gränslös och ogripbar, både i sin grymhet och sin ömhet. Jag är ju skådespelerska, jag är van att bära masker. Min Gud bär tusen masker, han har aldrig visat mig sitt rätta ansikte, liksom jag är oförmögen att visa dig eller Gud mitt rätta ansikte. Genom dig ska jag lära känna Guds väsen.[211]

Als Doppelgängerin Almas scheint Elisabet alle drei von Sigmund Freud definierten Instanzen des psychischen Apparats zu verkörpern: fungiert sie anfangs als Double und Spiegelung von Almas imaginärem Wunsch-Ego und Ideal-Ich, so tritt sie in der eben beschriebenen Szene als Verkörperung von Almas Über-Ich und Gewissen auf. An anderen Stellen des Films dagegen spiegeln Elisabets psychopathische und sadistische Züge Almas destruktives Triebreservoir wider, mit anderen Worten das, was Sigmund Freud als Es bezeichnet hat.

Auf die Verkehrung und Verschmelzung von Alma und Elisabet, Subjekt und Objekt, von Innen und Außen, Schein und Sein, Körper und Geist, Sichtbarem und Unsichtbarem, Psychischem und Realem, mit der man in *Persona* an verschiedenen Stellen konfrontiert wird, passt sehr gut der Begriff *extimité*, den Jacques Lacan mangels einer exakten Entsprechung im Französischen als Äquivalent für das deutsche „unheimlich" erfunden hat und dessen Dimension die Unterscheidung zwischen Innen und Außen verschwimmen lässt. Mladen Dolar hat darauf hingewiesen, dass die Dimension des *Extimen* dem ‚Realen im Lacanschen Sinn' entspricht:

> It points neither to the interior nor to the exterior, but is located there where the most intimate interiority coincides with the exterior and becomes threatening, provoking horror and anxiety. The extimate is simultaneously the intimate kernel and the foreign body; in a word, it is *unheimlich*. ... And it is this very dimension beyond the division into "psychic" and "real" that deserves to be called the real in the Lacanian sense.[212]

---

[211] Ingmar Bergman, *Fanny och Alexander* (Stockholm 1982), S. 105.
[212] Mladen Dolar (1991), „‚I shall be with you on your wedding-night'", in: Fred Botting/Dale Townshend (Hrsg.), *Gothic: Critical Concepts in Literary and Cultural Studies*. Vol. III: *Nineteenth-Century Gothic: At Home with the Vampire* (London/New York 2004), S. 13. Mladen beschäftigt sich in seinem Artikel auch mit der Problematik, dass der Doppelgänger für alle drei Instanzen von Freuds zweiter Topik stehen kann: „...he constitutes the essential part of the ego; he carries out the repressed desires springing from the Id; and he also, with a malevolence typical of the superego, prevents the subject from carrying out his desires – all at one and the same time." (S. 18).

Lacans Begriffe des *Extimen* und des Realen überschneiden sich mit Freuds Auffassung des Unheimlichen und des Es, indem damit Grenzerfahrungen in Verbindung mit Sexualität umschrieben werden, aber auch mit Todeswünschen und Ausbrüchen von Gewalt, in denen Angst und Auflösung zum Ausdruck kommen, die schwarze Leere des Nichts und der unaussprechliche Horror der Existenz, den der Mensch mit seinen Illusionen verdecken muss, um überhaupt leben zu können.

Almas pathologischer Zwang zur Identifikation mit Elisabet entspricht in der Psychoanalyse dem Phänomen, das Sándor Ferenczi als „Introjektion" und „Übertragung" bezeichnet hat, und zwar im Zusammenhang mit Sigmund Freuds Begriff der ‚*hysterischen Infektion*', die „in unbewussten, auch sich selbst nicht eingestandenen und bewusstseinsunfähigen Ansprüchen und Wünschen ihre Erklärung findet":

> Der Kranke eignet sich die Symptome einer Person an oder macht sich ihre Charakterzüge zueigen, wenn er sich in seinem Unbewussten mit jener Person auf Grund des gleichen ätiologischen Anspruches identifiziert. Auch die bekannte Rührseligkeit vieler Neurotiker, ihre Fähigkeit, die Erlebnisse anderer aufs intensivste mitzufühlen, sich in die Lage dritter Personen zu versetzen, finden in der hysterischen Identifizierung ihre Erklärung.[213]

Almas Verhalten lässt sich außerdem auch zum Begriff der „unforeseen partnership" in Beziehung setzen, der im Zusammenhang mit der narrativen Instanz des peripheren Ich-Erzählers auf Joseph Conrads Werke angewendet worden ist:

> Der Erzähler entdeckt im Verlaufe seiner Bemühungen, das Leben seines Helden zu ergründen und zu verstehen, eine innere Verwandtschaft zwischen sich und seinem Helden, die ihn immer mehr in den Bann zieht und die ihn bewegt, die Erfahrungen seines Helden intensiv nachzuerfahren, sich in dessen Lage so total zu versetzen, dass es zu einer psychologischen oder moralischen Stellvertretung kommt. Es handelt sich um eine Variation des ‚alter ego'-Motivs ... In Ich-Erzählungen erlangt das Motiv neben seiner thematischen aber auch noch eine gewisse strukturelle Bedeutung: ‚Unforeseen partnership' strukturiert eine an sich zur Mediatisierung tendierende periphere Ich-ES auf personale Empathie um. Der Ich-Erzähler sieht sich beinahe zwanghaft zu einer Einfühlung in die Situation seines Helden veranlasst ....[214]

Franz Stanzel weist darauf hin, dass wir den peripheren Ich-Erzähler am häufigsten „als väterlichen Freund, engen Vertrauten oder Bewunderer der Hauptfigur"[215] antreffen. In ihren Phantasien und Träumen übernimmt Alma eine vergleichbare Rolle, welche in der Form des peripheren Ich-Erzählers in *Per-*

---

[213] Ferenczi, „Introjektion und Übertragung"(1909), in: ders., *Schriften zur Psychoanalyse* Bd. I, a.a.O., S. 13.
[214] Franz K. Stanzel, *Theorie des Erzählens* (Göttingen 1991), S, 267.
[215] Ders., S. 263f.

sona allerdings insgesamt dem Träumer im Prolog zukommt. Als Persona des Regisseurs hat dieser gleichzeitig auch die Funktion eines Stellvertretermediums.

9. Metamorphosen: Mütter und Monster

Sind in den Episoden mit der Glasscherbe und mit Elisabets Ehemann Almas Masken der fürsorglichen Pflegerin und der hingebungsvollen Ehefrau und Geliebten zersprungen, so ist es in der folgenden Sequenz – wie die vorhergehende möglicherweise ebenfalls ein Traum – die Rolle der Mutter, die zum Monster und zur Mörderin wird und damit einmal mehr Almas geteiltes Selbst und die un*heimliche* Person in ihr offenbart. Auf Almas Identifikation mit Elisabet, die sich von einem Wunschtraum mehr und mehr in einen Albtraum gewandelt hat, folgt eine Abwehrreaktion, die einer Aus- oder Abtreibung gleicht und mit dem Phantasma von Elisabets Abtreibungsversuchen assoziiert werden kann.

Alma und Elisabet sitzen einander am Tisch gegenüber. Verarbeitet dieser scheinbare Traum wieder aktuelle Reminiszenzen, indem er die unausgesprochene Frage zu klären versucht, warum Elisabet das Bild ihres Kindes zerrissen hat? Die Schauspielerin hat hier das in zwei Hälften zerrissene Photo ihres kleinen Sohnes wieder vor sich und versucht es mit ihren Händen zu bedecken. Alma zieht Elisabets Hände weg und konfrontiert ihr Gegenüber mit dessen Versagen als Mutter. Ist dies ein unheimliches Spiegelbild ihres eigenen zukünftigen Versagens? Die Spiegelbildlichkeit ist zum einen in der Kleidung der beiden Frauen angedeutet, die wie schon zuvor identische schwarze Pullover und dieselben dunklen Haarbänder tragen, zum anderen darin, dass Almas Rede zwei Mal wiedergegeben wird. Beim ersten Durchgang ist Elisabets gespenstisches stummes Gesicht zu sehen, das immer größer wird, und beim zweiten Durchgang Almas Gesicht, mit dem am Ende ihrer Du-Erzählung etwas Merkwürdiges geschieht: aus Du wird Ich. Im Gegensatz zum Film, wo Almas Rede eine Du-Erzählung ist, hat man es im Drehbuch mit einer Ich-Erzählung zu tun; dass Alma als Stellvertreterin Elisabets spricht, korrespondiert mit Michail Bachtins offenem Subjekt-Konzept, das, wie Jacqueline Howard gezeigt hat, von besonderer Relevanz für Schauerfiktion und den Diskurs des Unheimlichen ist:

> For him [Bachtin], the act of constructing the self involves assimilating the words and discourses of others in a process of interiorization which always leaves us split as subjects: 'in the everyday rounds of our consciousness, the internally persuasive word is half-ours and half-someone else's'.[216]

---

[216] Jacqueline Howard, *Reading Gothic fiction: a Bakhtinian approach* (Oxford 1994), S. 49.

Die doppelte Wiedergabe von Alma Erzählung korrespondiert mit Sigmund Freuds Nennung von „Wiederholungszwang" und der „Wiederholung des Gleichartigen" als Quelle des Unheimlichen. Almas narratives, nicht-lineares im-Kreis-Herumgehen im Labyrinth ihrer Träume entspricht Freuds Beispiel der Verirrung auf den menschenleeren Straßen einer unbekannten Stadt, was „an die Hilflosigkeit mancher Traumzustände mahnt".[217]

In ihrer Erzählung schildert Alma, wie es dazu kommt – oder wie es dazu gekommen sein könnte? – dass die Schauspielerin beschließt, die Rolle zu spielen, die ihr in ihrem Repertoire als „kvinna och konstnär" (*Persona*, S. 42) bislang gefehlt hat, nämlich die Rolle der Mutter: „... och så lät du din man göra dig med barn".[218] Ist der imaginierte Geschlechtsakt mit Elisabets Ehemann hier als phantasmatische Urszene dieser Zeugung zu sehen, aus deren Unauthentizität ein Kind hervorgeht, das zur selben Gespenstigkeit verdammt ist wie das Phantom von Almas ungeborenem Fötus?

Die Schwangerschaft wird in Almas Version zu einem Albtraum für Elisabet, da dies keine fiktive Rolle ist, die sich so einfach wieder ablegen lässt:

> Då jag förstod, att det var oäterkalleligt, blev jag rädd. Inte sant?... rädd för ansvaret, rädd för att bli bunden, rädd för att komma bort från teatern, rädd för smärtan, rädd för att dö, rädd för kroppen som svullnade. Men hela tiden spelade jag rollen ... rollen av en lycklig, väntande ung mor (*Persona*, S. 42).[219]

Almas Darstellung zufolge versucht Elisabet, das Ungeborene selbst abzutreiben, was jedoch misslingt. Sie beginnt das Kind zu hassen, schon bevor es auf

---

Almas Metamorphose und Aufspaltung in verschiedene Subjektpositionen und Stimmen korrespondiert auch mit der oben angeführten *Phantasie*-Theorie Elizabeth Cowies, wonach das Subjekt beim Phantasieren multiple Positionen einnehmen kann. Auf die Parallelen zwischen Bachtins Dialogizität und Jacques Lacans offenem Subjekt-Konzept weist auch Maaret Koskinen in ihrer Bergman-Studie hin, dies speziell am Beispiel von Bergmans Film *Sommarlek* (1951), in: Maaret Koskinen, *Spel och Speglingar. En studie i Ingmar Bergmans filmiska estetik* (Stockholm 1993), S. 51, 59, bes. S. 77; s.a. Koskinens theoretischen Verweis auf Robert Stam, *Subversive Pleasures: Bakhtin, Cultural Criticism, and Film* (Baltimore/London 1989), S. 4f. Vgl. außerdem Paisley Livingston, a.a.O., S. 52, auf den Koskinen ebenfalls verweist: „Bergman demonstrates that identity is never simple or immediate and that it does not reside in a static equivalence of self to self. The boundaries of self are open and fluid; its unity is not rigid, but evolves through contact with others".
[217] Freud, „Das Unheimliche", S. 156.
[218] Filmzitat; im Drehbuch aus der Ich-Perspektive geäußert.
[219] In *Fanny und Alexander* repräsentiert die ehemalige Schauspielerin und Großmutter Helena die Antithese zu Elisabet: „Det var roligt att vara mamma, det var roligt att vara skådespelerska också, men det var roligare att vara mamma. Jag tyckte om att vara tjock om magen, jag struntade hjärtans gärna i teatern. Alltsammans är förresten roller. Somliga är roliga, andra är mindre roliga. Jag spelar mamma. Spelar Julia, Margaretha. Plötsligt spelar jag änka. Eller farmor. Den ena rollen avlöser den andra. Det gäller att inte fuska, att inte dra sig undan" (Bergman, *Fanny und Alexander*, a.a.O., S. 135).

der Welt ist und wünscht, es würde tot geboren. In der Schauerfiktion dienen Fortpflanzung und Schwangerschaft als zentrale Metapher, als „primary Gothic metaphor", so Claire Kahane:

> Pregnancy structures a drama with the body itself as subject, and thus often arouses primitive fears about bodily integrity so interrelated with one's sense of self. In pregnancy the woman's very shape changes, as she begins to feel another presence inside her, growing on her flesh, feeding on her blood. Especially since pregnancy also confirms a woman's identification with her own mother, since she becomes prey to that intricate network of fears and wishes, of rage and love directed at her mother, she may be led to fear the foetus as an agent of retaliation, a mirror of her own infantile negativity.[220]

Dieser Metaphorik entspricht in *Persona* das unheimliche Phänomen, dass Alma psychisch mit Elisabet schwanger geht, die sowohl als mütterliches als auch als infantiles Phantasma ‚Spiegelbild' von Almas ‚eigener infantiler Negativität' ist. Nach der schweren Zangengeburt wünscht Elisabet: „kan du inte dö snart, kan du inte dö" (*Persona*, S. 43). Im Drehbuch sagt Alma als Stellvertretermedium außerdem: „jag tänkte också på, hur det skulle vara att döda barnet, att kväva det under kudden, liksom i förvirring eller att krossa dess huvud mot värmeledningen. Men han överlevde" (*Persona*, S. 43). Diese Gewaltphantasie, die im Film unerwähnt bleibt, korrespondiert mit Almas eigenen Gewaltphantasien, in denen sie sich Elisabets zu entledigen sucht.

Dass Elisabet in Almas Erzählung vor dem Produkt ihres Persönlichkeitsprojektes, ihrem neugeborenen Kind, „sitt vanställda, pipande barn" (*Persona*, S. 43), zurückschreckt, ähnelt dem „Trauma der Nachgeburt" und dem Abscheu vor neugeborenem Leben in Mary Shelleys *Frankenstein*, wo der Wissenschaftler vor seinem neugeborenen grotesken Monster flieht. Ellen Moers sieht den Kern des Horrors hier im „motif of revulsion against newborn life, and the drama of guilt, dread, and flight surrounding birth and its consequences".[221] Elisabet ist mit Viktor Frankenstein vergleichbar. Robert D. Hume hat in seiner

---

[220] C. Kahane, „Gothic Mirrors and Feminine Identity", in: *The Centennial Review 24* (Winter 1980), S. 57f. Vgl. hierzu auch Simone de Beauvoir, *Das andere Geschlecht*, a.a.O., S. 629 und in deren Nachfolge Camille Paglia, a.a.O., S. 11: „Pregnancy demonstrates the deterministic character of woman's sexuality. Every pregnant woman has body and self taken over by a chthonian force beyond her control. In the welcome pregnancy, this is a happy sacrifice. But in the unhappy one ... it is horror. Such unfortunate women look directly into nature's heart of darkness. For a fetus is a benign tumor, a vampire who steals in order to live."
[221] Ellen Moers, *Literary Women* (New York 1976), S. 93. Der Abscheu Elisabets vor ihrem Kind ähnelt auch dem Ekel der sterbenden Ester in *Tystnaden*, der Sexualität und alles Natürliche zuwider sind: „Svällkroppar. Det är fråga om blodöverfullnad och slem. En bikt inför sista smörjelsen: Jag tycker säden luktar illa. Jag har en känslig näsa nämligen och fann, att jag stank som en rutten fisk, när jag blivit befruktat" (*Tystnaden*, a.a.O., S. 160).

Definition von „Horror Gothic" das Frankenstein-Monster als Spiegelbild der inneren Deformiertheit von Victor Frankenstein gesehen:

> The early history of the monster, which craves love, is an ironic reflection of Frankenstein's personality, for he can neither love nor respond properly to human love ... Frankenstein is a monster, and in a real sense he *is* the monster.[222]

Das Motiv des Kindes als Spiegel der psychischen Deformiertheit der Mutter taucht in ähnlicher Konstellation auch in *Höstsonaten* auf, wo die Künstlerin Charlotte in ihrer körperlich behinderten Tochter Helena ihre eigene seelische Verkrüppelung gespiegelt sieht, vor der sie davonzulaufen sucht. In der Szene der Konfrontation mit ihrer älteren Tochter Eva, welche Charlotte auf dieselbe Weise wie Alma im Falle Elisabets das Versagen als Mutter vorwirft, wird Charlotte zum Kind, und der Zuschauer sieht ihr faltiges, leidendes Gesicht – das Gesicht eines vorzeitig gealterten Säuglings – im Wechsel mit dem Gesicht Helenas, die sich wie ein Säugling oder ein embryonaler Wurm auf dem Boden wälzt und das Gesicht verzerrt wie ein neugeborenes Baby, während sie „Mama" ruft. Wie in *Persona*, wo Alma sich verzweifelt von Elisabet abzulösen sucht, und in *Aus dem Leben der Marionetten*, wo Katharina sich und ihren Mann durch einen gemeinsamen Blutkreislauf verbunden sieht, taucht auch in *Höstsonaten* das Motiv der imaginären Nabelschnur auf, die zwei Figuren wie Doppelgänger miteinander verbindet:

> ... moderns missräkningar ska dottern umgälla, moderns olycka ska bli dotterns olycka, det är som om nävelsträngen aldrig blivit avskuren.[223]

Henrik Ibsens Rita Allmers vergleichbar, die die Schuld an der Verkrüppelung ihres ungewollten Sohnes trägt, ihm sogar den Tod wünscht und sich von dessen ‚großen bösen Kinderaugen' verfolgt sieht, wehrt sich auch die Schauspielerin in Almas Erzählung gegen ihr Kind, das trotz der Ablehnung der Mutter von tiefer Liebe zu ihr erfüllt ist, die sie nicht erwidern kann und gegen die sie sich wehrt:

> Jag värjer mig, jag värjer mig förtvivlat, för jag känner ju, att jag inte kan återgälda ... Det gör så ont ... Samvetsplågan lämnar mig aldrig. Och så försöker jag och försöker. Det blir bara tafatta och grymma möten mellan mig och pojken. Jag kan inte, jag kan inte, jag är kall och likgiltig och han ser på mig och älskar mig och är så mjuk och jag vill slå honom, för att han inte lämnar mig ifred. Jag tycker han är äcklig med sin tjocka mun och sin fula kropp och sina fuktiga, vädjande ögon. Jag tycker han är äcklig och jag är rädd. (*Persona*, 43f).

---

[222] Robert D. Hume, „Gothic versus Romantic: A Revaluation of the Gothic Novel", in: *PMLA*, 84 (März 1969), S. 286.
[223] Bergman, *Höstsonaten*, a.a.O., S. 73.

Die Ich-Form des Drehbuchs deutet an, dass Alma selbst sich hier gegen etwas zur Wehr setzt. Alles, was Alma gesagt hat, trifft auf sie selbst zu. Der Widerwille der Mutter gegen ihr Kind entspricht dem Widerwillen der Krankenschwester gegen ihre Patientin, deren schlafendes Gesicht und „tjocka mun" sie in der vorherigen Sequenz voller Abscheu betrachtet hat. Gleichzeitig ist dieses Kind, das nach der Liebe und Anerkennung seiner Mutter sucht, Alma selbst. Entsetzt wehrt Alma sich gegen diese Identifikationen, in die sie verstrickt ist. Sie kämpft gleichsam mit ihrem eigenen Schatten, mit dem infantilen Monster und der monströsen Mutter und Pflegerin in sich selbst, wobei an dieser Stelle die Erzählung auch im Film in die Ich-Form übergeht:

> Jag känner inte som du, jag tänker inte som du, jag är inte du, jag ska bara vara din hjälp, jag är syster Alma. Jag är inte Elisabet Vogler. Det är du, som är Elisabet Vogler. Jag vill gärna ha – jag älskar – jag har inte – (*Persona*, S. 44).

Alma bricht ab und in diesem Moment verschwindet die eine Hälfte ihres Gesichts, die während ihrer Schilderung ständig im Schatten war, und wird für einen Moment durch die schwebende Hälfte von Elisabets Gesicht ersetzt. Dieser imaginäre Vorgang ist ein weiteres Phantasma, das Almas Spaltung zum Ausdruck bringt: im Verlauf ihres Identifikationsprozesses und ihres Bestrebens, sich in Elisabet zu verwandeln, ist Alma selbst zu einem Monster à la Frankenstein geworden ist, vor dem sie zurückschreckt wie der Künstler und Wissenschaftler vor seinem unheimlichen Produkt. Die Maske des verzerrten Gesichts ist ein *Freak*, ein Repräsentant des Grotesken in der Schauerfiktion: „The Gothic turns into the Grotesque, into a focus on distorted bodyimages".[224]

Das groteske Phantasma im Zentrum von Almas Traum erinnert als Produkt des Experimenteurs Ingmar Bergman nicht nur an Frankensteins Monster, sondern auch an den mythischen Minotaurus, im Surrealismus als Verkörperung des *Es* so beliebt, an das Monsterkind, Produkt des Experimenteurs Daidalos, das von allen ins Labyrinth und in die dunkelste Ecke des Unbewussten verbannt wird.[225]

---

[224] Claire Kahane, „Gothic Mirrors and Feminine Identity", a.a.O., S. 55. In Bergmans *Fanny och Alexander* konstituiert sich das Grotesk-Monströse als Symbolstruktur aus der Analogie zwischen weiteren ‚lebenden Toten', zwischen der grotesken behinderten fetten Tante Elsa, der vertrockneten ägyptischen Mumie im Kuriositätenkabinett, dem ebenso grotesken Anblick des verkohlten Bischofs, der als monströse Vaterfigur zum gespenstischen Wiedergänger wird und dem unheimlichen, eingesperrten Ismael, der als Alexanders destruktives alter ego Tante Elsa telepathisch die Handlung ausführen lässt, die zum Tod des Bischofs führt.

[225] Der Norweger Tor Åge Bringsværd hat in seinem Roman *Minotauros* (1980) den grotesken Tiermenschen und sein Labyrinth als Phantasmen für Monsterkind, Gehirn, Träume und Halluzinationen verarbeitet: „Labyrinten. ... En forvirret hjerne med mange

Almas Konflikt entspricht den Konflikten in ‚female Gothic', in Schauerfiktion mit weiblicher Identitätsproblematik: „deep-seated conflicts between a socially acceptable passive, congenial, ‚feminine' self and a suppressed, monstrous hidden self. The monster remains an apt symbol for turbulent inner compulsions".[226]

Wie diverse andere Teile des Films hat auch dieser Monolog Almas die Funktion einer *mise en abyme*, die Prolog und Binnenhandlung ineinander spiegelt. Die zusammengesetzten und auseinanderfallenden Gesichter in den verschiedenen Teilen des Films sind ein Echo der Diagnose von Elisabets (und Almas ‚Krankheit') durch die Ärztin: „Hvor sprack det? Var misslyckades du? Var det moders rollen som tog knäcken på dig?" (*Persona*, S. 16). Ist es auch in Almas Fall die Eltern- und Pflegerinnenrolle, die, auf Lügen und Selbsttäuschung aufgebaut, das ganze Gebäude ihres Lebensentwurfs zum Einsturz bringt?

Das infantile Phantasma, ein ausgesetztes, unerwünschtes Kind zu sein, das im Volksmärchen so häufig eine zentrale Rolle spielt, ist in mehreren von Ingmar Bergmans Filmen präsent. Ist dies eine der unausgesprochenen Fragen, die *Persona* stellt? Steckt in jeder und jedem von uns sowohl das Kind, dem die Mutter den Tod gewünscht hat, als auch die Mutter, die dem Kind den Tod wünscht? Im Phantasma der Mutter, das am Ende von Prolog und Almas Monolog wie eine mörderische Madonna, wie die Grabvögel der Sphingen und Sirenen über der imaginären Gruft der Toten schwebt, manifestiert sich das, was Claire Kahane als „female Gothic terrors" bezeichnet hat:

> images of the womb as the mummy's tomb, of penetration, impregnation and childbirth as female Gothic terrors (...) obliterating the very bounderies of self (...) nightmarishly bringing them face to face with the danger inherent in female identity – that is – with mothers.[227]

Elisabet und Alma sind komplementäre Figuren wie Schneewittchen und die böse Königin im Märchen, die ihrem Kind, das sie als Spiegelbild und Doppelgängerin verfolgt, nach dem Leben trachtet.[228] Die naive Alma ist eine Art

---

innfall, men uten utgang ... en nett av mørke årer. En maurtue for blinde øyne ... alle omveier fører til hjertet. Hjertet: en hule innerst inne. Hvor jeg sover. Sitter. Står", zitiert aus: T. Å. Bringsværd, *Bringsværds Beste* (Oslo 2007), S. 172.

[226] Karen F. Stein, „Monsters and Madwomen: Changing female Gothic", in: Juliann E. Fleenor (Hrsg.), *The Female Gothic* (Montréal/London 1983), S. 123.

[227] Vgl. Kahane, „Gothic Mirrors", a.a.O., S. 59.

[228] Max Lüthi hat darauf hingewiesen, dass in zahlreichen Varianten des *Schneewittchen*-Märchens die böse Königin die leibliche Mutter ist, die – wie Elisabet in *Persona* – dem Kind, das sie sich so sehr gewünscht hat, nach dem Leben trachtet: „Jede Mutter ist in Gefahr, zur Stiefmutter zu werden ... Dass eine Mutter zur Stiefmutter werden kann ..., dass die gleiche Frau, die dem Kinde das Leben gegeben hat, es in den Tod zu stoßen sucht,

Schneewittchen oder Rotkäppchen, das sich im Wald verirrt und im Bett der kranken Großmutter bzw. Elisabet einen Wolf, ein Monster vorfindet, das ein Spiegelbild ihrer eigenen infantilen Komplexe und Destruktionstriebe ist: *Homo homini lupus*.[229]

10. Phantasmatische Ab- und Austreibungen

Auch die nächste Sequenz, die eine Fortsetzung von Almas nächtlichem Traum zu sein scheint, ist eine Art Spiegelmonolog, der Almas Wunschtraum der Verwandlung in Elisabet in einen Albtraum umkehrt. Die erste nächtliche Spiegelszene, in der Alma wie ein Kind vor dem Spiegel auftritt, mit Elisabet als einer Art Mutterfigur im Hintergrund, kann als Paradigma für die Identifikation des infantilen Subjekts mit der Mutter bzw. mit dem die Mutter ersetzenden Supplement und für den Ablösevorgang vom mütterlichen (Ersatz-)Objekt gesehen werden.[230] Almas Bestreben, sich von Elisabet und deren Einfluss als Identifikationsobjekt abzugrenzen, zeigt sich in ihrer Kleidung. Sie trägt nun wieder ihre Schwestern-Uniform, gleichsam als wolle sie ihre alte Persona und ihr Ich wieder stabilisieren.[231] Die Gesichter der beiden Frauen sind abermals zur Hälfte im Schatten, womit Bergman in seinen Filmen wiederholt die Nachtseite seiner Charaktere zum Ausdruck gebracht hat.[232] Dieses Motiv korrespondiert stark mit C. G. Jungs Archetyp des *Schattens*, der in der Gestalt des Doppelgängers personifiziert sein kann.[233] Die kanadische Autorin Margaret Atwood hat in diesem Zusammenhang auf „movie stars", Filmschauspielerin-

---

ist eine Tragödie. Ein Mensch wird sich selber fremd", und damit ist dieses Märchen, so Lüthi, „die Darstellung einer Selbstverkehrung des Menschen, einer Perversion"; „Grundthema" und „die das Ganze durchdringende Stilfigur" ist „die Verkehrung"; vgl. Lüthi (1969), *So leben sie noch heute. Betrachtungen zum Volksmärchen* (Göttingen 1989), S. 59–63. Diese Verkehrung ist auch das Grundthema in *Persona*, wo eine Figur die Umkehrung einer anderen Figur ist.

[229] Zu Rotkäppchen als ambivalenter Figur und dem Wolf als Repräsentant der „asozialen, animalischen Tendenzen in uns", vgl. Bruno Bettelheim, a.a.O., S. 198. Auch Stokers Draculatritt als Wolf auf und Sheridan Le Fanus Carmilla sucht die Heldin in ihrem Bett als Raubkatze heim.

[230] Etwas Ähnliches meint Lucy Fisher, die in der ersten Spiegelszene „the theme of mothering and the child's difficulties in separation" sieht, wobei für Fisher Elisabet die Mutter ist, „who shows the child that she is distinct but (in some ways) ‚just like her'", dies., a.a.O., S. 77.

[231] Vgl. z.B. auch Robin Wood, „The World Within, the World Without", a.a.O., S. 64.

[232] Besonders in *Viskningar og rop*, wo die Großaufnahme eines Gesichts mit einer dunklen und einer hellen Gesichtshälfte wiederholt eine Traumsequenz einleitet.

[233] Vgl. Jolande Jacobi, *Die Psychologie von C. G. Jung. Eine Einführung in das Gesamtwerk* (Frankfurt/M. 1984), S. 111f.

nen, hingewiesen, die als Personifikation von Archetypen des kollektiven Unbewussten „dream figures of the self", „envy figures for women"[234] repräsentieren und wie Elisabet im Falle Almas als Projektionsträgerinnen ‚überlebensgroße' Züge annehmen:

> ... it's true also that we project our repressed psychic contents onto other people in real life ... Those are the people who become 'larger than life'. The reason that they become larger than life is that we have given them some of ourselves, some of our energy. So you can say that such figures exist in dreams, but it sometimes occurs that you encounter a person in real life to whom you transfer that dream material.[235]

Die Gesichter Almas und Elisabets sehen wie ineinander verschränkte Scherenschnitte aus, während Alma ihrer Gegnerin sagt, dass sie niemals wie sie sein werde, dass sie sich die ganze Zeit verändere. Doch ist dies wirklich Alma, die da spricht? Es ist vielleicht auch Elisabet, die im Traum mit Almas Stimme spricht, denn Elisabet ist die Schauspielerin, die „tusen masker" trägt und sich ständig verändert. Bergmans Arbeitsnotizen zu *Persona* zufolge erlebt Alma

> med fragmentarisk skärpa den andras själtillstånd ända in i det absurda. Hon möter fru Vogler som nu är Alma och som talar med hennes röst. Och de sitter mitt emot varandra och de talar till varandra med tonfall och gester, de plågar, skändar och pinar varandra, de skrattar och leker. Det är en *spegelscen*.[236]

Alma spricht nun zusammenhanglose Sätze; mit dem Verlust der Identität geht der Verlust der Sprache einher. Zwanghaft versucht Alma zwischen „wir" und „ich" zu unterscheiden – „oss, vi, jag".[237] In einer Abwehrbewegung schlägt sie ihre Hände als Repräsentanten ihres Ichs viele Male heftig auf den Tisch. Bei dieser Handlung sind nur die Hände zu sehen, was mit dem Paar der Kinderhände im Prolog und mit dem früheren Anblick von Almas Händen korrespondiert, die sie während ihres Gesprächs mit der Ärztin hinter ihrer Schwesterntracht verschränkt hält. Außerdem kehrt diese Abwehrhandlung Almas und Elisabets frühere Vergleiche von Händen und Gesichtern um.

Die phantasmatische Abwehrsequenz geht in eine weitere über, in der Alma Elisabet Blut aus einer Wunde trinken lässt, die sie selbst auf ihrem Arm aufgekratzt hat. Ist dies als Rückbezug auf die Traumbilder des Prologs zu lesen, auf das Opferlamm, die Hand des Gekreuzigten und die unheimliche Vogelspinne, zu denen sich Alma und Elisabet jeweils in Beziehung setzen lassen? Repräsentiert die Hand, durch die ein Nagel getrieben wird, Alma als Kreuzigungsopfer, dessen vampirischer Inkubus in Gestalt von Elisabet in einem ex-

---

[234] Hilde Staels, „You Can't Do Without Your Shadow" (Interview), in: dies., *Margaret Atwood's Novels. A Study of Narrative Discourse* (Tübingen/Basel 1995), S. 208.
[235] Ebd.
[236] I. Bergman, „Drömmar Drömmare", a.a.O., S. 60f.
[237] Diese Sequenz ist nicht im Drehbuch enthalten.

orzistischen Akt gepfählt und ausgetrieben wird? Greift Bergman hier auf die Subversivität des Vampirmythos zurück, die Rosemary Jackson als „consequent recourse to magic and mechanical religious rites" beschrieben hat, „the stake through the heart, the crucifix to fix and defeat desire": „The sadistic piercing of the vampire with the stake re-asserts the rule of the father, re-enacting the original act of symbolic castration visited upon the subject for desiring union with the mother".[238] Als vampirische Spinne ist Elisabet hier sowohl ein Phantasma des Mütterlichen als auch des Infantilen. In der Psychoanalyse gilt die Spinne einerseits als Symbol der verschlingenden phallischen Mutter, andererseits gehört sie wie Dracula, die phallische Vaterfigur, die mit Ratten und parasitischem Nebel auftritt, auch zu den kleinen Tieren, deren Unheimlichkeit darin besteht, „dass sie selbst in den eigenen Körper eindringen können":

> Übrigens sind die ganz kleinen Tiere wie Insekten usw. von der Psychoanalyse schon längst als symbolische Darstellung von Kindern bzw. Embryonen aufgefasst worden; wohl nicht nur wegen ihrer Vermehrungsfähigkeit (Fruchtbarkeitssymbol). Zum Penis-‚Symbol' oder besser gesagt Penis-Ideal werden sie aber eben nur durch ihre Fähigkeit des restlosen Eindringenkönnens, wobei ihre wesentliche Eigenschaft, die besondere Kleinheit, die sogar zu ihrer Deutung als Spermatozoen oder weiblichen Eiern geführt hat, direkt auf den Mutterleib als ihren Aufenthaltsort hinweist. So ist das (große) Tier zuerst lust-, dann angstbesetztes Muttersymbol ... um schließlich auf dem Umweg der sexuellen Tierbeobachtung und der kleinen Tiere, die Fötus wie Penis symbolisieren, wieder mit maternaler Libido besetzt werden.[239]

Das Bild der Spinne als kleinem vampirischen Tier, das wahnhafte Visionen verursachen und „in den eigenen Körper eindringen" kann, taucht auch in Hanns Heinz Ewers' Kurzgeschichte „Die Spinne" (1908) auf, in der ein Student möglicherweise als Opfer wahnhafter Träume von einer geheimnisvollen spinnenhaften Frau manipuliert und in den Suizid getrieben und am Ende der Geschichte erhängt, mit einer Spinne zwischen den Zähnen, aufgefunden wird. Ist die Person, die in *Persona* den Kopf der anderen auf ihren Arm drückt, Alma oder Elisabet? Im Drehbuch trägt Elisabet an dieser Stelle Almas Uniform, was die imaginäre Verschmelzung von Almas Identität mit der Elisabets und Almas Irrewerden am eigenen Ich noch stärker zum Ausdruck bringt. Der Vorgang hat eine Parallele in Stokers *Dracula*: der Vampir drückt das Gesicht seines Opfers Mina Harker auf seine Brust und zwingt es, aus einer Wunde zu trinken, wodurch es selbst zum Vampir wird:

> ... his right hand gripped her by the back of the neck, forcing her face down on his bosom ... The attitude of the two had a terrible resemblance to a child forcing a kitten's nose into a saucer of milk to compel it to drink.[240]

---

[238] Jackson, a.a.O., S. 121.
[239] Otto Rank, *Das Traum der Geburt*, a.a.O., S. 17f.
[240] Bram Stoker, *Dracula*, a.a.O., Chapter XXI, S. 247.

Bereits vor diesem Ritus wird Draculas Opfer immer blasser und blutleerer, wie Alma, die ihre Energie an Elisabet verliert und im Traum zu dem schlafwandelnden Phantom mutiert, das sie auch im wirklichen Leben ist. Impliziert der Vorgang einerseits die vampirische Heimsuchung Almas durch Elisabets nihilistische Sicht der Dinge, so lässt er sich in Umkehrung dieser Interpretation zugleich auch als exorzistischer Akt lesen, durch den Alma ihren Dämon, der sich laut Drehbuch mit herausgestreckter Zunge und „med ett uttryck av hånfull grymhet" (*Persona*, S. 40) wehrt, los zu werden sucht.[241] Im Drehbuch „spänner Alma ut kinderna likt ett barn, som blåser luft i en ballong och låter sedan luften sippra ut mellan läpparna med ett svagt puttrande ljud" (S. 40). Dieses Motiv ähnelt stark der Zwangsneurose von Sigmund Freuds Wolfsmann, der „die bösen Geister, von denen er gehört und gelesen hatte, ausatmen" muss.[242]

Wie in den Gewaltphantasien, die Alma in ihrem Traummonolog Elisabet zuschreibt, schlägt Alma nun dieses unerwünschte, ungeborene, monströse Kind, von dem sie sich befreien will und das sie gleichzeitig selbst ist, „the foetus as an agent of retaliation, a mirror of her own infantile negativity"[243] – „jag vill slå honom, for att han inte lämnar mig ifred" (*Persona*, S. 43).[244] Verstrickt in das, was Claire Kahane als ‚Netzwerk aus Ängsten und Wünschen, Wut und Liebe gegenüber der Mutter' bezeichnet hat,[245] ist sie selbst sowohl die Mutter, die ihr Kind schlägt als auch das Kind, das wie Elektra seine verhasste Mutter vernichten will. Auch diese Gewaltphantasie erinnert an die infantilen

---

[241] Frank Gado interpretiert die Szene dahingehend, dass Alma Elisabet durch ihre Geste zwingt, ‚den Inkubus wieder in Besitz zu nehmen, der in Alma eingedrungen ist' (Gado, *The Passion of Ingmar Bergman*, Durham 1986, S. 337). James C. Manley untersucht das Motiv des Verschlingens und Verschlungenwerdens im Rückgriff auf Theorien zur oralen Phase des Kindes, das zwischen Auflösungs- und Separationstrieb hin und her wechselt und dessen Doppel-Position abwechselnd von Alma und Elisabet sowie von Künstler und Publikum eingenommen wird (in: ders., „Artist and Audience, Vampire and Victim: The Oral Matrix of Imagery in Bergman's *Persona*", in: *Psychocultural Review* 3, Nr. 2 (1979), bes. S. 129ff.
Die hysterische Angst vor dem schwarzen Nichts der verschlingenden Spinne taucht auch in der Figur der schizophrenen Karin in *Såsom ett spegel* auf. Hier ist Karins Vater David der vampirische Künstler, der die psychische Desintegration seiner Tochter voyeuristisch verfolgt.
[242] S. Freud, „Aus der Geschichte einer infantilen Neurose", in: ders., *Zwei Krankengeschichten*, S. 191.
[243] Vgl. Claire Kahanes Lesart von Dracula, dem Vampir, als Fötus, „draining its mother's vital fluids" („Gothic Mirrors", a.a.O., S. 57, n19).
[244] Almas Phantasie erinnert an Sigmund Freuds Aufsatz „Ein Kind wird geschlagen" (1919) über die gleichnamige verbreitete Phantasie, in der das Subjekt mehrere Positionen einnehmen kann.
[245] Kahane, „Gothic Mirrors", a.a.O., S. 57f.

Abwehrmechanismen, mit denen das Kind sich Melanie Klein zufolge gegen „Angriffe und Beschädigungen verschiedener Art durch einen unentrinnbaren Feind im Leibesinnern"[246] zur Wehr setzt.

Der infantile Vampir als alter ego tritt auch in Bergmans *Vargtimmen* auf. Hier wird der schizophrene Johan auf den Felsen von einem unbekannten Jungen ins Bein gebissen. Er kämpft mit diesem Dämon und Doppelgänger und wirft ihn schließlich ins Wasser, wo er langsam versinkt – wie Johans Ich, das sich im Wahn auflöst. Dass Johans Frau, die ebenfalls Alma heißt, schwanger ist,[247] verstärkt das unheimliche Moment. In dem Maße, in dem ihr Kind wächst, schwindet der gespaltene Narziss Johan.

Almas Prozess der Ablösung von Elisabet spiegelt die Problematik des ödipalen Subjekts in der klassischen Schauerphantastik wider, die zentrale „Angst vor dem Nichts und vor der *non-separation*, d.h. der nicht erfolgten Ablösung und Trennung".[248] Die ‚Abnabelung' von ihrem Identifikationsobjekt und vermeintlichen Ideal-Ich repräsentiert eine Art unheimliches ‚Zwischenstadium', wie Jerrold Hogle es im Rückgriff auf das Konzept des „in-between" in Julia Kristevas Studie *Powers of Horror* definiert:

> all that is 'in-between ...ambiguous ... composite' in our beings, the fundamental inconsistencies that prevent us from declaring a coherent and independent identity to ourselves and others. The most primordial version of this 'in-between' is the multiplicity we viscerally remember from the moment of birth, at which we were both inside and outside of the mother and thus both alive and not yet in existence (in that sense dead).[249]

Almas Zwischenstadium kommt durch die Verdoppelungs-Szenen in *Persona* zum Ausdruck, in denen die Köpfe der beiden Frauen sich auf einem angeschwollenen, schwangeren Körper zu befinden scheinen. Das Motiv der Seelenschwangerschaft und des Rollentausches zwischen Mutter und Kind bzw. Pflegerin und Patientin in *Persona* hat eine Parallele in *Höstsonaten*, wo die Künstlerin und Mutter, die nicht Mutter sein will, zum Kind wird und die Tochter zur Mutter. Bergman hatte sich die Auseinandersetzung hier folgendermaßen vorgestellt: „*Dottern föder till slut fram modern. Så förenas de under några korta ögonblick av total symbios*".[250] Man kann diese Idee an *Persona*

---

[246] Melanie Klein, *Die Psychoanalyse des Kindes*, a.a.O., S. 154.

[247] Dass eine Alma-Figur hier von Liv Ullmann gespielt wird, die in *Persona* Elisabet verkörpert, intensiviert das unheimliche Motiv von Ich-Verdopplung, mit dem Bergman filmübergreifend spielt (Ullmann, die Alma in *Vargtimmen* verkörpert, war zu diesem Zeitpunkt selbst mit ihrer Tochter schwanger, die aus ihrer Beziehung zu Bergman hervorging).

[248] Norman N. Holland/Leona F. Sherman, „Schauerromantische Möglichkeiten", S. 79.

[249] Jerrold E. Hogle, „Introduction: the Gothic in western culture", in: ders. (Hrsg.), *The Cambridge Companion to Gothic Literature* (Cambridge 2002), S. 7.

[250] Bergman, „Drömmar Drömmare", a.a.O., S. 328.

nachvollziehen. Almas phantasmatischer Versuch, sich von der schweigenden Elisabet abzunabeln und ihr damit verbundener Sprachverlust folgen dem Muster des Ödipus-Mythos, dessen Protagonist auf antiken Darstellungen aus dem monströsen Unterleib „herauswächst, ohne sich endgültig davon lösen zu können".[251] Die rätselhafte Elisabet ähnelt nicht nur väterlichen Monstern wie Dracula und Mephisto. Sie ähnelt auch der Sphinx, der Würgerin, die, so Camille Paglia, Worte schon im Mutterleib ‚erstickt': „Ihr menschenverschlingender Charakter stellt sie unmittelbar neben die infantilen Angsttiere".[252] Elisabets menschenverachtendes monströses Schweigen wird zum Grab menschlicher Kommunikation, was Bergman auch in *Tystnaden* thematisiert hat.[253]

11. Katharsis: „Ingenting", war alles nur ein Traum?

Auf Almas Gewalt-Phantasie folgt eine abschließende Traumsequenz, in der sie wieder Elisabets Krankenzimmer betritt. Sie nimmt ihre matte, wie sterbend und mit geschlossenen Augen daliegende Patientin in die Arme und bringt sie dazu, ihr wie eine rituelle Beschwörungsformel das Wort „ingenting", „nichts", nachzusprechen. Wie bei den Traumbildern von Park, Bäumen und Mauer im Prolog sind Kirchenglocken zu hören. Löst sich der ganze Albtraum in „Nichts" auf? Auch in Henrik Ibsens *Peer Gynt* und H.C. Andersen *Snedronningen* werden albtraumhafter Troll-Spuk und Irrfahrt durch Kirchenglocken aufgelöst und beendet. Der Szene in *Persona* scheint eine Art Katharsis-Funktion zuzukommen. War alles nur „ingenting", nur ein therapeutischer Traum? Hat die Geschichte das Krankenzimmer nie verlassen?

Almas gespenstergleiche Vision der Spiegelszene ist kurz zu sehen, in der Elisabet beider Ähnlichkeit offenbart, indem sie Alma die Haare aus der Stirn streicht. Verlässt der unheimliche Gast/Geist die Seele, die er heimgesucht hat?

Alma erwacht aus ihrem langen Traum und beobachtet Elisabet durch einen Türspalt beim Kofferpacken. Sie selbst räumt später allein Kissen und Möbel ins Sommerhaus und schaut dann, während sie ihren Hut aufsetzt, in den Spiegel, wo sie noch einmal im Geiste die Spiegelszene erblickt. Diese dritte Vision wirkt wie ein Abschied, wie ein Wiederauftauchen. Sie ist zugleich auch eine unheimliche Erinnerung daran, dass wir unseren monströsen Doppelgän-

---

[251] Rank, *Das Trauma der Geburt*, a.a.O., S. 139.
[252] Ders., S. 138.
[253] Vgl. hier auch John Simon zu Elisabet als ambivalenter Figur: „Elisabet is an equivocal figure: There is good but also considerable falseness in her", so Simon, „her silence is evil – just as in Bergman's *The Silence*, non-communication ... is always bad", in: John Simon, „Bergman Redivivus" [*The New Leader*, May 8, 1967], in: Lloyd Michaels, *Ingmar Bergman's Persona*, a.a.O. S. 173.

ger immer mit uns herumtragen: „The dragon lady in the mirror still remains, waiting to be acknowledged".[254]

Die beiden Frauen nehmen keinen Abschied voneinander. Alma verlässt allein das Haus. Elisabet ist nicht zu sehen, sondern nur das starre Gesicht der hölzernen Galionsfigur in Großaufnahme und eine blitzschnelle Einblendung von Elisabets Gesicht, wie zu Beginn der Geschichte geschminkt und verkleidet als Elektra. Sind dies die Masken der Mütter, Monster und Mörderinnen, die Alma ‚wie in einem dunklen Spiegel' in sich selbst erkannt hat? Die hölzerne Figur wirkt wie eine erstarrte, leere Puppenhülle,[255] die Alma und Elisabet nach narzisstischer Regression und Metamorphose zurücklassen. Eine solche Assoziation korrespondiert mit Salvador Dalís Werk *La Métamorphose de Narcisse*, das Peter Gorsen als „ästhetische Analogie" zu Lacans theoretischem Konzept des Spiegelstadiums liest:

> Im Mittelpunkt der Metamorphose steht die schwindende Identität des Narziss, sein Identitätsverlust und die Wiedergewinnung einer neuen Identität im Selbst des Anderen. ‚Der Körper des Narziss wird leer und verliert sich im Abgrund seines Spiegelbildes wie eine Sanduhr, die man nicht umdreht. Narziss, du verlierst deinen Körper ..., deinen vom Tode gezeichneten Körper' ... 'Wenn man die hypnotisch reglose Gestalt des Narziss eine Zeitlang aus einiger Distanz und mit einer gewissen ‚zerstreuten Starrheit' (fixité distraite) betrachtet, verschwindet sie immer mehr und wird schließlich völlig unsichtbar'.[256]

Genau dies passiert in *Persona* mit Alma (auch mit Elisabet?) – ihre Identität verschwindet.

Weiter heißt es bei Gorsen, der Dalí zitiert:

> Genau in diesem Augenblick findet die Metamorphose des Mythos statt, denn die Darstellung des Narziss verwandelt sich plötzlich in die Darstellung einer Hand, die aus ihrem eigenen Spiegelbild auftaucht. Diese Hand hält auf den Fingerspitzen ein Ei, einen Samen, eine Zwiebel, aus welcher der neue Narziss geboren wird – die Blume. Daneben erkennt man die Gipsskulptur der Hand, der versteinerten Hand des Wassers, die die erblühte Blume hält'. Narziss, die alte Ich-Identität scheint abgestorben.[257]

Gorsen sieht den „Auflösungsprozess des Narziss in eine anonyme Hand, die ein Ei hält" als „umkehrbar", was „die Wahrnehmung des aus Tod und Anonymität in seine personale Identität zurückgekehrten Narziss" erlaubt. Gorsen

---

[254] Claire Kahane, „Gothic mirrors", a.a.O., S. 53.
[255] Die phallische Form der starren Figur lässt sich auch mit dem wie versteinert wirkenden Penis des surrealen Traumprologs assoziieren sowie mit der ‚versteinert' in den Felsen sitzenden Alma.
[256] Peter Gorsen, „Der ‚kritische Paranoiker'", in: Dalí, *Unabhängigkeitserklärung der Phantasie und Erklärung der Rechte des Menschen auf seine Verrücktheit*, hrsg. von A. Matthes und T.D. Stegmann (München 1974), S. 458.
[257] Ebd.

sieht für einen Vergleich mit Lacan hier nicht so sehr die „Regression der Ich-Identität und des Individuationsprinzips in ein intrauterines Geburtsstadium" an, sondern den „Wechsel von Ich-Identität und Ich-Auflösung – der Prozess der narzisstischen Selbstidentifikation zwischen Ich-zerstörenden und Ich-restituierenden Kräften".[258] Interessant ist hier auch die Dalí-Interpretation Georges Batailles, auf die Gorsen ebenfalls hinweist, die Dalí selbst jedoch ablehnte. Batailles Feststellung eines Minderwertigkeitskomplexes bei Dalí interessiert hier weniger, sondern vielmehr dessen Hinweis auf die Parallele der Zerstückelungs- und Kastrationsangst zwischen Dalís Gemälde *Le jeu lugubre* (1929) sowie Dalís und Buñuels Film *Der andalusische Hund* (*Un chien andalou*, 1929) und *La Métamorphose de Narcisse*:

> Hier die doppelte, zwischen Individuation und Anonymität springende Gestalt des Narziss, dort zerrissene Körper, zerschnittene Gesichter, abgeschnittene Gliedmaßen und Köpfe, die Angst vor dem (geschlechtlichen) Identitätsverlust symbolisieren. Die Zerstückelungsangst erscheint nach psychoanalytischer Einsicht immer dann, wenn die narzisstische Identifizierung verloren zu gehen scheint.[259]

Das Motiv der versteinerten Hand und Finger, die die ganze Gestalt des Narziss repräsentieren, korrespondiert mit den Zerstückelungsphantasien der optisch abgetrennten Hände und Finger, die in *Persona* als infantile Phantasmen und Repräsentanten des Ich auftauchen. Die schweigende hölzerne Galionsfigur ist so polyvalent wie die anderen Elemente des Films. Sie ist sowohl als Äquivalent stummer Märtyrerstatuen in Kirchen als auch als puppenhafte Maske narzisstischen Schweigens lesbar, als die Rolle, die Elisabet spielt, wie die Ärztin zu Beginn sagt, „tills du finner den ointressant, färdigspelad och kan lämna den liksom du undan för undan lämnar dina andra roller" (*Persona*, S. 16). Die Holzfigur ist zudem auch assoziierbar mit Almas heimgesuchter Seele und leerer Schmetterlingspuppenhülle, aus der Elisabets nihilistisches Gedankengut ausgeschwärmt ist wie die Hautflüglerbrut des psychisch stärkeren Ich-Erzählers in Strindbergs „Hjärnornas Kamp".

Im Drehbuch lässt Bergman die Psychiaterin abschließend noch einmal zu Wort kommen. Als selbstironisches und selbstreflexives Sprachrohr des Künstlers, Filmemachers und Experimenteurs identifiziert sie voller Selbstzufriedenheit etwas ‚Infantiles' im Schweigen der Schauspielerin und ist im Anschluss „mycket nöjd med det hon sagt":

> Tystnaden var en roll som alla andra. Efter en tid behövde hon den inte längre och så lämnade hon den. Det är naturligtvis svårt att analysera de innersta motiven. Hos ett så pass komplicerat själsliv som fru Voglers. Men jag håller gärna en slant på en starkt utvecklad infantilitet ... Personligen tror jag, att man måste vara rejält infantil för att orka vara konstnär i en tid som vår (*Persona*, S. 45).

---

[258] Ders., S. 459.
[259] Ebd.

Und was ist mit Alma? Ihr Bestreben, Elisabet aus totenähnlicher narzisstischer Regression zu befreien, hat dieselbe Funktion wie die Figur des Prinzen im Märchen, der seine Seele, seine *anima* in der Gestalt der verzauberten Prinzessin aus Scheintod und Erstarrung zu erlösen sucht:

> ... man nimmt die Prinzessin unwillkürlich zugleich als ein Bild für die menschliche Seele: Die Erzählung schildert Begabung, Bedrohung, Lähmung und Erlösung nicht nur irgendeines Mädchens, sondern des Menschen überhaupt. Die Seele des Menschen verfällt immer wieder der Verkrampfung, der Lähmung, und immer wieder kann sie, wenn es gut geht, neu belebt werden. Wenn es gut geht! Abnormes Verharren im Zustande der Lähmung, Unfähigkeit, den Lebensquell in sich selbst und den Kontakt mit der Umwelt neu zu finden, das kommt freilich auch vor. Aber das Märchen zeichnet nicht den abnormen Fall, sondern die natürliche Entwicklung, und es erfüllt die, die es aufnehmen, mit dem Vertrauen, dass nach dem Todesschlaf ein neues, stärkeres Leben, nach der Vereinsamung eine neue Form des Kontaktes, der Gemeinschaft erstehen werde.[260]

Alma und Elisabet repräsentieren wie die naiven und monströsen Figuren und deren Helfer und Opponenten im Märchen verschiedene Teile eines archetypischen Selbst.

Almas Wiederauftauchen aus wahnhaften Träumen und rituellem Tod lässt sich in Analogie zu Northrop Fryes Definition der Struktur der Romanze als „passage from struggle through a point of ritual death to a recognition scene"[261] lesen. Bildsprache und Symbolik in *Persona*, die Regression und Vampirismus/Kannibalismus suggerieren, weisen Analogien zur Praxis archaischer Initiationsriten auf. Die Erinnerung an diese hat sich auch im europäischen Volksmärchen erhalten. Mircea Eliade hat darauf hingewiesen, dass der symbolische „Tod des Neophyten" einen „regressus ad uterum", „eine Rückkehr in den embryonalen Zustand" bedeutet; die Behausungen der Hexen im dunklen Wald des Volksmärchens entsprechen den Initiationshütten:

> Hütte, Wald, Finsternis ... bringen das immer wiederkehrende Psychodrama eines plötzlichen Todes, auf den eine Wiedergeburt folgt, zum Ausdruck. Der Busch symbolisiert zugleich die Hölle und die kosmische Nacht, also den Tod und die noch unausgeprägten Möglichkeiten; die Hütte ist sowohl der Bauch des verschlingenden Ungeheuers, worin der Neophyt zermalmt und verdaut, als auch ein ernährender Schoß, wo er von neuem erzeugt wird. Die Symbole des Initiationstodes und der Wiedergeburt ergänzen sich.[262]

Das einsame Haus am Meer, in dem Alma von infantilen Phantasmen heimgesucht wird, entspricht dem Paradigma der Initiationshütte. Elisabet ist als

---

[260] Max Lüthi (1962), *Es war einmal ... Vom Wesen des Volksmärchens* (Göttingen 1998), S. 14.
[261] Frye, a.a.O., S. 187.
[262] Mircea Eliade (1958), *Das Mysterium der Wiedergeburt. Initiationsriten, ihre kulturelle und religiöse Bedeutung* (Zürich/Stuttgart 1961), S. 69.

alter ego und Doppelgängerin Almas den Stiefmüttern und Hexen im Märchen vergleichbar, die Josephine Bilz „als Ferment der Wandlung im Reifungsprozess von einer Lebensstufe zur anderen" gesehen hat.[263] Hierin, so Bilz, liegt ihr „Dienst am Subjekt, das seine bisherige Existenzform aufgeben muss":

> Das Kind benötigt für seinen Reifungsprozess von Seiten der austreibenden und verschlingenden Mächte im Grunde nicht mehr und nicht weniger, als dass es aus seiner kindlichen Welt und von seinem kindlichen Sein weggeholt und ausgemerzt wird ... Den Nabelschnurschnitt erleidet das Subjekt von fremder Hand. So stehen Stiefmütter und Hexen als Personifikationen der ablösenden und fortreißenden Kräfte des Werdens an den Wendepunkten der Entwicklung. Sie sind berufen, Haltefäden schmerzhaft zu durchtrennen.[264]

Bilz spricht vom Phänomen der ‚Austreibung' im Märchen, mit der dem Subjekt „Gewalt angetan wird, damit es auf seinem Lebensweg ‚weiterkommt'". Diese ‚Austreibung' erscheint in *Persona* in den Szenen, in denen Alma wie bei einem Geburtsvorgang ihr monströses Freakgesicht austreibt. Die phantasmatischen Vorgänge zwischen Alma und Elisabet entsprechen nicht nur dem allgemeineren Vorgang der Projektion, bei dem ein Objekt zum Projektionsträger von verdrängten Komplexen und Phantasien wird, sondern auch dem therapeutischen Vorgang der Übertragung zwischen Psychoanalytiker und Analysand. Otto Rank hat auf die „Wiedergeburtsphantasien" des Patienten hingewiesen, die im Übertragungsprozess als Heilungsvorgang in der Endphase der Analyse auftreten und sich zum Geburtstrauma in Beziehung setzen lassen:

> Die ‚Wiedergeburtsphantasie' des Patienten erwies sich einfach als Wiederholung seiner Geburt in der Analyse, wobei die Lösung vom Libidoobjekt des Analytikers einer genauen Reproduktion der ersten Lösung vom ersten Libidoobjekt, des Neugeborenen von der Mutter, zu entsprechen schien. ... Die Analyse erweist sich so letzten Endes als nachträgliche Erledigung des unvollkommen bewältigten Geburtstraumas.[265]

Der Therapeut und Analytiker, dessen Funktion in Almas Fall Elisabet übernimmt, wird also zur Mutterersatzfigur und zum Geburtshelfer des Analysanden, der sich selbst in „Träumen und sonstigen Reaktionen in die Situation des Ungeborenen zurückversetzt" und den Therapeuten „mit der Mutter identifiziert".[266]

Mircea Eliade hat auf die verschiedenen Wege hingewiesen, die „für den symbolisch zum Samen oder Embryo gewordenen Neophyten" bestehen, der unter anderem „sein Dasein mit der unangetasteten Summe seiner Möglich-

---

[263] Josephine Bilz (1958), „Märchengeschehen und Reifungsvorgänge unter tiefenpsychologischem Gesichtspunkt", a.a.O., S. 384.
[264] Dies., S. 385.
[265] Rank, *Das Trauma der Geburt*, a.a.O., S. 8f.
[266] Ders., S. 10.

keiten von neuem beginnen" [kann].²⁶⁷ Bei aller Albtraumhaftigkeit und Fatalität lässt *Persona* auch diese positive Lesart zu.

Eine positive Lesart vertritt auch Hubert Cohen, der in diesem Zusammenhang die Galionsfigur, die den Wellen trotzt, als Zeichen von ‚Stärke' und ‚Hoffnung' interpretiert,²⁶⁸ während Daniel Shaw Almas Untergang als Folge von Elisabets Parasitismus voraussehen will: „The impact on Alma will most certainly be disastrous, perhaps to the point of causing her to commit suicide".²⁶⁹

Alma steigt am Ende der Geschichte in den Bus und fährt weg – einer neuen Zukunft entgegen? –, während Elisabet in die Trugwelt des Films zurückgekehrt ist, wie die rasche Einblendung von Dreharbeiten und einer auf dem Kopf stehenden kleinen Filmaufnahme von Elisabet als verführerischer Femme fatale offenbart. Sie ist ein Phantasma des Feminien wie Andersens Schneekönigin. Sie lächelt spöttisch und lasziv angesichts der zu Gespenstern degradierten unsichtbaren Zuschauer, der Träumer und Schlafwandler, all der Ödipus- und Narziss-Gestalten dieser Welt. Eingeblendet vor dem Hintergrund des steinigen Strandes erinnert diese Filmaufnahme an Leonardo da Vincis rätselhaft lächelnde Mona Lisa vor Felslandschaft und deren Beschreibung durch Walter Pater:

> Sie ist viel älter als die Felsen rings um sie her; gleich dem Vampir hat sie schon viele Male sterben müssen und kennt die Geheimnisse des Grabes.²⁷⁰

Der Film endet mit dem Bild des Träumers, dessen Hand nicht das überlebensgroße Gesicht auf der Leinwand vor sich berühren kann, mit dem Anblick der Filmrolle im Projektor, der zum Stehen kommt, und dem erlöschenden Licht der Karbidlampen. Ist dies doch noch der Trost der Metafiktion, wie er auch in August Strindbergs Prolog zu *Ett Drömspel* formuliert ist?

> Sömnen, befriaren, uppträder ofta pinsam, men när plågan är som stramast, infinner sig uppvaknandet och försonar den lidande med verkligheten, som huru kvalfull den än kan vara, dock i detta ögonblick är en njutning, jämförd med den plågsamma drömmen.

Kann der Zuschauer wie Alma aus einem Traum erwachen, die Maske(n) des Films wieder ablegen und zu seinen eigenen Rollen und Masken in die ‚Wirk-

---

²⁶⁷ Eliade, a.a.O., S. 100.
²⁶⁸ Cohen, a.a.O., S. 248: „Alma, too, partakes of its strength. It may also represent hope".
²⁶⁹ Daniel C. Shaw, „Woman as Vampire. Ingmar Bergman's *Persona*" (*Kinoeye. New Perspectives on European Film*, Vol 2, Issue 15, 7 Oct 2002, unter: http://www.kinoeye.org/02/15/shaw15.php).
²⁷⁰ Walter Pater, *Die Renaissance. Studien in Kunst und Poesie* (Jena 1910), S. 159. Elisabets Lächeln ähnelt hier wieder dem teuflisch-triumphierenden Grinsen von Dracula im Sarg – wie in der gewalttätigen Episode, in deren Verlauf Alma Elisabet als „jävla" bezeichnet.

lichkeit' zurückkehren, während der Film mit seinen Gespenstern wieder sicher in seiner Schachtel verstaut wird, wie es im Drehbuch heißt: „filmen laddas ur och stoppas ner i sin bruna ask" (*Persona*, S. 46)? Oder bleiben wir, die Träumer, mit umso *leereren Händen* zurück, welche vergeblich nach dem Ersatzobjekt der ‚Persona' als Fata Morgana des Ich greifen, nach dem imaginären Signifikanten, der genauso gespenstisch und leer ist, von Abwesenheit und Schweigen gekennzeichnet wie die symbolischen Signifikanten der Sprache, die Elisabet zusammen mit ihren Rollen und Masken zeitweise beseite legt?

Lässt sich die Struktur von *Persona* einerseits der Romanze zuschreiben, so bewirkt die Zirkularität dieses Films andererseits zugleich auch die Inversion dieser Gattung, indem sein Ende wieder in dasselbe Dunkel und Zwielicht zurückmündet, mit dem er beginnt:

> Gothic inverts romance structures: the quest, for example, is twisted into a circular journey to nowhere, ending in the same darkness with which it opened, remaining unenlightened.[271]

Unentscheidbar bleibt, welches der Phantasmen in *Persona* das unheimlichste ist: Der Film als Ganzes, als Allegorie für die Phantastik und (Alb)Traumhaftigkeit der menschlichen Existenz, für den Traumcharakter des Daseins? Die Vorstellung vom Filmemacher als Seelenpathologe, der wie die Experimenteure im Labor Seelen seziert, groteske Mischwesen erschafft und die psychische Desintegration seiner Figuren beobachtet?[272] Die obsessive Vorstellung von den gespenstischen ‚großen Kinderaugen' und den imaginären infantilen Doppelgängern, die im Labyrinth der Träume und Gehirnwindungen herumspuken? Die pornographischen Exzesse und die in Einzelteile zerfallenden Leiber? Die mörderischen Träume monströser Mütter? Oder die Krankenschwester als Repräsentantin des Durchschnittsmenschen, die hinter ihrer Persona des Gutmenschen und Opferlamms den Wolf im Schafspelz entdeckt, *homo homini lupus*?

---

[271] Jackson, *Fantasy*, a.a.O., S. 101.
[272] Interessant ist in diesem Zusammenhang eine Aussage Bibi Anderssons zu ihrem Eindruck nach der ersten Lektüre des Drehbuchs von *Persona*, zur Rolle der Alma und zu ihren Versuchen, anhand ihrer Rollen in Bergmans Filmen herauszufinden, „what side of me he was trying to use now. ... When I read *Persona*, I wasn't flattered. I didn't understand why I had to play this sort of insecure, weak personality when I was struggling so hard to be sure of myself and to cover up my insecurities. I realized that he was totally aware of my personality ... Sometimes I think artists instinctively are very good psychiatrists", Bibi Andersson, „Bergman on Stage and Screen: Excerpts from a Seminar with Bibi Andersson", in: Paul Duncan/Bengt Wanselius (Hrsg.), *The Ingmar Bergman Archives* (Köln 2008), S. 346 (urspr. Bibi Andersson, „Dialogue on film", *American Film Institute* 2, Nr. 5 (March 1977).

KAPITEL V
Surreale Verdinglichungen und maritime Metamorphosen: Dorrit Willumsens Modellen Coppelia und andere Verpuppungen

> Full fathom five thy father lies;
> Of his bones are coral made;
> Those are pearls that were his eyes:
> Nothing of him that doth fade,
> But doth suffer a sea-change
> Into something rich and strange.
> William Shakespeare, *The Tempest*

1. Der nekrophile und monozerebrale Pychotiker und Autist
Die stille ‚Harmonie der Dinge': „Tingene"

Zerstückelungsphantasmen als Zeichen psychischer Desintegration und narzisstischer Regression sind Gegenstand mehrerer Erzählungen der dänischen Autorin Dorrit Willumsen. Der Schauercharakter ihrer Texte ist eher grotesk-komisch als unheimlich im Angst erzeugenden Sinne. Ihre Erzählungen enthalten surrealistische Elemente, die Ausdruck psychotischer Regressionszustände sind und zugleich die moderne Konsumgesellschaft karikieren. Letzteres kann zur Kritik der kapitalistischen Warenästhetik der 1960er und 70er Jahre in Beziehung gesetzt werden.[1] Allegorische Roboter- und Automatenhaftigkeit des modernen Menschen spielt in mehreren von Willumsens Texten eine zentrale Rolle. Die Figuren, die ihre erzählte Welt bevölkern, sind infantil-narzisstische oder rational überdifferenzierte, in letzter Konsequenz ins Infantile regredierende Protagonisten. Sie kranken an der Entfremdung von ihrer Umwelt und nehmen sich selbst, ihre Partner, Kinder oder Eltern nicht als Menschen, sondern entweder als asexuelle oder als rein sexualisierte Objekte, als Puppen oder

---

[1] Vgl. Anne Birgitte Richard zu Willumsens Kulturkritik: „Den danske 60'er-modernisme, som Dorrit Willumsen var en del af, var kulturkritisk vendt mod det moderne forbruger- og massesamfund og dets indflydelse på den enkeltes eksistens.", in: dies., „Livet som ting", in: Elisabeth Møller Jensen (Hrsg.), *Nordisk kvinnolitteraturhistoria. Liv och verk* Bd. 5 (Malmö 2000), S. 124.

niedere Kreaturen der organischen Welt wahr. Besonders die männlichen Charaktere entsprechen dem, was Erich Fromm in seiner *Anatomie der menschlichen Destruktivität* unter der Rubrik „Nekrophilie"[2] als „total entfremdeten, kybernetischen Menschen" mit „schizoiden oder schizophrenen Eigenschaften" bezeichnet hat, dessen „auffälligster Zug" die „Spaltung von Denken-Fühlen-Wollen" sei: „Der kybernetische Mensch ist fast ausschließlich zerebral orientiert. Er ist ein *monozerebraler Mensch*. Seine Einstellung zur gesamten Umwelt – und zu sich selbst – ist intellektuell".[3] Fromm hat den Typ des modernen Industriemenschen, der sich nicht für „Menschen, Natur und lebendige Strukturen" interessiert, sondern auf „mechanische, nichtlebendige Artefakte"[4] fixiert ist, als nekrophil beschrieben. Fromm sieht hier einen engen „Zusammenhang zwischen dem anal-hortenden Charakter und der Nekrophilie", deren Ziel es ist, „alles Lebendige in tote Materie zu verwandeln": *„ihr Feind ist das Leben selbst"*.[5] Der moderne kybernetische Nekrophile interessiert sich nicht mehr für Exkremente oder Leichen, sondern für die Verwandlung alles Lebendigen „in tote Materie", in eine „Summe lebloser Artefakte", und für die „Herstellung von Robotern":

> Die Symbole für den Tod sind jetzt saubere, glänzende Maschinen (...) Strukturen aus Aluminium und Glas (...) Wir kommen notwendigerweise zu dem Schluss, dass die leblose Welt der totalen Technik nur eine andere Form der Welt des Todes und des Verfalls ist.[6]

Die Fixierung auf tote, anorganische Objekte korrespondiert mit Sigmund Freuds Todestrieb-Theorie, der zufolge das Subjekt nach der Ruhe und Reizlosigkeit der anorganischen Existenz zurückstrebt. Erich Fromm hat die Vermutung geäußert,

> dass die Entwicklung: normaler analer Charakter → sadistischer Charakter → nekrophiler Charakter durch einen gesteigerten Narzissmus, durch eine noch größere Unbezogenheit und Destruktivität determiniert ist (wobei in diesem Kontinuum zahllose Abstufungen zwischen beiden Polen vorhanden sind) und dass die Nekrophilie als *die bösartige Form des analen Charakters definiert werden kann*.[7]

Als Charakteristikum des monozerebralen Menschen sieht Fromm „eine spezifische Art des Narzissmus, die das eigene Ich zum Objekt hat" sowie die „Neigung, sich auf routinemäßige, stereotype, unspontane Weise zu verhalten",

---

[2] Erich Fromm, *Anatomie der menschlichen Destruktivität*, a.a.O., „Nekrophilie und die Vergötterung der Technik", S. 310–325.
[3] Ders., S. 319.
[4] Ders., S. 310.
[5] Ders., S. 316.
[6] Ders., S. 318f.
[7] Ders., S. 316.

was sich „in besonders drastischer Form bei vielen schizophrenen und neurotischen Stereotypen" findet. Fromm hat hier „die auffallende Ähnlichkeit" hervorgehoben, die der monozerebrale Mensch mit dem schizophrenen Patienten und mit dem autistischen Kind aufweist. Letzteres weist sich durch die fehlende Unterscheidung zwischen lebender und lebloser Materie aus, durch die Bindung an unbelebte Objekte, die Unfähigkeit zu Beziehungen mit lebenden Personen, einen neurotischen Zwang zur Beobachtung des immer Gleichen und den „intensiven Wunsch, in Ruhe gelassen zu werden".[8]

Dorrit Willumsens in der Regel namenlose Protagonisten dieser Prägung beziehen ihre Identität aus einer verdinglichten Welt, in deren glänzenden, fetischisierten Objekten sie sich spiegeln, während organische Körperlichkeit Gegenstand des Abscheus ist. Man fühlt sich hier stark an Jean Paul Sartres Roman *Der Ekel* erinnert. So ist es für den Protagonisten in der Geschichte „Tingene" das Schlimmste, „at der boede mennesker oven på ham, neden under ham og på begge hans sider",[9] Menschen, deren Lärm und Körper – „klumper af dirrende hoveder og kroppe, surt lugtende maver, uartikuleret snøften og svedige fødder – ihn ebenso mit „væmmelse", mit ‚Ekel' erfüllen wie das „handlingsflakken" (*Knagen*, S. 51) im Kino. Ganz anders dagegen der ästhetische Genuss, den er aus dem Anblick toter, stummer Gegenstände bezieht, die seinen eigenen autistischen, regressiv-narzisstischen Erstarrungszustand widerspiegeln: „De gode, stumme ting ... Palisanderbordets nøgne flade var sjælfuld og året som en eksotisk kvinderyg. Og kaffekolben var en æterisk boble, så blankpudset, at dens glans var en fuldendt gennemsigtighed" (51). Der Protagonist schwelgt in der Wunschvorstellung eines großen Hauses voller ‚stummer Stuben' („tavse stuer"), darin er selbst wie erstarrt – „froststille" – in einem Geräusch-isolierten Raum, „tingenes harmoni" genießend und mit dem Bewusstsein der Zimmer darum herum „som en klase luftblærer, hvori der sejlede smukke, lydløse ting", unveränderliche Dinge, die nicht von der Natur hervorgebracht worden sind, „ikke af upålidelige årstider", sondern aus der ‚Idee' (*Knagen*, S. 51) geboren sind. Dieses narzisstische Verharren im Reich des Imaginären, welches an eine erstarrte Kaulquappe in einer „klase luftblærer" erinnert, gleicht dem Vakuum der anorganischen oder der vorgeburtlichen Existenz und auch dem Zustand des kleinen Kay, der in H.C. Andersens „Snedronningen" ebenso „froststille" in weiten leeren Sälen vor seinen Eisstücken sitzt. Die obsessive Lektüre eines Buchs über die Französische Revolution, die in ihm den Wunsch nach Zimmern im Revolutionsstil und einer Guillotine erweckt, widerspricht und entspricht zugleich seinem äußerlichen Ordnungssinn und liest

---

[8] Ders., S. 320.
[9] Dorrit Willumsen, „Tingene", in: dies., *Knagen* (København 1965), S. 50. Weitere Seitenangaben im Text.

sich als Indiz für Chaos, versteckten Wahnsinn und Sadismus hinter der Fassade des Rationalisten. Dieser Charakter gehört Erich Fromms Kategorie der kybernetischen Menschen an, „deren Interesse an Artefakten das Interesse für alles Lebendige *verdrängt* hat und die sich auf eine pedantische und unlebendige Weise mit technischen Dingen befassen".[10]

Im Kino genießt er statt des Films die ‚federnde Stofflichkeit' („fjedrende stoflighed") und die ‚hölzerne Festigkeit' („træfasthed", 52) des Kinositzes, den er mit den braunbestrumpften Schenkeln der Frau neben sich verwechselt. In seiner Phantasie bringt er letztere mit dem Schaukelstuhl seiner Kindheit zusammen, was als Zeichen seiner fortgesetzten Infantilität zu sehen ist. Als der Film zu Ende ist, strecken sich die Knie neben ihm in ‚enttäuschender Veränderlichkeit' („i skuffende foranderlighed", 52). Die von ihm betastete Frau folgt ihm nach Hause, „noget massivt – ligesom en klump forvildet mørke" (52), wovor er sich schützt, indem er den Blick auf die kleinen Eissterne auf dem Boden heftet. Obwohl ihm die Frau in ihrem amorphen Wesen lästig ist, scheinbar ohne „en struktur, et skelet, en fasthed, han kunne koncentrere sig om" (55), ‚behält' er sie, da ihre „store fugtige øjne" „stilhed" (53) versprechen: die Stille der vorgeburtlichen Existenz im Mutterschoß. In einem abgelegenen Haus erschafft er sich schließlich ein utopisch-groteskes Universum, in dem er sich in seine eigene private Welt zurückzuziehen sucht. Doch die zwanghafte Ordnung wird von der wimmelnden Unordnung seiner Kinder und anderen ständig eindringenden ‚Ungeziefers' sowie von der vegetativ-gestaltlosen Zudringlichkeit seiner Frau gestört:

> Hun rykkede nærmere og begyndte at vegetere op og ned ad ham (53) ... Hvis der endda så havde været en struktur, et skelet, en fasthed, han kunne koncentrere sig om; men der var kun denne store kurvede masse, han ikke kunne få hold på ... hendes øjne ... flimrede af tvetydighed (55f).

Die Kinder, die nach und nach geboren werden und durch ihr unerwünschtes Wachstum „ethvert præg af tingslighed" (56) verlieren, bringen lüsterne Katzen, Kröten und Frösche ins Haus und zerstören die harmonische Ordnung der Dinge. Kern der grotesken ästhetischen Sammlung des Paranoikers sind die vielen verschiedenfarbigen Aschenbecher mit „den ideelle ruhed i bunden – lerfortroligheden" (54f), deren größter Teil von den kichernden Kindern entwendet und in einen schwarz glänzenden See geworfen wird. Auf dessen Oberfläche treiben sie dahin wie Seerosen, „som 53 løsrevne åkander" (57), denen er ins Wasser hinterherspringt. Ist es zuvor seine Frau gewesen, die mit ‚feuchtem Blick' „ti nøgne, vegeterende fingre" (57) nach ihm ausgestreckt hat wie das Bund Nattern, das er im Garten aus dem Weg räumt, so ist es nun er selbst,

---

[10] Fromm, a.a.O., S. 311.

dessen „ti udspilede fingre" (58) durch das Wasser gleiten. Während er von unten nach der ersehnten Rundung des Aschenbechers greift, nach ‚der ideellen Rauheit auf dem Grund' des ästhetischen Objekts, erreicht er den Grund des Sees, dessen feuchte „sugende stilhed" (58) mit dem Schaukelstuhlschoß seiner Frau und deren „store fugtige øjne, der flød over med stilhed" zu assoziieren ist. Man mag beim Bild der „nøgne, vegeterende fingre" und dem „bundt snoge" (57) auch an die nabelschnurartigen Polypen von H. C. Andersens Meerhexe denken, die ihre Opfer an das feuchte Element fesseln. Ib Johansen assoziiert die feuchten Augen mit „spejlets vandede øjne" (51), die anfangs bei der Morgenrasur ‚mild auf den Bartstoppeln des Protagonisten ruhen', ein erstes Indiz für die regressiven Züge der Hauptfigur,[11] deren narzisstische Selbstbespiegelungen ins Reich des Imaginären und in den primären Urzustand zurückführen. Auf dem Grund des Sees findet er „store, uforanderlige sten med perfekte konturer og nøjagtigt indtegnede årer. – Essensen af dyb, drivende ro" (58) – „die Todesruhe der anorganischen Existenz".[12] Hier wird klar, dass die bunten Aschenbecher ebenso wie der geäderte Palisandertisch, der einem Frauenrücken ähnelt, nichts anderes als ästhetische Ersatzobjekte sind, die Transformation von mütterlicher *Materie*, von etwas Organischem, Vertrautem – *lerfortroligheden* – in etwas Anorganisches, in Miniaturausgaben des uterusartigen Sees. Der Sturz des Paranoikers und Autisten ins feuchte Element hat sein mythologisches Vorbild in Narziss, der bei seinen Selbstbespiegelungen am Wasser ebenfalls in den dionysischen Kreislauf des Mutterschoßes zurückkehrt – wie H. C. Andersens kleiner Kay, dessen Erstarrung sich in Gerdas Tränen auflöst. Die regressive fetischistische Faszination für glänzende, glatte Gegenstände und tote Kunstobjekte, die in Zwangsvorstellungen von Revolution und Guillotine einen zusätzlich gesteigerten nekrophilen Charakter annimmt, und der paranoide Horror vor allem Organischen und Belebten offenbaren den phantasmatischen Charakter des antinomischen Komplexes aus mit Angst, Abscheu und Begehren besetzter *Materie*, die in etwas vermeintlich Anorganisches transformiert wird: geäderter Palisandertisch als ‚exotischer Frauenrücken' / hölzerner Schaukelstuhl-Schoß / feuchte, stille Spiegelaugen / urnenartige Ton-Aschenbecher. Diese Mutterleibsphantasmen spiegeln den psychotischen Zustand des Protagonisten wider. Sie tragen surrealistische Züge und erinnern an das, was Salvador Dalí einst als „die paranoische Inthronisierung des Objektes"[13] bezeichnet hat.

---

[11] Vgl. Ib Johansen, *Sfinksens Forvandlinger. Fantastiske fortællere i dansk litteratur fra B. S. Ingemann til Per Højholt* (Aalborg 1986), S. 188.

[12] S. Ferenczi, *Schriften zur Psychoanalyse II*, a.a.O., S. 372; Johansen (a.a.O., S. 187) sieht hier ebenfalls einen Bezug zu Freuds Todestriebtheorie.

[13] Salvador Dalí, *Unabhängigkeitserklärung*, a.a.O., S. 177.

Ein phantastisches Element sieht Ib Johansen auch in den futuristischen Phantasien der Hauptfigur, die sich „som en anden Faust" ein Zimmer im Science-Fiction-Stil einrichtet und als vermeintlicher Rationalitäts- und Zivilisationsrepräsentant auftritt.[14]

2. Der Wissenschaftler und sein stummes Weichtier „Knagen"

Auch in „Knagen", der Titelgeschichte der Erzählsammlung, sieht der Leser den Gegensatz zwischen vermeintlich rationaler Wissenschaftlichkeit und animalisch-vegetativer Körperlichkeit in der Wahrnehmung eines männlichen Reflektors gespiegelt. Letzterer verfolgt, teils wie ein Voyeur – wenn auch angeblich ohne „perverse tilbøjeligheder" (*Knagen*, S. 125) – durch das Schlüsselloch seines Arbeitszimmers das Gebaren seiner Frau, die für das Wissenschaftler-Subjekt ein kurioses sprachloses, als „den" anstelle von „hun" benanntes Beobachtungsobjekt darstellt, die Augen „brøndagtigt tavse« im Gegensatz zu seinen eigenen „måske på grund af videnskaben, mere metallisk tavse" (124). Ähnlich wie in „Tingene" werden die Augen der Ehefrau mit der Tiefe des Unbewussten, mit Feuchtigkeit, Brunnen, Teich assoziiert. „Den" hängt wie ein Gebrauchsgegenstand oder ein Automat an einem ‚unsichtbaren Haken' („på en usynlig knage", 124), bis der Mann sie zu seinem Vergnügen von Stuhl, Sofa und Tisch ‚pflückt' (126). „Den" ist ähnlich wie die Frau des Protagonisten in „Tingene" einer jener sogenannten „organismer" (125), mit „rent instinktive handlinger" (125f) weniger der Menschenwelt als vielmehr der Tier- und Pflanzenwelt zugehörig. Mit den „mange lige som vegetativt skiftende lag" (126), den Schichten und Schalen um den Leib wie „skallen om en friskkogt reje" (126), den „kløer", „udsvajede stilkelemmer med bleg geléglans" (127), dem „spage fiskegab" (125), „bløde snegldrejninger" und „muslingeblødhed", „til tider fugtig som en søanemone" (127), gehört sie für ihren Betrachter mehr der Welt der Weich- und Meerestiere an, ein „havblomster- og sekretionsduftende bundt" oder der Insektenwelt als ein „insekt, der havde sprængt sin puppe for tidligt" (127). „Den" stellt für seinen heimlichen Beobachter einen Organismus auf einer niederen Entwicklungsstufe dar, etwas „indbydende konturløst", das man „som en let tilgængelig opdækning af blide og salte spiser" verspeisen oder mit „et vågent videnskabeligt blik" ‚magnetisieren' bzw. „med et atletisk og velrettet nålestik" ‚auf dem Bettlaken festnageln' (*Knagen*, S. 127) kann. Diese sadistischen Phantasien entlarven den Wissenschaftler als Typ des oben beschriebenen monozerebralen

---

[14] Vgl. Johansen, a.a.O., S. 188.

nekrophilen Menschen, der laut Erich Fromm „*die bösartige Form des analen Charakters*" repräsentiert. Er ist eine Art ‚phallambuler Blickvampir', der sein Opfer ebenso mit seinem Stachel heimsucht wie mit den „aufspießenden Blickstrahlen des Voyeurs und Spanners, die das Opfer in fetischistische Details und Zonen zerlegen".[15]

Die animalischen Metaphern, mit denen hier der weibliche Körper beschrieben wird, ähneln den surrealistischen Tierkadavern Salvador Dalís, die „dem Nekrophilismus benachbart" sind, darunter „Heuschrecken-, Vogel-, Seeigel-, Einsiedlerkrebs*kadaver*, schließlich mit Rücksicht auf die hedonistische Ästhetik des *corps démontable* auch Frauenkadaver, Mund- und Gliedmaßenkadaver, welche auf Dalís Zerstückelungsangst zurückgehen".[16] Dass das gespaltene Wissenschaftler-Subjekt in „Knagen" Sexualität als solche nicht wahrnimmt, zeigt sich daran, dass es nicht erkennt, was sich hinter den interessierten Blicken seiner Kollegen verbirgt sowie hinter dem sonderbaren Drang seiner Frau, bei festlichen Gelegenheiten „i de mørkeste kroge eller værre helt ud i villahavenes tætte buskads" (128) zu verschwinden, um „med hektisk blussen og pletter af knuste bær eller smårifter" wieder aufzutauchen – „åbenbart efter et for intimt forhold til buskadset" (129). Die Obsession dieses kopflastigen, rational überdifferenzierten Betrachters, der seine eigene Körperlichkeit ausblendet und auf sein Objekt projiziert, trägt dieselben psychotischen Züge wie die des gefühlskalten Wissenschaftlers Morrison in Margaret Atwoods Kurzgeschichte „Polarities" (1971). Dieser fällt in seiner Phantasie über seine wahnsinnig gewordene Kollegin Louise her:

> ... he would keep her hidden in the apartment (...) At night she would be there in the subzero bedroom for him to sink into as into a swamp, warm and obliterating ... (...) so this was his dream girl then (...) a disintegration, mind returning to its component shards of matter, a defeated formless creature on which he could inflict himself like a shovel on earth, axe on forest....[17]

Morrisons Gewaltphantasien liegt der Drang nach Beherrschung des Irrationalen und Körperlichen zugrunde, doch gleichzeitig ersehnt er das Gegenteil:

---

[15] Vgl. Peter Gorsen, *Sexualästhetik. Grenzformen der Sinnlichkeit im 20. Jahrhundert* (Reinbek bei Hamburg 1987), S. 272.

[16] Das Schöne wird bei Dalí mit dem Essbaren und dem Liebesakt identifiziert, „dieser sublimsten Form eines nach Stillung verlangenden Hungers, mit der kannibalistischen Inbesitznahme, der lustvollen Verspeisung des geliebten Objekts" (vgl. Gorsen, „Der ‚kritische Paranoiker'", in: Dalí, *Unabhängigkeitserklärung*, a.a.O., 12. Abschnitt: „Das konvulsivisch Schöne", S. 479, 484). Während die Surrealisten diese Verspeisung besonders mit Roger Callois' mörderischer Gottesanbeterin assoziierten, wird in Willumsens Geschichte das weibliche ‚Insekt' selbst ‚verspeist'.

[17] Margaret Atwood (1971), „Polarities", in: *Dancing Girls* (London 1977), S. 73.

> Yet in self-defence he reasoned that this desire for her was not altogether evil: it was in part a desire to be reunited with his own body, which he felt less and less that he actually occupied.[18]

Dasselbe trifft auch auf Willumsens anscheinend so unbeteiligten Beobachter in „Knagen" zu, der seine Frau und deren Körperteile nur als fragmentarische Ansammlung maritimer Metamorphosen wahrnimmt. Im Phantasma der stummen weich- und krebstierartigen Projektionsträgerin sieht er unbewusst seine eigene psychische Fragmentierung und Regression gespiegelt, die er sadistisch mit „et athletisk og velrettet nålestik" (127) seines Phallus, seines physischen und psychischen Projektors und vermeintlich transzendentalen Signifikanten abzuwehren sucht. Das Insekt, das hier seine Puppe unentwickelt und vorzeitig verlassen hat, ist der auf ein infantiles Entwicklungsstadium regredierende Wissenschaftler selbst. Die phantasmatische Auflösung des weiblichen Körpers in bizarre Objekte erinnert stark an die von Melanie Klein beschriebene paranoid-schizoide Position und die damit verknüpften Spaltungsprozesse des ganz kleinen Kindes, das seine Zerstückelungsängste und selbstzerstörerischen Triebe auf den als Bedrohung empfundenen Körper der Mutter projiziert, der in der Phantasie in Stücke zerrissen und kannibalisch einverleibt wird. Einen solchen Spaltungsprozess scheinen die Phantasien von Willumsens sadistischem Wissenschaftler zu illustrieren: „Je mehr der Sadismus in dem Vorgang der Einverleibung des Objekts und je mehr das Objekt in Stücken empfunden wird, um so mehr ist das Ich in Gefahr, in seiner Beziehung zu den verinnerlichten Objektfragmenten gespalten zu werden".[19] Klein sieht die von ihr beschriebenen Vorgänge „mit der kindlichen Phantasie aufs engste verbunden":

> die Ängste, die den Spaltungsmechanismus auslösen, sind ebenfalls phantastischer Natur. Es geschieht in der Phantasie, dass der Säugling das Objekt und sein Selbst spaltet, aber die Folge dieser Spaltung ist eine sehr reale, da sie dazu führt, dass Gefühle und Beziehungen (und später Denkprozesse) tatsächlich voneinander abgeschnitten sind.[20]

In Willumsens Roman *Programmeret til kærlighed* (1981) stellt sich ein Insektenforscher am Strand den Körper seiner Frau „som et stykke hvidt koralrev" unter Wasser vor: „Brogede fisk smutter ud og ind af hendes hulninger. Hendes tånegle muslinger. Hendes hår gylden tang".[21] Der Anblick einer schönen, von

---

[18] Ebd.
[19] Melanie Klein, „Bemerkung über einige schizoide Mechanismen", in: *Das Seelenleben des Kleinkindes*, a.a.O., S. 106.
[20] Ebd.
[21] Dorrit Willumsen, *Programmeret til kærlighed* (København 1982), S. 48. Weitere Tier- und Verdinglichungsmetaphern für Weiblichkeit aus einem männlichen Wahrnehmungshorizont tauchen auch in Willumsens Roman *Stranden* (1966) auf.

Menschenhand geschaffenen Roboterfrau fasziniert ihn und erinnert ihn an seine eigene Schöpfung in Gestalt eines mutierten weiblichen Insekts, das seine Puppe in seiner Gegenwart sprengt:

> I det øjeblik udstråler hun insektets foruroligende sikre skønhed. Hendes små fødder bevæger sig, som om hun er en del af en folkevandring eller en hær ... Hun er fin og usårlig som mutationen i parringsdansen ... han husker det øjeblik, hvor puppen sprængtes og denne følsomme skabning lå i hans hånd fuld af ønsker og krav, han ikke kendte ... En lille skælven går gennem Biancas smukke krop. Det er som tusind insekters svirrende vinger eller lyden af et fint elektrisk ur ... hun ligger udstrakt på gulvet stille som perlemor eller glas.[22]

Die äußerlich perfekte Maschinenfrau, die ihre männlichen Partner mit ihrer Passivität letztlich zu Gewalttätigkeit oder Besitzerobsessionen reizt und am Ende zerstört daliegt, und das gefährliche roboterähnliche Insekt mit seinem Chitinpanzer spiegeln den nekrophilen Narzissmus des kybernetischen Menschen in der gleichen Weise wider wie die weiter oben genannten Motive in „Tingene" und „Knagen".

3. Puppentochter: „Voksdukken"

Nicht nur die männlichen Figuren zeichnen sich bei Willumsen durch narzisstische Fixierungen auf tote Gegenstände, zerstückelt wahrgenommene Körper und durch Entfremdung von ihrer menschlichen Umwelt aus. Während bei den männlichen Gestalten psychisch-mentale Einkapselung vorherrscht, ist die Selbstwahrnehmung der weiblichen Figuren stärker vom Bewusstsein der eigenen puppenhaften Körperlichkeit und vom Leiden an Unauthentizität geprägt – vom Gefühl, nicht wirklich zu existieren. Modische Maskeraden vor dem Ankleidespiegel und vor dem Spiegel des männlichen Blicks sind die Fortsetzung der „Spiele des Kindes vor dem Spiegel und Ausdruck der primordialen Unsicherheiten über die eigene Identität".[23] Der Versuch der Identifikation mit dem eigenen Spiegelbild führt nicht über zerstückelte Selbstwahrnehmung hinaus, sondern über groteske Posen und Metamorphosen zurück in Desintegration und Nicht-Differenzierung.

In Willumsens „Voksdukken"[24] sieht die Protagonistin sich in der Bewunderung der Männer gespiegelt, die sie ‚sicher' macht – „ligesom et spejl" („Voksdukken", S. 119). Nach ihrer Affäre und anschließenden Hochzeit mit

---

[22] Dies., S. 110f.
[23] Metz, *Der imaginäre Signifikant*, a.a.O., S. 8.
[24] In: Dorrit Willumsen, „Voksdukken", in: dies., *Hvis det virkelig var en film* (København 1978), S. 113–131. Weitere Seitenangaben im Text.

einem älteren Mann, der ihr nicht die gewohnte Bewunderung, sondern vielmehr „kritik", forbehold og overvejelser" (127) entgegenbringt, sieht sie ihr infantiles Ich in ihren kindlichen Händen gespiegelt:

> Mine hænder er skrøbelige som et barns. Mine negler er lange og smalle. Min hånd ligger pa puden. Knyttet, som om den rummer en hemmelighed. Jeg åbner den. Den er tom (S. 113).

Der Blick auf die Hand beim Aufwachen ist wie die Wahrnehmung des Säuglings, der sich beim Erwachen in Einzelteilen wahrnimmt. Wie im Falle der vielen in Ingmar Bergmans Filmen eingeblendeten Hände, repräsentiert auch hier die Hand das Ich und dessen Leere, die durch Identitätsentwürfe mit Sinn gefüllt werden muss. Als sie vor ihrer Hochzeitsreise von ihren Eltern Abschied nimmt, schaut sie ebenfalls ihre Hände an:

> Jeg så på mine hænder. Indeni er der linjer og furer, der krydser hinanden. Indeni er hånden et indviklet landskab. Men den er lille og blød som et barns. Og jeg er ikke ældre end min hånd (S. 129).

Auch andere Menschen werden weniger als Ganzes, sondern eher als in ihre Körperteile zerlegt wahrgenommen. Dieses Verharren der Ich-Erzählerin im vorsprachlichen Reich des Imaginären offenbart sich in ihrer Fixierung auf visuelle Wahrnehmung und Wahrnehmung durch den Tastsinn:

> Min glæde og sensualitet i de bløde stoffer, når de smøg sig om min krop. Min personlighed var i de farver, der er mine. De støvede farver – de brudte farver – Gammelrosa, lavendel, mauve, oliven, lilla, mandel og sort. Men aldrig klart rødt. Klart blåt. Eller hvidt (S. 117).

Sie umgibt sich mit verschwommenen Farben, die so weich sind wie die „bløde pelsdyr", die „pelsforede frakker" (115) und „bilen med det hvide pelsindtræk" (116), mit welchen sie von ihren Eltern beschenkt wird.[25]

Während die männliche Figur in „Tingene" auf ästhetische Gebrauchsgegenstände und Kunstobjekte fixiert ist und – ebenso wie der Wissenschaftler in „Knagen" – die eigene Körperlichkeit ausblendet, richtet sich die Fixierung der Erzählerin in „Voksdukken" auf die kunstvolle Stilisierung des eigenen Körpers: „først og fremmest lærte jeg at være eksklusiv" (117). Aber hinter der Fassade erwachsener Eleganz verbirgt sich auch hier ein „insekt, der havde sprængt sin puppe for tidligt" (*Knagen*, S. 127).

Am Morgen nach ihrer Hochzeit wünscht sich die Ich-Erzählerin beim Anblick ihrer leeren Hand in den Schlafzustand und in die Zeit ihrer frühen Kindheit oder noch weiter zurück:

---

[25] Gitte Hørning Jensen vergleicht das innen mit Pelz gefütterte Auto – „en tyk varm bjørn, der brummede, når jeg kørte" – mit „en sekundær uterus", vgl. dies., „Fallos' negligering i Dorrit Willumsens fiktion – en analyse af ‚Voksdukken'", in: *Litteratur & samfund*, 33–34 (1981), S. 95.

Hvis jeg kunne falde i søvn og lade være med at vågne. Eller hvis jeg kunne vågne op til noget andet. Hvis jeg kunne vågne op og være mig selv som baby („Voksdukken", S. 115).

Die Erzählerin wünscht sich zurück in den primären Narzissmus des „vor der Bildung eines Ichs gelegenen ersten Zustand[s] des Lebens, dessen Urbild das intrauterine Leben sei",[26] welches, so Freud, auch im Schlaf wieder heraufbeschworen wird:

> Wir führen jetzt im Sinne der Libidotheorie aus, dass der Schlaf ein Zustand ist, in welchem alle Objektbesetzungen, die libidinösen ebenso wohl wie die egoistischen, aufgegeben und ins Ich zurückgezogen werden (...) Das Bild der seligen Isolierung im Intrauterinleben, welches uns der Schlafende allnächtlich wieder heraufbeschwört, wird so auch nach der psychischen Seite vervollständigt. Beim Schlafenden hat sich der Urzustand der Libidoverteilung wiederhergestellt, der volle Narzissmus, bei dem Libido und Ich-Interesse noch vereint und ununterscheidbar in dem sich selbst genügenden Ich wohnen.[27]

Dieses „sich selbst genügende Ich", vom dem hier bei Freud die Rede ist, findet sich in „Voksdukken" im Zurückphantasieren der Erzählerin in ihre Zeit als „fed overlegen baby", das ,die Hände ausstrecken und alles bekommen konnte' (115) – den Mund, die Hände, die Schränke und das Zimmer jederzeit vollgestopft mit „mælk, soft-ice, kaviar, bolsjer" (115) und den bereits genannten „bløde pelsdyr" und „pelsforede frakker". Gitte Jørning Jensen und Anne Birgitte Richard sprechen hier in Anlehnung an Sigmund Freud von „Her majesty the baby",[28] das für seine Eltern „Mittelpunkt und Kern der Schöpfung ist" und nicht „Krankheit, Tod, Verzicht auf Genuss, Einschränkung des eigenen Willens" unterworfen sein soll.[29] Jeder Wunsch der kindlichen Erzählerin wurde erfüllt, bevor er überhaupt ausgesprochen war, ja bevor er überhaupt entstehen konnte, so dass dieses Kind nicht gelernt hat, „at leve med modsætningen nærvær/fravær":[30]

> De gav mig alt. De gættede mine ønsker, allerede inden jag havde nået at ønske rigtigt. Somme tider blev jeg skuffet eller snarere træt, når jeg åbnede pakkerne med de store skrøbelige dukker, som jeg bare havde kastet et flygtigt blik på i et udstillingsvindue (115).

Der ‚Mangel an Mangel' hat die Erzählerin daran gehindert, ein transzendentales Wesen zu werden, das über sich hinauszugreifen sucht, gekennzeichnet durch das begehrende Ausstrecken von Hand, Finger, Auge – durch die pro-

---

[26] Laplanche/Pontalis, *Das Vokabular*, a.a.O., S. 321.
[27] Sigmund Freud, *Vorlesungen zur Einführung in die Psychoanalyse*, a.a.O., S. 402.
[28] Hørning Jensen, S. 99, Anne Birgitte Richard, *På sporet af den tabte hverdag* (København 1979), S. 93.
[29] Sigmund Freud, „Zur Einführung des Narzissmus", in: ders., *Psychologie des Unbewussten*, S. 57.
[30] Hørning Jensen, S. 98.

jektive Bewegung und Erweiterung des Selbst, die den Menschen, das ‚Zeigetier', von anderen Lebewesen auf diesem Planeten unterscheidet. Stattdessen ist sie von Anbeginn ihrer Existenz in müder Dekadenz und Übersättigung versunken, hat ihre Puppen- oder Ei-Hülle nicht gesprengt – das Bild, mit dem Sigmund Freud den primären Narzissmus des Ungeborenen bzw. Neugeborenen beschrieben hat.[31]

Nie ist die Erzählerin über das Stadium des „sich selbst genügenden", narzisstisch-infantilen Püppchens hinausgewachsen, sondern hat lediglich Posen eingeübt, die Erwachsensein vortäuschen:

> ... hvordan man ved bare at tænde en cigaret af det rigtige mærke med en meget hurtig eller meget langsom næsten blid bevægelse kan give indtryk for både overlegenhed, følsomhed eller sorg. Langt lettere og langt mindre forpligtende end gennem ord ... hvordan man med bare et enkelt blik kan få en tjener til at komme med en skål isterninger. Jeg lærte, at man somme tider ved at være uforskammet kan give indtryk af at være både temperamentsfuld og fri (S. 116).

Kommunikation findet nicht wirklich auf der verbalen Ebene statt, sondern auf der visuellen vermittels gestisch-mimischer Codes – „langt lettere og langt mindre forpligtende end gennem ord" (116).

In ihrer Kindheit rätselt sie über die Umstände ihrer Entstehung, da ihre Eltern, erfolgreiche Geschäftsleute, ein steriles Eheleben zu führen scheinen und zu Hause aus getrennten Schlafzimmern mit körperlosen Stimmen über eine Sprechanlage miteinander kommunizieren:

> Hvordan de havde fået mig, begreb jeg ikke. Især ikke efter at parringens bevægelser var gået op for mig. De arbejdede sammen om dagen. Om natten gik de ind i hver sit værelse. Der var et samtaleanlæg mellem dem. ‚Samtaleanlæg –tænkte jeg – det må være sket gennem samtaleanlæg (116).

Das Phantasma der künstlich-virtuellen Urszene ihrer eigenen Entstehung – „det må være sket gennem samtaleanlæg" – verstärkt noch den Eindruck von Unauthentizität und den imaginären Charakter der eigenen Existenz. Ihre Eltern sind in ihrer Vorstellung nicht Wesen aus Fleisch und Blut, sondern unwirkliche, fiktive Gestalten aus Papier:

> Det var umuligt at forstille sig, at mine forældres kroppe indeni skulle være hede gådefulde landskaber med blåt, grønt og rødt ligesom på skolens plancher. Eller at de nogen sinde skulle have talt et sukkende stønnende sprog. Jeg forestillede mig, at de hele vejen igennem var af papir. (116).

---

[31] Zu Sigmund Freuds Bild von Vogelei und Amöbe zur Beschreibung des psychischen Zustands des Neugeborenen vgl. Victoria Hamilton, *Narcissus and Oedipus. The children of psychoanalysis* (London/Boston 1982), S. 3f.

Ähnliche Empfindungen der Unwirklichkeit und Scheinhaftigkeit der eigenen Existenz hat auch der männliche Erzähler in Willumsens Geschichte „Nostalgiske robotter", der seine Frau am Ende der Erzählung verschwinden sieht „som et stykke papir man taber".[32] Imaginärer Staub legt sich über seine Welt und erstickt die Verbindung zum Leben: „Støvet, der lægger sig over alt (...) Et eller andet er forbi. Måske en slags strøm, der pludselig er holdt op med at fungere (...) Vi er kun to silhouetter i støvet, der fylder verden".[33] Die schlafwandlerische Perspektive dieses Erzählers offenbart entweder „das Kennzeichen philosophischer Befähigung", nämlich „die Gabe, dass einem zuzeiten die Menschen und alle Dinge als bloße Phantome oder Traumbilder vorkommen"[34] oder aber eine wachsende Verrücktheit: „Måske er jeg gal uden at vide det. Men det kan vi alle være, uden at vide, at vi bare er spærret inde på denne planet".[35] Die Empfindung der eigenen Phantomhaftigkeit ähnelt hier stark der Elisabets und Almas in *Persona* und anderer Figuren bei Bergman.

Der männlichen Hauptfigur in „Tingene" vergleichbar, kann die Erzählerin in „Voksdukken" nur zu toten ästhetischen Gegenständen eine Beziehung aufbauen. Da sie niemals auch nur ansatzweise über imaginäre Phase und larvenhaftes Puppenstadium hinausgewachsen ist, um sich von der reinen Ich-Libido in Richtung Objektlibido weiterzuentwickeln, empfindet sie lediglich für eine männliche Wachspuppe, in der sie sich spiegelt, Begehren – wie ein Kind, das Teile seiner selbst auf seine Spielzeuge projiziert. Diese Puppe, ein künstliches Gebilde wie sie selbst – glatthäutig, stumm, kritiklos – wird ihr Phallus-Ersatz und Fetisch, den sie in ihrer Vorstellung atmen und leben lässt.

Ihre Destruktivität kann sie dagegen ebenso wenig mit ihrer eigenen Person verknüpfen wie mit ihren ‚kleinen und zerbrechlichen' Händen, „små og skrøbelige", die ‚keiner Fliege etwas zuleide tun können' („Voksdukken", S. 114), die so aussehen, als ob sie „en hemmelighed", ‚ein Geheimnis', enthalten und doch ‚leer' sind (131). Ebenso abgespalten ist der Schrei beim Anblick ihres ermordeten autoritären Ehemannes – ob Wirklichkeit oder Halluzination, bleibt offen: „Skriget kommer langt borte fra. Nærmere og nærmere. Måske flyver det ud af min mund" (131).

Das infantile Püppchen, künstliches Geschöpf seiner Eltern, das nur aus einer stilisierten Oberfläche besteht und sich in einer stummen, in Auflösung befindlichen Wachspuppe spiegelt, zeigt Anklänge an den psychotischen Studenten Nathanael in E.T.A. Hoffmanns *Der Sandmann*. Auch dieser spiegelt sich in einer Puppe, in der schönen, von den Experimenteuren Coppola und

---

[32] Willumsen, „Nostalgiske robotter", in: *Modellen Coppelia* (København 1973), S. 157.
[33] Dies., S. 148f.
[34] F. Nietzsche, *Die Geburt der Tragödie*, a.a.O., 1. Abschnitt, S. 29.
[35] Willumsen, „Nostalgiske robotter", S. 150.

Spalanzani geschaffenen Holzpuppe Olimpia, die man als „Parodie auf die kastrierte, von fremden Interessen gesteuerte Bürgerstochter"[36] verstehen kann; am Ende ist sie nicht mehr als ein „toderbleichtes Wachsgesicht", hat „schwarze Höhlen" statt der Augen, die „auf dem Boden liegend ihn anstarren"[37] und zum Mordversuch an der Vaterersatzfigur Spalanzani treiben.

Wissenschaftler, Künstler und künstlicher Mensch spielen in mehreren Novellen Dorrit Willumsens eine zentrale Rolle und lesen sich wie ein fernes Echo auf Hoffmanns Text. Die Erzählung „Modellen Coppelia" verweist mit ihrem Titel direkter auf die intertextuelle Beziehung zu Hoffmanns *Sandmann*.

4. Vom Model zum Serienmodell: „Modellen Coppelia" als ‚Eva der Zukunft' und phallisches Phantasma

Im Gegensatz zu den formlosen, „vegetativt skiftende" und „vegeterede" weiblichen Kreaturen in „Tingene" und „Knagen" erscheint das Mannequin in der Erzählung „Modellen Coppelia" als phallischer Fetisch und schillernde Projektionsträgerin des Begehrens anderer. Ihre von einem scheinbar unbeteiligten Ich-Erzähler geschilderten phantasmatischen Metamorphosen korrespondieren mit der surrealistischen Faszination für Schaufenster- und Modepuppen. Diese Obsession für belebte Puppen und ‚Verpuppungen' lebendiger Frauen folgt mythischen und literarischen Paradigmen, die sich auch zum Ich-Erzähler, Ehemann und ‚Zeugen' der Verpuppung in „Modellen Coppelia" in Beziehung setzen lassen. Hinter der Maske seiner bürgerlich-alltäglichen Passivität verbirgt sich der Schöpfer und Phantast, der mythische, literarische und reale Vorbilder hat: die Doppelgestalt aus biblischem Schöpfer und Adam, der sich eine maßgeschneiderte Gefährtin wünscht, Ovids Pygmalion, E.T.A. Hoffmanns Nathanael sowie Künstler aus dem surrealistischen Umfeld wie z.B. Hans Bellmer, der unter anderem seine psychotische Lebensgefährtin fotografisch als Puppe inszenierte.[38]

---

[36] Renate Berger, „Metamorphose und Mortifikation. Die Puppe", in: Renate Berger/Inge Stephan (Hrsg.), *Weiblichkeit und Tod in der* Literatur (Köln 1987), S. 274. Vgl. hierzu auch Jane Marie Todd, die Olimpia als ‚Karikatur der idealen Frau' sieht, als kastriert im sozialen Sinne, „silent, powerless, docile ... She is denied life, power, and autonomy, all symbolized by the eye/penis", aus: „The veiled woman in Freud's ‚Das Unheimliche'", in: *Signs* 2, Nr. 3 (1986), S. 525.

[37] E.T.A. Hoffmann, *Der Sandmann*, S. 55.

[38] Zu Pygmalion und Galathea als Paradigmen für die Re-Formulierung des klassischen Dualismus von Künstler und künstlicher Frau im Surrealismus vgl. Verena Kuni, „Pygmalion, entkleidet von Galathea, selbst? Junggesellengeburten, mechanische Bräute und der Mythos vom Schöpfertum des Künstlers im Surrealismus", in: Pia Müller-Tamm/Katharina

Als Photomodell ist das Mannequin Coppelia „Signifikant des Begehrens des Mannes, weswegen sie ihren weiblichen Körper zum Fetisch macht und in eine phallische Maskerade bannt", wie Lena Lindhoff in ihrer Kritik zu Lacans Aufsatz „Die Bedeutung des Phallus" zusammenfasst:

> Die Frau *ist* Phallus (Objekt und Zeichen des Begehrens), der Mann *hat* den Phallus. Die Ausprägung einer eigenen Geschlechtsidentität ist ihr verwehrt; sie ist bloße Stütze einer narzisstischen männlichen Identität.[39]

Während der Erzähler in „Modellen Coppelia" den Phallus *hat*, d.h. die imaginäre Subjektivität eines erzählenden Ich besitzt, *ist* die Frau als elegante Modepuppe in ihrer Maskerade Phallus: „Ausgerechnet um dessentwillen, was sie nicht ist, meint sie, begehrt und zugleich geliebt zu werden".[40] Dies zeigt sich im Bild der zwölf jungen narzisstischen Männer, die der Erzähler in seiner Reminiszenz am Strand hinter seiner späteren Ehefrau liegen sieht: ‚bis ins Gehirn braungebrannte' muskulöse Körper – „brune helt ind i hjernen", „flettet ind i hinanden", „et stort brunt plasma", „et tæt sammenfiltret bundt. En hel symfoni af ønsker". Nur wenn die attraktive weibliche Gestalt, welche phallisch „ret op i sandet" sitzt, die Hand nach ihren Zigaretten ausstreckt und „langbenet som en struds"[41] über den Strand läuft, erheben sich die homoerotisch ineinander verflochtenen Männerkörper aus ihren Verschlingungen, um ihr sehnsuchtsvoll hinterher zu schauen. Das vom männlichen Blick konditionierte Phantasma der begehrten phallischen Frau, Produkt ‚hirnverbrannter Wünsche' und Phantasien, korrespondiert mit den Puppenfetischen Hans Bellmers, der das Bild der Frau als bedingt vom „ausschweifenden Blick des Mannes" ‚fixiert': „Seinem fabulierenden Blick erscheint sie, Spiegelbild und Fetisch der Selbstliebe, zu einer Reihe von Phallusprojektionen entfremdet".[42] Die ‚langbeinige' Gestalt in Willumsens Erzählung repräsentiert eine solche Phallusprojektion, indem der weibliche Körper als Ganzes in einen „Fetisch" als „Ersatz für den Phallus des Weibes (der Mutter)" transformiert wird, „an den das Knäblein geglaubt hat und auf den es – wir wissen warum –", so Sigmund Freud zum Phänomen des Fetischismus, „nicht verzichten will".[43]

Sykora (Hrsg.): *Puppen Körper Automaten. Phantasmen der Moderne* (Köln 1999), S. 176–199.
[39] Lena Lindhoff, *Einführung in die feministische Literaturtheorie*, S. 77.
[40] Jacques Lacan, „Die Bedeutung des Phallus", a.a.O., S. 130.
[41] Dorrit Willumsen, „Modellen Coppelia"; in: *Modellen Coppelia*, a.a.O., S. 54f. Weitere Seitenangaben im Text.
[42] Peter Gorsen, *Sexualästhetik* (1987), Kapitel 2: „Die Erotik des hermaphroditischen Bildes. Hans Bellmer und die Puppe", S. 243.
[43] Sigmund Freud, „Fetischismus", in: ders., *Psychologie des Unbewussten*, a.a.O., S. 383f.

Auf der Flucht vor Körperlichkeit und Sexualität, vor „forureningen", „lidelsen" und „svineriet" (*Modellen Coppelia*, 61), vor der ‚Schweinerei' dieser Welt, verwandelt sich die Titelheldin im Laufe der Erzählung in einem Prozess ständiger Metamorphosen von einem feminin-fließenden in ein maskulinphallisches und zuletzt in ein entsexualisiertes Wesen. Sie verwandelt sich in einen Androgyn, der in der Androgynität der Jünglinge und ambivalenten Femmes fatales im Symbolismus vorgezeichnet ist und im vom Symbolismus beeinflussten Surrealismus wieder auftritt.[44] Sie wird in eines jener „Idole" transformiert, die uns am Ende des 20. Jahrhunderts als „neue Visionen des artifiziellen Körpers", als „entfremdete Produkte unseres eigenen Begehrens entgegentreten":

> Könnte man den Gestaltwandel der sukzessiven Generationen von Schönheitsköniginnen, Schaufensterpuppen und Fotomodellen durch die Datenkompression des Zeitrafferfilms sinnfällig machen, sähe man die stetig steigende Neigung des Idealkörpers zur Metamorphose. Immer schneller schwankt der Wechselkurs vom Mageren zum Üppigen. Immer hastiger verwandelt sich sommersprossige Naivität in ägyptische Rätselhaftigkeit, um anschließend im Androgynen und Zerbrechlichen eine vorübergehende Zuflucht zu suchen.[45]

Willumsens Erzählung beginnt mit dem makabren Bild eines ästhetisierten Leichenteils, das ebenso wie die Vorstellung von der in eine perfekte Puppe transformierten Frau ein Phantasma repräsentiert. Der Ich-Erzähler und einsame Ehemann der Titelfigur steht zu Beginn seiner im Rückblick erzählten Geschichte mit dem einbalsamierten Weiblichkeitsattribut seiner Frau in Händen da – ihren Brüsten, derer sie sich auf der Suche nach steriler, geschlechtsloser Vollkommenheit entledigt hat.[46]

Die unheimlich-groteske Phantasie eines Verrückten? Wer weiß.

Während er nach einem angemessenen Platz – vielleicht das „muslingeformede seng" (*Modellen Coppelia*, 52) – für die in ein ästhetisches Objekt transformierten Körperteile sucht, die sich wie kostbare Perlen in einem ‚weißen Schrein' („i et hvidt skrin") befinden, „næsten gennemsigtigt og med et ligesom opalagtigt skær" (52), beschwört er Bilder herauf, die an den Surrealismus der animalischen und maritimen Metaphern in „Knagen" anklingen. Obwohl, wie

---

[44] Zum Androgyn im Surrealismus: Robert Short, „Der Androgyn im Surrealismus", in: *Androgyn: Sehnsucht nach Vollkommenheit* (Berlin 1986), Ausstellungskatalog hrsg. v. Ursula Prinz, S. 144–159.

[45] Karlheinz Lüdeking, „Vom konstruierten zum liquiden Körper", in: Müller-Tamm/Sykora, *Puppen Körper Automaten*, a.a.O., S. 219, 226.

[46] Das Körperideal, das in der Erzählung parodiert wird – Magerkeit, Abschaffung von Brüsten, gebleichte Haare und falsche Wimpern – ist auch im Zusammenhang mit dem Schönheitsideal zu sehen, das Mitte der Sechziger des vorigen Jahrhunderts mit dem knabenhaft dünnen Modell Twiggy alias Leslie Hornby in die Modewelt eingeführt wurde.

er es ausdrückt, weder an seiner Frau noch an ihren Brüsten „noget køkkenagtigt" (52) war, fällt ihm entlarvenderweise im Zusammenhang mit den amputierten Körperteilen als erstes der Hummer ein, den sie zuzubereiten und zu dekorieren pflegte:

> Hun flækkede den med den lange skarpe kniv og dekorerede med salat, citron og mayonaise. – Især mayonaise – fra tube. Hun sprøjtede det ud over skjoldet i guirlander, otte-taller og flæser. – Hun elskede alt, hvad der kom fra tuber – både tandpasta, creme og mayonaise (52).

Ihr kunstvoll dekorierter, zuletzt Brust-amputierter Körper ist selbst wie das Krustentier, das sie zu zerschneiden und zu garnieren pflegte. Und wie dies Meergetier, das man neben anderen in Kunst transformierten toten Tieren häufig auf barocken Stillleben sehen kann, ist auch Coppelia am Ende der Erzählung endgültig in ein stummes *objet d'art* verwandelt worden. Die nun perlenartigen Brüste hat der Ehemann aus ihrer gemeinsamen Anfangszeit als animalisches Faszinosum in Erinnerung:

> For exempel på fotografiet af den blonde lidt ordinære pige, klædt i en dragt af blød himmelblå uld, der lader brysterne komme til syne som to små dyr med nysgerrigt løftede snuder (52).

Die Vorstellung von Brüsten als ‚kleinen Tieren mit neugierig erhobenen Schnauzen' erinnert an eine Grafik Salvador Dalís, auf der die Brustwarzen einer gesichtslosen Frau in zwei Schneckenköpfe und -hälse transformiert sind, die sich vorwitzig empor recken.[47] Die Assoziation von Frau mit Hummer, Salat, Zitrone und Mayonaise ähnelt einem ironischen Arrangement der deutsch-Schweizer Surrealistin Meret Oppenheim. Auf der *Exposition Internationale du Surréalisme* des Jahres 1959 in Paris richtete diese auf dem reglosen Körper einer Frau mit vergoldetem Gesicht und entblößten Brüsten Langusten, Salat, Gemüse und Blumen an.[48]

Der Erzähler in „Coppelia" nimmt seine Frau nicht als Ganzes wahr, sondern in Einzelteilen, als Ansammlung von Partialobjekten, die er stets mit etwas Animalischem assoziiert:

---

[47] Eine der insgesamt 21 Grafiken für „Dalí illustre Casanova", Paris 1967.
[48] „Die neue Schönheit wird essbar sein oder nicht sein"; Abbildung in: Peter Gorsen: *Sexualästhetik* (1972), S. 145. In diesem ‚Festmahl' ist, wie in Oppenheims ganzem Werk, „eine kritische, oft ironische Auseinandersetzung mit surrealistischen Projektionen erkennbar", vgl. Angela Lampe, „Größter Schatten oder größtes Licht. Surrealistische Frauenentwürfe zwischen Traum und Wirklichkeit", in: dies. (Hrsg.), *Die unheimliche Frau. Weiblichkeit im Surrealismus* (Heidelberg 2001), S. 43. Hummer bzw. Langusten auf nackten Frauenkörpern finden sich auch bei Dalí, z.B. bei Dreharbeiten für „Der Traum der Venus" und Fotoaufnahmen für *Vogue* im Jahr 1939. Abbildungen z.B. in: Robert Descharnes/Gilles Néret: *Salvador Dalí 1904–1989* (Köln 1997), S. 323; außerdem eine weitere obszöne Darstellung in „Dalí illustre Casanova", auf der ein solches Krebstier festgeklammert im Brustbereich einer weiblichen Figur zu sehen ist.

Om morgenen var næseborene den mest påfaldende del af hendes person. Om morgenen snøftede Coppelia som en kalv ... mens hun røg, var det stadig den alt for brede næse, der med en serie primitive snøft var den mest levende del af hende (...) Brysterne. Næsen (...) hendes ryg (53) (...) hun trippede over sandet – langbenet som et struds (54).

Nicht *ihr* elegant drapierter Körper fällt ihm beim ersten Zusammentreffen auf, sondern vielmehr die beneidenswerten Körper der zwölf braungebrannten, muskulösen jungen Männer, die am Strand dahinter liegen – „Et øjeblik misundte jeg dem". Doch auch deren modellierte Körper sind lediglich ‚ein großes braunes Plasma', ‚eine ganze Symphonie von Wünschen', die nur vorübergehend eine Form angenommen haben und ohne phallisches Identifikationsobjekt in sich zusammensacken – „udblæste og matte" (54). Auch die modellierten Männerkörper repräsentieren als imaginäre Identifikationsobjekte, als Wunsch- und Idealbilder des Erzählers ein phallisches Phantasma.

Hat man es hier mit einem unzuverlässigen Erzähler wie Blixens Baron von Brackel zu tun, dessen Geliebte ebenso mit einer homoerotischen Männerwelt konkurrieren muss wie Coppelia mit einem muskulösen Bündel narzisstischer Männlichkeit? Der Erzähler in „Modellen Coppelia" scheint ein weiterer Hamlet zu sein, der das Amorphe einer mit Weiblichkeit konnotierten Natur verabscheut. Der Name seiner phallischen Puppenfrau ‚Coppelia' klingt denn auch wie ein Echo auf Shakespeares ‚Ophelia', deren Name Jacques Lacan provokant als „*O-phallos*"[49] gelesen hat. Marjorie Garber hat im Zusammenhang mit Shakespeares *Hamlet* und Sigmund Freuds Diskussion des Unheimlichen auf gewisse Ähnlichkeiten zwischen der Situation Hamlets und der von E.T.A. Hoffmanns Student Nathanael verwiesen,[50] Ähnlichkeiten, die man auch auf deren infantil-narzisstische Fixierung auf die Objekte Ophelia und Olimpia ausweiten kann.

Willumsens Ich-Erzähler gesteht, zu Beginn nicht Coppelia selbst, sondern lediglich deren Wirkung auf andere wahrgenommen zu haben, nämlich – mit Lacans Worten – „Statthalter zu sein für die Ursache des Begehrens".[51] Er ist der einzige, der sich nicht um ihr attraktives Äußeres kümmert; dennoch nimmt er sie nicht als Individuum wahr, sondern gerade als in die Teile zerfallen, die an ihr unästhetisch sind und von denen sie sich zuletzt durch die phantasmatische Verwandlung in eine Art ätherisches Lichtwesen befreit. Offen gibt er zu, dass Coppelias „magre ansigt og de store næsten alt for safirblå øjne under det kunstige hår" (54) von seinem Ideal „så fjernt som overhovedet muligt" (53) stehen. Warum hat er sich an sie gebunden, wenn ihn doch

---

[49] Lacan, „Desire and the Interpretation of Desire in *Hamlet*", a.a.O., S. 20.
[50] Garber, *Shakespeare's Ghost Writers*, a.a.O., S. 127f. Garber hebt hier hervor, dass in beiden Texten die junge Frau von dubiosen Vaterfiguren als ‚Köder' benutzt wird.
[51] Lacan, „Die Bedeutung des Phallus", S. 128.

eigentlich, wie er sagt, „blonde fyldige kvinder med sval mælkeagtig hud og den blanding af skrøbelighed og soliditet" (55) viel mehr angezogen haben? Die Beschreibung von „deres tyngde" – deren ‚Schwere', die ihre Absätze in den warmen Asphalt einsinken lässt sowie von deren auf Bänken der Sonne zugewandten Gesichter, „opløste af varme" (55), beschwört paradoxerweise dieselbe Assoziation mit einer Kuhherde herauf wie Coppelias Kälberschnaufen und ihre ‚allzu breite Nase' morgens nach dem Aufwachen. Repräsentiert Coppelias fortschreitende phallische Maskerade und Metamorphose den magischen Fetisch gegen diese amorphen Mutterfiguren?

Den Vorstellungen eines Ehemannes, der in ihr entweder das „blonde lidt ordinære pige,[52] klædt i en dragt af blød himmelblå uld" mit Brüsten wie kleinen Tieren oder aber eine Matrone in „rosa morgenkåbe og begge sine tøfler" mit „fiskefrikadeller"- und „kåldolmere"-Ambitionen (57) sehen will, entzieht sie sich, indem sie ständig ihr Äußeres verändert. Oszillierend zwischen Maskeraden mit „grønne skygger op mod sin ægyptiske pande" (52), „smukke indiske armbevægelser, gadedrengens forsorne væsen eller zigeunerskens lette skødesløse gang" (56), durchläuft Coppelia unaufhörlich Metamorphosen von einer Rolle und Traumfigur zur nächsten, agiert wie eine Schauspielerin auf der Bühne der Mode als Signifikant und Projektionsträgerin für andere, ohne dabei jemals ihr eigenes Selbst finden zu können. Hier hat man es mit dem zu tun, was Erich Fromm als „*Marketing-Charakter*" bezeichnet hat. Für diesen „verwandelt sich alles in Konsumware":

> nicht nur die Dinge, sondern auch der Mensch selbst, seine physische Energie, seine Fertigkeiten, sein Wissen, seine Meinungen, seine Gefühle, ja sogar sein Lächeln (...) er ist das Produkt eines voll entwickelten Kapitalismus (...) Der kybernetische Mensch ist so entfremdet, dass er seinen Körper nur noch als Instrument für den Erfolg wahrnimmt (...) Er wird auf dem Personalmarkt als ein höchst wertvoller Aktivposten narzisstisch erlebt.[53]

Ist es in „Knagen" der Wissenschaftler, der seinem Körper entfremdet ist, so ist es hier die Frau als Modepuppe und Marionette, die in der Spiegelwelt ihres Ankleidezimmers gefangen ist und die Phantasien anderer bedient. Unter den Händen unsichtbarer Künstler und Modeschöpfer, die, wie man weiß, häufig homosexuell sind und extrem magere, androgyne Models beschäftigen, sowie ‚ständig wechselnder Fotografen' („stadig skiftende fotografer", S. 61) wird ‚das blonde etwas ordinäre Mädchen', das Coppelia einst gewesen ist, nicht dem *Realen*, sondern dem *Imaginären* immer näher gebracht. Vom Blick anderer

---

[52] Die Bezeichnung ‚ordinäres Mädchen' beschwört Assoziationen mit dem ordinären Blumenmädchen Eliza Doolittle herauf, das von seinem Experimenteur in G.B. Shaws *Pygmalion* in eine Dame verwandelt werden soll.
[53] Fromm, a.a.O., S.

wahrgenommen zu werden, die Aufmerksamkeit anderer zu erregen, dient der Bestätigung der eigenen Existenz. Doch die Vielfalt der Rollen und Maskeraden führt, wie im Fall von Ingmar Bergmans Schauspielerinnen, nur immer noch tiefer in den *Schein* statt ins *Sein*: „Den hopplösa drömmen om *att vara*. Inte verka utan vara".[54]

Nie erfahren wir ihren wirklichen Namen, sondern nur ihren ‚Puppennamen Coppelia' („hendes dukkenavn Coppelia", S. 57f), mit dem ihr Ehemann sie bedacht hat – in Anlehnung an das Mädchen, das sich im gleichnamigen Ballett in eine stumme Puppe verwandelt, nachdem es mit einer solchen die Kleider getauscht hat.[55] Auch der Ehemann versucht sie mit seinen Zukunftsträumen von „noget sluttet og uforanderligt" (57) nach seinen Vorstellungen zu formen.[56] Er ist ein Adam, ständig auf der Suche nach einer auf seine Wünsche und Bedürfnisse zugeschnittenen Gefährtin, mit der er nie zufrieden ist, ähnlich wie der Prinz in H.C. Andersens „Prinsessen på Ærten".

Während die weiter oben angeführten Frauengestalten in den Augen der männlichen Figuren niedere Lebensformen der organischen Welt darstellen, scheinen die ständigen Verwandlungen Coppelias gerade nicht der Natur anzugehören, sind sie doch von dem Streben motiviert, sich so weit wie nur möglich vom *Natürlichen* zu entfernen:

> Jeg sammenlignede med sommerfugles og haletudsers forvandlinger og fandt naturen langsomt og asketisk ved siden af hende, der den ene dag var forførerske i guldindvirkede pludderbukser og den næste dag sendte mig et smalt lumsk blik fra snigmorderkappens hætte (56).

Alles, was an Coppelia formlos, weiblich und *natürlich* ist – ihr Schnaufen, ihre „duvende slubrende sprog" (55) und ihr Körper, der im Schlaf „enhver fasthed og rytme" (53) verliert, wird schließlich immer mehr in eine feste, maskulinandrogyne Form überführt: „The modern mannequin of window or runway is an androgyne, because she is femaleness impersonalized by masculine abstraction", „femaleness sublimized by becoming harder and more concrete".[57] Als erstes verschwinden die „lette skrøbelige stoffer" und weiblichen Kostümierun-

---

[54] Bergman, *Persona*, S. 15. Vgl. hierzu auch Anne Birgitte Richard, die in „fremmedgørelse og tingliggørelse i et moderne samfund" bei Willumsen den ‚Gegensatz zwischen Schein und Sein' sieht, der auch an den ‚Gegensatz zwischen Formlosigkeit und Form gekoppelt ist', in: dies., „Den æstetiske detalje. Modernitetens form og køn hos Dorrit Willumsen", in: Anne Sejten/Erik Svenden (Hrsg.), *Detaljen – tekstanalysen og dens grænser I* (Frederiksberg 1999), S. 247f.
[55] Nach dem Ballett *Coppélia ou la fille aux yeux d'émail* (1867/1870) von Léo Delibes, das von E.T.A. Hoffmanns *Der Sandmann* inspiriert ist.
[56] Ib Johansen vergleicht den Erzähler ganz passend mit der Figur des Helmer in Ibsens *Et dukkehjem*, Johansen, *Sfinksens forvandlinger*, a.a.O., S. 192f.
[57] Paglia, *Sexual Personae*, a.a.O., S. 69f.

gen aus dem Ankleidezimmer Coppelias, die vor ihrer endgültigen Verwandlung in einen Androgyn als phallischer „ung ridder med lange fjedrende skridt" auftritt, in „maskuline dragter" und „lange ridtmesterstøvler" (60).

Coppelias Transformation in eine Puppe repräsentiert die parodistische Umkehrung der Transformation von puppenhaft-schönen, schlafenden Jungfern und Prinzessinnen im Märchen – Dornröschen und Schneewittchen, die von staunenden Prinzen erweckt und in Ehefrauen und Mütter verwandelt werden.

Zuletzt wird Coppelia nun doch „mærkelig asketisk og rent" (59), ein künstliches Wesen, das ‚nur vor der Kamera lebt': „Kun foran cameraet levede hun. De stadige skiftende fotografer dirigerede hendes bevægelser, og det slog mig", so der Erzähler, „at der ved hendes forvandlinger var noget dukkeagtigt og kunstigt" (61). Durch die Arbeit der Fotografen – und nicht zuletzt durch den Ich-Erzähler selbst – wird Coppelia genauso in ein flaches Stück Papier verwandelt wie die Frau des Erzählers in „Nostalgiske robotter", die in dessen Imagination übers Gras verschwindet „som et stykke papir man taber". Wie die Erzählerin in „Voksdukken", die sich nicht vorstellen kann, dass die Körper ihrer Eltern innen „hede gådefulde landskaber med blåt, grønt og rødt" sind, sondern stattdessen „hele vejen igennem af papir", bringt der Erzähler hier zum Ausdruck, dass Coppelia, die aus dem Taxi steigt „some dukken af sin æske", scheinbar nichts als Oberfläche ist, „blid og ubevægelig som papmache" (61):

> ... jeg tænkte, at hendes forvandlinger måske alligevel var noget organisk – at hun måtte rumme salte brændende landskaber – savannen – urskoven – ørkenen. Jeg længtes efter at lære alt det at kende. Men Coppelia var tavs. Hun drømte med huden. Hun udtrykte sig ikke i ord (56).

Ist seine Frau stumm, so redet er selbst dagegen umso mehr: „Med mig var det anderledes. Jeg talte meget. Især talte jeg om mine planer for fremtiden" (56f). Coppelias ‚Stummheit' und ihre *Modellierung* durch die männlichen Macher entsprechen der Schaffung von künstlichen stummen Frauen, wie sie in Ovids *Pygmalion* als belebte Elfenbeinstatue und in der jüdischen Mythologie als eine im Beisein Adams von Gott modellierte ‚erste Eva'[58] auftauchen. Als hölzerne Gestalten treten sie in Hoffmanns *Der Sandmann* und in Jean Pauls *Einfältige aber gutgemeinte Biographie einer neuen angenehmen Frau von bloßem Holz, die ich längst erfunden und geheiratet* (1789) auf, wo der Ich-Erzähler die „glückliche Stummheit"[59] seiner selbstgebauten Ehefrau preist.

---

[58] Deren organische ‚Landschaften' unter der schönen Oberfläche Adam anekeln, vgl. die entsprechenden Passagen in Granke-Graves/Patai, *Hebräische Mythologie*, a.a.O., S. 81.

[59] Jean Paul, *Einfältige aber gutgemeinte Biographie einer neuen angenehmen Frau von bloßem Holz, die ich längst erfunden und geheiratet*, in: Klaus Völker (Hrsg.), *Künstliche*

Coppelias Verwandlungen repräsentieren die Transformation von Natur in Kunst, von etwas Organischem in etwas Anorganisches. An ihren Spiegel hängt sie einen Zettel in ihrer ‚großen kindlichen Schrift' („med hendes store barnlige skrift"), auf dem sie gegen Sexualität und den Schmutz der menschlichen Existenz protestiert:

> Kastrer mændene
> Steriliser kvinderne
> Spræng sædbankerne i luften
> Lad ingen komme til skade
> Stands forureningen
> Lidelsen
> Svineriet
> Lad os endelig få plads til at græde
> I de offentlige trafikmidler" (61).

Doch auch die Tränen, für die sie einen „plads" fordert, haben keinen Raum in einer solch futuristischen Welt. Die Protagonistinnen in „Smil Gisela" und „Esterelle" aus Willumsens *En værtindes smil* (1974), die wie Coppelia ihre Gestalt verwandeln, sind verunsichert von der sonderbaren Flüssigkeit, die aus ihren Augen rinnt – Tränen, die die perfekte Pose, das „altid samme blide robotsmil. Klædeligt og perfekt"[60] auflösen. In Giselas und Esterelles Welt fährt man in die Klinik, wo äußere Erscheinung, Alter und Geschlecht verändert werden, um dem Zerstörungswerk sonderbarer Flüssigkeiten entgegenzuwirken. Wie das Fotomodell Coppelia nimmt die Vergnügungshostess Esterelle ständig andere Stellungen, Maskeraden und Posen ein, ist Vogel, Katze, Maus, Fisch, Hai, Mond und wird von der regressiven Vorstellung heimgesucht, sich selbst in einen der kleinen runden Tropfen, die aus ihren Augen rinnen, zu verwandeln und zu verschwinden:

> Jeg bliver mindre og mindre. – Jeg trækker proppen ud af badekarret med tæerne ... jeg bliver stadig mindre og mindre. Jeg ruller mig sammen som en lille kugle. Bare en lille, lunken dråbe, der forsvinder ud gennem badekarrets afløb. Det er ikke ubehageligt. Men jeg ved ikke, hvor jeg kommer hen (Esterelle, 125).

Als Coppelia ohne Koffer aus der gemeinsamen Wohnung abreist, hinterlässt sie nichts Persönliches, „kun et par kostumer", die wie die leeren Puppenhüllen von Insekten „sammensunkne og støvede" auf dem Boden liegen: „Det ene af dem var en narredragt af grønt fløjl, som jeg aldrig havde set hende bruge" (62). Ein Narrenkostüm? Ist Coppelia es leid, als Model auf der Bühne den Hofnarren für die pathologischen Phantasien der anderen zu spielen? Liegt in

---

Menschen: Über Golems, Homunkuli, Androiden und lebende Statuen (Frankfurt/M. 1994), S. 165.
[60] D. Willumsen, *Ni Liv. Udvalgte Noveller* (1982), „Smil Gisela", S. 92, „Esterelle", S. 127.

der Rede vom ‚Narrenkostüm' auch ein selbstreflexiver Verweis auf den parodistischen Charakter der Erzählung, deren scheinbar peripherer Ich-Erzähler den Leser als dessen Spiegelbild narrt, indem er – wie Hamlet, der den Totenschädel Yoricks, des Hofnarren, betrachtet – seine eigene Negativität maskiert?

Am Ende geschieht, was der Ehemann sich nie vorgestellt hat – hat er wirklich nicht? – „at hun en dag selv ville søge sin fremtidige form, og at en ny skikkelse skulle bryde frem af hendes tavse matte hud, uden at jeg ville være i stand til at påvirke den" (58).

Nachdem er einen Brief von seiner Frau erhalten hat, fährt er zu dem stromlinienförmigen, futuristischen Gebäude am Meer, in dem neue Wesen durch Transformation geboren und vermehrt werden, ganz ohne den Schmutz der Sexualität. Er geht zuerst am Strand entlang, in der Hoffnung, die frühere Coppelia hier zu finden: „Jeg vil finde hende her, tænkte jeg, hun vil sidde og ryge sine hvide cigaretter, og bag hende vil der være en hel koncert af ønsker" (63) – was für Wünsche und wessen Wünsche?

Schließlich betritt er doch das Gebäude, eine Art Klinik oder Fabrik mit Stahltür und ‚großen weiten Räumen', in denen alles ‚hart und hell' ist ohne eine Spur von Leben:

> Glas, metal, vinyl og materialer, jeg slet ikke kendte, lyste i skingre farver, og rummene, der havde alle mulige geometriske former, lignede kun hinanden ved at være umådelig store og tomme ... Jeg syntes næppe, jeg mødte tegn pa liv (63).

Die Beschreibung erinnert an die Phantasien über die anorganische ‚Harmonie der Dinge' und die stummen Stuben, denen sich der nekrophile Protagonist in „Tingene" hingibt.

Nach längerem Warten sieht der Erzähler aus einer Wand eine Anzahl Wesen herauskommen, die sich in einer Art ‚Spiegelsystem' („spejlsystem") bewegen und durch ihre Bewegungen „stadig flere ny og fuldkomne væsner" (64) hervorbringen, sodass der Beobachter zunächst nicht feststellen kann, ob es vielleicht „kun ét eneste væsen fanget i en fælde af spejle" ist. In der Vergangenheit hat er darüber spekuliert, was am Ende aus den vielen Metamorphosen seiner Frau herauskommen würde: „Boblen ville briste, og ud af de mange forvandlinger ville der komme en lille mager kvinde stinkende ud af munden som en syg kat" (60).[61] Als er dabei ihren „dukkenavn Coppelia" flüstert, fallen ihm „andre næsten glemte navne" (60) ein: Lots Frau, die in eine Salzsäule verwandelt wird, Daphne, die zu einem Lorbeerbaum wird und Eurydike, die nach einem Schlangenbiss im Reich der Schatten verschwindet – Frauengestalten, die durch männliches Begehren und Erzählen ihre Gestalt verändern,

---

[61] Vgl. hierzu auch die entsprechende Stelle in „Esterelle" in *Ni Liv*, a.a.O., S. 123: „Du er en elendig kat, Esterelle. Du stinker. Dine knurhår er våde. Du har spist ost. Du er af den slags katte, man renligt og brutalt smider ud ad vinduet".

verstummen und durch ihren Tod in unsterbliche Kunstwerke verwandelt werden.

Ein solches Kunstwerk ist auch Coppelia am Ende ihrer Verwandlungen geworden. Fasziniert und gleichzeitig von einem unheimlichen Schauer ergriffen, betrachtet der Erzähler die perfekten puppenartigen Wesen, deren Knochen die membranartige ‚goldene' und ‚matte' Haut ‚gleichsam von innen erleuchten' („ligesom oplyste dem indefra"). Ihre Glieder sind ‚zart und leicht' („spinkle og lette"), die Haltung ‚rein und frei' („ren og fri"), die Schädel blank und von ‚ausgesuchter Form' („udsøgte form"), die Geschlechtsorgane von kleinen blanken Metallplättchen bedeckt: „Men der var ved deres nøgenhed hverken noget mangelfuldt eller udfordrende" (64).

Die in ihrer Spiegelwelt wie in einem gläsernen Sarg gefangenen Wesen entsprechen Sandra Gilberts und Susan Gubars feministischer Analyse von Schneewittchen als „eternally beautiful, inanimate *objet d'art* patriarchal aesthetics want a girl to be", ein ‚Kunstobjekt', das seinen Sarg verlässt, „only to be imprisoned in the looking glass from which the King's voice speaks daily".[62]

Die Beschreibung des Erzählers, die an die früher gefallenen Worte „mærkelig asketisk og rent" (59) erinnert, liest sich wie ein Echo der Nekrophilie von Karen Blixens mumifiziertem Narziss Baron von Brackel, der in einem konservierten, in ein ästhetisches Objekt verwandelten marmorweißen Schädel seine puppenhafte Geliebte einer Nacht sieht: „Det blanke, hvide Ben lyste under Lampen saa klart og ærligt, saa rent. Og i Sikkerhed".[63] Wie von Brackels imaginierte Verwandlung Nathalies, der ‚Natürlichen', in Kaiser Hadrians Jüngling Antinous, illustriert auch Coppelias Androgynität die „Verschleierung des Weiblichen bei der Frau":

> Der Androgyn ist ein als Frau verkleideter Phallus; indem er die Differenz ignoriert, ist er die hinterlistigste Maskerade für die Liquidierung der Weiblichkeit.[64]

Willumsens namenloser Erzähler und Blixens Aristokrat sind die Fortsetzung des Märchenprinzen am Sarg der konservierten schlafenden Schönen.

Auch die Metamorphose Coppelias ist eine „Darstellung des weiblichen Todes, in der die Verdinglichung, Entpersonalisierung und Opferung der Frau zum Ausdruck kommt", wodurch „der weibliche Tod eine Analogie zu dem Schaffen eines Kunstwerkes" bildet „oder die gleiche Funktion [einnimmt] wie ein Kunstwerk".[65] Willumsens Erzählung lässt sich in Beziehung setzen zur

---

[62] Sandra M. Gilbert/Susan Gubar (1979), *The Madwoman in the Attic* (New Haven/London 2000), S. 40, 42.
[63] Blixen, *Syv Fantastiske Fortællinger*, a.a.O., S. 84.
[64] Julia Kristeva, *Geschichten von der Liebe*, a.a.O., S. 73.
[65] Bronfen, „Die schöne Leiche", in: Berger/Stephan, *Weiblichkeit und Tod in der Literatur*, a.a.O., S. 90.

„ästhetischen Diskussion" Elisabeth Bronfens „über die Bedingungen des Kunstschaffens":

> über die reizvollen Gefahren, Lebendiges in Kunst zu übertragen, über die ambiguöse Forderung der Kunst, lebende beseelte Materie in nicht belebte Form umwandeln zu müssen. Die schöne Leiche erhellt, in diesem Licht gesehen, explizit die verbindende Schwelle zwischen Tod und Kunstproduktion (...) Als reiner Körper ist sie, semiotisch gesehen, Figur, d.h. ein rhetorisches Stilmittel ohne eigene auszeichnende Gesichtsmerkmale, eine beliebige Leere, endlose Projektionsfläche, völlig Spiegel.[66]

Ist auch Willumsens Erzähler einer jener Künstler, die ihr Objekt in ein *Modell*, in ein Bild, ein Stück Papier, eine Erzählung oder in einen blanken Schädel verwandeln, ein weiterer Orpheus, der seine Eurydike im Reich der Toten zurücklässt und ihre Geschichte in ein Stück Kunst verwandelt? Am Beispiel der grotesken missglückten Puppe, die Oskar Kokoschka als Fetisch, als „Entwurf einer idealtypischen, d.h. willfährigen Frau" anfertigen ließ und die am Ende verlacht und zerstört im Garten landete, zeigt Renate Berger die Ähnlichkeit zwischen Orpheus und Pygmalion, dessen Geschichte Teil der Gesänge des Orpheus ist:

> ... wie alle frühen Versuche, Alma Mahler zu ‚formen', verfehlte er in der Puppe ebenfalls sein Ziel. Solch ein Formwille zwingt das weibliche Objekt zur Flucht oder in eine Metamorphose, die, falls es sich um ein Lebewesen handelt, mit Absterben oder Tod, wenn es um eine Puppe geht, mit deren Zerstörung endet. Jeder Formwille ist auch destruktiv; denn Auswahl, Kombination setzen die Absage an eine Gesamtheit, an Teile des in der Realität vorgefundenen heraus (...) Künstliche Frauen rufen die Erinnerung an reale Lebewesen um so heftiger zurück, als man sie zu leugnen sucht.[67]

Der Erzähler ist nicht nur Orpheus vergleichbar, sondern auch dem Hysteriker Hamlet, der Ophelia dem Untergang preisgibt und an ihrem Grab melancholisch um den Verlust des Liebesobjekts trauert. Die Haltung des Ich-Erzählers, der von Normalität träumt, suggeriert Ratlosigkeit angesichts der selbstzerstörerischen Transformation seiner Frau: „Også i sagnene gjorde man det forkerte, og forvandlingerne var mystiske, stumme og uafvendelige" (60f).[68] Seine hilflose Betroffenheit und scheinbare Normalität laden den Leser zur Identifikation mit der Erzählperspektive ein, die den „Durchschnittsmenschen" repräsentiert, „in dem jeder (oder fast jeder) Leser sich erkennen kann", so Tzvetan

---

[66] Dies., S. 91.
[67] Renate Berger, a.a.O., S. 289.
[68] In Willumsens Erzählung „Poppaeas Billede" wird die Verwandlung eines Jünglings geschildert, auf den der größenwahnsinnige Kaiser Nero das Bild seiner von ihm selbst ermordeten Gattin Poppäa projiziert. Durch Kastration und Maskerade wird der Jüngling sowohl seiner Männlichkeit als auch seiner Menschlichkeit beraubt und in ein Bild verwandelt, am Ende ohne Nutzen, „noget skrøbeligt glasagtigt og allerede næsten glemt" (in: *Modellen Coppelia*, a.a.O., S. 131).

Todorov. Todorov sieht in dieser Identifizierung nicht „ein individuelles psychologisches Spiel", sondern einen „Mechanismus, der dem Text immanent ist, eine strukturale Inschrift": „Auf diese Weise dringt man auf dem direktesten Wege ins Universum des Fantastischen ein".[69] In dieser Spiegelung des Lesers im Erzähler liegt etwas Irritierendes, eine *stumme* Warnung – die vage Wahrnehmung unseres eigenen sensationslüsternen, gefräßigen Voyeurismus. Hinter der Erzähler-Maske von Rationalität und Wohlüberlegtheit verbirgt sich etwas Infantil-Narzisstisches, das im Fetisch der einbalsamierten Brüste zum Ausdruck kommt, mit welchen er seine Erzählung einleitet – die Körperteile, die ihn offensichtlich als einziges an seiner Frau fasziniert haben. Das Phantasma der Zerstörung und Wiederherstellung des weiblichen/mütterlichen Körpers in Form eines Kunstwerks, speziell der Brüste, die der Erzähler zu Beginn als „ubrugte og ubrugelige" (52) Gegenstände kennzeichnet, erinnert stark an die infantilen Phantasien der ‚guten' und der ‚bösen' vorenthaltenden Mutterbrust.[70] Dieses Phantasma korrespondiert mit den sadistischen Zerstörungs- und Wiedergutmachungsphantasien, die Melanie Klein im Zusammenhang mit der paranoid-schizoiden Position und der manisch-depressiven, von Schuldgefühlen bestimmten und um die Wiederherstellung des zerstörten Liebesobjekts kreisenden Position des Kindes als Frühstadien des Ödipus-Komplexes beschrieben hat. Solche infantilen Ängste und Impulse sowie die von Freud und Fromm mit dem Todestrieb in Verbindung gebrachte Fixierung auf tote anorganische Objekte und Leichenteile liegen ganz wesentlich dem unheimlichen Element in „Modellen Coppelia" als „Wiederkehr des Verdrängten"[71] zugrunde. Das paranoide, oral-sadistische und kannibalische Element der Erzählung wird umso deutlicher, wenn man die Novelle „Knagen" als Intertext heranzieht, wo der Protagonist seine Frau als Insekt und Meeresgetier wahrnimmt. Wahrnehmung und Darstellung solcher Erzähler und Reflektoren entsprechen Salvador Dalís „‚polymorph-perversen' und ‚kannibalisch' mitessenden projektiven Beschauern".[72] Höchst relevant sind in diesem Zusammenhang Peter Gorsens Bemerkungen zum Zusammenhang zwischen Dalís Erotismus und der Warenästhetik des Kapitalismus, der, so Gorsen, „in Dalí einen Verbündeten gefunden hat":

> Die Waren produzierende Gesellschaft hat die dalísche *barbarie du comédon* eingeholt und als Prinzip der Konsumerotik sanktioniert … Die Befriedigung der Lust wird auf

---

[69] Todorov, a.a.O., S. 76f.
[70] Melanie Klein, *Das Seelenleben des Kleinkindes*, a.a.O., S. 145ff.
[71] Sigmund Freud, „Das Unheimliche", S. 168.
[72] Peter Gorsen, „Konstruktion des ästhetischen Hedonismus. Zum Mechanismus der gesellschaftlichen Manipulation der surrealistischen Phantasie", in: Dalí, *Unabhängigkeitserklärung*, a.a.O., Abschnitt 14, S. 499.

die Waren projiziert, die als Surrogate für die Sexualziele fungieren und die sinnlichen Qualitäten der frühkindlichen prägenitalen oder sogar pränatalen Libido imitieren.[73]

Eine solche Ware ist auch das Model(l) Coppelia, das der ‚Vorformulierung' Dalís der „warenspezifischen Sexualisierung der Frau zur Wunscherfüllung des Mannes" entspricht:

> 'Die Frau wird durch Auseinandernehmen und Entstellung ihrer Anatomie gespenstig (*spectral*) werden. Der ‚zerlegbare Körper' (*corps démontable*) ist die Hoffnung und eiskalte Erfüllung des weiblichen Exhibitionismus, der erbarmungslos analytisch werden wird, indem er erlaubt, alle Körperteile einzeln zu zeigen (...), um sie stückweise zu verzehren'. Diese Aussage ist tatsächlich eingetreten; die Frau als Lustobjekt der sadistischen Phantasie des Mannes gehört heute zum erotischen Inventar der Warenästhetik (...) Heute bietet sich zur allgemeingültigen Illustrierung des Lustmordes und erotischer Zerstückelungsphantasien auch der gesellschaftliche Bezug auf die Konsumästhetik an, die ebenso auf das Gefräßige wie selber Verspeisbare der Sinne, auf den Kannibalismus und Infantilismus der *libido sexualis* regrediert.[74]

Dies ist das Muster infantiler, oralsadistischer Partialtriebe – sich im Spielzeug spiegeln, es zerstören, verspeisen, sich einverleiben.

Coppelias *Verpuppung* bringt in der antinomischen Doppelbedeutung des deutschen Begriffs sowohl ihre Verwandlung in einen künstlichen, puppenhaft-perfekten Menschen als auch ihre insektenähnliche Regression in einen larvenhaft-erstarrten und vorindividuellen Zustand zum Ausdruck. In dem sonderbaren Geburtshaus am Meer erfüllt sie nicht den narzisstischen Wunsch ihres Mannes, der der natürlichen Reproduktion inhärent ist – nämlich Kinder als Spiegelbilder der Eltern zur Welt zu bringen: „En datter, der lignede min blonde Coppelia, og en søn, der lignede mig" (57). Stattdessen vervielfältigt sie sich in dieser sanatoriumsartigen ‚Klinik' oder Fabrik auf imaginäre Weise in Spiegeln als ätherische Kreatur bzw. *wird* vervielfältigt und schlüpft mit anderen weiblichen Wesen insektenartig aus einer Wand, wobei sich „alle sammen i takt" (64) bewegen, wie eine Schar Schaufensterpuppen auf einem Fließband. Das Model ist zum Modell geworden – zum Serienmodell, das seinen Betrachter „med Coppelias hårde ædelstenagtige blik" (65), mit den „store næsten alt for safirblå øjne" (54) anschaut: mit den Glasaugen der Automate. Die Idee der künstlichen Frau als Serienmodell steht in der Tradition von Jean-Marie Villiers de l'Isle-Adams Roman *Die Eva der Zukunft* (1886). Dort preist der fiktionalisierte Erfinder Edison die Vorzüge seiner im Wesentlichen aus Edelmetallen bestehenden Androide Hadaly:

> Nur die erste Androide war schwierig herzustellen. Jetzt, da die allgemeinen Gesetze für dieselbe festgestellt sind, handelt es sich nur noch um die Frage der Ausführung. Dass

---

[73] Ders., S. 499f.
[74] Ders., S. 500f.

sie nach Dutzenden fabriziert und der erste beste Industrielle eine Manufaktur von Idealen eröffnen wird, ist gewiss nur mehr eine Zeitfrage.[75]

Weder männliche noch weibliche Sexualität werden hier noch gebraucht. Stumm überreicht Coppelia dem Erzähler ihre amputierten Brüste. Ihr haarloser glatter Körper „i ægform" (64), die weitgehende Auslöschung ihrer individuellen Merkmale und die ‚leuchtenden' Knochen unter der ‚membranartigen' Haut repräsentieren auf unheimliche Weise sowohl etwas Skelettartiges und Mumifiziertes als auch etwas Embryonales, Larvenartiges. Die nekrophile Wahrnehmung der Knochen korrespondiert hier mit Salvador Dalís Beschreibung der „beunruhigenden Röntgenaufnahme des Skeletts meiner Geliebten, auf der sie schöner und zarter aussieht als auf ihren besten Photos mit feinen durchsichtigen Bekleidungen".[76] Coppelia repräsentiert eine Vision des künstlichen Körpers im *Fin de siècle* des 20. Jahrhunderts, das die romantischen und symbolistischen Phantasmen des Femininen weitertreibt. In ihrer abschreckenden und zugleich faszinierenden neuen Gestalt sie phantasmatisches Spiegelbild ihres männlichen Betrachters, Wunsch- und Abwehrprojektion in einem. Wenn dieser Beobachter bemerkt, dass jene künstlichen Wesen in der Spiegelwelt des Imaginären ‚ab und zu nacheinander' greifen („de rakte af og til ud efter hinanden"), ‚meistens jedoch nach sich selbst' („mest efter sig selv", S. 64), so scheint diese Bemerkung gleichzeitig auch *entlarvend* in Bezug auf ihn selbst und seine infantil-narzisstischen Projektionen zu sein. Diese nämlich lassen sich als Symptom und Symbol für die „Abwesenheit eines hartnäckig in Anspruch genommenen Gefühls"[77] lesen, das Orpheus bei seiner Reise in die Unterwelt beschwört – „Amor hat gesiegt":[78]

> Die Rede des Orpheus, die Rede Pygmalions, die in Gerüchte und Geschwätz versickernde Rede Kokoschkas bilden einen Wortteppich, dessen strahlende Muster nicht darüber hinwegtäuschen, dass er an den Rändern auszufransen droht. Als Teil solcher Muster besiegelt die Puppe ein von Männern ersehntes Verstummen des andern Geschlechts. So ist die zurückgewiesene Gattin des Orpheus – die Statue Pygmalions – ‚die stille Frau' eines Kokoschka nichts als Gleichnis: ‚symbole de l'absence de l'amour'.[79]

Das Ende von „Modellen Coppelia" beschwört dasselbe Bild der Vergeblichkeit der Liebe herauf wie das Ende von Karen Blixens „Den gamle vandrende ridder", in welchem Baudelaires Gedicht „Amor und der Schädel" widerhallt und als weiterer intertextueller Raum hinter diesem der lächelnd und triumphierend an einen Totenkopf angelehnte infantile Amor auf Hendrik Goltzius'

---

[75] Vgl. Villiers de l'Isle-Adam, *Die Eva der Zukunft* (Frankfurt/M. 1984), S. 181.
[76] Dalí, „Das konvulsivisch Schöne", in: *Unabhängigkeitserklärung*, a.a.O., S. 478.
[77] Berger, a.a.O., S. 290.
[78] Ovid, „Orpheus und Eurydike", *Metamorphosen*, a.a.O., 10. Buch, 26, S. 225.
[79] Berger, a.a.O., S. 290.

Holzschnitt *Homo Bulla*. Die Femme fatale als ‚Tigerin', ‚Schlange', ‚Zigeunerin' und ‚Meuchelmörderin' ist hier nicht länger Täterin, sondern Opfer der demiurgischen Künstler, Modellierer, Modeschöpfer und Schönheitschirurgen, die an der fetischisierten Eva-Puppe herumbasteln. Als „passives Objekt der Verdinglichung"[80] tanzt sie stumm im Puppenballett jener Narzissten, die Amor anrufen und damit nur sich selbst und ihr eigenes Begehren meinen.

„Modellen Coppelia" entspricht dem, was Horst Lederer in *Wahnsinn und Phantastik* als ‚phantastische Liebesgeschichte' bezeichnet hat.[81] Willumsens Ich-Erzähler bleibt in seiner narzisstischen Fixierung verhaftet, mit der er auch die „Aneignung der archaischen mütterlichen Macht" vollzieht, indem er die konservierten Brüste an sich nimmt und sich der „enthusiastischen Schau eines unsterblichen und unwandelbaren Objekts"[82] hingibt – eines Objekts, das nun sowohl die krudere homosexuelle Erotik des muskulösen Männerbündels zu Beginn der Erzählung als auch das ‚ein wenig ordinäre Mädchen in himmelblauer Wolle mit Brüsten wie kleinen Tieren' transzendiert hat.

Das Model(l) Coppelia als Sexualfetisch und dessen Betrachter ähneln den mechanischen „Ikonen der Versagung und Vereinsamung"[83] des deutsch-amerikanischen Malers Richard Lindner aus den 1960er und 70er Jahren. Willumsens Puppenfrau korrespondiert mit Lindners karikaturähnlich verfremdeten „monströsen Mannequins und Puppenmenschen", die – häufig mit fetischartig entblößten Brüsten – „im Bild für einen sichtbaren oder unsichtbaren Beobachter [posieren], der sein Lustobjekt nie wirklich besitzt. Vielleicht will er teilnehmen ... er scheint jede Kleinigkeit des fixierten Objekts zu kennen; aber die Momentaufnahme der aggressiven Haltung zeigt ihn passiv, aktionslos, von Interaktion ausgeschlossen, paralysiert".[84] Lindners ambivalenter „Puppen- und Attrappenfetischismus, der den manipulierten Menschen ästhetisch schön erscheinen lässt und in einen fetischhaften Andachtsraum stellt",[85] lässt sich auch in der Haltung von Willumsens Erzähler identifizieren, der ‚ehrfürchtig' die gold-glänzenden, in ihrer imaginären Spiegelwelt eingeschlossenen Kunstwesen betrachtet. Hat Coppelia zuvor den phallischen Vamp in „støvler. – Altid støvler" (S. 52) gemimt, eine Karikatur des weiblichen Vampirs und der „regressiven Ikonen der gestiefelten und gespornten Männer verschlingenden Magna Mater",[86] so ist ihr Betrachter ein „Blickvampir". Er ergreift sein Opfer

---

[80] Hierher passende Formulierung bei Bronfen, „Die schöne Leiche", a.a.O., S. 97.
[81] Zur Definition der ‚phantastischen Liebesgeschichte' vgl. Horst Lederer, *Wahnsinn und Phantastik*, S. 358.
[82] Kristeva, *Geschichten von der Liebe*, a.a.O., S. 77.
[83] Peter Gorsen, *Sexualästhetik* (1987), S. 265. Interessanterweise illustrierte Lindner in den 1940ern auch eine englische Ausgabe von E.T.A. Hoffmanns Novellen.
[84] Ders., S. 265f, 266.
[85] Ders., S. 266.
[86] Ders., S. 268.

nicht mit den Zähnen, sondern mit den „aufspießenden Blickstrahlen des Voyeurs und Spanners, die das Opfer in fetischistische Details und Zonen zerlegen". Die „primär weiblichen Puppenmenschen" sind, so Gorsen, „fast immer sexuelle Zwitterbildungen: Sie demonstrieren das Körperbild der Frau in der Verfremdung der phallischen Wunschphantasie des Mannes, des aggressiven Voyeurs und Blick-Vampirs, der es betrachtet oder sich vorstellt".[87]

Wie im Fall des Erzählers von „Nostalgiske robotter" bleibt unentscheidbar,[88] ob „Modellen Coppelia" eine sozialsatirische Anti-Utopie zeichnet oder lediglich eine surreale Fantasie und grotesk-verzerrte Wahrnehmung, die das reale Objekt durch die Phantasie entstellt. Beobachten wir in „Modellen Coppelia" den Verlauf einer psychischen Entwicklung, die in den großen, weiten, hellen und leeren Räumen des Irrenhauses endet? Eine weibliche *oder* eine männliche Psychose, die Menschen in Puppen oder Körperteile in Tiere beziehungsweise in konservierte Kunstobjekte verwandelt? Oder eine weibliche *und* eine männliche Psychose – wie im Fall von Margaret Atwoods „Polarities", wo der männliche Rationalist seine eigene Fragmentierung in der Psychose seines „dream girls" gespiegelt sieht? Die Erzählung liest sich wie eine Fortsetzung des Wahnsinns von Hamlet und Ophelia, von Olimpia und Nathanael, Hoffmanns Studenten und Künstler, der im *objet d'art* der stummen, toten Puppenfrau sein ästhetisches Ideal erblickt und darin zugleich seine eigene imaginäre Zerstückelung und Regression gespiegelt sieht.

Eine Steigerung von Coppelias Verwandlungsprozess präsentiert Dorrit Willumsen in der Figur der Androide Bianca in der Anti-Utopie *Programmeret til kærlighed*. Expliziter als in „Modellen Coppelia" werden dort die mythischen Gestalten Orpheus und Eurydike als Bezugsakteure verwendet. Der Wissenschaftler Orf und dessen Frau Dica repräsentieren Paradebeispiele für Erich Fromms kypernetischen, nekrophilen und narzisstischen Menschen in einer kapitalistischen, von Umweltverschmutzung bedrohten Konsumgesellschaft. Orf befriedigt seinen Narzissmus im Labor bei seiner Arbeit mit genmanipulierten Insekten, von deren roboterartigen Chitinpanzern und Verhaltensweisen er fasziniert ist. Dica hingegen verbringt ihre Tage im Konsumrausch, den sie mit ihrer Kreditkarte befriedigt, und mit narzisstischer Körperpflege, während ihr und Orfs gemeinsames Kind von Robotern betreut wird. Diese automatischen Ersatzeltern sind zuweilen genauso Furcht einflößend wie die wimmelnden grauen Kellerasseln, die als infantile Angsttiere und urtümliche Roboter-

---

[87] Ders., S. 272f.
[88] Vgl. hierzu auch Ib Johansens Bemerkung zu „Voksdukken", die in gleicher Weise auch auf „Modellen Coppelia" zutrifft: „Teksten markerer i dette tilfælde lige til det sidste tvivl og usikkerhed med hensyn til de beskrevne hændelsers virkelighedskarakter, hvad der er i overensstemmelse med tekstens fantastiske karakter", ders., *Sfinksens forvandlinger*, a.a.O., S. 203.

vorbilder den kleinen Jungen im Garten in Angst und Schrecken versetzen. In *Programmeret til kærlighed* werden Automaten zu allegorischen Spiegelbildern der Menschen, die in einer Art Schattenreich existieren. Orf und Dica leben und liegen wie lebende Tote nebeneinander: „Som i to sarkofager hviler de uden at røre hinanden".[89] Der Leser wird im Laufe der Geschichte Zeuge der Entstehung zweier künstlicher Geschöpfe. Die einsame, ehrgeizige Ingenieurin Liv, deren sprechender Vorname durch ihre pervertierte Mutterrolle parodiert wird, konstruiert die Androide Bianca, wobei sie manchmal von leisen Zweifeln heimgesucht wird: „Ønsker jeg virkelig at overflødiggøre mig selv?"[90] Wie die metallische Hadaly in Villiers de l'Isle-Adams *Eva der Zukunft* ist Bianca „en drøm af køligt stål",[91] der die narzisstischen Bedürfnisse des Mannes befriedigen soll, atemberaubend schön, ewig jung, anorganisch rein, immer wohlriechend, weitgehend stumm, willig und verfügbar. Als weiße, leere Projektionsfläche für die Wünsche und Träume der Männer hat auch Bianca, die „Weiße", einen sprechenden Vornamen, der überdies an Eichendorffs „Das Marmorbild" erinnert, in dem eine junge Frau namens Bianka mit der Göttin Venus verwechselt wird. Auch bei Villiers de l'Isle-Adam wird auf die Vorzüge der künstlichen Frau als Projektionsschirm und Wunscherfüllung hingewiesen.[92]

Willumsens Roman, der ebenso wie „Modellen Coppelia" als Parodie auf Villiers de l'Isle-Adams Werk gelesen werden kann, ist besonders an den Stellen satirisch, an denen die Männer, die Bianca aufgabeln, ähnlich wie Hoffmanns Nathanael nicht bemerken, dass sie es mit einer Puppe zu tun haben und auf Heirat drängen. Bianca stellt ein Wunschbild dar, das aktuellen Perspektiven in Wissenschaft und Forschung zufolge in immer greifbarere Nähe zu rücken scheint.[93]

Der Wissenschaftler Orf, dessen Frau Dica die menschliche Version der synthetischen Bianca ist, züchtet in seinem Labor ein mutiertes Insekt, ein weiteres roboterähnliches Wesen, dessen „foruroligende sikre skønhed", „fin og usårlig"[94] mit der Biancas gleichgesetzt wird. Orfs Fixierung auf Insekten überträgt sich später auf Bianca, der er nach seiner Trennung von Dica begegnet.

---

[89] Willumsen, *Programmeret til kærlighed*, S. 29.
[90] Dies., S. 21.
[91] Dies., S. 15.
[92] Vgl. die Worte des Erfinders Edison an Lord Ewald in Villiers de l'Isle-Adam, *Die Eva der Zukunft*, a.a.O., S. 164: „Das ‚Bewusstsein' dieser Frau wird dann nicht länger die Verneinung Ihres eigenen sein, sondern jene seelische Verwandtschaft aufweisen, die Ihrer Stimmung gerade am besten entspricht. Ihre Liebe werden Sie in ihr widerspiegeln können … Hadalys Worte werden stets die Antwort auf Ihre Gedanken wie auf Ihr Schweigen sein."
[93] Vgl. David Levy, *Love and Sex with Robots. The Evolution of Human-Robot Relationships* (New York 2007); hierzu auch der Artikel „Liebhaber mit Platine" von Philip Bethge in der Ausgabe 50/2007 von DER SPIEGEL, S. 154–156.
[94] Willumsen, *Programmeret til kærlighed*, S. 110.

Der Puppenkörper der Titelfigur in „Modellen Coppelia" ähnelt nicht nur Dica und der künstlichen Bianca, sondern auch dem mutierten Insekt, das in Orfs Labor zur gleichen Zeit aus seiner Puppe schlüpft wie das Kind aus dem schwangeren Leib seiner Frau, die „sin tunge puppesøvn"[95] schläft und ihn zu anderen Zeiten manchmal „med insektets klare fuldkomne blik"[96] anzuschauen scheint: eine Parallele zu Coppelias ‚harten, edelsteinartigen, fast allzu saphirblauen' Automatenaugen. Orf, der von den roboterartigen „harniskklædte hære" der Insektenwelt gefesselt ist und manchmal davon träumt, „om at kunne forsvinde ind under en billes kitinpanser. At kunne se verden med en flues fuldkomne øjne", sieht in seinen nächtlichen Träumen die Körper von Insekten: „groteske og frygtindgydende som primitive gudebilleder".[97] Wie der Erzähler in „Modellen Coppelia", der seine zu einem schimmernden, mit Metallplättchen bedeckten Kunstgeschöpf mutierte Gattin in ihrer gläsernen Welt besucht, betrachtet auch Orf fasziniert seine phantasmatische, furchterregende neugeborene Mutation in ihrem Glaskäfig: „Jeg så dyrets skinnende krop. Den lange elegante giftbrod. De klare sårbare vinger. Og i bevægelserne insektets foruroligende effektive skønhed".[98]

Die faszinierte Obsession mit dem Anorganischen in Dorrit Willumsens Geschichten korrespondiert mit den Beobachtungen Anke Wortmanns im Zusammenhang mit Villiers de l'Isle-Adams *Eva der Zukunft*, nämlich

> dass bei den Bestandteilen der Androiden das Saubere, Feste, Harte, Undurchdringliche, Glatte, Metallische und Mineralische überwiegt. Der Gegensatz von fehlerhafter lebendiger Frau und idealem künstlichem Menschen verdoppelt sich somit im Gegensatz von Organischem und Anorganischem (…) in zentralen Passagen von Sartres *Nausée* finden sich analoge Denkmuster, wenn der Ekel an das Schlaffe, Wabbelige, Nebulöse, Verschwimmende geknüpft ist. Härte hingegen bringt den Ekel zum Verschwinden, im Idealfall wird er wie bei Sartre in Kunst sublimiert. *L'Eve future* schreibt sich in diese Reihe ein.[99]

In den Figuren des Orf sowie des namenlosen Ich-Erzählers und der anonymen Modeschöpfer und Photographen in „Modellen Coppelia" sind faustischer Wissenschaftler und narzisstischer Künstler vereint. Coppelias Metamorphose in eine Puppe und ihre Vervielfältigung im Spiegel entspricht dem Seelenmord

---

[95] Dies., S. 40.
[96] Dies., S. 39.
[97] Dies., a.a.O., S. 37ff.
[98] Dies., S. 40.
[99] Anke Wortmann, „Die künstliche Frau als Glücksversprechen. Die zweifelhafte Machbarkeit des Ideals in Villiers de l'Isle-Adams *L'Eve future*", in: QUERELLE: Jahrbuch für Frauen und Geschlechterforschung Bd. 9: *Menschenkonstruktionen. Künstliche Menschen in Literatur, Film, Theater und Kunst des 19. und 20. Jahrhunderts* (Berlin 2004), hrsg. v. Gisela Febel und Cerstin Bauer-Funke, S. 44.

und der unheimlichen Verwandlung von Miss Alicia Clary in ein Phantom, die in Villiers de l'Isle-Adams *Die Eva der Zukunft* ohne ihr Wissen eine Doppelgängerin in Gestalt einer seelenlosen Androiden bekommt. Der Erfinder Edison erscheint hierbei als eine Art Vorwegnahme und Verschmelzung von Bram Stokers Vaterfiguren Doktor Van Helsing und Dracula, indem er die somnambule Sowana in einer unterirdischen Höhle für seine Forschungen ausnutzt und als körperlose Stimme für seine Androide Hadaly hypnotisiert; Hadaly selbst schickt er als programmierte Doppelgängerin Alicias wie eine Vampirin und lebende Tote in einem Sarg auf eine Schiffsreise, bei der das ahnungslose Original und dessen Kopie jedoch untergehen. Edison, der unermüdlich die Vorzüge seiner anorganischen Androide gegenüber den erbärmlichen Schönheitstricks der echten Frauen anpreist, ist der *Fin de siècle*-Vorläufer von Erich Fromms kybernetischem, nekrophilen Menschen, der in Dorrit Willumsens Geschichten durch psychotische Wissenschaftler und Künstlerfiguren verkörpert wird. Die negativen Vaterfiguren und Ehemänner sind Repräsentanten paternaler *Père*-version. Als solche sind sie ebenso phantasmatisch und unheimlich wie die grotesken Objekte, in denen sie sich narzisstisch spiegeln.

KAPITEL VI
Phantasmatische Phallusprojektionen, Ungeziefer und Urszenen in Louis Jensens „Insektmanden"

Infantiler Sadismus, Blickvampirismus und phantasmatische ‚Verpuppungen' spielen als Manifestation surrealer Phallusprojektionen auch in der kurzen Erzählung „Insektmanden"[1] (1983) des dänischen Autors Louis Jensen eine zentrale Rolle. Die narrative Instanz basiert auf derselben infantil-narzisstischen, auf Verdinglichung fixierten Perspektive, die sich auch hinter der Maske des erzählenden Durchschnittsmenschen in Dorrit Willumsens „Modellen Coppelia" verbirgt.

Jensens Erzählung lässt sich als ödipale Phantasie lesen. Ein namenloser Ich-Erzähler schildert im Rückblick auf sein adoleszentes Selbst die Urphantasien des präpubertären oder pubertierenden Voyeurs – Urszene und Kastrationsphantasie. Weitere Phantasmen, die ebenfalls dem Bereich der Schauerfiktion angehören, sind belebte Puppen, eine mächtige Vatergestalt und das Gefängnis einer tragischen Sohn-Gestalt, eines Außenseiters, der die Identifikationsfigur des spionierenden Erzählers repräsentiert: „Måske fordi jeg også blev skubbet til side, overset og hånet, begyndte jeg at interessere mig mere og mere for Insektmanden. Men mere, tror jeg, fordi jeg anede, at han havde dyrebare hemmeligheder på loftet" (*Drageflyverne*, 71).[2]

„Der Insektenmann" liest sich wie eine diffuse Variation Hoffmannscher Puppen- und Kafkascher Verwandlungsphantastik. Ähnlich wie Professor Spalanzani in Hoffmanns *Der Sandmann* beherbergt der reiche Textilhändler Blok

---

[1] Erstmals veröffentlicht in: Knud Holten (Hrsg.), *Fantastiske fortællinger* (København 1983), später aufgenommen in Louis Jensens Erzählsammlung *Drageflyverne og syv andre historier* (København 1988), Zitate im folgenden aus letzterer Ausgabe. Die Erzählung ist von Stephan Michael Schröder ins Deutsche übertragen und in einer beim Suhrkamp-Verlag erschienenen Anthologie herausgegeben worden, in: *Der Insektenmann. Phantastische Erzählungen aus Skandinavien* (Frankfurt/M. 1990).

[2] Auch in weiteren Erzählungen aus Jensens Sammlung erscheinen kindliche Ich-Erzähler als Begleiter oder Beobachter dämonischer, tragischer und grotesker Künstlergestalten wie z.B. der Titelfigur in „Mannen i Vandkassen" oder der geheimnisvollen Klavierdame in „Klaverdamens hemmelighed", die in Wirklichkeit aus zwei aufeinander getürmten Schwestern besteht, von denen die eine einen schönen Oberkörper und verkrüppelte Beine und die andere schöne Beine und ein verkrüppeltes Gesicht hat.

künstliche Geschöpfe – eine Schar ausgedienter Schaufensterpuppen – auf seinem Dachboden, die die Phantasie und den Sadismus der pubertierenden Kleinstadtlümmel erregen. Der Dachboden ist zugleich auch die gefängnisartige Behausung des ‚Insektenmannes', der skurrilen Künstlergestalt, über die „de rå drenge" das Gerücht verbreiten, er sei der uneheliche Sohn des Textilhändlers, auf alten Stoffen „med en af de kasserede gipsmannequiner" (70) auf dem Dachboden gezeugt. Dieses Schauermärchen der älteren Jungen, das der Schauerphantasie der Ich-Erzählerin in Marie Hermansons *Värddjuret* gleicht, macht aus dem Insektenmann ein Kunstgeschöpf wie die Gipspuppen. Der fette reiche Textilhändler erscheint vage als tyrannischer, vampirischer Patriarch, der sich über die jungen Frauen der Kleinstadt hermacht. In der Phantasie des Erzählers wachsen sich die Frauen zu Puppen aus, wenn er sie heimlich bei Intimitäten mit Blok in dessen Büro beobachtet, „fnisende i en splinterny kjole ude fra vinduerne mod torvet" (77), in einem Kleid aus dem Schaufenster, an dem noch das Preisschild baumelt. Blok ist eine der negativen oder ambivalentunbestimmbaren Schöpfer- und Vaterfiguren, die an verschiedenen Stellen in Louis Jensens Werk auftreten, so z. B. in „De mærkelige billeder", der ersten Erzählung aus *Drageflyverne og syv andre historier*. Hier beobachtet der in einem Apfelbaum versteckte kindliche Erzähler einen rätselhaften Maler, der sich vorübergehend in einem von einem alten Garten umgebenen unbewohnten Haus niedergelassen hat. Der Beobachter geht in die imaginäre Welt des Malers ein, als er den Garten im Morgentau wieder betritt, der nun wie „et stort billede, der netop var blevet færdigt" wirkt: „Som om det var en akvarel, hvor farven endnu ikke var tørret" (*Drageflyverne*, 8). Unter den Hinterlassenschaften des Künstlers findet er einen Haufen Zeichnungen mit lebendig wirkenden Spatzen. Als er auf das Papier bläst, zerreißt es und die Spatzen fliegen davon. Nach und nach macht er eigenmächtig alle Vögel lebendig und wird im Herbst vom Vogelschwarm des letzten Bildes mit in die Lüfte hochgezogen, von wo ihn der Maler mit einem Gewehr wieder herunterholt. Ähnliches geschieht in „Vejrmageren". Hier schleicht sich der Erzähler ins „Elektriske Hus" vor der Stadt, dessen Wächter ein finsterer, gefürchteter Mann ist. In einem Kämmerchen entdeckt der Junge ein schwarzes Kästchen, mit dem man Wetter machen kann. Von nun an schleicht er immer wieder in das Haus, um Wolken, Wetter und zuletzt seine Mitmenschen zu manipulieren und dabei Allmachtsphantasien und Rachegelüste auszuleben. Doch seine Manipulationen machen die Welt nicht besser, und am Ende wird das geheimnisvolle Haus abgerissen und ein kleiner alter Mann holt das unheilvolle Kästchen ab, während er dem spionierenden Jungen mit dem Zeigefinger droht: „Her vendte han sig om og så med sine gamle, skinnende øjne hen på mig. Han løftede manende sin hvide pegefinger, rystede den truende, mens han smilte både advarende og venligt" (99). Von derlei Allmachtsphantasien und Rachegelüsten wird auch der Ich-

Erzähler in Jensens Roman *Alma* (2003) heimgesucht. Als Autor in der Agentur *Den Gode Skæbne* angestellt, dichtet der Außenseiter in einer Belegschaft aus „mislykkede romanforfattere" und „skæbnemagere" auf Bestellung maßgeschneiderte Schicksale – Zukunft wie Vergangenheit – für seine Kunden. Damit soll dem „uoprettelige savn" der „menneskene på jorden" abgeholfen werden, jener gefallenen „fortalte personer, som imidlertid blev kasseret af deres fortæller af den ene eller den anden grund".[3] Unter diesen Kunden befindet sich auch ein lüsterner verbrecherischer Geschäftsmann, der junge Frauen missbraucht und für seine Feinde grausame Todesarten dichten lässt, die sich in Wirklichkeit verwandeln. Dieser negativen Vaterfigur wird der Erzähler selbst immer ähnlicher, indem er die Frau, die er anbetet, zu einer Marionette seiner sadistischen Phantasien und Spielereien macht. Ein ähnlicher Phantast ist auch der Erzähler in „Insektmanden".

Die Geschichte beginnt und endet mit dem Bild einer riesigen Nadel. Vom großen Backsteinhaus des Textilhändlers ragt ein Giebelspieß über dem Marktplatz der Stadt in den Himmel. Am unteren Ende des Spießes befindet sich eine schwarze Kugel, die dem Spieß das Aussehen einer großen Stecknadel verleiht:

> Dengang jeg var dreng, boede Insektmanden på den rige manufakturhandler Bloks loft i Bloks store egendom på torvet. Dér hvor der var tivoli og gøgl om sommeren under Bloks stor murstenshus med det høje jernspir på gavlen ud mod torvet. Nederst havde spiret en sort kugle. Og derfra rejste den høje spidse jernstang sig mod skyerne. En stor nipsenål. Bloks nål (70).

Die überdimensionale Nadel ist als Symbol der phallischen Macht des Kaufmanns weithin sichtbar. Das Motiv gleicht der riesigen Rüstung des spukhaften Vorfahren in Horace Walpoles *The Castle of Otranto*, die den Sohn des Tyrannen Manfred zerschmettert. Gegen diese väterliche Autorität am Orte rebellieren die ‚großen, rohen Jungen' in „Insektmanden", indem sie des Nachts gelegentlich eine der Schaufensterpuppen aus Bloks Harem entführen und mit roher Gewalt zerstören:

> Om morgenen lå hun splittet ad inde i skuret. Jeg husker, at jeg fandt en stjålen mannequin en morgen. Armene var revet af. Hendes bryster var fulde af store sår fra deres knive. Hvide sår hvor gipsen var revet og brudt op. Og nederst, omkring den revne hun ikke havde haft før, var hun helt smadret. Der var kun hofterne tilbage, to hårde skaller, der skinnede gulligt, glat og forførende (70).

Die Zerstückelungen und Zerstörungen der Schaufensterpuppen (Jacques Lacans „heteroklites Mannequin") durch die großen Jungen korrespondieren mit den sadistischen Phantasien und Impulsen, die ganz kleine Kinder Melanie Klein zufolge gegen den Mutterleib und dessen Geheimnisse richten. Sie erin-

---

[3] Louis Jensen, *Alma* (København 2003), S. 31f.

nern an surrealistische Puppen-Perversionen und -Lustmorde wie Hans Bellmers missgebildete Gipspuppen und groteske ‚Puppenspiele'.[4]

Die Grausamkeit der großen Jungen richtet sich auch gegen das andere sonderbare Kunstgeschöpf, gegen die Künstler- und Außenseitergestalt des namenlosen Insektenmannes. Dieser wird von allen gepeinigt, sobald er sich draußen auf der Suche nach Insekten zeigt. Mit seiner schwarzen Jacke und den langen Schößen, unter denen er seine selbst-konstruierten silberglänzenden Flügel verbirgt, wirkt dieser arme Teufel wie eine Art trauriger Vampir, ein Phantom am Rande der menschlichen Gesellschaft. Der Außenseiter als nicht anerkannter Sohn, der auf den Dachboden, in den Kerker, in die Rumpelkammer oder ein anderes Gefängnis verbannt wird und Opfer patriarchaler, in Filizid mündender Macht wird, gehört zum Inventar unheimlicher und phantastischer Literatur und tritt insbesondere bei Franz Kafka auf.[5] Der rumpelkammerartige Dachboden des Insektenmannes ist der imaginäre Raum, dessen Geheimnisse – „dyrebare hemmeligheder" – der Erzähler in Erfahrung bringen will. Er ist bildhafte Repräsentation und Projektion der (Un)Heimlichkeiten seines eigenen Oberstübchens.

Da ist zum einen das Phantasma der faszinierenden nackten Gipspuppen – künstliche, starre Frauen, die auf den jugendlichen Phantasten wirken, als könnten sie jeden Augenblick zu Leben erwachen:

> De skinnede mat, brunt, gyldent. Deres øjne så lige frem. De smilede under de skaldede kranier, under de løftede, malede øjenbrun, der næsten var levende. De stive arme, fingre, håndled og skuldre var som om de ville bevæge sig i næste øjeblik. Også benene stod på spring til at gå. Mannequinerne var hvide under den gyldne, forføreriske hud. Gipshvide, men også som om de var af rigtig kød og blod. Som om revnerne mellem hofterne og benene og mellem skuldrene og armene blot var der for at narre. For at man skulle tro, at de ikke var levende (72f).

Die anderen geheimnisvollen Kunstobjekte auf dem Dachboden sind die vielen kunstvollen Flügelkonstruktionen, „utroligt smukke" (73), gebaut nach dem Vorbild von Insektenflügeln:

> Skorpionsfluens sarte vinger lyste med gyldne, mørke striber. Der var sommerfuglevinger, adippens vinger, en perlemorsommerfugl med store sølvpletter. Der var svalehalens vinger og admiralens.
> Men de smukkeste var vandnymfevingerne. De var helt gennemsigtige, som tynd glas, adskilt og holdt sammen af utroligt tynde, sortlakerede trælister (73).

Überwältigt bleibt der Junge vor diesen Kunstwerken stehen. Sie lassen sich mit der Bedeutung in Verbindung bringen, die Insekten in der Kunst des Renaissance- und Barock-Stilllebens einnehmen. Dort erscheinen sie einerseits als

---

[4] Hans Bellmer, *Die Puppe* (Frankfurt/M. 1976).
[5] Patrick Bridgwater, *Kafka. Gothic and Fairytale* (Amsterdam/New York 2003), S. 33ff.

Kunstwerke der Natur, als Bild im Bild und als Symbole der Verwandlung und der Künste selbst, andererseits aber auch als Symbole für Fäulnis, Regression und Todesverfallenheit.[6] Dieser Gegensatz fehlt auch auf dem Dachboden nicht:

> Loftet var fyldt med insekter. Højt oppe over de øverste tømmerkonstruktioner svirrede billerne og fluerne. Bag skillevæggenes puds myldrede røde tusindben, og inde i væggen tyggede og kradsede blinde biller sig dybere og dybere ind i træet, før de vendte om og arbejdede sig ud igen. Og under loftet og i alle krogene spandt de fede, vingeløse edderkopper dere stærke og sindrige net. Deres lumske net (74).

In Knud Faldbakkens norwegischem Roman *Insektsommer* (1972) erklärt der pubertierende Ich-Erzähler, der in der wimmelnden Insektenwelt die blinde Anarchie sexueller Phantasien gespiegelt sieht, dass die Spinne den Künstler repräsentiert:

> Edderkopp, sa jeg, fremdeles sikker i min sak. Edderkoppen var den suverene ener, en artist. Den opererte helt på egen hånd, den kunne fange andre insekter i nettet sitt og tyne dem uten å krype ut av gjemmestedet sitt, slik var den alle andre overlegen. Den var min insektfavorit ...
>
> ... jeg blev aldri lei av å betrakte edderkoppene. De vrimlet ut fra alle sprekker i det gamle treverket i koia, uforstyrrelig opptatt med sitt. Så målbevisste. Så kapable. Så sikre på at de til slutt skulle få utrettet sitt ærend, oppnådd hensikten med sine halsløse strabaser. Jeg ønskede ofte at jeg hadde edderkoppens egenskaper, ja jeg ville faktisk heller være edderkopp enn øyenstikker, enda øyenstikkeren var vakker og fikk alle til å stanse opp og nyte fargene og elegansen som den hadde i slikt overmål.[7]

Ist der Erzähler in Louis Jensens „Insektmanden" selbst sowohl Spinne in Gestalt des Erzählers, der seine Geschichte ‚zusammenspinnt', als auch infantiles Ungeziefer, das sich im Gespinst seiner eigenen Phantasien verfängt? Der Dachboden entpuppt sich als psychisch-mentaler Raum, in dem sexuelle Phantasien in Gestalt von parasitären, regressiven Käfern und halbgeschlüpften Puppenmenschen herumspuken.

In Wirklichkeit, so erklärt der sonderbare Insektenmann seinem Besucher, brauche man gar keine Flügel, um fliegen zu können:

> Han fortalte mig også, at man ikke behøver vinger for at flyve. Vinger har man kun for at andre skal tro på, at man flyver. Flyver man uden vinger, så er der ingen, der tror på det. Heller ikke dem der ser det, sagde han (74).

---

[6] Vgl. hierzu Anita Albus, *Kunst der Künste* (1997), Kap. IV, A. Albus, *Paradies und Paradox. Wunderwerke aus fünf Jahrhunderten* (2003), S. 115ff, Marjorie L. Hendrix, *Joris Hoefnagel and the „Four Elements": A Study in Sixteenth-Century Nature Painting* (1984), bes. Ch. V.
[7] Knut Faldbakken, *Insektsommer* (Oslo 1996), S. 85, 140.

Der Traum vom Fliegen und die Flügel des Insektenmannes spiegeln das Oxymoronische des Phallus und ‚transzendentalen Signifikanten' wider. Sigmund Freud weist in seinen Traumdeutungen auf die Verbindung von Fliegeträumen und Erektionsträumen hin.[8] Die wörtliche und die übertragene Bedeutung des Phallus – letztere als Metapher für Phantasietätigkeit und Projektion – verschwimmen. Das Bestreben des Künstlers und Wissenschaftlers, mit Hilfe seiner Imagination und seines projektiven Erfindergeistes über seinen dunklen Käfig und den väterlichen Herrschaftsbereich *hinauszuwachsen,* wird vom sexuellen Untergrund dieser sublimierten Libido wiedereingeholt – wie das Astloch in den Bodenbrettern zeigt, das den Blick des Voyeurs *nach unten* auf ein weiteres Geheimnis der imaginären Welt des Dachbodens freigibt, nämlich auf die Umkleidekabine im Geschäft des Textilhändlers:

> Snart viste han mig en anden hemmelighed. Jeg kravlede bag efter ham gennem skunken yderst ved væggen under taget. Vi skulle være helt stille. Der var mørkt og endu varmere hér end ude på det store loft (...) Så viste han mig ophidset en knast, der kunne løftes op af et af loftsbrædderne. Nedenunder var den store manufakturhandels prøveværelse. Jeg så med store øjne og tilbageholdt åndedræt fruerne og de unge damer komme ind i prøveværelset fra butikken. De så sig selv i det store spejl. Så trak de deres kjoler af, op over hovedet. Jeg så deres hvide, bløde skuldre og andede, blødt duvende mod silkeunderkjolen, deres nøgne bryster. Jeg var svimmel, og mit lem svulmede. Jeg glødede mellem benene (...) Fruernes bevægelser under mig i prøveværelset ophidsede mig. Jeg kunne ikke se mig mæt (74f).

Auch hier ist ein Verweis auf die Puppenmenschen des im vorigen Kapitel genannten Malers Richard Lindner aufschlussreich, auf dessen Gemälden spähende Knaben zu finden sind, die den „Zusammenhang von sexuellem Voyeurismus und kindlicher Schaulust, das Heranwachsen des sexuell interessierten Knaben zum Voyeur und Blick-Vampir"[9] widerspiegeln. Lindner ist offenbar selbst ein solch ‚spähender Knabe' gewesen, der Gelegenheit hatte, Kundinnen im Korsettladen seiner Mutter zu beobachten.

Als sich der junge Besucher des Insektenmanns eines Tages wieder ‚die Treppe hochschleicht' und ‚verstohlen in den Dachboden hineinspäht', ‚erstarrt' er, als er den Insektenmann erblickt: „Jeg listede op ad trappen og spejdede stjålent ind på loftet. Jeg sneg mig hen bag skorstenen. Jeg stivnede" (75). Er wird Zeuge einer bizarren Szene. Der frühere Eindruck der lebendig wirkenden nackten Puppen und der Anblick der halbnackten Frauen in der Umkleidekabine verschwimmen offensichtlich ineinander. Er beobachtet, wie der Insektenmann mit entfalteten Flügeln eine der Gipspuppen umfasst, die in seiner Umarmung zu Leben erwacht wie Hoffmanns Holzpuppe Olimpia, in

---

[8] Sigmund Freud, *Die Traumdeutung,* a.a.O., Kap. VI. E., S. 394. Diese Verbindung taucht auch am Ende von „Drageflyverne", der Titelgeschichte von Jensens Erzählsammlung, auf.

[9] Peter Gorsen, *Sexualästhetik* (1987), a.a.O., S. 274.

deren kalter, von Nathanael ergriffener Hand „Pulse zu schlagen und des Lebensblutes Ströme zu glühen [beginnen]: „Und auch in Nathanaels Innerm glühte höher auf die Liebe, er umschlang die schöne Olimpia und durchflog mit ihr die Reihen".[10]

Als der Insektenmann die ‚brennenden Augen' des Jungen spürt, ‚erstarrt' auch er und trägt den ‚starren Körper' der Puppe zurück zu den anderen: „Pludselig stivnede han (...) Han havde fornemmet mine brændende øjne (...) Sådan stod vi forstenet et kort øjeblik. Så bar han Wanjas stive krop hen til de andre mannequinner" (75).

Die phantasmatische Doppelfigur von Flügelmensch und anorganischem Puppenfetisch – glatt, glänzend, nackt – und die wiederholte ‚Steifheit' aller drei Gestalten sind hier Äquivalente und Spiegelungen eines infantil-narzisstischen, in ein pubertäres Puppenstadium eingesponnenen Egos und seiner doppeldeutigen phallischen Phantasien. Diese kindlichen Phallusprojektionen korrespondieren mit den Beobachtungen, die Jacques Lacan in *Le Séminaire X: Angoisse* zum Baum- und Wolfstraum von Sigmund Freuds Wolfsmann macht:

> ... the phallus is there in terms of what Lacan calls the catatonia of the image. The dreamer's primal scene is not simply a setting in which the phallus is viewed among the details, but, already as imaginary construction, is itself an erection that is repeated in the subject as spectator: *l'enfant medusé*.[11]

Die kahlen Gipspuppen, „stive" und dennoch „som om de var af rigtigt kød og blød", mit „stive arme, fingre, håndled og skuldre" und „den gyldne, forføreriske hud" (72) entsprechen ebenso wie die Puppenfrau Coppelia „sexuellen Zwitterbildungen", die „das Körperbild der Frau in der Verfremdung der phallischen Wunschphantasie des Mannes" und „des sexuell interessierten Knaben" demonstrieren, des „Blickvampirs, der es betrachtet oder sich vorstellt".[12]

Der Insektenmann erklärt ihm, dass er selbst die Puppen dazu bringt sich zu bewegen, „ligesom dukker i et dukketeater":

> Efter lang tids øvelse kunne han få dem til alting, hvis han koncentrerede sig tilstrækkeligt. I begyndelsen var det svært, men det blev lettere og lettere. Til sidst skulle de blot startes, så kunne de selv. De fik kød og blod, når han ønskede det. Og de blev til gips igen, når han ønskede det (76).

Wie sein vermeintlicher Vater wird der Insektenmann hier selbst zu einer Schöpferfigur, die die Puppen nach eigenem Gutdünken tanzen lässt, dem kindlichen Held in „De mærkelige billeder" vergleichbar, der gezeichnete Vögel lebendig macht und davonfliegen lässt, oder wie ein surrealistischer Pygmalion,

---

[10] E. T. A. Hoffmann, *Der Sandmann*, a.a.O., S. 47.
[11] Herman Rapaport, *Between the sign and the gaze*, S. 69f.
[12] Peter Gorsen, *Sexualästhetik* (1987), S. 273f.

für dessen Spiele die unbekleideten Schaufensterpuppen „jene zentralen Qualitäten in sich vereinen, die sie für die surrealistischen Spiele der Puppe geeignet machen können:

> Mädchenhafte Ver-Puppungen des Weiblichen mit auf immer jungfräulich verschlossener Scham, zugleich aber als Huren dem Fetischkult von Warenwelt und Mode willfährig verschrieben (...) ‚Ein Traum aus Pappe, der das Ewig-Weibliche verkörpert' und damit nur darauf zu warten scheint, dass ihn der Blick des männlichen Pygmalion nach seinem Begehren belebt.[13]

Doch die Lieblingspuppe verselbstständigt sich und verlässt den Dachboden, voller Verachtung für den einsamen, voyeuristischen Künstler und dessen „lille luset, lusket spion" (76). Die sexuelle, vage-inzestuöse Urszene mit der Puppe, auf die der Junge aus ist und in der der geheimnisvolle Ursprung des Insektenmannes zu liegen scheint, beobachtet der ‚kleine Spion' anschließend im Lager und im Büro des Textilhändlers, des phallischen Vaters. Dort sieht er Blok im Spiegel des Büros, wo dieser „i en krog" sitzt, mit „små listige øjne" „stor og fed", (77) wie „de fede, vingeløse edderkopper", die „i alle krogene", ‚in allen Winkeln', ‚ihre starken und hinterlistigen Netze' bauen, „deres lumske net" (74).

Der voyeuristische Erzähler sieht Blok im Spiegel. Sieht er dabei auch sich selbst? Wird er Zeuge der bizarren Zeugungsszene, der Urszene, in der auch sein eigener Vampirismus und seine eigene imaginäre Phantomhaftigkeit wurzeln:

> With each penetration and ‚return' to the unity of the imaginary, a new vampire is produced: further objects of desire are endlessly generated, creating an 'other' order of beings, for whom desire never dies and whose desire prevents them from dying.[14]

Den teuflischen und wahnsinnigen Vater-Sohn-Gestalten bei Hoffmann und Kafka vergleichbar, sieht der Erzähler im Komplex von teuflischem Vater, Sohn und Puppe auch sich selbst und die eigene vampirische Negativität gespiegelt, Negativität im doppelten Sinne von Destruktivität, Inauthentizität und Nicht-Existenz. Auch Franz Kafka ist mit einem Vampir verglichen worden:

> In Kafka steckt etwas von Dracula, ein Dracula durch zahlreiche Briefe, die ebenso viele Fledermäuse sind. Er durchwacht die Nächte und schließt sich tagsüber in seinem Bürosarg ein (...) ‚Teuflisch in aller Unschuld': Man kann durchaus unschuldig und trotzdem teuflisch sein (...) das ist es, was Kafka in all seinen Beziehungen zu geliebten Frauen ständig spürt. Er weiß, dass er Dracula ist, er kennt sich als Vampir, als Spinne im Netz.[15]

---

[13] Verena Kuni, „Pygmalion, entkleidet von Galathea, selbst? Junggesellengeburten, mechanische Bräute und der Mythos vom Schöpfertum im Surrealismus", a.a.O., S. 194.

[14] R. Jackson, a.a.O., S. 120f.

[15] Gilles Deleuze/Félix Guattari: *Kafka: Für eine kleine Literatur* (Frankfurt/M. 1976), S. 42ff.

Mit ‚List' ‚verlockt' der Erzähler den Insektenmann, der nach dem Verlust seiner Lieblingspuppe in passiven Trübsinn verfällt, dazu, wieder neue Flügel zu bauen. Er studiert auf dem Dachboden die „bøger om insektvinger", „den russiske forfatter Tatlins bøger om flyvning"[16] und die „store samling af Ikaros' tegninger" (78):

> Alt sammen for at lokke ham i gang igen. For jeg vidste godt, at jeg ikke kunne lave disse vinger uden hans hjælp. Min list lykkedes (78).

Der Vergleich mit Ikaros korrespondiert mit dem Ikaros-Bild im Prolog von Christopher Marlowes Drama *Doctor Faustus*, welches von dem Bestreben des Wissenschaftlers zeugt, einer Gefängnis-Welt voller Grenzen zu entkommen.

Als die Flügel fertig sind – „en lysende skønhed" (78) – ist der Insektenmann betrunken, „ligesom insekterne før de sættes på nålen" (79), wie er selbst sagt. Er beschließt, mitten auf dem Marktplatz emporzufliegen, zwischen Karussellen, Schiffsschaukeln und Gauklern – zwischen anderen nicht-bürgerlichen Künstlergestalten, die dort auftreten. Sein Flugversuch endet tragisch, wie der Flugversuch des Ikaros, der durch Erfindergeist aus der Gefangenschaft eines Tyrannen entkommt und dennoch abstürzt, und wie der Flug Luzifers, des ‚Strahlenden', der in der hebräischen Mythologie gegen die Potenz des Vaters aufbegehrt, mit glänzenden Flügeln empor fliegt und gestürzt wird. Der Erzähler ahnt das tragische Ende:

> Jeg vidste, det ville gå galt. Jeg havde en klar forudanelse om, at et eller andet ville slå fejl, men jeg sagde ingenting ... Jeg vidste, der ville ske noget frygteligt (79f).

Der große Giebelspieß auf Bloks Anwesen, Symbol väterlicher Macht, mit dem die Geschichte beginnt und endet, reißt sich los und saust nach unten „mod Insektmanden". Gerade als sich dessen neue Flügel entfalten, „glitrende, brusende og bølgende", trifft er ihn zwischen den Schultern, durchbohrt seine Brust und spießt ihn „med en mærkelig, syngende lyd" (80) auf den Pflastersteinen des Marktplatzes auf – als wäre er das riesengroße Objekt eines Insektensammlers: „Insektmanden vippede langsomt op, dirrede lidt, og hang så helt stille under den meterhøje nipsenåls sorte kugle" (80).

Diese Kastrationsphantasie erinnert an die Pfählung eines Vampirs. Der Außenseiter und Rivale wird vom Gesetz des Vaters, der selbst ein vampirischer Teufel ist – repräsentiert durch die phallische Stecknadel – durchbohrt und

---

[16] Der Moskauer Maler, Konstrukteur, Architekt und Begründer der Maschinenkunst Wladimir Tatlin (1885–1953) war Vorbild der Berliner Dadaisten. Auf der Ersten Internationalen Dada-Messe von 1920 wurde unter anderem eine grotesk arrangierte Schneiderpuppe präsentiert, die von Tatlins Maschinenkunst inspiriert war, vgl. Karoline Hille, „‚... über den Grenzen, mitten in Nüchternheit'. Prothesenkörper, Maschinenherzen, Automatenhirne", in: Müller-Tamm/K. Sykora, *Puppen Körper Automaten*, a.a.O., S. 149f.

‚kastriert' wie Ödipus, dessen Füße vom Vater mit einem Nagel durchbohrt werden.[17] Lähmung, Blendung und Beschneidung der transzendentalen Vision dienen der Zementierung der symbolischen Ordnung:

> The sadistic piercing of the vampire with the stake re-asserts the rule of the father, re-enacting the original act of symbolic castration visited upon the subject for desiring union with the mother. Stoker's version of the myth repeats this castration, and rids the world at the same time of all non-bourgeois elements.[18]

Doch was verbirgt sich hinter der Maske des voyeuristischen Erzählers, des Blickvampirs? Ist er selbst einer der ‚Sammler', die ‚ein gefangenes Insekt mit Alkoholdampf betäuben, bevor sie es sorgfältig auf eine Stecknadel aufspießen' (*Drageflyverne*, 79), um es zu konservieren – ein Vorgang, von dem ihm der Insektenmann erzählt hat? Warum lässt er seine Phantasie auf diese Weise enden? Er bleibt uns die Antwort schuldig:

> Bagefter har jeg ofte tænkt på, hvorfor det netop skulle gå sådan. Jeg ved det ikke. Jeg har aldrig fundet en forklaring, der helt stillede mig tilfreds (S. 80).

Wie die Erzähler in Willumsens „Modellen Coppelia" und Blixens „Den gamle vandrende ridder" hat auch er sein Identifikationsobjekt in ein stummes Anschauungsobjekt verwandelt, das Projektionsträger seiner obsessiven Phantasien ist und damit eine phantasmatische Spiegel- und Abwehr-Projektion der eigenen Kastrationsangst und imaginären Machtlosigkeit darstellt:

> Das Sichselbersehen ist wesentlich, wenn auch nicht immer, distanzierende Abwehr. In der Katastrophen-Situation wird der Betroffene zum Zuschauer, es tritt eigentlich keine Verschiebung des Leids ein wie im Transitivismus, sondern eine des Ichs. In Todesangst oder trauriger ‚Selbstbetrachtung' wird die Angst, ein Akt ehrwürdiger Magie! im Bild gebannt. Der Anlass kann bewusst sein (…) oder unbewusst (…); in beiden Fällen kann ein Abwehrmechanismus zum Tragen kommen, bei dem sich das leidende Subjekt zum Objekt macht: So wird das Leid allenfalls zum Mitleid, der Leidende wird zum Zuschauer und bessert so seine Lage.[19]

Die ‚Pfählung' des Insektenmannes erinnert hier an den ödipalen Konflikt in Franz Kafkas *Die Verwandlung*, wo das Ungeziefer in Gestalt des Sohns beseitigt wird:

> Father and son are set in opposition and the power of the first leaves no room for the second. The father's place (…) is threatened by the space introduced by the son's metamorphosis (…) and the father eradicates the threat by driving him to suicide.[20]

---

[17] Vgl. hierzu Ranke-Graves, der darauf verweist, dass „das Durchbohren der Füße des Oidipus mit einem Nagel (…) an das Ende und nicht an den Anfang der Geschichte [gehört]" in: *Griechische Mythologie*, a.a.O., S. 341.
[18] R. Jackson, a.a.O., S. 121.
[19] Werner F. Bonin, „Über Doppelgänger, Spiegelbilder und Masken", a.a.O., S. 74.
[20] Jackson, S. 160f.

Die Kastrationsphantasie ist vergleichbar mit dem Bild der von einem Nagel durchbohrten Hand im Traumprolog von Bergmans *Persona* und dem „nålestik" des voyeuristisch-erstarrten Wissenschaftlers in Dorrit Willumsens „Knagen", der das wimmelnde ‚Insekt, das seine Puppe zu früh gesprengt hat' – anarchisches Spiegelbild seiner eigenen Auflösung und seines Zurückstrebens ins Imaginäre – aufs Bettlaken spießt und so die symbolische Ordnung zu sichern sucht.

Ebenso wie die Gipspuppen, die von den großen Jungen zerstört werden, repräsentiert auch die Gestalt des Insektenmannes „ein heteroklites Mannequin, eine barocke Puppe, eine Gliedertrophäe", in der, so Lacan, „das narzisstische Objekt" zu erkennen sei, das dem Subjekt als „Abwehrfunktion gegen die Angst vor vitaler Zerrissenheit" diene:

> Das Phantasma stellt die Abwehr dar, die das narzisstische, mit seinem Spiegeldoppelgänger identifizierte Ich der Angsterneuerung entgegensetzt, die es im ersten Augenblick des Ödipus zu erschüttern droht.[21]

---

[21] Lacan, „Die Familie", S. 69.

KAPITEL VII
Parasitische Fiebertierchen, infantile Pupillas und pervertierte Märchenmasken in Marie Hermansons *Värddjuret*

> Op fra den underjordisk bitre hule
> hvor kældermørkets første drømmekryb
> og al den grusomhed, vi helst vil skjule,
> lægger bunden under sindets dyb,
>
> op stiger Morpheus, dødningshoved, alle,
> der vender aftensværmersiden ud,
> og viser mig, hvor blødt det er at falde
> ned i det askegrå og ligne gud.
>
> Inger Christensen, *Sommerfugledalen*

1. Unheimliche kleine Tiere / Lebendig begraben
Die automatisierte Künstlerin

Im Roman *Värddjuret* (1995) der schwedischen Autorin Marie Hermanson spukt das Phantasma des Infantilen in Gestalt von flatternden Faltern, imaginären Schmetterlingspuppen und verwaisten Mädchen herum. Weitere Symbole des Infantilen und Embryonalen sind eine mit einem menschlichen Fötus assoziierte Eidechse und kleine Fische, die „i den mörka undervattensgrottan"[1] verschwinden.

Värddjuret kreist um Schwangerschaftsobsessionen und narzisstische Regression. Der Roman verarbeitet auf diffuse Weise das infantile, „mit Grauen gemischte Angstgefühl kleineren Tieren gegenüber", deren „Unheimlichkeit" „auf deren Eigenschaft zurückgeht, in kleinen Erdlöchern usw. spurlos zu verschwinden" sowie auf die „Gefahr, dass sie selbst in den eigenen Körper eindringen können":

> Sie zeigen also den Wunsch nach Rückkehr in das mütterliche Versteck restlos erfüllt und das Grauenhafte, das ihnen anhaftet, rührt daher, dass sie dabei selbst die eigene Tendenz realisieren, als deren Objekt man sich vor ihnen entsetzt.[2]

---

[1] Marie Hermanson, *Värddjuret* (Stockholm 2000), S. 28. Weitere Seitenangaben der zitierten Textstellen wie zuvor in Klammern. Die deutsche Übersetzung ist beim Suhrkamp-Verlag unter dem Titel *Die Schmetterlingsfrau* (Frankfurt/M. 2002) erschienen.

Otto Ranks Hinweis auf die „ganz kleinen Tiere wie Insekten usw.", die „von der Psychoanalyse schon längst als symbolische Darstellung von Kindern bzw. Embryonen aufgefasst worden [sind]",[3] führt also die Unheimlichkeit von kleinen Tieren unter anderem darauf zurück, dass sie zum Spiegelbild regressiver und parasitischer Tendenzen des jeweiligen Betrachters werden können. „Kleine Tiere, Ungeziefer, sind die Vertreter von kleinen Kindern", so auch Sigmund Freud in *Die Traumdeutung*, und „mit Ungeziefer behaftet sein ist oft gleichzusetzen der Gravidität".[4] Diese Traumsymbolik lässt sich auf *Värddjuret* übertragen. Der Roman ist nicht nur unheimlich, sondern weist auch das Unschlüssigkeitskriterium der minimalistischen Phantastik-Definition auf, indem für den Leser unentscheidbar bleibt, ob in der erzählten Welt tatsächlich eine Schwängerung bzw. parasitische Infektion vorliegt oder ob diese nur ein subjektives Phantasma ist, ein Hirngespinst und eine obsessive Vorstellung, mit der die Heldin, eine Künstlerfigur, ‚schwanger geht'.

Aus Äußerungen Marie Hermansons lassen sich auch Rückschlüsse auf die kunstreflexive Dimension des Begriffs ‚Wirtstier' ziehen, welcher als Metapher für den Künstler dient, dessen obsessive Ideen und narzisstische Selbstbespiegelungen wiederum als Metaphern für das Kunstwerk zu lesen sind, das im Künstler ‚wächst' und sich von dessen ‚Erfahrungen und Gefühlen nährt' und eine eigene Wirklichkeit annimmt:

> I början av skapelseprocessen är jag nästan löjligt omedveten om att det är en symbolladdad, mångtydig historia jag går och grunnar på ... Jag har också alltid känslan av att jag går omkring och bär på något som inte är jag. Någonting växer inom mig och livnär sig på mina erfarenheter och känslor. När jag sökte uttryck för min upplevelse av att ha en berättelse inom sig, dök ordet *värddjur* upp och satte igång associationer åt alla håll.[5]

Värddjuret enthält eine Motiv- und Handlungsstruktur, die typisch für Schauermärchen und Schauerroman ist: eine verwaiste Heldin verirrt sich nach einer traumatischen Erfahrung im Wald/Dschungel, wird verzaubert bzw. psychisch entrückt[6] und versinkt in narzisstischer Regression. Sie wird Gefangene in einem Glashaus im Wald, in der Hand eines unheimlichen Zauberers, der hier in der Gestalt des dubiosen Wissenschaftlers auftritt. Darüber hinaus wird eine erlöschende Familiengenealogie erwähnt. Im Motiv von Töchtern, die nicht erwachsen werden, steckt die ödipale Problematik von Märchen und Schauerfiktion. Verstorbene Angehörige leben wie Gespenster im Alltag der Hinter-

---

[2] Rank, „Die infantile Angst", in: *Das Trauma der Geburt*, a.a.O., S. 16f.
[3] Ders., S. 17.
[4] Sigmund Freud, *Die Traumdeutung*, a.a.O., S. 359.
[5] Petra Nilson, „En saga i verkligheten. Intervju med Marie Hermanson", in: *BLM*, Nr. 6 (1996), S. 19.
[6] Das Phänomen der psychischen Entrücktheit ist auch zentrales Motiv in Hermansons Roman *Musselstranden* (1998).

bliebenen einfach weiter. Die Märchenstruktur wird von Ich-Erzählsituation, künstlerischer Selbstreflexion und anachronischer Erzählstruktur verdeckt. Marie Hermanson sieht Märchen und Mythen als Ausdruck von Seelenlandschaften und als Gestaltung von existentiellen Problemen an:

> Det mest fascinerande med sagorna är ju att man känner igen sig i dem, fast de inte utspelar sig i verkligheten. Jag tror att det är det undermedvetnas landskap som vi känner igen i sagorna. Myter og sagor uttrycker mänsklighetens äldsta föreställningar. De är de första försöken att gestalta existentiella problem. På *ett annat sätt* handlar de alltså om oss och vår plats i livet och världen. De kan tala till oss lika starkt idag som för hundratals år sedan, eftersom vi fortfarande tampas med samma existentiella frågor.[7]

Värddjuret beginnt mit der Schilderung eines regressiven Traumzustands, der den Erstarrungen von H. C. Andersens Kinderfiguren und Ingmar Bergmans lebenden Toten und Träumern vergleichbar ist.

Eine Träumerin liegt auf einer Matratze in einem Gewächshaus, zugedeckt mit einem Leintuch. Draußen herrschen Kälte und Winter, drinnen Wärme, Modergeruch und Blumenduft, „en svag lukt av mögel" und „söta, tunga blom- och fruktdofter" (*Värddjuret*, S. 5). Das Glashaus und die Erwähnung von Leintuch, süßem Blumen- und Modergeruch beschwört Leichentuch-, Gruft- und Begräbnis-Assoziationen herauf, die unheimliche Vorstellung des Lebendig-Begrabenseins. Die tropische Wärme verwandelt das Glashaus in einen Inkubator für Fieberträume. Der Zustand der Träumerin gleicht dem von Miss Lucy in Bram Stokers *Dracula*, der schneewittchenhaften Schlafwandlerin, die nachts von der Fledermaus heimgesucht und selbst zum Gruft-Phantom wird.

Wie Traumgestalten flattern Falter umher, deren Flügel die Wange der Frau im Glashaus streifen: „spinnare fladdrar förbi, stora och ljudlösa som fladdermöss. Ibland stryker de alldeles nära mig och jag kan känna deras mjuka vingar mot kinden" (S. 5). Die Spinner, die lautlos in der Dämmerung umherfliegen, werden mit ‚Fledermäusen' verglichen und rufen dadurch die vage Assoziation mit Totenkopfschwärmern und Vampiren hervor; tatsächlich ist der Nachtfalter nicht selten nach der Fledermaus benannt worden.[8] Das Bild der Falter in *Värddjuret* ist ähnlich polysemantisch wie im Volksaberglauben, vor allem im romanischen, wo der Schmetterling unter anderem als Erscheinungsform des Vampirs und als Fiebertier oder „Hirntierchen" gilt, dessen „imaginäres Vorhandensein im menschlichen Gehirn Geistesstörungen hervorruft".[9] Die Schmetterlinge in *Värddjuret* lassen sich als Metaphern für parasitäre Träume

---

[7] Nilsson, S. 18.

[8] *Handwörterbuch des Deutschen Aberglaubens*, a.a.O., Band 7, unter „Schmetterling", Sp. 1239.

[9] Ebd., Sp. 1247, hier auch der Hinweis auf den franz. Ausdruck *papillons noirs* für ‚düstere Gedanken' und weitere vom Begriff ‚Schmetterling' abgeleitete romanische Vokabeln für ‚phantasieren' oder ‚wahnsinnig werden'.

und Trugbilder aus der Höhle des Morpheus lesen, der im Sonettkranz *Sommerfugledalen* (1991) der dänischen Lyrikerin Inger Christensen mit den Nachtschwärmern gleichgesetzt wird.[10] Die Falter sind dort Gleichnis für Kindheitserinnerungen, für „Seelen und Sommergesichte verschwundener Toter",[11] die auch die Erzählerin in *Värddjuret* in ihrem Gefängnis evoziert. Im Volksglauben erscheinen sowohl Verstorbene als auch Ungeborene, die Kinderseelen, in Schmetterlingsgestalt, häufig als weiße Falter. Diese Vorstellung vom Schmetterling als Seelentier existiert schon im Altertum, wo Abend- und Nachtfalter wie der Totenkopfschwärmer die mit Blumen geschmückten Gräber umschwirren.[12] Die Spinner in *Värddjuret* sind Phantasmen des Infantilen wie die Blumen in H. C. Andersens „Snedronningen", die im Garten des ewigen Sommers nicht erwachsen werden und Träume von unerfüllter Liebe, von Verschwinden, vorzeitigem Tod und Narzissmus erzählen.

Eine solche Geschichte erzählt auch die Ich-Erzählerin in *Värddjuret*. Sie ist wie Ingmar Bergmans Krankenschwester Alma ‚Wirtstier' für andere – „någon sorts kraftstation" (*Värddjuret*, S. 16) – und repräsentiert zugleich auch eine Elisabet Vogler vergleichbare katatonische Künstlerfigur. Wie diese fährt sie auf eine Insel, um sich vom traumatischen Versagen ihrer Liebesbeziehungen und von ihrer eigenen psychischen Erstarrung zu erholen: „Jag reste till Borneo för att Roger gjorde slut. Mina sinnen var nedfrusna och behövde massor av värme för att tina upp" (*Värddjuret*, 5). Ebenso wie Bergmans Schauspielerin leidet Anna, so der Name der Erzählerin, unter der *Scheinhaftigkeit* ihrer Existenz und ihres Künstlertums, das sie nicht ausgelebt hat:

> Jag jobbar som tecknare ... En del tycker att jag är skicklig, men själv tycker jag att jag är en bluff ... Nej, det är jag inte, jag är duktig i mitt yrke ... Men jag vet att jag skulle kunna göra något bättre ...
> Jag hade väl konstnärsdrömmar, som det heter.
> Jag försöker fortfarande göra egna grejer utanför jobbet. Men när jag tecknar något som jag tror är jag, så upptäcker jag att det är typer, trender, moderna myter jag gör ... Det kommer utifrån alltihop, inte inifrån.
> Ibland snuddar en iskall tanke vid mig: Detta kanske verkligen *är* mitt inre. Alt detta brus och flimmer har gått så djupt i mig att det blivit mitt andliga innehåll (*Värddjuret*, 5f.).

Der ‚eiskalte Gedanke', dass die eigene Kreativität vom ‚Gebraus und Geflimmer' moderner Medien infiltriert, manipuliert und roboterähnlich program-

---

[10] Inger Christensen, *Das Schmetterlingstal / Sommerfugledalen. Et Requiem* (Frankfurt/M. 2006), S. 10/11.
[11] Christensen, S. 24/25, vgl. auch S. 6/7: *Er dette vingeflimmer kun en stime / af lyspartikler i et indbildt syn? / Er det min barndoms drømte sommertime / splintret som i tidsforskudte lyn?*
[12] *Handwörterbuch des Deutschen Aberglaubens*, Sp. 1242f.

miert wird, stellt einen weiteren, an dieser Stelle kunstreflexiven Bezug zu Vampirismus und Parasitismus her, welche im Titel „Värddjuret" angedeutet sind. Eher implizit schreibt sich der Roman hier in die Tradition derjenigen Schauerphantastik ein, die die Marionetten- und Automatenhaftigkeit des Menschen behandelt.

Die Reflexion der Erzählerin über ihre Ehe- und Kinderlosigkeit führt den Leser in deren Kindheit als Einzelkind später Eltern. In ihrer Phantasie spinnt die Erzählerin zunächst „en riktig skräcksaga" (8) zusammen, ein Schauermärchen über den Ursprung ihrer eigenen Existenz. Man hat es hier mit einer infantilen Urphantasie zu tun, die sich aus den Erzählungen der Erwachsenen speist, die das Kind *gehört* hat und in seiner Phantasie ausspinnt. Laplanche und Pontalis haben auf die Rolle des Hörens im Zusammenhang mit der Entstehung von Phantasien hingewiesen:

> ... hearing is also ... the history or the legends of parents, grandparents and the ancestors: the family *sounds* or *sayings*, this spoken or secret discourse, going on prior to the subject's arrival, within which he must find his way ... the original fantasies also indicate this postulate of retroactivity: they relate to the origins. Like myths, they claim to provide a representation of, and a solution to, the major enigmas which confront the child. Whatever appears to the subject as something needing an explanation or theory, is dramatized as a moment of emergence, the beginning of a history.[13]

Das Haus der verstorbenen Großeltern wird in der Phantasie der Erzählerin zu einem dunklen, verfallenen Schloss, „ett mörkt och ruggigt slott" (8/9), in dem ein Sarg mit einem toten alten Mann steht. Die Tanten werden durch die infantile Phantasie der Ich-Erzählerin zu Hexen verzerrt, die ihre jüngste Schwester auf Männersuche ausschicken, um die Familiengenealogie zu erhalten. Das Bild vom Sarg und den drei Töchtern, die ein männliches Opfer suchen, ist assoziierbar mit Graf Dracula und seinen drei Vampirinnen. In der Vorstellung des Sargs ‚mit einem toten alten Mann' spiegelt sich ihre eigene sargähnliche Existenz im Glastreibhaus.

Die infantile Schauermärchen-Phantasie, die im anschließenden Kapitel in ihrer realen Form wiedergegeben wird, wurzelt im familiären Hintergrund der Erzählerin. Deren Mutter und die zwei Tanten haben auch als Erwachsene weiterhin im Elternhaus bei ihrem verwitweten Vater, einem alten Kapitän, gelebt. Die drei Schwestern sind „stolt över sitt namn, stolt över sin kaptensslätkt" (11). Dieser Stolz führt dazu, dass die Erzählerin in ihrer Kindheit, angeregt durch die Gespräche zwischen Mutter und Tanten, ihre Vorfahren im Geiste als patrizische Ahnengalerie sieht: „mäktiga, djärva män i uniformer med guldgaloner på axlarna, blickande ut över stormiga, främmande hav" (11/12). Diese Vorstellung einer vornehmen Familie, deren letztes Glied die

---

[13] Laplanche/Pontalis, „Fantasy and the Origins of Sexuality", a.a.O., S. 18f.

Erzählerin ist, hat ihre Parallele in den im Aussterben begriffenen aristokratischen Genealogien angelsächsischer Schauerromane. Auch die ödipale Problematik letzterer spiegelt sich in der familiären Situation von Mutter und Tanten in Hermansons Roman: nie sind sie wirklich erwachsen geworden, nie haben sie sich vom Elternhaus abgelöst.[14] Auch nach dem Tod der Eltern leben sie weiter in der Welt ihrer Kindheit, deren Rituale und Traditionen sie fortführen:

> Nästan dagligen talade mamma och mostrarna om sin barndom ... Fastän jag aldrig sett vare sig mormor eller morfar var de märkvärdigt levande för mig (14) ... För mamma fanns det bara en familj: den där mormor och morfar var föräldrar och hon själv och mostrarna barn. Pappa och jag kunde aldrig bli lika viktiga för henne (15).

Während Mutter und Tanten wie nicht erwachsen gewordene Märchenprinzessinnen weiter in der imaginären Welt ihrer Kindheit verweilen, scheint der Vater der Erzählerin in seinem früheren Leben mit seiner verstorbenen ersten Frau verwurzelt, deren Porträt ebenso an der Wand hängt wie die Bilder der Großeltern:

> När det gäller pappa, så tror jag inte att någonting som skedde efter hans första hustrus död var riktigt verkligt för honom. De levde i varsin värld och jag var utestängd från båda. Det var sällan någon lyssnade på mig (15).

Die Geister der Verstorbenen bevölkern weiterhin den Alltag der Hinterbliebenen und sind ‚wirklicher' als die Erzählerin, die sich in ihrer Kindheit als eine Art Phantom empfindet, das von Eltern und Tanten nicht wirklich wahrgenommen wird.[15] Zwar ist sie ‚die Kleine', „den lilla", „barnet", „undret", das spät geborene „överraskningsbarn" (15), das viel Aufmerksamkeit bekommt; doch scheint sie in einem Vakuum zu leben, wie durch unsichtbare Glaswände von ihren Angehörigen getrennt, die in ihren eigenen Welten existieren:

> Jag tyckte alltid att de inte såg på mig när de talade till mig, utan en liten, liten aning bredvid. Så att jag måste ta ett halvt steg åt sidan för att hamna mitt i blickfältet. Jag var en stjärna på en scen upplyst av en oskicklig ljustekniker. Strålkastarskenet flödade strax intill mig, men själv stod jag i skuggan. Jag måste följa ljuskäglan och inte tvärtom (15).

---

[14] Vgl. wiederum die Problematik „der nicht erfolgten Ablösung und Trennung" im Schauerroman: Norman N. Holland/Leona F. Sherman, „Schauerromantische Möglichkeiten", a.a.O., S. 79. Die Bindung mutterloser Schwestern ans Elternhaus ist auch Gegenstand von Hermansons Roman *Tvillingssystrarna* (1993). Dort verharren erwachsene Zwillingsschwestern in einer symbiotischen Beziehung sowohl zueinander als auch zu Vater und Tante, der eine Zwilling groß und stark, der andere körperlich verkümmert durch den Nährstoffraub des ersten im Mutterleib.

[15] Das Gefühl von Unauthentizität, das Gefühl, nicht wirklich zu existieren, von der Mutter nicht wahrgenommen zu werden, ähnelt hier den psychischen Traumen der Pianistin Charlotte Andergast und ihrer Tochter Eva in Ingmar Bergmans *Höstsonaten*.

Die traumähnlichen Reflexionen, mit denen der Roman einsetzt, und das Gefühl von Unwirklichkeit, Entfremdung und Nicht-Existenz lassen sich mit der Familiensituation der Kindheit in Verbindung bringen. Da die Erzählerin nie ein authentisches Familienleben erlebt hat, scheint sie als Erwachsene unfähig zu engeren Bindungen an andere, wie ihre Selbstdarstellung dem Leser suggeriert. Stattdessen zieht sie unverbindliche Verhältnisse zu verheirateten Männern vor. Ob diese Lebensform wirklich freiwillig ist, bleibt offen. Tatsächlich ist es ihre ‚emotionale Anspruchslosigkeit' („emotionella anspråkslöshet"), die parasitische Liebhaber – vor allem verheiratete – anzieht, unter anderem solche mit unverwirklichten künstlerischen Ambitionen wie der Architekt, der ‚in seiner frühesten Jugend Künstler hatte werden wollen' (*Värddjuret*, 102) oder der unverheiratete narzisstische Zeichenlehrer aus der Schulzeit, der seine begabte Schülerin nicht fördert, sondern zur Befriedigung seiner sexuellen Bedürfnisse und obendrein zur Beteiligung an der Wohnungsmiete benutzt.

Der ‚eiskalte Gedanke', der die Erzählerin manchmal heimsucht, dass ihre künstlerischen Ideen nur Schein sind, etwas, das von ‚außen' („utifrån"), nicht von ‚innen' („inifrån", 6) kommt, schwebt auch über ihrem Privatleben. Möglicherweise ist ihre Entscheidung, eines jener „fritt svävande länkar" (19) zu sein, weniger eine persönliche Entscheidung, die von ‚innen' kommt als vielmehr etwas Fremdgesteuertes, vielleicht einer jener „typer", „trender", „moderna myter" (6), die auch ihre künstlerischen Ideen infiltrieren.

Ihre Entfremdungstendenzen nehmen pathologische Züge an, als ihr mehrjähriger Liebhaber sie verlässt, nachdem er sie während der Krebserkrankung seiner Ehefrau ein ganzes Jahr lang als eine Art ‚Kraftwerk' benutzt hat:

> Samvaron med mig fick honom att orka med det där året. Hustrun behoved all hans kraft och det var jag som gav honom kraften. Under ett år har jag alltså varit någon sorts kraftstation åt en främmande cancersjuk kvinna (16f.).

Die traumatische Erkenntnis, den parasitischen Bedürfnissen anderer im psychologisch-übertragenen Sinne als ‚Wirtstier' gedient zu haben, lässt die Künstlerfigur Anna in einen katatonischen Zustand fallen. Sie ähnelt darin Bergmans Krankenschwester Alma, die nach Elisabets parasitischem Vertrauensbruch in *Persona* ebenso versteinert und erstarrt wie die Künstlerin selbst.

Die Abende und Nächte nach der traumatisierenden Eröffnung ihres Liebhabers verbringt die Erzählerin auf einem ‚avantgardistischen' Stuhl aus Stahlrohr und weiß lackiertem Blech, dessen Rückenlehne einer ‚Korrekturschiene für Rückengeschädigte' (*Värddjuret*, 17) ähnelt und der wie ein orthopädisches Gerät die Traumatisierte in einer Art psychischen „snölandskap i februar eller mars" (18) gleichzeitig stützt und gefangen hält:

> Stolen sög mig till sig utan att jag märkte när det hände, och sedan satt jag där i en sorts inre, tomt landskap. Jag skulle kunna beskriva det som ett snölandskap i februari eller

mars. Mjölkaktig dimma i luften. Stilla. Tyst. Inga träd. Någon sorts översnöat fält. Vit himmel, vit mark, vit luft. Allt var mycket rofullt och stilla. Det fanns en sådan skönhet i det där öde landskapet (18).

Diese Seelenlandschaft gleicht surrealistischen Gemälden und Montagen, auf denen Körper bzw. Körperteile in mechanische Konstruktionen eingespannt sind. In diesem psychischen Vakuum gibt sich die Erzählerin sinnlichen Reminiszenzen an ihren Liebhaber hin, die für sie „fullkomligt verkliga" sind, „inga fantasier" (19).

Ist das, was folgt, ebenso ‚wirklich'? Der melancholische Zustand, in den die Erzählerin gefallen ist, gleicht dem, was Sigmund Freud als die durch den Verlust eines Liebeobjekts ausgelöste „Abwendung von der Realität und ein Festhalten des Objekts durch eine halluzinatorische Wunschpsychose"[16] bezeichnet hat.

Um sich aus ihrer Erstarrung und ihren halluzinären Wahrnehmungen, aus „nervcellernas minnen" (19) zu befreien, macht sie zum Jahresende eine Reise auf die Insel Borneo, die sie sich als „något hett och fuktigt och färgrikt" vorstellt: „Raka motsatsen till snölandskapet" (19). Der Eintritt der Traumatisierten in eine feuchtigkeitsgeschwängerte fremde Welt gleicht dem Eintritt der verstoßenen oder verlassenen Märchenheldin in den Wald.

2. Phantasmatische Schwängerungen

Die Reise in den Dschungel ist zugleich eine narzisstische Regression, in deren Verlauf die Erzählerin mit Phantasmen des Infantilen schwanger geht. In der exotischen Welt herrschen „fukt och mögel", „en rå källarlukt" wie im Grab, ein ständiges Fließen:

> I handfatet och duschen rann ständigt tunna strålar av ljummet vatten. Ett evigt, stilla flöde som inte lät sig påverkas av människohänder. Likt vackra leksaker snurrade de förgyllda kranarna runt, runt utan motstånd, och förmådde varken öka strålen eller stänga av den (20).

Ego-Grenzen zerfließen in einer Welt aus Wasser und Wärme:

> Jag såg ner i det slammiga vattnet som virvlade längs båtens sidor. Svetten tillrade i små rännilar över ryggen och brösten. Jag kände hur jag höll på att smältas ner. Upplöst till en liten bäck av svett skulle jag förena mig med den grå floden (23).

---

[16] Sigmund Freud, „Trauer und Melancholie", in: ders., *Psychologie des Unbewussten*, a.a.O., S. 198.

Am ersten Tag ihres Aufenthalts verfolgt die Erzählerin in ihrem feuchten Hotelzimmer mit der Haarbürste eine Echse. Das verletzte Tier versteckt sich im Abfluss der Dusche, der sich in ein dickes Rohr öffnet, „mynningen till ett tjockt rör", an dessen Rand es sich „med sina små framtassor" (21) festhält. Der anfängliche Abscheu der Erzählerin vor dem „äckliga lilla monster" (22) verwandelt sich plötzlich in eine Art empathischen Horror, der sie das Echsen-Ungeziefer als Spiegelbild eines menschlichen Embryos wahrnehmen lässt. Mit ihrer ‚weißlich-dünnen Haut' („vitaktig och tunn"), dem ‚zarten Gesicht' („späda ansikte", S. 22), den Vorderpfoten, „precis som människohänder" (21) und den winzigen Fingern, „halvgenomskinliga som ett människofosters" (22), sieht die Echse aus wie ein Fötus, der seine Verfolgerin wie aus menschlichen Augen anblickt, „skräckslagna" und „bedjande" (22).

Einen Tag später ist die Erzählerin selbst in einer ähnlichen Lage gefangen. Auf einer Touristenexkursion verirrt sie sich im Dschungel. Bei der Verfolgung von zwei einheimischen Kindern, die ihr die Tasche gestohlen haben, stürzt sie in eine Schlucht, die so schlammig ist wie das Rohr, in dem die Echse gefangen war:

> ... när jag skulle klättra gled jag. Jag försökte hitta ett bättre ställe, men upptäckte att ravinens sidor helt igenom bestod av lös, brun lera. Jag högg tag i de kraftiga trädrötterna som trängde ut ur branten, men det hjälpte inte ... Överallt samma lösa, hala lera, som gjorde all klättring omöjlig. Jag var instängd i flodravinen som en råtta i ett rör (26).

Die Verirrte folgt dem Lauf des Flusses, der am Grunde der Schlucht fließt. Dieses Motiv taucht bereits in Hermansons Version von Schneewittchen auf,[17] in der die verirrte Heldin ebenso in Wald und Fluss eintaucht wie die Erzählerin in *Värddjuret*. Hermansons Schneewittchen folgt dem Fluss, bis dieser von einem kleinen See verschlungen wird, der so schwarz ist wie die Augen ihrer Stiefmutter. Die Reise am Fluss entlang hat Parallelen in den Flussfahrten der kleinen Mädchen Gerda und Tommelise bei H.C. Andersen; die kleine Gerda tritt im Garten der alten Zauberin in eine Art vorgeburtlichen Zustand narzisstischer Regression ein, gespiegelt im Phantasma der infantilen Blumen, die niemals reifen und Frucht tragen. Diesen regressiven Zustand evoziert auch Hermansons Zeichnerin, deren Weg schließlich von einem umgestürzten großen Baum und mitgerissener Vegetation versperrt wird. Wie Hänsel und Gretel steht sie von aller Welt verlassen im Wald. Sie bleibt an einer Art ‚Grotte' (27) sitzen, die der umgestürzte Baum mit seinen Wurzeln am Ufer aufgerissen hat und die sich mit Flusswasser gefüllt hat. Der Anblick des schimmernden Wassers zieht sie in seinen Bann:

---

[17] Marie Hermanson, *Snövit* (Stockholm 1990).

Flodens vatten var brun, men inte grumligt. Det var klart och gyllene som bärnsten och botten var täckt av grönskimrande stenar. Några enstaka solstrålar förband vattenytan och lövtaket som hårt spända nylonlinor, så sällsynta och lysande i det gröna dunklet att jag nästan trodde mig kunna vidröra dem (28).

Die Schilderung der Erzählerin liest sich wie eine Verzauberung im Märchen:

> ... när jag satt där på stenblocket och såg ner i det guldbruna vattnet så hände något med mig.
> Jag gav upp. Jag släppte allt. Jag lade av mig hela bördan.
> Jag såg på stimmet med små fiskar som strök tätt förbi mina ben, såg skuggan som följde dem över botten. De vände samtidigt som en enda varelse och försvann in i den mörka undervattensgrottan, som rotvältan rivit upp.
> Jag såg på trädrötterna, som bildade komplicerade mönster under vattnet, och på de tunna solsträngarna.
> Och jag kände igen alltihop.
> Med ens insåg jag att jag alltid hade suttit här. Mitt andra liv hade bara varit ett kort avbrott, en parentes, ett besynnerligt misstag.
> Jag hade inte alls kommit vilse.
> Jag hade kommit hem (28f.).

Diese regressive Verzauberung hat archetypische Parallelen in Märchen und Mythos. Die Heldin sitzt an einem Quell wie Narziss, der Erstarrte, der ins Reich des Feuchten und Chthonischen eingeht.

Nach ihrer Errettung aus der Schlucht durch einen anderen Exkursionsteilnehmer stellt die Erzählerin ein oder zwei Tage später eine zuckende Bewegung in ihrem linken Oberschenkel fest (eine spielerische Referenz zu dem im Schenkel des Zeus gereiften Dionysos-Kind?). Rückblickend bringt sie dies mit der Wahrnehmung der Schwangeren in Verbindung, die zum ersten Mal die Bewegung des Ungeborenen registriert. Diese Bewegung wird von Schwangeren häufig mit dem Flattern von Schmetterlingen oder dem Flossenschlagen von Fischen assoziiert (handelt es sich hier um eine von der Autorin intendierte unausgesprochene Parallele?).

Die magische ‚Befreiung' von sich selbst durch den Zauber von Grotte und Wasser imaginiert sie zu Beginn des Romans als Urszene:

> Jag vill att det ska ha varit just där vid floden, invid det guldbruna vattnet där fiskarna simmade bland rötterna. När tiden upphörde och jag befriades ifrån mig själv (5).

Im Schwarm der kleinen Fische, die in der dunklen Höhle unter den Baumwurzeln verschwinden, sieht sie ihre eigene Auflösung in die Tier- und Pflanzenwelt gespiegelt. So wie sie selbst psychisch in diese Welt eingeht, geht diese Welt auch in sie ein und *erzeugt* Phantasmen des Infantilen, wie im Bild der im schimmernden Wasser zwischen Wurzeln verschwindenden Fische proleptisch vorgezeichnet wird.

Die phantasmatische Schwängerung durch Wasser taucht in der Vorgeschichte des Narziss auf, dessen Mutter, die Nymphe Leiriope, vom Flussgott umschlossen und heimgesucht wird. Das Motiv ist auch im Märchen zu finden, z. B. im schwedischen Märchen von *Wattuman und Wattusin*, wo eine in einen entlegenen Turm eingesperrte Königstochter und deren Dienerin von einer magischen, gold schimmernden Quelle geschwängert werden. Der Titel einer entsprechenden deutschsprachigen Variante des Märchens lautet *Wasserpeti und Wassermichel*.[18]

3. Rumpelstilzchen-Kinder und Schmetterlingsinkubi

Die traumatische Erkenntnis der familienlosen Heldin, dass sie von ihrem parasitischen Liebhaber und indirekt von dessen an einer Krebsgeschwulst erkrankten Frau als Kraftspenderin missbraucht worden ist, scheint mit den rätselhaften Symptomen in Zusammenhang zu stehen, die nach der Urlaubsreise auftreten. Sowohl die geschwulstähnliche Beule, deren Anwachsen die Erzählerin an ihrem Schenkel bemerkt, als auch die sonderbaren kleinen Mädchen, die ihr zur gleichen Zeit nachts im Traum überbracht werden, scheinen die phantasmatischen Auswüchse lang verdrängter Ängste und Obsessionen zu sein. Der Traum mit den Mädchen, der sich an einen frustrierenden Kneipenabend mit einem ebenfalls kinderlosen, unverheirateten Kollegen anschließt, hat den Charakter einer magisch-hellseherischen Vorausdeutung. Die Erzählerin kommt in der Nacht nach Hause und findet auf ihrem Anrufbeantworter eine nicht näher wiedergegebene Nachricht einer Freundin vor, welche um Rückruf bittet. Das Wissen, dass diese Freundin, eine dreifache Mutter, zusätzlich als Pflegemutter schwierige Kinder aufnimmt, geht ebenso in den nächtlichen Traum ein wie Zeichen des Infantilen und Embryonalen – Echse, Fische und zuckende oder purzelnde Bewegung unter der Haut. Das Haus der Großeltern als Schauplatz und die Kindheitsvision von den drei verwaisten Schwestern, die nicht erwachsen werden – die Mutter und die beiden Tanten – tauchen ebenfalls auf, letzteres in verhüllter Form. Der Traum ist eine *Verdichtung* aus Tagesresten, aktuellen und infantilen Reminiszenzen der Erzählerin, wie sie im Kapitel „Die Traumarbeit" in Sigmund Freuds *Traumdeutung* unter „Die Verdichtungsarbeit" beschrieben wird. Im Traum der Heldin hinterlässt die Freundin auf dem Anrufbeantworter die Mitteilung, dass ihr am nächsten

---

[18] Vgl. hierzu Walter Scherf (1995), *Das Märchenlexikon*, Bd. 2 (München 2007), S. 1364. Hierin Verweis auf eine Grimmsche Fassung in der Erstauflage der *Kinder- und Hausmärchen* aus dem Jahr 1812 unter dem Titel *Von Johannes-Wassersprung und Caspar-Wassersprung*.

Morgen drei kleine Mädchen überbracht werden sollen. Die Träumerin reflektiert diese Mitteilung mit Widerwillen, bevor der Traum tiefer wird und „ingen kritisk distans" mehr vorhanden ist: „Allt är verkligt" (35), sagt sie über das, was nun kommt. Genauso ‚real' sind ihr auf dem orthopädischen Stuhl auch die halluzinatorischen Berührungen ihres Liebhabers vorgekommen. Sie träumt, dass eine in Tücher eingehüllte Frau wie die Fee im Märchen (eine Huldrefrau? Frau Holle, die ‚Verhüllte'?) drei süße kleine Mädchen ins Haus ihrer Kindheit bringt und wortlos verschwindet. Die Mädchen tragen Pelzmützen, in denen sie aussehen wie ‚kleine, schlummernde Weidenkätzchen' („små slumrande videknoppar", 36). Mit ‚flatternden Röcken' („flaxande kjolar", 37) ‚purzeln' („tumlar") und ‚hüpfen' („hoppar") sie im Zimmer herum. Sie kichern, sprechen aber nicht. Ihre Pelzmützen und flatternden Bewegungen („en aning singlande", 37) verbinden sie semantisch mit den flatternden Spinnern und deren „mjuka vingar" (5) zu Beginn des Romans und mit den pelzig-weichen Faltern und den Pelzmänteln eines elternlosen Mädchens, die noch an späteren Stellen genannt werden. Die Erzählerin versucht die Namen der süßen ‚Püppchen' („små dockor", 36) zu erraten, indem sie ihre Frage stellt wie die Müllerstochter im Märchen vom *Rumpelstilzchen*: „Heter ni Kicki, Pippi och Fiffi (...) Anette, Babette och Ninette (...) Heter ni Estrella, Arabella och Fiorella?" (38), worauf die Mädchen jedes Mal den Kopf schütteln und erleichtert lachen. Mit jeder Frage werden sie ängstlicher und mit ihnen gleichzeitig auch die Träumerin, die die Namen nun gar nicht mehr wissen will: „Med ens vill jag inte veta. Jag är också rädd" (38).

Die Situation ähnelt hier der Situation in *Rumpelstilzchen*. Die kleinen Mädchen scheinen einerseits identisch mit dem rätselhaften kleinen Dämon, einer Art Teufel und Mittagsgeist, andererseits mit dem Kind, das dieser von der Müllerstochter für seine Dienste am Spinnrad haben will. Die Müllerstochter hat das Kind, das im Märchen unsichtbar bleibt, ebenso den Diensten des Männchens zu verdanken wie ihren Status als Königin, d.h. als erwachsene Frau und Mutter. Errät sie den Namen des Männchens, behält sie das Kind. Errät die Träumerin in *Värddjuret* die Namen, behält sie die kleinen Geister, die sie „söta" (36) findet, aber im Grunde nicht will: „Jo, det är problem, jag vill inte ha hit några ungar" (35). Oder lösen sie sich wie entlarvte Wechselbälger in *Nichts* auf, verschwinden wie der Dämon, wenn sein Name erraten wird? Resultiert hieraus deren Angst? „Flickorna är nu så rädda att de skakar. Jag börjar själv att darra, snart skriker vi allihop" (39). Die Träumerin, schwankend zwischen Wunsch, Angst und Abscheu, scheint unsicher, ob sie in den Kinderchen niedliche Elfen oder nachtmahrische Alben und Trollkinder sehen soll. Die Augen der puppenhaften Mädchen, die anfangs unter gesenkten Lidern verborgen sind und sich dann immer weiter öffnen, sind unheimlich. Sie leuchten unter den Augenlidern in einem ‚merkwürdigen Indigoblau' („en märklig indigoblå färg"), „som små lampor" (38) – wie die Augen der Automatenmenschen, z. B. die ‚allzu saphirblauen Augen' von Dorrit Willumsens Puppenfrau Coppelia.[19] In dem Horrorfilm *Village of the Damned*[20] schwängern vampirische Aliens – eine futuristisch-dystopische Variante von Rumpelstilzchen? – menschliche Frauen mit solchen Roboterkindern, deren Augen in dieser charakteristischen Weise leuchten. Hierzu passend beschreibt Hermansons Erzählerin die Spielweise ihrer Phantome als „stelt och mycket märkligt" und ihre Bewegungen als „mekaniska" (36). Ihr Hüpfen, Springen und in-die-Luft-Schießen wirkt, „som om de skjutits av stålfjädrar (37). Sie sind wie Spielzeug, „singlande" wie „ballonger" und „hoppetossor" (37). Die Erzählerin hat Angst davor, dass die gespenstischen Mädchen ihre Augen vollends öffnen. Sollten sich die süßen kleinen Püppchen – „nuttor", „tuttor", „kickor" (37) – am Ende etwa als teuflische Monster *ent*puppen? Verwandelt die Echse im Hotelzimmer sich in der Wahrnehmung der Erzählerin von einem ‚ekligen, kleinen Monster' in etwas geradezu Menschliches, so wird hier die Verwandlung der kleinen Menschlein in etwas Monströses angedeutet. Der Horror der Erzählerin ähnelt dem Horror, den die Schauspielerin Elisabet in Almas Traumerzählung in Bergmans *Persona* vor ihrem neugeborenen Kind empfindet, dem Produkt ihres Mutterrollenexperiments, darüber hinaus dem Horror Almas vor ihrer parasitischen Patientin, welche sich selbst als „foster i ett modersskötet" empfindet, und dem Horror Viktor Frankensteins vor seinem Monster.

Sind die flatter- und schmetterlingshaften Roboter-Mädchen Symptome der parasitischen Infiltration des Künstlers durch die Medien, vor der der Erzählerin so graut? Kunstgeschöpfe, die phantasmatisches Spiegelbild der eigenen fremdbestimmten Kreativität sind? Auf einer weniger kunstreflexiven, mehr tiefenpsychologischen Ebene lassen sie sich wie die Märchengestalt des Rumpelstilzchen[21] als infantile Spiegel-Projektionen der Träumerin lesen. Sie sind

---

[19] Das Motiv der intensiv blauäugigen Phantome, die vom Verschwinden bedroht sind, ähnelt überdies einem Traum Sigmund Freuds, worin er einem verstorbenen Freund begegnet, einem „Revenant": „ ... unter meinem Blicke wird er bleich, verschwommen, seine Augen werden krankhaft blau – und endlich löst er sich auf. Ich bin ungemein erfreut darüber (...) und finde es ganz wohl möglich, dass eine solche Person nur so lange besteht, als man es mag, und dass sie durch den Wunsch des anderen beseitigt werden kann", in: *Die Traumdeutung*, a.a.O., Kapitel VI, S. 418f.

[20] Der Film basiert auf dem Roman *The Midwich Cuckoos* (1957) von John Wyndham, einer Kommunismus-Alien-Allegorie aus der Zeit der McCarthy-Ära, im Jahr 1959 von Wolf Rilla verfilmt; Remake 1995 von John Carpenter, in dessen Version die Augen der weiß-blonden Automatenkinder wie bunte Lämpchen glühen. Wie diese haben auch Hermansons Phantome Pagenkopf-Frisur mit Pony.

[21] Vgl. die Lesart der Psychologin Dora Busch, die Rumpelstilzchen als „des Mädchens eigenes kindlich-unreifes Wesen" sieht, in: Max Lüthi, „Rumpelstilzchen. Thematik, Struktur- und Stiltendenzen innerhalb eines Märchentypus", in: *Antaios* 12 (1971), S. 435.

Gespenster, Simulacra, Hirn*gespinste* von ungeborenen und ungewollten Kindern, die im Traum der Erzählerin herumspuken, einer Frau, die sich in ihrer eigenen Kindheit selbst als Phantom-Kind wahrgenommen hat, als Hexenkind, und überdies stets froh war, wenn ein Schwangerschaftsverdacht sich bei ihr als ‚falsch' herausgestellt hat:

> ... ibland har jag trott mig vara gravid, men alltid blivit mycket glad när det visat sig vara fel. Jag hade ett par äggstocksinflammationer som ung, det är mycket möjligt att jag är steril (6) ... Min kropp har aldrig burit något foster. Ett faktum som aldrig bekymrat mig, eftersom jag istället planerat att berika mänskligheten med mina unika konstverk (57).

Wie Ingmar Bergmans und Edvard Munchs symbolistische Madonnen, die die Augen vor dem Phantasma ihrer ungewollten und ungeborenen Kinder verschließen, scheint sie in narzisstischer Selbstbezogenheit zu verharren – ein Zustand, der typisch ist für die pubertären Jungfern und Prinzessinnen im Märchen, die in Königinnen, Ehefrauen und Mütter transformiert werden sollen.

Als die Erzählerin schweißgebadet aus ihrem vage hellseherischen Albtraum mit den phantasmatischen kleinen Mädchen erwacht, ist die Schwellung am Schenkel zu einer schmerzhaften, verfärbten Beule angewachsen. Im Krankenhaus wird sie von der Ambulanz an die Abteilung für Tropenmedizin weiterverwiesen und von den dortigen Ärzten wiederum an einen Wissenschaftler in einem ‚Pavillon' in einem entlegenen Teil des Krankenhausgeländes.

„En doft av zooaffär" (43), den die Erzählerin auf dem Weg dorthin wahrnimmt und mit Versuchstieren in Verbindung bringt, die Randlage des Pavillons, die Hitze und Unordnung darin sowie der Anblick von in einem alten Vitrinenschrank aufbewahrten ‚museumsreifen' („museala") Instrumenten, ‚deren ursprüngliche Verwendung sich nur in dunklen Horrorphantasien erahnen lässt' (*Värddjuret*, 43), ruft Assoziationen mit Horrorromanen wie H. G. Wells *The Island of Dr. Moreau* hervor. Der Pavillon erinnert diffus an den Ort im Pazifik, an dem Wells' Dr. Moreau Vivisektionen, chirurgische Operationen an lebenden Tieren, durchführt, die dadurch zu Tiermenschen werden. Wie Dr. Moreau hat sich Dr. Willof, so der Name des Wissenschaftlers im Pavillon, oft auf einer Insel – in diesem Fall Borneo – aufgehalten:

> Jag har varit mycket på Borneo. Jag brukar studera fjärilar där. Det är mitt stora intresse. Det hänger samman med mitt yrke. Jag har rest mycket för att studera tropiska sjukdomer. Och där de värsta sjukdomer finns, där finns också de vackraste fjärilarna (45).

‚Wo es die schlimmsten Krankheiten gibt, da gibt es auch die schönsten Schmetterlinge', sagt Willof und impliziert damit gleichzeitig: wo tropische Hitze herrscht, treiben Fieberphantasien die wunderlichsten Blüten. In seinem

Pavillon, der etymologisch mit dem französischen Wort für Schmetterling – *papillon* – verbunden ist, hegt der skurrile Forscher seine wissenschaftlichen Hirngespinste, aus denen der unsterbliche Ruhm des Forschers und Entdeckers ausschlüpfen soll wie der Schmetterling aus dem Kokon. Seine nichtverwirklichten wissenschaftlichen Ambitionen entsprechen dabei den nichtverwirklichten künstlerischen Ambitionen der Erzählerin, „konstnärsdrömmer" (6), die sie nicht in die Tat umgesetzt hat. Er gibt seiner Patientin ein Manuskript aus einem seiner zahlreichen Papierstapel zum Lesen mit und bittet sie, am folgenden Tag wiederzukommen. Zu Hause liest sie einen kuriosen Bericht über eine seltene Schmetterlingsart namens Recentia alba auf Borneo, deren Raupen zur Verpuppung sogenannte Urisaffen aufsuchen, in deren Haut sie sich bis zur Schlüpfung einbohren. Geradezu phantastisch soll der Anblick einer Affenherde am frühen Morgen sein, wenn sie von den frisch geschlüpften, glänzenden Schmetterlingen umgeben ist – „den märkliga synen av en apflock omgiven av ett moln av silverglänsande fjärilar" (50):

> ... runt omkring dem var luften fylld av fjärilar! Ett moln av silvervita fjärilar! Fjärilar blev fler och fler. De dök upp som vita fläckar i apornas päls, för att efter en stund lyfta och föra sig med svärmen ... De tröga, sömniga aporna och så dessa bevingade varelser, som steg upp ur dem! (170).

Das Bild der ‚trägen, schläfrigen Affen, aus denen geflügelte Wesen aufsteigen', erinnert stark an Renaissance-Darstellungen von Affen und Faltern und zugleich an die Affen und Meerkatzen, die in Goethes *Faust I* im Laboratorium des Wissenschaftlers und in der Hexenküche auftauchen. Ist der Affe hier ebenfalls Repräsentant des prometheischen Menschen, der nach Verwandlung und Unsterblichkeit strebt und dabei stets in Gefahr ist, die entgegengesetzte Richtung von atavistischer Metamorphose einzuschlagen? Willof ist den Insektenforschern und Embryologen des siebzehnten Jahrhunderts vergleichbar, die das Wunder der Natur in den kleinsten Tieren gespiegelt sehen und diese bei der Vivisektion mit Scheren, Messern und Lanzetten auseinander nehmen. Wie in der Kunst der Renaissance oszilliert auch hier das Insekt einerseits zwischen der Bedeutung als Kunstwerk der Natur und als Symbol für Verwandlung und Unsterblichkeit, andererseits aber auch als Sinnbild für Regression und Parasitismus.

Zur Vorstellung der ‚schläfrigen Affen' passt semantisch auch der spätere Vergleich Willofs mit einem ‚schlafenden Drachen': „Han kisade och mycket långsomt blåste han ut en slinga rök. Han liknade en halvsovande drake" (169).

Durch das Verschwinden der Affenart soll auch der Schmetterling vom Aussterben bedroht sein. In der Überzeugung, dass die Erzählerin von drei Raupen der Recentia zum Wirtstier auserwählt worden ist, überredet der Arzt sie nach einem Ultraschall dazu, für ihn als eine Art Versuchstier und Leihmutter die

Schmetterlingspuppen in seinem in einem Wald gelegenen Gewächshaus auszutragen. Das Gespräch zwischen Anna und Willof, der dabei Pfeife raucht, hat dieselbe Funktion eines dubiosen Kontrakts wie das Gespräch zwischen Alma und der diabolisch wirkenden, rauchenden Ärztin in *Persona*, die Alma als Wirtstier für Elisabeth an einen entlegenen Ort schickt. Der schwere, betäubende Tabakdunst, der der Erzählerin in Willofs Pavillon Kopfschmerzen bereitet, taucht auch in E.T.A. Hoffmanns *Der Sandmann* auf, wo der in teuflische Experimente verstrickte Vater des Helden bei den Gutenacht-Geschichten seiner Kinder „starke Dampfwolken" um sich bläst, „dass wir alle wie im Nebel schwammen".[22]

Als Willof der Erzählerin das Ergebnis des Ultraschalls mitteilt, tritt er auf wie ein väterlicher alter Frauenarzt und Weihnachtsmann – „som en gammal jultomte, sträng och godmodig på samma gång" (56), der seiner Patientin die frohe Botschaft ihrer Schwangerschaft überbringt und ihr dabei gleichzeitig eine Abtreibung ausredet: „En utrotningshotad djuret har sökt sin tillflykt hos dig (...) Genom att vara värddjur kan du rädda en djurart!" (56). Willof ist in seiner Schmetterlingsobsession ebenso dämonisch wie Rumpelstilzchen, das der Müllerstocher zur Verwandlung von Jungfer in Königin verhilft, um sich hernach in den Besitz ihres Kindes zu bringen.

Die *Recentia alba*, die bei der Erzählerin Fieber und Fieberphantasien auslöst, korrespondiert mit antiken und volkstümlichen Vorstellungen vom Schmetterling als „Fieberbringer" und imaginärem „Hirntierchen", das als Krankheitsdämon, Inkubus, Vampir und Alp auftritt,[23] in *Värddjuret* in der Gestalt der albtraumhaften, federleichten kleinen Mädchen, die sich gleichzeitig mit dem Fieber einstellen. Auch in Bram Stokers *Dracula* erkrankt Jonathan Harker an Fieber, nachdem er dem Schloss des Vampirs entronnen ist, so dass der Leser zumindest vorübergehend in Unschlüssigkeit versetzt wird, ob nicht auch der Graf ein „Fiebertier" ist, ein Hirngespinst, das den Protagonisten der Wirklichkeit entzieht und in einen Albtraum versetzt. Wie Dracula erweckt auch Willof einen teils respektablen, teils dubiosen Eindruck. So beobachtet die Erzählerin neben dem Chaos in Willofs Pavillon auch, wie er zu einem Fenster in einem der höchsten Stockwerke des Krankenhauses, offensichtlich die Chefetage, hochschaut und davor ausspuckt. Willof bringt die Erzählerin mit dem Auto in sein Schmetterlingstreibhaus im Wald, in seinen anderen ‚Pavillon', in

---

[22] E.T.A. Hoffmann, *Der Sandmann*, a.a.O., S. 11.
[23] Siehe *Handbuch des Deutschen Aberglaubens*, a.a.O., Sp. 1247, vgl. auch Ernest Jones, *On the Nightmare*, a.a.O., S. 107. Basil Copper weist auf die Existenz eines blutsaugenden Nachtfalters namens Calyptra eustrigata in Malaya hin, der mit der Spitze seines Rüssels die Haut seiner Opfer, auch großer Säugetiere wie Antilopen und Büffel, durchsticht und bis zu einer Stunde an seinem Opfer saugt, Basil Copper (1973), *Der Vampir in Legende, Kunst und Wirklichkeit* (München 1974), S. 40f.

dem er seine „Hirntierchen" hegt. Dieses befindet sich in unmittelbarer Nähe seines Wohnhauses, ist mit einer Alarmanlage gesichert und wird von scharfen Hunden bewacht. Das Motiv der Hunde weist Parallelen auf zu Jonathan Harkers Gefangenschaft auf Schloss Dracula, das er nicht verlassen kann, da es von Wölfen umgeben ist. Das Treibhaus als Gefängnis, Versuchslabor und Ort der Regression ist auch einer der Schauplätze in Tor Åge Bringsværds *Pinocchiopapirene* (1978). Dort fusioniert der dämonische Arzt Dr. Farkas – Wiederverkörperung des Drachens und Vampirs in der Gestalt des verrückten Wissenschaftlers – im Treibhaus seiner labyrinthischen Klinik das Gehirn des Folkloristen Varga mit der Pflanzenwelt. Darüber hinaus stellt er als Entsprechung des historischen Nazi-Arztes Dr. Josef Mengele weitere manipulative Experimente mit Menschen an, unter anderem mit der Folkloristin Maja, einer modernen Reinkarnation von H.C. Andersens *Tommelise*-Figur, welche halb Mensch, halb Blume ist; Hermansons Protagonistin vergleichbar, wird diese in einem Versuchszimmer der Klinik eingesperrt und Fieberträumen ausgesetzt.

4. Groteske Verwandlungen: Rollenmodelle vorzeitig transformierter Nymphen und gealterter Backfische

Als Willof seinen Wagen zum Haus fährt, werden sie von drei bellenden Rottweilern begrüßt, die von einer jungen Frau in einem „fuskpäls i en osannolik blå färg" (60) abgeführt werden. Der sonderbar blaue Kunstpelz korrespondiert semantisch mit dem Simulacrum der kleinen Mädchen, die Pelzmützen tragen und merkwürdig blaue Augen haben.

Willof führt seine Leihmutter zu dem ‚Brutkasten', in dem sie die Schmetterlinge ausbrüten soll. Das Gewächshaus wirkt auf die Erzählerin wie ein Raumschiff, was wieder diffuse Assoziationen mit Aliens und Automatenkindern wachruft:

> Elektrisk ljus strömmade ut ur det och mattades av dimman runt omkring. Växthuset verkade malplacerat, nästan overkligt, likt ett upplyst rymdskepp som tillfälligt landat på den vissna ängen och när som helst kunde lyfta och svepa bort över grantopparna (60f.).

Auch zwischen der spezifischen Art der jungen Frau im blauen Pelz sich zu bewegen und den mechanischen Bewegungen der Puppenmädchen scheint eine Ähnlichkeit zu bestehen. Die Frau ‚schraubt' und ‚dreht' ihren Körper, „liksom skruvade på sig" (60), „gjorde en vridning med kroppen" (63), auf eine Weise, die in der Erzählerin Erinnerungen an ihre frühere Schul- und Spielkameradin Liselott wachruft, an ein dominantes, frühreifes Mädchen, das sich ebenso gedreht und geschraubt hat:

Det där skruvande fascinerade mig. Först trodde jag att hon vände sig mot någon eller bort från någon. Men hennes skruvande hade inte med någon annan att göra. Det var som om hon vred sig ut ur sig själv, som om hon försökte ömsa skinn (68).

Die Bewegung des ‚Sich-Häutens' ist dem Schlupfversuch des Insekts vergleichbar, das sich aus seiner Puppenhülle schraubt. Die Schraubbewegung der jungen Frau im Kunstpelz löst eine Reihe von Kindheits- und Jugenderinnerungen bei der Erzählerin im Gewächshaus aus, die um die frühreife Liselott kreisen und sie als eines der zentralen Phantasmen des Romans ausweisen:

> Varför tänker jag så mycket på Liselott? Kvinnans lilla vridning. Det var den som satte igång mig. Jag har inte mycket annat att göra här inne än att tänka (93).

Die Erzählerin zeichnet ein Bild von Liselott, das in starkem Kontrast zu ihrer eigenen Entwicklung steht und dennoch eine Spiegelprojektion ihrer selbst ist, eine Art Schatten im jungianischen Sinne. Die Andere wird zur Projektionsträgerin verdrängter Triebe und Instinkte.

Wie die Erzählerin ist Liselott ein Einzelkind, das mit seinen Eltern in einer feinen Villa wohnt, allerdings in einer winzigkleinen Dachwohnung. Liselotts Familie ist das genaue Gegenteil von Annas Familie. Den Erinnerungen der Erzählerin zufolge verdient Liselotts Mutter den Familienunterhalt, da der Vater aufgrund eines Rückenleidens berufsunfähig ist und die Tage wie eine faule Drohne damit verbringt, auf dem Sofa zu schlafen. Die Frage nach dem Beruf der Mutter mit dem „svartfärgat hår uppsatt med massor av hårnålar" (71) bleibt ungeklärt: „Hon hade ett jobb. Jag formodar att det var någon sorts kontorsarbete, på den tiden funderade jag inte särskilt mycket över sådant" (71). Ungeklärt ist auch die Frage, wo die Mutter ihre Mahlzeiten einnimmt und wo sie in der engen Dachwohnung schläft: „Jag kan inte minnas att jag någonsin såg henne äta. Det var ett lika stort mysterium som var hon sov" (72). Diese Äußerungen legen die Vermutung nahe, dass es sich bei der Berufstätigkeit von Liselotts sympathischer Mutter um Prostitution gehandelt hat. Die sonderbaren Familienverhältnisse suggerieren die Möglichkeit, dass der proletenhafte, ewig schlafende, in „nätundertröja och träningsoverallbyxor" gekleidete Vater mit „stor mage" und „en massa lurvigt hår" auf der Brust ein ehemaliger Kunde ist, der die Mutter geheiratet hat und vielleicht nicht einmal der leibliche Vater Liselotts ist. Eine vergleichbare Konstellation taucht in Hermansons Roman *Mannen under trappan* (2005) auf, wo der ähnlich ungepflegte, alkoholabhängige vermeintliche Vater des Protagonisten Fredrik ebenso auf dem Sofa herumliegt und auch nach der Scheidung von der Mutter in deren Wohnung kommt, dort zu Mittag isst und fernsieht, „som om han bodde där".[24]

---

[24] M. Hermanson, *Mannen under trappan* (Stockholm 2006), S. 44.

In Liselotts Wohnung spielen die beiden kleinen Mädchen meistens Kinderheim mit Liselotts zahlreichen kleinen Puppen, wobei Liselott die Rolle der strengen Leiterin übernimmt, die sich grausame Regeln und Strafen für die Puppen ausdenkt. Dies verwundert etwas, da Liselotts eigene Mutter alles andere als streng und strafend zu sein scheint. Ist hier eine Parallele zu den von Melanie Klein in Kinderanalysen untersuchten Mechanismen zu sehen, wobei Kinder beim Puppenspiel sowohl die Rolle der strafenden Autorität, des Über-Ichs, als auch die des bestraften Kindes ausführen und ihre eigenen sadistischen Impulse gegen die Eltern nach außen projizieren?[25]

In ihrer Kindheit stellt sich die Erzählerin beim Anblick eines roten Weihnachtssterns in Liselotts Fenster vor, ihre triebhafte Spielkameradin sei eine Hexe – was mit ihren Schauerphantasien zu Beginn des Romans korrespondiert, wo Tanten und Mutter als Hexen imaginiert werden:

> Vid jultid hängde en stor, röd adventsstjärna i Liselotts fönster. Inte gulröd och varm, som andra adventsstjärnor, utan mördröd som blod. Dess ljus fick den lilla skrubben att likna en häxas grotta. Stjärnan syntes på långt håll.
> När jag såg stjärnan fick jag ibland för mig att Liselott verkligen var en häxa. Hon satt i sitt ovala fönster, såg ut över samhället och uttalade förbannelser över oss som bodde där ... (75).

Die Freundschaft zwischen Anna und der wilden, rothaarigen, zerzausten Liselott, die die Gefahr liebt und auf der Eisenbahnbrücke mit dem Todestrieb spielt, erinnert an die Beziehung zwischen Gerda und dem kleinen Räubermädchen.

Während Liselott früh an sexuellen Dingen interessiert ist und schon als Fünfzehnjährige schwanger wird, verläuft die Adoleszenz der Erzählerin wie der Märchenschlaf Dornröschens. Ähnlich wie Dornröschen lebt sie als spät geborenes, umhätscheltes Einzelkind in einer als Schloss imaginierten Villa mit Turm. Sie ist umgeben von Tanten, die als ewige Töchter selber ein Spiegelbild fortgesetzter Infantilität sind und die Ablösung von jüngster Schwester und Nichte verhindern wie die Feen im Märchen, welche Jungfern in Türmen und Waldschlössern einsperren. Sowohl die Tanten als auch Liselott in ihrer Dachkammer werden implizit mit der Fee in *Dornröschen* in Verbindung gebracht, die ‚Verwünschungen', „förbannelser" (75), über andere ausspricht. „Jag måste ha sovit mig igenom mina tidiga tonår. Jag minns inte mycket av dessa år" (86), sagt die Erzählerin über ihre Teenagerzeit, die sie in einer Art Kokon verbracht hat. In dem Maße, in dem die animalische Liselott bei den Rockern und Zigeunern unten am Fluss – „nere vid ån" – im Sumpf der Sexualität versinkt, bei Ungeziefer, „råttor", „slam och gyttja och vidsnår" (77), senkt sich Schlaf über die Erzählerin, „tung, mild, tom" (116). Die Wirkung von

---

[25] Melanie Kleins entsprechende Analysen in *Die Psychoanalyse des Kindes*, a.a.O., S. 19.

Liselotts Sexualität auf die Erzählerin scheint der dämonischen Macht von Schneewittchens Stiefmutter vergleichbar, wie Hermanson sie in *Snövit* zeichnet.[26] Während die Erzählerin ihren eigenen Eintritt in die Geschlechtsreife nur beiläufig zur Notiz nimmt und eher verdrängt, projiziert sie die Phantasien des Teenagers und dessen Ängste vor triebhafter Sexualität, Schwangerschaft und allem Obszönen auf die dämonisierte Liselott bzw. lebt solche Phantasien an sublimierten literarischen Gestalten wie Dumas' *Kameliendame* aus. Der mutmaßliche Schauplatz von Liselotts sexueller Initiation und Schwängerung spiegelt sich im Schauplatz der Verzauberung bzw. psychischen Entrückung der Erzählerin, welche am Fluss in der schlammigen Schlucht auf Borneo stattfindet.

Das einzige Ereignis ihrer Jugendzeit, das „genom tidens hinnor" ‚leuchtet' („lyser"), ‚strahlt' („strålar") und ‚funkelt' („tindrar", 86) – in semantischer Übereinstimmung mit dem roten Weihnachtsstern – ist das Phantasma der hochschwangeren Liselott, die in der Weihnachtszeit unter dem „varma, rödaktiga skenet från hundratals flämtande stearinljus" (86) zur Lucia gewählt wird. Die Erzählerin kennzeichnet ihre Erinnerungen an die Wahl Liselotts zur Lucia durch ihre Wortwahl als Spekulationen und ‚hemmungslose Ratereien' („hejdlösa gissningar", 92):

> Det måste ha varit något av detta rektorn kände när han betraktade valresultatet i 9b ... Eller var det inte alls så? ... Förmodligen erinrade sig rektorn ... (89).
> Som ni säkert förstår vet jag ingenting om vad hon eller rektorn eller de övriga rösträkarna sade. Jag bara gissar (92).

In der Erinnerung der Erzählerin transformiert sich die Sexpuppe Liselott „i kjolar som slutade strax under skinkorna, höga vita stövlar och midjakorta jackor" (77) in eine formlose Masse, in eine ‚Schnecke' („en snigel"), in der Zwillinge vermutet werden. Ihre Metamorphose ist die Umkehrung der Metamorphose, die Dorrit Willumsens Ich-Erzähler seiner Puppenfrau Coppelia angedeihen lässt:

> Hon var stor. Väldig. Hon hade en mage som ett hus. Ja, ibland påminde hon mig faktisk om en snigel som bar sitt hus, inte på ryggen, utan på mage. Som om hon, ifall hon utsattes för fara, skulle kunna rulla ihop sig på golvet och krypa in i det där huset. Hon var ovanligt stor. Det talades om tvillingar, till och med om trillinger ... Det var svårt att se Liselott och hennes mage som en enda kropp. Istället fick man just den där känslan av att hon *bar* på något. Ett hus. En stor sten. En *börda* (91).

An dem Punkt, an dem die Erzählerin von der Lucia-Wahl zum Lucia-Umzug übergeht, gehen auch ihre Erinnerungen vom Imperfekt ins Präsens über. Ihre

---

[26] Hermanson sieht die Stiefmutter in ihrem Roman *Snövit* als Zeichen für Sexualität: „Jag ser inte styvmodern som någon ondskefull figur. Hon står för sexualiteten och är en figur som kommer igen i mitt skrivande", in: Nilson, a.a.O., S. 18.

ironischen Versicherungen über den Wahrheitsgehalt ihrer Darstellung entlarven sie als unzuverlässige Erzählerin, mit der möglicherweise die Phantasie durchgeht:

> Men nu gissar jag inte längre. Nu är det sant, nu är det mina egna minnen. I den mån minnen är sanna. Ibland är de kanske mer lögnaktiga än fantasierna (93).

Die obsessive Vorstellung von Liselotts angeschwollenem Bauch unter dem weißen Hemd und ihr Schwitzen während des Luciazugs spiegeln den Zustand der phantasierenden Erzählerin wider, die selber fiebernd mit einer anschwellenden Beule unter einem Leintuch liegt, wie ein Kokon mit drei Puppen, aus dem ‚Drillinge' ausschlüpfen sollen. Die Assoziation mit einem Kokon korrespondiert auch mit einer der Bedeutungen des Lexems *Puppe*, welches leitmotivisch den Roman durchzieht, nämlich mit der Bedeutung „Larve", was laut etymologischem Wörterbuch „auf einer ungenauen Übersetzung des griechischen Begriffs *nýmphē* „Braut" (wegen der weißen Umhüllung)"[27] beruht. Eine unterschwellige Assoziation führt hier auch zu der in Tücher gehüllten Frau zurück, die der Erzählerin im Traum die drei kleinen Mädchen vorbeibringt, welche sich wie *Spielzeug* bewegen, eine weitere Bedeutung des Lexems *Puppe*.[28] Im *Svensk Etymologisk Ordbok* wird die Bedeutung des aus dem Deutschen übernommenen Begriffs „insektpuppa" auf „dess dock- eller lindebarnsliknande utseende"[29] zurückgeführt. Der Verweis auf die Assoziation von *Puppe* mit dem Begriff *Nymphe*, in der Insektenkunde ein Terminus für ein spätes Larvenstadium, fehlt hier.

Auch in Ingmar Bergmans *Persona* tritt ein Graviditätsphantasma auf, als Alma ihre eigene psychische Inkubation durch die parasitische Elisabet, die sie im Film als aufgeblähtes Doppelwesen zeigt, auf das Phantasma der widerwilligen schwangeren Elisabet projiziert, die ihr Kind loswerden will. Von der obsessiven Vorstellung sucht Alma sich im Traum gleichsam durch eine Austreibung oder einen Geburtsvorgang zu befreien. „Liselott har ont" (95), sagt die Erzählerin, die in Liselotts Geburtswehen und deren Kugelbauch ihre eigenen, an anderer Stelle erwähnten Schmerzen und ihre harte Schwellung gespiegelt sieht: „Det värker ohyggligt i låret ... Svullnaden är som en hårt pumpad boll. Det känns som om den skulle sprängas bara jag petar på den" (144).

Mit dem riesigen Bauch, der beim Lucia-Umzug wie „ett stort, vitt klot" vor „Liselotts lilla flickkropp" (94) herschwebt und sie mit sich zieht, und mit den Lucia-Jungfern und Wichteln um sich herum, erinnert Liselott diffus an ein Insektenei, aus dem eine Königin schlüpfen soll oder an eine Termitenkönigin

---

[27] Kluge. *Etymologisches Wörterbuch der deutschen Sprache* (Berlin/New York 2002), unter „Puppe", S. 730.
[28] Ebd.
[29] *Svensk Etymologisk Ordbok*, hrsg. v. Elof Hellquist (Lund 1957), unter „puppa", S. 797.

mit aufgeblähtem Unterleib, die von ihrem Hofstaat umgeben ist. Der Bauch scheint ein Eigenleben zu entwickeln und wie ein Ballon die Schwangere in die Luft hochzuziehen:

> Den stora magen höjer och sänker sig i djupa andetag. Som om den hade ett eget liv. Som om den pumpar upp sig ytterligare, förberedder sig för stigning. Jag kan föreställa mig hur den efter nästa hävning plötsligt höjer sig och drar Liselott med sig upp mot aulans tak. Hur hon svävar ut ur skolan, hjälplöst hängande vid sin stora mage, bort över samhället, upp mot de mörka vinterhimlen, som en vit, ljusomstrålad planet (95).

Wie die unzuverlässigen neurotischen und psychotischen Erzähler der in den vorigen Kapiteln untersuchten Geschichten ist auch diese Ich-Erzählerin eine narzisstische Betrachterin, die sich als Zeugin der surreal-phantastischen Metamorphose einer Anderen imaginiert. Die Metamorphose der schwangeren Liselott in etwas Nicht-Menschliches, in „en snigel", „ett stort, vitt klot", „en vit, ljusumstrålad planet" (Äquivalent der Venus?) ist ein Phantasma. Sie repräsentiert die Abwehrprojektion einer infantilen Angstphantasie. Die Phantasien der Erzählerin kreisen obsessiv um das Geheimnis des angeschwollenen Mutterleibs ihrer Doppelgängerin, die sich mit Jacques Lacan als „heteroklites Mannequin" begreifen lässt, in dem man „das narzisstische Objekt" sehen kann, das dem Subjekt als „Abwehrfunktion gegen die Angst vor vitaler Zerrissenheit"[30] dient. Hat zuvor Liselott ihre kleinen Puppen grausam bestraft, so ist es nun die Erzählerin, die die Sexpuppe Liselott sadistisch als überdimensionalen schwangeren Leib phantasiert und Schmerzen erleiden lässt. Als Lucia ist Liselott ein Äquivalent der Heiligen Jungfrau, jedoch in der Gestalt der vorchristlichen Märtyrerin in einem „hednisk fruktbarhetsrit" (94); als solche vergleicht die Erzählerin sie mit „en thailändsk tempeldansös" (96) – mit einer Bajadere, die stellvertretend für andere dem Mysterium der Sexualität geopfert wird und an deren Opferung sich andere ergötzen.

Die schwangere Liselott als weiß gekleidete Lucia und die Erzählerin mit der Geschwulst unter ihrem Leintuch – später in einem cremeweißen Seidenkleid – erscheinen wie groteske Ausgaben von Schneewittchen und anderen Prinzessinnen und Jungfern im Märchen. Die ‚Weißgekleideten' korrespondieren semantisch mit Schneewittchen, das Hermanson in ihrer Roman-Version des Märchens „den vitklädda"[31] nennt. Sie sind auch mit dem Namen des imaginären Schmetterlings *Recentia alba* zu assoziieren, der soviel bedeutet wie „die frisch(geschlüpft)e Weiße", abgeleitet vom Bild der frisch geschlüpften, silberweißen Schmetterlinge. Die ‚Weißgekleideten' lassen sich des weiteren auch mit Miss *Lucy* in Bram Stokers *Dracula* assoziieren, mit der Braut und Schlafwandlerin, die vom Vampir heimgesucht wird und wie ein pervertiertes Schneewitt-

---

[30] Jacques Lacan, „Die Familie", a.a.O., S. 69.
[31] M. Hermanson, *Snövit*, a.a.O., S. 36, 40.

chen zum Phantom mutiert. Tatsächlich korrespondiert der Zustand von Liselott und der Erzählerin mit dem der Heldinnen mancher Versionen von *Rapunzel* und *Dornröschen*, in denen die von Hexen und autoritären Vätern in einen Turm eingesperrten Jungfern von einem Fremden oder *etwas* Fremdem geschwängert werden.[32] Wie Dornröschen sind die beiden in der Rückblende der Erzählerin 15 Jahre alt.

Liselott ist Dornröschens Schatten, die ‚dunkle Schwester', die im Märchen häufig in den unmoralischen Stiefschwestern verkörpert ist. Als vorzeitig Transformierte ist sie die Antithese der ‚gealterten Backfische', deren ‚Spiegelbild' die Erzählerin ‚nicht aushält'. Was aus diesen Nicht-Transformierten wird, die von der Macht der Natur verschont geblieben sind, sieht sie mit Schrecken in denjenigen ihrer Freundinnen gespiegelt, die allein leben wie sie selbst, „åldrade tonårsflickor", ‚unreif', ‚oberflächlich' und ‚zickig':

> Förr tyckte jag om att se mig själv i dem. Fria, kreativa kvinnor, som reste och såg sig om i världen och tog för sig av det de ville ha. Så såg jag dem och så ville jag se mig själv. Nu tycker jag att de är åldrade tonårsflickor. Omogna, ytliga, gnälliga. De skyller alla sina problem på orättvisa föräldrar och elaka karlar. De lägger sig till med egendomliga principer, intresserar sig för mystiska läror, köper excentriska hattar. För varje gång blir de allt grällare, allt envisare, allt mer udda. Den spegelbilden uthärdar jag inte (110f.).

Ähnlich wie diese Freundinnen sind auch die Mutter und die Tanten gealterte Backfische geblieben. Liselott ist ein ebenso groteskes Schreckbild wie jene. Anstatt ihrer Tochter eine richtige Mutter zu sein, mutiert sie später zur Adoptivmutter von Hunden. Dies entspricht eigentlich dem Klischee der kinderlosen, altjüngferlichen Hundeliebhaberin und hat eine Parallele in der Erzählerin, die selber zur ‚Leihmutter von drei imaginären Schmetterlingskindern wird', „surrogatmamma åt tre små fjärilsbarn" (78).

Auch die Erzählerin scheint eine nicht-transformierte Nymphe zu sein. In ihrer Jugendzeit assoziiert sie den Ring, der bei den damals üblichen Schwangerschaftstests im Reagenzglas als Zeichen für eine Schwangerschaft erscheinen soll, mit der befruchteten Eizelle, von der sie nicht weiß, ob sie sie ‚fürchtet' oder ‚ersehnt':

> Jag kände skräck för ringen som skulle fånga mig. Var det också en längtan? Hoppades jag på en kraft som inte tog någon hänsyn till min rädsla? (134).

Die Erinnerung der Erzählerin an das frühere Hantieren mit den Testutensilien, mit Spiegel, Pipette und Reagenzglas, „detta djupt rituella" (133), erinnert ent-

---

[32] Ein Detail, das in den Grimmschen Versionen weniger stark hervortritt, so z.B. darin, dass Rapunzel im Exil Zwillinge zur Welt bringt; in den italienischen und französischen Versionen von Charles Perrault, Madame d'Aulnoy und Giambattista Basile tritt das Motiv der Schwängerung unverblümter hervor. Vgl. hierzu auch Maria Tatar, *The Hard Facts of the Grimms' Fairy Tales* (Princeton/Oxford 1987), S. 45.

weder an das Experiment eines Wissenschaftlers im Labor oder aber an die Zauberkünste der Hexe, die versucht, aus ihrer Zauberkugel die Zukunft herauszulesen:

> Med bultande hjärta spanade jag efter formen, mönstret, så som människor spanat efter form och mönster i kristallkulor, smält bly, kaffesump och stjärnbilder ... Vad var det jag såg egentligen? Någon annans öde? Något som skulle hända mig senare i livet? Något som hänt mig i ett tidigare liv? (134) ... Ett synnerligen intressant meddelande. Men helt tydligt inte avsett för mig (135).

‚Was sah ich da eigentlich? Das Schicksal einer anderen?', fragt sich die Erzählerin. Doch keine der Alternativen scheint verlockend, weder Liselotts grotesk-verkorkstes Mutterschaftsmodell noch das dröge bürgerliche Rollenmodell, dem die verheirateten Freundinnen folgen, „med mannen som inte diskar, lillen som inte vill gå till dagis, konflikter med flickans lärare, pojken som bara vill spela dataspel" und mit für die Erzählerin unverständlichen ökonomischen Problemen wie „villalån och räntor och ökonomiskt trassel" (110).

Der erste Liebhaber der Erzählerin, der ihre sexuelle Initiation herbeiführt, ist die Parodie eines Märchenprinzen: ein narzisstischer, ebenso ego- wie exzentrischer und launischer Zeichenlehrer namens Sam, ein Pseudo-Bohemien, der auf einem Auge schielt und zahlreiche unverbindliche Verhältnisse zum anderen Geschlecht unterhält. Die Rückblenden zu diesem ersten Liebhaber werden durch Willof ausgelöst, der die Erzählerin an Sam erinnert:

> Han påminde mig om Sam. De otåliga gesterna. Det vildvuxna håret. Men framförallt hans sätt att flacka med blicken mellan recentia alba och mig (176).

Mit ihrer Bindungslosigkeit und ihren unverwirklichten Künstlerambitionen ähnelt die Erzählerin in gewisser Weise selber ihrem skurrilen ehemaligen Lehrer und Liebhaber.

Neben diesen potenziellen Lebensrollen reflektiert die Erzählerin Traumrollen, die mit sündhaft teuren Kleidungsstücken verknüpft sind, die sie gekauft, aber nie getragen hat: eine elegante Jacke mit Pelzbesatz, die sie mit einer Schlittenfahrt durch eine russische Stadt assoziiert, ein Popelinmantel, dessen Anblick sie im Geiste nach Paris versetzt und ein cremeweißes Seidenkleid, in dem sie sich mit einem Mann und Champagner unter einem Palmblatt sieht. Diese Traumbilder, „dream figures of the self",[33] entsprechen archetypischen Vorstellungen über Märchenprinzessinnen, die in Werbung, Film und Fernsehen verarbeitet werden, „mediamyter", wie die Erzählerin sagt, keine ‚übernatürlichen Offenbarungen' oder „döda människors andar som tar mig i be-

---

[33] Vgl. nochmals Margaret Atwoods Aussagen über den Einfluss der Medien auf solche Vorstellungen in: Interview mit Hilde Staels, in: H. Staels, „You Can't Do Without Your Shadow", a.a.O., S. 208.

sittning eller något sådant" (160f.) – eine versteckte Referenz zur Schauermärchen-Phantasie zu Beginn des Romans. Doch die Vorstellung von „något övernaturligt" (160) ist in Wahrheit nicht allzu weit von der Macht des Archetypischen in der Psyche des Menschen entfernt. Diese machen sich auch moderne Medien zunutze.

Die letztgenannte Phantasie mit dem weißen Seidenkleid verwirklicht sich auf profane Weise, als die Erzählerin mit Willof ihren 37. Geburtstag feiert, mit einem offensichtlich verrückten Kavalier und „systemets billigaste surrogat" (161) unter einer Palme des Gewächshauses. Dieses Bild stellt eine groteske Verkehrung des Märchenideals dar.

5. Atavistische Metamorphosen

Die Pervertierung und Parodierung von Märchenmasken vollzieht sich nicht nur in der Phantasie über die hochschwangere Liselott in ihrer Märchenverkleidung als Heilige Lucia und in den imaginären Rollen der Erzählerin, sondern auch in der Figur Lindas, der jungen Frau Willofs, die zu Beginn die Rottweiler abführt und der Erzählerin durch ihren sonderbar blauen Kunstpelz und ihre merkwürdig-schraubende Körperbewegung auffällt. Auch Linda kommt eine Spiegelbild-Funktion zu. Lindas Erzählungen über sich selbst lassen den Rückschluss zu, dass es sich bei ihr um das Produkt von Liselotts Schwangerschaft und ‚Schraub'– und ‚Häutungsversuchen' handelt. Wie die imaginären Schmetterlingspuppen scheint Linda eine Nichtgeschlüpfte zu sein, ein elternloses Mädchen, das seinen Vater nicht kennt und wahrscheinlich durch den ‚Prinzen' und Vaterersatz Willof von einer Existenz als drogensüchtige Prostituierte ‚erlöst' worden ist. Die Vermutung liegt nahe, dass sie einen ähnlichen Werdegang wie ihre Mutter und wahrscheinlich auch ihre Großmutter eingeschlagen hat. Wie letztere in der Kindheit der Erzählerin bewundert auch Linda die Zeichnungen, die Anna von ihrer Umgebung anfertigt und nennt sie eine Künstlerin: „Du är konstnär" (130).

Während des Aufenthaltes der Erzählerin im Gewächshaus fällt Linda in ihre regressive Drogensucht zurück und Willof versinkt immer tiefer in seinen Schmetterlingshirngespinsten, indem er ein Leben als Wirtstier, Geburtshelfer und Affenersatz für seine zukünftigen Falter im Treibhaus plant.

Linda und Anna als quasi elternlose Mädchen werden durch Reflexionen der Erzählerin über die Etymologie der Wörter „puppa" und „pupill" (143) semantisch mit den imaginären Schmetterlingspuppen und den geträumten Puppenmädchen verknüpft. Die Heldin schlägt das Wort „puppa" in einem etymologischen Wörterbuch nach, das Linda ihr anscheinend zufällig nebst anderen Büchern als Lesestoff ins Gewächshaus gebracht hat. Das Wörterbuch

führt „puppa" auf das deutsche Wort *Puppe* und das lateinische *pupa* zurück und gibt in der Folge für ‚Pupille' als erste Bedeutung „myndling" (Mündel), „änkebarn" (Waisenkind), „faderlös flicka" (vaterloses Mädchen) an sowie als zweite Bedeutung „ögonsten" (Augapfel), „öppning i ögats regnbågshinna" (Öffnung in der Regenbogenhaut). Die Erzählerin versucht, die zwei jeweils verschiedenen kryptischen Bedeutungen des Wortes *Pupille* zu einem Bild, „till en bild" (143), zusammenzusetzen:
„En liten föräldralös flicka som är så nära någon, att hon kan se sin spegelbild i dennes öga" (143).

War zuvor die Sexpuppe und schwangere Nymphe Liselott Annas Spiegelbild und Projektionsträgerin, so ist es nun Linda, die sich beim Rauschgiftkonsum in der Embryonalstellung des Fixers zusammenkauert, „i fosterställning" (174), und dadurch zur „Larve" in der pränatalen Bedeutung des Wortes *Puppe* wird. Auch der Pelz wird hier erwähnt, den sie für ihren regressiven Akt als Unterlage zu brauchen scheint und der ein Attribut der Puppenmädchen ist, welche Pelzmützen tragen. Sie dreht sich „som en hund innan den lägger sig tillrätta" (174) – ein tragisch-ironischer Vergleich, haben doch die Hunde der Mutter anscheinend mehr Mutterliebe und Fürsorge erfahren als sie selbst. Während Lindas ‚intimem' Akt, der die Erzählerin ‚erröten' lässt („Det här är intimt. Jag rodnar"), und der anschließenden „mest fullkomliga avslappning" (175) läuten die Kirchenglocken im Dorf. Dies verleiht Lindas Handlung einen pervertiert-rituellen Charakter, ähnlich dem von Liselotts Maskerade als hochschwangere Lucia. Auch in Bergmans *Persona* läuten im Anschluss an Almas mutmaßliche Austreibungs- und Katharsisphantasie Kirchenglocken, während sie ihre ermattete Patientin wie einen Säugling oder eine Wöchnerin in den Armen hält.

Nach der Suchtbefriedigung ist es für die Erzählerin „otroligt skönt", Linda einmal ohne „skruvningarna" (175) zu sehen, ohne ihre ‚Schraubbewegungen'. Die Parallele zwischen der Rauschgift-Sequenz und der Lucia-Sequenz tritt durch eine weitere Szene hervor, in der Linda ebenfalls Rauschgift konsumiert und in der die Erzählerin in ihrer Annahme bestärkt wird, dass es sich bei Linda um Liselotts Tochter handeln muss. Als Linda zum zweiten Mal ins Gewächshaus kommt, um dort ohne Willofs Wissen Rauschgift zu spritzen, schraubt sie sich wieder „som om hon var för stor för sin egen hud" (181) und der Schweiß läuft an ihr herunter. Ihr Zustand erinnert stark an den Liselotts beim Lucia-Umzug. In Lindas „hopkrupna bökande" sieht die Erzählerin die Wiederholung des einsetzenden Geburts- und Austreibungsvorgangs, dessen Zeugin sie einst war, und in Lindas „stövelklädda foten mot cementmuren" erkennt sie den unsichtbaren Fuß wieder, der damals – ob nun wirklich oder nur in ihrer Phantasie – Liselotts „redan spända mage" (181) ausbuchtete. So wie sie in ihrem Traum eine Ähnlichkeit zwischen den kleinen Mädchen und der in Schals gehüllten Frau wahrgenommen hat, so sieht sie auch hier Ähnlichkeiten zwischen Liselott und Linda. Wie bei Liselotts Wehen liegen Linda und Anna hier eng Seite an Seite auf der Matratze, wie Schwestern oder wie Mutter und Kind, und Anna streichelt Linda, nachdem diese ihre Sucht befriedigt hat, über den Kopf, wie man einem Baby über den Kopf streicht. Als Linda nach dem ersten Mal ihren Pelzmantel wieder anzieht, glänzen ihre Pupillen „som svarta pärlor" (175). Dieses Detail scheint Teil der semantischen Struktur des Romans zu sein und verweist auf die kleinen pelzbemützten *Pupillas* zurück, die Puppenmädchen, die im Traum als *Mündel* der Obhut der Erzählerin übergeben werden. Linda, einem weiteren „liten föräldralös flicka", ist die Erzählerin „så nära", „att hon kan se sin spegelbild i dennes öga" (143). In Platons *Alkibiades* wird das Auge von Sokrates als Spiegel bezeichnet:

> Hast du nämlich nicht bemerkt, dass, wenn jemand einem anderen ins Auge blickt, sich ihm sein eigenes Antlitz in dem Augensterne jenes ihm Gegenüberstehenden wie in einem Spiegel zeigt, daher wir auch den Augenstern Pupille, das heißt Püppchen, nennen, weil sie gewissermaßen ein Bildchen des in sie Hineinblickenden darstellt? (...) Wenn demnach ein Auge sich selber sehen will, so muss es in ein Auge blicken und gerade in *die* Stelle desselben, in welcher die eigentliche Tüchtigkeit des Auges ihren Sitz hat, in die Pupille (...) Wenn nun aber (...) die Seele sich selbst erkennen will, wird sie da nicht auch müssen in die Seele blicken ...?[34]

Wie einst Liselott ist auch Linda ein negatives Spiegelbild der Erzählerin. Während die drogenabhängige Linda von Willof offenbar von der Straße geholt und auf diese Weise zu seinem *Mündel* wird, das, wie er betont, ‚verwöhnt werden muss' („Hon behöver skämmas bort", 168), entspricht die Erzählerin der Dornröschen-Tochter im Märchen, dem „ögonsten", dem spät geborenen Mädchen, das verhätschelt wird und dennoch sich selbst überlassen und allein ist. Diese Kindheitssituation wiederholt sich im Gewächshaus und führt dazu, dass Linda eifersüchtig auf die im Glashaus Eingesperrte ist, da sie Willofs Objekt der Begierde in sich trägt, das ihn berühmt und unsterblich machen soll. So bezeichnet Linda die Erzählerin, der sie Essen in einem Korb bringen muss, schnippisch als ‚die Gräfin' – „grevinnan" (168). Liselott und ihre Tochter Linda sind die in die Gegenwart transformierten Ausgaben der negativen Mutterfiguren, der benachteiligten sadistischen Stiefmütter, der neidischen Stiefschwestern und Mägde im Märchen.

Die Symmetrie derjenigen Sequenzen, die von Liselotts und Lindas zu früher Mutterschaft und von dem Zwang handeln, unter dem Linda stand, nämlich vorzeitig erwachsen zu werden und ohne Eltern zurecht zu kommen, sowie von Annas frühem Auszug aus dem Elternhaus und ihrer späten Leihmutter-

---

[34] Platon, *Sämtliche Werke in drei Bänden* (1940), hrsg. Erich Loewenthal (Darmstadt 2004), übers. von Franz Susemihl, Bd. I, „Alkibiades der Erste", S. 866.

schaft, weist alle drei Frauen als *Pupillas* und *Nymphen* aus, die ihre Puppe zu früh und deshalb im übertragenen Sinne gar nicht gesprengt haben. Ihre Initiation ist eine Pervertierung und eine weitere Verkehrung des Märchenideals. Anna, Liselott und Linda sind die *unmündigen*, d.h. die nicht erwachsen gewordenen Mädchen, die von Männern parasitisch ausgenutzt werden. Anna ist für ihre verheirateten Liebhaber eine bequeme Geliebte auf Abruf, eine Art ‚Energiespenderin' und Hetäre. Liselott wird in der Umgebung einer Mutter, die vermutlich Prostituierte ist, und eines dumpf-animalisch wirkenden Vaters, der sich von seiner Frau, einem weiteren Wirtstier, durchfüttern lässt, und dessen anrüchiger Herrenmagazine zur Sexpuppe. Linda ist von Willof anscheinend geheiratet worden, um ihm später, wenn er zum Affenmensch im Gewächshaus regrediert ist, als „länk till yttervärlden" (165) zu dienen, als ‚Verbindung zur Außenwelt', wie er sich ausdrückt. Als Gegenleistung bietet er ihr den gesellschaftlich geachteten Status der Arztgattin, wodurch sie das Sorgerecht für ihren unehelichen Sohn zurückerhalten hat. Eine mögliche Parallele zwischen ihr und ihrer Großmutter?

Auslöser für Lindas Rückfall in die Drogensucht scheint ihre Eifersucht zu sein. Sie versetzt die Erzählerin auf sadistische Weise in Angst und Schrecken, indem sie ihr einen Kunststoffquader mit einer haarigen Spinne darin vorbeibringt und behauptet, diese sei die Recentia alba und nicht der Schmetterling in dem Quader, den Willof dagelassen hat. Dafür erntet Linda offensichtlich von Willof ein blaues Auge, das der Erzählerin klar macht, dass es hinter der Fassade des Arztes und Wissenschaftlers „hela tiden funnits något våldsomt i Willofs väsen" (154). Bald danach wird Linda wieder drogenabhängig.

Das Bild des im Kunststoffquader eingeschlossenen Schmetterlings und die imaginären Schmetterlingspuppen sind phantasmatische Spiegelungen der im Glashaus Eingeschlossenen und der verwaisten, nicht-erlösten Frauen- und Mädchenfiguren des Romans, die über das Schneewittchen-Stadium nicht hinauszuwachsen scheinen. Zudem gibt es auch semantische Korrespondenzen zwischen der monströsen haarigen Spinne, Liselotts behaartem, schlafenden Vater, der sich von seiner Frau aushalten lässt, und Willof, dem „halvsovande drake" (169) mit „det vildvuxna håret" (176), das „tjockt och yvigt som en pälsmössa" (162) ist. Willof wird selbst zum Parasiten, indem er die naive Erzählerin als Wirtstier für seine obskuren und unseriösen wissenschaflichen Versuche benutzt. Der Parasit in *Värddjuret* ist eine subtilere Variante des Motivs, das man z.B. aus dem Science Fiction-Horror des Blockbusters *Alien* und aus der Mystery-Serie *The X-Files* kennt. Die wahren Parasiten und Vampire sind die unsichtbaren, zumeist männlichen Wissenschaftler und Machthaber im Hintergrund.[35] Willof ist eine kuriose Mischung aus Dracula und Professor

---

[35] Sowohl in *Alien* als auch in *The X-Files* wird eine Frau im Auftrag unsichtbarer Macht-

van Helsing, die beide ihre Opfer bzw. Patientinnen hypnotisch manipulieren und instrumentalisieren. Er infiltriert die Erzählerin vampirisch mit seinen Schmetterlingshirngespinsten, auf deren ‚Austreibung' er wartet wie der Professor auf die Austreibung des Vampirs. Als väterlicher Verführer der naiven ‚Waisen' Anna und Linda, die den Waisenmädchen angelsächsischer Schauerromane entsprechen, gehört Willof zu derjenigen Kategorie des *Gothic villain*, die Verführer und faustischen Wissenschaftler in sich vereint.

An einer Stelle des Romans liegt er auf der Matratze im Gewächshaus und macht einen ‚ungepflegten' und ‚unrasierten' Eindruck („Han såg otroligt sjaskig och medtagen ut med sina orakade kinder"),[36] so dass sich die Erzählerin fragt, ob er in der Zwischenzeit ‚ununterbrochen getrunken hat': „Han blinkade yrvaket" (99), wie seinerzeit Liselotts Vater auf dem Sofa, der möglicherweise ebenfalls ein Trinker ist und nicht einmal dann aufwacht, wenn die beiden Mädchen Puppenausflug auf seinem haarigen Bauchberg spielen (eine kuriose Parallele zu den Schmetterlingspuppen und den haarigen Affen, die auf einem Berg leben?). Willofs perverse Pläne, zu einer Art Affenmensch für seine Schmetterlingspuppen zu regredieren, rücken ihn in die Nähe von Liselotts Vater und von Mr. Hyde, dem animalisch-atavistischen alter ego von Dr. Jekyll in R. L. Stevensons *The Strange Case of Dr. Jekyll and Mr. Hyde*. Dieses Atavistische taucht auch in weiteren Motiven des Romans auf, zum Beispiel in der ‚struppigen' („ruggig"), „hungrigt och sinnessjukt" starrenden Möwe (58), einer etwas morbiden Erfindung der Erzählerin für ein Mülltrennungsspiel, an der sich ihr Auftraggeber stört: „… är den inte lite omotiverad? Lite *negativ?*" (58). Für eine Aas fressende Möwe ist kein Platz in moderner Mülltrennung, deren rationale Ordnung der der Erzählerin entspricht, die sich selbst als „skrämmande ordentlig" beschreibt und „absolut kontroll över min bokföring" an den Tag legt (114). Die Möwe ist Ungeziefer wie die unheimlichen kleinen Tiere im Hotel, in der schlammigen Schlucht und zwischen den Hütten der Einheimischen auf Borneo, darunter eine Goldkatze mit „fasansfullt, rovgirigt utseende" (24), die wie die anderen Tiere in den Käfigen ‚wahnsinnig', „sinnessjuk" geworden zu sein scheint. Verstörendes Ungeziefer sind auch die Ratten und die zweifelhaften Existenzen in den baufälligen Hütten ‚unten am Fluss' bei der Eisenbahnbrücke, wo es Liselott hingezogen hat. Liselotts von dunklen Instinkten gesteuertes Verhalten ähnelt dem instinktgeleiteten Verhalten der Raupen der Recentia alba, die Affen für ihre Verpuppung aufsuchen.

---

haber mit einem außerirdischen Monster bzw. mit einem menschlichen Klon infiziert/geschwängert.

[36] Alkoholabhängige oder gewalttätige Männer und Vaterfiguren treten nebst sich prostituierenden, desolaten Frauenfiguren mehrfach in Hermansons Werk auf, so z. B. auch in *Ett oskrivat blad* (2001) und *Mannen under trappan* (2005).

Ebenso urtümlich sind die Wasservögel, deren „smärtfyllda, sorgsna skrik" die Erzählerin bei vergangenen Spaziergängen mit ihrem verheirateten Liebhaber gehört hat. Deren Namen will sie genauso wenig herausfinden wie die Namen der Robotermädchen, da auch die Wasservögel Zeichen für die Ferngesteuertheit des Menschen sind, der aus „en del sjöfågel, två delar mediamyter" (161) besteht:

> Innerst inne tror jag inte att vi ville veta deras namn ...
> ... Sjöfåglarna står längst ifrån oss ... De styrs helt av instinkt. Hela deras liv är en väv av impulser, signaler, reflexer ... Jag undrar hur det känns att leva så ... Glida från den ena handlingen till den andra utan val eller beslut ... Eller är det kanske just så jag lever? (156f.).

Was die Erzählerin an ihrem Liebesverhältnis für „frihet med ett stort vemod" (114) gehalten hat, ist in Wahrheit „ett djupt och tomhet" (156), eine ‚Tiefe und Leere' in ihrem Inneren, deren Echo die Schreie der Wasservögel sind. Dieselbe schwarze Leere treibt Liselott Lindas Erzählungen zufolge zu Suizidplänen und zieht auch Linda in den Sumpf mit hinab.[37]

Atavistische Eigenschaften hat auch der Rattenmann, das Lieblingsspielzeug von Lindas kleinem Sohn Daniel, dessen Bekanntschaft die Erzählerin im Laufe ihrer Gefangenschaft macht. Bei diesem Spielzeug handelt es sich um eine Mutantenpuppe, die man wechselweise in einen „gubbe", einen alten Mann, und eine Ratte verwandeln kann. Das eine verbirgt sich jeweils unter der Oberfläche des anderen. Die sadistisch grinsende Puppe korrespondiert implizit mit den grausamen Kinderheim-Puppenspielen Liselotts. Der Mutant inspiriert die Erzählerin zu einer Serie von Zeichnungen mit blutrünstigen Metamorphosen. Sie zeichnet einen betäubten Mann auf dem OP-Tisch, aus dessen Brustkorb statt des Herzens „ett djurhuvud med vansinnig, uppspärrad blick" (108) herausstarrt, sowie einen Herrn im Anzug, zwei in eine sehr wichtige Diskussion vertiefte ältere Männer und eine gelangweilte Frau im Minirock auf einer Cocktailparty, aus deren Körpern Ungeziefer wie Ratten und Würmer herauswachsen – eine Referenz zu Willof und Linda, hinter deren Fassade Wahnsinn, Gewalttätigkeit, Sadismus und selbstzerstörerische Drogensucht lauern?

Zu Beginn des Romans bringt die Erzählerin ihre Angst vor dem parasitischen Einfluss des medialen „brus och flimmer" (6) zum Ausdruck, welches

---

[37] Man denkt dabei vielleicht an Ibsens *Vildanden*, wo die angeschossenen ‚Wildenten' auf den Meeresgrund abtauchen und sich in Tang und Algen festbeißen, um nie wieder hochzukommen. Auch die Überlebenden entkommen dem Meeresgrund nicht, wie die weise kleine Hedvig erkennt: „Det er fordi, at alltid når jeg sånn med én gang – i en fart – kommer til å huske på *det* der inne, så synes jeg alltid at hele rommet og alt sammen heter ‚havsens bunn'. – Men det er jo så dumt" (*Vildanden*, Akt III). Die Erwähnung von Ratten am Fluss lässt natürlich auch an den kleinen, von seiner Mutter nicht gewollten Eyolf in *Lille Eyolf* denken, der im Meer ertrinkt.

Robotermädchen in ihre Albträume gebiert. Sie hat Lust „att göra något av den här cocktailbilden". Was sie zurückhält, ist der Verdacht, „att det har gjorts förut" (109). Man kennt derlei Metamorphosen und monströse Geburten aus Horrorfilmen wie The Fly, American Werewolf, Catpeople, Alien, Species und The X-Files. Die Erzählerin fertigt Variationen des Themas „Djuret i människohamn. Människan i djurhamn" an:

> På vissa skisser låter jag den inre varelsen vara sovande med slutna ögon och vilande anletsdrag, medan den yttre är vaken och aktiv. På andra gör jag tvärtom (108).

Hat sich auch hinter der schlafenden Fassade von Liselotts Vater seinerzeit noch etwas anderes verborgen – etwas ‚Waches' und ‚Aktives', das mit der verdeckten Inzestproblematik so mancher Volksmärchen zu tun hat?

Bei Linda und Willof sind Wahnsinn und Sadismus mit etwas Infantilem gepaart. Einerseits ähnelt Linda auf ihrem Pferd, begleitet von den Rottweilern, ihren „blodtörstiga bestar", einer blutrünstigen „Diana på jakt", von der sich die Erzählerin vorstellen kann, dass sie „kycklingar levande i ugnen" (105) schiebt. Andererseits regrediert sie beim Fixen zu einem hilflosen Ungeborenen oder Neugeborenen. Willof, ‚der schlafende Drache', sieht an einer Stelle des Romans „så oerhört försvarslös" aus, mit „både frid och sorg i hans ansikte, som hos ett barn som gråtit sig till sömns" (99): „Han måste ha varit söt som barn", überlegt die Erzählerin beim Anblick seiner „korkskruvslockar" und seines dichten Haars, das aussieht wie „en pälsmössa" (162) – wie die weidenkätzchenartigen Fellmützen der kleinen Puppenmädchen. Der Rattenmann und die zeichnerischen Assoziationen der Erzählerin erinnern stark an Sigmund Freuds Fallstudie des sogenannten Rattenmannes, in der es um die Assoziation von Ratten mit Geld, männlicher Sexualität, parasitischen Infektionen, mit Würmern und Kindern bzw. kindlicher Destruktivität und Grausamkeit geht.

Willofs infantiler Größenwahn bleibt auch der Klinikleitung nicht verborgen, wie aus Andeutungen seiner selbst hervorgeht. Nachdem er, wie er erzählt, in seinem Klinikpavillon von einem externen Psychiater befragt worden ist,[38] sieht die Erzählerin von ihrem Glaskäfig aus, wie er auf der Terrasse seines Hauses seine Papierstapel verbrennt. Linda und Willof verschwinden bald darauf und die Erzählerin, das Wirts- und Versuchstier, bleibt allein in Willofs ‚Versuchslabor' zurück:

> Experiment är avslutat. Forskaren har lämnat laboratoriet. Rapporterna är uppbrända. Endast försöksdjuret är kvar. Övergivet, utan mat, liggande i sin glasbur (185).

---

[38] Eine ähnliche Befragung des möglicherweise wahnsinnigen Protagonisten Fredrik findet auch in Hermansons Mannen under trappan statt.

6. Unerklärliches: Phantastisch-magische Elemente

In einer winterlichen Sturmnacht geht das Gewächshaus zu Bruch, was typisch ist für die Zerstörung von Laboratorien und Raumschiffen in Horrorfilmen und Science Fiction. Die Erzählerin wird von einem unbekannten Mann, der sie schon öfters durch die Glasscheibe beobachtet hat, gerettet und in das Krankenhaus einer kleineren Stadt gebracht. Dort werden ihre Lungenentzündung und ihre Schnittverletzungen behandelt und ihre erfrorenen Zehen aufgetaut. Sie bemüht sich nicht, den Ärzten und Krankenschwestern eine Erklärung für ihren schlechten Allgemeinzustand zu geben. Diese haben offensichtlich ohnehin „bilden klar för sig" (195). Diesem ‚Bild' zufolge ist die Erzählerin auf einer Party oder in einem Lokal gewesen und dort von einem Mann aufgerissen worden. Sie ist betrunken in ein Fenster oder einen Glastisch gefallen. Oder sie ist mit einer Glasflasche misshandelt und dann in den Schnee hinausgeworfen worden. Wahrscheinlich ist sie drogenabhängig, hat sich vernachlässigt und sich dabei eine Infektion zugezogen.

Nach ein paar Tagen ruft sie ihre Nachbarin an, die ins Krankenhaus kommt, um sie abzuholen. Die Nachbarin sieht die Schnittverletzungen auf dem Unterarm und schweigt. Sie vermutet wohl einen Selbstmordversuch. Der unausgesprochene Drogen- oder Alkohol-Verdacht des Krankenhauspersonals und der schweigende Suizid-Verdacht der Nachbarin rücken die Erzählerin in die Nähe der ehemals selbstmordgefährdeten Liselott und der drogenabhängigen Linda sowie des vermutlich alkoholabhängigen Willof.

Hier ist die diffuse ‚Unschlüssigkeit' des Romans anzusetzen, die einer minimalistischen Phantastik-Definition zufolge das Phantastische in *Värddjuret* ausmacht. Ist die Erzählerin gar nicht in einem Gewächshaus gewesen? Die mysteriöse Beule am Schenkel ist während der Penicillin-Behandlung im Krankenhaus verschwunden, so dass der Arzt bei der abschließenden Untersuchung nichts mehr feststellen kann und eine ausgeheilte Talgdrüsen- oder Haarwurzelentzündung vermutet. Auch findet die Erzählerin in der Zeitung, die sie im Krankenhaus liest, keinen Hinweis auf ein zu Bruch gegangenes Schmetterlingshaus. Hat es nie existiert? War der Zustand, in dem sie sich die ganze Zeit befunden hat, die psychische Version des sogenannten ‚subnivalen Raums' (183), über den sie in einem der Bücher, die Linda ins Gewächshaus brachte, gelesen hat:

> I början av 60-talet fann man att svenska insekter lever sitt liv över vintern i ett hemlighetsfullt rum under den synliga vinterlandskapet. Mellan marken och snöns undersida finns vidsträckta områden, där avståndet mellan jorden och det tak som utgörs av snötäcket är 5–10 cm. Här finns det dolda landskap som kallas det subnivala rummet ...
> I rummet under snön är temperaturen alltid behagligt konstant vid omkring 0 grader. Ovetande om stormar och kyla ovanpå snötäcket rör sig här småkryp som under vintern har sin mest aktiva livsperiod (183f).

Hat sie in dem Erstarrungszustand nach dem Verlust ihres Liebhabers alles nur geträumt oder halluziniert? Ist sie vielleicht wirklich von ‚einem Kerl aufgerissen worden' („blivit uppraggad av en karl", 195)? Am Abend vor ihrem unheimlichen Traum mit den Phantompüppchen und vor ihrem ersten Besuch in Willofs Pavillon ist die Erzählerin mit einem Bekannten in einer Kneipe, wo sie tatsächlich von einem Betrunkenen angemacht wird:

> En äldre man slog sig när vid vårt bord och sedan han gjort klar för sig att Håkan och jag bara var arbetskamrater började han ansätta mig ... Det var något som irriterade mig ofantligt, men jag kunde inte riktigt göra klart för mig om det var den påträngande gubben, den snälle Håkan eller min egen tendens att alltid dricka lite för mycket och stanna lite för länge och dra till mig fel sorta människor (33f).

Auf der Toilette der Kneipe bemerkt sie dann auch, dass die Erhebung auf dem Oberschenkel zu einer geröteten, entzündeten Beule angeschwollen ist.

Als sie am Ende des Romans in ihre Wohnung zurückkehrt, sucht sie nach der Beule:

> Jag känner längs hela låret.
> Trycker, stryker, letar.
> Ingenting. Inte ett spår. Bara slät, vit hud.
> Till min stora häpnad gråter jag (199f).

Ihr Weinen verknüpft das Ende des Romans mit einer der Sequenzen zu Beginn. Dort sitzt sie in ihrer „snölandskap i februari eller mars" (18) auf dem avantgardistischen Stuhl, nachdem sie von ihrem Liebhaber verlassen worden ist, ‚stellt manchmal fest, dass sie weint' (18) und gibt sich dabei halluzinären sinnlichen Wahrnehmungen hin, die für sie „fullkomligt verkliga" sind: „Jag bara satt i detta vita ... tårarna strömmade ljudlöst" (19). Den Zeitpunkt, zu dem sie das Schmetterlingshaus hinter sich lässt, schätzt sie denn auch auf März. Dass ihr Retter, der sich als Rohrleger vorgestellt hat, tatsächlich existiert und dass Liselott laut Linda Hundezüchterin geworden ist, prüft die Erzählerin später im Telefonbuch nach. Ein Beweis für das Geschehene?

Das Verschwinden der Schwellung korrespondiert mit dem Verlust des parasitischen Liebhabers. Das unerklärliche Verschwinden erzeugt eine *sequenzielle Lücke* im Text, wie Uwe Durst sie im Rückgriff auf Roland Barthes' erzähltheoretisches Modell der Kardinalfunktionen und Sequenzen als Verfahren für die Erzeugung wundersamer Effekte referiert.[39] Dass die Entzündung verschwindet, wird mit der Wirkung des Penicillins erklärt: „Jag äter penicillin och febern är på väg ner. Svullnaden på låret har krympt" (196). Wo aber sind die Schmetterlingspuppen geblieben? Diese Frage wird übersprungen, nur an einer Stelle, als die Geschwulst zwar noch da ist, aber nicht mehr schmerzt, heißt es kryptisch:

---

[39] Uwe Durst, *Theorie der phantastischen Literatur*, Kapitel IV.4.

Dockor. Ögonstenar. Har ert stora projekt misslyckats? ... har ni kvävts i era kapslar? Eller väntar ni bara? Har ni kapslat in er ännu hårdare? Stärkt era väggar, gått djupare in i er själva? (183).

Eine wörtlich oder figurativ zu verstehende Äußerung? Ist dies eine Metapher für den imaginären Verpuppungszustand des Menschen? War die Beule das, was Sigmund Freud und Josef Breuer als *Konversionshysterie* bezeichnet haben – die scheinbare Transformation von etwas Psychischem in etwas Physisches:

> (...) die von der affektiven Vorstellung ausgehende Erregung wird in ein körperliches Phänomen ,*konvertiert*' (...) Manchmal (...) liegen zwischen dem Affekte und seinem Reflexe wirkliche Reihen von assoziierten Vorstellungen; das ist die *Determinierung durch Symbolik*. Es sind oft lächerliche Wortspiele, Klangassoziationen, welche den Affekt und seinen Reflex verbinden, aber das geschieht nur in traumhaften Zuständen mit verminderter Kritik (...) Die Erlebnisse, welche den ursprünglichen Affekt auslösten, dessen Erregung dann in ein somatisches Phänomen konvertiert wurde, bezeichneten wir als *psychische Traumen* und die so entstandenen Krankheitserscheinungen als *hysterische Symptome traumatischen Ursprungs*.[40]

Die sequenzielle, Unschlüssigkeit erzeugende Lücke am Ende des Romans rechtfertigt eine Zuweisung zur Phantastik der minimalistischen Gattungsdefinition.[41] Eine rationale Erklärung für das Verschwinden der Schwellung wird nicht gegeben. Der Leser erfährt nicht, ob sie jemals existiert hat und ob die unsichtbaren Schmetterlingslarven als objektiv vorhandenes Phantasma zu sehen sind oder als eines jener „subjektiven Phantasmen, die aus (echten) Sinnestäuschungen, Träumen, Halluzinationen, Angstobsessionen, Fieberwahn, Vorstellungen von Perversionen ,unmöglichen, hyperbolischen Greueln und unvordenklichen Schreckenssensationen"[42] erzeugt werden. Der Leser erfährt nicht, ob die Larven möglicherweise die ganze Zeit nur ein Hirngespinst waren, das – analog zu den Insekten im subnivalen Raum – unter der Schneedecke psychischer Erstarrung herumspukt. Ob sich der möglicherweise psychotische Zustand der Erzählerin in rein imaginären Phantasmen unbewusst spiegelt oder in objektiv vorhandenen, illusorisch,[43] d.h. verzerrt wahrgenommenen

---

[40] Josef Breuer/Sigmund Freud, *Studien über Hysterie*, S. 224ff.
[41] Vgl. hierzu auch Ulrike Schnaas, *Das Phantastische als Erzählstrategie in vier zeitgenössischen Romanen* (Stockholm 2004), S. 109ff: „Das plötzliche Verschwinden des Geschwürs setzt die strukturelle Ambivalenz zwischen Beglaubigung und Destabilisierung fort und konstituiert ein offenes, rätselhaftes Ende (...) an keiner Stelle wird die erzählte Welt des Glashauses zweifelsfrei als das fiktionale Produkt der Erzählerin entlarvt".
[42] Renate Lachmann, *Erzählte Phantastik*, a.a.O., S. 22.
[43] Vgl. Todorovs Unterscheidung zwischen den beiden Gruppen von Erklärungsmöglichkeiten, „die den Gegensätzen real-imaginär und real-illusorisch entsprechen": „In der ersten Gruppe geschieht nichts Übernatürliches, denn es geschieht überhaupt nichts: was man zu sehen glaubte, war nur die Frucht einer entgleisten Einbildungskraft (Traum, Wahnsinn, Drogenrausch). In der zweiten hingegen haben die Ereignisse wohl stattgefunden, lassen sich jedoch rational (als Zufälle, Betrug, Täuschungen) erklären" (Todorov, a.a.O., S. 44).

Projektionsträgern, bleibt ungeklärt. Dies ist in der vorliegenden Arbeit jedoch letztlich wenig von Belang, da es hier vorrangig um die Analyse von rational erfassbaren Spiegelungsmechanismen geht, die einer minimalistisch-engen Phantastik-Definition zufolge nicht in den Bereich des Phantastischen, sondern in den Bereich des Unheimlichen gehören. Unheimliche Projektionsträger und mit einer Spiegelbild-Funktion belegte subjektive Phantasmen sind nicht allein die unsichtbaren Schmetterlingslarven, sondern auch die infantilen Gestalten der geträumten Phantommädchen, der nicht erwachsen gewordenen Tanten und der Mutter, der frühreifen selbstzerstörerischen Liselott, der drogensüchtigen Linda und des größenwahnsinnigen Willof.

In ihrem drei Jahre nach *Värddjuret* veröffentlichten Roman *Musselstranden* (1998) beschreibt eine Ich-Erzählerin und Ethnologin „bergtagningsmyten", Entrückungen und Verzauberungen in Mythen, Märchen und Science fiction als Erklärungsmodelle für psychotische Zustände:

> Ni vet, förr skickade man ju ut unga flickor i ödemarken för att valla korna. Och så försvann de av någon anledning och da sade man att trollen tagit dem och höll dem fågna i berget. Eller när någon fick en psykos och personligheten förändrades, då trodde man att den här personen varit bergtagen och att psykosen var en form av förtrolling. (...) det finns människor som kan berätta hur de blivit kidnappade av utomjordingar och tagits ombord på rymdskepp. Det är en modern form av samma myt. Mönstret är detsamma. De blir utnyttjade av de där främmande varelserna, utsätts för medicinska experiment och liknande. Sexuella inslag förekommer. De kan få något i gengäld, men något väsentligt tas ifrån dem. Deras själ, deras personlighet (...) Efter händelsen har offret förändrats. Minnesförlust är vanligt.[44]

Das Bild der in ihre Wohnung zurückgekehrten weinenden Erzählerin suggeriert die Möglichkeit, dass ihre ‚Entrückung' ein vorübergehender psychotischer Zustand gewesen ist. Ist ihr Weinen kathartisch – wie das des kleinen Kay in *Snedronningen*? Weint sie vor Erleichterung oder vor Enttäuschung über ihre verschwundene Schwellung? Ist dies der Phantomschmerz derjenigen, die ihr Kind bzw. einen Teil von sich verloren hat? Das Ende des Romans ist ambivalent und bietet nicht die Auflösung des Zaubermärchens, das die erfolgreiche Initiation und Transformation der Jungfer bzw. die erfolgreiche Individuation des Menschen in der Krise der Lebensmitte erzählt.[45] Dass alles vielleicht nur ein Fiebertraum gewesen ist, erinnert auch an die zeitweilige Unschlüssigkeit in Bram Stokers *Dracula*, wo im Anschluss an den ersten Teil berichtet wird, dass

---

[44] M. Hermanson, *Musselstranden* (Stockholm 1998), S. 21f.
[45] Vgl. Max Lüthi (1962), *Märchen* (Stuttgart 2004), S. 107ff zu diesem tiefenpsychologischen Ansatz der Märchenforschung, der „in den Märchen Entwicklungs- und Reifungsvorgänge dargestellt [sieht], aber nicht wesentlich solche der Pubertät, sondern der Lebensmitte". Eine solch optimistische Lesart vertritt U. Schnaas, die in *Värddjuret* die „Selbstfindung" und „Entwicklung zur Künstlerin" sieht, a.a.O., S. 117.

Jonathan Harker nach seiner Flucht aus dem Karpatenschloss in einem Krankenhaus wieder zu sich kommt. Der Leser erfährt nie, wie er dorthin gekommen ist, so dass sich die Frage stellt, ob sein Aufenthalt im Schloss nur ein Albtraum war. Ähnlich wie die Erzählerin in *Värddjuret* bleibt Harker allein im Schloss zurück, nachdem der Vampir – wie Willof – verschwindet.

Den Anschein des Übernatürlichen und Magischen hat in *Värddjuret* nur der hellseherische Traum mit den Robotermädchen, ein ‚Anschein', der allerdings verloren geht und dem rational erklärbaren Unheimlichen weicht, wenn man ihn in psychoanalytischer Lesart als Produkt von Tagesresten, infantilen Reminiszenzen und biographisch bedingten Spiegel-Projektionen der Erzählerin sieht.

Wie die in Kapitel V untersuchten Erzählungen von Dorrit Willumsen weisen auch Marie Hermansons Romane starke Parallelen zu Texten der Kanadierin Margaret Atwood auf. In einer Reihe von Atwoods Kurzgeschichten und Romanen treten schizoide und psychotische Charaktere auf, wie z. B. in der bereits zum Vergleich herangezogenen Kurzgeschichte „Polarities", wo die äußere Schneelandschaft die psychische Katatonie des Wissenschaftlers widerspiegelt, der seine eigene psychisch-mentale Auflösung in der seiner Kollegin gespiegelt sieht. Auch in Atwoods Werk spielen narzisstische Regressionen, Graviditätsobsessionen, Doppelgänger-Phänomene und infantile Spiegelprojektionen in Form von Embryonalmetaphorik und pubertären Mädchenfreundschaften eine zentrale Rolle. Hermansons Schauer-Motiv der unheimlichen Schmetterlinge und Larven in Glasquader und Glastreibhaus ist eng verwandt mit der grotesken, in einer Flasche eingelegten haarigen Eierstockzyste in Atwoods satirischer Kurzgeschichte „Hairball".[46] In dieser sieht die egozentrische Protagonistin Kat, Art Director, Single und postmoderne Künstlerfigur, ihr imaginäres unentwickeltes Kind, ihren verkümmerten Zwilling und zugleich ihr infantiles Ego gespiegelt. Der Unterschied zu *Värddjuret* besteht darin, dass die Geschwulst in „Hairball" nicht rein imaginär ist, sondern medizinisch gesehen lediglich etwas anderes ist, als die Heldin illusorisch darin gespiegelt sieht. Auch das Ende in „Hairball" ist ähnlich: Wie Hermansons Erzählerin spaziert Atwoods fieberkranke Heldin aus ihrer narzisstischen Regression in die Nacht hinaus.

Die Figurenkonstellation in *Värddjuret* tritt in etwas variierter Form in Hermansons Roman *Mannen under trappan* wieder auf, einem ebenfalls phantastischen Text. Den dubiosen Vaterfiguren in *Värddjuret* – Liselotts Vater und Willof – entspricht der wie Liselotts Vater im Rückblick vorgestellte alkoholabhängige Stiefvater des Protagonisten Fredrik. Auch Fredrik selbst ist ein zweifelhafter Familienvater. Wie Willof und die Ich-Erzählerin Anna ist er mögli-

---

[46] Veröffentlicht in Atwoods Kurzgeschichtensammlung *Wilderness Tipps* (1990).

cherweise wahnsinnig. Zum Zeitpunkt der Handlung ist Fredrik zunächst ein respektabler Familienvater und kommunaler Wirtschaftssekretär. Hinter dessen bürgerlicher Fassade vollzieht sich die allmähliche Metamorphose in seinen unheimlichen imaginären Doppelgänger. Was er verdrängt und vor seiner aus besserer Familie stammenden Ehefrau Paula unter den Teppich gekehrt hat, nämlich seine wenig feinen Familienverhältnisse mit leiblichen und nicht leiblichen, dem Alkohol und dem Wahnsinn verfallenen Vätern, manifestiert sich im Phantasma eines animalischen, ungepflegt aussehenden Trolls. Dieser scheinbare Bewohner der muffigen Rumpelkammer von Fredriks schickem, neuem Haus korrespondiert mit dem Stiefvater der Kindheit. Ähnlich wie im Fall Willofs, der zum Affenwirtstier regredieren will, vollzieht sich in *Mannen under trappan* die psychisch-regressive Transformation des Protagonisten in die Pan-Gestalt, in der er sich unbewusst gespiegelt sieht.

Die Funktion dieses Trolls haben in *Värddjuret* indessen nicht nur Willof und Liselotts Vater inne, sondern auch das imaginäre Ungeziefer der Schmetterlingspuppen und die triebhafte Liselott.

Die unerwünschten, parasitischen Bewohner repräsentieren als Verkörperung infantiler Komplexe *die Wiederkehr des Verdrängten* und das *Unheimliche* in der von Freud analysierten Bedeutung des Wortes. Sie sind die atavistischen Bewohner, die hinter der Maske des Individuums und dessen bürgerlicher Fassade in Haus und *Heim* als „spectralization or ‚ghostifying' of mental space"[47] herumspuken.

---

[47] Vgl. Castle, *The Female Thermometer*, a.a.O., S. 141f.

VIII
Zusammenfassung der untersuchten Phantasmen und Gestalten des Unheimlichen

Abschließend soll hier in einer listenartigen Zusammenfassung ein Überblick über die Phantasmen gegeben werden, die in den vorigen Kapiteln in den Texten von H.C. Andersen, Karen Blixen, Ingmar Bergman, Dorrit Willumsen, Louis Jensen und Marie Hermanson identifiziert worden sind. Zum einen handelt es sich um Imagines, ikonische Repräsentationen, zum anderen um imaginäre Szenarien, welche hier in einer Auflistung mit einigen wenigen Blicken erfassbar sind. In Klammern sind teils zusätzlich die psychoanalytischen Theoretiker und Wissenschaftler genannt, die zur Beleuchtung der unheimlichen Phänomene jeweils herangezogen worden sind.

Folgende Phantasmen wurden identifiziert:

Hans Christian Andersens „Snedronningen":
Phantasmen des ödipalen Vater-Sohn-Komplexes:
1. Die zerstörerische Gestalt des Teufels:
   - als mephistophelische Vater-Sohn-Imago, als Verkörperung des Demiurgen (Jones) und verrückten Wissenschaftlers, als *Trickster* (Jung), anarchischer Doppelgänger und Zerrbild des transzendentalen Egos
   - als Verkörperung der auf das Bild der Eltern projizierten inneren Angreifer der paranoid-schizoiden Position (Klein)
2. Der Angriff auf den Vater „Vorherre" und „englene" als Projektion des Todestriebs und phantasierter Angriffe auf die Körper der Eltern in frühkindlichen Angstphantasien (Jones, Klein, Riviere)
3. Der zerstückelte Spiegel als Zerstückelungsphantasma, als Umkehrung des Spiegelstadiums und Regression in die imaginäre Phase (Lacan, Jackson); die Verletzung mit den Spiegelscherben als vampirische Ansteckung mit mephistophelischem Nihilismus (Jackson)

Phantasmen des ödipalen Mutterkomplexes:
1. Der Angriff auf die Mutter: der Abscheu des kleinen Kay vor den von Wurm und Fäulnis befallenen, mit Sexualität assoziierten Rosen und deren

Zerstörung durch Kay als phobische und sadistische Reaktion auf die Imago der Urszene (Klein)
2. Die Gestalt der Schneekönigin als Nachtmahr/night-*mère* und als Wiederherstellung (Klein) bzw. Ersatz (Lacan) der Mutter im phallischen, aus glänzenden Eiskristallen zusammengesetzten *objet d'art* (Lacan); der Name als Kompositum ist phantasmatisch, indem er die unheimliche Faszination von konserviertem *Schnee*wittchen und böser *Königin* in sich vereint (Quellen zur Volksmärchen- und -sagenforschung um Frau Holle)
3. Der Garten der alten Zauberin mit den morbiden Blumen als Phantasma des Lebendigbegrabenseins und der infantil-narzisstischen Regression in den Mutterleib (Freud)
4. Das Kinder fressende Räuberweib und dessen unheimliches Schloss als Imago der schrecklichen Mutter mit Tieren und Kindern als Gefangenen (Freud)
5. Die engen Behausungen der Lappin und Finnin als Repräsentation des Geburtstraumas und Ausdruck der „Angst vor dem Nichts und vor der *non-separation*, d.h. der nicht erfolgten Ablösung und Trennung" (Rank, Holland/Sherman)
6. Der Eispalast der Schneekönigin als Imago psychotischer Regression in die „Todesruhe der anorganischen Existenz" (Ferenczi/Freud)
7. Die Zerstörung der Miniaturdämonen (als Personifikation der inneren Angreifer und Destruktionstriebe) durch die Miniaturerzengel der kleinen Gerda-‚Lucia' (Klein, Frau Holle-Forschung)

Karen Blixens „Den gamle vandrende ridder":
Phantasmen des Maskulinen
Morbide *objet d'arts*/Objekte *a* als Phantasmen und *Père*-versionen:
1. Das im Titel der Erzählung evozierte Bild des alten, geharnischten Ritters und Wiedergängers: paternales Phantasma und gespensticher Doppelgänger Hamlets und Parzivals, die auf der Suche nach dem Geist des Vaters (Jacques Lacans *nom-du-père*) herumirren; das Phantasma einer leeren Rüstung impliziert das leere Mysterium des Ritters, dessen Harnisch, in Anlehnung an Jacques Lacans Formulierung, eine Form repräsentiert, die in ihrer Ganzheit einen „orthopädischen Panzer" und die Obsession einer „wahnhaften Identität" repräsentiert
2. Das Skelett als Schrecken und Lust erregendes Faszinosum und Spiegelbild des mumifizierten alten Jünglings und Lustknaben, der sich wahrnimmt „som en, der er blevet levende begravet" (Freuds Definitionen des Unheimlichen)

3. Der konservierte Totenschädel: als phallisches *objet d'art* wiederhergestellter Mutterleib, unheimliche Projektion und Selbstbespiegelung eines alten *narr*zisstischen Narren à la Hamlet, Orpheus und Ödipus (Lacan, Klein)

Phantasmen des Femininen:
1. Jagdgöttin, Werwölfin, Katze, Löwin und Giftmischerin: „Spejlbilledet af en ung Dame i et mat Spejl": unheimliche Spiegelung des vampirischen Aristokraten, der selbst ein Phantom ist
2. Das „Kunstværk" des in eine „Rose" sublimierten Frauenkörpers, dessen Umarmung zu „Kuldegysen" und „Grav" wird (Freud, Lacan)
3. Die gealterte Geliebte: Imago der Mutter, die als Grabvogel, als lächelnde Sirene und Sphinx „rolig og tilfreds" über den Knochen der toten Jünglinge thront (Paglia; Bezüge zur symbolistischen Malerei)

Ingmar Bergmans *Persona*:
1. Der Filmtitel „*Persona*":
„Fata morgana" und „Panzer" einer „wahnhaften Identität" (Lacan) und in der hierzu entgegengesetzten Bedeutung von ‚Maske' als unheimliche Auslöschung von individuellen Merkmalen einer Person und als Aspekt des Doppelgängertums, das „Ich-Verdopplung, Ich-Teilung, Ich-Vertauschung" impliziert (Freud)
2. Die Psyche als Maschine: Der Filmprojektor als Repräsentation unheimlicher Automatisierungen des Unbewussten und wahnhafter psychischer Projektionsmechanismen
3. Die surrealen Traumbilder: infantile Angsttiere und Angstobjekte wie die durchbohrte Hand, das geschlachtete Schaf, monströse männliche und weibliche Geschlechtsteile, die sich assoziativ mit Bäumen, spitzen Objekten und der haarigen Spinne gleichsetzen lassen, als Ausdruck und Projektion präödipaler und ödipaler „Phantasmen der Zerstückelung", „die die Zerstückelung des Körpers imaginieren und in regressiver Richtung von der Ausrenkung und Zerteilung über die Entmannung und das Bauchaufschlitzen bis zum Gefressen- und Begrabenwerden führen" (Klein, Rank, Lacan)
4. Das Leichenschauhaus als Phantasma des Lebendigbegrabenseins, als *Limbus* und Vorhölle, imaginäres Kopflabyrinth, Versuchslabor und Horrorkabinett: Einblendung von totenstarren Körperteilen und von scheintoten Leichen, die plötzlich die Augen aufschlagen
5. Der scheintote Junge als ungewolltes Kind, als Ödipus-Gestalt, Gespenst und imaginärer Doppelgänger im Kopflabyrinth (intertextuelle Parallelen zu Strindberg, Ibsen und Munch); die vergebliche ausgestreckte *leere* Hand

des Jungen als Ausdruck von Geburtstrauma und Kastrationsphantasma (Rank, Lacan)
6. Das Frauengesicht auf der Leinwand als Kindsmörderin, als Sphinx und Nachtmahr/night-*mère*, als Phantasma der toten, der abwesenden, der zerstörten Mutter und als wiederhergestelltes *objet d'art*/Objekt *a*: Ersatzobjekt der narzisstischen Identifizierung (Klein, Lacan)
7. Almas pornographische Schilderung der Gruppensex-Orgie als Urphantasie der Verführung infantiler Subjekte, als Zerstückelung des Subjekts in Gesichter, Hände, Münder und Geschlechtsteile, als Urszene, Mutterleibsphantasie und als phantasmatische Aufspaltung des Subjekts in Voyeur und Akteur (Freud, Lacan, Ferenczi, Klein)
8. Elisabet als Nachtmahr und Perversion der Eltern-Imago, als Angreifer, aufgeblähter vampirischer Inkubus und Nachtmahr, der in Almas Geheimnisse und Träume eindringt (Klein, intertextuelle Bezüge zur Vampirfiktion, insbesondere zu Sheridan Le Fanu, Stoker und Dreyer)
9. Almas Phantasien und Regressionen ins Imaginäre und in den Horror des Realen (Lacan) bzw. auf die paranoid-schizoide Position (Klein); optische Spaltungen als Ausdruck psychischer Spaltungen in zwei Personen: vor dem Spiegel, am Teich, hinter der Gardine am Fenster
10. Die Gestalten auf der Holocaust-Aufnahme als Doppelgänger und gespenstische Spiegelbilder der ‚ängstlichen, gequälten, grausamen Kinder, die Erwachsene *spielen*‘
11. Alma als Nachtmahr, der sich boshaft über die schlafende Elisabet beugt
12. Doppelgängertum: Ich-Vertauschung und -verdopplung/hysterische Identifikationen, bei denen nicht klar ist, ob Alma Elisabets Probleme introjiziert oder ihre eigenen Probleme auf Elisabet projiziert:
    – Die Urszene mit Elisabets Ehemann, bei der Alma in Partial-Ichs, in Akteure und Voyeurin als Verkörperung der Instanz des Gewissens, aufgespalten zu sein scheint
    – Almas doppelter Monolog: Schilderung von Geburtstrauma und versuchtem Kindsmord, Almas monströse Metamorphose, Dopplung und groteske Vermischung mit Elisabet im weiblichen Riesengesicht ohne Körper
    – Almas phantasierte Aus- und Abtreibung ihres Blut saugenden infantilen und zugleich mütterlichen Dämons, den sie im Traum schlägt wie dies (möglicherweise nur in Almas Phantasie) Elisabet mit ihrem ungeborenen und neugeborenen Kind getan hat
13. Der Regisseur Ingmar Bergman als Pathologe und Seelenseziener, der am Ende des Films in einer Illusionsdurchbrechung bei den Dreharbeiten gezeigt wird

Dorrit Willumsen:
Paternale *Père*-versionen, Nekrophilie (Fromm), Zerstückelungs- und Gewaltphantasien, die „aufs Geheimnis des Mutterschoßes" (Lacan, Dalí) und die Zerstörung des Mutterleibs (sowie auch auf dessen Transformation in ein Kunstobjekt) zielen (Klein)
Psychotische Wahrnehmungen und Verdinglichungen in „Tingene", „Knagen" und „Voksdukken":
1. „Tingene": Autistische Wahrnehmung und regressive Verdinglichung von mit Weiblichkeit identifizierter *Materie* in tote, scheinbar anorganische Gegenstände wie Palisandertisch, hölzerner Kinositz, Schaukelstuhl und Tonaschenbecher, welche mit Frauenrücken, Frauenschenkeln und Schoß in Verbindung gebracht werden; das Versinken im Teich mit den großen stillen Steinen darin als Mutterleibsphantasie und „Rückkehr in die Todesruhe der anorganischen Existenz" (Ferenczi/Freud)
2. „Knagen": Der Wissenschaftler als paternaler Perverser und dessen psychotische Wahrnehmung von Frauenaugen als Brunnen und von weiblichen Körper- und Geschlechtsteilen als Krebstiere, Fischmaul, Schnecke, Muschel und Seeanemone, gefolgt von Gewaltphantasien als Abwehr der eigenen mentalen Auflösung des psychotisch-narzisstischen Betrachters (Klein, Lacan, Dalí)
3. „Voksdukken": Das Bild der abgespaltenen leeren Hände als Spiegelbild eines leeren Egos; die phantasmatische Vorstellung einer virtuellen Urszene: Zeugung durch körperlose Stimmen über eine Sprechanlage (Freud); die Körper der Eltern, die als aus Papier bestehend imaginiert werden; das Phantasma der zerfallenden Wachspuppe, in der die kastrierte, konsumorientierte und selbst auf ein *Ding* reduzierte Unternehmerstochter ihre eigene mentale Fragmentierung gespiegelt sieht (Freud, Lacan, Parallelen zu E.T.A. Hoffmanns *Der Sandmann*); die Gewaltphantasie des ermordeten autoritären Ehemannes als Angriff auf das Bild des Vaters

„Modellen Coppelia"
1. Der scheinbar harmlose und unbeteiligte Ich-Erzähler als Verkörperung und Spiegelung des Durchschnittsmenschen, hinter dessen Maske sich infantil-narzisstische Negativität und Destruktivität verbergen (unzuverlässiger Erzähler)
2. Das Bild der Brüste, die mit kleinen Tieren assoziiert und in perlenartige *objet d'arts* transformiert werden
3. Das Bild des Hummers als gepanzertes phallisches *objet d'art*
4. Die modellierten muskulösen, ‚bis ins Gehirn braungebrannten' homoerotischen jungen Männer als Idealbild des narzisstischen Egos, als „Panzer" einer „wahnhaften Identität" und Hintergrund von Coppelias Mas-

kerade als weiblichem Phallus (Lacan, Gorsen in Anlehnung an Freuds Fetischismus-Theorie)
5. Coppelia als gepanzerter junger Rittmeister in Kettenhemd und Stiefeln
6. Coppelias Verpuppung in ein Geschöpf aus Pappmaché und ihre finale Entsexualisierung und Verwandlung in ein golden glänzendes ätherisches Wesen mit durchschimmernden Knochen – Zerstörung und Wiederherstellung des Mutterleibs als perfektes Serienmodell und anorganische Eva der Zukunft (Klein, Gorsen, Dalí)

Louis Jensens „Insektmanden":
1. Die überdimensionale Nadel als albtraumhafte Kastrationsdrohung (Freud, Klein)
2. Die zerstörten Brüste und Unterleiber der weiblichen Schaufensterpuppen (Klein, Lacans „heteroklites Mannequin")
3. Phantasierte Urszenen mit dem paternalen Phantasma des Kaufmanns und dessen ausrangierten Gipspuppen, die stark an das Phantasma von E.T.A. Hoffmanns künstlicher Frau Olimpia in *Der Sandmann* erinnern
4. Der Insektenmann als künstlicher Mensch und Produkt einer solchen Urszene; dieses Phantasma gehört derselben infantilen Angstphantasie an wie E.T.A. Hoffmanns Nathanael, der sich als Produkt alchemistischer Experimente halluziniert.
5. Der spionierende adoleszente Ich-Erzähler als sexuell erregtes Ungeziefer, *enfant medusé* und voyeuristischer Beobachter von nackten Frauen in der Umkleidekabine und von Urszenen auf dem Dachboden und im Büro des Kaufmanns (Lacan, Freud)
6. Der aufgespießte geflügelte Insektenmann als in ein *objet d'art* transformiertes Kastrationsphantasma, als Abwehr des narzisstischen, mit seinem Spiegeldoppelgänger identifizierten Ich „gegen die Angst vor vitaler Zerrissenheit" (Lacan)

Marie Hermansons *Värddjuret*:
1. Das Phantasma des lebendig Begrabensein als Repräsentation narzisstisch-psychotischer Regression: das von einer Schneelandschaft umgebene Treibhaus korrespondiert mit der Regressionsmetaphorik (Garten in Winterlandschaft/Eispalast) in H.C. Andersens Märchen „Snedronningen", dessen infantile Protagonisten beim Eintritt in die Pubertät in narzisstische und autistische Schlafzustände fallen; Teil dieses Phantasmas sind auch die schlammige Schlucht im tropischen Borneo und das schlammige Gelände von Liselotts sexueller Initiation am Fluss, womit die infantile Angstphantasie parasitischer Schwängerungen verknüpft ist.

2. Die vampirische Infiltration durch die Medien
3. Die albtraumhafte Phantasie von den netten Tanten und der Mutter sowie von Liselott als Hexen und böse Feen in Dornröschen-Schloss und Rapunzelturm
4. Infantile Angsttiere, Wechselbälger und Automaten (Rank, Freud):
   – Nachtspinner und unsichtbare Schmetterlingspuppen als imaginäre Fiebertierchen und parasitische Träume
   – Die Echse, die einem menschlichen Fötus gleicht und in den schlammigen Abfluss gespült wird
   – Kleine Fische, die in einer Grotte verschwinden
   – Die Erwähnung von Ratten unten am Fluss / der Rattenmensch (automatenhaftes Spielzeug von Lindas Sohn)
   – Wahnsinnig und raubgierig aussehende Tiere: struppige Möwe im Mülltrennungsspiel und Goldkatze im Käfig auf Borneo
   – Die Instinkt-gesteuerten Seevögel
   – Die puppenhaften schwebenden Drillingsmädchen als infantile Rumpelstilzchen-Gestalten und unheimliche Spiegelungen, als automatenhafte mutterlose Hexenkinder und Wechselbälger
5. Die rätselhafte Schwellung als Konversionshysterie (Konversion vampirischer Liebhaber und krebskranker Ehefrauen in das graviditätsähnliche Phantasma einer Geschwulst)
6. Liselott als schwangere Lucia und angeschwollener Mutterleib, um dessen Geheimnis die obsessiven und sadistischen Phantasien der Erzählerin als Abwehrfunktion gegen die Angst vor der eigenen Zerstörung kreisen
7. Die vampirischen Vatergestalten: Liselotts haariger schlafender Vater, die haarigen Affen, die die Instinkt-gesteuerten Raupen anlocken, der struppige Dr. Willof als Dracula, Professor van Helsing, Dr. Jekyll and Mr. Hyde-Gestalt, die haarige Riesenspinne im Quader

Die zentralen Phantasmen, die zumeist auch im Titel der analysierten Texte enthalten sind, repräsentierten nicht nur Objekte von Angst und Faszination und *objets d'art* als Identifikationsobjekte narzisstischer, nach Unsterblichkeit strebender Ich-Erzähler, Künstler- und Wissenschaftler-Figuren. Sie sind als Bild im Bild zugleich auch Miniaturen und Spiegelungen des ganzen (Text)Kunstwerks als Projektion und Identifikationsobjekt.

All diese Miniaturen repräsentieren „Phantasmen", „die", so Lacan, „ausgehend von einem zerstückelten Bild des Körpers, in einer Form enden, die wir in ihrer Ganzheit eine orthopädische nennen könnten, und in einem Panzer, der aufgenommen wird von einer wahnhaften Identität, deren starre Strukturen die ganze mentale Entwicklung des Subjekts bestimmen werden" (Lacan, „Die Familie", 64–67). Andersens glamouröse Gestalt der *Schneekönigin*, die aus einem glänzenden Eispanzer zu bestehen scheint, ist solch eine Miniatur und Fata Morgana, ebenso das Bild des alten wandernden *Ritters* im Panzer seines Harnisch und seiner konservierten Knochen, wie auch die Vorstellung der *Maske* im Titel von Ingmar Bergmans Film *Persona*, die als „Fata Morgana" und *objet d'art* die „orthopädische" Funktion der menschlichen Identität und deren illusionäres Wesen *entlarvt*. Weitere Miniaturen als phantasmatische Spiegelungen des Kunstwerks sind Dorrit Willumsens golden glänzendes, von Metallplättchen bedecktes Puppenfrau-*Modell* und dessen schimmernde konservierte Brüste als Spielzeug und *objet d'art* homoerotischer Narzissten, die nekrophile Wunschvorstellung von „en billes kitinpanser" und den „harniskklædte hære" der Insektenwelt in *Programmeret til kærlighed*. Dieselbe Funktion einer Miniaturspiegelung haben sowohl der im durchsichtigen Kunststoffquader konservierte Schmetterling als Spiegelbild der narzisstischen Künstlerin im Glashaus von Marie Hermansons *Värddjuret* als auch der aufgespießte Insektenmann mit seinen glänzenden Flügeln in Louis Jensens „Insektmanden".

Was als Kunstwerk erscheint, Simalacra aus Schneekristallen, künstliche Personae, Rosen-, Puppen- und Insektenkörper, entpuppt sich als Trugbild einer „wahnhaften Identität" und als Maskierung infantil-narzisstischer Fixierungen und Obsessionen eines imaginären, nach Transzendenz strebenden Ich, das in der Immanenz seiner eigenen albtraumhaften Negativität gefangen ist.

KAPITEL IX
Weiterführende Überlegungen: Verbindungen zum Grotesken

Als Sammelbegriff für spezifische, mit Angst und Faszination besetzte destruktive und regressive Phantasien steht das Phantasma nicht nur in einer besonderen Beziehung zum Unheimlichen, sondern auch zum Grotesken als „Mischung aus Lächerlichem und Furchterregendem".[1] Besonders relevant sind in diesem Zusammenhang Definitionen, die davon ausgehen, dass bei der Wahrnehmung des grotesken Objekts „ein *entwaffnender Mechanismus* am Werk ist": „Die Ausbildung angstbesetzter Bilder wird von Anfang an durch die komische Tendenz abgefangen, und das so entstandene Objekt spiegelt diese Interaktion widerstrebender Kräfte".[2] Michael Steig hat darauf hingewiesen, dass dieser Mechanismus dem ‚Abwehrmechanismus' in der psychoanalytischen Theorie entspricht, welcher „das Ich vor den Schuld oder Angst erregenden Phantasien, die aus dem Unbewussten aufsteigen, schützen soll, eine Abwehr, die mittels Verdrängung, Verdichtung, Spaltung, Projektion, Sublimation usw. arbeitet".[3] Den in den vorigen Kapiteln identifizierten Phantasmen bei Andersen, Blixen, Bergman, Willumsen, Jensen und Hermanson wohnt ebenfalls nicht nur Unheimliches und Furchterregendes inne, sondern teilweise auch Komisches und Lächerliches. Dessen Funktion dient nicht nur der Erzeugung ironischer, parodistischer oder satirischer Effekte, sondern zugleich auch der Milderung von Angstgefühlen. Hierin liegt der „grundlegende Widerspruch des Grotesken", so Michael Steig: „Es ist zweischneidig. Es mildert und verstärkt die Wirkung des Unheimlichen". Steig zeigt anhand von E.T.A. Hoffmanns *Der Sandmann* und an weiteren Beispielen aus Romanen von Charles Dickens, auf welche Weise das Groteske „die Verarbeitung des Unheimlichen durch das Komische [einschließt]":

---

[1] Michael Steig, „Zur Definition des Grotesken, Versuch einer Synthese", in: Otto F. Best (Hrsg.), *Das Groteske in der Dichtung* (Darmstadt 1980), S. 73.
[2] Ebd. Steig bezieht sich auf L.B. Jennings' Konzept eines „disarming mechanism", der auf „combination of fearsome and ludicrous qualities" zurückgeht; vgl. L.B. Jennings, *The Ludicrous Demon* (Berkeley/Los Angeles 1963), S. 10/14f.
[3] Steig, S. 74.

Wenn die Bezüge, die aus der Kindheit herrühren, in erster Linie bedrohlich sind, verringern Techniken des Komischen, einschließlich der Karikatur, die Bedrohlichkeit durch Degradierung oder Verzerrung ins Lächerliche; gleichzeitig können sie aber auch wegen ihrer aggressiven Beschaffenheit und aufgrund der Fremdheit, die sie dem Bedrohlichen verleihen, die Angst verstärken.[4]

Etliche Aspekte des Grotesken, die in der Forschungsliteratur aufgeführt werden, sind auch Merkmale der oben analysierten Phantasmen als Ausdruck von infantilen Komplexen und Ängsten, von narzisstischen Wunsch- und Abwehrprojektionen.

Studien zu Bildender Kunst, Literatur und Werbung identifizieren das Groteske als Abweichung von einer vorgegebenen Norm und als Fusion des Unheimlichen mit dem Lächerlichen, Hässlichen, Abstoßenden und Monströsen, häufig auftretend in Gestalt chimärischer Mischwesen. In Letzteren können disparate Elemente miteinander vermischt sein: Menschliches und Mechanisches, Menschliches und Tierhaftes oder Pflanzliches, Männliches und Weibliches, Organisches und Anorganisches, Lebendes und Totes, Hohes und Niedriges, Göttliches und Teuflisches. Solche chimärischen Vermischungen sind zuweilen mit Ironie und satirischen oder auch melancholischen Untertönen versehen und von einer mehr oder weniger unterschwelligen Ambivalenz durchdrungen. Man hat wiederholt darauf hingewiesen, dass Ambivalenz ein wichtiges Merkmal des Grotesken ist: „ein Dualismus zwischen Anziehung und Abstoßung, Faszination und Rückzug", zu dem auch das „Feld der Erotik bzw. der sexuellen Anziehung" gehören kann und der sich auf „das Feld der Komik" erweitert.[5]

Als weitere zentrale Kriterien für das Vorliegen des Grotesken werden Mechanismen der Verzerrung mit disproportionierender Vergrößerung und Verkleinerung genannt sowie die Verkehrung als „einfachste Form der Anamorphose", wodurch die Struktur „auf den Kopf gestellt oder gespiegelt [wird]"[6] und des Weiteren Übertreibung/Hyperbolik als Stilmittel. Diese Merkmale sind unter anderem im Kapitel „Die groteske Körperkonzeption und ihre Quellen" in Michail Bachtins klassischer Studie *Rabelais und seine Welt* am Beispiel von Rabelais' *Gargantua und Pantagruel* anschaulich beschrieben worden. „Übertreibung, Hyperbolik, Übermaß und Überfluss sind", so Bachtin, „nach allgemeiner Auffassung eines der wichtigsten Merkmale des grotesken Stils".[7] Bach-

---

[4] Ders., S. 82f.

[5] Oliver Georgi, *Das Groteske in Literatur und Werbung* (Stuttgart 2003), S. 23f.

[6] Peter Fuß, *Das Groteske. Ein Medium des kulturellen Wandels* (Köln 2002), S. 245; vgl. auch Teil II bei Fuß: „Die anamorphotischen Mechanismen des Grotesken", darin „Die Verkehrung", „Die Verzerrung", „Die Vermischung", S. 235–412; im Anschluss an P. Fuß s.a. Oliver Georgi, S. 20ff.

[7] Michail Bachtin, *Rabelais und seine Welt. Volkskultur als Gegenkultur* (Frankfurt/M. 1995), S. 345.

tin weist auch auf die „Logik der Umkehrung" von Oben/Unten und Kopf/Bauch hin, auf „Degradierung", „Entthronung" der Motive des Hohen und deren „Verlagerung in den *materiell-leiblichen Bereich*". Verkörperlichung durch „Degradierung" und „Erneuerung von Gegenständen aus anderen Bereichen (...) auf der Ebene des Unterleibs" sei eine Vorbereitung für das groteske Motiv.[8] Solche Verkörperlichungen und Herabsetzungen auf die Ebene des Körperlich-Stofflichen und Geschlechtlichen gehören ebenfalls zum Kern des Phantasmatischen.

Verkehrungen, Verzerrungen und Übertreibungen verleihen den untersuchten Phantasmen Züge des Grotesken, indem das Artifizielle der begehrten *objet d'arts* und das Abschreckende weiterer Identifikationsobjekte, die die Funktion von Spiegelbildern haben, ins Monströse und Lächerliche übersteigert werden. Das Bild des „lächerlichen Dämons" im Titel von Lee Byron Jennings Studie zum Grotesken *The Ludicrous Demon* ist übertragbar auf Hans Christian Andersens Phantasma des satanischen Trollteufels, der vor Lachen platzt und als Umkehrung des transzendentalen Egos eine ebenso unheimliche wie lächerliche Verkörperung infantiler, megalomanischer (Selbst)Zerstörungstriebe repräsentiert. Infernalisches, an Wahnsinn grenzendes Lachen gehört zum klassischen Inventar grotesker Motive. Was Michael Steig zum Grotesken an E.T.A. Hoffmanns Coppelius/Coppola in *Der Sandmann* bemerkt, nämlich dass dieser „karikiert dargestellt [sei], d.h. als so monströs, dass er fast schon wieder lächerlich erscheint", trifft in gleicher Weise auch auf Andersens Teufel zu:

> Diese Beschreibung des Coppelius hat eine doppelte Wirkung: Sie erschreckt den kindlichen Teil in uns und macht ihn für uns garstig; zugleich verteidigt sie unser Ich, unser rationales Bewusstsein, gegen die Bedrohlichkeit, die von ihm ausgeht, indem sie ihn zu etwas Absurdem degradiert.[9]

Andersens Trollteufel trägt Züge der mittelalterlichen Komik. In Kirchen sind Darstellungen von grotesken Teufeln, von bauchlosen und anderen disproportionierten Gestalten zu finden, die die Kehrseite des Erhabenen und „Gegenbilder der oberen, himmlisch-geistigen Sphäre"[10] repräsentieren. Solche Drôlerien lassen sich zum religiös gefärbten mittelalterlichen *Exempel* mit moralisch-lehrhaftem, aber auch grotesk-komischem Charakter in Beziehung setzen.[11] In vergleichbarem Sinne lässt sich auch Andersens „Snedronningen"

---

[8] Ders., S. 352.
[9] Ders., S. 79f.
[10] Katrin Kröll, „Die Komik des grotesken Körpers in der christlichen Bildkunst des Mittelalters", in: Katrin Kröll/Hugo Steger (Hrsg.): *Mein ganzer Körper ist Gesicht. Groteske Darstellungen in der europäischen Kunst und Literatur des Mittelalters* (Freiburg/Breisgau 1994), S. 65.
[11] Vgl. hierzu Kröll, S. 87: „Eine genauere Untersuchung der Bezüge zwischen *exempla*

als religiös gefärbtes Exempelmärchen mit grotesk-komischen Elementen auffassen.[12]

Die Eigenschaft des teuflischen Spiegels in „Snedronningen", alles Schöne und Gute zu verkleinern und zusammenschrumpfen zu lassen und alles Schlechte und Hässliche überproportioniert und dadurch karikaturistisch zu vergrößern, die besten Menschen ins Negative zu verkehren, zu degradieren und wie ihre teuflischen Doppelgänger grinsend und ohne Bauch auf dem Kopf stehen zu lassen, ist ebenso grotesk wie „die kosmische Katastrophe" des „in hyperbolischer Menge"[13] in Millionen und Billionen Splitter zerbrechenden Spiegels. Auch Krible-Krable, der alte Zauberer und Troll in Andersens Geschichte „Vanddråben", die als Intertext zu „Snedronningen" gelesen werden kann, lässt sich als komisch-unheimliche Verkehrung einer göttlichen Schöpfergestalt auffassen. Durch sein Vergrößerungsglas betrachtet er einen Mikrokosmos aus ‚kribbelnden und krabbelnden' wilden Tierchen in einem Tropfen Grabenwasser, die sich gegenseitig auffressen. Die Wildheit der Tierchen als Bild für „København eller en anden stor by" steht in einem Missverhältnis zu ihrer Größe. Hier liegt der Mechanismus einer satirischen Verzerrung vor, einer Vergrößerung bzw. Verkleinerung der Menschenwelt, die parabolisch in der kannibalischen Welt der Kleinstlebewesen gespiegelt und zu teuflischem Ungeziefer degradiert wird, wobei ihr „Gekribbel" und „Gekrabbel" sie gleichzeitig auch noch mit Krible-Krable, dem Troll, gleichsetzt. Diese Vergleiche lassen die Menschen grotesk erscheinen; sie sind ebenso unheimlich wie lächerlich. Solche Motive hat Wolfgang Kayser in seiner bahnbrechenden Studie *Das Groteske. Seine Gestaltung in Malerei und Dichtung* (1957) aufgelistet: „Das Groteske liebt weiterhin alles Ungeziefer. (...) Groteskes lässt aber auch das vergrößernde Mikroskop oder der Blick in sonst verborgene organische Welten schauen".[14]

---

und Drôlerien wäre auch deshalb interessant, weil beide Gattungen vergleichbare didaktische Intentionen verfolgten, weil sich die *exempla* mit ähnlichen Problemen der Ambivalenz und Mehrsinnigkeit konfrontiert sahen, und weil viele drôlastische Motive der Bildkunst, wie Lilian M. Randall aufgezeigt hat, auf *exempla* zurückgehen".

[12] Zum Aspekt des Moralisch-Lehrhaften, der das Märchen bisweilen zum Exempel umbiegt, vgl. Hermann Bausinger, *Formen der Volkspoesie* (Berlin 1980), S. 212. Bausinger führt hier den Wolf aus „Rotkäppchen" als Beispiel an, der „dann entweder zum Bestandteil einer realen Schreckfiktion oder zum Typus des eo ipso moralisch verstandenen Fabeltiers" wird. Auch „Rotkäppchen" enthält, nebenbei bemerkt, diverse groteske Elemente, darunter die Vermischung von Animalischem und Menschlichem, von Komischem und Schaurigem.

[13] Bachtin, S. 378.

[14] Wolfgang Kayser, *Das Groteske. Seine Gestaltung in Malerei und Dichtung* (Tübingen 2004), S. 196f.

Das Unheimlich-Groteske der infantilen Trollteufel setzt sich fort in der Unfähigkeit erwachsen zu werden, die die kindlichen Protagonisten in „Snedronningen" an den Tag legen. Das Motiv von Prinz und Prinzessin, die nicht in König und Königin transformiert werden, sondern weiterhin in wiegenähnlichen Blütenbetten schlafen, stellt eine groteske Verkehrung des um Reifungsprozesse kreisenden Märchenideals dar. Grotesk ist auch „røverkællingen", das bärtige, trinkende Räuberweib, ein bacchantisches und animalisches, mit einem Ziegenbock verglichenes Mannweib, dessen Geschlechtszugehörigkeit nicht eindeutig zu sein scheint und dessen Purzelbaum schlagender Anblick ebenso infernalisch ist wie das Gelächter des Teufels und dabei gleichfalls der Komik nicht entbehrt – „grueligt" – „grauenhaft" – anzusehen für ein kleines Mädchen wie Gerda, aber auch genauso lachhaft wie gruselig. Sie repräsentiert das ins Komische gezogene angstbesetzte Phantasma der phallischen Mutter ebenso wie die Vorstellung vom weiblichen Freak, wozu das bärtige und das hässliche oder schrullige alte Weib, „the bearded lady", „the crone" als Stereotypen des weiblichen Grotesken gehören.[15] Die als alt, klein und schmutzig beschriebenen chthonischen Gestalten der Finnin und der Lappin mit ihren Hütten ohne richtige Ein- und Ausgänge – wie der Kochkessel der Finnin komisch-unheimliche Uterus-Symbole – erscheinen nicht minder grotesk.

In Karen Blixens „Den gamle vandrende ridder" wird gleich auf der ersten Seite der Erzählung ein grotesker Effekt erzielt, indem das Heroische ins Lächerliche und das Schöne ins Schreckliche verkehrt wird: der intertextuelle Verweis des Titels auf die Parodie des Ritterlichen, Don Quixote, verknüpft das ins Komische gezogene Bild des geharnischten edlen Ritters mit der morbiden Metamorphose des schönen narzisstischen Jünglings in ein sich selbst bespiegelndes unverwesliches Skelett. Das Groteske dieser phantasmatischen phallischen Selbstschau, in der sowohl *père-vertiertes* Begehren als auch Angst und Abwehr zum Ausdruck kommen, wird verstärkt durch weitere Konnotationen des mumifizierten Ritters mit paternalen Helden, Rächern und Rachegeistern wie dem alten und jungen Hamlet, Odysseus und Herkules. Die mit Angst und Faszination besetzte Selbstbespiegelung wiederholt sich im grotesken Schlussbild, in dem der dekadente Ich-Erzähler und ehemalige Diplomat die Pose Hamlets einnimmt und sich narzisstisch am Anblick eines Totenkopfes ergötzt; letzterer stellt nicht nur eine makabre und perverse Degradierung der einstigen Liebe einer Nacht dar. Das *objet d'art* des Totenschädels repräsentiert auch ein phallisches Phantasma wie der Geist von Hamlets Vater und der anamorphotische länglich verzerrte Totenkopf auf dem Gemälde *Die Gesandten* von Hans

---

[15] Zu Freaks and 'bearded ladies' vgl. Leslie Fiedler, *Freaks. Myths and Images of the Secret Self* (New York 1978), S. 143ff. Zum weiblichen Grotesken vgl. Mary Russo, *The Female Grotesque* (New York 1995), S. 14ff.

Holbein dem Jüngeren. Hier liegt nicht nur der Mechanismus einer Verkehrung vor, sondern auch eine monströse Vermischung von Lebendem und Totem, indem Blixens Baron als eine Art Freak, als selbstverliebter lebender Leichnam präsentiert wird, der sich den Gestalten in Bonaventuras *Nachtwachen* vergleichbar Masken aus der Weltliteratur über seinen Totenkopf stülpt. Dergleichen gehört zum Motiv-Inventar des Grotesken, wie Wolfgang Kayser gezeigt hat:

> Dauerhafte Motive sind die zu Puppen, Automaten, Marionetten erstarrten Leiber und die zu Larven und Masken erstarrten Gesichter. Von den eingelegten Masken der grotesken Ornamentik bis zur Gegenwart ist das Motiv beliebt geblieben und hat dabei eine kennzeichnende Abwandlung erfahren. Schon in Bonaventuras *Nachtwachen* verdeckt die Maske kein darunter lebendes atmendes Gesicht, sondern ist sie selber zum Gesicht des Menschen geworden. Risse man sie ab, so grinste darunter der nackte Schädel entgegen. (…) auch der grinsende Schädel selber und das sich regende Skelett sind Motive, die mit ihrem makabren Gehalt in die Struktur des Grotesken eingehen.[16]

Auch das Phantasma des Femininen, mit dem der Baron seine Erzählung beginnt und das eigentlich deren Endpunkt markiert, repräsentiert ein groteskes Objekt als Versuch der Angstmilderung. Das Bild der ehemaligen Geliebten als lächelnde alte Urgroßmutter, die nicht länger schön ist, scheint dazu zu dienen, dem Angstbild der einst schönen, mörderischen Emanze seinen Schrecken zu nehmen. Doch die Greisenhaftigkeit der alten Frau – eine „crone" wie Andersens alte Hexen – ist zugleich groteskes Spiegelbild des alten Aristokraten, und ihr Lächeln angesichts ihrer Enkelinnen drückt den unheimlichen Triumph der Frauenrechtlerin und Suffragette aus, die der um seine männlichen Privilegien gebrachte Ich-Erzähler mit der Groteskerie des Hexensabbaths, mit der fliegenden Lilith und Macbeths Hexen in Verbindung bringt. Mary Russo weist in *The Female Grotesque* darauf hin, dass die verschiedenen Phasen der Frauenbewegung mit dem Grotesken assoziiert worden sind:

> Worth recalling is the historical association of the grotesque with women's social movements from the shrieking sisterhood of the suffragettes to the bra-burners and harridans of the second wave (Russo, S. 14f.).

Die alte Emanze, vom Erzähler rückblickend als „Werwölfin" und „junge Hexe" bezeichnet, ist eine der fliegenden Großmutter-Figuren, die in Karen Blixens Fiktion und Essayistik mehrfach auftauchen, wie die lappische Gestaltwechslerin Sunniva in „Skibsdrengens Fortælling" oder die alte Fanny in „Familieselskab i Helsingør". Mary Russo offenbart die Ironie im Bild der grotesken fliegenden Alten, die der Schwerkraft trotzt: „The irony of the flying grandmothers depends upon the body marked by gravity defying gravity".[17] Auch die

---

[16] Kayser, S. 197f. Zum Makabren als „sub-form of the grotesque"-„the horrifying tinged with the comic" – vgl. Philip Thomsen, *The Grotesque* (London 1972), S. 37.
[17] Russo, a.a.O., S. 17.

von der Norm abweichende Umkehrung der Geschlechterrollen in Blixens Erzählung dient dazu, einen grotesken Effekt zu erzielen; ein ritterlicher Jüngling wird zur ‚Lieblingspuppe‘, zur ‚Desdemona‘, zum lächerlichen ‚Hanswurst‘ und ‚Friseur‘ seiner Geliebten degradiert.

Die Phantasmen in Ingmar Bergmans *Persona* weisen zum großen Teil ebenfalls Merkmale des Grotesken auf. Relevant sind in diesem Zusammenhang Aspekte aus Michail Bachtins bereits erwähnter, an Rabelais' Beispiel demonstrierter „grotesker Körperkonzeption". Wie oben angeführt, sieht Bachtin in der „Degradierung" und Verkörperlichung „von Gegenständen aus anderen Bereichen", speziell „auf der Ebene des Unterleibs" eine Vorbereitung des grotesken Motivs. „*Der Bauch und der Phallus*" spielen hier als Teile des zerstückelten Körpers eine besondere Rolle: „sie bilden das Zentrum des grotesken Körpers".[18] Neben den Geschlechtsorganen sind auch „*Ausstülpungen und Öffnungen*" wie „der Mund, der die Welt verschluckt" als „Überwindung der Grenze zwischen zwei Körpern oder Körper und Welt" zentral, doch „können in grotesken Motiven auch beliebige andere Glieder, Organe und Körperteile figurieren" und dies „besonders im Motiv des zerstückelten Körpers".[19] Bachtin untersucht solche Verkörperlichungen als Merkmal der Volkskultur, was sich mit Sigmund Freuds Bemerkungen zu den körperlichen und sexuellen Aspekten der Traumsymbolik deckt:

> Diese Symbolik gehört nicht dem Traume zu eigen an, sondern dem unbewussten Vorstellen, speziell des Volkes, und ist im Folklore, in den Mythen, Sagen, Redensarten, in der Spruchweisheit und in den umlaufenden Witzen eines Volkes vollständiger als im Traume aufzufinden.[20]

Von der Bildsprache in Bergmans *Persona* lassen sich Parallelen zu Bachtins volkstümlicher grotesker Körperkonzeption ziehen. Die Assoziation von erigiertem Phallus und aufglühendem Projektorkopf im Prolog, die mit Melanie Klein als Traumregression auf frühkindliche Symbolbildungen, Gleichsetzungs- und Assoziationsprozesse lesbar ist, kann nicht nur als Zeichen für den künstlerischen Sublimierungsprozess gelesen werden, sondern auch als Umkehrung dieses Prozesses, indem Objekte „aus anderen Bereichen", wie der Filmprojektor, verkörperlicht und auf die „Ebene des Unterleibs" degradiert werden. In ähnlicher Weise ist auch die Traumassoziation zwischen haariger Spinne als infantilem, hässlichem Angsttier und Geschlechtsteilen, speziell weiblicher Geschlechtlichkeit und üppiger Schambehaarung, grotesk. Wolfgang Kayser hat auf „von dem Grotesken bevorzugte Tiere, wie Schlangen, Eulen, Kröten, Spin-

---

[18] Bachtin, S. 358.
[19] Ders., S. 358f.
[20] Sigmund Freud, *Die Traumdeutung*, VI.E. „Die Darstellung durch Symbole im Traume, a.a.O., S. 353.

nen – das Nachtgetier und das kriechende Getier, das in anderen, dem Menschen unzugänglichen Ordnungen lebt"[21] hingewiesen. Die monströse Vermischung von abgetrennten Körperteilen, abstoßendem, grauenhaftem Getier, absonderlichen Gewächsen und mechanischem Gerät findet sich in den Horrordarstellungen auf Hieronymus Boschs Triptychen *Die Versuchung des heiligen Antonius* und *Das Tausendjährige Reich*, welche in Kaysers Studie des Grotesken als „erschreckende Vermischung von Mechanischem, Pflanzlichem, Tierischem und Menschlichem"[22] genannt werden. In seinem Essay zum „Spiegelstadium als Bildner der Ich-Funktion" weist Jacques Lacan auf solche Wahnbilder und Zerstückelungsphantasmen bei Bosch als Antithese zur Ich-Konstitution hin. Die Umkehrung von Spiegelstadium und Subjektkonstitution in wahnhafte infantile Regression kann in Kunst und Literatur zum grotesken Motiv werden, besonders in Darstellungen, die zum Hässlichen und Lächerlichen tendieren. In Kapitel IV wurde passend hierzu auf die Parallele zwischen den Zerstückelungsphantasmen im Prolog von *Persona* und den Horrorbildern bei Bosch hingewiesen.

Die Darstellung des Obszönen in *Persona* gehört in die Rubrik des „Rohen", die Karl Rosenkranz in seiner *Ästhetik des Hässlichen* (1853) aufführt, wozu Manifestationen von Lüsternheit und sexueller Erregung gehören und überhaupt „alles Phallische", das im erregten Zustand „zur übrigen Gestalt in ein Missverhältnis tritt"[23] und dadurch grotesk wirkt. Bergman inszeniert mit extremen Themen wie Sexualität, Wahnsinn, Gewalt, Mord und morbiden Fantasien in seinen Filmen eine „Ästhetik des Hässlichen". In der Tat wäre eine Untersuchung von Bergmans Filmen anhand von Rosenkranz' verschiedenen Kategorien des Hässlichen wie „Das Rohe", „Das Niedrige", „Das Tote und Leere", „Das Verbrecherische", „Das Gespenstische" und „Das Diabolische" interessant. Bergmans surreale Inszenierungen von Körpern und einzelnen Körperteilen ähneln dem, was Bachtin als „künstlerische Logik des grotesken Motivs" bezeichnet hat, welches „die geschlossene, gleichmäßige und glatte (Ober-) Fläche des Körpers" ignoriere und nicht nur „das Äußere" zeige, „sondern auch das Innere des Körpers: Blut, Därme, das Herz und die anderen inneren Organe".[24] In Übereinstimmung mit Bachtins grotesker Körperkonzeption enthält die Struktur der Bilder und Symbole in *Persona* Körperöffnungen wie Mund, Vagina oder auch Wunden und weitere Elemente aus dem Inventar des Grotesken, darunter „all das, was über eine geglättete Idealsilhouette hinausragt"[25] wie Gliedmaßen, Brüste, Penis, anschwellende Leiber und

---

[21] Kayser, S. 196.
[22] Ders., S. 34.
[23] Karl Rosenkranz, *Ästhetik des Hässlichen* (Stuttgart 2007), S. 223.
[24] Bachtin, S. 359.
[25] Fuß, S. 75.

Gesichter. Damit bildet die Bildsprache in *Persona* eine Antithese zum klassischen Körperbild, „das sich exemplarisch in der griechischen Skulptur manifestiert", die bestimmt ist von „Symmetrie" und „Glätte der porenlos polierten Marmoroberfläche". Im Gegensatz dazu zeigt die groteske Körperkonzeption „eine Vorliebe für alles, was das normale Maß überschreitet, und für die Asymmetrie".[26] Was Bachtin als „Hauptereignisse im Leben des grotesken Körpers" und „*Akte des Körperdramas*" auflistet, wie „Beischlaf, Schwangerschaft, Entbindung, Wachstum, Alter, Krankheiten, Tod, Verwesung, Zerstückelung und Verschlungenwerden durch einen anderen Körper", findet sich in phantasmatischen Inszenierungen auch in *Persona* in Form von Kastrations- und Zerstückelungsphantasien mit vergrößert wahrgenommenen Geschlechtsteilen, Mündern, Händen und Eingeweiden, Urszenen, Todes-, Geburts- und Verdopplungsphantasien. Die versteinert wirkenden toten Greise und deren landschaftsartige Körperteile im Leichenschauhaus sind ebenso grotesk wie die Urszene am Meer, in der Alma und Katharina die minderjährigen Jungen verführen und in einem orgiastischen Akt initiieren, in dessen Verlauf Individuen in Hände, Münder und Geschlechtsteile zerfallen; die Komik der Situation wird überlagert von Almas Blick in den unheimlichen Abgrund der Natur und ihres eigenen Selbst, in dem Almas Ich-Ideal und soziale Maske ausgelöscht und durch die anonyme Maske in einem ekstatischen Ritus ersetzt werden. Groteske Verzerrungen und Verkehrungen von Almas Idealen liegen sowohl in den Traumszenen vor, in denen sie als Elisabets Double deren Ehemann beim Sex als gute Ehefrau etwas vorspielt, und in denen sie Gewaltakte gegen Elisabet verübt. Alma, die gute, die fürsorgliche Krankenschwester, wird sich selber fremd – wie Elisabet, die sich von ihrem sozialen Umfeld, ihrem Mann, ihrem Kind und zuletzt von ihrem Beruf als Schauspielerin entfremdet hat. Solche Umkehrungen der Selbstwahrnehmung werden in *Persona* auch durch einzelne Aufnahmen, die auf dem Kopf stehen, angezeigt, so durch die spielerische Umkehrung der korpulenten, vollbusigen, leicht obszönen Cartoon-Wäscherin, einer dienenden Figur wie Alma, sowie in der verkehrt herum gezeigten scheintoten alten Frau, die plötzlich die Augen aufschlägt wie die später ebenfalls auf dem Kopf stehend gezeigte, aus dem Traum erwachende und gealtert wirkende Alma. Auch der bei Bachtin genannte, durch groteske Motive konstruierte zweileibige Körper taucht bei Bergman auf; Almas und Elisabets schwarz gekleidete Körper gehen in einer abendlichen Szene optisch ineinander über, wodurch Almas Körper das Aussehen eines siamesischen Zwillings oder schwanger-aufgeblähten Freaks annimmt. Ebenso monströs ist das asymmetrische und dadurch verzerrt wirkende, aus Almas und Elisabets Gesichtshälften zusammengesetzte überlebensgroße Phantasma der Mutter, das wie eine rätselhafte Sphinx über den Körpern im Reich der Toten schwebt.

---

[26] Ebd.

Durch die Verschränkung von Motiven, die Ausdruck einer subversiven, anti-klassischen Körperkonzeption sind, mit Motiven, die die unheimliche Entfremdung des Individuums von sich selbst und seiner Umwelt thematisieren, kreuzen sich in *Persona* zwei zentrale Auffassungen des Grotesken, die in der Forschung einander gegenübergestellt worden sind. Neben antiklassischen Zügen, die einer ‚Ästhetik des Hässlichen' folgen und mit Teilen von Michail Bachtins Konzept des subversiven Grotesken korrespondieren, weist Bergmans Film auch Merkmale des absurdistisch-phantastischen Grotesken auf, wie es im Zentrum von Wolfgang Kaysers Konzeption steht. Kayser sieht das Groteske nicht primär als Form des Komischen an, und das Lachen darüber nicht als „Effekt der Komik, sondern der Absurdität".[27] Symptomatisch für diese Form des Grotesken ist Elisabets verstörendes Lächeln auf der Bühne, mit dem sie hinter ihrer Schminke aus der Illusion aller ihrer Rollen fällt, die Scheinhaftigkeit, Lächerlichkeit und Sinnlosigkeit des Daseins vor Augen. Dieses Lächeln spiegelt das wider, was Kayser im Rückgriff auf eine Erwähnung des Grotesken bei Christoph Wieland als „widersprüchliche Empfindungen" charakterisiert:

> ein Lächeln über die Deformationen, ein Ekel über das Grausige, Monströse an sich, als Grundgefühl aber, wenn wir Wieland so deuten dürfen, ein Erstaunen, ein Grauen, eine ratlose Beklommenheit, wenn die Welt aus den Fugen geht und wir keinen Halt mehr finden.[28]

Zur Problematik der Maske in *Persona* und ihrer Verkehrung ins Absurde passt in diesem Sinne auch Kaysers Bemerkung, „dauerhafte Motive" für das Groteske als „entfremdete Welt" seien „die zu Puppen, Automaten, Marionetten erstarrten Leiber und die zu Larven und Masken erstarrten Gesichter."[29] Das Spiel der Rollen und Masken und deren Demontage in *Persona* vollzieht sich vor den Augen des scheintoten kindlichen Träumers im Prolog, der sich, dem Studenten in August Strindbergs *Spöksonaten* vergleichbar, nach dem Tode in einer Art Limbus wiederfindet bzw. als Repräsentation der Seele lesbar ist, die nach dem Tod (oder auch vor der Wiederverkörperung und Geburt?) einen Blick auf die Absurdität des Lebens auf der Erde wirft. Der Prolog in *Persona* korrespondiert mit dem, was Kayser als Traumcharakter und damit als Merkmal des ‚phantastischen Grotesken' definiert:

> die entfremdete Welt entsteht vor dem Blick des Träumenden oder im Wachtraum oder in der Dämmerungsschau des Übergangs. (...) Die Einheit der Perspektive lag da in dem kalten Blick auf das Erdentreiben als ein leeres, sinnloses Puppenspiel, ein fratzenhaftes Marionettentheater. Nun gibt es keinen göttlichen Dichter und keine Regie der Natur mehr.[30]

[27] Fuß, S. 70.
[28] Kayser, S. 32.
[29] Ders., S. 197f.
[30] Ders., S. 200.

Almas selbstentfremdende wahnhafte Anfechtungen von Gewalt und Auflösung jenseits ihrer religiös gefärbten Ideale (in Gestalt der altruistischen Pflegeschwestern im Krankenhaus) haben eine starke Parallele in dem Motivkomplex „Die Versuchung des heiligen Antonius", der in Kunst und Literatur häufig bearbeitet und als „Urtypus" der auf das „Innenleben" bezogenen phantastischen Groteske gesehen worden ist.[31]

Die Phantasmen in den Erzählungen von Dorrit Willumsen, die in Kapitel V untersucht worden sind, weisen besonders starke Züge des Grotesken auf. Sie lassen sich sowohl dem Typ der phantastischen Groteske als auch dem Typ der satirischen Groteske zuordnen, die von Kayser unterschieden worden sind.[32] Die von ihrer Umwelt und ihren sozialen Beziehungen entfremdeten Protagonisten regredieren in ihrer Fixierung auf künstliche Objekte auf ein infantil-narzisstisches Stadium. Zerstückelte Wahrnehmungen des weiblichen Körpers als Gewimmel von niederen Tieren und Pflanzen und dessen phantasierte Verdinglichung in anorganische *objet d'arts* repräsentieren wahnhaft-projektive Phantasmen. Solche Darstellungen sind nicht nur phantastisch-grotesk; sie sind auch satirisch durch die Überzeichnung des rational überdifferenzierten, in Kopf und Körper gespaltenen und ins Irrationale abdriftenden Wissenschaftsmenschen der Erzählungen „Tingene" und „Knagen". Ebenso satirisch und absurdistisch-phantastisch ist die Wahrnehmung der dekadenten verwöhnten Unternehmerstochter in „Voksdukken", die sich nur in eine wachsweiche Männerpuppe als Spiegelbild ihrer selbst verlieben kann. Besonders grotesk ist ihre komisch-unheimliche Vorstellung, von ihren auf Geschäftsbeziehungen und Papierhaftigkeit reduzierten Eltern automatenhaft über die Sprechanlage gezeugt worden zu sein. Das Groteske all dieser Figuren bei Willumsen resultiert aus der monströsen Vermengung der Bereiche des Organischen und Anorganischen, der Verdinglichung des Lebendigen, der Verlebendigung der Dingwelt und der paradoxen Verkehrung des Rationalen ins Wahnhafte.

Die makabre Übersteigerung an sich schon pathologischer narzisstischer Auswüchse der Modebranche und deren Auswirkungen auf das Verhältnis zwischen den Geschlechtern verleiht auch „Modellen Coppelia" Züge sowohl der satirischen als auch der phantastischen Groteske. Die beiläufige Suche des Ehemannes nach einem passenden Aufbewahrungsort für die einbalsamierten Brüste seiner Ehefrau zu Beginn der Erzählung ist komisch-frivol und schaurig zugleich. Die Bemerkung des Suchenden „Jeg har stillet dem på køkkenbordet. – Men jeg må finde et andet sted til dem" erweckt den Anschein, als sei nichts

---

[31] Vgl. Dorothea Scholl, *Von den „Grottesken" zum Grotesken. Die Konstituierung einer Poetik des Grotesken in der italienischen Renaissance* (Münster 2004), S. 20.
[32] Ders., S. 201.

Ungewöhnliches daran, in der Küche oder im Schlafzimmer nach einer passenden Stelle für konservierte weibliche Körperteile zu suchen. Wie die Hoden chinesischer kaiserlicher Eunuchen der Vergangenheit werden die ehemals mit kleinen Tieren verglichenen, nun perlenartigen Brüste in einem Schrein aufbewahrt, „ubrugte og ubrugelige", während sich ihre frühere Besitzerin unter den Händen von Frankenstein-ähnlichen Modeschöpfern, Photographen und Schönheitschirurgen vollends in das phantasmatische Endprodukt einer glatten, haar- und geschlechtslosen Phallus-Projektion verwandelt hat. Grotesk ist das Bild der zwölf ineinander verflochtenen muskulösen jungen Männer am Strand, die dem dürren Model im Bikini als Objekt ihres Begehrens sehnsuchtsvoll hinterherschauen. Der ironische Zusatz des Erzählers, dass diese von ihm beneideten braungebrannten Männer aussehen, als wären sie „brune helt ind i hjernen", ist mit dem deutschen Begriff ‚hirnverbrannt' assoziierbar und legt nahe, dass die ästhetischen Ideale und Objekte des Begehrens in „Modellen Coppelia" Hirngeburten homoerotischer Narzissten darstellen.

Auch die schon bei Salvador Dalí[33] vorgezeichnete Assoziation von Hummer und junger Frau, angerichtet zum oralen bzw. visuellen Verzehr, ist grotesk. Wie ein Hummer, ein gepanzertes Tier, das unter anderem als phallisches Symbol gelesen werden kann, durchläuft Coppelia zahlreiche Häutungen und Metamorphosen, zunächst vom Weiblichen in etwas Männliches, so etwa in einen mit Kettenhemd und Waffen gepanzerten jungen Rittmeister. Von einem lebenden Menschen und einer Frau verwandelt sie sich in ein bizarres Mischwesen, weder Mann noch Frau, weder lebendig noch tot, in einen Automaten und einen puppenhaften Androgyn, der, so Julia Kristeva, nichts anderes als ein als Frau verkleideter Phallus ist. Das Bild der ‚hirnverbrannten' jungen (Ehe)Männer und paternalen Figuren, deren narzisstisch-fetischistisches Begehren den Hintergrund von Coppelias *père*vertierten Metamorphosen bildet, liest sich wie eine Bestätigung von Kristevas These. In Erzählungen wie „Voksdukken", „Modellen Coppelia" und stärker noch in *Programmeret til kærlighed* zeichnet Dorrit Willumsen ein satirisch überzeichnetes Bild grotesker gesellschaftlicher Entwicklungen und Trends. In Labor und Schönheitsklinik werden neue Frauen mit stromlinienförmigen Körpern ohne Falten, Fett und unerwünschte Formen produziert (eine dystopische Vorstellung, die heute, dreißig bis vierzig Jahre später, zumindest teilweise – von den Medien propagierte – Wirklichkeit geworden ist); Ding-fixierte Männer wollen Automaten heiraten, welche sie nicht mehr von realen Frauen zu unterscheiden imstande sind,

---

[33] Vgl. hierzu Dalí in: *Meine Leidenschaften* (Gütersloh 1969), S. 161: „Ich habe eine Vorliebe für die jungen Mädchen und die Hummer. Wie die Hummer haben die Mädchen ein erlesenes Inneres. Wie bei den Hummern ist ihr Panzer (aus Scham) architektonisch. Wie die Hummer erröten sie, wenn man sie genießbar machen will".

Frauen verwandeln sich willig in konsumberauschte maskenhafte Puppen, Kinder glauben, von den körperlosen Stimmen ihrer Eltern über eine automatische Anlage gezeugt worden zu sein und werden von Maschinen als Ersatzeltern betreut.

Die Motive der „zu Puppen, Automaten, Marionetten erstarrten Leiber" – laut Kayser typisch für das Groteske als „entfremdete Welt" – und der „von dem Grotesken bevorzugte[n] Tiere", zu denen das Nacht- und Kriechgetier und diverses Ungeziefer zählt, „das in anderen, dem Menschen unzugänglichen Ordnungen lebt", verleihen sowohl Louis Jensens „Insektmanden" als auch Marie Hermansons *Värddjuret* groteske Züge. Beide Texte beziehen ihren ins Groteske übergehenden unheimlichen Charakter vor allem aus dem Motivkomplex Insekten und künstlicher Mensch, der auch eine zentrale Rolle in Dorrit Willumsens *Programmeret til kærlighed* spielt. Mit künstlich wirkenden Chitin-Panzern, automatisierten Verhaltensmustern und oft massenhaftem Auftreten, das die Unterscheidung einzelner Individuen schwierig macht, repräsentieren Insekten ein klassisches Vorbild für Roboter.

Ein halb lächerliches, halb unheimliches Element in „Insektmanden" ist die perverse Phantasie der Heranwachsenden, der auf dem Dachboden lebende Insektenliebhaber sei von Kaufmann Blok mit einer seiner ausrangierten Schaufensterpuppen gezeugt worden. Der Kaufmann selbst wird vom pubertierenden Ich-Erzähler mit einer lüsternen Spinne verglichen; der Erzähler selbst ist nicht weniger lüstern, wenn er die Frauen in den Umkleidekabinen des Textilkaufhauses und sowohl den Insektenmann als auch den Kaufmann bei ihren Umarmungen mit deren Lieblingsschaufensterpuppe heimlich beobachtet. Die chimärische Umarmung, in der Jensens geflügelter Insektenmann und seine fetischisierte Puppe eins zu sein scheinen, ist ebenfalls ein pervertiertes Phantasma der Urszene und zugleich Spiegelbild des voyeuristisch-erstarrten, sexuell erregten *enfant médusé* à la Jacques Lacan. Nicht nur die Vermischung von Puppen und lebenden Frauen ist grotesk. Auch die Insekten, von denen der auf dem Dachboden Lebende umgeben ist und die ihm als Vorbild für seine faszinierenden Flügelkonstruktionen dienen, sind symbolisches Spiegelbild widersprüchlicher Ängste und Begierden. Während sie einerseits Transzendentalität und Unsterblichkeit verkörpern, sind sie andererseits auch mit Lüsternheit, Morbidität und Verfall zu assoziieren. In Kapitel IV und VII wurde Otto Ranks Hinweis aufgeführt, „die ganz kleinen Tiere wie Insekten usw." seien als Gegenstand infantiler Angst „von der Psychoanalyse schon längst als symbolische Darstellung von Kindern bzw. Embryonen aufgefasst worden", d.h. als Regressionssymbol, und daneben auch als „Penis-Symbol", als phallische Tiere also. Teil dieser widersprüchlichen Symbolik, die Oben und Unten umkehrt, ist die Invertierung des Strebens nach Transzendenz in Sexualität und Tod. Diese groteske Verkehrung kommt zum Beispiel in der Szene zum Ausdruck, in der der pubertierende Ich-Erzähler mit dem Insektenmann, seinem vom Fliegen träumenden und nach oben strebenden *alter ego*, die Frauen in den Kabinen unter sich beobachtet. Der Blick nach unten durch das Astloch im Holzboden (eine weitere geschlechtsassoziative Metapher) verkehrt den Traum vom Fliegen in niedere Triebe, in sexuelle Erregung und Erektion, welche paradoxer- und groteskerweise ebenfalls mit dem Fliegen assoziiert wird, wie Sigmund Freuds *Traumdeutung* zu entnehmen ist. Der am Davonfliegen gehinderte, vom überlebensgroßen Symbol väterlicher Autorität aufgespießte und in ein geflügeltes Sammlerobjekt transformierte Titelheld repräsentiert als Schlussbild phallisch-grotesker Umkehrungen des Traums vom Fliegen das ultimative Phantasma der ödipalen Kastrationsangst.

Phantasmatische Assoziationen von Männern und Kindern mit Ungeziefer, sexuell und daneben auch medial konnotierter Parasitismus, Entfremdung und Automatenhaftigkeit tragen auch in Marie Hermansons *Värddjuret* nicht nur unheimliche, sondern auch komische Züge.

Die alptraumhafte Erkenntnis der individualistischen Künstlerin Anna in *Värddjuret*, ihrem parasitischen Liebhaber und dessen krebskranker Frau als Energiespenderin gedient zu haben, ist ebenso bizarr wie die anschließende Geschwulst-ähnliche Schenkelschwangerschaft mit unsichtbaren exotischen Schmetterlingspuppen, die sie sich scheinbar auf einer Urlaubsreise zuzieht. Bizarr sind auch die kleinen, sonderbar blauäugigen Mädchen, die sie im Traum von einer geheimnisvollen weißverhüllten Frau wie von der Fee im Märchen übergeben bekommt und welche mechanischen Aufziehpuppen ähneln. Eine solche ins Groteske umschlagende Verkehrung der wundersamen Erfüllung des Kinderwunsches im Märchen stellt des weiteren das ‚Schauermärchen' bzw. die makabre Fantasie dar, worin die Ich-Erzählerin ihre Tanten und ihre Mutter als Hexen auftreten lässt, die den Vater als Erzeuger der fehlenden Erbin in die als Gruselschloss vorgestellte gutbürgerliche Villa der Großeltern entführen. Diese Umkehrung parodiert die Glückseligkeit des Märchenideals, die im wahren Leben selten erreicht wird.

Värddjuret enthält eine Reihe weiterer Elemente, in denen sich Schauriges und Bizarr-Komisches mischen. Dazu gehören die Umstände der wunderlichen Schwängerung, die, wie die Erzählerin zu Beginn des Romans imaginiert, an einer Grotte auf Borneo stattgefunden haben muss und die das Kriterium der chimärischen Vermischung von Mensch und Tier erfüllt. Der Begriff ‚grotesk' wurzelt etymologisch in dem Wort *grotta* (Grotte, Höhle) und geht auf Bezeichnungen für eine bestimmte Art antiker ornamentaler Malerei zurück, die gegen Ende des 15. Jahrhunderts bei Ausgrabungen in Italien entdeckt wurde.[34] Dabei handelt es sich um Darstellungen von kleinen ‚Monstren', die aus Wur-

---

[34] Kayser, S. 20.

zeln und Ranken herauswachsen und halb Mensch, halb Tier bzw. halb Mensch, halb Blume sind. Handelt es bei dem Motiv der Grotte um eine von der Autorin intendierte Referenz auf das Groteske? Im Roman lässt sie ihre Protagonistin von einer Echse im Abfluss des Hotelbadezimmers auf Borneo erzählen, die sie mit einem menschlichen Embryo assoziiert und später, als sie sich im Dschungel verirrt hat, von kleinen Fischen, die „i den mörka undervattensgrottan" (*Värddjuret*, S. 28) unter dem Wurzelwerk eines umgestürzten Baumes verschwinden. Mary Russo hat im Zusammenhang mit ihrer Definition des „female grotesque" auf die Gleichsetzung der Grotte mit Schwangerschaft und Mutterschaft hingewiesen, die auch für Hermansons Roman relevant ist:

> In theories of the grotesque, the etymological starting point that links the grotesque with the grotto-esque, or cave, proceeds quite swiftly to the further identification of the grotto with the womb, and with woman-as-mother. This move – which I have argued previously, in relation to Bakhtins dramatic use of the image of the female, pregnant hag as the deepest expression of the grotesque – is certainly regressive in both the psychic and the political register.[35]

Schwangerschaft und Mutterschaft werden in *Värddjuret* als etwas Groteskes imaginiert und inszeniert. Annas Rückphantasieren und ihre skurrilen Reminiszenzen, in denen sie ihre frühere Schulfreundin Liselott nicht nur als Unheil wünschende Hexe in einer Villa, sondern auch als schwangere fünfzehnjährige Lucia in der Weihnachtszeit in Erinnerung ruft, sind ebenso grotesk wie die Schauerphantasien, die um ihre Eltern und Tanten und um ihre eigene phantasmatische Schenkelschwangerschaft kreisen. Die Groteskisierung besteht zum einen darin, dass die Phantasie um die frühreife Liselott eine weitere Verkehrung des Märchenideals à la „Rapunzel" und „Dornröschen" darstellt. Zum anderen wird Liselotts aufgeblähter Schwangerschaftsbauch stark übertrieben und disproportioniert geschildert. Die restliche Liselott verschwindet fast darunter; sie wird als eine Art Freak beschrieben, als eine ‚Schnecke', die ihr Gewicht kaum noch tragen kann, aber paradoxerweise dennoch der Schwerkraft trotzt und schwebt wie ein Ballon – „the body marked by gravity defying gravity".[36] Liselott schwebt wie die kleinen Automatenmädchen, was die Annahme rechtfertigt, dass es möglicherweise vor allem die surrealen Phantasien einer unzuverlässigen Erzählerin sind, die hier zu schweben beginnen. Auch die kichernden Puppenmädchen sind grotesk: imaginäre, drollig-gruslige Retortenmonster, die zwischen Mensch und Maschine angesiedelt sind und eine Verkehrung des Wunschkindes im Märchen in einen albtraumhaften Wechselbalg darstellen. Die Erzählerin scheint Ängste ‚auszutreiben', die sie in der Vergan-

---

[35] Russo, S. 29.
[36] Vgl. nochmals Russos Verweis auf die ‚fliegenden Großmütter'], dies., S. 17.

genheit von sich und ihrem Körper abgespalten hat, was sich auch aus der Tatsache schlussfolgern lässt, dass sie selbst als Teenager das Einsetzen ihrer eigenen Geschlechtsreife nur am Rande zur Notiz nimmt, alles Sexuell-Ominöse statt dessen an Projektionsträgerinnen wie ihrem *alter ego* Liselott oder Dumas' *Kameliendame* verfolgt und selbst in einer Art Dornröschenschlaf versinkt. Das Einsetzen der Wehen und des Geburtsvorgangs bei der hochschwangeren Liselott-Lucia lässt sich somit auch als Degradierung psychischer Vorgänge *in* der Erzählerin auf eine körperliche Ebene lesen, in Übereinstimmung mit dem bei Michail Bachtin genannten Motiv des Grotesk-Leiblichen in der europäischen Folklore, wozu unter anderem „*der befruchtende und empfangende, gebärende und geborenwerdende* [...] *Körper*"[37] gehört und „alles, was mit Schwängerung, Schwangerschaft und Geburt zusammenhängt, eben das, was an die Unfertigkeit des Körpers und an Innerkörperliches erinnert" und was von den „Normen der offiziellen und der literarischen Rede, die von diesem Kanon bestimmt werden",[38] verboten und auch aus der Rede der bürgerlichen Familie verdrängt wird. Annas grotesk-komische Phantasien der schwangeren und gebärenden Liselott und die zugrunde liegenden Mechanismen von Angst und Verdrängung lassen sich sowohl mit Kaysers Konzept der Groteske als Prozess von Entfremdung und Wahnsinn als auch Bachtins anti-klassischer grotesker Körperkonzeption beleuchten. Die Phantasmen, die um Sexualität, Schwangerschaft und Mutterschaft kreisen, haben eine deutliche Parallele in den visuellen und narrativen Sequenzen in Bergmans *Persona*, die Vergangenheit und Gegenwart überkreuzen und Schwester Alma dadurch zugleich als einst physisch und nun (von Elisabet infizierte) psychisch Geschwängerte und Aufgeblähte zeigen; diese Vorgänge wiederholen sich in Almas Traumerzählung, in denen sie Elisabet als Schwangere und Gebärende wider Willen inszeniert, auf die sie ihre eigenen zu Tage tretenden Verdrängungen projiziert.

Das Motiv der Leih- und Ersatzmutterschaft ist ebenso grotesk. Anna ist nicht nur Leihmutter von Schmetterlingslarven. Sie fungiert auch kurzzeitig als Ersatzmutter von Liselotts drogenabhängiger Tochter Linda, der sie beim Fixen wie bei einem Geburtsvorgang mütterliche Nähe und Zuneigung spendet, während Liselott offenbar Ersatzmutter von Hunden geworden ist. Auch die ‚Backfische', die ‚Prinzessinnen', die nicht zu Ehefrauen und/oder zu Müttern reifen und stattdessen altjüngferliche ewige Töchter wie die Tanten der Erzählerin oder überkandidelte Junggesellinnen wie deren allein lebende Freundinnen werden, sind eine weitere groteske Umkehrung des Märchenideals. Allerdings weisen nicht nur die weiblichen Figuren komisch-lächerliche und befremdliche Züge auf. Willofs Vorhaben, im Selbstversuch vom Wissenschaftler zum Ersatz-

---

[37] Bachtin, S. 360.
[38] Ders., S. 362.

affen für weitere Schmetterlingslarven zu mutieren und diese als schwangerer ‚Leihvater' auszutragen, ist genauso abstoßend und lächerlich wie der Anblick von Liselotts Vater, der im Unterhemd und mit haarigem Oberkörper ewig schlafend auf dem Sofa liegt – in gewissem Sinne eine weitere groteske Verkehrung von „Dornröschen"-Motiven. Die männlichen Figuren in *Värddjuret* verkörpern die profanen, frustrierenden und skurrilen Ausgaben des Märchenprinzen. Das trifft nicht nur auf Liselotts proletenhaften Vater zu, der einst bessere Tage gesehen hat und sich nun von seiner Frau aushalten lässt, sondern auch auf Willof, den dubiosen Arzt und Wissenschaftler, der Liselotts Tochter Linda offenbar aus dem Sumpf der Prostitution ‚erlöst' hat und sich künftig als Schmetterlingsleihvater von ihr versorgen lassen will. Besonders jedoch trifft es auf Annas diverse ‚Prinzen' zu. Am Anfang einer langen Reihe von parasitischen, egoistischen Liebhabern steht der schielende narzisstische Zeichenlehrer, der sie in die Beziehungen zwischen Mann und Frau initiiert, sich von seiner Schülerin und Geliebten Miete zahlen lässt und sie obendrein mit anderen Frauen betrügt; am Ende dieser Reihe steht der verheiratete Familienvater Roger, der seine Frau betrügt und seine Geliebte zum Kraft-Auftanken benutzt. (Als ins Ironische und Groteske gewendete Versionen des Märchenprinzen lassen sich in diesem Sinne H.C. Andersens infantiler Wissenschaftler Kay in „Snedronningen", Karen Blixens narzisstischer aristokratischer *Décadent* à la Hamlet in „Den gamle vandrende ridder" und Dorrit Willumsens namenloser Ich-Erzähler in „Modellen Coppelia" auffassen.) Hermansons *Värddjuret* kann also nicht nur als schauerphantastischer Roman aufgefasst werden, sondern obendrein als Groteske, die das Versagen der Kernfamilie im gutbürgerlichen ebenso wie im Kleine-Leute-Milieu beleuchtet, die Absurdität der verfügbaren Rollenmodelle offenlegt und die Erfüllbarkeit von Liebe und Glücksstreben im Leben des postmodernen Individuums anzweifelt, dessen Freiheit auch Entfremdung, Vereinzelung und Vereinsamung ist.

Die hier abschließend aufgezeigten Querverbindungen der analysierten Phantasmen zur ästhetischen Kategorie des Grotesken zeigen, dass dem ebenfalls im Unheimlichen verorteten Grotesken in der Literatur vielfach dieselben Themen und Motive von infantilen Regressionen, Wahnbildern, Spiegelbildern, Doppelgängern, Puppen und Masken und dieselbe Identitäts- und Entfremdungsproblematik zugrunde liegen. Die Wirkung des Grotesken wie des Phantasmatischen basiert auf der Erzeugung von Angst, Abwehr und Faszination, wobei auch komische Effekte zum Tragen kommen können.

An dieser Stelle ist festzuhalten, dass längst nicht jedes Phantasma etwas Groteskes darstellt, wie sich am Beispiel von Hans Christian Andersens Figur der Schneekönigin demonstrieren lässt; die Persona dieser göttlichen Gestalt, die den Schrecken und die Schönheit der Natur verkörpert, ist zu sublim, um als grotesk bezeichnet werden zu können. Grotesk ist lediglich ihre Degradierung und Verkehrung in die Figur der hässlichen alten Hexe.

Ein Phantasma als Urphantasie über den Ursprung des Subjekts (Urszene, Mutterleibsphantasie, Kastrationsphantasie), als Spiegelbild, als obsessive Vorstellung und Wahnbild kann groteske Züge annehmen, wenn Techniken der Verkehrung, Degradierung, Verzerrung, Übertreibung und Vermischung zum Einsatz kommen. Eine Miteinbeziehung des Grotesken in eine Untersuchung des Phantasmatischen ist daher denkbar an den Stellen, an denen phantasmatische Objekte und die damit verknüpften infantilen Mechanismen von Narzissmus, Angst und Abwehr Züge des Abnormen, des Absurden, Makabren und Bizarren, des Hässlichen, des Lächerlichen und Komischen annehmen und dadurch die Funktion der Parodie, der Ironie oder gar der Karikatur und der Satire erhalten. Eine Groteskisierung des Unheimlichen und Phantasmatischen in literarischen Texten dient nicht nur der ‚Angstmilderung' durch Komisierung, sondern erweitert eine Darstellung der ins Pathologische übergehenden infantilen Tendenzen des menschlichen Subjekts in die Bereiche der Sozialsatire und der Kulturkritik.

X
Literaturverzeichnis

Hans Christian Andersen

Primärliteratur:

Eventyr og Historier. Sesam 2002; zitierte Stellen aus folgenden Märchen und Geschichten: „Snedronningen", „Den standhaftige tinsoldat", „Vanddråben", „Hyrdinden og skorstensfejeren", „Lygtemændene er i byen, sagde mosekonen", „Tante Tandpine".

Sekundärliteratur:

Andersen, Lise Præstgaard (1996): „The Feminine Element – And a Little About the Masculine Element in H.C. Andersen's Fairy Tales", in: Johan de Mylius/Aage Jørgensen/Viggo Hjørnager Pedersen (Hrsg.): *Hans Christian Andersen: A Poet in Time. Papers from the Second International Hans Christian Andersen Conference.* Odense 1999.
Askgaard, Ejnar Stig: „‚See saa! Nu begynde vi. Naar vi ere ved Enden af Historien, veed vi mere…'", in: *Anderseniana* 2005.
Barlby, Finn: „Det (h)vide Spejl. Syv vandringer i fiktionens vide verden", in: ders. (Hrsg.): *Det (h)vide Spejl: Analyser af H.C. Andersens „Snedronningen.* Odense 2000.
Bøggild, Jakob: „Fortællingens arabeske allegori: Snedronningen", in: F. Barlby (Hrsg.): *Det (h)vide Spejl.* s.o.
Bøggild, Jakob: „Nåde for nåde", in: Carsten Bach-Nielsen (Hrsg.): *Andersen & Gud: teologiske læsninger i H.C. Andersens forfatterskab.* København 2005.
Flahault, François: *L'Extrême Existence.* Paris 1972.
Johansen, Ib: „En vinterrejse. Quest-Struktur og sort og hvid magi i H.C. Andersens ‚Snedronningen'", in: F. Barlby (Hrsg.): *Det (h)vide Spejl.* s.o.
Johansen, Ib (1996): „The Demons of the Text", in: de Mylius/Jørgensen/Pedersen (Hrsg.): *Hans Christian Andersen: A Poet in Time.* Odense 1999.
Johansen, Jørgen Dines: „Counteracting the Fall. 'Sneedronningen' and 'Iisjomfruen': The Problem of Adult Sexuality in Fairy-tale and Story", in: *Scandinavian Studies* 74, 2002.
Kofoed, Niels: *Guldalderdrøm og genifeber: Essays fra romantikkens tid.* København 2001.
Lederer, Wolfgang: *The Kiss of the Snow Queen.* Berkeley, Los Angeles, London 1986.

Mellor, Scott A.: „'Hvad siger den lille Sommergjæk?' Flowers and Embedded Stories in H.C. Andersen's Tales", in: Susan Brantley/Thomas A. DuBois (Hrsg.): *The Nordic Storyteller: Essays in Honour of Niels Ingwersen.* Cambridge 2009.
Mylius, Johan de: *Forvandlingens Pris: H.C. Andersen og hans eventyr.* København 2004.
Nyborg, Eigil: *Den indre linie i H.C. Andersens eventyr: en psykologisk studie.* København 1962.
Weitzman, Erica: „The World in Pieces: Concepts of Anxiety in H.C. Andersens 'The Snow Queen'", in: *MLN* 122, 2007.

Karen Blixen

Primärtexte:

Syv Fantastiske Fortællinger. København 1959.
Seven Gothic Tales. London 2002.
Sidste fortællinger. København 1957; hieraus: „Det ubeskrevne Blad", „Kardinalens første Historie".
Vintereventyr. København 2000; hieraus: „Skibsdrengens fortælling".
Daguerreotypier. København 1951.
Breve fra Afrika 1914–31. København 1978.
„Moderne ægteskab og andre betragtninger", in: *Samlede Essays.* København 1992.

Sekundärliteratur:

Aiken, Susan Hardy: *Isak Dinesen and the Engendering of Narrative.* Chicago 1990.
Brantley, Susan: *Understanding Isak Dinesen.* Columbia 2002.
Bronfen, Elisabeth: „'Scheherezade sah den Morgen dämmern und schwieg diskret': Zu der Beziehung zwischen Erzählen und Tod in den Geschichten von Isak Dinesen (Karen Blixen)", in: *Skandinavistik* 16, 1986.
Ekman, Hans-Göran: *Karen Blixens Paradoxer.* Södertälje 2002.
Fabricius, Susanne: „Vandrende riddere og knuste kvinder. Om Karen Blixens kvindesyn", in: *Kritik* 22, 1972.
Glienke, Bernhard: *Fatale Präzedenz: Karen Blixens Mythologie.* (Skandinavistische Studien Bd. 18). Neumünster 1986.
Gubar, Susan: „'The Blank Page' and the Issues of Female Creativity", in: Olga Pelensky (Hrsg.): *Isak Dinesen: critical views.* Athens 1997.
Heede, Dag: *Det Umenneskelige. Analyser af seksualitet, køn og identitet hos Karen Blixen.* Odense 2001.
James, Sybil: „Gothic transformations: Isak Dinesen and the Gothic", in: Juliann E. Fleenor (Hrsg.): *The Female Gothic.* Montréal/London 1983.
Juhl, Marianne/Jørgensen, B.H.: *Dianas Hævn.* Odense 1981.
Kabell, Aage: *Karen Blixen debuterar.* München 1968.

Klünder, Ute: „Ich werde ein großes Kunstwerk schaffen...": Eine Untersuchung zum literarischen Grenzgängertum. Göttingen 2000.
Langbaum, Robert: Isak Dinesen's Art: The Gayety of Vision. Chicago 1975.
Mittet, Sidsel Sander: „En queer læsning af Karen Blixens 'Den gamle vandrende ridder'", in: Spring: tidskrift for moderne dansk litteratur 25, 2007/08.
Punter, David: The Literature of Terror. London 1980.
Riechel, Donald C.: „Isak's Dinesen's ‚Roads Round Nietzsche'", in: Scandinavian Studies 63, 1991.
Scholtz, Antonine M. L. Marquart: „Africa and creative fantasy: Archetypes in three of Isak Dinesen's tales", in: Edda 85, 1985.
Schröder, Vibeke: Selvrealisation og selvfortolkning i Karen Blixens forfatterskab. Kopenhagen 1979.
Stambaugh, Sara: „Imagery of Entrapment in the Fiction of Isak Dinesen", in: Scandinavica 22, 1983.
Stambaugh, Sara: The Witch and the Goddess in the Stories of Isak Dinesen: a feminist reading. Ann Arbor 1988.
Thurman, Judith: Tania Blixen: Ihr Leben und Werk. Stuttgart 1989.
Woods, Gurli A.: „Lilith and Gender Equality in Isak Dinesen's ‚The Supper at Elsinor' and ‚The Old Chevalier', in: ders. (Hrsg.): Isak Dinesen and Narrativity: Reassessments for the 1990s. Ottawa 1994.
Würth, Stefanie: „Rolle und Identität in Karen Blixens Syv fantastiske fortællinger", in: Skandinavistik 26, 1996.

Ingmar Bergman

Primärtexte:

En Filmtrilogi (hieraus: Tystnaden). Stockholm 1963.
Persona. Filmberättelser 2 (hieraus: Persona und Vargtimmen). Stockholm 1973.
Riten. Filmberättelser 3 (hieraus: Viskningar och rop). Stockholm 1973.
Höstsonaten. Stockholm 1978.
Aus dem Leben der Marionetten. Hamburg 1980.
Fanny och Alexander. Stockholm 1982.
Laterna magica. Stockholm 1987.
Bilder. Stockholm 1990.

Sekundärliteratur und Interviews:

Andersson, Bibi: „Bergman on Stage and Screen: Excerpts from a Seminar with Bibi Andersson", in: Paul Duncan/Bengt Wanselius (Hrsg.), The Ingmar Bergman Archives. Köln 2008.
Björkman, Stig/Manns, Torsten/Sima, Jonas: „Death at Dawn Each Day: An Interview with Ingmar Bergman", in: Evergreen Review 13, Nr. 63, February 1969.

Björkman, Stig/Manns, Torsten/Sima, Jonas (1970): *Bergman über Bergman: Interviews über das Filmemachen.* München/Wien 1987.
Blackwell, Marilyn Johns: *Persona. The Transcendent Image.* Urbana 1986.
Blake, Richard A.: „Ingmar Bergman's Post-Christian God: Silent, Absent, And Female", in: *Religion & and the Arts* Bd. 1, Nr. 3, Summer 1997.
Boyers, Robert: „Bergman's Persona: An Essay on Tragedy", in: ders.: *Excursions: Selected Literary Essays.* Port Washington/London 1977.
Cohen, Hubert: *Ingmar Bergman: The Art of Confession.* New York 1993.
Deleuze, Gilles: *Kino 1: Das Bewegungsbild.* Frankfurt am Main 1989.
Duncan, Paul/Wanselius, Bengt (Hrsg.), *The Ingmar Bergman Archives.* Köln 2008.
Eberwein, Robert: *Film & the Dream Screen: A Sleep and a Forgetting.* Princeton 1984.
Fisher, Lucy: „The Lives of Performers: The Actress as Signifier", in: dies. (Hrsg.): *Shot/Countershot: Filmtradition and women's cinema.* Princeton 1989.
Foster, Gwendolyn Audry: „Feminist Theory and the Performance of Lesbian Desire", in: Lloyd Michaels (Hrsg.): *Ingmar Bergman's Persona.* Cambridge 2000.
Gado, Frank: *The Passion of Ingmar Bergman.* Durham 1986.
Kawin, Bruce: *Mindscreen.* Princeton 1978.
Kinder, Marsha: „Self Exploration and Survival in *Persona* and *The Ritual*: The Way In", in: Beverle Houston/Marsha Kinder (Hrsg.): *Self and Cinema. A Transformalist Perspective.* Pleasantville, New York 1980.
Kinder, Marsha: „The Penetrating Dreamstyle of Ingmar Bergman", in: Vlada Petrić (Hrsg.): *Films & Dreams: An Approach to Ingmar Bergman.* South Salem/New York 1981.
Koskinen, Maaret: *Spel och Speglingar. En studie i Ingmar Bergmans filmiska estetik.* Stockholm 1993.
Livingston, Paisley: *Ingmar Bergman and the Rituals of Art.* Ithaca/London 1982.
Manley, James C.: „Artist and Audience, Vampire and Victim: The Oral Matrix of Imagery in Bergman's *Persona*", in: *Psychocultural Review* 3, Nr. 2, 1979.
Michaels, Lloyd: „The Imaginary Signifier in Bergman's *Persona*", in: *Film Criticism* 11, Nr. 1–2, 1986/87.
Michaels, Lloyd (Hrsg.): *Ingmar Bergman's Persona.* Cambridge 2000.
Mosley, Philip: *Ingmar Bergman: The Cinema as Mistress.* London/Boston 1981.
Ohlin, Peter: „The Holocaust in Ingmar Bergman's *Persona*", in: *Scandinavian Studies* 77, 2005.
Rugg, Linda Haverty: „A Camera as Close as Ingmar's: Sexuality and Direction in the Work of Ingmar Bergman and Liv Ullmann", in: Helena Forsås-Scott (Hrsg.): *Gender – Power – Text: Nordic culture in the twentieth century.* Norwich 2004.
Samuels, Charles Thomas: „Ingmar Bergman. An Interview" (1972), in: Stuart Kaminsky (Hrsg.): *Essays in Criticism.* Oxford 1975.
Shaw, Daniel C.: „Woman as Vampire. Ingmar Bergman's Persona", in: *Kinoeye. New Perspectives on European Film*, Vol 2, Issue 15, 7 Oct 2002, unter: http://www.kinoeye.org/02/15/shaw15.php (elektronische Publikation).

Simon, John: „Bergman Redivivus" [The New Leader, May 8, 1967], in: Lloyd Michaels (Hrsg.): *Ingmar Bergman's Persona*. Cambridge 2000.
Simon, John: *Ingmar Bergman directs*. New York 1972.
Sitney, P.A.: „Saying ‚Nothing': Persona as an Allegory of Psychoanalysis", in: ders.: *Modernist Montage: The Obscurity of Vision in Cinema and Literature*. New York 1990.
Steene, Birgitta: „Bergman's Portrait of Women: Sexism or Suggestive Metaphor?", in: Patricia Erems (Hrsg.): *Sexual Strategems: The World of Women in Film*. New York 1979.
Steene, Birgitta: „Barnet som Bergmans Persona", in: *Chaplin* Nr. 2–3, 1988.
Steene, Birgitta: „Bergman's *Persona* through a Native Mindscape", in: Lloyd Michaels (Hrsg.): *Ingmar Bergman's Persona*. Cambridge 2000.
Törnqvist, Egil: *Between Stage and Screen: Ingmar Bergman Directs*. Amsterdam 1995.
Wood, Robin: „The World Without, the World Within", in: Stuart Kaminsky (Hrsg.): *Essays in Criticism*. Oxford 1975.

Dorrit Willumsen

Primärtexte:

Erzählsammlungen:

Knagen. København 1965; hieraus: „Tingene", „Knagen".
Modellen Coppelia. København 1973; hieraus: „Modellen Coppelia", „Nostalgiske robotter", „Poppaeas Billede".
Hvis det virkelig var en film. København 1978; hieraus „Voksdukken".
Ni Liv. Udvalgte Noveller. 1982; hieraus: „Smil Gisela", „Esterelle".

Roman:
Programmeret til kærlighed. København 1982.

Sekundärliteratur:

Jensen, Gitte Hørning: „Fallos' negligering i Dorrit Willumsens fiktion – en analyse af ‚Voksdukken'", in: *Litteratur & samfund*, 33–34, 1981.
Johansen, Ib: *Sfinksens Forvandlinger. Fantastiske fortællere i dansk litteratur fra B. S. Ingemann til Per Højholt*. Aalborg 1986.
Richard, Anne Birgitte: *På sporet af den tabte hverdag: om Dorrit Willumsens forfatterskab og den moderne virkelighed*. København 1979.
Richard, Anne Birgitte: „Den æstetiske detalje. Modernitetens form og køn hos Dorrit Willumsen", in: Anne Sejten/Erik Svenden (Hrsg.): *Detaljen – tekstanalysen og dens grænser I*. Frederiksberg 1999.
Richard, Anne Birgitte: „Livet som ting", in: Elisabeth Møller Jensen (Hrsg.): *Nordisk kvinnolitteraturhistoria. Liv och verk* Bd. 5. Malmö 2000.

Louis Jensen

Primärtexte:

Drageflyverne og syv andre fortællinger. København 1988.
Alma. København 2003.

Marie Hermanson

Primärtexte:

Snövit. Stockholm 1990.
Musselstranden. Stockholm 1998.
Värddjuret. Stockholm 2000.
Mannen under trappan. Stockholm 2006.

Sekundärliteratur:

Nilson, Petra: „En saga i verkligheten. Intervju med Marie Hermanson", in: *BLM* 6, 1996.
Schnaas, Ulrike: *Das Phantastische als Erzählstrategie in vier zeitgenössischen Romanen.* Stockholm 2004.

Weitere Literatur

Ackroyd, Peter: *William Blake. Dichter, Maler, Visionär.* München 2001.
Agamben, Giorgio (1977): *Stanzen: Das Wort und das Phantasma in der abendländischen Kultur.* Zürich/Berlin 2005.
Aguirre, Manuel: *The closed space: Horror literature and western symbolism.* Manchester 1990.
Albus, Anita: *Die Kunst der Künste: Erinnerungen an die Malerei.* Frankfurt am Main 1997.
Albus, Anita: *Paradies und Paradox: Wunderwerke aus fünf Jahrhunderten.* Frankfurt am Main 2003.
Armstrong, Philip: *Shakespeare in Psychoanalysis.* London/New York 2001.
Ashe, Geffrey (1990): *Kelten, Druiden und König Arthur. Mythologie der Britischen Inseln.* Olten/Freiburg i.Br. 1992.
Atwood, Margaret (1971): „Polarities", in: dies.: *Dancing Girls.* London 1977.
Auerbach, Nina: *Woman and the Demon.* Cambridge/Massachusetts/London 1982.
Auerbach, Nina: *Our Vampires, Ourselves.* Chicago/London 1995.
Bachofen, Johann Jakob (1861): *Das Mutterrecht: Eine Untersuchung über die Gynaikokratie der alten Welt nach ihrer religiösen und rechtlichen Natur.* Frankfurt am Main 1975.

Bachtin, Michail: *Rabelais und seine Welt. Volkskultur als Gegenkultur.* Frankfurt/M. 1995.
Barthes, Roland (1980): *Die helle Kammer.* Frankfurt am Main 1989.
Bataille, George: *Die Erotik.* München 1994.
Baudelaire, Charles: „Der Maler des modernen Lebens", in: ders.: *Der Künstler und das moderne Leben: Essays, „Salons", intime Tagebücher.* Leipzig 1990.
Baudelaire, Charles: *Les Fleurs du Mal/Die Blumen des Bösen.* Dt. v. Monika Fahrenbach-Wachendorff. Stuttgart 1980.
Baudry, Jean-Louis: „Das Dispositiv. Metapsychologische Betrachtungen des Realitätseindrucks", in: Robert F. Riesinger (Hrsg.): *Der kinematographische Apparat.* Münster 2003.
Bausinger, Hermann: *Formen der Volkspoesie.* Berlin 1980.
Beauvoir, Simone de (1949): *Das andere Geschlecht: Sitte und Sexus der Frau.* Reinbek bei Hamburg 2000.
Beit, Hedwig von: *Symbolik des Märchens I–III.* Bern 1952–57.
Bellmer, Hans: *Die Puppe.* Frankfurt am Main 1976.
Berger, Renate: „Metamorphose und Mortifikation. Die Puppe", in: Renate Berger/ Inge Stephan (Hrsg.): *Weiblichkeit und Tod in der Literatur.* Köln 1987.
Bethge, Philip: „Liebhaber mit Platine", in: DER SPIEGEL, 50/2007.
Bettelheim, Bruno (1975): *Kinder brauchen Märchen* (Originaltitel: *The Uses of Enchantment*). München 2004.
Die Bibel Oder Die Heilige Schrift des Alten und des Neuen Testaments nach der Übersetzung Martin Luthers. Stuttgart 1972.
Bilz, Josephine: „Märchengeschehen und Reifungsvorgänge unter tiefenpsychologischem Gesichtspunkt", in: Wilhelm Laiblin (Hrsg.): *Märchenforschung und Tiefenpsychologie.* Darmstadt 1969.
Blake, William: *The Complete Poems*, hrsg. v. W. H. Stevenson. London/New York 1989.
Bloch, Ernst: *Geist der Utopie.* Frankfurt am Main. 1977.
Bloom, Harold: *Kabbalah and Criticism.* New York 1975.
Bloom, Harold: *Omens of Millenium. The Gnosis of Angels, Dreams, and Resurrection.* New York 1996.
Blumenberg, Hans (1989): *Höhlenausgänge.* Frankfurt am Main 1996.
Bonin, Werner F.: „Über Doppelgänger, Spiegelbilder und Masken", in: *Spektrum der Parapsychologie*, hrsg. v. Eberhard Bauer/Walter von Lucadou. Freiburg i. B. 1983.
Brantlinger, Patrick: „Romances, Romane und Psychoanalyse", in: Claire Kahane (Hrsg.): *Psychoanalyse und das Unheimliche: Essays aus der amerikanischen Literaturkritik.* Bonn 1981.
Bridgwater, Patrick: *Kafka. Gothic and Fairytale.* Amsterdam/New York 2003.
Bringsværd, Tor Åge: *Bringsværds Beste.* Oslo 2007.
Brittnacher, Hans Richard: *Ästhetik des Horrors: Gespenster, Vampire, Monster, Teufel und künstliche Menschen in der phantastischen Literatur.* Frankfurt am Main 1994.

Bronfen, Elisabeth: „Die schöne Leiche: Weiblicher Tod als motivische Konstante von der Mitte des achtzehnten Jahrhunderts bis in die Moderne", in: Renate Berger/Inge Stephan (Hrsg.): *Weiblichkeit und Tod in der Literatur.* s.o.

Bronfen, Elisabeth: *Nur über ihre Leiche. Tod, Weiblichkeit und Ästhetik.* München 1996.

Brooks, Peter: *Reading for the Plot: Design and Intention in Narrative.* Oxford 1984.

Burke, Edmund (1757): *A Philosophical Enquiry into the Origin of our Ideas of the Sublime and Beautiful.* Oxford 1998.

Butler, Judith (1990): *Das Unbehagen der Geschlechter.* Frankfurt am Main 1991.

Castle, Terry: *The Female Thermometer. Eighteenth Century Culture and the Invention of the Uncanny.* Oxford/New York 1995.

Christensen, Inger: *Das Schmetterlingstal / Sommerfugledalen. Et Requiem.* Frankfurt am Main 2006.

Clemens, Valdine: *The Return of the Repressed: Gothic Horror from The Castle of Otranto to Alien.* New York 1999.

Coleridge, S. T.: „Christabel", in: *The Norton Anthology of English Literature* Vol. 2. Hrsg. von M. H. Abrams. New York/London 1993.

Cooper, J.C.: *An Illustrated Encyclopedia of Traditional Symbols.* London 1978.

Copper, Basil (1973): *Der Vampir in Legende, Kunst und Wirklichkeit.* München 1974.

Cowie, Elizabeth: „Fantasia", in: Parveen Adams/Elizabeth Cowie (Hrsg.): *The Woman in question: M/f.* Cambridge, Massachusetts 1990.

Creed, Barbara: *The Monstrous Feminine: Film, feminism, psychoanalysis.* London/New York 1993.

Creed, Barbara: „Film and Psychoanalysis", in: John Hill (Hrsg.): *The Oxford guide to film studies.* Oxford 1998.

Dalí, Salvador: *Unabhängigkeitserklärung der Phantasie und Erklärung der Rechte des Menschen auf seine Verrücktheit.* Hrsg. von A. Matthes und T.D. Stegmann. München 1974.

Davidson, H.R. Ellis: *Gods and Myths of Northern Europe.* Harmondsworth, Middlesex 1964.

Deleuze, Gilles/Guattari, Félix: *Kafka: Für eine kleine Literatur.* Frankfurt am Main 1976.

Descharnes, Robert/Néret, Gilles: *Salvador Dalí 1904–1989.* Köln 1997.

Dolar, Mladen (1991): „'I shall be with you on your wedding-night'", in: Fred Botting/Dale Townshend (Hrsg.), *Gothic: Critical Concepts in Literary and Cultural Studies.* Vol. III: *Nineteenth-Century Gothic: At Home with the Vampire.* London/New York 2004.

Donahue, C.: „The Valkyries and the Irish War-Goddesses", in: *Publications of the Modern Language Association* 56, Baltimore 1941.

Durst, Uwe (2001): *Theorie der phantastischen Literatur.* Berlin 2007.

Eagleton, Terry: *Einführung in die Literaturtheorie.* Stuttgart/Weimar 1997.

Eliade, Mircea (1952): *Ewige Bilder und Sinnbilder. Über die magisch-religiöse Symbolik.* Frankfurt am Main 1986.

Eliade, Mircea (1958): *Das Mysterium der Wiedergeburt. Initiationsriten, ihre kulturelle und religiöse Bedeutung.* Zürich/Stuttgart 1961.

Erdheim, Mario: „Freuds Erkundungen an den Grenzen zwischen Theorie und Wahn", in: Sigmund Freud: *Zwei Fallberichte.* Frankfurt am Main 2007.

Euripides: *Elektra.* Stuttgart 2005.

Faldbakken, Knut: *Insektsommer.* Oslo 1996.

Ferenczi, Sándor: *Schriften zur Psychoanalyse I–III.* Gießen 2004.

Fiedler, Leslie: *Liebe, Sexualität und Tod.* Frankfurt am Main/Berlin 1964.

Fiedler, Leslie: *Freaks. Myths and Images of the Secret Self.* New York 1978.

Fisher, Peter F.: *The Valley of Vision: Blake as Prophet and Revolutionary.* Hrsg. v. Nortrop Frye. Toronto 1961.

Florescu, Radu/McNally, Raymond T.: *Dracula: A Biography of Vlad the Impaler 1431–1476.* London 1974.

Franz, Marie-Louise von (1974): *Das Weibliche im Märchen.* Leinfelden-Echterdingen 1997.

Frayling, Christopher: *Alpträume: Ursprünge des Horrors.* Köln 1996.

Freud, Anna (1936): *Das Ich und die Abwehrmechanismen.* Frankfurt am Main 2003.

Freud, Sigmund/Breuer, Josef (1893/1895): *Studien über Hysterie.* Frankfurt am Main 2003.

Freud, Sigmund (1908): „Der Dichter und das Phantasieren", in: ders., *Der Moses des Michelangelo. Schriften über Kunst und Künstler.* Frankfurt am Main 2004.

Freud, Sigmund (1909/1918[1914]): *Zwei Krankengeschichten: Bemerkungen über einen Fall von Zwangsneurose. Aus der Geschichte einer infantilen Neurose.* Frankfurt am Main 2000.

Freud, Sigmund (1910): *Eine Kindheitserinnerung des Leonardo da Vinci.* Frankfurt am Main 2006.

Freud, Sigmund (1914): „Zur Einführung des Narzissmus", in: *Psychologie des Unbewussten.* Frankfurt am Main 1989.

Freud, Sigmund (1917 [1915]): „Trauer und Melancholie", in: ders.: *Psychologie des Unbewussten.*

Freud, Sigmund (1919): „Das Unheimliche", in: ders., *Der Moses des Michelangelo.* s.o.

Freud, Sigmund (1920): „Jenseits des Lustprinzips", in: ders., *Psychologie des Unbewussten.* Frankfurt am Main 1989.

Freud, Sigmund (1923): „Eine Teufelsneurose aus dem siebzehnten Jahrhundert", in: ders., *Zwei Fallberichte.* Frankfurt am Main 2007.

Freud, Sigmund (1927): „Fetischismus", in: ders., *Psychologie des Unbewussten.* s.o.

Freud, Sigmund (1930): „Das Unbehagen in der Kultur", in: ders.: *Das Unbehagen in der Kultur Und andere kulturtheoretische Schriften.* Frankfurt am Main 2004.

Freud, Sigmund (1915–17/1933[1932]): *Vorlesungen zur Einführung in die Psychoanalyse Und Neue Folge.* Frankfurt am Main 2003.

Fromm, Erich: *Anatomie der menschlichen Destruktivität.* Stuttgart 1974.

Frye, Northrop: *Anatomy of Criticism.* Princeton 1957.

Fuß, Peter: *Das Groteske. Ein Medium des kulturellen Wandels.* Köln 2002.
Gekle, Hanna: *Tod im Spiegel: Zu Lacans Theorie des Imaginären.* Frankfurt am Main 1996.
Garber, Marjorie: *Coming of age in Shakespeare.* London/New York 1981.
Garber, Marjorie: *Shakespeare's Ghost Writers: Literature as uncanny causality.* New York/London 1987.
Georgi, Oliver: *Das Groteske in Literatur und Werbung.* Stuttgart 2003.
Gilbert, Sandra M./Gubar, Susan (1979): *The Madwoman in the Attic.* New Haven/London 2000.
Gimbutas, Marija: *The Goddesses and Gods of Old Europe 6500–3500 BC. Myths and Cult Images.* Berkeley/Los Angeles 1982.
Gimbutas, Marija: *The language of the Goddess: unearthing the hidden symbols of Western Civilization.* San Francisco 1989.
Ginzberg, Louis: *The Legends of the Jews,* Vol. 1. Philadelphia 1968.
Goethe, Johann Wolfgang von: *Faust. Texte.* Hrsg. v. Albrecht Schöne. Darmstadt 1999.
Göttner-Abendroth, Heide: *Die Göttin und ihr Heros.* München 1980.
Göttner-Abendroth, Heide: *Frau Holle – Das Feenvolk der Dolomiten. Die großen Göttinnenmythen Mitteleuropas und der Alpen.* Königstein/Taunus 2005.
Gorsen, Peter: „Der ‚kritische Paranoiker'", in: Dalí: *Unabhängigkeitserklärung.* s.o.
Gorsen, Peter: *Sexualästhetik. Zur bürgerlichen Rezeption von Obszönität und Pornographie.* Reinbek bei Hamburg 1972.
Gorsen, Peter: *Sexualästhetik. Grenzformen der Sinnlichkeit im 20. Jahrhundert.* Reinbek bei Hamburg 1987.
Green, André: *Die tote Mutter: Psychoanalytische Studien zu Lebensnarzissmus und Todesnarzissmus.* Gießen 2004.
Grimm, Jacob: *Deutsche Mythologie.* 2 Bände. Wiesbaden 2003.
Grützmacher, Curt: *Novalis und Ph. O. Runge. Drei Zentralmotive und ihre Bedeutungssphäre. Die Blume – das Kind – das Licht.* München 1964.
Gustafsson, Lars: *Det Sällsamma Djuret från Norr och andra Science Fiction-berättelser.* Stockholm 1989.
Hamilton, Victoria: *Narcissus and Oedipus. The children of psychoanalysis.* London/Boston 1982.
Handwörterbuch des Deutschen Aberglaubens, hrsg. v. Hanns Bächtold-Stäubli und Eduard Hoffmann-Krayer. Augsburg 2000.
Hendrix, Marjorie L.: *Joris Hoefnagel and the „Four Elements": A Study in Sixteenth-Century Nature Painting.* Ann Arbor 1984.
Harrison, Jane Ellen: *Prolegomena to the Study of Greek Religion.* Cambridge 1903.
Hauser, Arnold: *Sozialgeschichte der Kunst und Literatur.* München 1983.
Heath, Stephen: „Joan Riviere and the Masquerade", in: V. Burgin/J. Donald/C. Kaplan (Hrsg.): *Formations of Fantasy.* London/New York 1986.
Hermann, Paul (1898): *Deutsche Mythologie.* Berlin 2005.
Heydecker, Joe: *Die Schwestern der Venus: Die Frau in den Mythen und Religionen.* München 1991.

Hille, Karoline: „'... über den Grenzen, mitten in Nüchternheit'. Prothesenkörper, Maschinenherzen, Automatenhirne", in: Pia Müller-Tamm/Katharina Sykora (Hrsg.):: *Puppen Körper Automaten. Phantasmen der Moderne.* Köln 1999.
Hirsch, Marianne: *Family Frames: Photography, Narrative and Postmemory.* Cambridge, Massachusetts 1997.
Hoffmann, E.T.A: *Der Sandmann.* Frankfurt am Main 1986.
Hogle, Jerrold E.: „Introduction: the Gothic in western culture", in: ders. (Hrsg.), *The Cambridge Companion to Gothic Literature.* Cambridge 2002.
Holland, Norman N./ Sherman, Leona F.: „Schauerromantische Möglichkeiten", in: Claire Kahane (Hrsg.): *Psychoanalyse und das Unheimliche: Essays aus der amerikanischen Literaturkritik.* Bonn 1981.
Howard, Jacqueline: *Reading Gothic fiction: a Bakhtinian approach.* Oxford 1994.
Hume, Robert D.: „Gothic versus Romantic: A Revaluation of the Gothic Novel", in: *PMLA* 84, 1969.
Hunt, John Dixon: *The Pre-Raphaelite Imagination: 1848–1909.* London 1968.
Ibsen, Henrik: *Samlede Verker.* 2 Bände. Oslo 1993.
Jackson, Rosemary: *Fantasy: the Literature of Subversion.* London/New York 1981.
Jacobi, Jolande: *Die Psychologie von C.G. Jung. Eine Einführung in das Gesamtwerk.* Frankfurt am Main 1984.
Jennings, L.B.: *The Ludicrous Demon.* Berkeley/Los Angeles 1963.
Jones, Ernest: *On the Nightmare.* London 1949.
Jones, Ernest: *Hamlet and Oedipus.* New York 1976.
Jung, Carl Gustav: *Psychologische Typen, Gesammelte Werke,* Bd. 6. Olten/Freiburg i.Br. 1971.
Jung, Carl Gustav: *Archetypen.* München 2004.
Jung, Carl Gustav: *Symbole der Wandlung.* Düsseldorf 2001.
Kahane, Claire: „Gothic Mirrors and Feminine Identity", in: *The Centennial Review* 24, Winter 1980.
Kayser, Wolfgang: *Das Groteske. Seine Gestaltung in Malerei und Dichtung.* Tübingen 2004.
Keats, John: „La Belle Dame sans Merci: A Ballad", in: M.H. Abrams (Hrsg.): *The Norton Anthology of English Literature,* Vol. 2. New York/London 1993.
Kerenyi, Karl: *Humanistische Seelenforschung.* Darmstadt 1966.
Kerényi, Karl: *Apollon und Niobe.* Darmstadt 1980.
Kilgour, Maggie: *The Rise of the Gothic Novel.* London/New York 1995.
Klein, Melanie: „Frühe Angstsituationen im Spiegel künstlerischer Darstellungen", in: *Internationale Zeitschrift für Psychoanalyse* 17, 1931.
Klein, Melanie: *Die Psychoanalyse des Kindes.* Wien 1932.
Klein, Melanie: *Das Seelenleben des Kleinkindes und andere Beiträge zur Psychoanalyse.* Reinbek bei Hamburg 1972.
Kluge. Etymologisches Wörterbuch der deutschen Sprache, bearb. von Elmar Seebold. Berlin/New York 2002.
Kötz, Michael: *Der Traum, die Sehnsucht und das Kino. Film und die Wirklichkeit des Imaginären.* Frankfurt am Main 1986.

Kosinski, Dorothy M.: „Orpheus – das Bild des Künstlers bei Gustave Moreau", in: *Gustave Moreau – symboliste*. Zürich 1986.

Krause, Wolfgang: *Die Kelten*. Tübingen 1929.

Kretzenbacher, Leopold: *Die Seelenwaage. Zur religiösen Idee vom Jenseitsgericht auf der Schicksalswaage in Hochreligion, Bildkunst und Volksglaube*. Klagenfurt 1958.

Kretzenbacher, Leopold: *Santa Lucia und die Lutzelfrau. Volksglaube und Hochreligion im Spannungsfeld Mittel- und Südosteuropas*. München 1959.

Kristeva, Julia: *Geschichten von der Liebe*. Frankfurt am Main 1989.

Kröll, Katrin: „Die Komik des grotesken Körpers in der christlichen Bildkunst des Mittelalters", in: Katrin Kröll/Hugo Steger (Hrsg.): *Mein ganzer Körper ist Gesicht. Groteske Darstellungen in der europäischen Kunst und Literatur des Mittelalters*. Freiburg i.Br. 1994.

Kuni, Verena: „Pygmalion, entkleidet von Galathea, selbst? Junggesellengeburten, mechanische Bräute und der Mythos vom Schöpfertum des Künstlers im Surrealismus", in: Pia Müller-Tamm/Katharina Sykora (Hrsg.): *Puppen Körper Automaten. Phantasmen der Moderne*. Köln 1999.

Lacan, Jacques (1949): „Das Spiegelstadium als Bildner der Ich-Funktion", in: ders., *Schriften I*. Weinheim/Berlin 1991.

Lacan, Jacques (1958): „Die Bedeutung des Phallus", in: ders.: *Schriften II*. Weinheim/Berlin 1991.

Lacan, Jacques (1938): „Die Familie", in: ders., *Schriften III*. Weinheim/Berlin 1994.

Lacan, Jacques (1960): „Das Problem der Sublimierung", in: ders., *Das Seminar VII. Die Ethik der Psychoanalyse*. Weinheim/Berlin 1996.

Lacan, Jacques (1960/64): „Die Stellung des Unbewussten", in: ders., *Schriften II*. Weinheim/Berlin 1991.

Lacan, Jacques: „Desire and the Interpretation of Desire in *Hamlet*", in: Shoshana Felman (Hrsg.): *Literature and Psychoanalysis: The Question of Reading: Otherwise*. Yale French Studies 55/56, 1977.

Lachmann, Renate: *Erzählte Phantastik: Zu Phantasiegeschichte und Semantik phantastischer Texte*. Frankfurt am Main 2002.

Lampe, Angela: „Größter Schatten oder größtes Licht. Surrealistische Frauenentwürfe zwischen Traum und Wirklichkeit", in: dies. (Hrsg.): *Die unheimliche Frau. Weiblichkeit im Surrealismus*. Heidelberg 2001.

Laplanche, J./Pontalis, J.-B. (1967): *Das Vokabular der Psychoanalyse*. Frankfurt/M. 1973.

Laplanche, J./Pontalis, J.-B. (1964): „Fantasy and the Origins of Sexuality", in: V. Burgin/J. Donald/C. Kaplan (Hrsg.): *Formations of Fantasy*. London/New York 1986.

Lautenbach, Fritz: *Der keltische Kessel. Wandlung und Wiedergeburt in der Mythologie der Kelten*. Stuttgart 1991.

Lederer, Horst: *Phantastik und Wahnsinn: Geschichte und Struktur einer Symbiose*. Köln 1986.

Legrand, Francine-Claire: „Das Androgyne und der Symbolismus", in: Ursula Prinz (Hrsg.): *Androgyn: Sehnsucht nach Vollkommenheit*. Berlin 1986.

Lenk, Elisabet: *Die unbewusste Gesellschaft. Über die mimetische Grundstruktur in der Literatur und im Traum.* München 1983.
Lermontov, Michail J.: *Ein Held unserer Zeit.* Zürich 1963.
Lindhoff, Lena: *Einführung in die feministische Literaturtheorie.* Stuttgart 2003.
List, Edgar A.: „Frau Holda as the personification of reason", in: *Philological Quarterly*, XXXII, IV, October 1953.
Lüdeking, Karlheinz: „Vom konstruierten zum liquiden Körper", in: Pia Müller-Tamm/Katharina Sykora (Hrsg.): *Puppen Körper Automaten. Phantasmen der Moderne.* Köln 1999.
Lupton, Julia Reinhard/Reinhard, Kenneth: *After Oedipus. Shakespeare in Psychoanalysis.* Ithaka/London 1993.
Lüthi, Max (1962): *Es war einmal ... Vom Wesen des Volksmärchens.* Göttingen 1998.
Lüthi, Max: „Rumpelstilzchen. Thematik, Struktur- und Stiltendenzen innerhalb eines Märchentypus", in: *Antaios* 12, 1971.
Lüthi, Max (1969): *So leben sie noch heute. Betrachtungen zum Volksmärchen.* Göttingen 1989.
Lüthi, Max (1962): *Märchen.* Stuttgart 2004.
MacAndrew, Elizabeth: *The Tradition in Gothic Fiction.* New York 1979.
Man, Paul: *Allegorien des Lesens.* Frankfurt am Main 1988.
Mannhardt, Wilhelm: *Wald- und Feldkulte Bd. 1: Der Baumkultus der Germanen und ihrer Nachbarstämme. Mythologische Untersuchungen.* Berlin 1904.
Matzker, Reiner: *Das Medium der Phänomenalität: wahrnehmungs- und erkenntnistheoretische Aspekte der Medientheorie und Filmgeschichte.* München 1993.
Mauss, Marcel: „Eine Kategorie des menschlichen Geistes: Der Begriff der Person und des ‚Ich'", in: ders.: *Soziologie und Anthropologie.* München/Wien 1975.
McNally, R.T./Florescu, Radu: *In Search of Dracula.* Boston/New York 1994.
Metz, Christian: *Die unpersönliche Enunziation oder der Ort des Films.* Münster 1997.
Metz, Christian: *Der imaginäre Signifikant.* Münster 2000.
Meyer, E.H.: *Mythologie der Germanen.* Straßburg 1903.
Moers, Ellen: *Literary Women.* New York 1976.
Moog-Grünewald, Maria: „Die Frau als Bild des Schicksals", in: *Arcadia* 18, 1983.
Morin, Edgar: *Der Mensch und das Kino.* Stuttgart 1958.
Motz, Lotte: „The Wintergoddess: Percht, Holda, and Related Figures", in: *Folklore* 95, Nr. 2, 1984.
Der Neue Pauly: Enzyklopädie der Antike, hrsg. von Hubert Cancik/Helmut Schneider, Stuttgart/Weimar 1998ff.
Neumann, Erich (1956): *Die Große Mutter.* Zürich/Düsseldorf 1997.
Neumann, Erich: *Ursprungsgeschichte des Bewusstseins.* Zürich 1949.
Nietzsche, Friedrich: *Die Geburt der Tragödie aus dem Geiste der Musik.* Frankfurt am Main 1987.
Nietzsche, Friedrich: *Also sprach Zarthustra: Ein Buch für Alle und Keinen.* München 1999.

Ninck, Martin: *Wodan und germanischer Schicksalsglaube*. Jena 1935.
Otto, Walter F.: *Die Götter Griechenlands. Das Bild des Göttlichen im Spiegel des griechischen Geistes*. Frankfurt am Main 1947.
Ovid: *Metamorphosen*, dt. v. Michael von Albrecht. München 1994.
Paetow, Karl: *Frau Holle. Volksmärchen und Sagen*. Husum 1986.
Paglia, Camille: *Sexual Personae: Art and Decadence from Nefertiti to Emily Dickinson*. London/New Haven 1990.
Patai, Raphael/Ranke-Graves, Robert: *Hebräische Mythologie: Über die Schöpfungsgeschichte und andere Mythen aus dem Alten Testament*. Reinbek bei Hamburg 1986.
Pater, Walter: *Die Renaissance. Studien in Kunst und Poesie*. Jena 1910.
Paton, Lucy Allen: *Studies in the Fairy Mythology of Arturian Romance*. New York 1960.
Paul, Jean: „Einfältige aber gutgemeinte Biographie einer neuen angenehmen Frau von bloßem Holz, die ich längst erfunden und geheiratet", in: Klaus Völker (Hrsg.): *Künstliche Menschen: Über Golems, Homunkuli, Androiden und lebende Statuen*. Frankfurt am Main 1994.
Porte, Joel: „In the Hands of an Angry God: Religious Terror in Gothic Fiction", in: G.R. Thompson (Hrsg.): *The Gothic Imagination: Essays in Dark Romanticism*. Washington 1974.
Punter, David: *The Romantic Unconscious: A Study in Narcissism and Patriarchy*. New York/London 1989.
Rank, Otto: „Der Doppelgänger", in: ders.: *Psychoanalytische Beiträge zur Mythenforschung*. Leipzig/Wien 1919.
Rank, Otto (1922): *Der Mythos von der Geburt des Helden*. Wien 2000.
Rank, Otto (1924): *Das Trauma der Geburt*. Gießen 1998.
Ranke-Graves, Robert von (1948): *Die weiße Göttin. Sprache des Mythos*. Berlin 1981.
Ranke-Graves, Robert (1955): *Griechische Mythologie. Quellen und Deutung*. Reinbek bei Hamburg 2001.
Rapaport, Herman: *Between the Sign and the Gaze*. Ithaca/London 1994.
Ridley, Philip: *The American Dreams: The Reflecting Skin & The Passion of Darkly Noon*. London 1997.
Riviere, Joan (1929): „Womanliness as a Masquerade", in: V. Burgin/J. Donald/C. Kaplan (Hrsg.): *Formations of Fantasy*. London/New York 1986.
Riviere, Joan: „The Unconscious Phantasy of an Inner World reflected in examples from literature", in: Melanie Klein/Paula Heimann/R.E. Money-Kyrle (Hrsg.): *New Directions in Psycho-Analysis: The Significance of Infant Conflict in the Pattern of Adult Behaviour*. London 1955.
Rosenkranz, Karl: *Ästhetik des Hässlichen*. Stuttgart 2007.
Rosetti, Dante Gabriel: „Lilith", in: Gisela Hönnighausen (Hrsg.): *Die Präraffaeliten: Dichtung, Malerei, Ästhetik, Rezeption*. Stuttgart 2000.
Ross, Werner: *Baudelaire und die Moderne. Portrait einer Wendezeit*. München/Zürich 1993.

Rüttner-Cova, Sonja (1986): *Die gestürzte Göttin. Spuren des Matriarchats in Märchen und Mythen.* München 2000.
Russo, Mary: *The Female Grotesque.* New York 1995.
Scherf, Walter (1995): *Das Märchenlexikon.* 2 Bände. München 2007.
Schild, Wolfgang: „Hexenglaube, Hexenbegriff und Hexenphantasie", in: Sönke Lorenz (Hrsg.): *Hexen und Hexenverfolgung im deutschen Südwesten.* Karlsruhe 1994.
Scholem, Gershom: *On the Mystical Shape of the Godhead. Basic Concepts in the Kabbalah.* New York 1991.
Scholl, Dorothea: *Von den „Grottesken" zum Grotesken. Die Konstituierung einer Poetik des Grotesken in der italienischen Renaissance.* Münster 2004.
Schumann, Henry: „Nachwort" in: Baudelaire, Charles: *Der Künstler und das moderne Leben.* s.o.
Schwanitz, Dietrich: *Englische Kulturgeschichte von 1500 bis 1914.* Frankfurt am Main 1996.
Schwanitz, Dietrich: *Shakespeares Hamlet und alles, was ihn für uns zum kulturellen Gedächtnis macht.* Frankfurt am Main 2006.
Schwartz, Howard (Hrsg.): *Liliths Cave: jewish tales of the supernatural.* San Francisco 1988.
Schwenger, Peter: *Fantasm and Fiction.* Stanford 1999.
Segal, Hanna: *Melanie Klein: Eine Einführung in ihr Werk.* München 1974.
Seneca: *De tranquillitate animi.* Stuttgart 2006.
Shakespeare, William: *Hamlet* (The Arden Shakespeare). London 2003.
Shakespeare, William: *Romeo and Juliet* (The Arden Shakespeare). London 1989.
Short, Robert: „Der Androgyn im Surrealismus", in: Ursula Prinz (Hrsg.), *Androgyn: Sehnsucht nach Vollkommenheit* (Ausstellungskatalog). Berlin 1986.
Staels, Hilde: „You Can't Do Without Your Shadow" (Interview), in: dies.: *Margaret Atwood's Novels. A Study of Narrative Discourse.* Tübingen/Basel 1995.
Stammler, Wolfgang: *Frau Welt. Eine mittelalterliche Allegorie.* Freiburg/Schweiz 1959.
Stanzel, Franz K.: *Theorie des Erzählens.* Göttingen 1991.
Steig, Michael: „Zur Definition des Grotesken, Versuch einer Synthese", in: Otto F. Best (Hrsg.): *Das Groteske in der Dichtung.* Darmstadt 1980.
Stein, Karen F.: „Monsters and Madwomen: Changing female Gothic", in: Juliann E. Fleenor (Hrsg.): *The Female Gothic.* Montréal/London 1983.
Stoker, Bram: *Dracula,* hrsg. v. Nina Auerbach und David J. Skal. New York/London 1997.
Strindberg, August: *Pelikanen,* in: *Samlade Skrifter* Bd. 45, *Kammarspel.* Stockholm 1917.
Strindberg, August: *Fadren,* in: Ders., *Samlade Skrifter,* Bd. 23, *Naturalistiska Sorgespel.* Stockholm 1921.
Strindberg, August: *Ett Drömspel.* in: *Samlade Skrifter,* Bd. 36. Stockholm 1923.
Strindberg, August: „Hjärnornas Kamp", in: *August Strindbergs Samlade Verk,* Bd. 29. *Vivisektioner. Blomstermålninger och djurstycken. Skildringar av naturen. Silverträsket,* hrsg. v. Hans Lindström (Stockholm 1985).

Svensk Etymologisk Ordbok. Hrsg. v. Elof Hellquist. Lund 1957.
Taeger, Annemarie: *Die Kunst, Medusa zu töten*. Bielefeld 1987.
Tatar, Maria (1987): *The Hard Facts of the Grimms' Fairy Tales*. Princeton/Oxford 2003.
Thomsen, Philip: *The Grotesque*. London 1972.
Timm, Erika: *Frau Holle, Frau Percht und verwandte Gestalten: 160 Jahre nach Jacob Grimm aus germanistischer Sicht betrachtet*. Stuttgart 2003.
Todd, Jane Marie: „The veiled woman in Freud's ‚Das Unheimliche'", in: *Signs 2*, 1986.
Todorov, Tzvetan (1970): *Einführung in die fantastische Literatur*. München 1972.
Toeplitz, Jerzy: *Geschichte des Films 1895–1933*. München 1987.
Törnqvist, Egil: „Hamlet och Spöksonaten", in: *Meddelanden från Strindbergssällskapet*, Nr. 37, Mai 1965.
Törnqvist, Egil: „‚Faust' and ‚The Ghostsonata'", in: Wilhelm Friese (Hrsg.): *Strindberg und die deutschsprachigen Länder*. Basel/Stuttgart 1979.
Tracy, Robert: „Introduction" zu: Joseph Sheridan Le Fanu: *In a Glass Darkly*. Oxford 1993.
Trippi, Peter: *J. W. Waterhouse*. London/New York 2002.
Usener, Hermann: „Die Perle. Aus der Geschichte eines Bildes", in: A. Harnack u. a. (Hrsg.): *Theologische Abhandlungen*. Freiburg i.Br. 1892.
Vigée, Claude: „Die Beziehungen zwischen Mann und Frau bei Baudelaire", in: Hartmut Engelhardt/Dieter Mettler (Hrsg.): *Baudelaires „Blumen des Bösen"*. Frankfurt am Main 1988.
Villiers de l'Isle-Adam, Jean-Marie: *Die Eva der Zukunft*. Frankfurt am Main 1984.
Vries, Jan de: „Betrachtungen zum Märchen, besonders in seinem Verhältnis zu Heldensage und Mythos", in: *Folklore Fellows Communications* 150, 1954.
Waschnitius, Viktor: *Perht, Holda und verwandte Gestalten. Ein Beitrag zur deutschen Religionsgeschichte*. Wien 1913.
Weston, Jessie (1920): *From Ritual to Romance*. Princeton, New Jersey 1993.
Widmer, Peter. *Angst: Erläuterungen zu Lacans Seminar X*. Bielefeld 2004.
Williams, Gwyn A.: *Excalibur: Europäische Legenden um Artus*. München 1996.
Wolf, Werner: *Ästhetische Illusion und Illusionsdurchbrechung in der Erzählkunst*. Tübingen 1993.
Wortmann, Anke: „Die künstliche Frau als Glücksversprechen. Die zweifelhafte Machbarkeit des Ideals in Villiers de l'Isle-Adams *L'Eve future*", in: *QUERELLE: Jahrbuch für Frauen und Geschlechterforschung Bd. 9: Menschenkonstruktionen. Künstliche Menschen in Literatur, Film, Theater und Kunst des 19. und 20. Jahrhunderts*. Hrsg. v. Gisela Febel und Cerstin Bauer-Funke. Berlin 2004.
Zingsem, Vera: *Lilith: Adams erste Frau*. Tübingen 1999.
Žižek, Slavoj: *Die Metastasen des Genießens*. Wien 1996.

ibidem-Verlag
Melchiorstr. 15
D-70439 Stuttgart
info@ibidem-verlag.de

www.ibidem-verlag.de
www.ibidem.eu
www.edition-noema.de
www.autorenbetreuung.de

Printed in Great Britain
by Amazon.co.uk, Ltd.,
Marston Gate.